HISTÓRIA DAS EMOÇÕES

2. Das Luzes até o final do século XIX

Dados Internacionais de Catalogação na Publicação (CIP)
(Câmara Brasileira do Livro, SP, Brasil)

História das emoções : 2. Das Luzes até o final do século XIX / sob a direção de Alain Corbin, Jean-Jacques Courtine, Georges Vigarello ; tradução de Guilherme João de Freitas Teixeira. – Petrópolis, RJ : Vozes, 2020.

Título original: Histoire des émotions : 2. Des Lumières à la fin du XIXe siècle
"Volume dirigido por Alain Corbin".
Vários autores.
Bibliografia.
ISBN 978-85-326-6401-3

1. Emoções – História I. Corbin, Alain. II. Courtine, Jean-Jacques. III. Vigarello, Georges.

19-31960   CDD-152.4

Índices para catálogo sistemático:
1. Emoções : Psicologia aplicada   152.4

Maria Paula C. Riyuzo – Bibliotecária – CRB-8/7639

HISTÓRIA DAS EMOÇÕES

SOB A DIREÇÃO DE
ALAIN CORBIN, JEAN-JACQUES COURTINE,
GEORGES VIGARELLO

2. Das Luzes até o final do século XIX

VOLUME DIRIGIDO POR ALAIN CORBIN

Com:

Agnès Walch
Alain Corbin
Anne Carol
Anouchka Vasak
Charles-François Mathis
Corinne Legoy
Emmanuel Fureix
Guillaume Cucher

Guillaume Mazeau
Hervé Mazurel
Judith Lyon-Caen
Michel Delon
Oliver Bara
Serge Briffaud
Sylvain Venayre

Tradução de Guilherme João de Freitas Teixeira

EDITORA VOZES

Petrópolis

© Éditions du Seuil, 2016.

Título do original em francês: *Histoire des émotions – 2. Des Lumières à la fin du XIXe siècle*

Direitos de publicação em língua portuguesa – Brasil:
2020, Editora Vozes Ltda.
Rua Frei Luís, 100
25689-900 Petrópolis, RJ
www.vozes.com.br
Brasil

Todos os direitos reservados. Nenhuma parte desta obra poderá ser reproduzida ou transmitida por qualquer forma e/ou quaisquer meios (eletrônico ou mecânico, incluindo fotocópia e gravação) ou arquivada em qualquer sistema ou banco de dados sem permissão escrita da editora.

CONSELHO EDITORIAL

Diretor
Gilberto Gonçalves Garcia

Editores
Aline dos Santos Carneiro
Edrian Josué Pasini
Marilac Loraine Oleniki
Welder Lancieri Marchini

Conselheiros
Francisco Morás
Ludovico Garmus
Teobaldo Heidemann
Volney J. Berkenbrock

Secretário executivo
João Batista Kreuch

Editoração: Maria da Conceição B. de Sousa
Diagramação: Raquel Nascimento
Revisão gráfica: Nilton Braz da Rocha / Fernando Sergio Olivetti da Rocha
Capa: WM design
Ilustração de capa: Amoedo, Rodolpho (1895). *Más notícias*.

ISBN 978-85-326-6401-3 (Brasil)
ISBN 978-2-02-117736-7 (França)

"Cet ouvrage, publié dans le cadre du Programme d'Aide à la Publication année 2020 Carlos Drummond de Andrade de l'Ambassade de France au Brésil, bénéficie du soutien du Ministère de l'Europe et des Affaires étrangères."

"Este livro, publicado no âmbito do Programa de Apoio à Publicação ano 2020 Carlos Drummond de Andrade da Embaixada da França no Brasil, contou com o apoio do Ministério Francês da Europa e das Relações Exteriores."

Editado conforme o novo acordo ortográfico.

Este livro foi composto e impresso pela Editora Vozes Ltda.

SUMÁRIO

Introdução, 7

Quadro cronológico – Principais episódios de natureza política mencionados nos textos deste volume, 13

Primeira parte – De 1730 ao período após a Revolução Francesa, 15

1 O despertar da alma sensível, 17
   Michel Delon

2 As emoções individuais e a meteorologia, 62
   Alain Corbin

3 Face ao espetáculo da natureza, 84
   Serge Briffaud

4 Grandes emoções meteorológicas coletivas, 116
   Anouchka Vasak

5 Emoções políticas: a Revolução Francesa, 145
   Guillaume Mazeau

Segunda parte – Do período após a Revolução Francesa até a década de 1880, 209

6 Diante do cadafalso: do espetáculo do sofrimento ao teatro pedagógico, 211
   Anne Carol

7 O "eu" e o barômetro da alma, 247
   Judith Lyon-Caen

8 Formas do desejo e da fruição, decepções e mal-estar, 276
   Alain Corbin

9 Da alma sensível ao advento do estudo científico das emoções: a densificação das emoções na esfera privada, 296
   Agnès Walch

10 Entusiasmos militares e paroxismos guerreiros, 330
   Hervé Mazurel

11 A época das grandes caçadas, 376
   Sylvain Venayre

12 O entusiasmo da adesão: novas formas de emoções políticas, 406
   Corine Legoy

13 As emoções de protesto, 439
   Emmanuel Fureix

14 A renovação da emoção religiosa, 473
   Guillaume Cuchet

15 As novas emoções suscitadas pelas artes cênicas, 517
   Olivier Bara

16 "Como um arco de violino que fazia vibrar a minha alma": o indivíduo diante da paisagem, 550
   Charles-François Mathis

Índice onomástico, 591

Os autores, 603

Índice geral, 607

INTRODUÇÃO

Desde meados do século XVIII desenha-se uma expectativa nova, surge uma necessidade inédita de emoções. A noção de "alma sensível" sai, pouco a pouco, de seu invólucro, ao longo de todo um tateio lexical; no final desse século, o processo está concluído. O *status* das emoções foi elaborado a partir de abordagens contraditórias, oscilando entre a busca da sensação mínima e a da emoção intensa, entre a valorização do efêmero, das transições sutis e a do desvario que transporta a fruição, ou o terror, a seu ápice. Tal constatação diz respeito principalmente à literatura de ficção e não tanto, talvez, à experiência íntima.

Ao mesmo tempo, a influência crescente do sublime e, em seguida, do pitoresco, renova as emoções surgidas do confronto com o mundo natural: a montanha, o mar e o deserto provocam um complexo sistema emocional. Diante desses elementos, o assombro, o deslumbramento, o horror desejado e o calafrio desconhecido compõem um feixe inédito de emoções.

As vicissitudes da meteorologia são experimentadas, daí em diante, de acordo com as do sujeito. Tal ascensão de um "eu meteorológico" é acompanhada por uma atração e por uma sensibilidade acentuadas aos fenômenos naturais mais impactantes: "invernos rigorosos", temporais devastadores, tempestades, "névoas secas"; outras tantas sequências meteorológicas devastadoras, acompanhadas por movimentos populares oriundos dos terrores que parecem, também, emanar do sublime. Mais tarde, a própria Revolução Francesa tomará de empréstimo a linguagem meteorológica para exprimir a si mesma, de modo que os relatos de seus episódios serão tecidos a partir de metáforas naturais.

Ela constitui um epicentro da história das emoções esboçada neste volume; no decorrer dos anos de sua manifestação, é possível detectar uma afetividade instável e paroxística que, além de suscitar a exaltação e, até mesmo, a galvanização, acaba por causar exaustão. Aqueles que vivem um tão grande número de acontecimentos indecisos e de comoções reagem, muitas vezes, de maneira emocional. Eles têm a sensação de serem permanentemente arrebatados e mostram tal reação mediante emoções que transbordam o pensamento: risadas tonitruantes, torrentes de lágrimas, clamores potentes, ímpetos de amor. Na sequência dos transbordamentos de alegria, de contentamento, de ódio, de angústia, de dor e de cólera, vai surgir um período durante o qual parece operar-se uma contenção das emoções. Os arrebatamentos vivenciados nesse tempo paroxístico marcaram fortemente a memória, como é demonstrado, posteriormente, pelas correspondências, pelas autobiografias e pelas poesias.

No final do Antigo Regime, o fato de observar os sofrimentos do condenado, o seu comportamento e a sua maneira de viver a humilhação, constituía, por si só, um espetáculo. Ora, ao contrário da expectativa do poder, que apostava em uma pedagogia do medo, as testemunhas descrevem indivíduos que permaneciam insensíveis ou, muitas vezes, experimentavam um prazer evidente ante os sofrimentos de outrem. A guilhotina visa modificar precisamente essa insensibilidade, assim como o contentamento manifestado durante os massacres. Ela é instituída como teatro destinado a ser edificante para a população, mediante o castigo expedito dos inimigos da Revolução; sem que, no entanto, seja eliminada a desestabilização provocada pela decapitação.

O romantismo que se impõe, em seguida, no seio das elites estabelece, de maneira decisiva, uma gramática das emoções. Os escritores desejam que a forma singular de suas emoções se estenda por todo o período que será qualificado, daí em diante, como "século XIX". Evidentemente, essa gramática emocional, elaborada pelos escritores, vivenciada no próprio gesto do diário íntimo – e que se impõe especialmente na noção de "mal do século" – não corresponde, talvez, ao que é vivido por aqueles que a instituem. Ocorre que, de maneira mais frequente e elucidativa do que outrora, as pessoas aprendem a formular as suas emoções íntimas e esforçam-se por apresentá-las como modelo. A leitura, que se difunde aos poucos na espessura do corpo social ao ritmo do progresso da alfabetização, aumenta a quantidade daqueles que estão em condições de aprender esse código.

A esfera familiar torna-se também teatro de uma paleta matizada de emoções: as lágrimas, a exuberância das risadas, as inflexões exageradas da voz e, às vezes, os desmaios, servem de moldura à descrição do crescendo emotivo. A família, apesar de ser percebida como um refúgio emocional, é também teatro de contenção; com efeito, verifica-se a tendência, tanto quanto isso seja possível, a isolar os indícios da emoção na solidão do indivíduo.

Entre as últimas décadas do século XVIII e os anos de 1860, o palco em que se desenrolam as emoções sexuais encontra-se radicalmente modificado. O aprofundamento da distinção anatômica e fisiológica entre o homem e a mulher, os métodos de observação e de investigação da medicina clínica, a convicção segundo a qual a idiossincrasia faz com que cada indivíduo tenha a sua maneira de gozar e ainda um grande número de outros dados alteram as representações dos prazeres, analisados no contexto dos fenômenos espasmódicos. As comoções intensas e o clímax do gozo, considerados como se se tratasse de algo de uma intensidade incomparável, são descritos então pelos especialistas com uma precisão que ultrapassa a dos autores da literatura erótica de outrora. Em meados do século, a descoberta da ovulação e, sobretudo, a análise do orgasmo, no sentido que lhe é dado atualmente e, em seguida, o uso corrente, na língua francesa, do termo "*sexualité*" [sexualidade], renovam uma vez mais a concepção das emoções.

Estaríamos equivocados, como se faz com muita frequência por comparação com o século XX, em minimizar o número e a violência dos conflitos que ocorreram entre 1750 e 1900. Nesse período, as forças armadas e a guerra são laboratórios de regulação afetiva, escolas de autodomínio. O campo de batalha é então lugar de desconcertantes agressões sonoras, visuais e tácteis, caos sensorial intenso que acarreta as violências paroxísticas criadas pelo medo, pelo ódio e pelo regozijo da vitória, sem esquecer as emoções específicas da expectativa do combate.

Os historiadores, com os olhos fitos na rebelião, manifestaram a tendência a negligenciar as emoções políticas oriundas da adesão. Ora, é enorme a riqueza dessa trama esquecida: o ímpeto, o arrebatamento e a mobilização afetiva, mediante textos e ação, compõem um léxico do coração na política que é importante levar em conta; aliás, tal aspecto merece o devido destaque neste livro.

Mais amplamente estudadas foram as emoções individuais e coletivas *suscitadas*, na época, por uma oposição, quase sempre, empreendida com violência: é o caso dos terríveis combates, travados esporadicamente em cima das barricadas, os quais constituem uma característica desse período, engendrando também uma gama de emoções paroxísticas que não se confundem com as do campo de batalha, além de intensificarem as identidades políticas, as filiações e os engajamentos.

A época estudada neste volume celebrou com enorme vigor a necessidade de matar animais selvagens. Entre 1840 e o final do século XIX ocorre o que, então, era designado como as "grandes caçadas"; associadas, frequentemente, à expansão colonial, elas desenrolam-se na África, Ásia e América. Essas "grandes caçadas" associam a busca de emoções fortes ao desejo dos limites, ao gosto pelo mundo selvagem e à necessidade de enfrentar a morte. O encontro com o animal selvagem, a demora da espreita, os transes que a acompanham, antes da brusca visão do animal, o prazer do triunfo e a constituição de enormes troféus tornaram-se inacessíveis no mundo dito civilizado. O calafrio selvagem, experimentado nessas ocasiões, como mostra o vocabulário utilizado nos relatos, está associado à emoção sexual.

Pode-se considerar a religião como forma de adensamento da emoção primeira que é o sentimento da existência. O século XIX é, neste campo, tempo de atenuação emocional. O medo outrora suscitado por um Deus terrível cede em proveito da representação de um Deus misericordioso. O inferno é menos aterrorizante. A progressão da crença no purgatório, o culto prestado às almas – que, segundo se crê, residem aí, refletindo um sonho de reencontro e, de alguma forma, de eternidade doméstica – e a veneração dedicada à Virgem Maria que se acentua consideravelmente, todos esses aspectos dão testemunho de uma nova afetividade religiosa do tipo romântico.

Renova-se, paralelamente, a emoção suscitada pela paisagem, incrementando-se o desejo de fusão do poeta com a natureza que o envolve. No final desse período – pensemos na voga do impressionismo –, tal maneira de ver culmina na impressão de uma dissolução, do desaparecimento do sujeito na paisagem. Esse tipo de capacidade emotiva, sinal de eleição, limita-se a uma aristocracia intelectual; o rápido desenvolvimento do turismo e o embotamento emocional que o acompanha reprimem os prazeres elitistas do viajante, em proveito de emoções mais corriqueiras.

No século XIX, verifica-se a proliferação da moda e do entusiasmo suscitados pelas artes do espetáculo. Os calafrios de prazer ou de medo experimentados no teatro, o frêmito provocado por este constituem um capítulo essencial da história das emoções de um tempo em que estas se traduzem, muitas vezes, de maneira paroxística, apesar do silêncio que, aos poucos, se impõe nas salas de concerto; o que é testemunhado, em particular, no final desse período, por aquele vivenciado no Festival de Bayreuth.

No desfecho, enfim, desse século, ocorre a mudança de forma da longa gama de emoções que acabo de invocar, assim como de sua gramática. Os eruditos constroem e utilizam aparelhos destinados a avaliar a sensibilidade individual às mensagens dos sentidos; eles tentam detectar a expressão das manifestações emocionais. A psicologia, aos poucos, acaba por se impor uma vez que pretende controlar esse domínio.

O fato é que o século – objeto de estudo deste volume – é o de um capítulo muito fecundo da história das emoções. O despertar da alma sensível e o que resulta daí esboçam um tempo muito particular por suas maneiras de ficar emocionado e pela lenta renovação de emoções específicas. Surgem, então, novos modos de experimentar a natureza, os outros e a sociedade, seja em seu foro íntimo ou na praça pública; tornava-se essencial perseguir de perto tudo o que dependia, nesse tempo, do que Rousseau qualificava como barômetro da alma[1].

Alain Corbin

---

1. Mais precisamente, Jean-Jacques Rousseau escreve em "Première promenade" [Primeiro passeio] de seu livro *Les Rêveries du promeneur solitaire* (1782 [Ed. bras.: *Devaneios do caminhante solitário*. 3. ed. Brasília: Editora da UnB, 1995]): "Aplicarei o barômetro à minha alma". • Sem indicação de referência relativa à tradução para o português das citações, o texto é traduzido diretamente do original em francês [N.T.].

QUADRO CRONOLÓGICO

Principais episódios de natureza política mencionados nos textos deste volume

Révolution Française [Revolução Francesa]		Período da História da França compreendido entre a abertura dos États Généraux [Estados Gerais], em 5 de maio de 1789, e o golpe de Estado de Napoleão Bonaparte em 9 de novembro de 1799 (18 Brumaire do ano VIII)
Fim do Ancien Régime [Antigo Regime]		Abolição dos privilégios em 4 de agosto de 1789
Monarchie Constitutionnelle [Monarquia Constitucional]		Setembro de 1791-setembro de 1792 (abolição da realeza)
Première République [Primeira República]		Setembro de 1792-maio de 1804
	Terreur [Terror]	Período da Revolução Francesa caracterizado por um Estado de Exceção (março de 1793-julho de 1794)
	Directoire [Diretório]	Regime político implementado entre 26 de outubro de 1795 (4 brumaire do ano IV) e 9 de novembro de 1799 (18 brumaire do ano VIII)
Era Napoleônica		1799: chegada de Napoleão Bonaparte ao poder no Consulado
		1815: derrota na Batalha de Waterloo e seu exílio na Ilha de Santa Helena

		Consulat [Consulado]	Vigente desde o golpe de Estado de 18 brumaire (9 de novembro de 1799), que pôs fim ao regime do Directoire até o início do Premier Empire, em 1804, quando Napoleão Bonaparte foi proclamado Imperador dos Franceses
Empire Français [Império Francês], chamado posteriormente o Premier Empire Français [Primeiro Império Francês]			18 de maio de 1804-14 de abril de 1814; 20 de março 1815-7 de julho de 1815
Restauration [Restauração]			Retorno da dinastia dos Bourbon ao trono
		Première Restauration [Primeira Restauração]	Entre a abdicação de Napoleão I, em março de 1814, e os Cem Dias, em março de 1815
		Seconde Restauration [Segunda Restauração]	1815-1830
Monarchie de Juillet [Monarquia de Julho]			1830-1848
		Trois Glorieuses [Três Jornadas Gloriosas: 27, 28 e 29 de julho de 1830]	
Deuxième République [Segunda República]			24 de fevereiro de 1848-2 de dezembro de 1852
Second Empire [Segundo Império]			2 de dezembro de 1852-4 de setembro de 1870
Troisième République [Terceira República]			Setembro de 1870-julho de 1940

Primeira parte

De 1730 ao período após a Revolução Francesa

1
O DESPERTAR DA ALMA SENSÍVEL

Michel Delon

Em meados do século XVIII, o próprio Diderot, supervisor do projeto da *Encyclopédie*, redige um curto verbete, "Émotion" [Emoção]. Ele propõe como definição: "movimento ligeiro; no sentido físico e moral; e diz-se *essa notícia causou-me* emoção; *ele tinha* emoção *no pulso*". O ser humano tem necessidade de tais movimentos fisiológicos e psicológicos para sentir-se vivo, para agir e pensar. Ele enfrenta com maior naturalidade a dor do que a inação e o tédio. Se o termo se aplica no sentido "físico e moral", que tipo de relação de subordinação, de metaforização, se estabelece de um uso para o outro? A *Encyclopédie* não inclui, propriamente falando, um verbete "Sensible" [Sensível], contentando-se a remeter a "Sens" [Sentido], "Sensation" [Sensação] e "Sensibilité" [Sensibilidade]. A este último termo, correspondem dois artigos diferentes: o primeiro, "Sensibilité, sentiment" [Sensibilidade, sentimento], é redigido por um médico. Na linhagem de "Sens" e de "Sensation", ele analisa a capacidade de todos os seres vivos para receber impressões do mundo exterior, as quais passam pelo sistema nervoso e se concentram no plexo; as nossas emoções surgiriam da dilatação ou da contração do plexo. O artigo seguinte, "Sensibilité (morale)" [Sensibilidade (moral)], é assinado por Chevalier de Jaucourt, passando da fisiologia para a moral: a primeira sensibilidade é uma potencialidade material, compartilhada pelos seres humanos com os animais, enquanto a segunda seria o privilégio dos seres humanos mediante a qual estes conseguem distinguir emoções positivas. Propriamente humana, a sensibilidade torna-se então "uma espécie de sagacidade sobre as coisas honestas", segundo os termos do artigo, uma solidariedade entre os seres, uma aptidão a privilegiar o intercâmbio. A sensibilidade física transmite ao ser humano uma experiência cotidiana que se traduz em emoções e se transforma em ideias. Tal é a lição do empirismo que, de Locke a Condillac e aos ideólogos, vai exercer a sua influência ao longo de todo o século; ela sugere uma continuidade do corpo ao intelecto, do indivíduo à coletividade, sem deixar de abranger um grande número de ambiguidades e contradições. A sensibilidade física seria suficiente para orientar as relações entre os seres? Será que a alma sensível não passa do nome atribuído a um treino físico? Ou, então, ela pressuporia uma espiritualidade que estabelece uma distinção radical entre o homem e o animal, fornecendo uma significação particular aos impulsos da sensibilidade?

As ideias e as palavras

A hesitação – própria de todas as épocas – a respeito do *status* a conceder à sensibilidade manifesta-se no tateio lexical e na profusão neológica. Nos tratados relativos à medicina, o inglês Francis Glisson, no século XVII – assim como o suíço Albrecht von Haller, no século seguinte – utilizam o termo *irritabilidade* "para designar o modo particular de uma faculdade mais geral das partes orgânicas dos animais, o que será tratado sob o nome de sensibilidade" (*Encyclopédie*, verbete "Irritabilité" [Irritabilidade]). A irritabilidade seria algo específico dos tecidos orgânicos, *mobilidade* ou *contractilidade*, provocando movimentos e espasmos; ela depende estritamente da fisiologia e distingue-se da sensibilidade e de suas emoções. Do mesmo modo, Jean-Jacques Rousseau fala do ser *sensitivo* que depende de sua organização física, por oposição ao ser *sensível*, cujas emoções são reguladas por uma atividade intelectual: "Não sou, portanto, simplesmente um ser sensitivo e passivo, mas um ser ativo e inteligente". O despertar da sensibilidade no sujeito é vivenciado sob a forma de emoções e passa por um retorno a si que comprovaria a atividade do ser pensante:

> Com uma espécie de frêmito, considero-me como alguém lançado, perdido neste vasto universo e como que afogado na imensidade dos seres, sem nada saber do que estes são, seja entre eles ou com relação a mim. Disponho-me a estudá-los e a observá-los; e, o primeiro objeto que se apresenta a mim para compará-los, sou eu mesmo (*Émile*, 1762, livro IV).

Uma proliferação de termos tenta circunscrever e precisar o adjetivo *sensível*. Do lado da emoção moral, o começo do século XVIII arrisca *sentimenté* [sentimento à flor da pele], o qual sugere um investimento psicológico. Fiel aos princípios clássicos, o Abbé Desfontaines zomba do adjetivo que ele inclui em seu *Dictionnaire néologique à l'usage des beaux esprits du siècle* [Dicionário neológico para uso das mentes brilhantes do século], reeditado regularmente a partir de 1726. Ele cita como exemplo: "O estilo da elegia deve ser suave, natural, cativante e *sentimenté*". Meio século mais tarde, Carmontelle, um faz-tudo do mundanismo aristocrático, desenhista, decorador e escritor, propõe *sentimentaire* [sob a influência dos sentimentos] para caracterizar uma mulher que, colocando a responsabilidade nos sentimentos, permite-se uma grande liberdade de costumes, em *Le Triomphe de l'amour* (1773 [O triunfo do amor]). O adjetivo contém um matiz crítico, retomado por Laclos em *Les Liaisons dangereuses* (1782 [As ligações perigosas]): *sentimentaire* é, então, o jovem amante cujo amor respeitoso demais por Cécile se torna canhestro. Em *La Femme vertueuse* (1787 [A mulher virtuosa]), imitação anônima e conformista de Laclos, os libertinos zombam de um "belo *sentimentaire*": eles empenham-se em dilacerar-lhe o peito "mediante o espetáculo horrível da infidelidade de sua amante ou, pelo menos, da pessoa que se parece com ela". A seus diários e fragmentos de homem de guerra e apaixonado, o príncipe de Ligne atribui o título de *Mélanges militaires, littéraires et sentimentaires* (1795 [Miscelânea militar, literária e dominada pelos sentimentos]). Em 1801 – em *Néologie, ou Vocabulaire de mots nouveaux, à renouveler, ou pris dans des acceptions nouvelles* [Neologia, ou Vocabulário de novas palavras, a renovar, ou utilizado em novas acepções] –, Louis Sébastien Mercier propõe dois termos: o adjetivo *sentimenteux* [sentimentoso], que é descritivo e positivo, e o substantivo *sensiblerie* [sensibilidade fingida] que contém um julgamento crítico. Em relação ao primeiro, ele fornece a seguinte explicação: "Por que o filósofo que, à semelhança de Sêneca, escreve sentenças pode ser chamado de sentencioso? E por que o escritor que, igual a Rousseau, esboça com tamanha frequência o sentimento, não poderia ser chamado de *sentimenteux*?" O substantivo é, por sua vez, definido assim: "*Sensiblerie*: sensibilidade falsa". O seu contemporâneo, Andréa de Nerciat, em nome de uma sensualidade livre e aberta, zomba dos "*sentimenteurs* delicados" e dos "rigorosos casuístas" que pretendem ignorar as realidades do prazer, em *Félicia, ou Mes fredaines* (1775 [Felicia, ou minhas estroinices]): os sentimentos deles não passariam de mentiras em relação aos desejos sensuais, além de se assemelharem aos moralistas tradicionais por aceitarem submeter-se a uma censura.

Se a época carece de tais neologismos é pelo fato de hesitar a respeito do *status* das emoções e de se questionar sobre a dependência dos sentimentos com relação ao corpo. O neologismo bem-sucedido e que se impõe em todas as línguas europeias, para sublinhar a distância da emoção relativamente ao substrato físico, é o termo inglês: *sentimental*. Em 1768, Laurence Sterne publica a obra *A Sentimental Journey Through France and Italy* [Uma viagem sentimental através da França e da Itália]. Ele manifesta um interesse maior pelos humanos do que pelos monumentos, deixa-se cativar mais pelas pessoas simples do que pelas personalidades importantes, além do que o contato emotivo tem mais peso humano do que os objetos de admiração registrados nos guias de viagem; enquanto numerosos relatos de viagem copiam os manuais, ele afeiçoa-se a aventuras pessoais e inimitáveis. Ao *Grand Tour* [Grande volta] efetuado por seus nobres compatriotas, ele opõe um elogio do trajeto menor; apesar do título de sua obra, ele nunca chegará a visitar a Itália, nem as suas ruínas espetaculares. Em uma série de capítulos curtos, este autor apega-se aos detalhes da vida cotidiana. No ano seguinte, vem a lume uma tradução francesa sob o título de *Voyage sentimental par M. Stern sous le nom d'Yorick* [Viagem sentimental pelo Sr. Stern sob o nome de Yorick]. Joseph-Pierre Frénais, o tradutor, justifica assim tal neologismo:

> Em toda parte, será possível enxergar um aspecto amável de filantropia que nunca é desmentido; além disso, sob o véu da alegria – e, até mesmo, algumas vezes, da palhaçada –, persistem vestígios de uma sensibilidade terna e verdadeira que arranca lágrimas e, ao mesmo tempo, provoca risadas. O termo inglês, *sentimental*, não pôde ser traduzido em francês por nenhuma expressão suscetível de lhe corresponder, e deixamo-lo tal qual. O leitor, talvez, considere que ele mereceria ser adotado pela nossa língua.

Uma nova tradução é publicada no ano IX (1801). Paulin Crassous julga o adjetivo *sentimental* necessário "para as coisas inanimadas às quais não seria possível aplicar o epíteto de *sensível*", do mesmo modo que *romanesco* se aplica aos seres humanos, enquanto *romântico* se refere às paisagens. Uma viagem sentimental é assim definida como as aventuras de um coração em busca de emoções. Na Alemanha, Joachim Christoph Bode traduz o romance de Sterne sob o título *Yoriks empfindsame Reise* e, na Itália, o primeiro tradutor publica *Viaggio sentimentale*, em 1792; depois, o poeta Ugo Foscolo retoma a expressão em 1813[2].

A Europa inteira é invadida pelas imitações, como se estivesse à espera desse termo que resume uma necessidade nova de emoções. A normalização das condutas na Idade Clássica interioriza as sensações e valoriza o eco moral suscitado por estas. O originário da região parisiense, Jean-Claude Gorjy, compõe um *Nouveau Voyage sentimental* (1784 [Nova viagem sentimental]), o genebrês François Vernes, *Le Voyageur sentimental, ou ma promenade à Yverdon* (1786 [O viajante sentimental, ou meu passeio a Yverdon]). Pierre Blanchard, originário também da região parisiense, apresenta-se como um soldado da República e escreve um *Rêveur sentimental* (ano IV, 1796 [Sonhador sentimen-

---

2. Cf. VOOGD, P. & NEUBAUER, J. (sob a dir. de). *The Reception of Laurence Sterne in Europe*. Londres/Nova York: Thoemmes, 2004.

tal]). O modelo de Rousseau mistura-se ao de Sterne nesses textos que seguem, passo a passo, o caminhante ou o sonhador, pronto a emocionar-se diante dos espetáculos da vida e a apaixonar-se por pessoas bonitas que encontra em seu caminho. Esses relatos assumem, muitas vezes, a forma de monólogos interiores. O tom *sentimental* é a reivindicação de um direito de falar de si. Com a Revolução, essa veia sensível orienta-se para o moderantismo e a rejeição da violência. Gorjy publica as *Tablettes sentimentales du bon Pamphile, pendant les mois d'août, septembre, octobre et novembre, en 1789* (1791 [Tabuinhas sentimentais do bom Panfílio, durante os meses de agosto, setembro, outubro e novembro, em 1789]) e François Vernes *Le Voyageur sentimental en France sous Robespierre* (ano VII, 1799 [O viajante sentimental na França sob Robespierre]). Sterne dava o exemplo de emoções ternas que dificilmente parecem compatíveis com os grandes desafios da liberdade pública. O bom Panfílio toma assim a palavra:

> Não há como suportar o que se passa. Por toda parte há um espírito de partido! Uma exaltação de ideias! Um despotismo nas opiniões!... Nem sequer é permitido ser moderado. Dependendo das pessoas que encontramos, impõe-se ser *whig* ou *tory* até o fanatismo e, se alguém ousar ver o mínimo defeito no sistema defendido por eles, ou a mínima qualidade no sistema adversário, expõe-se a despertar contra si todas as paixões.

A maior parte dos neologismos acompanhando aquilo que, à semelhança dos alemães, poderia ser designado como uma era da sensibilidade, não chegaram a ser adotados pela língua. O adjetivo *sentimental* e o substantivo *sentimentalismo* são os únicos que perduraram para designar a receptividade do sujeito sensível, ávido de usufruir de suas emoções. Esses dois termos são suscetíveis de um matiz pejorativo: podem ironizar a facilidade de se comover e de choramingar a respeito das desgraças tanto do mundo quanto das próprias.

O caráter próprio da época, sobretudo na França, consiste em sentir uma "carência de palavras" mais acentuada que em tempos anteriores durante os quais não havia falta delas "enquanto não se tornassem necessárias para obrigar cada um dos homens a aumentar os seus conhecimentos mediante um trabalho persistente" (*Encyclopédie*, "Discurso preliminar"). Diderot manifesta interesse por esse esforço que leva todos aqueles que – impedidos de dominar, por alguma deficiência, o conjunto dos recursos de uma língua – se tornam capazes de encontrar equivalentes metafóricos ou circunlocuções. Em suas obras, *Lettre sur les aveugles* (1749 [Carta sobre os cegos]) e *Lettre sur les sourds et muets* (1751 [Carta sobre os surdos e mudos]), ele serve-se do exemplo de dois deficientes sensoriais. Aquele a quem falta um dos sentidos encontra uma compensação em um jogo de equivalências: "Observei que a *carência de palavras* produzia também o mesmo efeito nos estrangeiros para quem a língua ainda não é familiar: eles são forçados a dizer tudo com um número reduzido de termos, o que os obriga a utilizar alguns de maneira bastante auspiciosa" (*Lettre sur les aveugles*). A normalização linguística na França eliminou da língua oficial os patoás, as palavras populares ou técnicas. Os viajantes que se afastam das rotas habituais, os eruditos que se empenham em descrever os mundos longínquos, assim como os *sentimentaux* que procuram relatar o detalhe de sua experiência íntima esbarram na mesma precariedade da língua. Bernardin de Saint-Pierre carece dos termos que lhe permitiriam exprimir precisamente o espetáculo do nascer e do pôr de um sol nos trópicos: "Espetáculo que não é menos difícil de descrever que de pintar", anuncia ele em seu livro *Voyage à l'Île-de-France, par un officier du Roi* [Viagem à Ilha de França, atual ilha Maurício, por um oficial do Rei], em 1773, antes de se arriscar a esboçar o quadro das cores no céu. A atenção aos matizes do real comprova uma sensibilidade acentuada, incentivada por novos horizontes. Os leitores de Rousseau e de Bernardin enfrentam o mesmo desafio para celebrar uma natureza que supera a linguagem, além de transbordar a expressão humana. No ano VII, o médico André-Joseph Canolle abandona os trabalhos de higiene social e canta *Les Délices de la solitude* (1799 [As delícias da solidão]). Ele imagina um jardim das Hespérides.

> Como descrever o seu perfume, essa essência etérea que arrebata a alma com a mais voluptuosa embriaguez? O seu delicioso sabor é ainda mais indefinível; a língua carece de expressão para descrever as sensações que a afetam da maneira mais agradável

possível. À semelhança do coração, pelo fato de sentir demais, ela permanece silenciosa.

No começo do século XIX, Benjamin Constant teoriza a precariedade da língua, incapaz tanto de traduzir a riqueza infinita da criação quanto de exprimir por palavras todos os matizes do coração:

> Todos os nossos sentimentos íntimos parecem esnobar os esforços da linguagem: a palavra rebelde, nem que seja pelo fato de generalizar o que exprime, serve para designar, distinguir, e não tanto para definir. Instrumento do intelecto, ela só traduz bem as noções da mente. Ela fracassa em tudo o que se refere, seja aos sentidos ou à alma. Procurem definir a emoção que lhes causa a meditação da morte, o vento que geme através das ruínas ou sobre os túmulos, a harmonia dos sons ou das formas. Procurem definir o devaneio, o frêmito interior da alma no qual vêm juntar-se, e como que se perder em uma confusão misteriosa, todas as fruições dos sentidos e do pensamento (*De la religion, considérée dans sa source, ses formes et son développement*, 1824-1830 [Da religião, considerada em sua origem, suas formas e sua evolução]).

O vocabulário filosófico padece do mesmo déficit lexical. Enquanto a Europa do Iluminismo adota a lição de John Locke, segundo a qual a experiência sensorial constitui progressivamente o ser humano, faltam os termos para exprimir a nova filosofia. Assim, a *Encyclopédie* lembra que, para numerosos pensadores da Antiguidade, conhecemos as coisas apenas enquanto elas são recebidas na mente "pelo canal dos sentidos: desse modo, o seu primeiro princípio é que nada há no entendimento que não tenha passado pelos sentidos, *nihil est in intellectu quod prius non fuerit in sensu*" (verbete "Dialectique" [Dialética]). A lição antiga deve encontrar um novo nome, ao passo que os defensores da ortodoxia religiosa e filosófica manifestam a sua inquietação diante dessa insistência sobre o papel desempenhado por nossos sentidos e diante do risco de anulação da especificidade intelectual e espiritual da criatura humana. As polêmicas servem-se da confusão lexical entre a sensorialidade e a sensualidade. Falamos atualmente de *sensualismo* ou de *empirismo*, mas os dois termos não são utilizados em um sentido filosófico a não ser a partir do começo do século XIX: o uso de *sensualismo* ocorreu no contexto de uma crítica do pensamento do século XVIII em que o conhecimento pelos sentidos era implicitamente depreciado como uma displicência às solicitações dos sentidos; por sua vez, o termo *empirismo* – que designava uma prática da medicina reduzida ao charlatanismo ou, então, fundamentada na observação[3] – serviu para caracterizar uma doutrina que substitui as ideias inatas pela experiência e a abstração idealista pela informação sensorial.

Enquanto o idealismo privilegia a metáfora da visão e da clareza, por um lado, e, por outro, a razão é considerada como um olhar que capta a realidade, o empirismo recorre aos outros sentidos, considerados inferiores. No *Traité des sensations* (1754 [Tratado das sensações]), Condillac imagina uma estátua limitada ao sentido do olfato. Agradáveis ou desagradáveis, os odores transformam as sensações em emoções, suscetíveis de desencadear a ação. A memória permite as comparações, a formação das ideias e a constituição progressiva de um ser inteligente. Na esteira de Condillac, Diderot pensa o desenvolvimento de seres privados da visão ou da audição e da fala. O cego está livre de numerosos prejulgamentos e, pelo toque, ele é capaz de perceber e compreender o mundo à sua volta. Ele vê mediante a pele. A informação fornecida pela mão torna-se a metáfora da experimentação e, até mesmo, do gosto estético. Diderot define a experimentação como uma sequência de tateios e o julgamento estético como "um *tato* muito delicado, fino e sutil" (*Salon de 1767*). Ele arrisca-se a precisar a sua definição: "Antes de ir mais longe, vocês me questionam a respeito do que é esse *tato*? Já lhes disse: é um hábito de julgar com segurança, preparado por qualidades naturais, além de estar baseado em fenômenos e experiências, cuja memória não está presente em nós." Alguns filósofos fundamentavam o julgamento estético em um sentido inato do belo; em vez deste, Diderot prefere o tateio que nos fornece o hábito de apreciar as

---

3. Sobre essa ambivalência do empirismo médico, cf. BARROUX, G. *Philosophie, maladie et médecine au XVIIIe siècle*. Paris: Champion, 2008, p. 136-139.

obras de arte. O século XVIII chegou a ser considerado como a época da "valorização do tato"[4]. A *Encyclopédie* vai defini-lo como "o mais grosseiro de todos os sentidos, sem deixar de ser ao mesmo tempo o mais abrangente, pelo fato de afetar um número de objetos maior do que todos os outros juntos: alguns chegam inclusive a reduzir todos os outros sentidos unicamente ao sentido do tato" (verbete "Toucher" [Tato]). Ele encontra-se na origem da escultura, assim como da pintura – área em que se fala do *toque* [*touche*] de um pintor – e da música em que se *toca* [*touche*] um cravo, em que se *pinça* [*pince*] uma harpa. O cravo ocular, imaginado pelo Padre Castel, estabelece uma equivalência entre os sons e as cores. O toque [*toucher*] torna-se uma imagem para explicar uma relação moral: alguém é tocado [*touché*] pelo objeto amado, este impõe-se a nós como *cativante* [*touchant*].

No século XVIII, o Mito de Pigmalião inspira pintores, escultores e romancistas, propondo uma fábula sobre o tato. O escultor que modela Galatea acaba apaixonando-se por sua obra. A manipulação da matéria transforma-se em carícia da pele, o toque converte-se em sentimento. O mito é suscetível de duas leituras. Em *Pygmalion, ou la Statue animée* (1741 [Pigmalião, ou a Estátua animada]), Boureau-Deslandes interpreta-o de acordo com um sentido materialista: o escultor trabalha o mármore para levá-lo a assemelhar-se a uma mulher que assombra os seus sonhos; além disso, ele observa o momento "em que a extensão devia passar para um estado mais perfeito ou, pelo menos, mais aperfeiçoado". Tal mudança é progressiva e garante uma transição inaudita. "Há um distanciamento infinito de um estado para o outro; esse infinito, porém, termina em um tempo bem finito". A dinâmica a respeito do finito e do infinito na fábula encobre a passagem da experiência sensorial para o julgamento em cada ser humano: "[...] uma criança no berço assemelha-se a algo tosco, e ainda mais tosco e informe que o mármore. A máquina desenvolve-se [...], adquire toda a sua perfeição, é possível verificar o crescimento sucessivo do

---

4. Cf. GAILLARD, A. "Approches croisées des disciplines (art, science, littérature, philosophie): la question du toucher des Lumières". In: *Dix-huitième Siècle*, n. 46, 2014, p. 309-322.

pensamento e do raciocínio, de tal modo que eles se dotam de mais força, de nitidez, de mais união e simpatia". *Simpatia*: o último termo fornece à máquina um poder não apenas de raciocínio, mas de vida moral. A perfeição não indica uma qualidade essencialmente diferente, mas o último grau de uma evolução. Rousseau, por sua vez, interpreta de modo diferente o mesmo motivo em uma cena lírica – *Pygmalion* (1771 [Pigmalião]) – destinada a ser acompanhada pela música. Ele insiste na dimensão afetiva do vínculo entre o artista e a sua criatura. A primeira fala de Pigmalião está impregnada de desespero: "Não há aí nenhuma alma, nem vida". Mas opera-se um prodígio de amor que anima a estátua. O toque já não é apenas sensual, mas torna-se tomada de consciência de si e continuidade moral entre os seres. "*Galatea apalpa-se e diz*: Eu. [...] *Ela pousa a mão nele; invadido por um frêmito, ele toma essa mão, levando-a a seu coração e cobrindo-a com ardentes beijos. Dando um suspiro, Galatea afirma*: Ah! Ainda sou eu"[5]. Um salto qualitativo ocorre entre o tato e o sentimento, o toque e a consciência. A complementaridade da língua e da música sugere a diferença entre a sensorialidade e o sentimento. A emoção amorosa está em continuidade com o prazer sensual em André-François Boureau-Deslandes, marcando uma superioridade qualitativa em relação ao simples contato físico em Jean-Jacques Rousseau.

Uma floração lexical, semelhante àquela que diz respeito ao tato, é identificável a propósito do paladar. Quando o século XVIII questiona a apreciação do belo a partir de critérios de raciocínio universais, ele recorre à metáfora gustativa. A emoção, suscitada pela obra de arte, seria comparável ao prazer usufruído na degustação de uma iguaria: ela é experimentada antes de ser objeto de reflexão. Essa é a tese desenvolvida pelo Abbé Dubos (1670-1742) em sua obra *Réflexions critiques sur la poésie et sur la peinture* [Reflexões críticas sobre a poesia e sobre a pintura], a qual, publicada em 1719, servirá de inspiração para o século inteiro.

---

5. Os textos de André-François Boureau-Deslandes e de Jean-Jacques Rousseau são citados segundo a antologia estabelecida em COULET, H. *Pygmalions des Lumières*. Paris: Desjonquères, 1998.

> Existe em nós um sentido destinado a saber se o cozinheiro agiu segundo as regras de sua arte; saboreia-se o guisado e, até mesmo sem conhecer as regras, sabe-se se está bom. O mesmo ocorre, de alguma maneira, com as realizações intelectuais e os quadros elaborados para nos agradar e emocionar. Existe em nós um sentido destinado a julgar sobre o mérito dessas obras que consistem na imitação de objetos cativantes na natureza[6].

Para não reduzir a emoção estética a um simples prazer do paladar, Dubos fala, na sequência do texto, de um "sexto sentido que está em nós, sem que vejamos os seus órgãos". A descrição do prazer associado ao sentimento sublinha a ideia de movimento: "O coração agita-se por si mesmo e através de um movimento que precede qualquer deliberação quando o objeto que lhe é apresentado é realmente um objeto cativante [...]". No livro *Réflexions sur le goût* [Reflexões sobre o paladar], o Abbé Gédoyn (1677-1744), contemporâneo de Dubos, serve-se da mesma comparação entre sentido próprio e sentido metafórico:

> No sentido próprio, é aquele de nossos cinco sentidos pelo qual discernimos os sabores. No figurado, será, portanto, aquele que nos leva a discernir entre o bom e o mau nas obras intelectuais e artísticas. Com efeito, do mesmo modo que os sabores são o objeto do paladar material e físico, assim também tais obras são o objeto do senso gustativo moral[7].

Mas a identidade de palavra abrange realidades de uma ordem totalmente diferente. A emoção específica à contemplação estética não encontra o vocabulário que lhe seria indispensável[8].

A expressão "sexto sentido" aparece, regularmente, durante o século XVIII para sugerir um instinto divino ou simplesmente ético que ultrapassaria a sim-

---

6. DUBOS, J.-B. *Réflexions critiques sur la poésie et sur la peinture* [1719]. T. 2. 4. ed. Paris: Mariette, 1740, p. 325.
7. GÉDOYN, N. "Réflexions sur le goût". In: *Recueil d'opuscules littéraires*. Amsterdã: Van Harrevelt, 1767.
8. Cf. BECQ, A. *Genèse de l'esthétique française moderne, 1680-1814*. Paris: Albin Michel, 1984, p. 277.

ples experiência sensorial. Em sua resposta aos tratados materialistas – a que atribui o título de *Les Adorateurs, ou les Louanges de Dieu* (1769 [Os Adoradores, ou os Louvores de Deus]), Voltaire celebra esse sexto sentido, "o mais delicado de todos", "aquele que une tão deliciosamente os dois sexos, aquele cujo único desejo ultrapassa todas as outras volúpias, aquele que, por seus antegozos, é um prazer inefável". Os olhares, por exemplo, são "os precursores do gozo". Deve-se à imaginação de um romancista, tal como Casanova, a tentativa destinada a fornecer um conteúdo original a esse sexto sentido. *O Icosaméron* (1788) relata a descoberta de uma sociedade no centro da Terra. Os dois heróis travam conhecimento com os Megamicros, cujo nome une paradoxalmente o pequeno e o grande, e aceitam ser massageados com a ajuda de ervas e de flores.

> Os deliciosos perfumes desses vegetais trouxeram uma nova voluptuosidade às nossas almas; o nosso sentido que usufruiu deles de maneira mais particular não foi, como talvez fossem levados a pensar, nem o olfato, nem o paladar, mas um sexto sentido diferente de todos os outros, cuja ação chegava a nosso conhecimento por meio dos nervos e do sangue que ficavam impregnados pelo tato sutil que, ao friccionar a nossa pele, provocava a sua vibração (2º dia).

A descoberta de uma sensibilidade mais fecunda pressupõe uma nova distribuição das práticas sensoriais. Assim, a música é sentida de maneira tátil:

> O canal que conduz a divina harmonia da música das pessoas à alma das mesmas é, além do canal da audição, toda a pele que cobre o seu corpo, ao ponto que os portadores de togas, mantos e exomis [túnicas curtas à moda antiga] despojam-se, muitas vezes, dessas vestes para gozarem inteiramente de sua beleza e para franquearem-lhe todos os caminhos capazes de levá-la de maneira mais direta à sua alma [...] (4º dia).

Segundo Casanova, a alma está bem perto da pele. Com frequência, a implementação da "civilização dos costumes" foi concebida como um aprendizado de uma sensibilidade mediata e distanciada, como uma superação das sensações em favor de sentimentos interiorizados. É possível também falar de uma dupla promoção: por um lado, da sensibilidade física que adquire a dignidade da sensibilidade moral; e, por outro, da sensibilidade moral que enfrenta o estorvo da aparência física e da sensualidade. Será que essas duas sensibilidades constituem o alicerce de uma universalidade humana ou, então, de uma relatividade segundo os indivíduos? A relação entre elas redunda em ambiguidades e aporias que se exprimem na busca de uma nova linguagem e na invenção de ficções.

Poder do estado de vigília, prazer do adormecimento

De acordo com as lições do empirismo, o ser humano é, em primeiro lugar, uma história, feita de um desenvolvimento, de uma maturidade e, em seguida, de um enfraquecimento, até mesmo de um duplo processo permanente de desenvolvimento e de envelhecimento. Ele define-se não tanto por uma essência, um caráter fixo, mas por uma experiência e uma rede de relações; em vez de nascer, ele torna-se de preferência o que é. O pensamento e a literatura do século XVIII debruçam-se com predileção sobre os começos da vida, as primícias da consciência. A religião forneceu um relato do Gênesis e uma história do primeiro homem. As ciências naturais propõem um novo relato em relação com as observações experimentais. Em meados desse século, Buffon causou sensação quando levou a falar um primeiro homem, puramente natural, que se separa de seu meio ambiente e afirma a sua autonomia. O desenvolvimento encontra-se em uma seção dedicada aos "sentidos em geral". Uma preeminência é concedida ao toque, princípio de contato e de objetividade:

> É unicamente pelo tato que podemos adquirir conhecimentos completos e reais; esse sentido é que retifica todos os outros sentidos, cujos efeitos não passariam de ilusões e limitar-se-iam a produzir erros em nossa mente, se o tato não nos ensinasse a exercer o nosso julgamento[9].

---

9. BUFFON. *Histoire naturelle* [1749-1789]. In: *Œuvres*. Paris: Gallimard, col. "Bibliothèque de la Pléiade", 2007, p. 302. As citações seguintes são tomadas de empréstimo ao mesmo texto (p. 302-306).

Para compreender como se realiza o desenvolvimento desse sentido, Buffon imagina o primeiro homem tal como se ele despertasse "novo em folha para ele mesmo e para tudo o que está à sua volta": "Lembro-me desse instante pleno de alegria e de perturbação em que, pela primeira vez, senti a minha singular existência; eu ignorava o que eu era, onde estava, de onde vinha. Abri os olhos; que enorme sensação!" A primeira emoção é eufórica, "sentimento inexprimível de prazer", relançado em cada vez por uma alternância de medo e de ímpeto ao ritmo do dia e da noite. O ser exerce progressivamente a sua visão e a sua audição, depois coloca a mão sobre o seu corpo e toma consciência de uma existência própria: "Tudo o que eu tocava em mim parecia dar à minha mão um sentimento após o outro, e cada toque produzia em minha alma uma dupla ideia". Essa experimentação de si dá ao homem uma consciência da relatividade dos sentidos e da necessidade de um controle crítico pelo tato; então, ele é capaz de exercer a mesma verificação sobre os objetos exteriores. A progressão no domínio de si e do mundo é acompanhada de um refinamento dessa relação. A visão e o tato fornecem uma gama de prazeres, o consumo de uma fruta é a garantia de um gozo: "Que sabor! Que novidade de sensação! Até então, eu me limitara a experimentar prazeres, o paladar proporcionou-me o sentimento da volúpia". O confronto com um novo ser, distinto e diferente, consagra uma nova etapa do desenvolvimento humano e leva a descobrir uma fruição inédita, intercâmbio moral e físico. O ser torna-se um indivíduo no impulso para o outro e no dom amoroso de si: "Essa vontade viva rematou a minha existência, senti nascer um sexto sentido". Realizou-se a passagem da sensação para o sentimento, do tato para o contato, e o tateio transformou-se em amplexo amoroso. A emoção dessas páginas confunde-se com um movimento de apropriação do mundo pelo conhecimento e pelo trabalho. Os reinos – mineral, vegetal e animal – estão à disposição do homem convocado a colonizar o espaço e a explorar os recursos da natureza. O primeiro casal serve de metonímia da comunidade humana e os primeiros dias imaginados pelo naturalista são a imagem de uma história que adquire o sentido de um progresso. Os momentos negativos da experiência, as resistências da realidade, os limites do ser humano e a morte não chegam a entravar, segundo parece, o sentimento de liberdade, nem a certeza de uma plenitude. "Minha existência era plena demais para que receasse deixar de ser". A época projeta sobre o primeiro homem as emoções do cientista que avalia e compreende o mundo, do empresário que constrói minas e fábricas para produzir bens de consumo.

A filosofia e a ficção do século XVIII não cessam de multiplicar as variações sobre esse surgimento para a vida que constitui um Gênesis sem criador divino; nesse caso, a filosofia propõe um esquema para a constituição dos conhecimentos e para a formação das ideias, enquanto a ficção desenvolve relatos da diversificação dos sentimentos. A estátua de Condillac torna-se odor de rosa, de cravo, de jasmim e de violeta, antes de distinguir os odores mais ou menos fortes, agradáveis ou desagradáveis, presentes ou passados. A memória e a comparação servem de alicerce ao julgamento. A mesma demonstração é empreendida para cada um dos outros sentidos e, em seguida, para a associação entre eles. As sensações aparecem como a única fonte de conhecimento, de modo que a reflexão não passa de uma forma derivada. Guillard de Beaurieu elaborou um romance, *L'Élève de la nature* (1764 [O aluno da natureza]), que foi atribuído, às vezes, a Rousseau pelo fato de sua grande afinidade com a tese defendida no *Émile*: a melhor educação é aquela que preserva a criança da influência perniciosa da sociedade. Ele imaginou a ficção de um pequeno aluno segundo a natureza pura, ou seja, na realidade, afastado artificialmente de toda a vida social. É o "aluno da natureza" que relata a sua história na primeira pessoa. Entregue a si mesmo, ele desenvolve-se somente a partir dos acidentes no decorrer de sua infância: necessidades vitais que deixam de ser satisfeitas por seus educadores invisíveis, choques causados pelas mudanças de seus hábitos. A construção de seu ser é detalhada em cada etapa.

> Duas portas de minha alma estavam ainda fechadas: o olfato e o tato. [...] Tendo entrado em um pequeno bosque vizinho de minha cabana, respirei aí o que pode ser designado como os perfumes da manhã, o odor suave do despertar da natureza [...]. A esse odor unia-se uma verdura risonha sobre a qual a aurora acabava

de espalhar tesouros tão reais quanto as pérolas e os diamantes são quiméricos. Os felizes habitantes desses recantos, os pássaros, cantavam a sua felicidade e os seus prazeres, além de celebrarem a volta do sol[10].

O menino inebria-se com perfumes e cânticos. De que maneira exprimir tais delícias? "Mediante arrebatamentos os quais são explicitados dificilmente pela língua francesa, e que seriam designados em latim por *lascivia*, termo que nessa língua não apresenta a ideia obscena daquele pelo qual o traduzimos". As violências da natureza, a morte e a imundícia, a solidão são outras tantas experiências negativas que o personagem deve superar; fornecem-lhe uma companheira e a educação ideal completa-se através de uma forma de utopia insular. A educação e a reflexão política são atravessadas pelo mesmo sonho de retorno a um modelo primordial, assombradas pelas mesmas cenas: o nascimento de um homem novo e a regeneração da comunidade política.

Essas "educações negativas"[11] descartariam todos os erros dos modelos sociais existentes para reinventar uma sociedade a partir de novas bases, conformes à ordem natural. Os "filhos do Faraó Psamético" podem ser jovens náufragos separados de sua metrópole e transformados em pequenos Robinsons, ou objetos de experiência semelhantes aos do soberano egípcio, segundo a fábula relatada por Heródoto. Os alunos, sob o olhar atento de seu pedagogo, são parecidos com as criaturas modeladas por Prometeu ou com a estátua de Pigmalião. O chão do ateliê assemelha-se à *tabula rasa* teorizada por Locke ou Condillac. Jornalista e romancista, Meusnier de Querlon dedicou um relato aos "Hommes de Prométhée" [Homens de Prometeu], comprazendo-se em descrever a eclosão da consciência nas figurinhas de terra que passam "do nada ao ser":

> Deslumbrados pela luz que os cerca, e tendo poupado as suas frágeis pálpebras, os seus primeiros olhares fixam-se em si mesmos.

---

10. GUILLARD DE BEAURIEU, G. *L'Élève de la nature*. T. 1. Amsterdã/Paris: Panckoucke, 1764, p. 78-79.
11. Cf. MARTIN, C. *Éducations négatives* – Fictions d'expérimentation pédagogique au dix-huitième siècle. Paris: Classiques Garnier, 2010.

> Em breve, eles são levados para outros objetos. O azul brilhante do céu sem nuvens, o cristal de uma onda pura e tão transparente quanto o ar, o esmalte das pradarias, o verde dos campos e das florestas: todas essas cores, cuja combinação e variedade parecem ter sido garantidas pela Natureza unicamente para o prazer da vista, encantam alternadamente os seus olhos, penetram nestes de maneira aprazível e sem confusão; e, dilatando as suas tenras membranas, traçam aí as suas suaves imagens. O universo parece, nesse momento, sair do caos propositalmente para eles[12].

O cântico de agradecimento tradicional ao Criador e a adoração de uma Providência benfazeja são laicizados em um êxtase sensual e imanente. Ordem espontânea, a Natureza existiria "sem confusão" e seria racional diante do despertar da razão humana. O bom funcionamento dos órgãos sensoriais transforma-se em prazer sentimental, a harmonia entre o quadro natural e os seres humanos, e a complementaridade destes, culminam no acoplamento amoroso. Além de estar desembaraçada de qualquer ideia de transgressão e de constrangimento, a vibração erótica é elevada à categoria de ato sagrado por sua conformidade com as leis superiores da Natureza. "A Natureza, no entanto, ocupada a dirigir em seus caminhos esses primeiros homens, apressa-se em acabar a obra de seu laborioso artesão. Ela própria canta o himeneu deles que passam de uma delícia para a outra, dos braços de Morfeu para os braços do amor". Todos os dramas da posse e do ciúme, suprimentos da literatura dramática e romanesca, são esquecidos nesse retorno a uma natureza batismal.

O gosto da manhã na montanha é comum a Jean-Jacques Rousseau, o qual acreditava no céu, e a Diderot que não acreditava neste: manhã majestosa e espetacular para o primeiro, mais variável e tormentosa para o outro. O ensinamento moral e religioso do *Émile* é apresentado no extrato do livro IV: *Profession de foi du vicaire savoyard* [Profissão de fé do vigário saboiano].

> Era verão. Levantamo-nos ao raiar do dia. Ele me levou para fora da cidade, em uma alta colina abaixo da qual passava o Pó, cujo

---

12. MEUSNIER DE QUERLON, A.-G. *Les Hommes de Prométhée* [1748], na sequência de *Psaphion, ou la Courtisane de Smyrne*. Paris: E. Fammarion, 1894, p. 125.

> curso era visível através das férteis margens banhadas por sua corrente. Ao longe, a imensa cadeia dos Alpes coroava a paisagem. Os raios do sol nascente roçavam já as planícies, e projetando nos campos, mediante longas sombras, as árvores, os outeiros, além das casas, enriqueciam com mil reflexos de luz o mais belo quadro a impressionar o olho humano. Dir-se-ia que a natureza desdobrava diante de nossos olhos toda a sua magnificência para oferecer o texto às nossas conversações[13].

A lição confunde-se com a emoção provocada pelo espetáculo do sol nascente acima da cadeia de montanhas. A natureza, já impregnada de cultura, está em continuidade com a natureza selvagem, o maciço imponente harmoniza-se com as silhuetas humanas. Para Diderot, a emoção está na iminência de se manifestar; assim, esse pensador convoca o artista a levantar-se cedo para aproveitar o espetáculo grandioso.

> Vai assistir ao sol nascente e poente, o céu colorido de nuvens. Passeia pela pradaria em redor dos rebanhos; presta atenção à grama brilhando com gotas do orvalho, aos vapores que se formam no final da tarde, estendendo-se pela planície e escondendo de ti, aos poucos, o cume das montanhas. Pula de tua cama de madrugada, apesar da mulher jovem e atraente junto da qual repousas; antecipa-te ao retorno do sol. Vê o seu disco obscurecido, os contornos de seu orbe apagados, e toda a massa de seus raios perdida, dissipada, sufocada na imensa e profunda neblina [...]. Dirige o teu olhar para os cumes das montanhas; eis que elas começam a furar o oceano vaporoso. Estuga o teu passo, sobe depressa em alguma colina elevada e, desse local, contempla a superfície desse oceano que ondula indolentemente acima da terra[14].

Essa interpelação é dirigida ao artista inglês de origem francesa, Philip James Loutherbourg, que expõe paisagens no Salon de 1765. Diderot é, sem dúvida, mais sensível que Rousseau ao movimento incessante da natureza e à

---

13. ROUSSEAU, J.-J. *Émile* [1762]. In: *Œuvres complètes*. T. 4. Paris: Gallimard, Col. "Bibliothèque de la Pléiade", 1969, p. 565 [Ed. bras.: *Emílio ou da educação*. Trad. de Sérgio Milliet. São Paulo/Rio de Janeiro: Difel, 1973].
14. DIDEROT, D. *Salon de 1765*. Paris: Hermann, 1984, p. 211.

mudança frequente das condições do tempo. Ele exorta o pintor a tornar-se o rival do Criador, a converter-se a si mesmo em criador para permitir que o homem açambarque uma paisagem flutuante. Dois anos mais tarde, no Salon de 1767, o qual registra o triunfo de Joseph Vernet – o mais famoso pintor de paisagens em sua época –, uma sublime paisagem de montanha oferece igualmente ao narrador o texto de uma conversação filosófica que evoca um mundo sem aurora inaugural. Ainda alguns anos mais tarde, o próprio Diderot levanta-se antes do astro do dia para contemplar o campo, de modo que o seu olhar se torna mais técnico:

> O meu olhar deleita-se com uma paisagem diversificada constituída de montanhas atapetadas de verdura [...]. Toda essa cena silenciosa e quase monótona tem a cor anuviada e real. Entretanto, o astro do dia apareceu e tudo mudou através de uma quantidade inumerável e súbita de reflexos de maior ou menor grau de intensidade; trata-se de outro quadro em que não resta uma folha, nem um raminho de erva, tampouco um ponto do primeiro. (*Pensées détachées sur la peinture*, 1777 [Pensamentos específicos a respeito da pintura].)

Leitor de Rousseau e de Diderot o Senador, Théodore Vernier, afasta-se da vida política, no período do Império (1804-1814), para celebrar *Les Délices de la vie champêtre* (1808 [As delícias da vida campestre]):

> Ninguém pode resistir à impressão que deixa a aurora nascente em nossas almas; é impossível contemplá-la sem êxtase [...]. As sensações experimentadas voltam incessantemente à nossa imaginação e induzem a olhar como digna de inveja a felicidade daquele que, em um dia lindo, pode subir ao cume de uma montanha para deleitar-se com semelhante gozo [...]. Fica a impressão de ver o universo renascer e sair de novo do caos.

Ao milagre cotidiano do alvorecer corresponde a suavidade do entardecer; à plenitude do começo do dia corresponde o encolhimento no presente imediato. No decorrer de *Cinquième promenade* [Quinto passeio], o caminhante solitário mostra-se "mergulhado em mil devaneios confusos, mas deliciosos; além disso, sem ter nenhum objetivo bem determinado, nem constante, eles não deixavam de ser para [seu] gosto uma centena de vezes preferíveis a tudo o que [ele havia] encontrado de mais suave naquilo que é designado como os prazeres da vida". Ele passa o final da tarde na beira do lago "em um devaneio delicioso"[15] quando a noite o surpreende sem que se tenha apercebido disso. Ele atinge o sentimento genuíno da existência, esvaziado de qualquer sensação exterior. Nada é igual à entrada na glória do dia nascente, além dessa descida do final da tarde em um corpo cansado pela jornada e por uma consciência em paz consigo mesma. Ao sentimento de ter aproveitado bem o seu dia, acrescenta-se uma plenitude física; no verbete "Délicieux" [Delicioso] da *Encyclopédie*, Diderot descreve o mesmo prazer da noite que se avizinha. Ele procura responder à pergunta: o que é um repouso delicioso?

> É unicamente aquele que conheceu o seu encanto inexprimível, o qual, de maneira sutil, se torna sensível aos órgãos: aquele que tinha recebido da natureza uma alma terna e um temperamento voluptuoso; que usufruía de uma saúde perfeita; que se encontrava na flor da idade; aquele cuja mente não estava perturbada por nenhum distúrbio e cuja alma não estava agitada por nenhuma emoção demasiado viva; aquele que saía de uma fadiga suave e leve, além de experimentar em todas as partes de seu corpo um prazer que, pelo fato de estar disseminado de maneira tão homogênea, não permitia estabelecer qualquer distinção de grau de intensidade. Não lhe restava, nesse instante de encantamento e de fraqueza, nem memória do passado, nem desejo do futuro, tampouco inquietação relativamente ao presente.

O sonhador de Rousseau já não tem "necessidade de lembrar o passado, nem de antecipar o futuro". Para o homem cansado de Diderot:

> O tempo tinha cessado de escoar-se [...], porque existia totalmente em si mesmo; o sentimento de sua felicidade não esmorecia a não ser com o de sua existência. Ele passava por um movimento imperceptível do estado de vigília ao sono; todavia, no decorrer dessa passagem imperceptível, no meio do desfalecimento de todas as suas faculdades, ele continuava bem vigilante, não tanto

---

15. ROUSSEAU, J.-J. *Les Rêveries du promeneur solitaire* [1782]. In: *Œuvres complètes.* Op. cit., t. 1, p. 1.044-1.045.

para pensar em algo distinto, mas, pelo menos, para sentir toda a doçura de sua existência. Assim, ele deleitava-se nisso com um gozo totalmente passivo, sem estar apegado, nem refletir, tampouco regozijar-se ou felicitar-se com isso.

A cena do adormecimento pode também valer como uma imagem do final de vida apaziguada e serena do ateu virtuoso.

O sonhador rousseauísta e o homem cansado de Diderot haviam preenchido bem a sua jornada: Rousseau dedicou-se à herborização e, apesar de ser desconhecida a atividade do homem cansado de Diderot, ele não esteve ocioso. A fruição de um presente imediato não escapa, no relato a seu respeito, à inscrição em uma temporalidade. Os dois crepúsculos são momentos de passagem, surgimento do dia ou deslizamento para a noite. A concentração no instante permanece associada à consciência de uma história. Rousseau relata em *Les Rêveries du promeneur solitaire* (1782) outra experiência de existência reduzida a si mesma: no decorrer de um passeio ao Bairro Ménilmontant, na região nordeste de Paris, tendo sido derrubado por um cão dinamarquês que acompanha uma carroça, ele desmaia e volta a tomar consciência, como se fosse o primeiro homem de Buffon, como se fosse uma criatura de Prometeu ou um "aluno da natureza". O seu despertar corresponde paradoxalmente à caída da noite.

> A noite avançava. Vi o céu, algumas estrelas, e um pouco de verdura. Essa primeira impressão prodigalizou-me um sentimento delicioso [...]. No momento presente, eu não me lembrava de nada; não tinha nenhuma noção distinta de minha individualidade, nem a mínima ideia do que acabava de me acontecer; não sabia quem eu era, nem onde estava [...]. Sentia em todo o meu ser uma calma encantadora; aliás, cada vez que me lembro dela, sou incapaz de encontrar algo comparável em toda a atividade dos prazeres conhecidos[16].

O simples sentimento da existência não pode ser experimentado a não ser no final de um passeio em uma colina [Ménilmontant] que domina a ca-

---

16. Ibid., p. 1.005.

pital, lugar em que Rousseau fez o balanço de sua vida. O esquecimento do passado e a felicidade passiva exprimem-se na rememoração do acidente e no relato do passeio.

Os momentos do presente imediato aparecem como o ponto de partida de uma escala de sensações e de sentimentos em relação à qual o século não cessa de estabelecer a gradação. No "Discurso preliminar" da *Encyclopédie*, d'Alembert lembra a "genealogia e filiação de nossos conhecimentos" a partir das sensações, segundo os princípios de Locke e de Condillac; além disso, ele procura "determinar, se possível, o tipo de gradação observada pela nossa alma nesse primeiro passo transposto por ela fora de si mesma, impelida, por assim dizer, e, simultaneamente, reprimida por uma grande quantidade de percepções que, por um lado, a arrastam para os objetos exteriores e, por outro, pertencendo-lhe de maneira exclusiva, parecem circunscrever-lhe um espaço restrito do qual é impedida por elas de sair". O desenvolvimento tanto do indivíduo quanto da comunidade humana realiza-se segundo etapas cuja ordem é estabelecida pelo esforço de educadores e historiadores. O pedagogo de *Émile* organiza a gradação que leva a criança a passar de um momento para o outro de seu desenvolvimento, enquanto o libertino respeita as gradações que são os preliminares obrigatórios da sedução. O primeiro uso do termo no plural deve-se, segundo parece, a Crébillon em um conto de fadas com cenário oriental, *Tanzaï et Néadarné, ou l'Écumoire* (1734 [ou a Escumadeira]). Um gênio consegue enganar a princesa, apaixonada pelo marido. "Daí, como homem que conhece o valor das gradações, ele vai segurá-la nos braços, apertá-la junto a si com volúpia e, por meio de carícias apropriadas, dá-lhe insensivelmente uma ideia bastante viva do prazer para que ela deixe de manifestar interesse por outra coisa". As gradações constituem um treino físico, um despertar dificilmente reversível do desejo. Quatro anos mais tarde, em *Les égarements du coeur et de l'esprit* [Os desvarios do coração e da mente], que se desenrola na França contemporânea, o jovem narrador aprende daquela que ele corteja as regras das conveniências amorosas que não passam de uma arte libertina de bem-viver. "Ela acrescentou a isso mil coisas pensadas com requinte e, finalmente, levou-me a perceber o grau de necessidade das gradações". Até então, o termo que pertence apenas a vocabulários especializados e técnicos torna-se um elemento essencial de uma reflexão a respeito do devir e da evolução[17]. Quando o Pigmalião de Boureau-Deslandes sonha com a animação da estátua que esculpiu, ele tem consciência da necessidade de deslizamentos progressivos: "Tal mudança não se faz bruscamente, nem por saltos, mas por graus, detalhes e movimentos insensíveis". A música ocupa o lugar da escultura em *L'Art de joüir* (1751 [A arte de gozar]) de La Mettrie que associa ritmo da natureza, poder sugestivo da arte e sutileza erótica:

> Do mesmo modo que se vê o sol emergir aos poucos das nuvens espessas que nos roubam os seus raios dourados, assim também que a bela alma de Flora venha a perfurar imperceptivelmente as do sono e que o seu despertar exatamente graduado, como se isso ocorresse ao som dos mais suaves instrumentos, consiga levá-la a passar de alguma maneira por todos os matizes que separam o que há de mais vivo; mas para isso é necessário fazer carícias, não atingindo o ápice da entrega da mulher a não ser por graus imperceptíveis; é necessário que mil fruições preliminares conduzam vocês ao derradeiro gozo.

À semelhança do que ocorre, segundo Rousseau, com os "mil reflexos de luz" e os "mil devaneios confusos, mas deliciosos", assim também as "mil coisas pensadas com requinte", segundo Crébillon, e as "mil fruições preliminares", de acordo com La Mettrie, sugerem a multiplicação das etapas intermediárias, em vez de uma conta exata. A graduação dos instrumentos de medida, estabelecida no decorrer desse século, é acompanhada por uma maior atenção prestada à gradação qualitativa dos gestos e dos comportamentos. No final do século, a ruptura revolucionária, a teoria do sublime e as "tempestades desejadas" hão de valorizar a desproporção desconcertante e a inversão brutal dos valores, mas o século apaixonou-se pelas transições sutis e sonhou longamente

---

17. Cf. DELON, M. *Le Savoir-vivre libertin*. Paris: Hachette, 2000 [nova ed., 2015, p. 81-95]. • DELON, M. *Les Lumières ou le sens des gradations*. Atenas: Fondation Nationale de la Recherche Scientifique, 2004.

com os encadeamentos harmoniosos. No capítulo dedicado ao nascer do sol na obra *Délices de la solitude*, André Joseph Canolle marca o momento em que "o sol ainda está por aparecer", em que, "escondido sob o horizonte, ele prepara através de gradações dosadas para o prazer inspirado em sua presença". Em uma nota, ele explica que a "distribuição gradual da luz" deve ser considerada como um benefício da natureza porque a passagem brusca da escuridão para a luz representaria um choque demasiado doloroso para os seres sensíveis. Em seu livro Les Délices de la vie champêtre, Théodore Vernier repete o seguinte: a aurora atenua, "por sua marcha progressiva, a luz brilhante desse astro, cujos raios demasiado resplandecentes haveriam de ferir a vista, se viessem a atingi--la de modo demasiado repentino".

Valorização do efêmero, do mínimo

A atenção prestada à vida sensorial confere importância aos mínimos sinais da experiência. A superioridade das ideias é questionada pelo reconhecimento do papel desempenhado pelos ínfimos detalhes da existência sensível, assim como a antiga hierarquia na ordem da sociedade e da natureza sofre a concorrência de uma nova solidariedade entre todos os seres vivos. A grandeza da criação manifesta-se na mínima criatura, a vida torna-se cativante no mais insignificante dos animais. Questionamo-nos, atualmente, para saber se o simples *bater de asas* de uma *borboleta* pode desencadear um tornado na outra extremidade do mundo; tal questão incide sobre a causalidade, envolvendo uma questão ecológica e moral. Goethe inicia seu romance epistolar – *Die Leiden des jungen Werthers* (1774 [Os sofrimentos do jovem Werther]), do qual foram publicadas quatro traduções francesas diferentes entre 1776 e 1800 – com um devaneio sobre os insetos que enxameiam na grama, enquanto o herói manifesta, mais adiante, a sua desolação pelo fato de um passo em tal prado custar a vida a milhares de insetos indefesos. Senancour, em sua obra *Rêveries sur la nature primitive de l'homme* (1799 [Devaneios sobre a natureza primitiva do homem]), acha cada inseto associado, como causa e como efeito, à conservação dos mundos. Se o inseto, cuja cor corre o risco de passar despercebida no seu ambiente, cuja passagem é audível dificilmente, merece a atenção do naturalista, do teólogo e do sonhador, a impressão fugaz de um ruído ou de um odor amplifica-se de repente na consciência. O fluxo e refluxo das ondas à beira do Lago de Bienne envolvem Rousseau, o seu ruído ininterrupto e sem monotonia substitui o pensamento e torna-se sinônimo de felicidade. De noite, os sons tomam uma ressonância particular. Louis Sébasten Mercier elogia o prazer do parisiense que, ao deitar-se, escuta uma peça executada ao órgão à noite, como que para predispô-lo suavemente ao sono: "Ele ouve esses sons que se afastam e, ao longe, ganham um encanto ainda maior; ele acaba adormecendo voluptuosamente, repetindo a melodia apreciada que falou à sua alma"[18]. Nessa música noturna, Mercier está pronto a ver um princípio de apaziguamento do povo parisiense, uma possível política de pacificação. O abandono hipnótico de Rousseau ao ruído do lago, assim como o adormecimento do parisiense com música, marca a rejeição de qualquer regra imposta de maneira abstrata. Joseph Joubert anota, em seus cadernos, uma impressão semelhante; além das tocadoras de viela, ele ouve os violinistas, os trompetistas e os oboístas no final da tarde. "Essa música é arrebatadora no meio do silêncio da noite e à distância de uma multidão de ruas desertas; as pessoas mais insensíveis não conseguem escutá-la sem emoção"[19]. Os mais pobres, que nunca terão a oportunidade de frequentar uma sala de concerto, beneficiam-se com uma harmonia instrumental, desprovida de qualquer fala. Mesmo que os músicos estendam a mão para receber uns trocados, o concerto noturno dá uma impressão de gratuidade e sugere uma coesão social livre de qualquer hierarquia. A sensibilidade reúne uma comunidade. Os artistas de rua tornam-se invisíveis como as orquestras de determinadas salas de espetáculo, como os músicos que acompanham atrás

---

18. MERCIER, L.S. "Musique ambulante". In: *Tableau de Paris*. T. 4. Amsterdã, s.n., 1783, p. 65-66.
19. JOUBERT, J. "Musiciens de nuit". In: *Les Carnets de Joseph Joubert*. Paris: Gallimard, 1938, p. 72.

de uma divisória uma refeição galante[20]. "Os buquês que são amontoados nos cruzamentos e que embalsamam o ar, os músicos ambulantes que se deslocam de lugar em lugar para darem os seus concertos [...], tudo isso destila, às vezes, um encanto inexprimível a respeito do qual é difícil conceber uma ideia"[21]. O encanto é inexprimível porque a música instrumental, a melodia de uma canção cujas palavras foram esquecidas, à semelhança do que ocorre com os perfumes, são destituídas de um significado demasiado preciso. Joubert tem a impressão de que, por estarem isolados da vista, os sons são de natureza mais espiritual, contribuindo para estabelecer a distinção entre a emoção e o "remuement"[22].

Rousseau dedica um artigo de seu *Dictionnaire de musique* (1768 [Dicionário da música]) ao "Ranz-des vaches" [Ranz das vacas], a ária que os vaqueiros tocam na cornamusa ao subir para as pastagens dos Alpes. Ele explica no verbete "Musique" [Música] que os suíços expatriados haviam sido proibidos, sob pena de morte, de tocá-la "em suas tropas pelo fato de levar aqueles que a ouvissem a se debulhar em lágrimas, a desertar ou morrer, de tal modo ela excitava neles o ardente desejo de rever o seu país". A música não é portadora de sentido, mas está associada a lembranças, extrai a sua força da distância em relação a estas, trata-se de uma música longínqua, ensurdecida do ponto de vista moral:

> Seria inútil procurar nessa ária os sons energéticos capazes de produzir tão surpreendentes efeitos, os quais não ocorrem de modo algum nos estrangeiros: eles vêm apenas do hábito, das lembranças, de um grande número de circunstâncias que, relembradas

---

20. "Alguns instrumentos campestres fizeram ouvir fanfarras sem se mostrarem." "Ele fez um sinal e, instantaneamente, os músicos instalados no corredor tocaram um concerto atraente." A visita pretende distanciar-se da música: "Pretendi afastar-me e, de longe, ela é ainda mais cativante" (BASTIDE, J.-F. "La Petite Maison". In: *Le Nouveau Spectateur*. T. 2. Paris: Rollin, 1758. • Cf. NAUDEIX, L. "La 'mélodie harmonieuse des cieux': musiciens visibles ou cachés dans le ballet français du XVIIe siècle". In: BISARO, X. & LOUVAT-MOLOZAY, B. (sob a dir. de). *Les Sons du théâtre* – Éléments d'une histoire de l'écoute. Rennes: PUR, 2013.

21. JOUBERT, J. "Musiciens de nuit". In: *Carnet*. Op. cit., p. 72.

22. Literalmente, agitação passional. Joubert não deixa de criticar Diderot ao confundir "o *remuement* com a emoção" (*Les Carnets de Joseph Joubert*. Op. cit., p. 340).

por essa Ária àqueles que a ouvem, e lhes recorda o seu país, os seus antigos prazeres, a sua juventude e todas as suas maneiras de viver, excitam neles uma dor amarga pelo fato de terem perdido tudo isso. A música não age, portanto, exatamente como tal, mas como sinal memorativo.

Senancour, em um fragmento de seu romance, *Oberman* (1804), desenvolveu um ponto de vista que, em seu entender, é diferente. Se a música não tem um discurso, então ela sugere perfeitamente uma paisagem, mas uma paisagem anterior, beirando a dissipação e o esquecimento, em que o vestígio humano é tênue e, em seguida, ausente:

> Além de recordar lembranças, o *Ranz-des-vaches* fornece imagens. Sei que Rousseau disse o contrário, mas creio que ele se enganou. Esse efeito não é de modo algum imaginário [...]. Se tal cântico é entoado de uma maneira mais correta que erudita, se é interpretado de modo bem expressivo, os primeiros sons colocam-nos nos vales mais altos, perto das rochas escarpadas e de um colorido cinza avermelhado, sob o céu frio e o sol ardente. Estamos a cavalo nos cumes arredondados e cobertos de pastagens. Somos impregnados pela lentidão das coisas e pela grandeza desse espaço[23].

Oberman, por sua vez, tem a impressão de que os sons são mais profundos e emocionantes que a visão. Os ecos do *Ranz-des-vaches* dependem do vento e extinguem-se com a chegada da noite: "Resta apenas o luar das neves antigas, além da queda das águas, cujo sussurro selvagem, ao elevar-se dos abismos, parece incrementar a permanência silenciosa dos elevados cumes e das geleiras, assim como da noite"[24]. As tradições antigas correm o risco de se perder, percebe-se que o canto se esvai.

---

23. SENANCOUR, É.P. "Troisième fragment – De l'expression romantique, et du ranz-des-vaches". In: *Oberman* [1804]. Paris: Flammarion, 2003, p. 175. • Cf. STAROBINSKI, J. "L'invention d'une maladie". In: *L'Encre de la mélancolie*. Paris: Seuil, 2012. • CERNUSCHI, A. "De quelques échos du ranz des vaches dans les Encyclopédies du dix-huitième siècle". In: GERHARD, A. & LANDAU, A. (sob a dir. de). *Schweizer Töne* – Die Schweiz im Spiegel der Musik. Zurique: Chronos, 2000.

24. SENANCOUR, É.P. "Troisième fragment". Op. cit., p. 175-176.

Rousseau construiu *Les Confessions* (1782 [As confissões]) a partir dos ecos de sua primeira infância. Não cessa de relembrar as melodias entoadas pela tia:

> Estou convencido de que lhe devo o gosto ou, melhor, a paixão pela música que somente muito tempo depois se desenvolveu em mim [...]. A atração que o seu canto exercia em mim foi tal que não só conservei sempre na memória várias de suas canções, mas, ainda hoje, algumas, esquecidas totalmente desde a infância, vão voltando à lembrança à medida que envelheço com um encanto que sou incapaz de exprimir[25].

Rousseau dá o exemplo de uma canção da qual ele não consegue reconstituir as palavras; no entanto, basta escutar a melodia para comovê-lo até as lágrimas. Ele não deixa de sublinhar que a tia tinha apenas "um fiozinho de voz muito suave". Entre o silêncio e o esquecimento, a música permite avançar mais longe que a linguagem no trabalho da memória e da reapropriação do passado. Outro episódio de *Les Confessions* – em que pervincas recordam a Rousseau a descoberta dessa flor, vários anos antes, em companhia de Madame de Warens – completa o dispositivo da memória sensorial. Um detalhe sensível fixa a lembrança, individual ou comum, e leva-o de repente a voltar à consciência. Na obra *Mémoires d'autre-tombe* (1849 [Recordações de além-túmulo]) há um "tordo pousado no galho mais alto de uma bétula" que recorda a Chateaubriand – considerado como o fundador do Romantismo francês – o castelo de Combourg de sua infância. O livro – *Observations faites dans les Pyrénées* (1789 [Observações feitas nos Pireneus] do político, geólogo e botânico, L.-F. Ramond de Carbonnières – enaltece o poder evocador dos odores, em um final de tarde de verão: "O feno recém-cortado exalava o seu odor campestre;

---

25. ROUSSEAU, J.-J. *As Confissões*. Prefácio e trad. de Wilson Lousada. Rio de Janeiro: Tecnoprint, 1992, p. 17 [Orig. *Les Confessions* [1782]. In: *Œuvres complètes*. Op. cit., t. 1, p. 11].
• Cf. PERRIN, J.-F. *Le Chant de l'origine* – La mémoire et le temps dans *Les Confessions de Jean-Jacques Rousseau*. Oxford: Voltaire Foundation, 1996. Segundo o escritor e botânico francês, Bernardin de Saint-Pierre, Rousseau teria conseguido elaborar "uma botânica do olfato" (apud LÉCHOT, T. "Jean-Jacques Rousseau, Bernardin de Saint-Pierre et la botanique de l'odorat". In: JAQUIER, C. & LÉCHOT, T. (sob a dir. de). *Rousseau botaniste*. Fleurier-Pontarlier: Le Belvédère, 2012, p. 57-66).

as plantas espalhavam esse perfume que os raios do sol tinham desenvolvido e que a sua presença já não conseguia dissipar. As tílias, em flor, perfumavam a atmosfera". O caminhante questiona-se a respeito da emoção experimentada e conclui que "há não sei o quê nos perfumes que desperta de maneira vigorosa a lembrança do passado". Ele encontra uma fórmula bem elucidativa para exprimir o vínculo entre as sensações mais fugazes e o recôndito mais profundo do ser[26]: "O odor de uma violeta confere à alma as fruições de várias primaveras". As categorias convencionais do profundo e do superficial, do esquecimento e da memória, do prazer e da tristeza são desestabilizadas por essas lufadas de reminiscência sensorial. As próprias categorias do individual e do coletivo é que são ultrapassadas nas paisagens que modelam os habitantes e formam as consciências: "Entregava-me com enternecimento a essa segurança tão doce, a esse profundo sentimento de coexistência inspirada pelos campos da pátria". *Coexistência*: o léxico da abstração filosófica é solicitado para explicar impressões fugidias e desconcertantes.

Uma série de emoções sensíveis é despertada pelo tecido e pela roupa. O Abbé Prévost – em seu romance *Histoire d'une Grecque moderne* (1740 [História de uma grega moderna]) – elaborou um grande romance do ciúme e do questionamento dos signos. O amante observa, inclusive, as "mínimas circunstâncias" do quarto e da cama da pessoa amada, hesitando entre a objetividade da investigação e a subjetividade do rito passional, entre o olhar do detetive e o tato e o olfato do amante:

> [...] embora eu pensasse que, em momento de grande calor, ela poderia ficar agitada durante o sono, parecia-me que nada era capaz de me fazer ignorar os seus vestígios. Esse estudo, que durou um tempo bastante longo, produziu um efeito que eu estava bem longe de prever. Não tendo descoberto nada que, passo a passo, servisse para me deixar mais tranquilo, a visão do lugar em que a minha querida Théophé acabava de repousar, a sua forma que

---

26. Cf. ORLANDO, F. *L'Opera di Louis Ramond*. Milão: Feltrinelli, 1960, p. 107-113. • CORBIN, A. *Le Miasme et la Jonquille* – L'odorat et l'imaginaire social, XVIIIe-XIXe siècles. Paris: Aubier, 1982, p. 92-98.

eu via aí impressa, um resto de calor que eu ainda encontrava aí, o odor que tinha exalado dela mediante uma suave transpiração, tudo isso acabou por me enternecer, levando-me a beijar inúmeras vezes os lugares que ela havia tocado[27].

A *impressão*, enquanto marca física do corpo, transforma-se em impressão como efeito moral, o lençol *tocado* pelos membros da mulher amada toca o amante, o grande calor exterior torna-se calor interior do corpo amado. O vocabulário de Prévost encontra-se em textos de Rousseau, levando Saint-Preux a relatar a sua espera de Julie no banheiro desta. Saint-Preux detalha as peças de sua roupa e tal inventário culmina com o corpete [*corset*], designado então como *corpo* [*corps*]: "Este corpo tão esbelto que toca e abraça... Que tamanho encantador!... Na frente, dois leves contornos... Ó espetáculo de volúpia!... A barbatana cedeu à força da impressão... Marcas deliciosas, que vou beijar vezes sem conta!"[28] O *corpo* é uma peça de roupa e, ao mesmo tempo, a pessoa física de Julie. O que se torna cativante é a deformação da roupa, a marca que a individualiza. A degradação do objeto confere-lhe o seu valor. Loaisel de Tréogate, romancista sensível e prolífico da virada do século XVIII para o XIX, retoma essas fórmulas. O amante de uma mulher jovem pisa emocionado "a areia em que ela tinha andado, o gramado em que a erva tinha cedido ligeiramente à pressão de seus seios". O amante de outra moça beija a roupa "que ela tinha acabado de tirar, tudo o que ela tinha tocado, tudo o que havia cedido à pressão de seus seios"[29]. O erotismo é deslocado do amplexo amoroso, propriamente dito, para a cena de fetichismo, e do corpo desejado para os objetos que o cercam e o representam.

A roupa pode ser reduzida a um ruído, o corpo a um farfalhar de tecido. A proibição impõe a sua distância, qualquer contato é suspenso, até mesmo

---

27. *Œuvres de Prévost* [1740]. T. 4. Grenoble: PUG, 1982, p. 103-104.
28. ROUSSEAU, J.-J. *Julie, ou La Nouvelle Héloïse* [1761]. In: Id., *Œuvres complètes*. Op. cit., t. 2, p. 147.
29. LOAISEL DE TRÉOGATE, J.-M. *Dolbreuse, ou, L'homme du siècle, ramené à la vérité par le sentiment & par la raison, histoire philosophique* [1783]. Paris: Belin, 1786, t. 1, p. 25. – *Héloïse et Abélard, ou Les Victimes de l'amour: roman historique, galant et moral*. Paris: Barba, 1803, t. 2, p. 63.

que seja com um substituto de têxtil. A emoção recrudesce com os obstáculos. Esse tipo de detalhe parece ter sido introduzido pelo romance gótico e por seus episódios de penumbra; corresponde, frequentemente, a um contexto religioso. No livro *The Italian, or the Confessional of the Black Penitents* (1797 [O italiano, ou o confessionário dos penitentes negros]), o herói fica à espreita no final da tarde no jardim, em companhia de um amigo, na expectativa de encontrar uma jovem desconhecida por quem está apaixonado. "No entanto, eles ouviram logo à sua ilharga o ruído de um vestido arrastando-se pelo chão"[30]. Essa é a tradução de André Morellet. O tradutor moderno prefere a versão seguinte: "Eles ouviram como que um farfalhar de vestido perto deles"[31]. A presença misteriosa e inquietante é a do monge que vai assombrar toda a ficção, obstáculo permanente entre os amantes. Na obra *Les Chevaliers du cygne* (1795 [Os cavaleiros do cisne]), de Madame de Genlis, um jovem apaixonado tem intenção de chegar junto da amante. Entre portas dissimuladas e escadas secretas, ele ouve caminhar e distingue "o ruído quase imperceptível de um vestido de mulher"[32]: aquela que pretende ser a intermediária é, na realidade, uma rival. No romance histórico de Loaisel – *Héloïse et Abélard* (1803 [Heloísa e Abelardo]) –, o monge, ao passar por um dormitório, ouve "o farfalhar de um vestido"[33]; depois, ele sente uma mão e deixa-se enlaçar no amplexo amoroso. No livro *Lettres d'un chartreux* (1820 [Cartas de um cartuxo]), o narrador que, em um convento, foge de um amor impossível, depara-se bruscamente com a mulher muito amada e vai escre-

---

30. RADCLIFFE, A. *L'Italien, ou le Confessionnal des pénitents noirs*. T. 1. Trad. fr. por André Morellet. Paris: Maradan, 1798, p. 47 [Orig.: *The Italian, or the Confessional of the Black Penitents*. Londres: T. Cadell and W. Davis, 1797 / Ed. port.: *O Italiano, Ou o confessionário dos penitentes negros*. Lisboa: Estampa, 1979, Col. "Livro B"].

31. Tradução moderna para o francês de Marc Porée. In: MORVAN, A. (ed.). *Frankenstein et autres romans gothiques*. Trad. do inglês por Alain Morvan e Marc Porée. Paris: Gallimard, 2014, Col. "Bibliothèque de la Pléiade", n. 599 [Conteúdo: WALPOLE, H. *Le Château d'Otrante*, 1764. • BECKFORD, W. *Vathek*, 1786. • LEWIS, M.G. *Le Moine*, 1796. • RADCLIFFE, A. *L'Italien ou Le Confessionnal des pénitents noirs*, 1797. • SHELLEY, M. *Frankenstein ou Le Prométhée moderne*, 1818].

32. GENLIS, F. *Les Chevaliers du cygne, ou la Cour de Charlemagne*. T. 1. Hamburgo: Fauche, 1795, p. 312.

33. LOAISEL DE TRÉOGATE, J.-M. *Héloïse et Abélard*. Op. cit., t. 2, p. 43-44.

ver uma carta sem condições de enviá-la para a destinatária: "Um sussurro, semelhante ao do zéfiro quando ele agita uma leve folhagem, repercute em meu ouvido que, apesar de minha oposição, se tornou atento. Fico à escuta, aumenta o volume do murmúrio aéreo que se torna cada vez mais próximo. O seu vestido, ao deslizar com rapidez em cima da ramagem, produzia esse ruído fugidio"[34]. O jovem acaba desmaiando.

A ambivalência desse farfalhar do tecido é algo bem expressivo no livro *Valérie* (1803), de Madame de Krüdener. Gustavo, o herói, está apaixonado por uma mulher casada; o encontro deles ocorre em Veneza. Em um final de tarde de carnaval, "o ruído de um vestido de seda" tira Gustavo de seu devaneio. O tamanho e o traje correspondem aos de Valérie, mas as feições permanecem dissimuladas pelo disfarce de carnaval. Ele segue a desconhecida até um bairro popular, local em que se dá conta de seu equívoco. A penumbra da chegada da noite sugere o distúrbio das sensações, mas o carnaval ainda não se presta a algo pitoresco. Um simples farfalhar de tecido pode revelar a presença do ente amado ou fornecer apenas um sucedâneo dele. A mulher prosaica pode ser seduzida, mas só a mulher proibida conserva o seu poder ideal. Uma figura, específica da mitologia do século XVIII, é o silfo, proveniente do *Comte de Gabalis* (1670 [Conde de Gabalis]) de Montfaucon de Villars e lançado pela moda dos contos de fadas. No livro *Le Sylphe* (1730 [O Silfo]), Crébillon vai torná-lo no amante perfeito, de acordo com o desejo feminino: será que é perfeito por ser desencarnado e pelo fato de renunciar a uma virilidade agressiva, ou então será um sedutor temível ao corrente das artimanhas do desejo? Ele manifesta-se através de suspiros; em seguida, pela fala, sem se deixar ver nem tocar, e parece tomar corpo só na última página para desaparecer imediatamente como o sonho de uma mulher abandonada. No conto, *Le Mari sylphe* (1761 [O marido silfo]) de Marmontel, o marido, bem real, consegue tocar o coração da esposa, ao se fazer passar por uma criatura platônica, tendo à disposição

---

34. POUGENS, C. *Lettres d'un chartreux écrites en 1755*. Paris: Mongie, 1820, p. 16.

apenas "os sentidos da alma"[35]; assim, ele desenvolve o sortilégio da música e dos perfumes, quintessência da rosa e odor de lilás. Os recursos sensíveis mais evanescentes são colocados a serviço de um desejo amoroso, sempre decepcionado em Crébillon, mas finalmente realizado após pacientes digressões em Marmontel. A passagem da voz à carícia, da distância ao contato, do sonho ao real, não passa de uma ilusão em *Le Sylphe*, mas é uma aposta bem-sucedida em *Le Mari sylphe*. Crébillon é ainda um moralista clássico, enquanto o otimismo de Marmontel pertence ao Século das Luzes.

Busca da intensidade

A valorização da sensação mínima parece estar em contradição com a busca da intensidade. A psicologia do movimento e dos estados intermediários manifesta interesse, no entanto, por uma e pela outra. A mesma época desenvolve as formas da intimidade e define simetricamente a opinião pública, utilizando tanto o diário íntimo quanto o jornal enquanto documento público. Pelo fato de encantar-se com sensações fugazes, ela deixa-se levar por uma fuga para a frente em busca do maior grau de emoção. Ao analisarem a experiência sensorial, os filósofos isolam cada um dos sentidos, de modo que uma emoção acaba surgindo da disjunção entre eles. A convergência dos sentidos provoca um recrudescimento do efeito. Lugares tão diferentes quanto o Élysée de Julie em *La Nouvelle Héloïse* (1761) e o aposento romântico de *Point de lendemain* (1777 [Sem amanhã]) agem de maneira semelhante sobre o visitante mediante a concentração das impressões sensoriais. Saint-Preux relata a sua visita a esse recinto da natureza pretensamente selvagem no meio do terreno de Clarens:

> Ao entrar nesse pretenso vergel, fiquei impressionado por uma agradável sensação de frescor que obscuras sombras, uma verdura animada e viva, flores esparsas por todos os lados, um murmúrio de água corrente e o canto de mil pássaros trouxeram à minha

---

35. DELON, M. (ed.). *Sylphes et sylphydes* [anthologie]. Paris: Desjoquères, 1999, p. 106, Col. "Dix-huitième siècle".

imaginação, pelo menos, tanto quanto aos meus sentidos; ao mesmo tempo, porém, acreditei ver o lugar mais selvagem, o mais solitário da natureza, e eu tinha a impressão de ser o primeiro mortal a penetrar em tal deserto[36].

A visão, a audição e a impressão tátil convergem para suscitar a surpresa, de modo que a experiência sensível é ultrapassada pela imaginação. O narrador de *Point de lendemain*, por sua vez, penetra – entre realidade e imaginário, pequeno bosque e falsa aparência – em um "pequeno bosque aéreo". O que se pensa ver leva a melhor em relação ao que se vê:

> Não se via, no interior, nenhuma luz; um luar suave e celeste penetrava de acordo com a necessidade de cada objeto para se tornar mais ou menos visível; recipientes exalavam deliciosos perfumes; chifres e troféus de caça dissimulavam aos olhos a chama dos archotes que iluminavam, de maneira mágica, esse lugar de delícias[37].

Esses dois espaços estão isolados do exterior, dando a impressão de serem impenetráveis para quem está penetrando neles. Saint-Preux manifesta o seu espanto. "Eu acabava de entrar e como a porta estava dissimulada por amieiros e aveleiras que deixam apenas duas passagens estreitas nos lados, já não vi, ao virar a cabeça para trás, por onde tinha entrado e, não vendo nenhuma porta, eu encontrava-me nesse local como se tivesse caído das nuvens". Menos explicativo, o narrador de *Point de lendemain* resume o efeito: "A porta fechou-se e eu já não conseguia dar conta por onde tinha entrado". "A casinha" de Bastide[38] e todos os toucadores utilizam os recursos do artesanato de luxo e as descobertas técnicas mais recentes: quadros com ilusão ótica e mesas giratórias, novos perfumes e luzes graduadas, diversidade de cadeiras e mobiliário oriundo do Oriente, além de amplos espelhos e tremós. Todas as profissões e todos os artesãos contribuíram para essa obra de arte total. O próprio cenário

---

36. ROUSSEAU, J.-J. *Julie, ou La Nouvelle Héloïse* [1761]. Op. cit., p. 471.
37. DENON, V. *Point de lendemain* [1777]. Paris: Gallimard, 1995, p. 58-59.
38. BASTIDE, J.-F. *La Petite Maison*. Op. cit.

torna-se sedutor. Seria possível analisar os castelos dos romances góticos que pululam, através da Europa, bem no final do século XVIII, como uma inversão do lugar libertino. A prisão acumula as sensações desagradáveis: escuridão, frio úmido, rangidos[39].

O Élysée de Clarens e o aposento romântico envolvem o visitante, circunscrevendo-o e solicitando todos os seus sentidos, além de imporem uma emoção moral ou, então, erótica. As paisagens distantes descritas por Bernardin de Saint-Pierre e Chateaubriand dependem da mesma lógica, ao largo da África ou na América. No começo do romance, *Paul et Virginie* (1787) de Bernardin de Saint-Pierre, aparece uma panorâmica que sobrevoa a Île de France [atual ilha Maurício], multiplicando as anotações de cores, ruídos e sensações de umidade, enquanto a novela de Chateaubriand, *Atala* (1801), começa por uma paisagem organizada em redor do Meschacebé ou Mississipi. O leitor, convidado a penetrar nessas paisagens, é impactado pelo contraste entre o ruído do mar e o silêncio da planície em *Paul et Virginie*, entre a savana onde "tudo é silêncio e repouso" e a floresta onde tudo é, em *Atala*, "movimento e murmúrio" de ambos os lados do rio. A estranheza é dada pelo léxico técnico da flora e da fauna, outrora excluído da língua nobre, mas a escassez de palavras acaba afetando aquele que pretende explicar a sua experiência: "São tais os ruídos oriundos do fundo das florestas, e tais são as coisas que se passam diante dos olhos, que seriam inúteis meus esforços para descrever tudo isso àqueles que não percorreram esses campos primitivos da natureza". A sensibilidade é saturada pelo número de anotações e pela sinergia entre as cores e os perfumes, as formas e os ecos, o calor e a umidade. O mau tempo e as tempestades levam a contradição entre a natureza selvagem e a civilização cristã a seu paroxismo, ilustrando o conflito entre a sexualidade livre e as proibições sociais. Incapazes de resistir a tal adversidade, Virginie e Atala tornam-se virgens mártires. A emoção sensual das paisagens exóticas transforma-se em emoção moral. As anotações

---

39. Cf. DELON, M. "Le château ou le lieu de la crise". In: SETH, C. (sob a dir. de). *Imaginaires gothiques* – Aux sources du roman noir français. Paris: Desjonquères, 2010, p. 69-83.

concretas sobre o cenário exterior aprofundam e agravam o drama humano. À convergência dos efeitos sensoriais, acrescenta-se uma intensificação moral. A palavra *intensidade* é lexicalizada no *Dictionnaire de l'Académie française*, em 1762, aplicando-se aos fenômenos físicos, antes de se referir aos sentimentos. Diderot vai utilizá-la justamente para expor uma comparação forjada pelo político, escritor e filósofo inglês, Shaftesbury, entre prazeres sensuais e afetos de natureza social ou moral.

> Mas, para pronunciar com equidade, impõe-se experimentá-los em toda a sua *intensidade*. O homem honesto pode conhecer toda a vivacidade dos prazeres sensuais; o uso moderado destes corresponde à sensibilidade de seus órgãos e à delicadeza de seu gosto. O malévolo, porém, alheio por isso mesmo aos afetos sociais, é absolutamente incapaz de apreciar os prazeres usufruídos por intermédio deles[40].

A intensidade converte-se em moderação. Por trás da afirmação otimista de uma superioridade dos afetos sociais insinua-se a suspeita inquietante de que a intensidade talvez se encontre do lado dos prazeres sensuais ou dos afetos pervertidos.

O drama de Virginie que, em vez de despir-se, prefere afogar-se, e o de Atala que se mata para não trair um voto de virgindade, marcam a relação entre emoção e proibição, entre intensidade e transgressão. A definição do ser humano enquanto criatura sensível, que vive de sua experiência sensorial, ressalta o receio do tédio como mola propulsora da ação. "A emoção acima de tudo" torna-se uma palavra de ordem. O sofrimento, vivenciado ou infligido, seria preferível à ausência de sensação. Os moralistas tinham denunciado, há muito tempo, o desgaste das emoções e a inconstância dos seres humanos que se cansam de tudo, enquanto os teóricos do gosto manifestam a sua inquietação diante da necessidade de mudança, assim como da obsessão pela novidade. Uns e outros estigmatizam como *bizarro* o que é objeto de busca em detri-

---

40. DIDEROT, D. *Principes de la philosophie morale, ou Essai de M.S. sur le mérite et la vertu*. Amsterdã: Chatelain, 1745.

mento dos valores morais ou estéticos tradicionais. A *Encyclopédie* denuncia a moda, "verdadeiro domínio da mudança e do capricho": "As modas destroem-se e sucedem-se continuamente, às vezes, sem a mínima aparência de razão, de tal modo que o bizarro é preferido quase sempre às coisas mais belas, unicamente pelo fato de ser algo novo" (verbete "Mode" [Moda]). Entediado pelo acúmulo de conquistas, o sedutor põe-se a desejar as presas mais difíceis. No livro *Les Liaisons dangereuses* [As ligações perigosas], Valmont acaba por se interessar pela ainda jovem Cécile porque, à sedução física, ele acrescenta uma transgressão de natureza moral, ensinando-lhe o léxico das cortesãs: "Essa garota é realmente sedutora! O contraste entre a candura ingênua e a linguagem de desaforo não deixa de fazer efeito; e, não sei por quê, só me agradam as coisas bizarras". Aliás, as cortesãs estão plenamente conscientes disso. Uma delas vangloria-se de sua ausência de preconceitos:

> Você sabe que sou uma moça bacana que não se deixa intimidar seja lá pelo que for; além disso, contanto que me paguem bem, nada me impede de satisfazer qualquer tipo de fantasia. Não sou como um punhado de puritanas, cuja pretensão consiste em que tudo seja feito com decência e segundo as regras. Que tolas que elas são! Como podem pretender assim atrair o amor dos homens? Na libertinagem, nada agrada mais além da bizarrice. Convém diversificar os gostos[41].

Esse gosto pela novidade, inclusive no que é mal, será um sintoma de sociedade envelhecida? Diderot, imaginando os selvagens americanos para a sua obra *Histoire des deux Indes* (1770 [História das duas Índias]), dirigida pelo Abbé Raynal, atribui-lhes a mesma busca por prazeres diferentes. De onde vem – eis a questão que ele se formula – o "gosto antifísico" entre índios que deveriam encarnar a pura natureza?

> Creio que se deve procurar a causa no calor do clima; no menosprezo por um sexo fraco; na insipidez do prazer entre os braços de uma mulher extenuada; na inconstância do desejo; na esquisitice

---

41. *Correspondance de Mme Gourdan, dite la Comtesse*. Londres: chez le fameux Jean Nourse, 1784-1866. Paris: Tchou, 1967, p. 168.

que, em tudo, busca prazeres menos comuns; na procura por uma volúpia mais fácil de conceber do que honesta a ser explicada...[42]

Na última década do século XVIII, Nerciat e Sade aprofundam em seus romances essa extravagância dos desejos amorosos: o primeiro apoia-se no modo quantitativo e relativamente eufórico, enquanto o segundo teoriza a violência do desejo até as piores transgressões. A heroína do livro *Mon noviciat, ou les Joies de Lolotte* (1792 [Meu noviciado, ou as fruições de Lolotte]) fornece o princípio de sua inconstância jovial até a vertigem:

> Não deixem, mortais, de vibrar constantemente com ardor, eis o que pretendo, mas que seja pela humanidade inteira. Manifestem todos os desejos e todos os caprichos. Aprendam a invadir tudo, a trocar, em cada instante, de objeto e de prazer: e logo vão encontrar, como ocorre para meu deleite (no que se refere ao amor), a verdadeira pedra filosofal[43].

A humanidade designa o conjunto dos parceiros possíveis e, ao mesmo tempo, o infinito expediente da condição humana. Tal vertigem acelera-se e ganha ainda maior crispação em Sade que assimila a sensibilidade à irritabilidade, além de considerar a intensidade como único valor; ele associa uma fisiologia da descarga nervosa a uma moral da transgressão. O desejo é, daí em diante, inseparável da violência e do crime. Assim, o libertino Saint-Fond fornece a Juliette a seguinte explicação: "Tudo é bom quando se torna excessivo". Esse texto é acompanhado por uma cena escatológica que serve de exemplo do nojo transmudado em gozo. Sempre prolixo quando se trata de expor as suas práticas, o mesmo libertino assimila o fluido nervoso à eletricidade: ele só alcança o auge do gozo "ao levar o extravio dos sentidos até os últimos limites das faculdades de nosso ser, de tal maneira que a irritação de nossos nervos experimenta um grau de violência tão prodigioso que eles ficam como que subvertidos, crispados, em toda a sua extensão". Tal reviravolta, crispação,

---

42. DIDEROT, D. *Fragments politiques échappés du portefeuille d'un philosophe* [1772]. In: *Œuvres complètes*. T. 10. Paris: Le Club Français du Livre, 1970, p. 86.
43. NERCIAT, A. *Lolotte* [1792]. Paris: Zulma, 2001, p. 302.

torna-se, em seguida, desestabilização e choque, causados tanto por sensações exteriores quanto pela imaginação interna:

> Aquele que deseja conhecer toda a força e magia dos prazeres da lubricidez deve estar bem convencido de que é apenas recebendo ou produzindo sobre o sistema nervoso o maior abalo possível que conseguirá obter a embriaguez de que tem necessidade para alcançar o pleno gozo porque o prazer não passa do choque dos átomos voluptuosos ou emanados de objetos voluptuosos, os quais incendeiam as partículas elétricas que circulam na concavidade de nossos nervos. Convém, portanto – para que o prazer seja completo –, que esse choque seja o mais violento possível. (*Histoire de Juliette, ou les Prospérités du vice*, 1797 [História de Juliette, ou as Fruições do vício])[44].

Um dos monges velhacos da Abadia de Sainte-Marie-des-Bois superpõe os dois pares – por um lado, da virtude e do vício; por outro, da inércia e da energia –, o que lhe permite inverter a definição tradicional da sabedoria:

> [...] neste caso, o próprio abuso é um bem; e quanto mais um homem sensato vier a aplicar os meus sistemas, tanto maior será a felicidade que lhe garanto porque esta se encontra apenas no que desencadeia agitação; ora, nada além do crime é que cria tais condições. A virtude, por sua vez, limitando-se a ser um estado de inação e de repouso, nunca pode conduzir à felicidade (*La Nouvelle Justine ou les Malheurs de la vertu*, 1799 [A nova Justine ou as Desventuras da virtude])[45].

É possível falar com Jean Deprun de um intensivismo de Sade que distorce a ciência e a moral contemporâneas no sentido de uma "variante trágica do espírito do Iluminismo"[46]. A sensibilidade física serve de fundamento ou, então, alimenta nos enciclopedistas uma sensibilidade moral, a qual justifica em Sade uma insensibilidade moral e, até mesmo, um prazer experimentado na violên-

---

44. SADE, Marquês de. *Œuvres*. T. 3. Paris: Gallimard, 1990-1998, p. 387 e 482, Col. "Bibliothèque de la Pléiade".
45. Ibid., t. 2, p. 683. Cf. DELON, M. *L'Idée d'énergie au tournant des Lumières, 1770-1820*. Paris: PUF, 1988.
46. DEPRUN, J. "Sade et le rationalisme des Lumières". In: *Raison Présente*, n. 3, 1967, p. 75-90.

cia exercida sobre a outra pessoa. Tal aristocracia do crime parece constituir uma liquidação do arbitrário da feudalidade e, ao mesmo tempo, uma denúncia das ilusões do Iluminismo, à semelhança do que ocorre com *Dom Quixote* (1605), que é uma despedida dos valores da cavalaria.

Essa perversão radical da sensibilidade permanece associada excepcionalmente à personalidade de um primeiro marquês, renegado por seus semelhantes; ela aparece, no entanto, como o revelador de um gosto da época pelos lugares e personagens contraditórios. A transição do século XVIII para o XIX vive um conflito de valores ideológicos e estéticos: entre essência e devir, entre beleza eterna e efeito relativo. A emoção surge da saturação de sensações, da novidade e da estranheza, mas também do contraste que desestabiliza as oposições clássicas entre o bem e o mal, o belo e o feio, o prazer e a dor. Rousseau forneceu o modelo das paisagens aterrorizantes e magníficas a que se atribui o nome de *românticas*. Saint-Preux, em *La Nouvelle Héloïse*, admira no Valais "essas espécies de belezas que são agradáveis apenas para as almas sensíveis, e parecem horríveis às outras". Uma sensibilidade refinada apercebe-se de uma beleza paradoxal em situações em que as pessoas limitam-se a ver tradicionalmente horror e desprazer. Burke explica o paradoxo do sublime mediante o confronto entre uma situação inquietante e uma distância que a transforma em prazer estético. Sade associa de maneira brutal o sofrimento e o prazer. Rousseau é seguido pelos poetas do tempo, seja Roucher que descreve, no Oberland de Berna, tudo o que a Natureza tem, "em conjunto, de horror e de belezas"[47], ou Chênedollé que, trinta anos e uma revolução mais tarde, celebra a cordilheira do Jura – "Magníficos horrores que recriais a minha visão" –, além de usufruir do *suave mari magno* lucreciano: "No vasto horizonte, sob os meus olhos, desenrolado / Belezas e horrores, estende-se um mundo"[48].

---

47. ROUCHER, J.-A. *Les Mois* – Poème en douze chants. T. 2. Paris: Quillau, 1779, p. 76.
48. CHÊNEDOLLÉ, C.-J.L. *Le Génie de l'homme* [1807]. Paris: Gosselin, 1826, p. 38 e 43. Cf. GAUDON, J. "Magnifiques horreurs – De la présence ou de l'absence d'une figure de rhétorique". In: VIALLANEIX, P. (sob a dir. de). *Le Préromantisme*: hypothèque ou hypothèse? Paris: Klincksieck, 1975.

O próprio Massif central [Maciço central, ocupando o centro da metade sul da França], assombrado pela lembrança de vulcões adormecidos, torna-se "um horror majestoso". No periódico *L'Année littéraire* [O Ano Literário], publicado em Paris, a resenha sobre a *Histoire d'Auvergne* (1782 [História de Auvérnia]), de François-Michel de Sistrières, utiliza os seguintes termos: "De um lado, tudo é magnífico e tudo está em desordem [...]; do outro, há torrentes que ameaçam invadir e destruir tudo; aqui, uma montanha risonha e fértil é vizinha de rochedos escarpados e de precipícios assustadores"[49]. A negatividade traduz-se por meio de catástrofes e destruições. Diante de uma inundação, L.-F. Ramond de Carbonnières usufrui "do mais belo e do mais horrível dos espetáculos"[50]. Diante das "lavanches" ou avalanches, Boudon de Saint-Amans admira "o mais belo e magnífico horror"[51] observado em toda a sua vida. As inundações do Valais e as avalanches dos Pireneus teriam sido a causa da morte de um grande número de habitantes? De que modo o caminhante, que observa a catástrofe de longe e de cima, conseguirá conciliar a compaixão por esses infelizes e o prazer estético? Será que a emoção se torna mais profunda diante do sofrimento e da morte de outrem? O príncipe de Ligne vestiu um uniforme de general russo para participar da guerra contra os turcos, em julho de 1788. Ele relata combates em uma série de cartas mundanas em que os horrores da guerra são atenuados ou depreciados como se se tratasse de um espetáculo pirotécnico de som e luz: "Durante esse tempo, a cidade estava em chamas, e dois navios turcos eram completamente destruídos por uma explosão. Que bela e horrível iluminação! Tudo isso ocorria um pouco antes do alvorecer. Nunca se viu um tão magnífico horror, um espetáculo tão imponente e terrível"[52]. O nascer natural do sol é substituído pela aurora sangrenta da agressividade humana.

---

49. "*Histoire d'Auvergne*, premiere partie [Paris: Cussac, 1782] par le vicomte de Sistrières-Murat". In: *L'Année littéraire*, n. 3, 1783, p. 125-127.
50. CARBONNIÈRES (de), L.-F.R. "Observations du traducteur sur le Valais". In: COXE, W. *Lettres sur la Suisse*. T. 2. Paris: Belin, 1781, p. 45.
51. BOUDON DE SAINT-AMANS, J.F. *Fragments d'un voyage pittoresque et sentimental dans les Pyrénées, ou Lettres écrites de ces montagnes*. Metz: Devilly, 1789, p. 70.
52. *Lettres et pensée du maréchal prince de Ligne, publiées par Madame de Staël*. Paris/Genebra: J.J. Paschoud, 1809, p. 158.

Caracteres

Os personagens de ficção estão em uníssono com as paisagens. Durante muito tempo, o *caráter* designou uma posição em uma tipologia na área da medicina ou da moral. Tal acepção sofre a concorrência de uma nova definição do caráter enquanto vontade e dinâmica: cada qual era *um* caráter, objeto da análise de La Bruyère ou da sátira de Molière; daí em diante, alguém serve-se *do* caráter para se impor aos acontecimentos. Festejando a chegada de uma nova época, seja ela o começo do calendário republicano ou a passagem para o século XIX do antigo calendário gregoriano, o romancista Pigault-Lebrun publica o romance *L'Enfant du carnaval* (1792 [O filho do carnaval]), fadado a um imenso sucesso. Entre o Antigo Regime e a República, entre a França e a Inglaterra, entre a veia cômica e a tonalidade trágica, o herói extrai de seu *status* de bastardo, concebido em um canto de mesa de cozinha em um dia de carnaval, a força para ser bem-sucedido na sociedade. Ele lança a moda de romances que exibem o título *Enfant du* ou *de...* A paixão da época pelo dia nascente transpõe-se para o interesse por rapazes que entram na vida e sabem servir-se das discordâncias constitutivas das respectivas pessoas, à imagem da França que se inventa a partir das ruínas da antiga monarquia. Foi possível aperceber-se como, nessa virada histórica, é notória a procura de uma nova masculinidade através dos homens de ficção, rostos de Adônis em corpos de Hércules, cuja virilidade é permeada por lacunas ou dúvidas[53].

O imaginário de Sade é, por sua vez, animado simetricamente por figuras femininas dificilmente classificáveis: Juliette, a insubmissa, a encarnação das "fruições do vício", é apresentada ao presidente da Société des amis du crime [Sociedade dos Amigos do Crime] como "o traseiro mais branco e a alma mais negra". A brancura marmórea da calipígia e a perfeição clássica do corpo digno

---

53. DELON, M., "Homens de ficção". In: CORBIN, A.; COURTINE, J.-J. & VIGARELLO, G. (sob a dir. de). *História da virilidade*. Vol. 1 – *A invenção da virilidade*: da Antiguidade às Luzes. Trad. de Francisco Morás. Petrópolis: Vozes, 2013, p. 552-587 [Orig.: "Hommes de fiction". In: CORBIN; COURTINE & VIGARELLO, 2011, t. 1, p. 467-498].

da estatuária antiga completam o negrume moral. A contradição não consegue deixar ninguém indiferente, provocando a emoção, além de ser possível traduzi-la em termos calóricos, no momento exato em que são estabelecidas as leis da termodinâmica e é inventado o motor de combustão interna: a libertina tem "a cabeça infinitamente esquentada e o coração empedernido"[54], tal é o retrato de uma das companheiras e cúmplices de Juliette. A diferença de temperatura constitui uma força motriz. Na "intersecção da Revolução Industrial e da Revolução Científica"[55], por um lado, e, por outro, da revolução estética – conviria acrescentar –, o personagem de Juliette manifesta o poder de uma discordância interna. Do mesmo modo que Diderot defende um paradoxo em relação ao comediante que reserva a grande arte no teatro àqueles que sabem desvencilhar-se das sensações imediatas, assim também o grande libertino de Sade – que, talvez, seja uma libertina – passa além do ardor dos desejos sensuais para atingir a frieza da paixão intelectual. Ele reconquista uma descontinuidade entre as pulsões físicas e um controle moral, ou seja, no caso concreto, imoral.

A irmã de Juliette, Justine – encarnação dos "infortúnios" ou das "desventuras da virtude" – não é menos fascinante. Ao cair nas mãos de monges velhacos, ela é exibida como "um verdadeiro fenômeno". Em vez de corpo imaculado e alma conspurcada, à semelhança da irmã mais velha, o seu corpo traz marcas enquanto a sua alma é virginal: "Eis uma Lucrécia que carrega aos ombros a marca do crime e, ao mesmo tempo, manifesta em seu coração toda a ingenuidade de uma virgem"[56]. Justine foi submetida às piores sevícias, marcada injustamente com ferro em brasa como criminosa, sem nunca ser atingida em suas convicções religiosas e morais. Lembramo-nos da Cécile de Laclos, a qual consegue desestabilizar Valmont mediante o seu vocabulário de "moça" e a sua inocência de menina. Dois romances aprofundam a mesma discordância: Robert-Martin Lesuire imagina, em 1802, *La Courtisane amoureuse et vierge*

---

54. SADE, Marquês de. *Histoire de Juliette* [1797]. In: *Œuvres*. Op. cit., p. 625 e 409. Cf. DELON, M. (sob a dir. de). *Sade, un athée en amour*. Paris: Albin Michel, 2014, p. 19-21.
55. SERRES, M. "Paris 1800". In: *Éléments d'histoire des sciences*. Paris: Bordas, 1989, p. 350.
56. SADE, Marquês de. *La Nouvelle Justine* [1799]. In: *Œuvres*. Op. cit., p. 600.

[A cortesã apaixonada e virgem], cuja heroína é entregue a todos os libertinos coroados da Europa sem nunca perder a sua virgindade. O tema é tratado, com ironia e brilhantismo, por Félicité de Choiseul-Meuse em *Julie, ou J'ai sauvé ma rose* (1807 [Julie, ou salvei a minha rosa]): a heroína aceita todo tipo de libertinagem, todos os prazeres com ambos os sexos, mas sabe impor aos amantes a proibição exclusiva de seu hímen vaginal. Manipuladoras, acariciadas e intocadas simbolicamente, essas mulheres jovens tiram partido de outra topologia do corpo.

A análise da experiência sensorial tinha passado pela ficção de cegos, cuja informação a respeito do mundo exterior é diferente da maneira como esse conhecimento é adquirido pelos que são dotados de visão; a hierarquia que privilegiava esse sentido como o mais intelectual encontrava-se assim desestabilizada. A análise da experiência erótica passa pela ficção de mulheres que recusam qualquer penetração vaginal; desse modo, a hierarquia das zonas e dos gestos erógenos é também renovada. O exercício dos cinco sentidos, tal como este é mencionado pela linguagem e pela literatura, desenvolve uma gama de emoções originais entre o físico e o moral, desde o puro sentimento da existência até a máxima intensidade possível, na saturação quantitativa ou na transgressão criminosa.

2
AS EMOÇÕES INDIVIDUAIS E A METEOROLOGIA

Alain Corbin

Desde o início do período abordado por este volume, algumas personalidades importantes registravam "as condições meteorológicas". Assim, na Inglaterra, *clergymen*, *gentlemen*, grandes proprietários – pertencentes, muitas vezes, ao círculo dos *tories* – procediam a essas anotações concomitantemente aos acontecimentos locais e familiares[57]; no continente europeu, os que tinham um caderno de contas empenhavam-se a fazer, às vezes, o mesmo tipo de registro. As indicações sobre "as condições do tempo" eram correlatas aos deslocamentos, ao desenrolar dos grandes trabalhos agrícolas, à situação previsível das colheitas, à história da localidade, assim como à propagação das epidemias; no entanto, estava fora de questão analisar a influência das vicissitudes da meteorologia sobre a psicologia de quem escreve textos.

A marquesa de Sévigné, no decorrer de sua correspondência, mostra-se sensível às condições do tempo. As suas referências à meteorologia aparecem às centenas em seus escritos, especialmente nos textos destinados à filha, Madame de Grignan. A marquesa presta uma atenção particular ao que designamos como mau tempo; contudo, em minha opinião, não se trata ainda de

---

[57]. A este respeito, cf. numerosos artigos de Katharine Anderson.

examinar os efeitos do acaso meteorológico sobre o eu. No essencial, Madame de Sévigné anota a ocorrência da chuva, do temporal e da ventania pelo fato de considerar tais circunstâncias como um estorvo que ameaça perturbar os seus passeios, comprometer as colheitas, além de incomodar as atividades sociais. Expor-se ao sol forte, de acordo com a sua afirmação, é perigoso, aconselhando à filha a prevenir-se em relação ao sol da Provence. Em seus textos, ela mostra-se fiel às convicções científicas então dominantes, ou seja, aquelas que se referem à teoria humoral.

Cerca de meio século antes, no entanto, há um escritor que faz exceção ao que precede. Trata-se de Théophile de Viau que, em 1623, escreve o seguinte:

> Nesse dia, o meu ânimo, à semelhança do céu bastante sereno, estava alegre. A disposição do ar comunica-se ao meu humor [...], de modo que, ao chover, fico modorrento e quase triste; quando o tempo está bom, acho que toda a espécie de objetos se torna mais agradável. As árvores, as construções, os rios, os elementos parecem ser mais belos na serenidade do que na tempestade. Sei que, diante da mudança do clima, verifica-se a alteração de minhas disposições naturais; se isto é um defeito tem a ver com a natureza e não com o meu temperamento[58].

Essa maneira de associar o estado de seus humores às condições do tempo foi alvo de crítica dirigida a Théophile durante o seu processo.

Brantôme, por sua vez, após questionar-se para saber o que é mais agradável no amor – a visão, o tato ou a fala –, tinha formulado, pouco antes, a questão sobre a influência do tempo característica das quatro estações a respeito da pulsão erótica. Em seu entender, todas são "propícias ao amor", mas de maneira diferente: "O senso comum – escreve ele – é que, para isso, há apenas a primavera" quando "ocorre o acasalamento dos pássaros e animais". As mulheres, sobretudo, "sentem [então] um ardor e amor muito maior que em qualquer outro tempo". Durante o verão, "estação seguinte e que traz em seu bojo

---

58. DE VIAU, T. "Théophile en procès" (1re journée). In: *Libertins du XVIIe siècle*. T. 1. Paris: Gallimard, 1998, p. 9, Col. "Bibliothèque de la Pléiade".

outros ardores", as mulheres "vestem camisolas arregaçadas e seminuas"; de manhã, elas perdem a paciência ao esperarem por seus amigos. Mas, há damas que "se dão bem com o inverno". Então, quando "tudo é sombrio, dissimulado, convém fazer amor em lugar retirado e obscuro"; por exemplo, "perto de um bom fogo que acaba engendrando, se ficarmos perto e durante um tempo longo, tanto calor venéreo quanto o sol do verão". Nesse caso, é hora "para o casal de apaixonados experimentarem todos os prazeres do mundo ao se abraçarem, se juntarem, se colarem e se beijarem, se enrolarem um no outro com medo do frio, e não um pouco, mas durante um longo período de tempo, e se esquentarem suavemente, sem sentirem o calor desmesurado produzido pelo verão, nem um suor extremo que venha incomodar grandemente o *déduit* [prazer] do amor"[59]. Esses textos incitam à precaução quando se trata de detectar o surgimento de nova convenção.

Seja como for, é evidente que, no século XVIII, as emoções suscitadas pelas condições do tempo esboçam-se e aprofundam-se aos poucos; ocorre, sobretudo após 1750, uma dessacralização lenta do céu, do mar e da montanha. A tempestade cessa de ser, para todos, o sinal da cólera divina; a influência do diabo esvai-se no centro da montanha; e a pregnância das representações do dilúvio começa a diluir-se na mente daquele que contempla as orlas marítimas[60]. A evolução das convicções científicas fortalece a lenta mudança: os cientistas pretendem submeter os acontecimentos meteorológicos à observação, à medida e à experimentação. No final do século, a emergência da aerostação renova a experiência sensível do espaço aéreo e torna popular uma gama de emoções inéditas.

"O ar está então na moda" – escreve Anouchka Vasak[61]. A meteorologia cotidiana suscita, aos poucos, a paixão da opinião pública, invadindo as

---

59. BRANTÔME, P. "Recueil des Dames". In: *Recueil des Dames, poésies et tombeaux*. Paris: Gallimard, 1991, p. 377-379 e 383, Col. "Bibliothèque de la Pléiade".
60. Cf. CORBIN, A. *Le Territoire du vide* – L'Occident et le désir de rivage. Paris: Aubier 1988, passim.
61. VASAK, A. "Joies du plein air". *La Licorne*, n. 115, 2015, p. 181-196.

correspondências e os jornais. Torna-se assunto de conversação[62]. Na Inglaterra e, em seguida, na Europa inteira, o poeta Thomson promove a moda de prestar atenção às estações do ano. Na França, Saint-Lambert retoma um tema que, daí em diante, aparece de maneira recorrente nas obras dos pintores. O mito de Ossian, considerando o sucesso das poesias de Macpherson, focaliza a atenção dos leitores sobre as tempestades terríveis, os ventos violentos, as névoas obscuras; na expectativa de que Bernardin de Saint-Pierre venha a incrustar, em todas as memórias, o naufrágio do *Saint-Gérain* [em 1744]. O código do sublime – voltaremos a isso – modifica a apreciação dos fenômenos naturais.

Representar os efeitos visíveis dos meteoros, sobretudo aqueles cuja brutalidade explica um grande número de vicissitudes da vida – temporais, trombas d'água, tempestades, neblinas espessas, neve –, é uma forma de colocar em evidência a vulnerabilidade do homem e de fornecer a oportunidade de teatralizar as suas paixões, a sua dedicação e grandeza. Os espectadores dos quadros do Salon apaixonam-se pelos "efeitos" do temporal, da chuva ou do vento antes mesmo de se questionarem para saber o que esses fenômenos provocam no recôndito de sua intimidade. Hubert Damisch, por sua vez, disse com talento o que representavam então as nuvens, o céu e os céus: em seu livro *Théorie du nuage*[63] [Teoria da nuvem], ele colocou em evidência o retorno ofensivo dos anjos, realizado no contexto da reforma católica, a qual impregna as cúpulas, ou seja, a representação dos céus. Ao proceder desse modo, tal retorno sacralizante convidava os fiéis a levantar os olhos para o firmamento. Em suma, tudo impele desde então a uma análise – mais meticulosa que outrora – das circunstâncias meteorológicas que variam segundo as horas, os dias e as estações.

---

62. Cf. PINAULT-SØRENSEN, M. "Lignes, couleurs et mots des météores". In: BELLEGUIC, T. & VASAK, A. (sob a dir. de). *Ordre et désordre du monde* – Enquête sur les météores, de la Renaissance à l'âge moderne. Paris: Hermann, 2013, esp. p. 425-426.
63. DAMISCH, H. *Théorie du nuage* – Pour une histoire de la peinture. Paris: Seuil, 1972.

Apesar da dessacralização evocada acima, tal abordagem combina-se, em um grande número de ocorrências, com a teologia natural triunfante na Inglaterra e, em seguida, na França, desde o século precedente. Ela incentiva, no prolongamento da leitura dos Salmos, a celebrar as belezas e as forças da natureza: nessa perspectiva, o Abbé Pluche publica, em 1757, o livro *Le Spectacle du monde* [O espetáculo do mundo], que obteve um enorme sucesso.

As emoções suscitadas pela meteorologia aprofundam-se sob outras influências. Em seu relato de "Première promenade" [Primeiro passeio] de *Les Rêveries du promeneur solitaire* (1782 [Os devaneios do caminhante solitário]), Jean-Jacques Rousseau declara que pretende colocar um barômetro em sua alma porque as vicissitudes meteorológicas coincidem com as do eu: a nuvem, a tempestade e o vendaval refletem a variabilidade do sujeito. Assim, difunde-se um "moi météorologique" [eu meteorológico], para retomar a expressão bem explícita utilizada por Anouchka Vasak[64]: eis o que Rousseau escreve, à sua maneira, a propósito do Saint-Preux de seu livro *La Nouvelle Héloïse* (1761), na carta XXVI da primeira parte do romance.

O essencial para aprofundar o tema deste texto consiste, daqui em diante, em ler os diários íntimos, cuja prática difunde-se em grande escala, nos quais é perceptível, em primeiro lugar, a atenção prestada às condições da meteorologia. A sua inscrição – de que os escritos de Goethe constituem um exemplo esclarecedor – banaliza-se simultaneamente aos "empregos do tempo"; Marc-Antoine Jullien promove a popularização destes últimos na França, prescrevendo a realização de balanços periódicos de si mesmo e, paralelamente, a anotação dos fenômenos meteorológicos[65]. Com sua mania da precisão, ele convida, a esse propósito, a distinguir dezenove tipos de tempo.

---

64. Título do sexto capítulo de VASAK, A. *Météorologies. Discours sur le ciel et le climat, des Lumières au romantisme*. Paris: Champion, 2007.
65. JULLIEN, M.-A. *Essai sur l'emploi du temps, ou Méthode qui a pour objet de bien régler l'emploi du temps, premier moyen d'être heureux*. Paris: Firmin-Didot, 1810.

No entanto, a elaboração da noção de cinestesia[66], ou seja, da presença a si mesmo, do sentido interno que implica a escuta das vísceras e de todas as manifestações do corpo, contemporânea do triunfo da medicina clínica que incentiva a observação de si imposta pelo médico, contribui para prestar atenção à influência das vicissitudes meteorológicas sobre o eu.

A maneira de observar e de sentir em si os efeitos do sol, da chuva, do vento, das neblinas, da neve e da geada torna-se cada vez mais afinada, independentemente do fato que ela venha a traduzir-se por um bem-estar ou um descontentamento. Além disso, a atenção prestada às condições do tempo exacerba a consciência da passagem do tempo. Michel Delon sublinhou o quanto as temperaturas exteriores determinam as temperaturas interiores no plano erótico[67]. A canícula induz ao desnudamento, tornando-se cúmplice do abandono amoroso por contágio da temperatura elevada. Quanto às nuvens, elas obscurecem a mente; o nevoeiro[68], por sua vez, invade a interioridade do sujeito, suscitando uma "vaporização do eu", para retomar uma expressão ulterior de Baudelaire[69]. Ele corta os contatos com a realidade exterior, incita ao ensimesmamento, "ao reviramento repentino em direção à interioridade". O nevoeiro provoca "a perda dos pontos de referência". "Ele projeta o indivíduo em um estado caótico, no qual os limites da própria identidade começam a vacilar e, assim, toda a realidade não passa de uma quimera, ilusão, vazio, nada"; o que sugere uma estética da indistinção, do indeterminado no interior de um casulo protetor que proporciona a suavidade, o silêncio, o repouso, a paz e a harmonia.

---

66. Cf. STAROBINSKI, J. "Le concept de cénesthésie et les idées neuropsychologiques de Moritz Schiff". In: *Gesnerus*, vol. 34, 1977, p. 2-20. • VIGARELLO, G. *Le Sentiment de soi* – Histoire de la perception du corps. Paris: Seuil, 2014, esp. p. 124-132.
67. DELON, M. "Températures extérieures, températures intérieures: pour une théorie libertine des climats". In: BERCHTOLD, J.; LE ROY LADURIE, E.; SERMAIN, J.-P. & VASAK, A. (sob a dir. de). *Canicules et froids extrêmes: L'événement climatique et ses représentations* – II: Histoire, littérature, peinture. Paris: Hermann, 2012.
68. BECKER, K. & LEPLATRE, O. (sob a dir. de). *La Brume et le Brouillard dans la science, la littérature et les arts*. Paris: Hermann, 2014. As citações seguintes provêm da Introdução, "La brume et le brouillard, deux météores énigmatiques dans l'Histoire", p. 14-18, 21 e 35.
69. Ibid.

A chuva é sentida por Bernardin de Saint-Pierre de maneira ambivalente[70]: ele deleita-se em escutá-la, de noite, quando está bem abrigado, sugerindo-lhe as lágrimas femininas e satisfazendo plenamente a sua neurastenia. No momento em que Alexander von Humboldt começa a propagar a convicção do afastamento das causas de todos os acontecimentos meteorológicos, Bernardin de Saint-Pierre considera a chuva como uma mensageira de fertilidade para os territórios longínquos. Oriunda de regiões oceânicas distantes, ela irá, talvez – de acordo com a sua sugestão –, encharcar as estepes da Tartária.

Nesse final de século, a nuvem exprime a inconstância. As neves e as geleiras dos Alpes suscitam o devaneio; para os libertinos, o frio extremo exacerba as sensações. Mas tudo isso produz também, segundo Humboldt, o mal da montanha, a lassidão, alucinações, suores frios e dores.

Vários autores de diários íntimos exprimem, particularmente bem, a existência do eu meteorológico, ou seja, o céu serve-lhes de "projeção do eu", e não de simples "refúgio contemplativo"[71]. Vamos aprofundar as confidências de algumas de suas emoções. Bernardin de Saint-Pierre declara em sua obra *Études de la Nature* (1776 [Estudos da Natureza]): "Falarei dos grandes refletores do céu, da lua, das auroras boreais, das estrelas e dos mistérios da noite somente na medida em que o homem conseguir percebê-los e em que o seu coração ficar emocionado"[72]. Joubert pode ser considerado como aquele cujo eu vibra plenamente com os meteoros, como se fosse o meteoro-sensível por excelência. A sua escrita – observa Maurice Blanchot[73] – é a do descontínuo e da intermitência. A meteorologia é, para ele, um refúgio que permite manter a distância os horrores do presente, os da Revolução Francesa[74]. O motivo é que – observa com razão Pierre Pachet[75] – a escrita

---

70. SAINT-PIERRE, J.-H.B. *Études de la Nature* [1776]. Saint-Étienne: Puse, 2007, p. 465.
71. VASAK, A. *Météorologies*. Op. cit., p. 333.
72. Apud BOULERIE, F. "Poétique de l'aurore boréale au temps de Maupertuis". In: BELLEGUIC, T. & VASAK, A. (sob a dir. de). *Ordre et désordre du monde*. Op. cit., p. 353.
73. BLANCHOT, M. "Joubert et l'espace". In: *Le Livre à venir*. Paris: Gallimard, 1958.
74. *Les Carnets de Joseph Joubert*. Paris: Gallimard, 1938. *Carnets* [Cadernos] datados de 1779 a 1783.
75. PACHET, P. *Les Baromètres de l'âme* – Naissance du journal intime. Paris: Hatier, 1990.

do diário íntimo revela-se, às vezes, como espaço de resistência do indivíduo à efusão desordenada das paixões, à injunção terrorista; com efeito, pode-se considerar a atenção prestada, nesse caso, ao meteorológico como negação do acontecimento histórico.

Anouchka Vasak procedeu a um estudo bem profundo da correspondência entre o eu e o mundo em sua variabilidade, graças à observação do céu que põe em comunicação a alma interior e a alma do mundo[76].

A título de exemplo, Joubert efetuou uma prodigiosa análise da repercussão da chuva sobre o eu, considerando-a – à semelhança do que se passou, mais tarde, com Henry David Thoreau – como a materialização de uma reconciliação entre a terra e o mundo.

> Existe, durante a chuva, certa obscuridade que alonga todos os objetos. Ela causa – aliás, pela disposição que impõe a nosso corpo – certo recolhimento que torna, então, a alma infinitamente mais sensível. O próprio ruído causado por ela [...], ao ocupar continuamente o ouvido, desperta a atenção, mantendo-o na expectativa. Essa espécie de tonalidade acastanhada que a umidade confere aos muros, às árvores e aos rochedos acaba dando maior ênfase à impressão emanada desses objetos. Além disso, a solidão e o silêncio que ela espalha em redor do viajante, obrigando os animais e os homens a se calarem e a se manterem abrigados, acabam por devolver-lhe as impressões mais distintas. Enrolado em sua capa, com a cabeça coberta, e caminhando por veredas desertas, ele é impressionado por tudo, e tudo é ampliado diante de sua imaginação e de seus olhos: os riachos transbordam, a grama torna-se mais espessa, os minerais são mais aparentes; o céu está mais perto da terra e todos os objetos, confinados em um horizonte mais estreito, ocupam um espaço maior e ganham mais importância[77].

Evidentemente, o calendário revolucionário difundiu e impôs, a toda a população, uma leitura dos meses e das estações – e, de maneira mais precisa,

---

76. VASAK, A. *Météorologies.* Op. cit., p. 431ss.
77. JOUBERT, J. *Carnet,* 1779-1783, apud CORBIN, A. "Le Corps et la construction du paysage". In: *Advanced Social Research,* vol. 4, set./2006. Kwansei Gakuin University.

da passagem do tempo – fundamentada explicitamente nas sensações meteorológicas. Os meses de *brumaire* [neblina], *frimaire* [frio], *pluviôse* [chuva] e *nivôse* [neve], para limitarmo-nos aos períodos de mau tempo, encontra a sua força apenas na alusão ao que é experimentado. O esforço de Fabre d'Églantine – autor dessa denominação dos meses e dias – contribui imediatamente para a laicização do tempo e para a convicção de que é a natureza que determina a sorte dos homens[78].

Ao mesmo tempo, na Inglaterra, alguns médicos – na esteira do Dr. Charles Russel[79], o inventor da praia –, inspirados pela teologia natural, insuflam uma atenção extrema às variações do tempo: verdadeiros diários meteorológicos são mantidos por valetudinários (*invalids*) em busca de estâncias suscetíveis de restaurarem a sua saúde. Nessa perspectiva, o escritor britânico Tobias Smolett – autor de The Adventures of Roderick Random (1748) –, que passou algum tempo em Nice, anota rigorosamente as condições meteorológicas. É, sem dúvida, no diário do baronete Townley[80] que tinha vindo – pelo menos, essa é a sua expectativa – em busca de cura na Ilha de Man, em 1789, que a intenção terapêutica e a certeza dos efeitos do tempo sobre o corpo se afirmam com maior clareza.

Voltemos ao continente europeu. O diário de Lucile Desmoulins[81] está repleto de anotações meteorológicas e do relato dos efeitos do tempo sobre a sua sensibilidade. Eis um exemplo de retraimento na intimidade – 21 de junho de 1788: "Não consigo sair para passear, chove demais; fiquei fiando até a ceia". Ocorre que é no diário de Pierre Maine de Biran[82] que a repercussão do meteorológico se manifesta com a máxima evidência: o autor dá a impressão de ser

---

78. CHOMARAT-RUIZ, C. "Petite herméneutique des météores". In: BELLEGUIC, T. & VASAK, A. (sob a dir. de). *Ordre et désordre du monde*. Op. cit., p. 333-347.
79. CORBIN, A. *Le Territoire du vide*. Op. cit., p. 79ss.
80. TOWNLEY, R. *Journal tenu dans l'île de Man relatant le temps, les vents et les événements quotidiens sur plus de onze mois*. Whitehaven, 1792.
81. Apud VASAK, A. *Météorologies*. Op. cit., p. 331.
82. Todas as citações a seguir são extraídas de MAINE DE BIRAN, P. *Journal*. Neuchâtel: La Baconnière, 1954-1957.

um maníaco da instabilidade, simultaneamente, do tempo e de si mesmo. Em 1794, com 26 anos, ele escreve o seguinte: "Acabamos por sofrer mudanças incessantes com o que se passa à nossa volta". Absorto na auto-observação[83], Maine de Biran – convém reconhecer – não se limita ao meteorológico: em busca de regularidades suscetíveis de agir sobre ele mesmo e de explicar as suas variações, esse autor observa, além das condições do tempo, as sensações do próprio corpo, o desenrolar de suas ocupações e de suas atividades mundanas, além da evolução de seus sentimentos, de seus pensamentos, de seus desejos e de suas lembranças. Tudo isso tece o discurso de uma extrema complexidade que constitui o seu diário. Quanto às correlações entre os meteoros e seu estado físico e moral, ele acaba por constatar que elas são "instáveis", "aleatórias" e "incertas", de modo que é incapaz de detectar as leis de tal correlação: às vezes, causas semelhantes produzem efeitos contrários. Atento ao vínculo de seu ego com os meteoros e, ao mesmo tempo, com "as próprias sensações internas" – escreve Claude Reichler –, Maine de Brian, "mergulhado na variabilidade humana, acabou perdendo as suas referências a respeito desta".

Contentemo-nos com alguns exemplos a fim de ilustrar o seu procedimento, orientado pelas noções de instabilidade, intermitência e imprevisibilidade, pelo imperioso sentimento de mobilidade interior, assim como pela convicção de que a nossa existência é uma sequência de fatos[84].

Em 31 de janeiro de 1813: "Neve e frio. Estou triste e enfermo... peguei um resfriado, tenho dor de cabeça". Em compensação, no dia 2 de fevereiro: "O sol me fez reviver; estou de bom humor e mais alegre que de manhã". Mas no dia 3: "Nevoeiro, céu encoberto e úmido... Tristeza e descontentamento interior". Em 12: "Dia bonito, sol de primavera, vento quente do sul. A oscilação da tem-

---

83. Em relação às citações a seguir, cf. REICHLER, C. "Météores et perception de soi: un paradigme de la variation liée". In: BECKER, K. (sob a dir. de). *La Pluie et le Beau Temps dans la littérature française*. Paris: Hermann, 2012, p. 213-237.

84. Sobre essas noções, relativas à nossa temática, cf. VASAK, A. "Naissance du sujet moderne dans les intempéries: météorologie, science de l'homme et littérature au crépuscule des Lumières". In: BECKER. Op. cit., 2012, esp. p. 240; e, a propósito de Joubert, p. 250-251.

peratura exerce influência sobre os meus nervos de uma maneira desagradável e deixa-me em um estado de prostração, de incerteza e quase de entorpecimento". Dia 13: "Chuva, vento do sudoeste (tempestade). Ao levantar-me, eu estava ansioso e abatido". E em 24: "Tempo excelente, um pouco frio. Levantei-me com bonomia e firmeza: esse humor tem a ver com o tempo e a pureza do ar".

Durante o ano de 1815, Maine de Biran continua anotando, em cada dia, o tempo e os efeitos deste sobre o seu estado anímico. A título de exemplo, na segunda-feira, 27 de novembro: "Frio e muito gelo. O frio continua a me deixar sonolento; levanto-me mais tarde com a cabeça pesada e dolorida; não consigo coordenar as minhas ideias e sinto-me abúlico". No ano seguinte, ainda subsiste esse tipo de observações. Em 21 de setembro de 1816: "Temporal, granizo terrível [...]. Eu já estava, desde a véspera, com a expectativa desse temporal e ao desencadear-se, quando o granizo caiu com ruído e furor, fiquei em um estado nervoso que tornou esse acontecimento ainda mais desagradável para mim". 19-20 de junho de 1817: "Temperatura elevada e sufocante. Calor insuportável, ânimo abatido, sem reação".

O caso de Chateaubriand é diferente. Ele presta uma atenção especial às nuvens, ao vento e ao temporal. "Eu ia sentar-me afastado de todo o mundo – lê-se em sua novela, *René* (1802), quando este evoca sua estadia sob o teto paterno – para contemplar a nuvem fugidia ou escutar a chuva cair sobre a folhagem"[85]. Essa sensibilidade relativamente à meteorologia encontra-se associada ao fascínio de Chateaubriand pelas paisagens exóticas, especialmente pela floresta americana. A esse respeito, Barbara Maria Stafford analisou minuciosamente as emoções suscitadas nos viajantes do século XVIII através do que ela qualifica como "viagem na substância"[86]. Uns trinta anos mais tarde – e isso não passa de um exemplo – Charles Darwin, por ocasião de sua viagem a bordo do *Beagle*, indica, em alguns lugares, as emoções

---

85. CHATEAUBRIAND, F.-R. *René* [1802]. Paris: Gallimard, 1971, p. 144.
86. STAFFORD, B.M. *Voyage into Substance*: Art, Science, Nature, and the Illustrated Travel Accounts. Cambridge, Mass./Londres: MIT Press, 1984.

proporcionadas pelos fenômenos meteorológicos no interior dos países visitados; assim, ele descreve a emoção causada pela forma inesperada da chuva nas florestas que cercam o Corcovado[87].

Senancour – em seu romance *Oberman* (1804) e, mais ainda, em sua obra de reflexões *Rêveries sur la nature primitive de l'homme* (1799 [Devaneios sobre a natureza primitiva do homem]) – ilustra também, com insistência, a presença do ego meteorológico, especialmente ao percorrer a montanha. Em sua opinião, esse território, teatro privilegiado de conflitos de meteoros, permite ao indivíduo "avaliar frontalmente a sua solidão no universo". A montanha é "lugar da sucessão rápida de situações contrárias e, por conseguinte, da sucessão frequente dos sentimentos"[88]. O envolvimento do corpo em explorações perigosas aviva, nos escritos de Senancour, a atenção prestada aos efeitos das vicissitudes meteorológicas sobre a fisiologia.

No outro lado do Atlântico, os escritores inspirados pelo transcendentalismo, sob a influência de Emerson[89], dão testemunho, em meados do século XIX, de emoções profundas suscitadas pela comunhão com os fenômenos meteorológicos, o que traduz um desejo de fusão com a natureza. Ninguém melhor do que Henry David Thoreau foi capaz de exprimir os efeitos da chuva, da neve e do vento sobre o ego. A esse respeito, limitamo-nos a dar um exemplo – mas seria possível apresentar várias centenas – extraído não tanto de seu *Walden* (1854), bastante célebre, nem de seus *Essays*, tampouco de seu relato de exploração das florestas do estado norte-americano, Maine, mas de seu magnífico diário[90].

---

87. DARWIN, C. *The Voyage of the Beagle* – Journal of Researches into the Geology and Natural History of the Various Countries by H.M.S. Beagle. Londres: Henry Colburn, 1839 [Ed. fr.: *Voyage d'un naturaliste autour du monde* – Fait à bord du navire Le Beagle de 1831 à 1836 [1875]. Paris: La Découverte/Poche, 2003, p. 31.
88. Apud VASAK, A. *Météorologies*. Op. cit., p. 178.
89. EMERSON, R.W. *Nature*. Boston: James Munroe and Company. 1836 [Ed. fr.: "Nature". In: *Essais*. Paris: Michel Houdiard, 2010].
90. THOREAU, H.D. *Journal, 1837-1861*. Paris: Denoël, 2001. • *The Maine Woods*. Boston: Ticknor and Fields, 1864. • *Walden; or, Life in the Woods*. Boston: Ticknor and Fields, 1854 [Ed. bras.: *Walden, ou A vida nos bosques*. Trad. de Astrid Cabral. 7. ed. São Paulo: Ground, 2007]. • *Essais*. Marseille: Le Mot et le Reste, 2007.

Que tipo de coisas me interessam, então, neste momento? A *chuva persistente, penetrante*, que escorre ao longo das coberturas de sapê enquanto, junto a uma colina desmatada, em cima de um leito de aveia selvagem do ano anterior, me estendi e fico sonhando. Eis o que suscita o meu interesse. *Contemplar* esse globo de cristal que desceu do céu para me fazer companhia. Enquanto as nuvens e esse tempo sombrio de chuvisco delimitam todas as coisas, nós nos aproximamos e travamos conhecimento, ele e eu. O acúmulo das nuvens sob o último sopro do vento agonizante e, em seguida, o *gotejamento monótono* dos ramos e das folhas, a impressão de *consolo* e de *intimidade*, as árvores e as coberturas de sapê encharcadas que deixam cair as suas pérolas quando alguém passa, as suas *formas confusas* através da chuva que as envolve e que parece inclinar-se como *manifestação de simpatia*: eis o meu domínio incontestado. Eis *o conforto à maneira inglesa da natureza*. Os pássaros estão mais perto, mais familiares sob a espessa folhagem e, em seus poleiros, compõem novos acordes para o retorno do sol[91].

Para não interromper a evidenciação da riqueza das emoções manifestadas por norte-americanos, durante o século XIX, desloquemo-nos para o final do período abordado por este volume. John Muir[92], o viajante, explorador do Yosemite e das montanhas do oeste dos Estados Unidos, soube descrever com a máxima precisão o fascínio suscitado nele pelo movimento do vento nas árvores; é porque – se lhe dermos crédito – cada um desses vegetais possui "uma maneira própria de se exprimir, de cantar a sua canção e de fazer os seus gestos particulares". O desejo de experimentar esse tipo de emoção leva-o a correr riscos, não hesitando em aventurar-se em escaladas de várias dezenas de metros.

Assim, relata ele, em 1878, ao atingir a copa de um pinheiro em Douglas:

---

91. THOREAU, H.D. *Journal, 1837-1861*. Op. cit., p. 37-38.
92. Todas as citações a seguir são tiradas de MUIR, J. *Célébrations de la Nature* [coletânea de 17 artigos]. Paris: José Corti, 2011, p. 193, 202, 263-264, Col. "Domaine Romantique" [Orig.: *Nature Writings*: The Story of My Boyhood and Youth; My First Summer in the Sierra; The Mountains of California; Stickeen; Selected Essays. Nova York: Library of America, 1997].

> Cada árvore vai constituir o alvo particular dos ventos, os quais afloram cada folha, cada galho, cada tronco enrugado [...]. Os ventos vão à procura e encontram todas [as árvores], acariciando-as delicadamente, curvando-as por ocasião de brincadeiras lascivas, estimulando o seu crescimento, desembaraçando-as segundo a necessidade de uma folha, de um galho [...], ora sussurrando ou balbuciando nos ramos como se se tratasse de uma criança que pega no sono, ora bramindo como o oceano.

Em outro texto, John Muir escreve: "No outono, o suspiro dos ventos é ainda mais suave, o seu leve ah-ah enche o céu com uma fina garoa musical". E tira a seguinte conclusão: "Em geral, as pessoas gostam de observar os riachos de montanha, conservando-os na memória, mas são raras as que se preocupam em olhar os ventos que, no entanto, são mais belos e sublimes, sem deixarem de ser, às vezes, tão visíveis quanto a água corrente". John Muir conclui, à sua maneira, a emoção causada pelos meteoros do século XIX: além de observar o céu, de ficar à escuta dos ventos e de enfrentar a neve, ele serve-se de todo o seu corpo para refinar as suas sensações, aperfeiçoar a sua análise e ampliar o máximo possível as suas emoções. Ora, nessas terras do Oeste americano, há outros exploradores sensíveis. Acrescentemos que, neste caso, os fenômenos meteorológicos não são dessacralizados; a influência religiosa – em particular, dos protestantes – fornece um intenso colorido às emoções.

No alvorecer do século XIX, os escritores não são os únicos a mostrar o aprofundamento de um eu meteorológico; numerosos pintores e, talvez, mais ainda, aquarelistas, são impelidos pelo mesmo movimento. A influência do sublime, cuja definição e análise foram aprofundadas com empenho por Kant – depois do político liberal, filósofo e orador irlandês, E. Burke[93] –, ainda se exerce de maneira impactante. O que era efeito do pavor, encenação das paixões nas representações de naufrágio, segundo o pintor francês, Horace Vernet, converte-se em face a face com a neblina, a neve, o gelo durante uma contemplação solitária nos quadros

---

93. BURKE, E. *A Philosophical Enquiry into the Origin of Our Ideas of the Sublime and Beautiful*. Londres: R. and J. Dodsley, 1757 [Ed. fr.: *Recherche philosophique sur l'origine de nos idées du sublime e du beau*. Paris: Vrin, 2009].

do grande paisagista alemão, Caspar David Friedrich. Cria-se no espectador uma nova emoção: no segredo do olhar projetado sobre o quadro, a representação dos meteoros impregna de tal modo a sua alma que esta é impelida a mergulhar em uma interioridade silenciosa. Na mesma época, ou quase, os aquarelistas ingleses, tais como Alexander Cozens, ficam confinados no território das ilhas britânicas, nomeadamente em suas orlas marítimas; a partir daí, eles sabem apresentar os mais sutis fenômenos meteorológicos de uma maneira que depende menos do sublime que do pitoresco, teorizado e experimentado pelo pastor William Gilpin[94], no decorrer de suas navegações nos rios britânicos. Esses aquarelistas ensinaram o espectador a experimentar a sutileza dos vapores do ar, das neblinas e fumaças, o que, pouco depois, irá atingir o mais elevado grau nas telas de Turner. Segundo parece, numerosos ingleses desse tempo recitavam – frequentemente, de cor – *The Cloud* (1820), o poema de Shelley.

O pintor romântico inglês, J. Constable, por sua vez, efetuava cotidianamente registros precisos das condições meteorológicas e anotava, por exemplo, a forma das nuvens. No mesmo momento – 18 de maio de 1820 – Goethe, depois da leitura do relatório do cientista inglês, Luke Howard[95], evoca suas lembranças de infância. Ele faz a seguinte confissão:

> Para a mente da criança, jovem e delicada, formada por uma educação urbana e confinada em uma casa, não restava praticamente outro meio de evasão, além da contemplação nostálgica da atmosfera [...], inclusive, o olhar, seja do poeta ou do pintor, nunca haveria de se tornar insensível aos fenômenos atmosféricos e, por ocasião de uma viagem ou caminhada, estes constituem uma importante preocupação...[96]

---

94. A título de exemplo, cf. GILPIN, W. *Observations sur la rivière Wye*. Pau: PUP, 2009 [Orig.: *Observations on the River Wye, and several parts of South Wales etc. relative chiefly to picturesque beauty; made in the summer of the year 1770*. Londres: T. Cadell and W. Davies/Strand, 1782].

95. HOWARD, L. *Essay on the Modification of Clouds, which was published*. Londres: J. Taylor, 1803 [Ed. fr.: *Sur les modifications des nuages*, apud GOETHE. *La Forme de nuages selon Howard* [1803 e 1820]. Paris: Hermann, 2012. A citação de Goethe encontra-se na p. 215.

96. Para nos limitarmos às nuvens, mas em uma perspectiva ridícula, lembremos que os personagens, Bouvard e Pécuchet – título do romance inacabado de Flaubert sobre a vaidade dos

Eugène Delacroix registra, com muita frequência, em seu *Journal* [Diário íntimo] as condições do tempo, mas ele só raramente procede à análise dos efeitos dos fenômenos meteorológicos sobre o seu estado anímico. O "bom tempo" começa por ter o efeito de desenvolver nesse autor a admiração da natureza; o essencial continua sendo o incremento de seus projetos enquanto pintor. A título de exemplo, eis algumas dessas anotações[97]. Em 3 de junho de 1850, estando em Camprosay, ele escreve: "Chuva como de costume. O tempo fica bom no final da tarde". E em 15 do mesmo mês: "Chuva contínua, vendaval que não parou um instante durante todo o dia..." Da quinta-feira, 26 de maio de 1853, ao domingo, 29 de maio de 1853, pelas 10 horas da noite: "A chuva dava a toda essa verdura, revigorada, um odor delicioso; as estrelas brilhantes, mas sobretudo esse odor! [...] um odor de minha juventude, tão penetrante e delicioso que sou incapaz de estabelecer qualquer comparação com outra coisa. Passei e voltei a passar cinco ou seis vezes: eu não conseguia me livrar dessa agradável impressão". E ele renova o relato da mesma emoção olfativa suscitada pela chuva na quarta-feira, 1º de junho.

De modo diferente dos escritores de diário já citados, Delacroix – vamos repetir – rechaça paradoxalmente reconhecer a influência das condições do tempo sobre o seu estado anímico. No final da tarde de 31 de maio de 1853, depois de ter percorrido a estrada de Soizy a Champrosay, ele escreve o seguinte: "A neblina e o tempo ruim não contribuem em nada para a nossa tristeza, mas quando a nossa alma é invadida pelas trevas é que tudo nos parece lúgubre ou insuportável". A causa essencial do mal-estar não é, em seu entender, as condições do tempo, mas o processo da digestão.

No entanto, sem manifestar o menor receio de contradizer-se, Delacroix indica, às vezes, com entusiasmo, as suas reações afetivas diante dos meteoros;

---

contemporâneos, publicado postumamente, em 1881 –, desejosos de entenderem os sinais do tempo, estudam as nuvens segundo a classificação de Luke Howard.
97. Todas as citações a seguir são extraídas de DELACROIX, E. *Journal, 1822-1863*. Paris: Plon, 1980, p. 240, 353, 354 e 412.

veremos, inclusive, o motivo pelo qual ele detesta o calor e aprecia a chuva. "Nesta manhã, dia de Páscoa – escreve ele, em 16 de abril de 1854 –, o sol despontou bem cedo e, em várias ocasiões, ficou encoberto; com a falta de vento, o firmamento cobre-se de nuvens. Será que, enfim, esse *bom tempo entediante* vai passar? Escrevo isto às oito horas da manhã, fazendo votos para que haja um pouco de chuva".

Com efeito, a chuva provoca em Delacroix choques de memória; vimos que ela estimula os odores, assim como a reminiscência. "Quão agradável é esse perfume de terra molhada – escreve ele, na quarta-feira, 1º de junho de 1853. Esse odor da floresta é penetrante, além de despertar imediatamente lembranças graciosas e puras, lembranças da primeira infância e sentimentos que vêm do fundo da alma".

Entre a década de 1840 e o final dos anos de 1880, as emoções suscitadas pelos meteoros não são tão intensamente desestabilizantes quanto haviam sido durante o meio século precedente; às vezes, elas são muito mais aprimoradas, mas, sobretudo, banalizadas porque a ciência meteorológica acabou fazendo rápidos progressos[98], tendo-se verificado, sobretudo, a ampla difusão do hábito dos registros. Nas escolas destinadas à formação de professores em cada departamento, alguns estudantes recebem, desde então, a missão de efetuar, desde o nascer até o pôr do sol, registros cujos resultados são enviados a Paris; no entanto, estes não chegam a ser utilizados. No Observatoire de Paris são anotados cotidianamente, em horas regulares, os dados meteorológicos da capital; com efeito, impõe-se cada vez mais a necessidade de estabelecer a probabilidade. Paradoxalmente, no momento em que ocorre a queda na venda ambulante de livros, os almanaques escapam desse declínio e continuam sendo consultados profusamente na zona rural. Nessa época, uma querela opõe os estudiosos aos adeptos das teorias de Mathieu de la

---

98. Cf. LOCHER, F. *Le Savant et la Tempête* – Étudier l'atmosphère et prévoir le temps au XIXe siècle. Rennes: PUR, 2008, esp. p. 63-83.

Drôme[99], o qual apresenta-se como profeta do tempo, desejoso de promover uma meteorologia popular.

A publicação e a difusão da obra – *Kosmos: Entwurf einer physischen Weltbeschreibung* (5 tomos, 1845-1862) – de A. von Humboldt já tinha vulgarizado, anteriormente, a convicção de que o corpo humano é o instrumento mais sensível às variações do mundo exterior. Após a sua exploração dos Andes, esse erudito havia elaborado um *corpus* científico dos efeitos da meteorologia sobre o corpo humano, mas trata-se de um *corpus* diferente do que se encontra nos diários íntimos. Em meados do século, aprofunda-se a convicção de que as condições meteorológicas exercem uma influência sobre o corpo e a saúde que é, porventura, mais profunda do que sobre a psicologia e a interioridade. Reveladora, a esse respeito, é a maneira como o filósofo e historiador, J. Michelet, observa o modo como o tempo influi nas pulsões de sua querida Athenais e sobre o seu próprio desejo[100]. Eis o teor de sua observação em 8 de outubro de 1862: "Hoje, com o vento de leste, ela ficou ativa e desenvolta". O céu de borrasca, o qual reanima o desejo, acaba prejudicando o prazer. Em 8 de novembro de 1861, ele anota o seguinte: "Esse tempo agitado, tempestuoso, maçante é justamente o que impede o amor". "O vento suave" (6 de julho de 1858), "o sol acolhedor" ou o "sol radiante" são os mais favoráveis para a aproximação. Três meses mais tarde, em 15 de outubro: "Sol acolhedor de outubro", do qual Athenais usufrui, e o esposo reconhecido acrescenta: "como ela fazia questão que eu usufruísse desse tempo, sentou-se ternamente em cima de mim, atrás de um rochedo da Noveillard, de frente para o mar e o sol". Em 20 de novembro de 1863, Michelet escreve: "Um sol radiante no meu quarto para 'oficiar' segundo o rito dos árias"; segue a menção de um coito anal em que "ambos [estão] bem descontraídos".

---

99. DE LA DRÔME, M. *De la prédiction du temps*. Paris: Mallet-Bachelier, 1862.
100. As citações a seguir são tiradas de MICHELET, J. *Journal*. Paris: Gallimard, 1962; 1976, t. 2, p. 415 (6 de julho de 1858) e 430 (15 de outubro de 1858); t. 3, p. 80 (8 de novembro de 1861), p. 145 (8 de outubro de 1862) e p. 229 (20 de novembro de 1863).

Daí em diante, os grandes escritores dedicam-se ao trabalho de refinamento das emoções suscitadas pela condição do tempo. Contentemo-nos com exemplos particularmente significativos. "O estado do tempo em mim era semelhante ao da rua – escreve Victor Hugo, em 1842 – e, se me permitirem a metáfora, eu diria que estava chovendo na minha mente [...]. O pensamento que tenho na alma assemelha-se ao céu acima da minha cabeça"[101]. O *spleen* baudelairiano não poderia ser analisado sem levar em conta a dimensão meteorológica desse estado anímico, especialmente o papel da neblina e do nevoeiro em sua gênese, na "vaporização do eu"; ao passo que nos *Petits poèmes en prose* [Poeminhas em prosa], compostos entre 1855 e 1864 – e publicados entre 1868 e 1869 –, as nuvens permaneciam maravilhosos objetos de fascínio e de sonho[102].

Além de ter experimentado o mau tempo e a chuva que servem de tessitura a um grande número de poemas de Verlaine, cada leitor já chegou a acompanhar, certamente, o poeta em suas paisagens tristes:

> Il pleut dans mon cœur [Chove em meu coração]
> Comme il pleut sur la ville [Como chove na cidade];
> Quelle est cette langueur [O que é essa languidez]
> Qui pénètre mon cœur? [Que impregna meu coração?]
> *Romance sans paroles*, 1874 [Romance sem palavras]

Na obra narrativa de Maupassant, no interior da qual as condições do tempo desempenham um papel capital, Karin Becker analisa a maneira como o nevoeiro converte-se em figura da dissolução[103]. Dickens, por sua vez, submerge os bairros pobres de Londres no nevoeiro com a intenção de fornecer ao leitor uma sugestão mais fidedigna das condições de vida miseráveis[104]. Quanto ao

---

101. HUGO, V. *Voyages* [1834-1871]. In: *Œuvres complètes*. Paris: Robert Laffont, 1987, p. 345-346, Col. "Bouquins".
102. WEBER, A. "Remède et poison – Une lecture pharmaceutique du brouillard chez Baudelaire". In: BECKER, K. & LEPLATRE, O. (sob a dir. de). *La Brume et le Brouillard...* Op. cit., p. 225-235.
103. BECKER, K. "Maupassant et le brouillard comme figure de la dissolution". In: BECKER & LEPLATRE. Op. cit., p. 243-261.
104. Cf. CHASLES, C. "Les fonctions du brouillard dans la littérature anglaise du XIXe siècle". In: BECKER & LEPLATRE. Op. cit., p. 207.

geógrafo francês, Élisée Reclus, tendo como pretexto a apresentação da montanha e do riacho, leva o leitor a experimentar as emoções suscitadas por esses teatros naturais; a título de exemplo, ele exprime "o encantamento" do gelo no inverno que forma agulhas e gargantilhas na água do riacho, assim como o "efeito da neve" durante "os dias sem raios solares"[105].

No final do período que nos diz respeito, os simbolistas fornecem um novo toque às emoções suscitadas pela meteorologia. Entre eles, o dramaturgo, poeta e ensaísta belga de língua francesa, Maurice Maeterlinck e, mais ainda, Georges Rodenbach, outro escritor belga de língua francesa, tecem laços entre o silêncio, a sombra e, até mesmo, a obscuridade, além de determinados lugares mortos e a força do nevoeiro e das neblinas. A evocação da cidade em *Bruges-la-Morte* (1982 [Bruges-a-Morta]), para o segundo desses autores simbolistas, arrasta o leitor ao longo de canais lentos, frequentados por cisnes, ou em direção a uma comunidade de beguinas, assombrada por religiosas enclausuradas[106]. Nesses quadros, à semelhança daqueles existentes nos quartos tristes evocados na poesia de Rodenbach, o final das tardes de outono e a bruma que cai do firmamento impelem o leitor para percursos estranhos dominados pela atmosfera; aliás, isso mesmo é sugerido também, à sua maneira, pela pintura do artista norte-americano, estabelecido na Inglaterra e na França, J. Whistler.

Eis o que nos conduz ao desfecho deste segundo volume, ou seja, ao corte entre os séculos XIX e XX, no momento indeciso em que a percepção dos efeitos do sol oscila de maneira insensível. Durante muito tempo, objeto de precaução e, até mesmo, de ojeriza, a exposição a seus raios começa a suscitar o bem-estar, pelo menos é o que se ouve dizer. Os médicos cessam, aos poucos, de desaconselhar a exposição ao ardor de seus raios. Durante muito tempo, acusado por alterar as propriedades do ar, por inflamar as mentes, por

---

105. RECLUS, É. *Histoire d'une montagne* [1880]. Arles: Actes Sud, 1998, p. 88ss.
106. RODENBACH, G. *Bruges-la-Morte* [1892]. Paris: Flammarion, 1948. • RIEGER, A. "Écritures brumeuses et visions brouillées dans *Bruges-la-Morte* de Georges Rodenbach". In: BECKER & LEPLATRE. Op. cit., p. 261-279.

esquentar os humores, por debilitar as forças provocando o suor, por distender as fibras, por favorecer a proliferação dos temperamentos sanguíneos, cruéis e apaixonados, por provocar alucinações como outrora nos Padres do Deserto, por exacerbar as paixões amorosas e, inclusive, por incentivar à masturbação: essas são, afinal, as virtudes reconhecidas ao sol.

Com uma intenção pedagógica, Rousseau já havia recomendado, em seu *Émile* (1762), uma exposição gradual. Saint-Lambert escrevia que o sol fazia surgir "a alegria, a esperança, a ternura, o amor do belo e todos os sentimentos que são modos do prazer"; em suma, ele fornece às pessoas o sentimento vivo de sua existência[107]. Por outro lado, a influência da teologia natural tinha tomado partido, no final do século XVIII, em favor do sol; e Rousseau havia enaltecido a beleza de seus poentes.

Essas diversas opiniões de escritores e de artistas estiveram longe, durante décadas, de levar a melhor. O primeiro texto de médico que deixa de insistir sobre a precaução, além de incentivar à exposição ao sol, é publicado em 1847, elaborado pelo Dr. Jean Viel, um obscuro médico da cidade mediterrânica de Sète[108]. O desejo de distinção continua, durante longo tempo, a incentivar as mulheres a se cobrirem, a se munirem de sombrinhas – se possível, de cor branca – a fim de evitar o bronzeado campestre que implica uma desqualificação da pessoa. O chapéu de sol, o panamá e o capacete colonial, cujas histórias ainda estão por fazer, atestam a manutenção da necessidade de proteção; para ter uma noção dessa realidade, basta dar uma conferida nos quadros que representam a sociedade que se amontoa nas praias, no final do século. Acrescentemos que a cultura visual dos elementos meteorológicos permanece impregnada de valores morais.

Ocorre que, no final de nosso período, aumenta a convicção dos benefícios auferidos mediante o sol: já Michelet – volto a citá-lo –, em seu diário,

---

107. A esse respeito, e em referência ao que segue, cf. GRANGER, C. "Le soleil ou la saveur des temps insoucieux". In: CORBIN, A. (sob a dir. de). *La Pluie, le Soleil et le Vent*. Paris: Aubier, 2013, p. 37-69.
108. VIEL, J. *Bains de mer à Cette...* Montpellier: Martel, 1847, p. 21.

na expectativa de seus efeitos benéficos sobre a sensualidade de sua Athenais, mostrava-se impaciente para usufruir dele. Mais tarde, em seu romance, *Une page d'amour* (1879 [Uma página de amor]), Zola descreve a jovem Juliette, moribunda, desejosa de debruçar-se à janela para sentir-se acariciada pelo sol.

Mas convém não exagerar tal propensão visto que este volume diz respeito a um período que termina no decorrer dos anos de 1880; nessa época, continuam prevalecendo o medo da "queimadura do sol" ou da insolação, assim como a convicção do caráter antiestético do bronzeado, ao passo que, em breve, será levado em conta o valor terapêutico do sol e chegará o tempo dos *sanatoria*. Mas isto é já outra história relativamente não só ao triunfo absoluto das teorias de Pasteur, iniciado no final dos anos de 1880, mas também à obsessão pela maceração microbiana.

3
FACE AO ESPETÁCULO DA NATUREZA

Serge Briffaud

Na segunda metade do século XVIII, montanhas e litorais marítimos começam a exercer uma atração irresistível sobre as elites do Ocidente. Em algumas décadas, os Alpes e os Pireneus, as orlas oceânicas – e, em primeiro lugar, as da Mancha ou do Mar do Norte – põem-se a encarnar o espetáculo da natureza no que há de mais fascinante, de mais edificante e de mais instrutivo, sem deixarem de se tornar, no mesmo movimento, os espaços privilegiados da escuta do corpo, da volta à fonte energética íntima e da autodescoberta. Estamos lidando com a invenção de um espetáculo novo, inexistente anteriormente como tal; mas um espetáculo tanto exterior como interior, ao qual o espectador se convida a si mesmo. Montanhas e orlas exercem atração enquanto paisagens, admiradas e decifradas a distância, contempladas como se fossem quadros, além de serem observadas, cada vez mais, como arquivos de uma história da natureza e como fragmentos de um imponente relato cósmico que os naturalistas "exploradores" se empenham a reconstituir. Esses mundos descobertos, porém, apresentam-se também e indissociavelmente como *ambientes* que, ao mesmo tempo, envolvem e fazem vibrar os corpos, penetram a intimidade do ser até os confins do fisiológico e do psicológico, nessas regiões em que começa a desenvolver-se a auto-observação e a deslocar-se o núcleo de um bem-estar ou de um mal-estar inseparavelmente físico e mental. A viagem à montanha e ao mar exalta e questiona assim a figura do espectador, confrontado com objetos e fenômenos que, no exato momento em que alguém tenta distanciar-se destes, aparecem como o retrato projetado de um mundo interior.

A emoção – aqui, sem dúvida, mais que alhures – é solidária de um retorno a si mesma e aparece consubstancial à sua representação. Assim, exatamente no aspecto em que, suscitada por espetáculos grandiosos e muitas vezes assustadores, ela se apresenta como mais imediata e mais primordial, a linguagem na realidade vai alimentá-la e delimitá-la, organizá-la, atraindo-a para as suas redes, triunfo do obstáculo que, retoricamente, lhe é oposto ao decretar não verbalizável o que, *in situ*, afeta o mais profundo do ser. Em sua espontaneidade, em seu aparente frescor e em sua própria violência, a emoção é experimentada, nos picos e nas orlas marítimas, no interior de uma verdadeira câmara de eco discursiva e conceptual, formada em parte pela miríade de relatos e de imagens produzida pelos "descobridores" desses novos mundos. Por conseguinte, ela refere-se, propriamente falando, a algo re-ssentido profundamente, a algo experimentado que se re-presenta sempre a si mesmo e aos outros, se rumina, se revive e se rediz. A emoção é assim inseparável de seu léxico e, além disso, das codificações que este implica: aquelas da representação sendo inseparáveis das da emoção "autenticamente" experimentada, também não se opõem entre si; com efeito, a linguagem "modela igualmente a experiência carnal da emoção"[109].

As linhas seguintes são dedicadas prioritariamente a questionar as configurações emocionais associadas à "descoberta" das montanhas e das orlas marítimas, do ponto de vista do que lhes serve de fundamento e das experiências relativas ao espaço nas quais elas se inscrevem. Esse sentimento profundo dos "descobridores" pode ser reduzido a buscas ou intuitos (nomeadamente, de natureza terapêutica, científica e artística), assim como a codificações hetero-

---

109. DELUERMOZ, Q. et al. "Écrire l'histoire des émotions: de l'objet à la catégorie d'analyse". In: *Revue d'Histoire du XIXe siècle*, vol. 47, n. 2, 2013, p. 155-189.

gêneas, oriundas de núcleos diferentes, dos quais não irradiam maneiras de olhar e de experimentar naturalmente convergentes, nem *a priori* disponíveis para formar um todo emocional compacto. O papel decisivo desempenhado por alguns desses códigos chegou a ser detectado, às vezes, há muito tempo: é o caso para aqueles, de ordem estética, relativos ao *pitoresco* e ao *sublime* (aliás, esses dois termos abrangem modos de apreensão, em determinados aspectos, opostos). Outros núcleos e materiais da emoção relativa à montanha e à orla marítima foram identificados mais recentemente. Assim, cabe a Alain Corbin o desvelamento de toda a importância da físico-teologia e do providencialismo naturalista que lhe é inerente, para a construção, no Ocidente, de uma "atitude *spectatoriale*" – que suscita emoções inéditas – face à natureza[110]. Os grandes filtros perceptivos que acabam de ser citados têm em comum o fato de terem sido forjados desde a aurora do Iluminismo, em um momento em que a curiosidade pelas montanhas e pelas orlas marítimas ainda não engendra, a não ser excepcionalmente, a vontade de partir para a descoberta desses espaços – de enfrentá-los fisicamente. Se esses filtros são mobilizados realmente pelos descobridores da montanha e das orlas marítimas, a sua emergência e disponibilidade são insuficientes para motivar a viagem. Formula-se, por conseguinte, a questão a respeito das fontes dessa motivação; e encontrar uma resposta equivale a dotar-se de uma das chaves de análise mais preciosas para decifrar as configurações emocionais associadas à descoberta desses novos mundos.

Neste texto, será defendida a ideia de que surge, nas últimas décadas do século XVIII, um paradigma de apreciação que, ao integrar e transcender ao mesmo tempo a diversidade das buscas e dos códigos mobilizados, confere uma unidade estrutural à experiência da descoberta. Ora, sem dúvida alguma, é no que autoriza essa convergência de maneiras de ver e de experimentar, organizadas por códigos heterogêneos, que se deve procurar a força que anima o desejo comum simultaneamente por orlas marítimas e pela montanha dos

---

110. CORBIN, A. *Le Territoire du vide – L'Occident et le désir du rivage*. Paris: Aubier, 1988, p. 34-45. • "L'Émergence du désir du rivage ou la spécificité d'une forme de fascination de la mer". In: *Le Ciel et la Mer*. Paris: Flammarion, 2014, p. 39-63.

viajantes, cujos intuitos, aliás, são diferentes. Se esse paradigma de apreciação confere a sua unidade ao momento histórico da descoberta, as configurações emocionais colocadas em ordem por seu intermédio não deixam de ser menos complexas, sedimentadas e fraturadas, moldadas por maneiras herdadas de perceber e de sentir, de modo que, por isso mesmo, à primeira vista, deveria tornar ineficiente essa herança. O elemento aglutinador desse sistema emocional é frágil; de fato, ele desmorona-se rapidamente, como veremos, logo após o primeiro terço do século XIX.

A montanha e o mar: uma dupla providencial

O pastor e naturalista suíço Élie Bertrand, colaborador da *Encyclopédie*, publica um volumoso *Essai sur les usages des montagnes* [Ensaio sobre os usos das montanhas], em 1754. As primeiras linhas do prefácio resumem assim o objeto da obra: "As montanhas entram essencialmente na construção do globo, habitado por nós". Essa verdade, acrescenta o autor, merece ser "desenvolvida com maior amplitude de maneira que se torne evidente que as desigualdades de nossa habitação não sejam o efeito de causas desconhecidas ou de movimentos fortuitos, mas a Obra de uma Mão sensata e benéfica"[111].

A intenção resume o objetivo perseguido pelos autores dos múltiplos tratados do mesmo gênero, publicados desde o final do século XVII, visando a natureza em geral – como é o caso de John Ray, Guillaume Derham, o Abbé Pluche e ainda outros autores – ou um elemento natural em particular, como se passa com Élie Bertrand[112]. Todos compartilham a mesma vontade de demonstrar Deus mediante a representação das maravilhas da criação, de colocar sob o olhar e de levar a admirar os benefícios com que a natureza cumula os seres

---

111. BERTRAND, É. *Essai sur les usages des montagnes*. Zurique: Heidegger, 1754, p. IX-X.
112. Sobre a físico-teologia e a sua abundante produção literária, cf. esp. PHILIPP, W. "Physico-theology in the Age of Enlightenment: Appearance and History". In: *Studies on Voltaire and the Eighteenth Century*, vol. 57, 1967, p. 1.233-1.267. • GEVREY, F.; BOCH, J. & HAQUETTE, J.-L. (sob a dir. de). *Écrire la nature au XVIIIᵉ siècle* – Autour de l'abbé Pluche. Paris: Presses de l'université Paris-Sorbone, 2006.

humanos, mas também de enaltecer os méritos, além de legitimar a prática da história natural, ciência que tem a função de revelar a obra divina ao reinstalá-la no campo do visível. No movimento físico-teológico, enraíza-se assim o que será uma das características principais do modo de apreciação das montanhas e dos litorais na época de sua descoberta, a saber, o conluio estabelecido por ele entre a observação científica e a percepção estética desses espaços; aí está a origem, sobretudo, dessa busca apaixonada pela visibilidade, cuja amplitude irá prolongar-se nos cumes das montanhas e nas orlas marítimas.

A obra divina como espetáculo

Justificar o que existe, enaltecer o que se vê: eis o âmago do projeto indissociavelmente científico e religioso da *físico-teologia*, no qual se inscreve plenamente o ensaio de Élie Bertrand. Justificar consiste em demonstrar o "uso", isto é, a utilidade de cada um dos componentes do universo; utilidade em parte relativa à conexão dos elementos e fenômenos naturais, ou seja, àquilo que é designado por Bernardin de Saint-Pierre, último dos grandes físico-teólogos do Século das Luzes, como as "harmonias da natureza"[113]. Mas, na extremidade dessa corrente de conveniências e de relações – no horizonte do que Linné qualifica como a "economia da natureza"[114] –, está a satisfação das necessidades materiais do próprio homem: as de uma humanidade, ao mesmo tempo, utilizadora e espectadora de seu mundo, criada para tirar proveito de seus usos e para celebrar a sua beleza.

Élie Bertrand toma assim o seu tempo para mostrar que a montanha é indispensável para a estocagem, a circulação e a distribuição da água na terra: os cumes detêm as nuvens, descarregando-as de sua chuva; em seguida, as águas são conservadas nas geleiras, lagos ou cavernas subterrâneas. Graças à declividade do terreno, que é um dos benefícios da montanha, elas podem ser encami-

---

113. SAINT-PIERRE (de), J.-H.B. *Harmonies de la nature*. Bruxelas: Wallem, 1820.
114. LINNÉ (von), C. "Économie de la nature" [1749]. In: *L'Équilibre de la nature*. Paris: Vrin, 1972.

nhadas para o sopé e distribuídas a todas as partes da Terra, depois conduzidas aos mares e oceanos, de onde provêm as nuvens... O espetáculo das montanhas e dos oceanos – dos quais algumas pessoas se afastam com horror – não deveria ser, pelo contrário, admirado? A função justifica essa admiração que, para se impor, pressupõe que esse elemento seja reposicionado em um conjunto, além de ser observado do ponto de vista dos serviços prestados por ele.

Ao associar, dessa maneira, o belo com o bom e o bem, a físico-teologia revitaliza – retomando-o por sua conta – um ideal clássico da beleza. Mas, ao mesmo tempo, vai descartá-lo da celebração convencional das formas depuradas, do geométrico e do genérico, para integrá-lo em um terreno já marcado, simultaneamente, pela estética do pitoresco em ação, em especial, nos jardins chamados "ingleses": o do irregular e do singular. Com efeito, a "desigualdade" e a diversidade é que contêm o uso benfazejo, e é pelo fato de nenhum dos elementos se assemelhar a seu vizinho – que traz a marca desse "caráter" distintivo, objeto central da busca naturalista, mediante o qual ele é, em todos os sentidos do termo, *determinado* – que cada um deles pode desempenhar um papel na economia providencial da natureza. A montanha "eriçada", observada muitas vezes como o cúmulo de feiura, transforma-se em um espetáculo edificante e entusiasmante desde que seja admitido que essas pontas aceradas, formadas pelos cumes, servem para perfurar as nuvens e colocar em movimento, visando o maior bem da humanidade, o ciclo da água.

Todo o fascínio físico-teológico encontra-se nesse aspecto, ou seja, na descoberta do "uso" que, frequentemente, pressupõe uma atenção mais aturada do espectador, além da reviravolta de uma percepção *a priori*. A retirada das prevenções que mantinham o olhar e a sensibilidade em cativeiro é a condição de um abrir de olhos que reconduz em direção à evidência despercebida; é a condição da emoção que capta o espectador, descobrindo algo que ele tinha debaixo dos olhos, mas que era incapaz de ver. Assim, a natureza nunca é tão admirável quanto em suas manifestações *a priori* mais inquietantes, ou as mais contrárias à conservação e aos interesses da humanidade; a sua beleza só atinge o ápice quando, ao julgá-la com os olhos fechados, alguém viesse a pressupô-la como feia e assustadora.

Assombro físico-teológico versus *sublime natural*

A iniciativa providencialista, como acabamos de ver, solidariza a montanha e o mar, justificando-os mutuamente: o mar pressupõe a montanha e o mesmo ocorre entre a montanha e o mar. Assim, de acordo com a observação do filósofo, matemático e teólogo holandês B. Nieuwentyt, o Criador colocou montanhas nas ilhas, de maneira que o produto da evaporação das águas marinhas possa ser recuperado em proveito de seus habitantes[115]; melhor ainda, ele colocou essas montanhas no centro dos espaços insulares para que essas águas sejam igualmente distribuídas, mas as desigualdades da terra estão também aí para delimitar os oceanos e preservar as terras habitadas da submersão. A própria orla marítima é montanha e a montanha é orla marítima: as duas figuras confundem-se quando são consideradas sob o prisma de sua função protetora; elas fundem-se na luta contra ventos e marés. Ambas materializam a fronteira, a estrutura e a ordem do universo. Para responder a Malebranche – o qual considerava que "o mundo seria mais perfeito se houvesse uma melhor adequação entre as terras e os mares "[116] –, os físico-teólogos afirmam que as baías constituem abrigos para os navios, enquanto os cumes inacessíveis são refúgios para os animais selvagens e barreiras entre os povos inimigos. O que se encontrava nos confins desliza para o próprio centro do mundo, tornando-se a garantia e, ao mesmo tempo, o símbolo de sua habitabilidade.

Os outros usos atribuídos, globalmente, ao mar, às orlas marítimas e à montanha são homólogos, ou seja, espaços que são conjuntamente fonte de

---

115. NIEUWENTYT, B. *L'Existence de Dieu démontrée par les merveilles de la nature, ou Traité téléologique dirigé contre la doctrine de Spinoza par un médecin hollandais*. Paris: Vincent, 1760, p. 254-255 [Orig.: *Het regt gebruik der werelt beschouwingen, ter overtuiginge van ongodisten en ongelovigen*. Amsterdam, 1725].
116. MALEBRANCHE, N. *Méditations chrétiennes* [1683]. In: *Œuvres complètes de Malebranche*. T. 2. Paris: Sapia, 1837, p. 135.

fecundidade, de profusão e de energia vital: eis o que é demonstrado pelo número, assim como pelo tamanho dos animais que eles abrigam; aqui, o gigantismo não é a exceção. A imensidade e a enormidade traduzem-se mediante as características físicas dos seres vivos, incluindo as pessoas – o suíço, de acordo com Élie Bertrand, é tão sólido e invencível quanto as suas montanhas. Assim, encontra-se fundada, no mesmo movimento, outra das principais motivações da "descoberta" dos cumes e das orlas marítimas: a busca de um ambiente saudável, que traz a cura e é regenerador. Antes mesmo do triunfo, no final do século XVIII, da visão neo-hipocrática, os ventos que varriam picos e litorais já são conhecidos por afastar os agentes corruptores. Marés, tempestades, torrentes impetuosas, que colocam as substâncias vitais em movimento, preservam os homens desse mal absoluto que é a estagnação. Pelo mar e pela montanha, o mundo é animado por um fluxo salvador, e é uma natureza movediça, por ser feita de diversidade e de irregularidade, que oferece ao corpo humano a energia de que este tem necessidade.

Nesse paradigma energético, apoia-se também uma visão arquitetônica da paisagem, transformando aquilo que tem a aparência de ruína e caos em construção admirável. O adversário da físico-teologia encarna-se, neste ponto, em um homem, Thomas Burnet, e em uma obra, a sua *Telluris teoria sacra*, publicada em 1681, mas que – pelo menos durante um século – vai exercer a função de antítese do discurso providencialista sobre a natureza[117]. Em seu texto, Burnet propõe uma reescrita do Gênesis na linguagem da física: dois "mundos", anterior ao dilúvio e pós-diluviano, sucederam-se, segundo ele, desde a criação, de modo que o globo atual se limita a ser o produto da destruição da Terra perfeita criada por Deus. As "desigualdades" presentes por toda parte em redor de nós, as montanhas, os abismos oceânicos e os precipícios, a ausência evidente de ordem e de medida na distribuição das terras e dos mares, tudo isso

---

117. BURNET, T. *Telluris teoria sacra*. Londres: Kettilby, 1681 (ed. inglesa, 1684). Sobre a teoria geológica de Burnet e a de outros grandes autores posteriores a respeito de teorias da terra até meados do século XVIII, cf. ELLENBERGER, F. *Histoire de la géologie*. T. 2. Paris: Lavoisier, 1994, p. 114-136.

constitui a prova de que o mundo atual nos propõe apenas os vestígios informes dessa criação original. A rejeição da obra de Burnet pelos físico-teólogos não depende, porém, de uma simples oposição às suas teses, mas antes de uma reação contra o que serve de fundamento ao raciocínio que leva a defendê-las: está em causa fundamentalmente uma maneira de conceber o conhecimento em sua relação com a apreensão sensível do mundo. No próprio Burnet, o mundo visível não está esvaziado de todos os vestígios do projeto divino; ele pode, assim, conduzir a Deus por intermédio da imaginação que permite ao espectador experimentar o poder do Criador através da grandeza das ruínas e das desordens. O próprio Burnet mostra um verdadeiro apetite de sensações e deixa ver um autêntico fascínio pelo espetáculo dessa natureza pós-diluviana, desregrada e convulsiva, ameaçadora e autodestruidora. É a mistura de sentimentos de horror e de prazer que transparece de algumas descrições da *Telluris theoria sacra*; aliás, há muito tempo, essa obra já havia sido identificada, com fundamento em tal constatação, como uma daquelas que anunciam a emergência, na virada dos séculos XVII e XVIII, de uma estética do "sublime natural" que conduz o sentimento da natureza a dissociar-se do conhecimento e do valor de uso dos objetos aos quais está ligado[118]. Pode-se pensar que é, antes de tudo, nessa dimensão estética da obra de Burnet que se dissimula o que lhe permitiu ocupar, durante tanto tempo, o centro das polêmicas. O "maravilhoso" físico-teológico, contido no espetáculo de uma natureza harmoniosa, ordenada para o bem dos seres humanos pelos cuidados da Providência, aparece como uma proteção contra outra emoção suspeita de se alimentar de um atrativo pelo mal. E moralizar a emoção consiste em reconduzir – para o

---

118. Sobre o sentimento da montanha em Burnet, cf. GIACOMONI, P. *Il laboratório della natura* – Paesaggio montano e sublime naturale in età moderna. Milão: Angeli, 2001, p. 24ss. Lembramos o papel-chave, nesse aspecto, do ensaio publicado por Joseph Addison, em 1712, em sua revista *The Spectator*, sobre "Les plaisirs de l'imagination" [Os prazeres da imaginação]. Acerca do sublime natural na Inglaterra, cf. esp. PLAISANT, M. *La Sensibilité dans la poésie anglaise au XVIIIe siècle* – Évolution et transformations. Universidade de Paris 4, 1974 [Tese de doutorado]. • MARTINET, M.-M. *Art et nature en Grande-Bretagne au XVIIIe siècle*. Paris: Aubier, 1980; e, para uma síntese, SAINT GIRONS, B. *Le Sublime, de l'Antiquité à nos jours*. Paris: Desjonquères, 2005, cap. 6.

campo de um *belo* que rima com verdade e utilidade – a impressão imediata e espontânea suscitada pelo espetáculo do mundo, a qual ameaça perder-se nos vestígios perniciosos do sentimento do sublime.

A implicação simultânea na descoberta das montanhas e das orlas marítimas dessas duas atitudes *spectatoriales*, associadas respectivamente ao providencialismo naturalista da físico-teologia e à estética do sublime, contribui para determinar a complexidade das configurações emocionais conectadas a esse movimento. Ocorre que, se a físico-teologia participa amplamente da mutação do olhar sobre esses espaços, o seu desenvolvimento, desde a virada dos séculos XVII e XVIII, não implica diretamente a vontade de partir em sua descoberta. A providencialização da montanha e das orlas marítimas serve-se, antes de mais nada, de uma visão macroscópica de seu papel em uma economia geral da natureza, não implicando uma atenção às próprias paisagens, à sua organização e à sua diversidade. O espectador da obra divina não chega a penetrar realmente nesses espaços: observando-os de longe e de cima, ele surpreende-se a distância. O sentimento do sublime, pelo contrário, ocorre como algo sentido profundamente *in situ*, pressupondo a implicação do corpo e a experiência direta. E a convergência é, pelo menos, notável entre os começos do entusiasmo pela viagem em suas regiões e a primeira grande tentativa de codificação da estética do sublime "natural": aquela que, em 1757, Edmund Burke propõe em sua obra *A Philosophical Enquiry into the Origin of Our Ideas of the Sublime and Beautiful* [Uma investigação filosófica sobre a origem de nossas ideias do sublime e do belo].

Representar o irrepresentável

Orlas marítimas e montanhas não são, para os seus "descobridores", espetáculos da natureza imediatamente dispostos a se deixarem contemplar como tais. Aos viajantes que enfrentam essas paisagens e esses ambientes impõe-se a experiência constitutiva desse sentimento do sublime, da comoção que provocam e cujo primeiro fundamento reside nas perturbações sensoriais suscitadas por eles.

Paisagens fora do controle do olhar

O distanciamento *spectatorial*, e a primazia do olho pressuposta por essa tomada de distância, são atravancados em particular pela impactante presença de uma paisagem sonora invasiva e, frequentemente, agressiva. Senancour irá celebrar em *Oberman* (1804) a natureza musical da montanha que é mais eloquente para o ouvido do que para a visão. Ocorre que o ruído das enxurradas dos Pireneus amedronta as damas que seguem uma cura termal em Barèges ou em Saint-Sauveur, a ponto de provocar nelas autênticos desmaios. Os sons oriundos do mar, que inflam e desinflam mediante uma inquietante pulsação, o rugido contínuo dos ventos, assim como as novas sensações provocadas pelo contato do pé com a areia, ou pelos perfumes iodados da maresia, tudo isso torna a própria orla marítima um espaço no qual a apreciação polissensorial é predominante. Nada predispõe aqui, à primeira vista, a esse distanciamento pelo qual o espaço vivenciado se transforma em uma paisagem observada. O próprio olhar perde as suas referências (il. 1, "Folie du paysage" [Paisagem fora de controle do olhar]; il. 3, "Émotion et picturalité" [Emoção e picturalismo]; e il. 5, "Le paysage comme obstacle" [A paisagem como obstáculo]). Mais frequentes que alhures, as perturbações atmosféricas aniquilam, às vezes, os seus poderes ou compõem, segundo o seu capricho, um campo de visão descontínuo no qual tudo se desprende e se fragmenta. Na montanha, os relevos que delimitam por toda parte a vista, assim como a ausência total de familiaridade dos viajantes com alguns elementos da paisagem (pensemos, p. ex., nas geleiras), privam o olhar do poder de reinar sobre as coisas que lhe haviam sido conferidas pela modernidade ocidental. Esse desarmamento do visual culmina com o espetáculo das catástrofes (il. 2, "La catástrofe, catalyseur et analyseur d'émotions" [A catástrofe, catalisador e analisador de emoções]; e il. 6, "La scène de naufrage" [A cena do naufrágio]), quando a tempestade remove as paisagens de sua base e entrelaça, em um caos inextricável, o que o olhar tentava desenredar. O mesmo efeito, porém, resulta do face a face do observador posicionado na orla marítima com os horizontes infinitos do oceano, "território do vazio" em que nada se passa, propondo ao olhar uma errância interminável que é como a sua negação.

Horizontes marítimos infinitos e panoramas descobertos a partir dos cumes constituem duas paisagens homólogas, muitas vezes equiparadas pelos próprios viajantes. Assim, em Victor Hugo, em uma das cartas que compõem o seu relato de viagem nos Alpes de 1839: desde o cume do modesto Rigi (1.800m), escalado nessa época por numerosos turistas que visitavam a Suíça, as montanhas em redor assemelham-se para ele a "ondas gigantes", "um oceano monstruoso imobilizado no meio de uma tempestade pelo sopro de Jeová"[119]. Hugo inverte, aqui, os códigos já arraigados da representação dos panoramas montanheses, de tal modo que a chegada ao cume não é o momento em que o olhar, obstruído mais abaixo, pode de novo exercer o seu poder soberano sobre o espaço perceptível, mas aquele mediante o qual a paisagem "fora do controle do olhar" e a incapacidade do olho para ordenar tal espetáculo atingem o seu paroxismo. À indeterminação dos objetos percebidos corresponde a do sentimento experimentado, o qual, por sua vez, torna-se irredutível às categorias em que está confinado pela linguagem:

> É bonito ou horrível? Sinceramente, não sei. É horrível e, ao mesmo tempo, belo; em vez de paisagens, trata-se de aspectos monstruosos. O horizonte é inverossímil, a perspectiva impossível; trata-se de um caos de exageros absurdos e de reduções assustadoras. [...] A paisagem está fora do controle do olhar[120].

E esse descontrole volta-se contra o próprio espectador. Tendo-se cruzado, perto do cume, com "um idiota, um escrofuloso, magricela e com um rosto enorme", rindo estupidamente ao olhar, ao acaso, à sua frente, esse sujeito encarna, na opinião de Hugo, o único observador que convém a essa paisagem

---

119. HUGO, V. *Voyages*. Paris: Robert Laffont, 2002, p. 681. Sobre essa ascensão ao Rigi, cf. SAINT GIRONS, B. *Les Monstres du sublime* – Victor Hugo, le génie et la montagne. Paris: Paris-Méditerranée, 2005. Impõe-se estabelecer um paralelismo entre esse texto de Hugo e a aquarela de Turner representando o Loch Corvisk (il. 1, "Folie du paysage" [Paisagem fora de controle do olhar]).

120. Ibid., p. 677.

atormentada e acabrunhante, que engendra um excesso de emoções contrastantes e contraditórias: "Ó abismo! Os Alpes eram o espetáculo; o espectador, por sua vez, era um cretino"[121].

Quando tudo é subtraído, deste modo, a seu controle ou, pelo contrário, como é o caso aqui, quando lhe é dado em excesso, o olhar cessa de ser o aliado privilegiado da razão e da linguagem. O vínculo, entre o perceptível e o conceito que circunscreve o objeto, distende-se e, até mesmo, rompe-se; então, esse espaço assim liberado entre um e o outro é apropriado por uma literatura e uma pintura que inventam uma nova poesia da emoção.

Representar a emoção por meio de traços e cores

É conhecido o papel desempenhado pela representação da montanha e das orlas marítimas no questionamento das regras clássicas da composição pictural[122]. Tal tarefa foi executada por pintores, tais como John Robert Cozens, Caspar Wolf, Francis Towne, William Turner ou John Constable, na virada dos séculos XVIII e XIX, transcrevendo em imagem a impressão experimentada por um observador submerso em um espaço opaco, vibratório, inconstante e, às vezes, inconsistente, que parece recusar submeter-se ao poder ordenador do olhar. A representação da catástrofe, da avalanche de neve ou da tempestade no mar é um dos meios mobilizados para exprimir essa perda de referência e essa desestabilização do olhar. O mesmo resultado, porém, pode ser obtido pela transcrição de uma experiência visual mais corrente e não menos perturbadora. Cozens (il. 5, "Le paysage comme obstacle" [A paisagem como obstáculo]), Turner e outros artistas introduzem assim na imagem grandes paredões rochosos que obstruem o campo visual e impõem ao espectador da obra uma

---

121. Ibid., p. 676.
122. Sobre essa questão, cf. LHOT, P. *Peinture de paysage et esthétique de la démesure, XVIIIe et début XIXe siècle*. Paris: L'Harmattan, 2000. Sobre a iconografia dos Alpes, cf. REICHLER, C. *Les Alpes et leurs imagiers*. Lausanne: Presses Polytechniques et Universitaires Romandes, 2013. E sobre a iconografia do mar, cf. CORBIN, A. & RICHARD, H. (sob a dir. de). *La Mer, terreur et fascination*. Paris: Seuil, 2004.

frontalidade desconcertante, transcrevendo desse modo a sensação de confinamento visual que, aliás, era a queixa frequente dos viajantes de montanha dessa época. Nos óleos sobre papel que representam a *Source de l'Arveyron vue de la mer de Glace* [Nascente de Arveyron vista do mar de gelo]; il. 3, "Émotion et picturalité" [Emoção e picturalismo]) pintados por ocasião de sua viagem nos Alpes em 1781, Towne, por sua vez, utiliza, antes de outros artistas, a maior liberdade com a perspectiva atmosférica, renunciando à gradação contínua da luz e da definição das formas, ou seja, um dos fundamentos clássicos para a composição da paisagem. À primeira vista, tudo aqui está misturado e confuso. O que está à nossa frente resiste – pelo menos durante um instante – ao que conhecemos, antes que o conceito venha de novo aderir às coisas, antes que a mancha branca se torne geleira e essas grandes superfícies de verde, as quais davam a impressão de estar coladas umas às outras, se convertam em encostas separadas por vales que, para a nossa imaginação, parecem ser profundos. Esse gênero de imagens leva o espectador a apreender a distância que existe entre a impressão recebida das coisas e a apreensão racional das mesmas; nessas imagens, reflete-se a experiência da inadequação entre o que é sentido profundamente e o que é conhecido, a qual será associada intimamente por Kant ao sentimento do sublime[123]. Ficamos pensando também, diante de determinada obra, no que o poeta, crítico e filólogo alemão, August Wilhelm Schlegel, dirá em 1799 – em seu artigo, "Die Gemälde" [Quadros] – acerca da vocação do pintor: ser capaz de reaprender a ver "em nome da visão", sem deixar àquilo que sabemos o poder de substituir o que vemos[124]. Se a experiência das paisagens marinhas e montanhesas desarma o olhar, cortando os vínculos que o ligam à linguagem e ao conhecimento, ela revela assim, ao mesmo tempo, o espaço de uma visualidade pura, no interior do qual a pintura começa a reconhecer o seu domínio próprio de expressão.

---

123. Cf. SAINT GIRONS, B. *Le Sublime, de l'Antiquité à nos jours*. Op. cit., cap. 6.
124. Cf. RECHT, R. *La Lettre de Humboldt* – Du jardin paysager au daguerréotype. Paris: Bourgois, 1989, p. 19.

Confrontada com o espetáculo do mar e da montanha, a arte do pintor cessa de voltar-se para si mesma e para a sua própria história, a qual fornecia – ao artista – arquétipos recicláveis e histórias a encenar no cenário paisagístico. A experiência direta da paisagem afirma aqui a sua precedência; desse modo, é a emoção experimentada *in situ* que se torna o verdadeiro objeto da representação. Pensemos em Turner, o qual pretende estar amarrado, em plena tempestade, ao mastro de um navio a fim de encontrar as melhores condições para experimentar e, em seguida, devolver à tela o espetáculo dos elementos arrastados pelo vendaval: trata-se, nesse caso, como se sabe, de um dos procedimentos fantasiosos utilizados comumente pelo pintor[125]. Ela não deixa de revelar a vontade de colocar, de maneira diferente, a pintura e a própria paisagem em narrativa, levando-as a relatar não apenas – à semelhança do que fazia um Claude ou um Poussin – as histórias universais extraídas da poesia antiga ou dos textos sagrados, mas a vivência íntima do próprio artista que tira a inspiração de seu patrimônio emocional.

Pelo fato de constituírem a frente pioneira de uma nova arte de pintar, montanhas e orlas marítimas não aparecem como os territórios privilegiados da "caça ao pitoresco", praticada avidamente desde o segundo terço do século XVIII pelas elites britânicas, no vale galês de Wye, a região dos lagos, ou nos itinerários do *Grand Tour*[126]. Sabe-se que essa caça consiste em desvendar, na própria natureza, belezas autenticamente pictóricas ou o esboço de quadros que o viajante, mentalmente ou na tela, se diverte a transformar em obra acabada. Esse mecanismo do pitoresco pode funcionar certamente na montanha, ao participar na gestão da apreciação das paisagens agrestes dos vales profundos, evocadores de costumes pastoris, há muito tempo, celebrados pelos pintores e poetas. Ele permanece igualmente válido nos litorais, implicados desde o século XVII por um gênero pictórico específico, a *marinha*, tornando-se

---

125. Cf. WAT, P. *Turner, menteur magnifique*. Paris: Hazan, 2010.
126. ANDREWS, M. *The Search for the Picturesque: Landscape Aesthetics and Tourism in Britain, 1760-1800*. Aldershot: Scolar Press, 1990.

assim mais adequados que a montanha para uma contemplação mediatizada pelo filtro pictural[127]. Essa mediação da imagem, porém, cessa em geral de agir diante das paisagens mais selvagens ou evocadoras do infinito, às quais o qualificativo de sublime – que lhes confere um *status* estético específico – começa a ser sistematicamente associado a partir das últimas décadas do século XVIII. William Gilpin, grande teórico da beleza pitoresca, atribui assim esta última às paisagens comuns e às formas "mais utilizadas"[128]; aliás, a pintura deixou de ser reconhecida como capaz de mediatizar ou de socializar a experiência do espectador, deixando exprimir-se uma emoção descrita como "em estado bruto", não educada e incomunicável. Essa primazia da experiência vivida em relação à referência pictural aparece perfeitamente nesta anotação de Bernardin de Saint-Pierre, extraída de sua obra *Harmonies de la nature* (1820 [Harmonias da natureza]), a propósito das célebres marinhas de Joseph Vernet: "O prazer experimentado por um apreciador diante de um quadro de Vernet deve-se apenas ao fato de que este lhe lembra uma série de efeitos que ele mesmo já havia observado; além disso, tenho a certeza de que é incapaz de conhecer todo o mérito da tela se ele não viu o mar e, inclusive, se não fez uma viagem de navio"[129]. Aqui, o mecanismo do olhar pitoresco é invertido: já não é a pintura que suscita o sentimento, mas este que faz aquela.

A representação das paisagens de montanha e marítimas segrega certamente, bem depressa, os seus próprios códigos, tanto em pintura quanto em literatura. A proliferação, após 1820, das "viagens pitorescas", associando relato e litografias, marca em certa medida uma virada, ao submeter, mais do que anteriormente, essas paisagens ao domínio da mediação pictural. A representação

---

127. Sobre o pitoresco das orlas marítimas, cf. CORBIN, A. *Le Territoire du vide*. Op. cit., p. 158ss.
128. GILPIN, W. "Essai sur le beau pittoresque" [Essay on Picturesque Beauty]. In: *Trois essais sur le beau pittoresque, sur les voyages pittoresques et sur l'art d'esquisser le paysage, suivi d'un poème sur la peinture du paysage*. Paris: Le Moniteur, 1982, p. 42 [Orig.: *Three Essays: on Picturesque Beauty; on Picturesque Travel; and on Sketching Landscape*: to Which is Added a Poem, on Landscape Painting, 1792].
129. SAINT-PIERRE (de), J.-H.B. *Harmonies de la nature*. Op. cit., t. 2, p. 194.

ajusta-se, daí em diante, a uma geografia turística já bem estabelecida, tornando-se o reflexo de um olhar coletivo e de uma experiência já convencional, reificados mecanicamente pela imagem produzida em série. Os códigos clássicos da composição voltam a convidar-se na representação, cujos primeiros planos são ocupados, muitas vezes, pelo próprio turista. Já faz parte do passado o momento do espanto e da perturbação. O pitoresco aumentou o seu território à custa do território do sublime, deixando a este último apenas as cenas mais selvagens, os locais mais inacessíveis e as experiências mais arriscadas. O aparecimento, na segunda metade do século XIX, da noção de "alta montanha" está associado a esse deslocamento para o espaço dos ápices do sentimento de descobrir e de explorar um novo mundo. A exploração da montanha deixa então de implicar a de um novo universo pictórico. Para reencontrar imagens questionadas, em sua própria substância, pelo confronto com os espetáculos sublimes da natureza, impõe-se sem dúvida voltar-se para a fotografia, assim como para os pintores do outro lado do Atlântico que alimentam por suas obras, desde o alvorecer do século XIX, uma cultura identitária da *wilderness*[130].

A busca terapêutica e o cuidado de si

O sentimento do sublime, tal como é experimentado no tempo em que montanha e a orla marítima foram inventadas, apresenta-se como um complexo emocional constituído, de acordo com a observação de Baldine Saint Girons, por um processo em dois tempos[131]. Ele é, em primeiro lugar, perda ou negação, ao mesmo tempo, do sujeito e do objeto, do espectador e do espetáculo: uma emoção que faz tábula rasa. Em seguida, é reconstrução, retorno a um eu soterrado e à substância das coisas, assim, de comum acordo, depurados e revelados. No entanto, esse segundo tempo reconduz ao primeiro: à emoção

---

130. SAULE-SORBÉ, H. (sob a dir. de). *Pyrénées* – Voyages photographiques de 1839 à nos jours. Paris Le Pin à Crochets, 1998. • DAUPHY, D. & GAVILLON, F. "La photographie américaine, 1860-1880: le paysage et le sublime". In: *Les Cahiers du CEIMA*, n. 3, 2006, p. 199-236. Sobre a *wilderness* em pintura, cf. COLE, T. *Essai sur le paysage américain*. Paris: Houdiard, 1836.
131. Cf. SAINT GIRONS, B. *Le Sublime, de l'Antiquité à nos jours*. Op. cit., cap. 6.

cuja experiência, do recôndito reencontrado de si mesmo, pode ser observada. O sublime é a experiência de um abrir de cortina: um novo espetáculo emerge do nada ou do caos; em seu lugar, forma-se um quadro da natureza, ao qual tem acesso, por deficiência da emoção, o próprio sujeito. Essa trajetória de desconstrução-reconstrução está presente no próprio fundamento de duas experiências, cujo papel central no movimento de descoberta das montanhas e dos litorais já foi demonstrado há muito tempo: a trajetória do aguista, fundada em novas concepções do corpo e da saúde, e a do naturalista, solidário, como veremos, da crise do modelo de inteligibilidade fornecido pela história natural. Em ambas essas experiências, observa-se a convergência entre um momento epistemológico e o processo emocional peculiar ao sentimento do sublime, mediante o qual se desvela uma realidade deixada, anteriormente, na sombra por outra maneira de ver e de pensar.

Ambientes taumaturgos

Montanhas e litorais não esperaram a segunda metade do século XVIII para atrair os doentes em busca de cura. A procura terapêutica associada a esses espaços assume, todavia, na época, uma forma inédita, ao organizar-se em torno de uma prática elitista de cura, que se distingue cada vez mais das práticas populares de cuidados com a saúde, inclusive, criando espaços e lugares reservados. Essa nova forma de cura caracteriza-se, ao mesmo tempo, por uma acentuada medicação, pela mobilização de diferentes recursos terapêuticos a serem explorados nos ambientes naturais referidos e por sua inscrição em um conjunto compacto de práticas que não têm como único recurso a própria intenção terapêutica; aliás, esta mostra-se cada vez menos distinta de uma busca de bem-estar, ao mesmo tempo e indissociavelmente, físico e mental. Nas montanhas e nas orlas marítimas, nesse momento, surgem "estações" termais ou balneárias, dedicadas inteiramente à escuta de si mesmo e de suas "sensações internas", assim como à representação, em sociedade, do eu que se exprime tanto no "rumor das vísceras" (Diderot) quanto nos sentimentos amplamente comentados, os quais emanam do espetáculo da natureza circundante. Nesses lugares afastados, ilhotas de sociabilidade sofisticada no âmago de um mundo selvagem, desenrola-se então a socialização de uma nova maneira de sentir a si mesmo e de experimentar, inscrevendo de outra maneira na cena mundana um corpo que se tornou transparente às emoções que o atravessam e desestabilizam, além de modificarem a sua economia interna.

Os médicos são os personagens centrais desses microcosmos balneários termais[132]: ao mesmo tempo como investidores, teóricos das práticas da cura e grandes organizadores dos cuidados, eles garantem o desenvolvimento e a irradiação de estações às quais está associado, muitas vezes, intimamente o nome de um profissional renomado que reina sobre elas como déspota esclarecido. É o caso, por exemplo, de Richard Russell, teórico das virtudes do banho de mar e "inventor" de Brighton, cidade balneária na costa sul da Inglaterra, na qual ele se instala em 1747; ou ainda de Théophile de Bordeu, amigo de Diderot e médico da corte que se torna, em 1749, "inspetor das águas" de Barèges, no centro dessa cadeia pirenaica na qual as estações termais hão de desempenhar – mais que nos Alpes – o papel de campos de base para a exploração do mundo montanhês.

Estações de montanha e de beira-mar suplantam, na segunda metade do século XVIII, os "spas" do interior. Os grandes médicos teorizam esse deslocamento dos centros de cura, associando-o ao do agente curador mobilizado que não está apenas, em sua mente, na própria água, mas em um ambiente natural do qual ela se limita a ser um dos componentes. Vimos como se exprimia desde o final do século XVII, no discurso físico-teológico, a reviravolta das percepções em que se apoiava o reconhecimento da salubridade e das virtudes terapêuticas dos ambientes marítimos e montanheses; no entanto, para que os doentes se dirigissem em grande número para as montanhas e para o mar,

---

132. Cf. CORBIN, A. *Le Territoire du vide*. Op. cit., passim. • BRIFFAUD, S. *Naissance d'un paysage* – La montagne pyrénéenne à la croisée des regards, XVIe-XIXe siècle. Toulouse-Tarbes: Université de Toulouse II/Archives Départementales des Hautes-Pyrénées, 1994, p. 261ss.

seria preciso mudar a natureza de seu sofrimento e transformar a própria medicina. A promoção da cura na montanha e no litoral marítimo é inseparável de uma ruptura com a visão mecanicista do corpo humano e com a abordagem humoral da doença[133]. O vitalismo de George Ernest Stahl e, sobretudo, de Albrecht von Haller – ele próprio grande pioneiro da descoberta dos Alpes[134] – é que inspira as novas abordagens da cura, a qual está empenhada, em primeiro lugar, a restaurar a tensão das fibras musculares e, em particular, nervosas, nas quais se apoia a "sensibilidade" reguladora do funcionamento dos órgãos; nessa segunda metade do século XVIII, a cura torna-se terapia pelo estímulo e pela busca do enrijecimento. Ao deslocar-se para as orlas marítimas e para as montanhas, o curista pode tirar partido de um ambiente eminentemente favorável à tensão das fibras, a começar pelo choque térmico experimentado pelo banhista no contato com a onda ou pelo excursionista ao deparar-se com o eterno inverno das grandes altitudes. Litorais e montanhas atraem como ambientes mais refrescantes, em uma época em que deixam de ser reconhecidas ao calor as virtudes terapêuticas que, durante muito tempo, lhe tinham sido atribuídas. Esses espaços atraem, mais amplamente, pela sua própria rudeza e, até mesmo, pelo pavor que suscitam, pela mudança de ambiente que garantem e pela novidade das impressões e dos sentimentos que permitem experimentar.

Nesse contexto, o papel do médico é, em primeiro lugar, o de um mediador. Dotado de seu saber, ele interpõe-se entre o corpo do aguista e um meio ambiente do qual se deve captar e neutralizar a rudeza e a força intrínseca de destruição, através de uma regulação científica das energias contidas em seu bojo. O bom uso das virtudes curativas desse meio caótico exige uma posologia:

---

133. Cf. esp., REY, R. "L'âme, le corps et le vivant". In: GRMEK, M.D. (sob a dir. de). *Histoire de la pensée médicale en Occident*. T. 2. Paris: Seuil, 1997, p. 117-155. • CORBIN, A.; COURTINE, J.-J. & VIGARELLO, G. (sob a dir. de). *Histoire du corps*. T. 1. Paris: Seuil, 2005-2006, p. 181ss. [Ed. bras.: *História do corpo – 1: Da Renascença às Luzes*. Dir. por Georges Vigarello. Trad. de Lúcia M.E. Orth. Rev. da trad. Ephraim Ferreira Alves. 5. ed. Petrópolis: Vozes, 2012; 2. reimp., 2017].

134. Este poeta, fisiologista e naturalista suíço publicou, em 1729, uma ode poética aos Alpes [*Die Alpen*], cujo eco foi considerável. Cf. HALLER, A. *Premier Voyage dans les Alpes et autres textes (1728-1732)*. Genebra/Paris: Slatkine, 2008.

fixá-la baseando-se na observação atenta das reações do doente, eis o principal papel do médico, cuja autoridade afirma-se na tensão entre a salubridade intrínseca atribuída ao ambiente e o caráter agressivo e desestabilizador que lhe é simultaneamente reconhecido. De certa maneira, o médico reconcilia assim em sua função duas representações da montanha e das orlas marítimas profundamente contraditórias, ou seja, aquelas que servem de fundamento, por um lado, a uma percepção providencialista desses ambientes e, por outro, a um fascínio, orientado pelos códigos do sublime, por seu caráter caótico e pelos espetáculos selvagens que, por seu intermédio, são suscetíveis de serem contemplados.

A própria percepção das paisagens é direcionada amplamente por essa visão médica do ambiente, refletindo-se na valorização de tudo o que oferece o espetáculo da energia que ele contém. Em torno das estações termais do centro dos Pireneus, é assim a paisagem das águas vivas, correntes e borbulhantes que é procurada, em primeiro lugar, pelos curistas no momento em que alguns deles, pouco depois de 1750, começam a praticar assiduamente o exercício do passeio e da excursão. Face ao espetáculo da água borbulhante das enxurradas e cascatas, alcançando um paroxismo do sublime em Cauterets e em Gavarnie, capta-se então com os olhos e os ouvidos essa energia vital que a ingestão das águas termais e o banho difundem, de modo diferente, no corpo.

Espaço de veraneio e cartografia da emoção

A configuração inicial do espaço de veraneio na montanha e no litoral é consubstancial à tensão que habita o ambiente – entre força de destruição e de reconstrução, harmonia e caos – e à necessidade, inerente à busca terapêutica, de captar e de filtrar a energia que ele contém. Ela está fundada, ao mesmo tempo, na oposição e na interpenetração de um *oikumenos* e de um *eremos* turísticos[135], cuja relação é, às vezes, estabelecida mediante cenas de paisagens

---

135. Por oposição a "*oikumenos*" – ou seja, o mundo habitado e familiar –, "*eremos*" designa, aqui, o além desse mundo, ao qual se associa o sentimento do desconhecido e do incontrolado.

compostas com arte e, infalivelmente, pelas práticas do passeio e da excursão que, embora não possam ser reduzidas à sua motivação terapêutica, integram-se aos poucos no sistema da cura. A estação constitui o núcleo do *oikumenos* e é, ao mesmo tempo, refúgio, ponto de vista, microcosmo mundano dotado de um grau mais ou menos elevado de urbanidade (il. 4, "La station touristique comme filtre émotionnel" [A estação turística como filtro emocional]). Para além, estende-se o espaço do passeio diário, organizado, ao alcance do olhar, mas já alhures, traço de união entre o espaço doméstico da estação e os seus horizontes de natureza selvagem. Pensemos nesses *piers*, grandes cais embelezados com quiosques e lojas que penetram no oceano e, ao mesmo tempo, preservam os portos e as praias do mar encapelado; ou nesses passeios dos Pireneus centrais que ocupam um lugar análogo no mapa das emoções experimentadas, adentrando-se no fundo das florestas plantadas para preservar a estação da avalanche ou das enxurradas. Aqui, é enaltecida a mistura dos sentimentos de medo e de segurança, os quais fornecem um acesso ao sublime àqueles que não se aventurarem mais longe. Ainda além, em direções longínquas, penetra-se mais profundamente no *eremos*, espaço fora de sua região, fundo de cenário de que alguém se apropria no período que dura a aventura balizada, codificada e enquadrada a que se dá o nome de *excursão*. O espaço assim estruturado contém uma trajetória emocional, ida e volta graduada entre mundos doméstico e selvagem, entre o sentimento tranquilizador do familiar e o calafrio provocado pelo encontro com o desconhecido. Percorre-se essa trajetória com uma simples mirada desde a janela de sua casa de campo, observando-a, para além da estação e de suas imediações, em direção do mar agitado e dos cumes eriçados; ou, então, com o cajado na mão, caminhando pelas praias de cascalho batidas pelo vento e pelas veredas desimpedidas da montanha.

Sobre essa trama espacial, como pano de fundo, esboçam-se geografias turísticas e emocionais infinitamente moduladas. A gama dos sentimentos graduados aplica-se, segundo as regiões e os lugares, a objetos sempre diferentes. A cada lugar de veraneio corresponde um *eremos*, os seus horizontes familiares, os seus espaços de excursão e de passeio, os seus locais de encontro com o desconhecido e de recuperação de si. Em Arcachon, por exemplo, construído nas margens dessa bacia lagunar, cuja atratividade afirma-se desde as últimas décadas do século XVIII, o *eremos* não é apenas o oceano, mas o grande deserto inóspito que, durante muito tempo, esteve associado ao maciço de dunas de Landes, delimitado, no interior das terras, por pântanos temíveis em razão de suas exalações miasmáticas e ameaçando soterrar os terrenos limítrofes. O mito da salubridade de Arcachon é construído em oposição a esse ambiente hostil. Ladeada por sua bacia de águas calmas em uma costa batida por vagalhões, a comuna de Arcachon torna-se, de acordo com uma expressão que se espalha desde o começo do século XIX, a "Taiti de Bordeaux", "uma espécie de Oceania francesa, [...] a vida selvagem, distante um tiro de fuzil, do centro da civilização"[136]. No mesmo momento, o pinheiro – que prolifera com as reflorestações empreendidas para limitar a progressão das dunas – converte-se em uma figura essencial da paisagem terapêutica local por causa do "ar balsâmico" de que se beneficia, por seu intermédio, o curista. O passeio cotidiano na floresta de proteção – aqui à semelhança do que se passa nos Pireneus –, torna-se assim em um ritual constitutivo da cura.

A economia emocional da pesquisa científica

No mesmo momento em que adquirem o *status* de ambientes taumaturgos, as montanhas e os litorais começam a aparecer como espaços privilegiados para a observação naturalista. À semelhança da busca terapêutica, o desígnio científico participa desde então da organização – e, pelo menos, durante um século, muito além da esfera estreita dos eruditos diplomados – das práticas do espaço, das leituras e do sentimento da paisagem. Assim, aquele que viesse a apreendê-la sob o prisma da estrita separação, estabelecida com frequência espontaneamente, entre o sentir e o conhecer, estaria condenado

---

136. "Une saison chez Legallais" [1825]. In: *Bulletin de la Société Historique et Archéologique d'Arcachon e du Pays de Buch*, n. 77, 1993, p. 77.

a nada compreender da economia emocional da viagem na montanha e no mar; com efeito, esse momento da descoberta dos cumes e das orlas marítimas caracteriza-se principalmente pelo fato de que as posturas tanto do observador quanto do esteta contemplador, à escuta do que foi sentido mais profundamente, se entrelaçam até o ponto de ser impossível estabelecer uma real distinção entre elas.

O sublime científico

As representações que estão na origem de uma curiosidade naturalista pelas montanhas e pelas orlas marítimas têm dois fundamentos diferentes. O primeiro depende de uma visão ordenada pelo providencialismo físico-teológico e pelo sistema epistemológico da história natural: é aquele que induz associar a esses espaços o sentimento da fecundidade, da profusão e da diversidade. Através desse filtro, que é suscetível de manter-se ativo muito além do momento em que começa a perder a sua pertinência científica, montanhas e litorais são observados como inesgotáveis reservatórios de seres, de formas e de "caracteres" naturais. Essa percepção serve de base à figura inicial relativa ao turista enquanto colecionador de amostras, o qual acaba complementando o seu passeio com a coleta de vegetais, minerais ou fósseis, reunidos em seguida no seu armário de objetos curiosos.

O outro fundamento dessas representações reside no reviramento epistemológico que, nas últimas décadas do século XVIII e no início do século XIX, questiona o modelo de inteligibilidade peculiar da história natural. A descoberta das montanhas e das orlas marítimas conhece o seu rápido desenvolvimento na altura em que começam a ser questionadas as condições de visibilidade de uma natureza que já não expõe a sua substância através de formas e caracteres, mas a dissimula pelo viés de processos que se estiram na longa duração e de funções que se exprimem em relações[137]. Então, o pró-

---

137. Cf. FOUCAULT, M. *As palavras e as coisas* – Uma arqueologia das ciências humanas. Trad. António Ramos Rosa. Prefácios de Eduardo Lourenço e Vergílio Ferreira. São Paulo: Martins

prio observador só vai referir-se à aparência exterior dos elementos naturais na medida em que descobre nesta um fundamento oculto que se situa na história deles e nas leis que organizam a vizinhança dos elementos e de suas relações. É relativamente a esse novo modo de inteligibilidade naturalista que o rápido desenvolvimento da exploração científica das montanhas e dos litorais adquire toda a sua amplitude; neste caso, o cientista encontra um "concentrado de natureza" no sentido de um espaço que, ao fornecer visibilidade às operações e às relações, preserva e, até mesmo, enaltece os poderes do observador, capaz aqui dessa visão permeante e perfurante que, ao superar a aparência atual da paisagem e a percepção individual dos objetos que a compõem, consegue atingir os princípios de uma organização e o roteiro de uma gênese. As ondas e o sal do mar corroem a falésia, além de desenvolverem uma estratigrafia permitindo que o geólogo tenha acesso, ao tirar proveito da própria força de destruição mediante a qual a natureza ataca as suas obras, aos arquivos das paisagens. Meteoros e catástrofes, gelo e degelo, produzem o mesmo efeito na montanha, local em que a erosão favorece essa mesma visão penetrante. Aqui, a eficiência da observação direta apoia-se também em um efeito de condensação espaçotemporal que permite concentrar em uma panorâmica o que alhures só é percebido separadamente: "Trata-se de uma propriedade das montanhas conter, em um espaço mínimo, e apresentar, em um tempo mínimo, os aspectos de regiões diversas, os fenômenos de climas diferentes; aproximar acontecimentos separados por longos intervalos..." – escreve, em 1789, L.-F. Ramond de Carbonnières, pioneiro da exploração científica dos Alpes e dos Pireneus[138].

Assim, reorientada pelos primeiros esboços de um novo modo de inteligibilidade, a trajetória do olhar do observador erudito participa amplamente, conforme a análise aprofundada de Claude Reichler, em fornecer a sua subs-

---

Fontes, 1967, cap. 5 [Orig.: *Les Mots et les Choses* – Une archéologie des sciences humaines. Paris: Gallimard, 1966].
138. CARBONNIÈRES (de), L.-F.R. *Observations faites dans les Pyrénées pour servir de suite à des observations sur les Alpes*. Paris: Belin, 1789, p. 228.

tância ao complexo emocional a que se dá o nome de *sublime*[139], com demasiada frequência atribuído imprudentemente a uma esfera estética que ganharia consistência sob a proteção da pesquisa científica. O sublime permeia de um extremo ao outro a experiência da exploração científica: está presente no primeiro olhar lançado sobre a paisagem, que confronta o observador com o caos das aparências iniciais, assim como no desvelamento final das causas e dos princípios ordenadores da paisagem que, enfim, emergem aos olhos do observador, simultaneamente, atento, aplicado e intrépido, o qual sabe dotar-se dos meios para ter acesso àquilo que, à primeira vista, parecia recusar-se à visão direta. O sublime está nessa operação de reconstrução que pressupõe a experiência fascinante da devastação e do contrassenso, assim como no advento de um teste que, para emergir, implica a mistura dos sofrimentos e prazeres de tal provação.

Essa trajetória da exploração erudita esboça o modelo ideal da viagem nessas regiões, organizando mais ou menos, e durante muito tempo, as aspirações, as práticas, os sentimentos e os discursos de todos os viajantes, inclusive aqueles que exageram, à maneira de Bouvard e Pécuchet (cf. p. 76, nota 96), a postura do erudito "descobridor". No entanto, esse olhar que visa desenredar o caos e submeter as paisagens a uma leitura racional é responsável também, em grande parte, pela geografia dos locais mais visitados; compete-lhe dar o impulso que os "inventa", além de produzir relatos que, ao conferir-lhes um sentido, determinam o seu atrativo. A primeira cartografia da emoção, na montanha e nos litorais, corresponde quase perfeitamente àquela dos lugares de revelação científica, nos quais se esclarecem os processos responsáveis por configurações atuais da paisagem. Aliás, no essencial, à abordagem geológica é que se deve a existência, enquanto curiosidades duradouras, de lugares, tais como as grutas de Fingal na Ilha de Staffa, o circo glaciar de Gavarnie e uma miríade de outros endereços, em que o sentimento do caos, de repente, podia

---

139. REICHLER, C. "Science et sublime dans la découverte des Alpes". *Revue de Géographie Alpine*, vol. 82, n. 3, 1994, p. 11-29. Cf. tb. REICHLER, C. *La Découverte des Alpes et la question du paysage*. Gennebra: Georg, 2002. • GIACOMONI, P. *Il laboratorio della natura*. Op. cit.

desaparecer diante do poder criador das forças em ação na história da natureza e na apreensão das leis pelas quais são governadas.

A experiência da escalada

A prática da escalada aos cumes – da qual a abordagem científica participa amplamente, a partir da segunda metade do século XVIII, para torná-la realidade e para codificá-la – ilustra perfeitamente como a iniciativa naturalista está vinculada a um modo de sentir. A escalada é impelida por "um desejo de visão total, de uma panorâmica, que viesse a oferecer um domínio completo do espaço, uma compreensão total da estrutura do mundo"[140]. Os primeiros heróis da descoberta das montanhas são assim obcecados pela busca do ponto culminante: o Mont-Blanc para Horace-Bénédict de Saussure, nos Alpes, e o Monte Perdu para L.-F. Ramond de Carbonnières, nos Pireneus. Esse lugar no qual tudo promete retomar sentido é aquele em que a ordem oculta da paisagem voltará, enfim, a alojar-se na sensação experimentada inicialmente pelo observador; no entanto, o cume é também o lugar em que se realiza uma transmutação da visão real em visão teórica, correspondendo à passagem da ordem espacial para o roteiro histórico, quer dizer, da ordem dos efeitos para a das causas. Em sua longa descrição do panorama do Cramont, Saussure – abarcando aqui simultaneamente com o olhar os elementos que tinha visto separadamente – começa por descrever com precisão a estrutura geológica do conjunto do maciço do Mont-Blanc; em seguida, sem transição, e utilizando sempre o verbo *ver*, ele lança-se na reconstituição de um roteiro cosmogônico[141]. A escalada, porém, não é apenas a volta às intermitências do tempo, culminando na sensação de assistir ao espetáculo grandioso de uma gênese, mas é permeada também por climas e ambientes que se escalonam na encosta: corte em uma paisagem que

---

140. REICHLER, C. "Science et sublime dans la découverte des Alpes". Art. cit., 1994, p. 16.
141. A respeito desse trecho de *Voyages dans les Alpes, précédés d'un essai sur l'histoire naturelle des environs de Genève* (4 tomos. Neuchâtel: Samuel Fauche, 1779-1796) do naturalista e geólogo suíço, Horace-Bénédict de Saussure, cf. os comentários de REICHLER, C. Op. cit., p. 17.

concentra as características de regiões do planeta bastante distantes uma da outra; experiência, em poucas palavras, da covisibilidade das configurações mais contrastantes da natureza. Ramond é um dos que desenvolveu com maior amplitude essa temática, por exemplo, neste trecho de um notável ensaio sobre as paisagens vegetais pirenaicas, redigido em 1794:

> Então, com efeito, [quem chegou ao cume da montanha] viu o que só teria visto percorrendo vastas regiões e atravessando uma longa sequência de climas diferentes. Seja qual for a situação das planícies de onde alguém partiu, ao atingir o limite das neves permanentes, acabou chegando ao polo, e no decorrer de algumas horas, passou por todas as temperaturas, por todas as exposições solares, por todas as diversidades do solo, combinadas com todos os efeitos da rarefação do ar e das diversidades graduais de sua composição[142].

O percurso da própria escalada é também uma trajetória emocional, experiência da dissolução e da reconstrução do sujeito. Em Ramond, em particular, a trama bioclimática da paisagem aparece solidária de um percurso íntimo que conduz do inverno eterno dos cumes – situação em que, esmagado pelas durações vertiginosas da história da Terra, ocorre a busca infrutífera do eu que se perde – rumo ao verão dos vales, no qual o sujeito volta a si mesmo, abraçando as suas lembranças, além de revitalizar-se na espessura de sua própria história[143].

Na sequência, Alexander von Humboldt desenvolverá amplamente essa mesma temática da escalada enquanto experiência panóptica. A célebre visão do Chimborazo, elaborada após ter subido o vulcão, associa a representação da paisagem à decomposição dos níveis de vegetação que se sucedem na encosta e de todos os fatores naturais ou humanos que participam da determinação

---

142. CARBONNIÈRES (de), L.-F.R. *Herborisations dans les Hautes-Pyrénées, ou Essai pour servir à l'histoire naturelle tant des végétaux qui y croissent spontanément que de ceux qu'une culture habituelle y a naturalisés* [1794]. Toulouse: Randonnées Pyrénéennes, 1997, p. 38.
143. Cf. esp. o relato da corrida entre Gavarnie e Gèdre. In: CARBONNIÈRES (de), L.-F.R. *Observations faites dans les Pyrénées...*, 1789, p. 87-88.

desse escalonamento[144]. Aqui predomina a abordagem que, na mesma perspectiva, reúne as causas e os efeitos, o dentro e o fora, além de permitir perceber as leis que, ao regular as vizinhanças, tornam a paisagem em um todo orgânico. Humboldt associará, em sua última obra, *Cosmos* (1845-1862), a experiência feita pelos primeiros exploradores europeus que descobrem os Andes, no século XVI, à transposição de uma etapa decisiva no surgimento de um novo sentimento da natureza, precisamente o da *paisagem*, mediante o qual se concretiza, em seu entender, a intuição, própria a todos os homens e a todas as épocas, de uma ordem legal que une em um todo compacto o conjunto dos componentes da natureza. Tal experiência da paisagem é também para Humbold aquela em que se juntam a emoção vivenciada e a constatação objetiva: a primeira depende do território da arte (e, em particular, daquele do pintor), enquanto a outra tem a ver com a competência do cientista[145].

A descoberta das orlas marítimas – mais ainda, sem dúvida, a da montanha – pode ser interpretada como a manifestação da crise de um sistema datado de visibilidade da natureza, consubstancial à velha história natural, e a manifestação da emergência, no próprio âmago dessa crise, de uma nova economia do olhar erudito. A chegada desta última às práticas da viagem de exploração antecipa a formulação dos princípios epistemológicos sobre os quais hão de fundar-se as ciências naturais do século XIX e as divisões disciplinares em torno das quais irá reestruturar-se a produção de conhecimentos. Esses princípios, tais como haviam sido enunciados, sobretudo, por um Cuvier ou um Lamarck, são estabelecidos de fato apenas nas primeiras décadas do século XIX, na época em que as disciplinas das ciências da terra e da vida começam a delimitar os seus domínios próprios de investigação[146].

---

144. Essa prancha está publicada em HUMBOLDT, A. & BONPLAND, A. *Essai sur la géographie des plantes*. Paris: Levrault & Schoell, 1805.
145. Sobre a teoria da paisagem de Humboldt, cf. BRIFFAUD, S. "Le temps du paysage – Alexander von Humboldt et la géohistoire du sentiment de la nature". In: BLAIS, H. & LABOULAIS, I. (sob a dir. de). *Géographies plurielles – Les sciences géographiques au moment de l'émergence des sciences humaines (1750-1850)*. Paris: L'Harmattan, 2006, p. 275-297.
146. Cf. esp. FOUCAULT, M. *As palavras e as coisas*. Op. cit., cap. 5.

A viagem erudita de exploração reivindica, na véspera desse esfacelamento da paisagem científica, o ideal de uma participação emocional – o de uma ciência que se apoia no recurso do sentimento, o qual, por sua vez, é inseparável do ideal de uma visão total e de uma transparência do espetáculo do universo. Enquanto antecipa o esboço de uma nova *natureza*, associada a uma ordem simultaneamente histórica e sistêmica de causalidade, o explorador erudito olha assim, para trás, em direção ao modelo de um saber enciclopédico e de um erudito onisciente, na figura do qual se perpetua determinada visão do homem, definido por sua capacidade de reinar em sua moradia. O momento da "descoberta" das montanhas e das orlas marítimas poderia ser assim caracterizado como o de um sonho epistemológico: o de uma ciência que abarcasse a natureza em sua complexidade e, ao mesmo tempo, preserva o seu sujeito.

O que esse momento trouxe, porém, nem por isso deve ser reduzido a uma simples transição histórica fugaz cujos produtos seriam destinados fatalmente a serem superados pelo trem em marcha da história. Esse sonho epistemológico não morreu e reaparece, inclusive em nossos dias, sob novas formas[147]. Mas tornou-se também realidade, ao inscrever-se profundamente na relação emocional que os ocidentais mantêm com o espetáculo da natureza; ao habilitar a figura do *observador* dotado de um saber, ao mesmo tempo, de compreender e de sentir, exprimindo conjuntamente o verdadeiro e o belo, que impõe, durante muito tempo, a sua mediação entre natureza e sociedade; e ao contribuir grandemente, também, para fixar uma cartografia dos sítios e das paisagens notáveis, a qual, em seguida, será certamente enriquecida, mas que não deixa de ser o fundamento duradouro da espacialidade em que hão inscrever-se as práticas turísticas contemporâneas.

Desde as primeiras décadas do século XIX, a concepção da observação sobre a qual se apoia amplamente o movimento de descoberta da montanha

---

147. Encontramos vestígios disso, em particular, nas especulações de que é objeto atualmente, no campo científico e às suas margens, a noção de *paisagem*.

e dos litorais mostrou, no entanto, a sua fragilidade[148] que é testemunhada, nomeadamente, pela rejeição, formulada desde esse momento, de numerosos cientistas viajantes – inclusive o próprio Humboldt – em enfeudar a restituição de suas observações à forma do relato de viagem para expor os fatos objetivos coletados durante o trajeto na ordem exigida por eles mesmos e dessolidarizando-os assim das sensações experimentadas pelo viajante. Por outro lado, percebe-se perfeitamente, no itinerário de alguns eruditos – tais como Ramond –, a desilusão diante da descoberta de uma complexidade cada vez mais vertiginosa que relativiza os poderes do próprio observador e, ao mesmo tempo, a transparência do espaço observado. No derradeiro artigo, publicado em 1826, no qual ele reconsidera, a propósito de observações feitas por ocasião das trinta e cinco escaladas ao pico do Midi de Bigorre, as causas da distribuição geográfica dos vegetais, Ramond – que havia sido um dos zeladores mais convictos das virtudes panópticas da montanha – chega inclusive a reconhecer os limites de uma observação que "se apercebe, mas seria incapaz de atingir" os fenômenos que ela tenta abarcar, demasiado complexos para serem apreendidos por um só homem e uma única disciplina[149].

Esse momento marca uma virada nos modos de frequentação e de apreciação da montanha e das orlas marítimas, os quais começam então a fragmentar-se em práticas e em olhares específicos com interações limitadas. A razão desse fenômeno não deve ser procurada na perda de influência de uma ou outra dessas maneiras de apreender tais espaços, que teria deixado de ser capaz de governar todas elas, mas reside de preferência na desqualificação do estado emocional que, durante muito tempo, tinha conseguido aglutiná-las

---

148. Cf. a esse respeito a importante contribuição de VUILLEMIN, N. *Les Beautés de la nature à l'épreuve de l'analyse* – Programmes scientifiques et tentations esthétiques dans l'histoire naturelle du XVIIIe siècle, 1744-1805. Paris: Presses Sorbonne nouvelle, 2009.
149. CARBONNIÈRES (de), L.-F.R. "État de la végétation au sommet du pic du Midi de Bagnères". In: *Mémoires du Museum d'histoire naturelle*, vol. 13, 1826, p. 281. Sobre a trajetória científica de L.-F. Ramond, cf. BRIFFAUD, S. "Écrire la science – Ramond de Carbonnières et les Pyrénées". In: PONT, J.-C. & LACKI, J. (sob a dir. de). *Une cordée originale* – Histoire de relations entre science et montagne. Genebra: Georg, 2000, p. 344-354.

em um todo compacto, inscrevendo a relação ao espaço – independentemente do fato de se organizar em torno de pretensões artísticas, terapêuticas ou científicas – no mesmo processo sensível. Nesse caso, apaga-se a função central do sentimento do sublime e da trajetória que ele impunha simultaneamente às inteligências, aos olhares e aos corpos, submetendo-os a uma desestabilização que fazia apelo a uma reconstrução dos olhares, da representação e do próprio sentido. O que se procura nos litorais e na montanha, no tempo de sua descoberta, é, em primeiro lugar, um espetáculo que revele a substância daquilo que, *a priori*, ele parece aniquilar ou negar. São as paisagens que, pelo fato de perturbarem a visão e humilharem o olhar, devolvem a vista a si mesma, depurando-a e levando-a a retornar às raízes. Por volta de 1830, porém, as montanhas e as orlas marítimas cessaram de ser objeto de desconforto e de pavor: já não são, a não ser retoricamente, horríveis caos a desenredar. Se essas paisagens continuam sendo "sublimes", é então enquanto metáfora paisagística do divino e imagem de um infinito que absorve e dissolve o sujeito pensante e perceptivo que, durante algum tempo, havia encontrado nelas o meio de (re)construir-se e afirmar-se.

4
GRANDES EMOÇÕES METEOROLÓGICAS COLETIVAS

Anouchka Vasak

Inverno de 1956, tempestade de 1999, canícula de 2003, primavera horrível e enchentes de 2016: desse modo, temos – midiatizadas amplamente e inscritas ou a ponto de se inscreverem na memória coletiva – as nossas grandes emoções meteorológicas, daqui em diante exacerbadas pela obsessão da "mudança climática".

Mas, de que modo, para uma época mais distante, identificar as emoções meteorológicas coletivas? Como situá-las em relação aos motins ou *troubles frumentaires* [distúrbios decorrentes da carência e do preço elevado dos cereais], manifestações de uma crise de subsistência? Esta, apreciada sobremaneira por Emmanuel Le Roy Ladurie, é consecutiva a um acontecimento climático desastroso ou a uma série meteorológica desfavorável; aliás, segundo o fundador da história do clima, tais ocorrências, isoladas ou combinadas, acabaram desempenhando um papel de "distensão" no desencadeamento do grande acontecimento do período. A emoção meteorológica coletiva encaminha-nos em direção a outro terreno historiográfico. Como pensar tal emoção relativamente à Revolução Francesa? Será possível pensá-la fora de um contexto político?

Ao dedicar dois capítulos a essa Revolução, em sua obra – *The Navigation of Feelings* (2001) –, William Reddy indicou a importância do papel da emoção durante o período revolucionário, o qual, em seu entender, é propício a "pôr à prova a utilidade da teoria das emoções"[150]. Essa "florescência do sentimentalismo", característica dos anos de 1700-1789, seria interrompida a partir do *Thermidor* [décimo primeiro mês – 19 de julho a 18 de agosto – do calendário revolucionário] e deixaria lugar a novas fontes de sensibilidade, ensimesmamento, instabilidade da identidade, nostalgia, indiferença, fim da agitação e das intensidades: o eu meteorológico – seríamos levados a completar – tornar-se-ia então a sua expressão. Alain Corbin, ao evocar a obra *Les Baromètres de l'âme* (1990 [Os barômetros da alma]) de Pierre Pachet, mostrou perfeitamente, no entanto, que o sentimento da inconstância e inconsistência do eu, assim como a escrita privada, epistolar e, sobretudo, o diário íntimo, o qual é o seu secretário, haviam surgido pouco antes da Revolução e, muitas vezes, acompanharam as suas diferentes etapas. Pierre Pachet já tinha destacado a "coincidência" desconcertante entre a aparição do diário íntimo e a de um "novo modo de governo"[151], ou seja, a *Terreur* [Terror, a partir de setembro de 1793], que pretende controlar os pensamentos dos governados. As primeiras páginas do diário de Maine de Biran datam de 1794 (anterior, no entanto, a 9 *Thermidor* [27 de julho]). O diário de Lucile Desmoulins[152], por sua vez, tão meteorossensível, discorre e lê-se em duas vertentes: registro tanto das emoções individuais, muitas vezes, tributárias da meteorologia, quanto dos acontecimentos coletivos, mediante uma escrita urgente envolvida na tormenta da história. Em outros escritores, o eu meteorológico está de costas para a história; o *Oberman* de Senancour refugia-se nas altitudes, longe dos miasmas do presente. E, em 1802, Joubert poderá exprimir assim o mal do século do qual René – o livro epônimo

---

150. REDDY, W.M. *The Navigation of Feeling*: A Framework for the History of Emotions. Cambridge: Cambridge University Press, 2001, p. 143.
151. PACHET, P. *Les Bromètres de l'âme* – Naissance du journal intime. Paris: Hatier, 1990, p. 123.
152. DESMOULINS, L. *Journal, 1788-1793*. Philippe Lejeune (ed.). Paris: Les Cendres, 1995. O manuscrito encontra-se nos arquivos da Bibliothèque historique de la Ville de Paris.

de Chateaubriand vem a lume nesse ano – é a primeira encarnação: "25 de março. A Revolução acabou rechaçando a minha mente do mundo real ao torná-lo horrível demais"[153]. O próprio Joubert, no entanto, relata – de maneira irônica, em plena Revolução e precisamente dois anos após a morte do rei – a consequência catastrófica de um acontecimento meteorológico concreto: "Domingo, 23 de janeiro de 1791. Inundação. O rio Sena quis ver a Bastilha destruída"[154]. Emoção meteorológica coletiva? A tomada de posição impessoal, efeito da personificação do rio, assinala uma identificação coletiva com o acontecimento. O enunciado inscreve-se, entretanto, em um gênero pessoal, autobiografia inclusive negada (os "carnets" [cadernos]): eis um modelo de enunciado típico da escrita romântica da Revolução, descrita frequentemente como um acontecimento sem sujeito por seus primeiros historiadores. Voltaremos a esse tema porque, no começo, tal escrita estava associada à meteorologia.

Desventuras e alegrias da vida ao ar livre

Ocorre que, antes da Revolução, *"the ultimate sentimental event"*[155], o acontecimento meteorológico suscita emoções coletivas – de modo bem provisório, vamos atribuir-lhes o qualificativo de apolíticas – cujo eco aparece em alguns testemunhos, muitas vezes, explorados em uma perspectiva documentária pelo historiador do clima. Tal é o caso do livreiro Siméon-Prosper Hardy, em seu diário, com o título pseudoinocente que visa colocar o autor unicamente na posição de testemunha, observador ou – tenhamos a ousadia de utilizar o anacronismo – "modesto aparelho registrador": *Mes loisirs, ou Journal d'événements tels qu'ils parviennent à ma connaissance* [Meus lazeres, ou Diário dos acontecimentos tal como chegam a meu conhecimento]. Esse diário, que abrange um longo período anterior à Revolução (1753-1789), registra de maneira bastante impassível algumas situações meteorológicas notáveis, sem que todas elas se-

---

153. *Les Carnets de Joseph Joubert* [1938]. T. 1. Paris: Gallimard, 1994, p. 458.
154. Ibid., p. 130.
155. REDDY, W.M. *The Navigation of Feeling*. Op. cit., p. 96.

jam acontecimentos catastróficos: ele esboça o quadro de uma sociedade muito mais submissa do que a nossa às vicissitudes meteorológicas, inclusive, na cidade, porque o espaço exterior corresponde ao da vida cotidiana. Hardy vive de acordo com o ritmo de Paris e dos parisienses, mas não fala a linguagem seja da emoção ou da mente brilhante que será encontrada em *Tableau de Paris* (1781-1789 [Quadro de Paris]) de Louis Sébastien Mercier, escrito em geral após as ocorrências e por um autor que assume a postura do escritor. Se Hardy escreve, às vezes, no presente, o tempo do *Journal* [Diário] é, no essencial, o de um passado recente[156]. O livreiro relata coisas vistas ou "bruits" [boatos] – palavra recorrente em seus escritos – que lhe haviam causado impressão, assim como aos outros parisienses, cuja opinião confusa é transmitida por ele. O trecho de 1º de fevereiro de 1776 – inscrevendo-se em uma longa série de menções, às vezes, cotidianas ("Hoje, o frio..." é uma abertura recorrente) do frio excepcional desse inverno que, porém, não chegou a ser o mais glacial do século[157] – reúne várias características de uma escrita da emoção meteorológica coletiva: ela relata fatos do cotidiano que, sem criar as condições de uma verdadeira catástrofe "climática", acabam assumindo um valor social.

> Neste dia, o frio era sempre causticante e só se ouvia falar de acidentes funestos ocasionados por ele. Com efeito, dizia-se que foi encontrado: 1º) o carteiro de Amiens morto na estrada, acontecimento que atrasou a entrega dos telegramas; 2º) em Paris, na rue Saint-Antoine, quatro saboianos mortos em um sótão; 3º) para os lados de La Râpée, um vigia que, por esquecimento, não tinha sido rendido, gelado em sua guarita; 4º) oito crianças do Hôpital des Enfants [Hospital das Crianças] encontradas, igualmente, geladas no veículo que as trazia de volta da babá; 5º) um carroceiro morto na rua que havia sido enviado para o necrotério de Gd Châtelet; 6º) uma pobre mulher desmaiada pelo rigor do frio tinha

---

156. Cf. BONNET, J.-C. "Introduction" a MERCIER, L.S. *Tableau de Paris*. T. 1. Paris: Mercure de France, 1994.

157. Índice 7 na escala de Van Engelen quando o "inverno rigoroso" de 1709 é classificado 8, igual ao de 1740 – referência persistente, aliás, dos parisienses em 1776. Cf. VAN ENGELEN, A.F.V.; BUISMAN, J. & IJNSEN, F. "A Millenium of Weather, Winds and Water in Low Countries". In: JONES, P.D.; OGILVIE, A.E.; DAVIES, T.D. & BRIFFA, K.R. *History and Climate, Memories of the Future?* Nova York: Kluwer Academic, 2001, p. 112.

sido transportada para um botequim e aí tinha morrido por causa da reação súbita ao calor da chaminé; 7º) um soldado do regimento dos guardas suíços tinha sido encontrado morto de frio em seu posto, perto do castelo de Versalhes, e o Rei que, em qualquer circunstância, dava mostras de humanidade, tinha proibido que ele fosse substituído por outros, seja nesse posto ou naqueles que estavam desprotegidos, enquanto durasse o frio, dizendo que ele não tinha necessidade de ser assim tão bem guardado[158].

Emoção coletiva, também, a dos "prazeres do gelo"[159]:

> Havia pessoas que continuavam patinando sobre o grande tanque do Jardin des Tuileries e sobre o Rio Sena, seja entre o Pont Neuf e o Pont Royal, seja debaixo do mencionado Pont Royal e em frente à Place Luís XV [atualmente, Place de la Concorde][160].

Alguns dias antes, no entanto, Hardy evocava, para censurá-las, as corridas com trenós da rainha e de seu séquito por não levarem em conta as vítimas do frio tão rigoroso:

> Nesse dia, o frio continuava a fazer-se sentir bastante intensamente; houve quem dissesse que ele havia baixado mais dois graus em relação a 1740; o rio já estava congelado em vários pontos, e os patinadores encontravam lugar para exercer a sua destreza e desenvoltura. Os animais de caça morriam por toda a parte no campo felizmente coberto de neve, desde o dia 11 do mesmo mês. A Rainha, os príncipes e as princesas da família real, assim como os outros príncipes e princesas da nobreza continuavam deleitando-se com as corridas de trenós; aliás, no mesmo dia, uma delas, com tochas, tinha sido organizada nos bulevares[161].

O indefinido "houve quem" designa a comunidade e a memória coletiva, a dos invernos rigorosos de 1709 ou 1740. Sem exagerar, Hardy dá conta das

---

158. HARDY, S.-P. *Mes Loisirs, ou Journal d'événements tels qu'ils parviennent à ma connaissance (1753-1789)*. T. 4. Paris: Hermann, 2013, p. 446.
159. Para retomar o título do livro de METZGER, A. *Plaisirs de glace* – Essai sur la peinture hollandaise hivernale du Siècle d'or. Paris: Hermann, 2012.
160. HARDY, S.-P. *Mes Loisirs*. Op. cit., p. 446.
161. Ibid., 439.

emoções diversas, inclusive, meteorológicas, que agitam a população de Paris. Ao citar essa página de 27 de janeiro de 1776 no livro – *Effusion et tourment, le récit des corps. Histoire du peuple au XVIIIᵉ siècle* (2007 [Efusão e tormento, o relato dos corpos. História do povo no século XVIII]) –, Arlete Farge comenta assim o *Journal* de Hardy: "Nesse trecho, trata-se com toda a evidência de tristeza e de desgosto, de inquietação e de esperança, assim como de lágrimas ou de ódio. Anotados, descritos e, em seguida, refletidos, os afetos mais insignificantes, assim como os dos reis [...] ocupam um enorme espaço. Eles dão testemunho da extrema sensibilidade que permeia essa sociedade"[162].

O *Tableau de Paris* de Louis Sébastien Mercier pode ser também utilizado como documentário: mais eloquente que Hardy, Mercier participa das emoções coletivas, inclusive, meteorológicas, mesmo que seja perceptível a sua posição de recuo, tanto no tempo quanto sem dúvida no espaço, afastado da multidão ou dos miseráveis, coloca a distância, às vezes, de maneira irônica, as suas descrições. "Primeiro de dezembro de 1783", dia da primeira estadia no ar do balão dos irmãos Robert, não é propriamente falando uma emoção meteorológica – embora as alegrias da vida ao ar livre, associadas amplamente a uma receptividade inédita às condições do tempo, sejam características da nova sensibilidade do Iluminismo[163]. Mercier não recua diante de nenhum efeito propício a traduzir essa emoção coletiva. A evocação do inverno de 1784, porém, excepcionalmente rigoroso, convida-o a dissimular-se, não sem lirismo desta vez, atrás de Paris, cidade personificada, à semelhança do que fará Joubert em relação ao Rio Sena.

> O inverno de 1784 tinha mudado a face de Paris, transformando as ruas em lagos. A quantidade de neve e gelo, além de sua liquefação, formavam tais poças de água que impediam a passagem dos pedestres. Ao cair, o cavalo corria o risco de afogar-se; era preciso escalar montículos de neve e deslizar junto às paredes das lojas;

---

162. FARGE, A. *Éffusion et tourment, le récit des corps* – Histoire du peuple au XVIIIᵉ siècle. Paris: Odile Jacob, 2007, p. 34.
163. VASAK, A. "Joies du plein air". Art. cit., p. 173-187.

esse inverno rude havia conferido uma nova fisionomia à cidade. As carruagens já não conseguiam avançar, e a polícia não dispõe de um número suficiente de trabalhadores; inúmeras maldições eram proferidas contra o chefe, como se este dispusesse do poder de mudar as estações e de desentulhar uma cidade inteira.
Novos mendigos solicitavam a compaixão; o coração do avarento acabava por emocionar-se. A caridade nunca havia atingido tal nível de atividade; ela emerge das grandes calamidades[164].

Hardy e Mercier posicionam-se, portanto, como "testemunhas" de seu tempo, parte integrante também das emoções meteorológicas vivenciadas pelos parisienses; em suma, tal posição, de cima ou de recuo, seria incapaz de nos fornecer a medida das reações coletivas. O próprio termo de emoção não convém, sem dúvida, ao que – filtrado pela escrita e por um indivíduo circunscrito do ponto de vista social – continua sendo a expressão de um sentimento.

De que modo abordar, então, as grandes emoções meteorológicas coletivas de um período, no mínimo, *conturbado*?

Invernos rigorosos, tempestades, inundações, neblinas "secas"

Vamos aprofundar, em primeiro lugar, o sentido da palavra "emoção": em seu bojo, ela traz uma carga coletiva, perceptível em sua etimologia, visto que é oriunda de "movimento". Eis o que é evocado por Christophe Traïni e Johanna Siméant na abertura da obra coletiva *Émotions... Mobilisation!*[165] [Emoções... Mobilização!] Se o *Dictionnaire de l'Académie française* [Dicionário da Academia Francesa] de 1992 vai posicioná-la apenas como a segunda acepção – "Movimento popular, espontâneo, distúrbio súbito provocado por um acontecimento imprevisto" –, o *Littré* de 1873-1874, no verbete "Émotion" [Emoção], fornece para os dois primeiros sentidos a seguinte descrição:

---

164. MERCIER, L.S. *Tableau de Paris*. Op. cit., t. 1, p. 1.365.
165. TRAÏNI, C. (sob a dir. de). *Émotions... Mobilisation!* Paris: Presses de Sciences Po, 2009.

"Movimento que ocorre em uma população. Agitação popular que precede a sedição e, às vezes, a própria sedição".

Littré identifica, assim, os graus na emoção coletiva: em primeiro lugar, aparece o "movimento" e, em segundo, a "agitação popular". Em seu livro *La Rébellion française* (2002 [A rebelião francesa]), Jean Nicolas começa igualmente desenvolvendo "o léxico relativo à emoção" do período (1661-1789) abordado por ele, ao estabelecer a distinção, ao que ele atribui o qualificativo de "infra-rebelionário", entre as palavras *rumeur* [rumor], *bruit* [boato] e *murmure* [murmúrio]. Em seguida, "quando a inquietação se torna palpável em determinada situação, aparecem as palavras *sensation, alarme, confusion, fermentation, effervescence, agitation, mouvement, esmouvance* [comoção]"[166]; para um movimento de opinião que não é ainda delito, empregam-se especialmente os termos *trouble* [distúrbio], *tumulte, desordre* [desordem]. Por fim, serão indicados, no momento em que a justiça entra no caso, os termos de *rébellion, émeute* [motim] e *sédition*.

Em uma breve conferência destinada, antes de tudo, às crianças, Georges Didi-Huberman, aproveitando-se dessa etimologia "movimentada", estabelece a relação entre a emoção e a ação, e, por conseguinte, entre o individual e o coletivo: "Uma *emoção* – escreve ele – não será uma *e-moção*, ou seja, uma moção, um movimento, que consiste em colocar-nos fora (*e-*, *ex*) de nós mesmos? Mas, se a emoção é um movimento, deve então ser também uma ação[167]". A emoção-movimento torna-se uma abertura para uma eventual transformação[168].

O que, voltando ao terreno meteorológico, nos remete antes de tudo aos distúrbios, crises ou motins de subsistência que interessam os historiadores do clima, nomeadamente franceses, uma vez negociada a virada da história

---

166. NICOLAS, J. *La Rébellion française* – Principes de la philosophie moral, Mouvements populaires et conscience sociale, 1661-1789. Paris: Seuil, 2002, p. 20.
167. DIDI-HUBERMAN, G. *Quelle émotion! Quelle émotion?* Paris: Bayard, 2013, p. 30-31.
168. "É exatamente através das emoções que se pode, eventualmente, transformar o nosso mundo com a condição, é claro, de que elas se transformem a si mesmas em pensamentos e ações" (Ibid., p. 49).

imóvel da École des Annales. Emmanuel Le Roy Ladurie passou assim de uma história do clima "sem sujeito" para uma "história humana e comparada" do clima, em que todos os motins de subsistência encontram o seu lugar, particularmente na perspectiva de esclarecer o contexto meteorológico-agrícola da Revolução Francesa. O vocabulário da emoção, mesmo que esta seja coletiva, não é o do historiador do clima, e não poderíamos limitar-nos a essa leitura no âmbito de uma história das emoções; apesar disso, é impossível ignorar o trabalho de determinados historiadores – entre os quais os do clima, mas não de maneira exclusiva[169] – que estabelecem a relação entre os grandes acontecimentos meteorológicos ou sequências meteorológicas desfavoráveis e os movimentos populares. Ou de preferência: "movimentos populares" em alguns casos e, em outros, "distúrbios". Em relação a estes últimos, eles referem-se perfeitamente às emoções coletivas: esse é o qualificativo que utiliza, por exemplo, Frédéric Chauvaud em seu estudo sobre as "emoções camponesas" no século XIX[170].

Na esteira do historiador do clima, podemos estabelecer a série dos grandes acontecimentos meteorológicos do período, os quais haviam provocado – digamos com todas as reservas – distúrbios ou movimentos populares, na maior parte das vezes, consecutivos a crises de subsistência e, até mesmo, de períodos de fome, em uma sociedade dependente de colheitas e, portanto, dos acasos climáticos.

---

169. Citemos, em particular, para o nosso período, os estudos de MERRIMAN, R.B. *Six Contemporaneous Revolutions*. Oxford: Clarendon Press, 1938. • POST, J.D. *The Last Great Subsistence Crisis*. Baltimore (Md.): The Johns Hopkins University Press, 1977. • LACHIVER, M. *Les Années de misère* – La famine au temps du Grand Roi. Paris: Fayard, 1991. • NICOLAS, J. *La Rebellion française*. Op. cit. • GARNIER, E. *Les Dérangements du temps* – 500 ans de chaud et de froid en Europe. Paris: Plon, 2010. Pensemos também nos grandes clássicos: LABROUSSE, E. *La Crise de l'économie française à la fin de l'Ancien Régime et au début de la Révolution*. Paris: PUF, 1944. • LEFEBVRE, G. *La Grande Peur de 1789*. Paris: Armand Colin, 1932, o qual, em matéria de história das emoções, abre ainda outras portas.

170. Frédéric Chauvaud fala de "distúrbios florestais", de "exaltação agrária", de "levante episódico" e de "sedição florestal"; cf. "Le dépérissement des émotions paysannes dans les territoires boisés au XIXᵉ siècle". In: FAURE, A.; PLESSIS, A. & FARCY, J.-C. (sob a dir. de). *La Terre et la Cité* – Mélanges offerts à Philippe Vigier. Paris: Créaphis, 1994, p. 101-114.

Em termos de história "genuína" do clima, o século XVIII, embora inscrito no longo período da curta era glacial (que iria do começo do século XIV aos anos de 1860), é globalmente menos inclemente que o século de Luís XIV: os anos de 1720-1739 e depois posteriores a 1775, são mais favoráveis em termos de colheitas. O Século das Luzes, porém, está marcado por "episódios perniciosos"[171], invernos rigorosos, tempestades, vendavais, secas, inundações, outros tantos "dias sem pão"[172] propícios aos motins.

Os invernos rigorosos do período poderiam ser considerados como um primeiro bloco de acontecimentos meteorológicos na origem de distúrbios ou movimentos populares; dito por outras palavras, consequências sediciosas de acontecimentos catastróficos que produziram anomalias durante as colheitas e o aprovisionamento. Após o inverno rigoroso de 1709 – "paradigma do frio excessivo"[173] que servirá de bitola para os seguintes na memória coletiva – e quanto às avaliações científicas (nomeadamente, especialistas das ciências), os invernos de 1740, 1776, 1784, 1789, para limitar-nos ao século XVIII, são documentados por uma série de testemunhos: aos poucos, esses depoimentos esboçam a configuração emocional de um território – França, Europa – cujas populações dependem das vicissitudes climáticas para a sua subsistência. Voltaremos ao inverno de 1788-1789 que tem um *status* simbólico particular. Vinte e nove "rebeliões", consecutivas ao inverno de 1739-1740, são recenseadas por Jean Nicolas para o noroeste do reino da França[174]: será por isso que falamos de emoções meteorológicas coletivas? A leitura dos historiadores consiste em equiparar, em uma lógica de causa-consequência, tal acontecimento meteorológico e os movimentos populares, distúrbios, sedições e motins. A

---

171. DESARTHE, J. *Les Temps des saisons* – Climat, événements extrêmes et sociétés dans l'Ouest de la France (XVIe-XIXe siècle). Paris: Hermann, 2013, p. 264.
172. Título do sexto capítulo de NICOLAS, J. *La Rébellion française*. Op. cit.
173. GOULEMOT, J.M. "Comment s'éprouvait e se disait le froid extrême au XVIIIe siècle – Analyse des témoignages de la mémorisation de l'hiver 1709". In: BERCHTOLD, J.; LE ROY LADURIE, E.; SERMAIN, J.-P. & VASAK, A. (sob a dir. de). *Canicules et froids extrêmes: L'événement climatique et ses représentations* – II: Histoire, littérature, peinture. Paris: Hermann, 2012, p. 68.
174. Ibid., p. 248.

sua análise mostra – mediante um vocabulário significativo que não deixa de ter relação com a meteorologia – as "ondas de descontentamento", os "picos de amotinação" e os efeitos de contágio. Assim, em setembro de 1740, estoura no hospital de Bicêtre – centro de internação de enfermos, dementes e pobres, assim como de delinquentes e prostitutas – um motim pelo pão, consequência adiada do inverno rigoroso precedente. O marquês de Argenson manifesta a sua preocupação com as fugas de detentos que vão, diz ele, "inundar Paris"[175].

Quanto aos acontecimentos meteorológicos catastróficos, é possível evocar ainda, sem metáfora, as grandes tempestades do período: a de 14 de janeiro de 1739, na Escócia e depois na Normandia, passa pelo Leste da França e pela Suíça nos dias seguintes[176]; o furacão de 15 de março de 1751, que havia afetado uma parte do Oeste da França, é descrito por um pároco de Angers como uma "convulsão universal da natureza"[177]; a tempestade de 6-7 de janeiro de 1839, o "maior desastre natural" irlandês, chegou a nosso conhecimento tanto por testemunhos quanto por contos e lendas reunidos sob o nome de *The Night of the Big Wind*[178]; mais tarde, a de 14 de novembro de 1854, desastre militar francês durante a Guerra da Crimeia, é a tempestade chamada Le Verrier, a qual, ao provocar a perda de quarenta navios, será a ocasião para o diretor do Observatoire de Paris instalar uma rede de observação e de previsão meteorológica, concebida como europeia[179]. Essas tempestades não poderiam fazer esquecer *The Great Storm* de 1703, anterior ao nosso período: relatada pelo autor de *Robinson Crusoé* (1719), cujo primeiro livro foi *The Storm*

---

175. Ibid., p. 374.
176. GARNIER, E. *Les Dérangements du temps...* Op. cit., p. 152-157.
177. DESARTHE, J. *Le Temps des saisons...* Op. cit., p. 102.
178. CARR, P. *The Night of the Big Wind*. Belfast: The White Row Press, 1994. Essa obra, que relata a tempestade de janeiro de 1839, remete também à longa tradição oral ao reunir todos os mitemas propícios a inscrever o acontecimento na memória coletiva irlandesa; a tempestade de 6 de janeiro, Dia dos Reis Magos, que destruiu numerosas propriedades da *gentry* inglesa, foi considerada como um sinal da vingança divina em favor dos irlandeses.
179. Cf. LOCHER, F. *Le Savant et la Tempête* – Étudier l'atmosphère et prévoir le temps au XIXe siècle. Rennes: PUR, 2008, p. 38ss.

(1704)[180], a tempestade de 26 de novembro de 1703 acabou servindo de referência – como 1709 em relação aos invernos – para as tempestades do Século das Luzes e para o Romantismo. Ela encetava, no texto de Daniel Defoe, um "novo estado emocional" e contribuiu para inaugurar um código estético, o sublime. "Nenhum escrito é capaz de descrevê-la, nenhuma língua exprimi-la, nenhum pensamento concebê-la"[181]. No termo do Iluminismo, Bernardin de Saint-Pierre descreve, por sua vez, em *Paul et Virginie* (1788), o naufrágio do *Saint-Géran*, apanhado em um furacão tropical ao largo das costas de Isle de France [atualmente, Ilha Maurício]. O que o autor faz ouvir realmente é uma voz coletiva, sem sujeito:

> Pelas nove horas da manhã, ouviram-se do lado do mar ruídos assustadores, como se torrentes de água, misturadas com trovões, rolassem do alto das montanhas. Todo o mundo gritou – "Olha o furacão!" – e, em um instante, um turbilhão terrível de vento levou a bruma que cobria a ilha de Ambre e o seu canal.

Vê-se a que ponto as tempestades são propícias a engendrar "mitos" com conotação religiosa (*The Great Storm, The Night of the Big Wind*), laica (tempestade chamada Le Verrier) ou poética. Os numerosos ex-votos como agradecimento à Virgem Maria, a qual teria livrado os marinheiros de tempestades, são também testemunhos dessas emoções coletivas com caráter sagrado.

Para uma história das emoções, William Reddy tinha mostrado perfeitamente, à semelhança dos autores dos dois dossiês "Émotions" [Emoções] da revista *Écrire l'histoire* [Escrever a história], que não é pertinente proceder a divisão entre ficção e realidade: ao ser escrita a história, a emoção é necessariamente parte integrante desse relato. A emoção – diz William Reddy – é também a linguagem dominante do período revolucionário, cujos atores são alimentados pela literatura romanesca ou dramática: de um modo geral, o patético e

---

180. DEFOE, D. *The Storm*: Or a Collection of the Most Remarkable Casualties ad Disasters which Happen'd in the Late Dreadful Tempest, both by Sea and Land. Londres: Sawbridge, 1704. A tempestade de 1703 atingiu o sul da Inglaterra, incluindo Londres, a Bretanha e os Países Baixos.

181. "No Pen can describe it, no Tongue can express it, no Thought conceive it."

o sublime revelam o "gosto pelas lágrimas"[182] característico do século XVIII. Não se trata, portanto, de colocar no lado da ficção as descrições dramáticas de Daniel Defoe, para 1703, ou de Bernardin de Saint-Pierre para o furacão de 1744, embora, neste último caso, o acontecimento, localizado no Oceano Índico, não dependa de uma emoção meteorológica coletiva. A literatura não pode ser relegada como documento, reflexo necessariamente deformado do real, em nome de uma história objetiva: ela dá testemunho dos remoinhos de uma época, e ela própria é o seu remoinho.

Tanto mais que a "ciência" passa então pelo discurso, não recuando diante das metáforas e dos efeitos literários. É também nesses textos científicos, relatórios da Académie des sciences [Academia das Ciências], tratados de meteorologia ou ensaios, que serão encontrados os vestígios sensíveis de uma importante emoção meteorológica coletiva do Iluminismo: a das neblinas "secas" de 1783 que obscurecem, durante vários meses, a atmosfera não somente de uma grande parte da Europa, mas também de todo o Hemisfério Norte. É um ambiente de "fim do mundo", experimentado por uma grande parte de pessoas e descrito pelo cientista Cotte, um dos primeiros meteorologistas modernos e criador de uma rede europeia de observações:

> A luz do sol, durante o dia, tinha uma cor alaranjada pálida. Os raios desse astro não conseguiam, seja no nascente ou no poente, perfurar essa atmosfera cheia de fumaça; a sua aparência era de um vermelho cor de fogo; a lua apresentava o mesmo fenômeno[183].

Os cientistas do Iluminismo e do começo do século XIX denunciam as crenças populares em nome da racionalidade, sem deixarem de alimentar um debate, às vezes, irracional. O que, afinal, teria ocorrido?

---

182. COUDREUSE, A. *Le Goût des larmes au XVIIIᵉ siècle*. Paris: PUF, 1999; nova ed., Paris: Desjonquères, 2013.
183. COTTE, L. "Mémoire sur les brouillards extraordinaires des mois de juin e juillet 1783". In: *L'Esprit des journaux, français et étrangers, par une société de gens de lettres*, vol. 12, dez./1783, p. 330. Paris/Liège.

Os historiadores do clima descreveram amplamente o fenômeno e a sua causa é hoje bem conhecida, ainda que permaneçam perguntas sobre o deslocamento sinuoso da camada de neblina. Em 8 de junho de 1783, a irrupção, no sul da Islândia, do vulcão Laki (em islandês, *Lakagígar*) espalhou torrentes de lava basáltica sobre 580 quilômetros quadrados de superfície insular. A erupção – ou melhor ainda, as erupções, porque foram registradas dez ocorrências até outubro – liberou gases que provocaram a formação de névoas coloridas e sulfurosas. As consequências meteorológicas são consideráveis e duradouras: presença de neblinas, às vezes, fedorentas com efeitos coloridos e supostamente secos; verão de 1783 escaldante e inverno 1783-1784 bastante rigoroso; inundações em fevereiro-março de 1784; além de uma taxa elevada de mortalidade animal e humana na Islândia, Inglaterra, Escócia, Noruega e, em menor escala, na França. Boatos de peste chegam a espalhar-se em Paris. A questão sanitária conduz a Société royale de médecine [Sociedade Régia de Medicina], conjuntamente com o Observatoire de Paris, a organizar uma experiência surpreendente: será constatado que os pedaços de carne – amarrados em pipas lançadas no espaço –, ao serem recolhidos, estavam "totalmente putrefatos"[184].

Cientistas, médicos ou especialistas da meteorologia, ciência nascente, relataram os efeitos dessas neblinas coloridas cuja causa continuava sendo ignorada e que haviam inspirado o "terror no povo": a partir do mês de agosto de 1783[185], o médico Jacques Antoine Mourgue de Montredon apresenta na Société royale des sciences [Sociedade Régia das Ciências] de Montpellier um relatório sobre os "vapores que tinham infestado a atmosfera, durante o verão de 1783", propondo uma explicação do fenômeno que, ao descartar outras causas, revelar-se-á, anos mais tarde, correta. Eis o começo de seu texto:

---

184. GARNIER, E. *Les Dérangements du temps*. Op. cit., p. 191.
185. Para uma análise detalhada da questão, cf. o excelente artigo de McCALLAM, D. "Un météore inédit: les brouillards secs de 1783". In: BELLEGUIC, T. & VASAK, A. (sob a dir. de). *Ordre et désordre du monde* – Enquête sur les météores, de la Renaissance à l'âge moderne. Paris: Hermann, 2013, p. 368-388.

Um fenômeno raro provocou a maior admiração ao observador instruído, tanto quanto acabou suscitando a surpresa e o terror no povo, sempre pronto a ficar aterrorizado com acontecimentos da atmosfera que não lhe sejam familiares[186].

Mourgue de Montredon não perderá nenhuma ocasião para demonstrar a diferença entre a sua análise e a do "povo", até à racionalização final, em que ressoa com brilho o otimismo do Século das Luzes. Ele, porém, inaugura uma série de relatórios científicos em que todos, ao proporem com arrogância explicações errôneas, participam finalmente da emoção geral, popular e erudita, diante dessas neblinas "extraordinárias". A partir do mês seguinte, setembro de 1783, o padre Cotte publica o seu "Mémoire sur les brouillards extraordinaires des mois de juin e juillet 1783" [Relatório sobre as neblinas extraordinárias dos meses de junho e julho de 1783]. À semelhança de Mourgue de Montredon, e tendo utilizado, talvez inconscientemente, uma metáfora apropriada, ele procura "dissipar as inquietações suscitadas pela visão de determinados fenômenos". Cotte evoca o "terror pânico que se tinha apossado das pessoas"[187], e descarta a causa que ele julga irracional da aparição de um cometa. A crença na influência dos cometas sobre as perturbações atmosféricas, associada à obsessão de que um asteroide venha a colidir com a terra, é então muito viva[188]. Em nome da razão, porém, Cotte fornece uma explicação falsa do fenômeno das névoas coloridas ao relacioná-las com o terremoto da Sicília e da Calábria, "sismo universal"[189] que ocorreu em fevereiro de 1783, cujo "efeito indireto", diferido no tempo e no espaço, havia sido sentido em toda a Europa. Outros

---

186. MOURGUE DE MONTREDON, J.A. "Recherches sur l'origine et la nature des vapeurs qui ont régné dans l'Atmosphère pendant l'été de 1783". In: *Histoire et mémoires de l'Académie royale des sciences*, 1784, p. 754.

187. COTTE, L. "Mémoire sur les brouillards extraordinaires..." Art. cit., p. 327.

188. A psicose foi reavivada, em 1773, mediante uma dissertação do astrônomo Lalande lida na Académie des sciences; ela reaparece em 1788, no momento da aproximação de um novo cometa (MERCIER, L.S. *Tableau de Paris*. Op. cit., t. 1, p. 574; t. 2, p. 1.367). Será que já deixamos de lado essa obsessão? A resposta está longe de ser afirmativa se for levado em conta o filme *Melancholia* (2011) de Lars von Trier e um grande número de obras de ficção científica.

189. COTTE, L. "Mémoire sur les brouillards extraordinaires..." Art. cit., p. 329.

cientistas acabaram apropriando-se dessa questão: Franklin, Hickman, Toaldo, Lalande, Bertholon... Em sua obra *De l'électricité des météores* (1787 [Da eletricidade dos meteoros]), Bertholon resume a maior parte das teorias, sem fazer alusão, entretanto, a Mourgue de Montredon, e descarta a explicação sismológica para fornecer – sem surpresa e baseando-se nos temporais "extraordinários" ocorridos também no verão de 1783 – uma explicação baseada na eletricidade. A questão não fica por aí, o que é a prova de uma intensa emoção científica. Em seu livro *Astronomie populaire* [Astronomia popular], François Arago irá formular ainda o problema em um capítulo redigido em 1832: "Le brouillard sec de 1783 e celui de 1831 ont-ils été occasionnés par des queues de comètes?" [A névoa seca tanto de 1783 quanto de 1831 teria sido causada por caudas de cometas?] Para Arago, a queda de um meteorito é que estaria na origem das neblinas extraordinárias[190].

Os anos seguintes impelem facilmente o historiador pelo caminho da "ilusão retrospectiva" denunciada por François Furet. Será que os grandes acontecimentos meteorológicos preparam a Revolução Francesa? Houve quem defendesse tal postura em relação à crise de 1783-1784 porque 1784 foi o ano das principais inundações e, inclusive, de uma onda gigante em La Rochelle; em relação ao ano de 1785 durante o qual se alastrou uma importante seca; em relação ao temporal de 13 de julho de 1788, cuja data, um ano e um dia antes da tomada da Bastilha, ganha uma ressonância simbólica particular; por fim, em relação ao inverno rigoroso de 1789. Considerando, porém, que esses acontecimentos têm alguma duração e provocam consequências sobre a subsistência, as ocorrências meteorológicas suscitam também manifestações religiosas populares, procissões, rogações, que não dependem menos da história das emoções coletivas e são, às vezes, a ocasião de distúrbios sociais. Na "tipologia das procissões", deve-se estabelecer a distinção entre aquelas que são organizadas em data fixa (*pardons* [forma de peregrinação] da Bretanha,

---

190. Cf. TABEAUD, M. "'Des rapports qu'on a cru entrevoir entre les brouillards secs et les comètes' selon Arago". In: BEKER, K. & LEPLATRE, O. (sob a dir. de). *La Brume et le Brouillard dans la science, la littérature et les arts*. Paris: Hermann, 2014, p. 120-128.

rogações do sul da França e na Espanha...) e aquelas consecutivas a uma epidemia ou a fenômenos meteorológicos catastróficos[191]. A última procissão *pro pluvia* em honra de Sainte Geneviève [Santa Genoveva] em Paris ocorreu em 6 de junho de 1785. Haverá muitas outras, e durante muito tempo, na zona rural. Jérémy Desarthe lembra que pedidos de exorcismo foram formulados na manhã seguinte à tempestade Klaus de fevereiro de 2009...[192] A prática das peregrinações e procissões *pro pluvia* prolongou-se muito além do século XVIII nas regiões meridionais. Em um texto de meados do século XIX, o pároco Isoard[193] descreve em detalhe as peregrinações de Notre-Dame de Lure, perto de Forcalquier [departamento de Alpes-de-Haute-Provence] – a "cenografia" dessas manifestações, diríamos hoje[194] –, os transes dos peregrinos e as consequências percebidas como "sobrenaturais": chuvas benéficas que vieram no momento certo para debelarem uma seca severa (1804, 1817, 1825, 1830...). Em um período particularmente atravessado pelas revoluções, essas práticas populares, interrompidas em 1789, parecem conhecer um recrudescimento de fervor após a Revolução. Antes, porém, as autoridades civis esforçam-se, muitas vezes, por instigá-las para evitar motins como o que ocorreu em Rennes por ocasião das inundações de 1725: "o povo" tentou "lançar-se sobre o prédio do Parlamento e da Prefeitura durante a procissão do Santíssimo Sacramento"[195]. Fontes inesgotáveis de informação para o historiador do clima, as procissões e rogações chegaram a ser consideradas como *proxies*, indicadores de fenômenos meteorológicos catastróficos[196]. Que tipo de vínculo teriam elas com os motins, as rebeliões e revoluções? O próprio Emmanuel Le Roy Ladurie cerca-se

---

191. DESARTHE, J. *Le Temps des saisons*. Op. cit., p. 206. Desarthe baseia-se, sobretudo, em um estudo de ÉVENOU, J. "Typologie des processions". In: *Bulletin de la Société Française d'Études Mariales*, n. 66, 2009, p. 41.

192. DESARTHE, J. *Le Temps des saisons*. Op. cit., p. 213.

193. ISOARD, H. *Histoire de la chapelle ou sanctuaire de Notre-Dame de Lure*. Paris: Masson, 1858.

194. Ibid., p. 212.

195. Archives municipales de Rennes, cit. em ibid., p. 211.

196. Cf., p. ex., os estudos de Mariano Barriendos para a Península Ibérica, em particular: "Les variations climatiques dans la péninsule Ibérique: l'indicateur des processions". In: *Revue d'Histoire Moderne et Contemporaine*, vol. 57, n. 3, 2010, p. 151-159.

de precauções quanto à possível relação entre clima e revolução, inclusive, entre meteorologia e política[197].

Não é nesse terreno, o da causalidade, que decidimos nos instalar.

Um ano e um dia antes da tomada da Bastilha rebenta, portanto, um temporal de granizo cujos ecos hão de ressoar nos relatórios da Académie des sciences, no diário de Lucile Desmoulins, no texto extremamente subjetivo de *Vœux d'un solitaire* (1789 [Anseios de um solitário)] de Bernardin de Saint-Pierre, assim como no erudito *Recueil d'observations sur l'orage du 13 juillet 1788* (1792 [Coletânea de observações sobre a tempestade de 13 de julho de 1788]) do professor universitário belga, Théodore Augustin Mann. Dissertações[198], diários, coletâneas de observações: os relatos de temporais são escritos ao vivo ou a curto prazo, a uma maior ou menor distância do acontecimento. As variações de ritmo e a variedade nos lugares de enunciação são também reveladoras de emoção coletiva: "bolhas da história" que continuam ainda a propagar-se. Esse temporal, acompanhado nos campos por enormes bolas de granizo, "trouxe a desolação"[199] em duas faixas paralelas, cartografadas por Jean-Nicolas Buache, em uma vasta zona geográfica da região de Tours até a Flandres austríaca. É impossível, no entanto, estabelecer uma relação direta entre o acontecimento de 14 de julho e esse desastre meteorológico, a despeito dos distúrbios decorrentes da carência e do preço elevado dos cereais, mas todos concordam em dizer que é necessário inscrevê-los em uma série desfavorável; com efeito, nada além da força "irruptiva"[200] do acontecimento de 14 de julho pode explicar, retrospectivamente, a carga emotiva, eletrizante, com que esse temporal foi investido.

---

197. Cf., p. ex., LE ROY LADURIE, E. *Histoire humaine et comparée du climat* – T. 2: Disettes et révolutions, 1740-1860. Paris: Fayard, 2006, cap. 4-5.
198. TESSIER, A.H.-A. "Mémoire sur l'orage du 13 juillet 1788". In: *Mémoires de l'Académie des sciences*, 1789, p. 628-638. • TESSIER, A.H.-A.; BUACHE, J.-N. & LEROY, J.-B. "Rapport ou second mémoire sur l'orage à grêle du dimanche 13 juillet 1788". In: *Mémoires de mathématiques et de physique*, 1790, p. 263-268.
199. Ibid., p. 265.
200. "Arlette Farge, historienne du sensible" (entrevista). In: *Écrire l'Histoire*, n. 1, 2008, p. 92.

No entanto, após o período napoleônico, um último acontecimento meteorológico espetacular modificará, para os contemporâneos, inclusive, a sua percepção do firmamento. Um pouco mais de vinte anos após a erupção do Laki, em 1783, a deflagração, em abril de 1815, do vulcão Tambora, na Indonésia, a erupção mais forte conhecida na história, tem efeitos consideráveis sobre o clima europeu, norte-americano e, sem dúvida, mundial dos anos subsequentes. A explosão, audível a milhares de quilômetros de distância da ilha, solta uma chuva de cinzas que, em finas partículas de poeira, há de obscurecer a atmosfera, durante longos meses. 1816 é conhecido pelo qualificativo de "ano sem verão": as consequências sobre as temperaturas, as datas de vindimas, as colheitas e a demografia foram bem estudadas pelos historiadores do clima. Mas a própria luz sofreu alterações... Mais ainda que em 1783, o firmamento dos anos de 1815, 1816 e 1817 apresenta laivos estranhos, inéditos, cujos efeitos podem ser apercebidos nos crepúsculos de William Turner, talvez, desde 1815 (*Dido Building Carthage* ou *The Rise of the Carthaginian Empire* [Dido erguendo Cartago ou O nascimento do Império Cartaginês]). As telas de Turner fornecer-nos-iam informações sobre o firmamento pós-Tambora. À distância da perspectiva documental, é possível também para nós reencontrar sensações perdidas, outra via de acesso à visão romântica do mundo. É nesse ano sem verão que Mary Shelley, isolada em um chalé à beira do Lago de Genebra com Percy Bysshe Shelley e Lord Byron, concebe *Frankenstein*. É, talvez, nessa obscuridade real que Byron irá escrever *Darkness*[201]. Os textos eruditos que descrevem os espetáculos do firmamento desses anos transmitem também um som singular, sonhador, fascinado: esse é o caso, por exemplo, de uma carta do astrônomo Dupin – por ocasião de sua visita ao Observatório de Glasgow, em setembro de 1817 – endereçada a Arago. A emoção do astrônomo diante do espetáculo da aurora boreal evoca a de Bernardin de Saint-Pierre ou de Maupertuis ao descreverem o mesmo fenômeno[202].

---

201. "I had a dream, which was not all a dream. / The bright sun was extinguish'd, and the stars / Did wander darkling in the eternal space, / Rayless, and pathless, and the icy earth / Swung blind and blackening in the moonless air [...]" (*The Works of Lord Byron*, vol. 4).
202. Cf. BOULERIE, F. "Poétique de l'aurore boréale au temps de Maupertuis". In: BELLEGUIC, T. & VASAK, A. (sob a dir. de). *Ordre et désordre du monde*. Op. cit., p. 347-368.

A noite estava bela, a lua e as estrelas brilhavam com um vivo esplendor. Ao chegarmos ao Observatório, o firmamento apresentava, em direção ao norte, um luar esbranquiçado que, ao tornar-se cada vez menos incerto, ofereceu em breve o aspecto de uma aurora boreal. Subimos então ao terraço do Observatório para abarcar, em uma vista panorâmica, todas as partes luminosas. Ao usufruir, pela primeira vez, desse espetáculo imponente, experimentei um assombro e um prazer que não seria capaz de exprimir-lhe, e fiquei bastante feliz por ver um dos mais belos espetáculos que se pode observar nessas regiões[203].

Dupin relata uma experiência que, por ser individual, se destina a enriquecer os testemunhos sobre a atmosfera inabitual em que a Europa está mergulhada, trazendo a sua caução erudita. Mas que diferença de tonalidade em relação à escrita de índole bastante "social", aberta para o mundo, de um Hardy ou de um Mercier! Que diferença em relação ao debate científico dos anos de 1780 sobre as neblinas secas! Será isso romântico? Daí em diante, o indivíduo parece estar, à semelhança do Prometeu de Goethe, confinado no "círculo de sua atividade".

No entanto, entre as neblinas secas de 1783 e o firmamento estranho de 1816, ocorreu o Acontecimento: 1789, uma "linha divisória"[204]. E também 1815. Como limitar-se a uma história das emoções coletivas, sobretudo, meteorológicas, que equivaleria a naturalizar a própria história? Verifica-se algo novo no universo das emoções que se aproveita da passagem do temporal "Revolução Francesa".

Novas percepções: fluxo, refluxo, incerteza

Fora de um contexto imediatamente político, as grandes perturbações meteorológicas do período revelam uma modificação da percepção. Uma nova

---

203. "Extrait d'une lettre de M.Ch. Dupin, correspondant de l'Institut etc., à M. Arago, sur une Aurore boréale observée à Glascow [sic] le 19 septembre". In: *Annales de Chimie et de Physique*, vol. 6, 1817.
204. STAROBINSKI, J. *1789. Les emblèmes de la raison* [1973]. Paris: Flammarion, 1979, p. 5.

relação com o mundo acaba aparecendo, sem que seja possível dizer como ela exerceu influência sobre o conjunto dos contemporâneos, nem como define, em certa medida, a nossa moderna percepção do espaço e do tempo.

Pode-se ficar impressionado, em primeiro lugar, pela extensão geográfica de alguns fenômenos evocados: não, evidentemente, porque as "catástrofes" tivessem tido maior repercussão entre 1730 e 1815 do que em outros períodos da história; mas tal amplitude é, daí em diante, mais bem conhecida e apreciada, no mínimo, pela comunidade esclarecida. O pensamento da rede, característica da nova ciência em via de se elaborar – a meteorologia –, convida a "deslocalizar" a observação, a olhar mais longe e a transpor as fronteiras. As tabelas sinóticas de temperaturas, por exemplo, reunidas muitas vezes com o objetivo de preparar tratados meteorológicos ou dissertações relativas a determinado acontecimento, induzem uma nova relação com o espaço que rejeita ou questiona os limites. Avalia-se o alcance do acontecimento: este ganha, sem dúvida, em intensidade dramática, mas acaba sendo também racionalizado. No caso das névoas secas de 1783, é impressionante constatar com que facilidade – sem dúvida, um pouco forçada –, os cientistas se movimentam – na maior parte do tempo, mediante o discurso e não tanto na prática – de uma cidade para outra, de um país para outro. Mais tarde, eles mesmos hão de deslocar-se: por exemplo, Dupin na Escócia. Os mapas constituem uma segunda característica da extensão do campo de percepção: ao desenhar o traçado de duas faixas percorridas pelo temporal de 13 de julho de 1788, o mapa de Buache é considerado a primeira representação de tempestade. Se transpusermos as fronteiras políticas pela rede ou pelo mapa, impõem-se novos limites, bastante provisórios e mutáveis, além dos quais não chega a ocorrer o fenômeno. Um dos correspondentes do professor universitário bruxelense, Mann, poderá escrever: "O temporal de 13 de julho de 1788 não chegou até aqui [...]. Daí, concluo que tenhamos tocado no círculo da tempestade"[205]. Outras tabelas se-

---

205. Extrato de uma carta do Dr. Godart, residente em Verviers, perto de Liège, apud MANN, T.A. *Recueil d'observations sur l'orage du 13 juillet 1788* [1792]. In: *Mémoires sur les grandes gelées et leurs effets*. Paris: Hermann, 2012, p. 198.

rão elaboradas, com certeza, posteriormente, para as neblinas do Laki, para a nuvem de cinza do Tambora e, igualmente, para determinadas tempestades[206]; essas reconstituições, porém, tornaram-se possíveis pelos "testemunhos" e documentos dos contemporâneos, e esse feixe de informações é inédito.

Ao mesmo tempo, convém destacar que talvez nunca tenha havido tanta precisão na localização e na consequência pontuais dos impactos. Essa precisão exprime-se através de imagens, por sua vez, "impressionantes" que produzem um efeito de verdade, antecipando, por sua abundância, a maneira como nossos modernos meios de comunicação coletam um grande número de testemunhos relativos a catástrofes meteorológicas. Nossa obsessão pelo aquecimento climático, tão prontamente evocado em cada ocasião, inscreve-se na história dos "medos pavorosos" que se exprimem também em "pequenos fatos verdadeiros". Os efeitos do relâmpago (1788) ou a predominância brusca do gelo (1709, 1789) dão lugar a relatos e imagens que cristalizam as emoções e constroem, ao serem postos em relação, o quadro de um importante choque. O tamanho das pedras de granizo da tempestade de 13 de julho de 1788, comparadas a ovos de galinha ou de perua, a lançadeiras de tecelão e a estalactites ramificadas; obscuridade repentina que perturba um padre em pleno ofício; supostos efeitos de "ceraunografia", ou seja, desenhos que o relâmpago teria registrado em objetos e corpos, às vezes, sadicamente transpassados[207]; gelo que imobiliza subitamente os rios e os vagabundos nos caminhos; pão que só pode ser cortado com um machado; congelamento da crista de galinhas; línguas coladas em pratos ou copos; membros mutilados que devem ser amputados pelo cirurgião. Todos esses efeitos literalmente impressionantes, às vezes, exagerados pela linguagem, esboçam por seu acúmulo uma cartografia emotiva. O local remete, já, ao global... Ou antes, as emoções meteorológicas coletivas são perceptíveis em duas escalas: a mais reduzida, a de uma comunidade aldeã ou litoral (rogações, peregrinações de ação

---

206. Cf. p. ex., "o percurso do furacão de 15 de março de 1751" reconstituído em um mapa, apud DESARTHE, J. *Le Temps des saisons*. Op. cit., p. 100.
207. Cf. FLAMMARION, C. *Les Caprices de la foudre*, apud DIDI-HUBERMAN, G. *L'Empreinte du ciel*. Paris: Verdier, 2002.

de graças); e a maior, a de um país ou de um continente (neblinas do Laki e do Tambora). É possível também estabelecer a distinção entre duas temporalidades emotivas: a primeira, pontual, a do choque repentino experimentado diante de fenômenos meteorológicos intensos e breves (inundações, tempestades e vendavais); e, a outra, a de um sofrimento insidioso consecutivo a uma situação de duração mais longa (secas, invernos rigorosos)[208].

Em seguida, pode-se notar que dois sistemas de crença são suscetíveis de coexistir, inclusive no discurso esclarecido: novo credo, a razão é com certeza invocada entre os cientistas – professores universitários de ciências, correspondentes de academias ou das primeiras redes meteorológicas – quando as superstições e os "terrores pânicos" parecem inflamar "o povo". Pelo menos, esse é o discurso proferido pelos cientistas no caso tanto das neblinas de 1783 quanto do temporal de 13 de julho de 1788, acontecimentos aos quais só temos acesso, por definição, através do próprio discurso erudito. Algo semelhante ocorre com as superstições associadas às supostas chuvas de sangue, de enxofre, de grãos ou de animais, qualificadas pelo padre Cotte como "chuvas extraordinárias" em sua obra *Traité de météorologie* (1774 [Tratado de meteorologia]). O Abbé Bertholon é mais ambíguo quando evoca as "chuvas de fogo" ao transmitir – em seu livro *De l'életricité des météores* – testemunhos recentes[209]. Paradoxalmente, os discursos esclarecidos podem contribuir, portanto, para exibir o medo, às vezes, com o único objetivo de racionalizá-lo para legitimar a fé na ciência. Como havia escrito Paul Veyne, é possível crer e, ao mesmo tempo, deixar de crer: "verdades contraditórias" podem, portanto, coexistir[210]. Teríamos superado, atualmente, esse tipo de ambiguidade?

---

208. Sobre estas duas temporalidades, cf. DESARTHE, J. *Le Temps des saisons*. Op. cit., p. 120.
209. "Em Kara, na Gotlândia Oriental [região meridional da Escandinávia], foi visto um fenômeno realmente extraordinário, em 22 de setembro de 1773, às dez horas da noite, após um dia de grande calor, e durante um temporal acompanhado por relâmpagos e trovão; caiu uma chuva elétrica em que cada gota lançava centelhas de fogo. Três dias depois, sentiu-se um sismo bastante forte, principalmente no monte Kina-Kulle que compreende seis paróquias" (BERTHOLON, P.-N. *De l'éctricité des météores*. T. 2. Lyon: Bernuset, 1787, p. 163).
210. VEYNE, P. *Les Grecs ont-ils cru à leurs mythes?* Paris: Seuil, 1983, p. 94.

Enfim, se o mapa começa a difundir-se como instrumento de saber, permitindo que os contemporâneos mais bem-informados tivessem acesso a uma visão panóptica do acontecimento meteorológico, a língua permanece, na época objeto de nossa abordagem, o *medium* "natural" de comunicação de qualquer ocorrência. A fronteira genérica entre discurso científico e discurso literário – para simplificar tanto quanto seja possível as categorias – não tem validade antes de 1800. Pode-se dizer que Madame de Staël, em um gesto inaugural, traçou essa fronteira em sua obra *De la littérature* (1800 [Da literatura]). Ocorre que ela não há de tornar-se operatória a não ser muito mais tarde: nessa expectativa, a "literatura" é uma via de acesso à emoção meteorológica, coletiva e individual (Daniel Defoe, Bernardin de Saint-Pierre). Nessa expectativa, os textos considerados eruditos produzem efeitos literários: esse é o caso, com relação às neblinas de 1816, do testemunho fascinado do astrônomo Dupin e, quanto às de 1783, de uma lembrança evocada por Luke Howard – *chemist* (literalmente, "farmacêutico"), autor da classificação das nuvens, ainda em vigor atualmente[211] – em uma carta endereçada a Goethe. O que os literatos designam como "registros", de natureza patética ou sublime, dominantes para o nosso período, as metáforas e outras figuras de estilo, são sensíveis em todos os textos.

Ainda há mais. Alguns desses grandes acontecimentos meteorológicos chegaram até nós apenas através do filtro de outro acontecimento, a Revolução Francesa, ou de preferência, por efeito de ilusão retrospectiva. Ao nos aproximarmos da zona de turbulência "Revolução Francesa", avaliamos a impossibilidade de uma história "genuína" das grandes emoções meteorológicas, como outrora Emmanuel Le Roy Ladurie havia tentado elaborar uma "história climática genuína"[212]. A sombra projetada da Revolução contamina necessariamente a nossa leitura. Ora, a me-

---

211. "Lembro-me da neblina de 1783 (embora ignorássemos então que a sua causa havia sido vulcânica) e também, de maneira bem diferenciada, da passagem e dos aspectos variados desse esplêndido meteorito de 18 de agosto do mesmo ano (...Fomos tirados de nosso leito pela intensa luz que ele espalhava e, de uma janela bem exposta, conseguimos observar a maior parte de seu trajeto)". "Mémoire de Luke Howard". In: HOWARD, L. *Sur les modifications des nuages*. Paris: Hermann, 2012, p. 185.
212. LE ROY LADURIE, E. *Histoire du climat depuis l'an mil*. Paris: Flammarion, 1967, p. 25.

teorologia, que obriga a pensar as "beiradas fluentes"[213] e cujo objeto não passa de desordem e turbulências, abre também uma via de inteligibilidade. Teríamos deixado, algum dia, de investir a Revolução de "turbulência social, de carga emotiva e subversiva"? Eis o que escrevia Mona Ozouf, em 1976, a propósito do adjetivo "revolucionário"[214]. Emoção coletiva, no caso de ter existido ou se existe, a Revolução dirige-se a nós na linguagem da meteorologia: se a investimos com uma poderosa carga emotiva, o acontecimento Revolução ou, de maneira mais circunscrita, o de 14 de julho de 1789, é tão imprevisível (e previsível) quanto um temporal. Quando virá a eclodir? Na área da história – a partir, sem dúvida, de François Furet –, emergiu uma verdadeira corrente baseada na "incerteza"[215] que, relativamente à Revolução, insistia no "aleatório da situação transformada pela ilusão retrospectiva em produto necessário do mau governo dos homens"[216]. Ao falar de "história irruptiva", Arlete Farge inscreve-se na mesma perspectiva; e, enquanto historiadora sensível, ela tece uma metáfora que não deixa de ter relação com a meteorologia.

> Creio que a história é irruptiva. Não se sabe o que irá suceder no dia de amanhã... Eu pretendia desfazer-me do anúncio futuro da Revolução, de que a corrente desliza em um só sentido em direção a um único acontecimento [...]. Isso não é verdade, nem funciona assim. Há uma quantidade de fluxos e refluxos, retornos e, depois, um dia, algo acontece...[217]

Pensar em meteorologia: pensar, ainda, na revolução

Desde os primeiros historiadores da Revolução, portanto, desde "a origem" – como foi demonstrado por Olivier Ritz[218] –, os relatos da Revolução são tecidos

---

213. SERRES, M. *Le Passage du Nord-Ouest*. Paris: Minuit, 1980, p. 46.
214. OZOUF, M. *La Fête révolutionnaire*. Paris: Gallimard, 1976, p. 339.
215. Para um resumo cristalino da questão, cf. GRENIER, J.-Y. "Temporalités, incertitude et historiographie". In: *Communications*, n. 95, 2014, p. 119-127.
216. FURET, F. *Penser la Révolution française* [1978]. Paris: Gallimard, 1983, p. 42. Cf. tb. VEYNE, P. *Les Grecs ont-ils cru à leurs mythes?* Op. cit., p. 148: "A parte de sucessão regular, de reinvenção, é o efeito de um recorte *post eventum* ou, até mesmo, de uma ilusão retrospectiva".
217. "Arlette Farge, historienne du sensible", entrevista cit., p. 92.
218. RITZ, O. *Les Métaphores naturelles dans le débat sur la Révolution de 1789 à 1815*. Paris: Classiques Garnier, 2016. • "Un 14 juillet sous la pluie: les intempéries de la fête de la Fédération dans

com metáforas naturais, especialmente, meteorológicas. Desde a festa da *Fédération*, em 14 de julho de 1790, perturbada por uma verdadeira chuva, a simbólica meteorológica está em ação. O temporal é um sinal do céu, favorável ou desfavorável segundo o ponto de vista de cada qual. O prefeito de Paris, Jean Sylvain Bailly, traduz assim os sentimentos dos parisienses frente às nuvens que ameaçam a festa nesse dia que deve legitimar a Revolução e unir o povo em torno de valores universais: "Enfim, o povo xingava o firmamento e dizia que ele era aristocrata"[219]. Na realidade, em vez de um temporal, tratava-se de uma chuva fria acompanhada pelo vento do Norte. No entanto, a mitologização do acontecimento e, até mesmo, a sua sacralização[220], está em marcha: os quadros da festa da *Fédération* transfiguram a atmosfera representando raios de sol que, ao transpassarem as nuvens, iluminam a multidão do Champ-de-Mars. Esse investimento metafórico será, posteriormente, característico da história romântica da revolução, *ultimate sentimental event* que é "naturalmente" escrita sob as espécies da literatura e do mito. Esse processo é bem evidente em Michelet, o qual relata também, obviamente, a festa da *Fédération* em sua *Histoire de la Révolution française* (1847-1853)[221] [História da Revolução Francesa]. Vamos repetir: o temporal é a metáfora privilegiada para nomear a Revolução Francesa, especialmente, o dia 14 de julho de 1789, e os acontecimentos que lhe são inerentes[222]. Michelet evoca assim a noite de 4 de agosto:

> Por mais elevado e geral que seja tal ato, e feito para durar para sempre, será que se pode solicitar-lhe para não evocar, de modo algum, a hora agitada de seu surgimento, para não exibir o sinal da tempestade?

---

la littérature révolutionnaire". In: BECKER, K. (sob a dir. de). *La Pluie et le Beau Temps dans la littérature française*. Paris: Hermann, 2012, p. 195-212.

219. BAILLY, J.S. "Proclamation de la Municipalité du 5 juillet", cit. ibid., p. 202.

220. Mona Ozouf fala de "transferência de sacralidade" (*La Fête révolutionnaire*. Op. cit., p. 339).

221. "Chega o dia; que azar! Está chovendo! O dia inteiro, em cada instante, aguaceiros fortes, rajadas de água e de vento. 'O firmamento é aristocrata', era o que se dizia, sem que ninguém arredasse pé. Uma alegria corajosa e obstinada parecia pretender, mediante incontáveis brincadeiras amalucadas, contornar o triste augúrio" (MICHELET, J. *Histoire de la Révolution Française* [1847-1853]. Paris: Robert Laffont, 1979, p. 338).

222. VASAK, A. "L'Orage du 13 juillet 1788, 'l'histoire avant la tourmente'". In: *Le Débat*, n. 130, 2004, p. 171-188.

A primeira fala é proferida três dias antes do dia 14 de julho e da tomada da Bastilha; a última, alguns dias antes que o povo conduza o rei para Paris (6 de outubro). Sublime aparição do Direito entre um e outro temporal[223].

A alguma distância do acontecimento, a metáfora da tempestade predominará em relação à do temporal: independentemente de exercer a função de deploração diante da catástrofe do exílio e da morte – Chateaubriand, *Essai sur les révolutions* (1797 [Ensaio sobre as revoluções]) –, ou de enaltecer o poder regenerador da Revolução, como ocorre sob a pena de Victor Hugo ao descrever a Convenção em seu livro *Quatrevingt-treize*[224] (1874 [Noventa e três]), a imagem da tempestade, contrariamente ao temporal, fenômeno momentâneo e imprevisível, permite pensar em determinada duração. Antes ou durante a Revolução, a metáfora do temporal parece ser predominante: antes, o temporal, metáfora, tem quase o valor de um litotes para quem, intuitivamente, está preocupado com um cataclismo[225]. Ainda antes, o verdadeiro temporal, o de 13 de julho de 1788, está prenhe, nos relatos – dissertações, relatórios, diversos testemunhos –, das premonições do Acontecimento. Até mesmo o frio intenso com neve do inverno 1788-1789, alguns meses depois do granizo de 13 de julho, chegou a ser interpretado como um sinal premonitório da futura reviravolta: lembremo-nos das belas páginas de Starobinski que, na abertura de sua obra – *1789. Les emblèmes de la raison* (1797 [1789. Os emblemas da razão]) –, comenta a descrição de Bernardin de Saint-Pierre que descobre o seu jardim, na primavera, após o inverno rigoroso e depois também do granizo do verão precedente[226].

---

223. Ibid., p. 189.
224. "Espíritos atormentados pelo vento. / Mas trata-se de um vento de prodígio. / Ser um membro da Convenção assemelhava-se a uma onda no oceano" (HUGO, V. *Quattre vingt-treize* [1874]. Paris: Gallimard, 1979, p. 219).
225. "Vejo a formação de temporais que, um dia, todo o poder régio será incapaz de acalmar..." (MALESHERBES, C.-G.L. *Mémoire sur la nécessité de diminuer les dépenses* [1987]. In: ANDRÉ, V. (ed.). *Malesherbes à Louis XVI, ou les Avertissements de Cassandre* – Mémoires inédits, 1787-1788. Paris: Tallandier, 2010, p. 86.
226. "No 1º de maio deste ano, desci, ao nascer do sol, para o meu jardim a fim de verificar o estado em que se encontrava após esse terrível inverno em que o termômetro baixou, em 31 de

> O granizo, o temporal, o gelo significam muito mais que uma catástrofe natural: trata-se de imagens sensíveis através das quais a bancarrota ameaçadora, a decrepitude das instituições, a miséria do povo exprimem-se na escala do universo físico. De acordo com essa leitura simbólica, o cataclismo torna-se o emblema das desgraças do Estado: não é, de modo algum, o cenário que lhe é acrescentado, mas oferece-nos a sua manifestação visível[227].

No entanto, o texto de Bernardin – como já foi mencionado, a primeira edição de *Vœux d'un solitaire* é de 1789 – já não teria sido escrito na ilusão retrospectiva, nem que esta fosse precoce, às vésperas do Acontecimento?

Para concluir, voltemos às emoções meteorológicas coletivas e às verdadeiras intempéries. Com efeito, se a metáfora meteorológica assinala a emoção duradoura perante um acontecimento histórico ao qual confere *status* de mito, a realidade do tempo atmosférico pode, até certo ponto, impedir o advento do acontecimento. Musset escreve, na segunda-feira, 10 de janeiro de 1831, uns seis meses depois da Revolução de Julho:

> Se nas jornadas de 27, 28 e 29 de julho passado tivesse chovido muito e houvesse uma assustadora camada de gelo cobrindo as ruas, o que teria acontecido? Teriam ocorrido os tumultos? Os pavios teriam pegado fogo? Os ociosos teriam corrido pela cidade para se juntarem aos destemidos que acabam sendo encorajados pela presença da grande afluência de pessoas, seja qual for a causa que motiva tal agrupamento? Os homens resolutos ao se verem assim isolados, e contando os colegas pelos dedos das mãos, não teriam sentido o desfalecimento de seu amor pela liberdade e de seu devotamento pela pátria? Os passantes... Mas, por acaso, teria havido passantes?[228]

---

dezembro, 19 graus abaixo do gelo. Durante a minha caminhada, eu pensava no granizo desastroso de 13 de julho que tinha atingido o reino inteiro. E, ao entrar no jardim, já não encontrei couves, nem alcachofras, tampouco jasmins brancos, e quase todos os meus cravos e os meus jacintos tinham perecido; minhas figueiras estavam mortas, assim como os meus loureiros-tomilhos que costumavam florescer no mês de janeiro. Quanto às minhas jovens heras, quase todos os ramos estavam secos, enquanto a sua folhagem era cor de ferrugem" (SAINT-PIERRE, J.-H.B. *Vœux d'un solitaire*. Paris: Didot le Jeune, 1789, p. 1-2).

227. STAROBINSKI, J. *1789 – Les emblèmes de la raison*. Op. cit., p. 11.
228. MUSSET, A. "Projet d'une *Revue fantastique*" [1831]. In: *Œuvres complètes en prose*. Paris: Gallimard, 1960, p. 758, Col. "Bibliothèque de la Pléiade".

Texto extremamente significativo para afirmar que a emoção meteorológica coletiva estaria em concorrência com o acontecimento histórico. Considerando que ambos são extraordinários, conviria, em termos de emoção, escolher entre um e o outro. Com efeito, tal categoria, "emoção meteorológica coletiva", apresenta limites: poderia ser considerada como se tivesse voltado as costas para a história, exibindo assim o sintoma de um novo mal do século, o nosso. Ou, então, às pessoas, ela restitui a sua plena intervenção histórica. Longe da leitura romântica, ela tem o mérito de exprimir que, se houver desencadeamento de raios ou se o gelo vier a imobilizar toda a atividade, as pessoas já estão cientes disso ou devem ter tal expectativa. Mas será que elas aguardam realmente, dissimuladas na sombra da história, o tempo ideal, nem demasiado quente nem demasiado frio, para subirem ao palco? Certamente que não. A meteorologia ajuda a pensar essa força irruptiva do acontecimento (temporal) e a sua propagação (perturbação), que não é determinação refletida. Considerando que a emoção é contagiosa[229], "coletiva" é decididamente a palavra mais adequada.

---

229. Em sua obra já citada *La Grande Peur de 1789*, Georges Lefebvre não cessa de indicar o caminho para compreender esse modo de difusão, de etapa em etapa, do acontecimento.

5
EMOÇÕES POLÍTICAS: A REVOLUÇÃO FRANCESA

Guillaume Mazeau

Todas essas pessoas são sensíveis demais.
Hippolyte Taine (1875)[230].

As emoções coletivas, idealizadas por determinado romantismo ou denunciadas por seus perigos, são percebidas espontaneamente como causas da radicalização revolucionária. Esse clichê tem as suas razões. Vivenciada em uma mistura confusa de previsões febris, de expectativas, de medos e de raivas, a Revolução Francesa deixa a lembrança de um período incomparável, simultaneamente, causa de exaltação e de exaustão, extraordinário e trágico, animado por esta tensão fundadora: a vontade de refundar a sociedade, a partir do equilíbrio comedido de uma "razão sensível", esbarra permanentemente na intensidade dos acontecimentos. Nesse contexto, a hipersensibilidade das populações torna-se, ao mesmo tempo, uma ameaça para a estabilidade dos regimes, mas também uma temível arma política para quem chega a servir-se da mesma. Apresentadas pelos filósofos sensualistas como as verdadeiras fon-

---

230. TAINE, H. *Les Origines de la France contemporaine* [1875]. T. 2. Paris: Hachette, 1988, p. 148.

tes do conhecimento, louvadas pelos patriotas como modos de comunicação naturais, denunciadas por alguns membros da nobreza ou da burguesia como sintomas de degenerescência ou vestígios de selvajaria, as emoções ocupam um lugar considerável no desenrolar da Revolução. Com efeito, esta não se limita a uma mudança de regime político: ela desestabiliza tudo. É raro, portanto, que os acontecimentos sejam vivenciados na indiferença ou na serenidade da rotina, mas – até mesmo para aqueles cuja participação não seja direta – em uma "hipertrofia de consciência histórica"[231] e, simultaneamente, em uma sensibilidade à flor da pele. Essa afetividade instável e paroxística, que causa exaltação e exaustão, galvaniza e deixa sem fôlego, molda um estado emocional suficientemente poderoso para que, um século mais tarde, ainda retenha a atenção dos pioneiros da psicologia das multidões, tais como Gustave Le Bon, persuadidos de que apenas o controle das paixões coletivas conseguirá deter o eventual retorno das revoluções: "O conhecimento da psicologia das multidões é, atualmente, o último recurso do homem de Estado que pretenda, não governá-las – tarefa que se tornou bem difícil – mas, pelo menos, não ser governado compulsivamente por elas"[232].

Insuportável Século das Luzes

Uma nova sensibilidade

"O que terá levado, portanto, as pessoas a ficarem mais delicadas e suscetíveis? A terem achado insuportável o jugo, no entanto, mais leve do que aquele que, outrora, tinham aceitado carregar?"[233] No entender do preceptor alemão, Johann Heinrich Campe, a revolução vem de uma mudança de sensibilidade dos franceses: os sofrimentos aos quais muitos deles tinham sido obrigados a se acostumar

---

231. FURET, F. *Penser la Révolution française*. Paris: Gallimard, 1978, p. 42.
232. LE BON, G. *Psychologie des foules*. Paris: Alcan, 1895.
233. CAMPE, J.H. *Été 89. Lettres d'un Allemand à Paris*. Paris: Le May, 1989, p. 84.

tornam-se insuportáveis fisicamente diante da amplitude da ruptura social[234]. Essa impressão emerge de uma defasagem: a lenta melhoria das condições de vida não havia beneficiado a parte mais modesta da população, mas, sobretudo, a burguesia urbana. Além disso, ela é acompanhada por uma recrudescência do menosprezo social, dando a impressão de uma expectativa dolorosa e interminável da qual Jean-Jacques Rousseau se torna, ao mesmo tempo, o intérprete e o profeta: "Estamos próximos do estado de crise e do século das revoluções" – escreve ele em *Émile* (1762), traduzindo o desejo febril e confuso de um brusco desenlace. Numerosos franceses sabem perfeitamente que, fora da Europa ou do outro lado do Atlântico, pessoas comuns se insurgiram ou até conseguiram derrubar o poder. Mais do que nunca exibidas para compensar a confusão crescente da sociedade de ordens, as marcas mais visíveis do prestígio social inspiram cada vez mais repulsa: a rejeição dos ricos, do luxo, da corte e de "Madame Déficit" – que é, aliás, o apelido atribuído à rainha –, atiça as tensões a partir do começo dos anos de 1780. No mesmo período, a rejeição dos excessos de poder atinge todos os níveis da vida. Quando a brandura educativa, a reciprocidade e o consentimento amoroso do casal, bem como a igualdade sucessória entre os filhos, começam a ser reivindicados em determinadas faixas da população, a crítica contra o autoritarismo focaliza-se nos ministros que tentam liberalizar a sociedade em marcha forçada, entre 1787 e 1788 (Lamoignon, Brienne), ou nos lugares emblemáticos do "despotismo", tais como a Bastilha, literalmente odiada muito tempo antes de ser "tomada".

A contestação visa também a opacidade e a violência da justiça: a desaprovação em torno da tortura do regicida Damiens (1756), a multiplicação dos escritos preconizando a humanização das penas, o sucesso dos grandes "casos" e "causas" que envolvem vítimas da intolerância, tais como Calas (1761) e Sirven (1765), favorecem a eclosão de uma "opinião pública" que se torna rapidamente incontrolável: condenada a ser queimada, em 1781, por ter envenenado um parente de seus patrões, a empregada doméstica de Caen, Victoire Salmon, é de-

---

234. FARGE, A. *La Déchirure* – Souffrance et déliaison sociale au XVIIIe siècle. Paris: Bayard, 2013.

fendida por um jovem advogado que, graças a uma hábil campanha de opinião, transforma esse "caso" em símbolo das desigualdades sociais e consegue a absolvição dessa moça, em 1786. Exprimindo a sua repulsa pela violência, as burguesias urbanas são também cada vez mais sensíveis aos maus cheiros, à desordem e à sujeira. Elas tentam, portanto, distinguir-se do gosto espalhafatoso das elites nobiliárquicas, assim como da grosseria do "populacho" ao demonstrar uma simplicidade delicada. Em parte inspirada pelo ideal puritano dos dissidentes protestantes, a cortesia urbana valoriza a inibição das pulsões e a expressão de uma sensibilidade comedida. Mas este lado civilizado tem o seu oposto: a época é também atormentada por uma tonalidade muito mais sombria e dramática que confere à crítica social uma coloração, ao mesmo tempo, impertinente e ameaçadora. Em um contexto de rápido desenvolvimento dos medos escatológicos, de sucesso de profecias, de visões e de romances góticos, a atenção prestada aos sinais de um possível fim do mundo difunde uma ética do sensacional e do sublime, fundada na estetização dos sentimentos extremos e na atração pela malignidade: enquanto os acidentes climáticos multiplicam-se no final dos anos de 1780, os incidentes e as provações são interpretados, muitas vezes, como o anúncio do Juízo Final. De maneira nova, a feiura, a crueldade e a morbidade alimentam a sátira política e social com um repertório cada vez mais agressivo. A denúncia dos "complôs de fome", a encenação das libações aristocráticas e das orgias régias no espaço dos meios de comunicação social clandestinos duplicam os esquartejamentos, desmembramentos e enforcamentos rituais praticados nos carnavais, nos charivaris ou, até mesmo, nas insurreições. Com efeito, no dia a dia, a crítica contra a aristocracia ou contra o despotismo ministerial exprime-se, quase sempre, mediante um sentimento de horror e de repugnância.

Sentimentos de opressão

"Em primeiro lugar, o povo subleva-se apenas ao ser impelido ao desespero pela tirania. Quanto sofrimento não suporta ele antes de se vingar!"[235] Desenca-

---

235. L'Ami du peuple, n. 34, 11/10/1789.

deada pelo anúncio dos États généraux, a explosão de escritos do verão de 1788 exprime esse incremento do insustentável. Assim que as válvulas são abertas, uma imensa onda de "queixas e reclamações" inunda o reino da França e preocupa até aqueles que estão encarregados de ir levar as reivindicações a Versalhes. Redigidas durante o inverno bastante rigoroso de 1788-1789, os *cahiers de doléances* [cadernos de queixas] transpiram esse crescimento do insuportável. Além das injustiças e desigualdades em si mesmas, os "excessos" e os "abusos" são denunciados; as palavras dos franceses revelam um sentimento de exaustão e de urgência. É impossível que essa situação venha a perdurar: "Chegou a hora e já passou o tempo de pôr um freio às exageradas e injustas pretensões desses eclesiásticos demasiado soberbos que, sem fazer nada, comem o fruto dos pobres do povo", afirma a comunidade de Pont-Faverger (departamento de Marne)[236]. O discurso da "degradação" das condições de vida, bem como de uma ruptura das tradições e dos equilíbrios anteriores, apoia-se em determinadas realidades: a fim de rentabilizar as suas produções agrícolas, alguns proprietários de terras fecharam seus campos, proibiram os camponeses de caçar e não lhes permitiram utilizar os "communaux" – os terrenos pertencentes à comuna, de uso coletivo –, que eram, no entanto, indispensáveis para a sobrevivência. Um imponente clima de desconfiança instala-se e ganha todas as classes sociais; por sua vez, as classes privilegiadas sentem-se agredidas pelas reformas propostas na Assemblée des notables (1787 [Assembleia das Personalidades Importantes]) pelo fato de colocarem em perigo, segundo elas, a ordem e as tradições do reino da França. Sentindo-se ameaçados, numerosos nobres exprimem a sua rejeição visceral do mérito e do talento, agarrando-se a todos os valores e marcas simbólicas de sua superioridade. O final do século vive nesta esquizofrenia: a segregação da sociedade de ordens talvez nunca tenha sido tão firmemente lembrada quanto no momento exato em que, de fato, ela se desmorona totalmente.

Nas colônias caribenhas, a situação é, paradoxalmente, semelhante: diante do rápido desenvolvimento da mestiçagem e da ascensão dos alforriados de

---

236. Apud GRATEAU, P. *Les Cahiers de doléances, une relecture culturelle.* Rennes: PUR, 2001.

cor negra, verifica-se a multiplicação das tensões, reforçando a racialização das relações sociais. A intolerância crescente com relação à cor da pele explica o motivo pelo qual os brancos casados com alguém inferior ou "de sangue misturado" sejam vistos e discriminados, na realidade, como pessoas de cor negra. Nas províncias do reino, intensifica-se também a aversão pela pele bronzeada das pessoas do povo, presente desde o final do século XVI. Certamente, tudo o que estoura na primavera de 1789 não é o resultado previsível de um simples acúmulo de descontentamentos que teriam "resultado" logicamente em uma revolução. No entanto, a década de 1780 é certamente um período de tensão social crescente que se exprime, na maior parte das vezes, de uma maneira mecânica sob o tema do "jugo" da aristocracia, da "opressão" e do insuportável. Estas são as palavras escolhidas, em 22 de outubro de 1789, pelos alforriados de cor negra que vêm reclamar a igualdade de direitos aos deputados: "Existe ainda, em uma das regiões deste império, uma espécie de homens aviltados e degradados, uma classe de cidadãos votados ao desprezo, a todas as humilhações da escravidão, em suma, franceses que gemem ainda sob o jugo da opressão"[237]. Não se trata de palavras lançadas no ar: o sucesso obtido, em 1789, pela famosa gravura *Â faut espérer qu'eu s jeu là finira ben tôt* [Deve-se esperar o fim, em breve, desse jogo], mostrando um camponês idoso carregando às costas um nobre e um prelado, significa que o campesinato já não consegue suportar a sua situação (il. 15, "Le peuple souffrant" [O povo sofredor]).

Populações desassossegadas

Nos antípodas do "belo século XVIII" mitificado pelas elites do Iluminismo, as décadas de 1750-1780 vivenciam uma intranquilidade cada vez maior[238]. Depois da Guerra dos Sete Anos (1763), cujas consequências financeiras inspiram severas políticas, ocorre a sublevação de numerosas regiões do espaço

---

237. *Archives parlamentaires*, 1789, t. 9, p. 476.
238. NICOLAS, J. *La Rébellion française* – Mouvements populaires et conscience sociale, 1661-1789. Paris: Seuil, 2002.

atlântico. Na França, à semelhança do que se passa alhures, essas mobilizações coletivas são muitas vezes reduzidas ao simples distúrbio emotivo. Os relatos inquietos de observadores sobre as "sensações", "distúrbios", "tumultos", "excitações", "emoções", "furores" ou "alvoroços" denunciam, no entanto, a atmosfera epidérmica do final do século: entre 1788 e 1789, perto de trezentos motins de subsistência atingem as províncias francesas, considerando que o mínimo incidente acaba mobilizando as populações. No entanto, as autoridades envolvidas na impossível reforma do reino e as próprias populações não têm consciência clara de que um limite de tolerância está sendo transposto. Assiste-se a uma mudança das relações de força: daí em diante, ninguém ignora que, para derrubar o poder, a "opinião pública" e as emoções coletivas constituem alavancas temíveis. Alertar, advertir, tocar, aterrorizar, atiçar os medos: instala-se um verdadeiro clima atentatório que contribui para desencantar as populações, ou seja, para emancipá-las. Atingidas por um desalento e uma impaciência crescente, as populações manifestam uma tendência a desobedecer e a desafiar a autoridade. Temida ou aguardada – e, de qualquer modo, anunciada, vezes sem conta –, a revolução que estoura no começo do verão de 1789 é, no entanto, experimentada como um choque.

Comoções revolucionárias

A revolução como choque emocional

"A desdita das revoluções é que se impõe agir o mais rápido possível: não há tempo para proceder a uma análise; a sua ação só consegue desenrolar-se em plena e ardente paixão, sob o pavor de permanecer inerte"[239]. Arrastados pelo que o líder jacobino, Saint-Just, designará como "a força das coisas", aqueles que vivem a Revolução descrevem, muitas vezes, a impressão de atravessarem a história como estranhos ou espectadores, reagindo apenas de maneira

---

239. BILLAUD-VARENNE, J.-N. *Mémoires* [1893]. Paris: Librairie de la Nouvelle Revue, 1893, p. 236.

impulsiva, instintiva e emocional, sem nunca terem o tempo de refletir, como se tivessem sido impelidos por um movimento exterior pelo qual são, bem rapidamente, absorvidos. "O tempo urge, tudo nos impele a avançar", comenta o Deputado Duquesnoy, no começo do mês de julho de 1789[240]. Voltando sempre de novo à ideia de ruptura com o passado, a Revolução faz nascer uma nova relação com o tempo, cuja aceleração e densificação causam tanto exaltação quanto inquietação. Como é evocado pela etimologia da palavra *revolvere* (dar voltas, retornar), a revolução é vivenciada mediante um sentimento paroxístico de estar permanentemente "comovido" [*ému*], ou seja, "posto em movimento", deslocado, "transportado" em direção a uma instabilidade atordoante. Assim falam as mulheres e os homens do final do século XVIII, atravessando os acontecimentos como se fossem atingidos por uma série de comoções: "O povo esteve em movimento a noite toda", observa, assustado, o agente do ministro das Relações Exteriores, em 12 de julho de 1789[241]. Tendo chegado a Paris, uma semana mais tarde, para assistir aos acontecimentos, o representante do igualitarismo utópico, Babeuf, descreve à esposa a sua própria desorientação: "Tudo à minha volta está em ebulição e em uma fermentação tal que, independentemente de permanecer testemunha do que se passa, é difícil acreditar no que se vê"[242]. Esse ímpeto de energia começa, no entanto, por ser sentido profundamente como um eletrochoque libertador. "A gente anima-se, sente-se estimulado; e as folhas das árvores, arrancadas em um instante, serviram de cocares a vários milhares de homens. Foi uma verdadeira explosão, cujo ruído durou três dias", acrescenta o letrado e revolucionário moderado, Jean Dusaulx[243], a propósito da insurreição do Palais-Royal, considerado o episódio que desencadeou a Revolução; quanto ao próprio Camille Desmoulins,

---

240. DUQUESNOY, A. *Journal (3 mai 1789-3 avril 1790)*. Paris: Picard, 1894, p. 267-268.
241. "Relation des événements depuis le 6 mai jusqu'au 15 juillet 1789" [documento inédito].
242. Carta de Gracchus Babeuf endereçada à esposa, em 23 de julho de 1789. In: DOMMANGER, M. (ed.). *Pages choisies de Babeuf*. Paris: Armand Colin, 1935, p. 73.
243. DUSAULX, J. *De l'insurrection parisienne, et de la prise de la Bastille*. Paris: Librairie historique, 1821, p. 273.

ele evoca uma "experiência sublime"[244]. Dois anos mais tarde, Robespierre há de lembrar-se, com nostalgia, da "comoção salutar que acabava de eletrizar Paris" durante o verão de 1789[245].

Ainda mal conhecida, mas suscitando um verdadeiro fascínio, a eletricidade serve frequentemente de metáfora para exprimir o choque emancipador: torna-se comum dizer "eletrizado" pela Revolução, cujas "comoções" submetem os corpos e as mentes a provações dolorosas, sem deixarem de insuflar uma energia indestrutível. As imagens da erupção, da deflagração ou da explosão retornam também para descrever essas expressões confusas e espontâneas, as quais se encontram entre os primeiros vestígios concretos da revolução política: as risadas tonitruantes, os barulhentos movimentos de alegria, as torrentes de lágrimas e os potentes clamores são, pois, na sua maioria, experimentados como as manifestações naturais de um impulso coletivo. A capacidade de preservar essa energia dos primeiros dias é, aliás, identificada rapidamente pelos radicais como uma das principais missões do bom revolucionário que, presume-se, deve manter em estado de vigília as mentes inertes e os corpos adormecidos, bem como "chocar" os insensíveis. Marat não concebe de outra maneira o seu trabalho de jornalismo: "Eles esforçam-se por adormecer o povo, enquanto os meus esforços procuram despertá-lo. Eles lhe dão ópio, enquanto fico espargindo água-forte em suas feridas e continuarei a espargi-la até que ele tenha recuperado plenamente os seus direitos"[246]. Um bom revolucionário é aquele que eletriza as mentes, ou seja, segundo os dicionários do tempo – e, em especial, a *Encyclopédie* –, "comunica a energia elétrica", "causa uma impressão viva e profunda, inflama" e, até mesmo, "patriotiza". Segundo o jornalista radical, Marat, as insurreições são a mais pura expressão dessa energia

---

244. DESMOULINS, C. *Histoire des Brissotins, ou Fragment de l'histoire secrète de la Révolution*. Paris: Imprimerie patriotique et républicaine, 1793. • Um dos panfletários mais influentes da Revolução Francesa, Camille Desmoulins (1760-1794) proferiu, no Palais-Royal, o famoso discurso contra a monarquia em 13 de julho de 1789, véspera da tomada da Bastilha [N.T.].
245. ROBESPIERRE, M. Discurso de 5 de novembro de 1792. In: *Moniteur universel*, 06/11/1792.
246. *L'Ami du peuple*, n. 35, 11/11/1789.

revolucionária. Na mesma ordem de ideias, Sade afirma que a República deve guardar a vitalidade de uma insurreição permanente: "A insurreição [...] deve ser, no entanto, o estado permanente de uma República"[247], em que o olho aberto e o galo, sinais indicativos de alerta e de vigilância, encontram-se entre os seus primeiros símbolos. Ao contrário dos corpos considerados frouxos, efeminados e monstruosos dos "aristocratas", o grande corpo viril, enérgico, tenso e firme do musculoso Hércules torna-se o emblema do povo, ao passo que o soldado encarna a energia e o "zelo" masculino, os quais contribuem supostamente para o triunfo da Revolução. Essa ficção nacional funciona também no exterior, nas regiões em que os voluntários franceses são temidos por sua energia reputada fora do comum. "Os cidadãos tímidos, os homens que apreciam o repouso, os afortunados do século [...] têm receio, acima de tudo, dos motins populares, os quais tendem a destruir a felicidade deles, ao trazerem uma nova ordem de coisas. Assim, eles manifestam-se incessantemente contra os relatos enérgicos, os discursos veementes, em suma, contra tudo o que, além de levar o povo a sentir a sua miséria, vai convocá-lo a reaver os seus direitos"[248]: para Marat, a energia e a indignação da revolta são as únicas respostas possíveis à opressão. Danton será mais comedido sem deixar de reconhecer uma pitada de loucura e de radicalidade no êxito da revolução: "Sem exaltação, é impossível fundar repúblicas"[249].

"Os acontecimentos sucediam-se com tamanha rapidez que se confundiam; deste modo, tenho dificuldade para colocá-los em ordem. As horas me escapam"[250]: de acordo com a lembrança do eleitor de Paris, Jean Dusaulx, a revolução é vivenciada como uma corrida ofegante, uma luta contra o tempo e um enorme rendimento físico. Nos États généraux, a queda de braço iniciada pelos

---

247. SADE. "Français, encore un effort si vous voulez être républicains". In: SADE. *La Philosophie dans le boudoir*. Londres: Aux dépens de la Compagnie, 1795.
248. *L'Ami du peuple*, n. 34-35, 10/11/1789.
249. Discurso de 27 de abril de 1793. In: FRIBOURG, A. (ed.). *Discours de Danton*. Paris: Cornély, 1910, p. 411.
250. DUSAULX, J. *De l'insurrection parisienne...* Op. cit., p. 18.

deputados do Tiers état com a nobreza não lhes dá tréguas. Entre eles, Adrien Duquesnoy lembra-se de ter vivido em estado de exaustão: "Era um delírio, uma embriaguez [...]. Levamos seis horas para fazer o que deveria ser efetuado durante vários meses, e isso nos assustava; que poderoso meio para impor o silêncio aos incendiários e aos declamadores! Para mim, é impossível escrever; estou agitado demais por todas as sensações"[251]. As emoções transbordam sem cessar o pensamento: os primeiros revolucionários são, ao mesmo tempo, hipersensíveis e hiperativos. Engajar-se na Revolução é vivido como um desempenho realizado por homens aclamados como se fossem "atletas". Apesar de suas diferentes idades, os revolucionários gostam de se apresentar sob o signo da juventude, aceitando encarnar uma fictícia "geração revolucionária": com efeito, ela é vivenciada também como um retorno à infância feliz dos povos, a Revolução valoriza a vitalidade da juventude. Por sua vez, alguns contrarrevolucionários apresentam o Antigo Regime como "um venerável ancião que, após ter suportado pacientemente a insolência, caiu sob os golpes redobrados de uma juventude bárbara"[252]. No entanto, o imaginário da vitalidade permanente tem suas contrapartidas. Em 1791, em sua obra *Mémoire de médecine pratique sur les efforts* [Dissertação de medicina prática sobre os esforços], Claude-Denis Balme faz o elogio do aperfeiçoamento dos desempenhos físicos sem deixar de advertir em relação a seus perigos. De fato, os atores da Revolução levam os seus corpos ao extremo e se queixam do cansaço, de doenças, de seu constante estado febril. Para suportar tal ritmo de trabalho, muitos chegam a absorver fortes doses de café ou de chá, durante o dia, e de ópio, à noite, a fim de dormir ao encontrarem algum tempo disponível. No final do verão de 1790, o jornalista Élisée Loustalot teria assim literalmente morrido de cansaço, mas também por ter ficado prostrado com a notícia do massacre dos suíços de Châteauvieux, aqueles que, um ano antes, tinham se recusado a atirar sobre o povo e que foram reprimidos, sem piedade, por terem reclamado o seu soldo. Verdadeira ou falsa,

---

251. DUQUESNOY, A. *Journal*. Op. cit., p. 267-268.
252. *Contre les hourreurs du jour*. Paris, s.n., 1791.

a tese do ataque cardíaco é então suficientemente credível para traduzir um imaginário coletivo: propagada pelos meios tradicionais de comunicação e, até mesmo, por novos instrumentos de transmissão, tais como o telégrafo, a energia revolucionária dissemina-se à semelhança de um fluido que dinamiza os corpos e coloca em estado de alerta as mentes. Reputados por sua capacidade de "endossar", literalmente, as energias coletivas, os porta-vozes e representantes da nação exprimem as tensões interiores engendradas pela exigência da superação pessoal: "A maioria dos deputados agitava-se tumultuosamente. Entrevia-se em seus rostos uma inquietação sombria, um aspecto feroz, um furor concentrado que passava através dos esforços envidados para contê-lo" – escreve o Marquês de Ferrières em suas *Mémoires*[253]. Depois de 1796, do outro lado dos Alpes, um general radical encarnará perfeitamente essa utopia do voluntarismo político, voltado para a ação permanente: desde a campanha da Itália, Bonaparte entra em cena como um homem movido por uma nova energia, sem nunca pregar os olhos, trabalhando dia e noite para a mudança do mundo.

Emoções a serem dominadas

Bem depressa, alguns se inquietam com os excessos eventuais dessa energia incontida. Desde que redigem os *cahiers de doléances*, alguns pedem a seus representantes que resistam ao entusiasmo excessivo que a situação excepcional poderia acarretar: "Os representantes de uma nação devem [...], antes de tomar partido, deixar esfriar a emoção que o seu próprio zelo pôde inspirar-lhes. Todos os seus atos devem ser comedidos, sensatos, benfazejos e dignos de respeito"[254]. O movimento desencadeado pode tornar-se rapidamente incontrolável: "Estamos em um momento de crise bastante terrível. A tal ponto que chega a instilar temores fundados em relação à incapacidade de acalmar a efervescência de todas as cabeças", lamenta-se um agente do minis-

---

253. BARRIÈRE, J.-F. & BERVILLE, S.-A. (eds.). *Mémoires du marquis de Ferrières*. T. 1. Livro II. Paris: Baudouin, 1822, p. 103.
254. *Archives parlementaires*, 1789, t. 4, p. 165.

tro das Relações Exteriores[255]. Desde o verão de 1789, quando os deputados se alarmam com os tumultos provocados pelo público dentro da Assembleia Nacional, acusando em particular as mulheres, muitos temem que a revolução venha a permitir que a selvajaria popular se liberte de seus freios: "Em cada dia, aprendemos também que a comoção será experimentada sucessivamente nas outras cidades", assusta-se Lally-Tollendal apenas uma semana depois da tomada da Batilha[256].

Bem depressa, a retenção das emoções torna-se um marcador político. Os mais moderados procuram distinguir-se dos radicais mostrando a sua "sabedoria" e o seu comedimento: "Nossa ação ocorre somente após o mais ponderado exame, sem nenhuma paixão", especifica o deputado Virieu, em junho de 1789[257]. Ao tomar a palavra em 9 e 10 de julho de 1789, Jean-Joseph Mournier afirma que o "sangue frio" deve guiar os homens de Estado[258]. Para muitos autores, o choque revolucionário extravia os espíritos mais fracos e corre o risco de engendrar o caos. Em 1789, o Abbé Coster, deputado de Verdun, pensa sinceramente que o seu colega Mayer, de Sarreguemines, ficou louco por ter ousado prestar juramento na sala de Jeu de Paume: "[...] sua consciência estava atormentada [...]; ficou atenazado pelo medo e acabou pirando"[259]. Entre os radicais, também, o domínio das emoções pode ser apresentado como um ato de virtude política: em 31 de agosto de 1789, na Igreja Sainte-Marguerite, o Abbé Fauchet faz o elogio do desinteresse diante dos artesãos e operários do Bairro Saint-Antoine, apresentando esse santo como alguém dotado da capacidade de elevar-se acima das paixões particulares[260]. Quanto mais a revolução se radicaliza, tanto maior é o reforço desses

---

255. "Relation des événements depuis le 6 mai jusqu'au 15 juillet 1789", documento citado.
256. Sessão de 20 de julho de 1789. In: *Moniteur Universel*, 21/07/1789.
257. Apud EGRET, J. *La Révolution des notables*. Paris: Armand Colin, 1950, p. 78.
258. *Motion faite à l'ouverture de la séance du 13 juillet 1789, par M. Mournier*. Paris: Baudouin, 1789.
259. Apud BRETTE, A. "La séance royale du 23 juin 1789, ses préliminaires et ses suites". In: *La Révolution française*. T. XX. Paris: Cornély, 1892, p. 36-37.
260. FAUCHET, C. *Second discours sur la liberté française*. Paris: Bailly, 1789.

marcadores. Assim, em 1793, Madame Rolan fica assustada com a degenerescência de Claude Lazowski, proveniente da pequena nobreza polonesa, mas que, à medida de seu engajamento na revolta popular, se transforma, em seu entender, em um grosseirão temível: "[Ele] se tornou patriota, ficou com os cabelos oleosos, gritou em uma seção [...]. O bonito senhor, com pequenas caretas, tomou o aspecto brutal de um patriota enraivecido, o rosto iluminado de um beberrão e o olhar feroz de um assassino"[261]. De 1789 a 1792 e, em seguida, após 1794, o sufrágio censitário é utilizado como um filtro que permite colocar a política a salvo da "insensibilidade" do povo, ou seja, de sua brutalidade: ao conferir o poder de votar aos proprietários de terras e aos homens, confiando a manutenção da ordem pública a pessoas "ponderadas", os legisladores levam o futuro da cidade a apoiar-se naqueles que têm interesse em que a Revolução não se desencaminhe de acordo com as paixões populares. Essas concepções impregnam também os modelos do soldado cidadão, sobre o qual repousa a defesa da Revolução. A partir do verão de 1789, os guardas nacionais são selecionados por critérios econômicos e morais. Mais tarde, em 1793, impõe-se o ideal-tipo do *sans-culotte* [plebeu que, em vez de calção apertado no joelho, usa simples calças de algodão], definido como um representante responsável pela ordem revolucionária. Após o verão de 1794, trata-se de avançar ainda mais longe e de "civilizar", até mesmo, de "regenerar" as classes populares, educando-as ou procurando superar as suas paixões coletivas, consideradas como patologias.

Sob o Diretório (1795-1799), os ideólogos pretendem, com efeito, despolitizar o povo e, ao mesmo tempo, controlar as suas paixões. Fustigando os "exageros" e os "extremos", em nome do bom-senso e do meio-termo, os republicanos conservadores defendem um severo controle dos costumes e promovem uma linguagem imprecisa que se baseia na neutralidade bem atenuada. Os numerosos esforços de educação e de "vulgarização" visam, então, de preferência, a civilizar os costumes ou, dito por outras palavras, a domes-

---

261. PERROUD, C. (ed.). *Mémoires de Madame Roland*. T. 1. Paris: Plon, 1905, p. 163-169.

ticá-los no seio de uma República mais conservadora, e não a subverter as dominações sociais. Impõe-se uma nova ordem moral, o que é demonstrado pelos artigos de *La Décade philosophique* [A década filosófica]: "Instituição do trabalho: 'É ela, enfim, que – assegurando uma felicidade apropriada e duradoura, colocando no pobre a esperança condizente com a necessidade, reanimando no rico o desejo não distante da saciedade, garantindo a todos o recurso necessário à faculdade de gozar – preserva a alma dessas paixões inquietas, intrigantes, malfazejas que fazem emergir o enfado" (20 de dezembro de 1797). Em seus concursos de 1797 e 1798, incidindo sobre a "influência dos sinais na formação das ideias", o Institut national inicia uma reflexão sobre o papel das emoções na construção da radicalidade. Membro da Société des observateurs de l'homme [Sociedade dos Observadores do Homem], Joseph Marie de Gérando participa desses dois concursos. Na sequência, ele não deixará de determinar os elementos que exercem influência nas sensações dos homens: tais informações constituem a base de um amplo projeto de ciência geral das sociedades humanas, destinado a fazer, enfim, passar o "tempo das paixões" graças ao advento de uma "política ponderada"[262].

De maneira menos negociada, a inquietação suscitada pela Revolução converte a interpretação das emoções em uma atividade cotidiana: diante da incapacidade da razão e das políticas em antecipar o futuro, as práticas divinatórias conhecem uma nítida recrudescência. Verifica-se uma grande procura de consultas de profetisas e feiticeiras: ao afirmar que "tudo o que vemos é apenas o começo do que virá", a jovem Suzette Labrousse torna-se uma celebridade por sua capacidade de interpretar as "paixões e [os] movimentos que agitam as sociedades"[263]. As vibrações da multidão durante as festas, o uníssono das vozes de diversas assembleias, a comunhão partilhada por ocasião dos lutos e das pompas fúnebres, os frêmitos provocados pela

---

262. Cf. "Introduction". In: CHAPPEY, J.-L.; CHRISTEN, C. & MOULLIER, I. (dir.). *Joseph-Marie de Gérando (1772-1842) – Connaître et reformer la société*. Rennes: PUR, 2014.
263. Ibid., p. 6.

queda da lâmina da guilhotina, os transes organizados pelos padres refratários da Petite Église [Pequena Igreja] por ocasião de missas clandestinas ou, em torno do Panteão, pelos jansenistas e pelas profetisas, tais como Catherine Théot, em 1794, atestam essa busca de ligação sensível e mística entre os indivíduos que as antigas instituições e as comunidades deixaram de ter a pretensão de monopolizar. Outros expedientes são experimentados para fazer circular a energia revolucionária. Pensando ser capaz de controlar o magnetismo animal, Mesmer adquire renome ao organizar sessões de "crises magnéticas" que, presume-se, conseguem descongestionar a circulação dos fluidos corporais: em seu palacete, em Paris, o fundador da Société de l'harmonie universelle [Sociedade da Harmonia Universal] amarra os clientes à volta de tinas das quais saem hastes de ferro, destinadas a recarregar as energias corporais[264]. "Está fazendo, em breve, quatro anos que passamos de um transe cruel a um transe mais cruel ainda", lamenta, exausto, o emigrado Pierre-Nicolas Chantreau, fustigando os "zeladores da liberdade"[265]. Para alguns, o excesso de zelo e de energia conduz, sobretudo, ao fanatismo, ao charlatanismo e à violência. É importante, pois, estabilizar e "fixar" a Revolução apaziguando tanto os corpos quanto as mentes. Essa aspiração à calma levará Napoleão a perder o apoio de uma parcela da população, em 1814 e 1815. Ao encarnar esse carisma da energia e do movimento, o ex-general adepto de Robespierre acaba levando à exaustão e tornando inseguros aqueles que aspiram a uma "restauração" e a uma estabilização mais completa: "Cada um o considerava como o obstáculo a seu repouso; ora, este tinha-se convertido na principal necessidade de todos", de acordo com a lembrança da condessa de Boigne[266].

---

264. EDELMAN, N. *Voyantes, guérisseuses et visionnaires en France, 1785-1914*. Paris: Albin Michel, 1995.

265. CHANTREAU, P.-N. *Lettres écrites de Barcelone à un zélateur de la liberté*. Paris/Lyon: Buisson-Bruyset, 1792.

266. NICOULLAUD, C. (ed.). *Récits d'une tante* – Mémoires de la comtesse de Boigne née d'Osmond. Paris: Plon, 1907, p. 319.

Medos, cóleras e terrores

Terrores revolucionários

"Não vejo, sem um profundo terror, o destino a que a nação está votada"[267]: escritas apenas duas semanas após a abertura dos États généraux, essas palavras de Duquesnoy sugerem a vertigem que paralisa aqueles que ousam desafiar a antiga ordem. Os États généraux, considerados como a última chance antes do precipício da bancarrota, concentram todas as expectativas. O bloqueio imediato das discussões e a decisão do Tiers état de atuar sozinho provocam, por isso mesmo, um sentimento de pânico. O medo de ser reprimido não é uma fantasia, mas vem da realidade mais cruel da monarquia que continua reinando mediante a violência e o terror. No Bairro Saint-Antoine, um mês antes, as tropas tinham abatido metodicamente mais de trezentos manifestantes e insurgentes que haviam ousado levantar-se contra a queda dos salários dos operários. Ora, o sentimento de "terror" expresso pelas populações, desde a primavera de 1789, foi fabricado propositalmente pelo Estado: desde a segunda metade do século XVII, inspirar o terror faz parte das primeiras qualidades de um bom rei que deve ser capaz de manipular a violência. Os que lhe manifestam oposição conhecem bem o risco que correm: muito mais do que a adesão voluntária ao regime, procura-se a obediência mediante o "terror das leis", garantido pela exibição cotidiana da violência legal.

Reforçada pela censura e a má qualidade das informações que circulam, esse terror faz parte, portanto, do dia a dia. Desde os anos de 1750, não cessam de circular os boatos que levam a pensar que a aristocracia ou a burguesia ascendente (os "exploradores", "monopolistas") querem matar de fome e, até mesmo, eliminar o povo. Em intervalos regulares, o medo da morte do rei traduz a impressão de uma falência crescente do Estado. A esses receios concretos, acrescentam-se os medos mais escatológicos: o medo da Revolução explica-se também pela obsessão de um próximo fim do mundo e da chegada

---

267. DUQUESNOYY, A. *Journal.* Op. cit., p. 36-37.

do Juízo Final. É nesse contexto invadido pelo irracional que, na primavera de 1789, o regime desmorona, apenas no espaço de algumas semanas, na atmosfera densa e extática dos États généraux, sem que tenha surgido uma possível porta de saída. A ausência de reação clara por parte do poder após a proclamação do Tiers état na "Assemblée des communes" [Assembleia das Comunas, 6 de maio] e, em seguida, na "Assemblée nationale" [Assembleia Nacional, 17 de junho] provoca um verdadeiro sentimento de choque, de tal maneira o regime faz referência, para além dele próprio, a uma ordem do mundo. As grandes famílias, apavoradas pelo abismo que se abre cada dia um pouco mais, deixam Versalhes, esvaziando os corredores do castelo, relançando os boatos de possível complô e de anarquia. Nas cidades e na zona rural, à medida que se propagam as notícias do desmoronamento, os habitantes são invadidos por sentimentos intensos e confusos, os quais foram amalgamados durante um longo período sob a expressão redutora de "Grande Peur" [Grande Medo]. Certamente, o medo dos salteadores e do complô aristocrático leva alguns camponeses a proverem-se de armas, a reivindicarem os seus direitos tradicionais e, mais raramente, a utilizarem a violência, desencadeando um verdadeiro pânico entre os nobres que conseguirão resumir os acontecimentos aos "castelos incendiados, [aos] senhores degolados [e aos] ministros da religião ultrajados"[268]. As populações têm, aliás, razão de se inquietar; enquanto, das aldeias às grandes cidades, os antigos poderes políticos se desagregam uns após os outros, o medo de que a Revolução suprima os freios em relação à cólera toma conta, até mesmo, dos pequenos camponeses, os quais, no entanto, têm pouco a perder, mas que se inquietam com a reação daqueles que estão abaixo deles: a multidão dos sem direitos, vagabundos e indigentes, cujo afluxo nas cidades semeia o distúrbio. As comunidades aldeãs, porém, munem-se com armas, sobretudo, para se protegerem de outras ameaças: quem não sabe, nessa época, que o enfraquecimento do reino contém o risco de uma invasão estrangeira e

---

268. ANÔNIMO. *Ce que l'on auroit dû faire, ou Éléments essentiels pour concilier tous les intérêts de la nation*. T. 1. Paris, s.n., 1789, p. 7.

que o desmoronamento da autoridade corre o risco de engendrar uma insegurança generalizada, pretexto para a violenta retomada do poder? Convém não subestimar o impacto dos boatos mais destrambelhados que atravessam as fronteiras. As notícias sobre a feroz repressão dos patriotas brabantinos – engajados, por sua vez, em uma revolução – aterroriza as populações: "Os soldados [...] espancaram crianças no berço até a morte; outras foram esquartejadas"[269]. O medo, alguns anos mais tarde, instala-se também de maneira mais endêmica durante a invasão estrangeira e a guerra civil: a partir do outono de 1792 e da primavera de 1793, as populações das regiões invadidas e ocupadas, atingidas pelas violências e pela repressão, vivem em um clima de paranoia associado ao medo das atrocidades da guerra, da selvageria inimiga e do inimigo oculto, o que não impede que populações inteiras vivam, às vezes, quase normalmente nas regiões mais distantes dos distúrbios. Sobretudo, a certeza de que a pessoa será proximamente vítima de atrocidades autoriza as piores brutalidades; é em razão desse mecanismo preventivo que, após o verão de 1790, os padres refratários ou simples suspeitos são, às vezes, massacrados, linchados, desmembrados por indivíduos até aqui sem história, que exibem a cabeça, o coração ou os testículos de suas vítimas como troféus e tornam-se, inclusive, heróis por esses atos de brutalidade extrema.

Para os mais radicais, essa violência é legítima: tendo o objetivo de derrubar o poder, o povo não tem outra escolha, além de apossar-se do terror e utilizá-lo contra os opressores. "Foram os motins que subjugaram a facção aristocrática dos États généraux contra a qual tinham fracassado as armas da filosofia e a autoridade do monarca; foram elas que, pelo terror, o conclamaram ao dever", afirma Marat[270]. Assim quando, no verão de 1794, aqueles que afirmam que Robespierre teria inventado e dirigido um "système de Terreur" [sistema de Terror] instrumentalizam em seu proveito um imaginário já antigo, mas deformam a realidade. Apesar de não ter correspondido a nenhum

---

269. *Les Réclamations Belgique*, vol. 15, 1790.
270. *L'Ami du peuple*, n. 35, 11/11/1789.

plano sistemático porque os detentores então do poder não tiveram a vontade, nem os meios para isso, o "terror" do ano II provém de uma política de emoções específica, destinada a fazer sobreviver, custe o que custar, mas pelo menor custo, a jovem República. Cometidos em setembro de 1792, os massacres de milhares de "contrarrevolucionários" prisioneiros constituem uma cena matricial do horror, que os republicanos tentarão dificilmente dissociar do novo regime, proclamado duas semanas mais tarde. Para responder às necessidades de defesa do território, mas também aos pedidos de vingança, de justiça, e para dissuadir aqueles que são tentados pela violência, os *girondins* [girondinos] bem como, depois deles, os *montagnards* [montanheses] decidem pôr em prática instituições de exceção que tornem as decisões mais eficazes e instrumentalizem as emoções coletivas. O medo deve trocar de lado: eis o que Billaud-Varenne designa como o "terror-réplica"[271]. "É a hora de erguer cadafalsos para os autores de assassinatos e para aqueles que os provocam. Ao chegar aqui, a Convenção Nacional teve de suspender as desconfianças e as agitações; ela veio para restabelecer a lei", afirma o deputado Kersaint após os massacres de setembro de 1792[272]. A política de salvação pública é concebida como uma política antiterrorista da qual a opinião constitui a alavanca principal: a redução geral das liberdades, a repressão e a exclusão dos "inimigos da nação", a encenação espetacular das execuções mais políticas, o exagero verbal e os efeitos de propaganda na Assembleia visam tanto garantir e suscitar a confiança dos republicanos quanto aterrorizar os contrarrevolucionários. No entanto, a política das emoções não é uma coisa simples e o medo não se deixa controlar facilmente: a denúncia dos "salteadores" e dos "marginais" acaba reforçando, muitas vezes, o medo coletivo entre os próprios republicanos, atingidos pelo clima de suspeita, pela incapacidade ou pela ausência de vontade das autoridades para punir os abusos.

---

271. WAHNICH, S. "De l'économie émotive de la Terreur". In: *Annales* – Histoire, sciences sociales, vol. 57, n. 4, 2002, p. 889-913.
272. *Journal des débats et des décrets*, 24/09/1792, p. 66.

Em 1793 e 1794, o "terror" experimentado efetivamente pelas populações é real, mas não se assemelha ao do Antigo Regime, nem ao do começo da Revolução: ligado à ditadura de salvação pública, ele tem a ver também com a guerra civil provocada pela fragilização dos obstáculos à violência. Esse medo é palpável nas colônias das Antilhas, marcadas pela extrema rigidez da segregação. Nesses espaços, o medo da selvajaria dos escravos e, até mesmo, dos alforriados de cor negra percorre as elites euro-americanas ou "brancas", paralisadas pela sensação de estarem sitiadas por hordas de animais: em outubro de 1793, Edmond-Charles Genêt, então diplomata nos Estados Unidos, relata como a notícia das insurreições em Saint-Domingue "espalhou o terror entre todos os proprietários de negros"[273]. Transmitido pelos jornais franceses, espanhóis e americanos, que rivalizam em sensacionalismo para descrever as "devastações", os "horrores" e as "atrocidades" cometidos contra os brancos, o "espectro da revolução negra"[274] justifica uma violência de Estado que deixou de ser legal: em 25 de fevereiro de 1791, em Saint-Domingue, três anos após a abolição da tortura, os alforriados de cor negra, Vincent Ogé e Jean-Baptiste Chavannes, são submetidos vivos ao suplício da roda na place du Cap, por terem liderado, alguns meses antes, uma revolta armada. Contudo, se o medo, na maior parte das vezes, radicaliza as posições, ele favorece também a moderação e a pacificação: no Oeste, em 1815, por ocasião do retorno da monarquia, a paralisia provocada pela eventual recrudescência das paixões assassinas de 1793-1794 consegue evitar a guerra civil; mais ao Sul, no vale do Ródano, a lembrança das violências do ano II, menos bem canalizada, é utilizada, ao contrário, em nome da vingança e justifica numerosos massacres de "bleus" – nome atribuído aos soldados republicanos por causa da cor azul do respectivo uniforme[275].

---

273. POPKIN, J. "Violence et Révolution: France et Saint-Domingue/Haïti". In: MARTIN, V. & MAZEAU, G. (dir.). *Mélanges en l'honneur de Jean-Clément Martin*. Paris: Publications de la Sorbonne, 2017. • Saint-Domingue – atual Haiti – é a parte ocidental, na época, sob a dominação francesa, da ilha que, em 1492, havia recebido de Cristóvão Colombo o nome de Hispaniola [N.T.].

274. GOMEZ, A.E. *Le Spectre de la révolution noire* – L'impact de la révolution haïtienne dans le monde atlantique, 1790-1886. Rennes: PUR, 2013.

275. LIGNEREUX, A. "Le moment terroriste de la chouannerie: des atteintes à l'ordre public aux attentats contre le Premier consul". In: *LRF.revues.org*, 2012.

A impressão de uma nova forma de "terror" vem também da hipersensibilidade da opinião pública, propícia a um tipo inédito de violência: os atentados políticos. Visando vítimas particularmente sensíveis a fim de semear o medo, esses atos são cometidos por minorias que procuram explorar o choque do acontecimento para dar a impressão de um poder superior ao que eles realmente detêm e para promover reações em cadeia. Desde o assassinato de Lepeletier de Saint-Fargeau, em 20 de janeiro de 1793, até o de Féraud, em 20 de maio de 1795, passando pelo de Marat, em 13 de julho de 1793, os atentados são utilizados por todos os campos para levar os acontecimentos a penderem a seu favor. Sob o Diretório, os *chouans* – insurgentes do departamento de Vendée – recorreram às técnicas de guerrilha em uma ótica semelhante: as operações de "*chouannerie* à vontade", nas zonas rurais do Oeste, não visam derrotar os exércitos republicanos, mas semear o horror entre as populações civis. Vários bandos lançam, com efeito, ataques terríveis, assassinando prefeitos ou vereadores, mas também mulheres e crianças, além de exporem os corpos destroçados, decapitados ou desmembrados de suas vítimas.

Embora eles procurem, antes de tudo, combater esses medos e dar-lhes respostas legais, os próprios deputados desempenham o papel de aprendizes de feiticeiro e compreendem bem depressa o uso que podem fazer do horror público. No verão de 1789, a explosão acidental do castelo de Quincey, que matou camponeses e soldados acolhidos pelo senhor do lugar, é transformada habilmente, na Assembleia, em massacre a fim de justificar a repressão dos "aristocratas". Em julho de 1793, o atentado cometido contra Marat, que visa semear o pânico entre os *sans-culottes*, é também instrumentalizado contra os partidários dos *girondins*, acusados, erroneamente, de serem responsáveis pelo ódio contra o "amigo do povo". As autoridades aumentam a repressão após cada atentado e corroem as liberdades em nome da defesa da República; deste modo, a luta contra os "terroristas" faz o regime pender para uma ditadura política fundada na estigmatização de populações inteiras. No começo do Consulado, o pânico provocado pelo atentado contra a "máquina infernal", perpetrado por monarquistas, contra Bonaparte na rue Saint-Nicaise (24 de dezembro de 1800), é assim distorcido totalmente para eliminar centenas de republicanos – apesar de serem alheios ao acontecimento – e para consolidar o poder[276]. O terror dos atentados, enfim, é também às vezes explorado para criar um apoio popular à política estrangeira: na primavera de 1799, a agressão de três ministros plenipotenciários, enviados pela França ao congresso de Rastatt, é deturpada a fim de legitimar uma política antiaustríaca[277].

Revolução e indignações

Onipresente, o medo é, no entanto, muitas vezes, confundido com a gama de diferentes cóleras coletivas que começam pela indignação e chegam à violenta explosão de cólera. Resumido, muitas vezes, a simples movimentos de pavor, o "grande medo" é mais uma "grande cólera", feita de explosões de "indignação", ou seja, segundo as palavras da época, uma cólera política dirigida contra os senhores acusados de terem atraiçoado as obrigações costumeiras: assim, em La Motte-Fouquet (departamento de Orne), em 28 de julho de 1789, o velho marquês de Falconer é agredido pelos camponeses que o acusam de se ter apropriado das terras comuns[278]. Essa cólera é desordenada, mas é ela que, tendo impelido os deputados a acalmar o povo, como confessa o visconde de Noailles[279], os leva a votar a abolição dos privilégios em 4 de agosto de 1789. A Revolução Francesa é, pois, tanto uma revolução da cólera quanto do pavor. Marcado pela onda dos *cahiers de "doléances, plaintes et remontrances"* [cadernos de "reclamações, queixas e admoestações"], o ano 1789 começa com uma vaga de protestos. "A queixa não será um direito natural?", adverte Henri Gré-

---

276. SALOMÉ, K. *L'Ouragan homicide – L'attentat politique en France au XIXe siècle*. Seyssel: Champ Vallon, 2010.
277. CHAPPEY, J.-L. "L'assassinat de Rastadt et les enjeux du 'cri de vengeance' sous le second Directoire". In: BOURDIN, P.; BERNARD, M. & CARON, J.-C. (dirs.). *La Voix et le Geste. Une approche culturelle de la violence sociopolitique*. Clermont-Ferrand: Presses Universitaires Blaise-Pascal, 2009.
278. LEFEBVRE, G. *La Grande Peur de 1789*. Paris: Armand Colin, 1932, p. 123.
279. *Archives parlementaires*, 1789, t. 8, p. 343.

goire[280]: alguns deputados sabem que o direito de se queixar implica o de se indignar, de protestar e, até mesmo, de resistir à "opressão". Praticado pelos solicitantes do Antigo Regime, o registro da queixa permanece uma estratégia para chamar a atenção do poder, mas troca de *status*: deixando de indicar uma submissão ou um ato de fidelidade privada com o objetivo de obter um favor, daí em diante, ele é utilizado como um direito de que os cidadãos podem se servir, sob a forma de petição.

Uma das principais motivações da queixa é a indignação, definida como um sentimento de "cólera provocada por uma coisa indigna, injusta, contrária à razão e à virtude"[281]. Um bom revolucionário é aquele que ousa protestar, não consentindo, por hábito nem por conformismo, com a submissão e correndo o risco de lançar o alerta ou de se insurgir diante de uma situação intolerável. Ora, seja sob a monarquia ou sob a ditadura de salvação pública, opor-se significa muitas vezes arriscar a vida. Desde o começo da Revolução, a "santa cólera do patriota" é, portanto, valorizada como uma marca de coragem e de "zelo". No entender dos radicais, o bom cidadão é rebelde e intratável: a cultura da vigilância, da desconfiança e da oposição crítica traduz-se por novos modos de comportamento. Se o medo incita as populações a se defenderem e a se mobilizarem, a cólera está na origem da maior parte dos movimentos de protesto, e é também ela que relança muitas vezes a revolução popular. A cólera chega a tornar-se, inclusive, um clichê da cultura política radical: em 1793, *Le Père Duchesne*, jornal de Jacques-René Hébert, é célebre por suas iras exaltadas, por seus insultos e por suas "violentas cóleras", assumindo de maneira provocante arrotar seu desacordo na cara dos contrarrevolucionários. Os porta-vozes mais radicais – por exemplo, Marat ou Jacques Roux – ganham, aliás, popularidade por sua capacidade para recusar o consenso e para criar oposição de maneira provocadora ou violenta. Detestados pelos moderados e pelos contrarrevolucionários em razão de suas

---

280. Sessão de 10 de maio de 1791. In: *Moniteur universel*, 11/05/1791.
281. FÉRAUD, J.-F. *Dictionnaire Critique de la Langue Française*. Marseille: Mossy, 1787-1788.

atitudes exageradas, ao mesmo tempo, sinceras e calculadas, eles acabam recebendo por isso mesmo uma maior afeição por parte dos *sans-culottes*. Uma cultura política radical, desqualificada como "extrema" ou "enraivecida", mas evidentemente sofisticada, forja-se nesse excesso colérico que, pelo fato de tornar-se um instrumento de visibilidade política e uma alavanca de mobilização, perde o controle, às vezes, e se transforma em ameaça para a estabilidade do novo regime republicano. Como diz Robespierre, "a desconfiança está para o sentimento íntimo da liberdade como o ciúme está para o amor"[282], ou seja, é um perigo potencial.

Com efeito, essas cóleras, por serem rapidamente incontroláveis, não são aceitas por todo o mundo. Ainda que compreenda o ódio do povo para com os ex-dirigentes do Antigo Regime, Louis Abel Beffroi de Reigny recusa-se a considerar que a cólera possa justificar a violência:

> Se a justa cólera do povo, no seio de uma revolução que faz forçosamente vítimas, estende-se a todas as pessoas que causaram vexame ao povo, será preciso supliciar também quase todos os intendentes, quase todos os subdelegados e quase todos aqueles que tiveram o encargo de dirigir ajudas e gabelas; essas pessoas hão de entregar o nome de seus cúmplices, os quais hão de revelar ainda outros [...]. Eis, pois, na França, quatro ou cinco milhões de habitantes degolados [...]. A França irá tornar-se, portanto, em um mar de sangue[283].

A partir do Diretório, os tratados sobre as paixões, os ensaios filosóficos e as peças de teatro rejeitam cada vez mais a cólera em bloco, denunciada como um transbordamento excessivo e, até mesmo, uma patologia: com o objetivo de despolitizar a cólera, a nova moral republicana converte o "colérico" e o "furioso" na antítese do bom pai de família bem comportado, consensual e tranquilo, visando reconstruir uma sociedade desagregada pelos desregramentos afetivos.

---

282. *Journal des débats des amis de la Constitution*, 11/12/1791.
283. REIGNY (de), L.A.B. *Histoire de France pendant trois mois*. Paris: Belin, 1789, p. 133.

Amores, sofrimentos e ódios

A revolução como transbordamento de amor

"O sentimento de uma convergência e, até mesmo, de uma confluência de destinos individuais em um destino coletivo, é uma das forças mais extraordinárias das revoluções"[284]. No seu início, mas também em cada momento paroxístico, a Revolução inspira vastos e intensos ímpetos de amor coletivo. Em parte proveniente de valores cristãos, a capacidade de amar faz parte das qualidades dos bons revolucionários. Enquanto a sociedade do Antigo Regime é criticada pela segregação, pela indiferença ou pela condescendência para com os mais fracos, os patriotas inspirados, muitas vezes, pelos puritanos e dissidentes protestantes, tentam distinguir-se por sua empatia; com efeito, ao permitir "comerciar", ou seja, proceder a intercâmbios, em todos os sentidos do termo, mas também compreender os sofrimentos dos outros e compartilhar sentimentos mútuos, a simpatia é apresentada como o melhor meio de reajustar os membros desarticulados do grande corpo da nação, além de unificar os povos oprimidos, para além das fronteiras, na causa comum da liberdade.

Para conseguir realizar essas utopias, os patriotas apresentam-se como "homens sensíveis". Em oposição às "maneiras" e ao preciosismo aristocráticos, ao contrário das efusões ostentatórias do sentimentalismo, longe das afetações contidas e controladas da polidez burguesa, a livre-expressão do ímpeto "natural" dos sentimentos comuns a todos os homens é promovida como a marca dos patriotas, apresentados como seres espontâneos e autênticos. Por sua vez, o homem tranquilo, tímido ou insensível é cada vez mais rejeitado como o egoísta que se acomoda ou tira proveito da opressão. A ausência de emoções e de sensações é cada vez mais criticada como uma anomia ou uma paralisia que resulta da submissão das mentes e dos corpos: a anestesia é uma alienação. Emancipar os homens significa, portanto, fazer

---

284. BURSTIN, H. *Révolutionnaires* – Pour une anthropologie politique de la Révolution française. Paris: Vendémiaire, 2013, p. 176.

com que eles encontrem a sua verdadeira natureza de seres sensíveis. Não se trata, pois, de regredir à animalidade nem à selvajaria, nem de negar a força emancipadora da razão, mas de "retornar" a um estado de primitivismo civilizado, cuja "razão sensível" constituiria o ponto de equilíbrio perfeito. Na medida em que o filantropo dá prova de uma compaixão natural e desinteressada para com aqueles que sofrem, ele é o homem ideal da segunda metade do século XVIII. Nessa época, a pátria não designa efetivamente um país "já aí" que viesse a estabelecer a separação entre os povos: essa utopia emerge da projeção de desejos comuns, do sonho de uma comunidade cosmopolita e afetiva, suscetível de reunir todos os homens apaixonados por liberdade no interior de vastas "federações", de "nações" ou de "associações"; deplorando, à semelhança de Mirabeau, que a nação seja apenas um "agregado inconstituído de povos desunidos", numerosos patriotas tentam realizar esse projeto no decorrer das "federações" da primavera e do verão de 1790, as quais eram reuniões espontâneas de cidadãos armados que confraternizam, abraçam-se e fazem juramento no mesmo instante, com solenidade e entusiasmo, na presença das respectivas famílias e de comunidades rurais inteiras. Em 23 de maio de 1790, em Rennes, o sargento-mor Âgé traduz essa mística política amorosa que assume a aparência de um casamento cívico e coletivo: "Juramos amarmo-nos, defendermo-nos e velarmos pela conservação de dias preciosos de um rei-cidadão: adotemos todos como divisa 'Amor da Pátria, União e Liberdade'"[285]. Mas o sentimento de amar aqueles que se comprometem juntos exprime-se também mais espontaneamente no decorrer dos acontecimentos mais impactantes e incertos. Verifica-se o encontro de indivíduos, até aqui estranhos entre si, que se ajudam, compartilham sentimentos extremos, dependem uns dos outros para a sua própria vida e abandonam a sua intimidade: uma vez afastado o perigo, esses novos coletivos rechaçam os seus medos mostrando marcas de afeição e de amor, de maneira muitas vezes exagerada, esquecendo provisoriamente as convenções habituais.

---

285. *Procès-verbal de la fédération faite à Rennes le 23 mai 1790*. Rennes: Vatar, 1790, p. 3.

Presente em Paris, em 14 de julho de 1789, o viajante Campe manifesta o seu espanto diante desse transbordamento de amor e de alegria: "Cada um pretendia levar os concidadãos a compartilharem a sua efusão de alegria; um suave e amável sentimento de fraternidade – se é permitido usar uma palavra nova para falar de uma situação nova – parecia reinar nesta imensa cidade"[286].

Ao esboçar os preparativos da fête de la Fédération – celebração comemorativa do primeiro aniversário da tomada da Bastilha, em 14 de julho de 1790 –, o pintor contrarrevolucionário Béricourt escarnece desses gestos de atenção, nos quais é incapaz de vislumbrar qualquer sentido político, mas vai interpretá-los como as provas da depravação e da vulgaridade populares (il. 14, "La fête de la Fédération" [A festa da Federação]). Atenuando as coações habituais de natureza moral, os acontecimentos revolucionários favoreceram evidentemente os encontros amorosos e, talvez, durante alguns períodos, determinada liberdade sexual. No entanto, os sentimentos de afeição coletiva expressos durante a Revolução vão muito além dessa dimensão individual e subjetiva. A experiência comum do medo, da alegria compartilhada diante das pequenas e grandes vitórias ou da dor após as prisões, as feridas ou a perda de "irmãos" e "amigos", participa da criação de coletivos políticos, utilizando a linguagem da afeição, da fraternidade e do amor a fim de reunir e de mobilizar para além deles mesmos. A marcha de protesto é, talvez, o mais emblemático dos momentos que unem essas comunidades afetivas: as multidões revolucionárias sentem-se como se fossem multidões sentimentais. Em 11 de julho de 1789, ao constituir-se uma manifestação de apoio aos soldados desobedientes, o eleitor de Paris, Jean Dusaulx, descreve com precisão a maneira como novos coletivos se formam ao ritmo das demonstrações de alegria e de entusiasmo, enquanto associa indivíduos inicialmente céticos e pouco convencidos, mas que se deixam às vezes vencer pela efusão coletiva:

> Eram mais de cem realmente embriagados, de braços dados com guardas franceses, mulheres e operários. Eles diziam ao público

---

286. CAMPE, J.H. *Été 89*. Op. cit., p. 53.

que os olhava passar: somos amigos, não tenham medo de nada. E eram aplaudidos. Eu estava rodeado por essa multidão, um tanto constrangido [...]. Juro que não experimentava nenhum prazer, mas a alegria era universal entre todo esse mundo ao longo das ruas e dos cais. Parecia que era uma festa[287].

A violência das multidões tornou-se um clichê da Revolução. No entanto, a grande maioria dos protestos coletivos desenrola-se, de preferência, no entusiasmo ou na cólera e, de qualquer modo, sem violência[288]; quando esta estoura, ela pode reforçar a coesão afetiva dos coletivos, mas nunca durante um tempo muito longo. Assim que a vida "normal" retoma o seu curso, os atores e testemunhas de massacres buscam, em geral, dissociar-se dos gestos mais violentos. Produto de contextos muito pontuais, a solidariedade que envolve a violência coletiva não resiste, ou então raramente, à prova do retorno à vida normal.

Esse lugar novo da reciprocidade afetiva na vida coletiva transforma o exercício do poder. Se ninguém acredita sinceramente na capacidade do rei para curar escrófulas, a sua capacidade para "sanar" os males dos súditos não chegou realmente a desaparecer: o bom príncipe do Iluminismo é, no fundo, aquele que sabe incumbir-se dos sofrimentos dos súditos, escutar as suas angústias, mas também congregar o reino pelo amor que inspira e se dispõe a distribuir em grande quantidade. Luís XVI sabe perfeitamente disso quando, na manhã de 5 de maio de 1789, na atmosfera cerimoniosa e tensa da sala dos Menus-Plaisirs, ele inicia o seu discurso captando, como de costume, os súditos pelos sentimentos: "Senhores, chegou finalmente o dia aguardado, há muito tempo, por meu coração"[289]. É impressionante constatar como, até o último momento, muitos franceses exprimem a sua fervorosa solicitude afetiva para com o monarca, considerado como um pai, sem dúvida, ausente e, até mesmo,

---

287. DUSAULX, J. *De l'insurrection parisienne*. Op. cit., p. 151.
288. ALPAUGH, M. *Violence and Non-Violence during the French Revolution*. Cambridge: Cambridge University Press, 2014, p. 192.
289. *Moniteur universel*, 05/05/1789.

indigno, mas que é amado a qualquer preço; aliás, eles procuram permanentemente julgá-lo com indulgência e chegam a negar, às vezes, a evidência de sua fuga em junho de 1791. É preciso a força profunda desse amor cego, no qual estão apoiados os alicerces da monarquia, para que as mínimas aparições públicas de Luís XVI, os seus mínimos gestos em direção da Revolução possam a esse ponto suscitar reações de êxtase coletivo. No dia seguinte à tomada da Bastilha, ao dirigir-se à Assembleia sem aparato, o rei consegue, por seu carisma, fazer esquecer os boatos de uma iminente repressão e volta ao castelo de Versalhes em uma atmosfera totalmente extática que evoca uma intensa cena de amor (il. 16, "Au début de la Rèvolution" [No começo da Revolução]):

> [Os deputados] que estão ao seu redor formam uma corrente que o preserva da afluência demasiado grande do povo. Ela é rompida, muitas vezes, pelo número de espectadores visto que todos pretendem usufruir de sua presença. Uma mulher consegue abraçar os seus joelhos. [...] Os deputados tinham de acompanhar o rei até os seus aposentos, passar à sua frente e sair pela claraboia. O monarca, porém, estava todo suado e coberto de poeira: ele tinha ficado extremamente fatigado pela grande afluência do povo que se precipitava em sua direção[290].

As energias afetivas da vida política não deixam de ter consequência sobre as relações de gênero. As palavras escolhidas por um coletivo de mulheres, em janeiro de 1789, mostram o lugar que estas atribuem a si mesmas no dispositivo político-sentimental da monarquia:

> Aceitamos deixar para os homens a coragem e o engenho; mas disputar-lhes-emos sempre o perigoso e precioso dom da sensibilidade. Vamos desafiá-los a manifestar por vossa Majestade uma maior afeição do que a nossa. Eles acorrem a Versalhes, na maior parte das vezes, para defender os próprios interesses; e nós, Sire, para ver vossa Majestade – quando, à força de sofrimento e o coração palpitante, temos a possibilidade de fixar, durante um instante, vossa augusta pessoa, lágrimas escapam de nossos olhos, a ideia de Majestade, de Soberano, desvanece-se e

---

290. *Archives parlementaires*, 1789, t. 8, p. 237.

nada vemos em vós além de um Pai terno, pelo qual daríamos a vida inúmeras vezes[291].

Algumas mulheres apresentam, sob diferentes aspectos, esses clichês relativos ao gênero para promover o seu papel específico na Revolução: "[As mulheres] são o primeiro móbil da sensibilidade entre os povos; e manifestar emoção é, para os povos, uma necessidade tão grande quanto respeitar a lei", afirma um grupo de originárias da cidade de Lyon, em 1791[292]. Essa estratégia diferencialista será, porém, pouco compensadora: excluídas do sufrágio universal, as mulheres verão o encerramento de seus clubes, em outubro de 1793, em razão de sua suposta maior vulnerabilidade às paixões.

> Digam-lhe que a sua autoridade está estabelecida em bases inabaláveis por estar assente em nosso amor; digam-lhe que todo aquele que deixar sob suspeita os sentimentos de seu povo procura enganá-lo, tornando-o culpado contra a Nação; digam-lhe que a calma e a paz são inalteráveis enquanto a sua afeição por nós for semelhante àquela que manifestamos por ele; além disso, como nada pode levar-nos a mudar nossa postura a seu respeito, esperamos que ele há de continuar a ser o nosso pai e o da França inteira[293].

Desde o mês de julho de 1789, com suas palavras prudentes e comedidas, o Abbé Bertolio, tendo plena consciência da natureza familiar do pacto político, desmonta aliás perfeitamente a reação passional suscetível de ser desencadeada pela ruptura da reciprocidade sentimental entre o rei e a nação. Bem depressa, o desacordo pode assumir a aparência de perda de afeição, desamor e ressentimento. Se até aqui o ódio do pai indigno tinha sido traduzido, na maior parte das vezes, metaforicamente através da fantasia da morte acidental do rei ou, desde as guerras religiosas, pela fantasia do tiranicídio, as práticas de evitamento e de provocação adotadas por Luís XVI, após a sua tentativa de fuga em junho de 1791, são vivenciadas como as traições ou os abandonos de um

---

291. *Pétition des femmes du tiers état au roi*, s.l., n.n., 01/01/1789.
292. *Institution des Citoyennes Dévouées à la Patrie*. Lyon: Cutty, 16/08/1791.
293. *Procès-verbal des électeurs de la Ville de Paris*. Paris: Baudouin, 01-10/07/1789.

pai pronto a sacrificar os filhos. Da mesma maneira, os atos políticos de Maria Antonieta diluem-se por trás das acusações de natureza moral e familiar: acusada de maus-tratos e de incesto em seu processo (16 de outubro de 1793), a rainha maligna começa por ser atacada como esposa infiel e mãe indigna. Se ela inspira uma verdadeira violência e provoca a guerra civil, essa decepção sentimental fornece também um fértil terreno afetivo para a República: numerosos indecisos aderem por despeito a um novo regime que, durante muito tempo, sofrerá de sua indeterminação ideológica, mas sobretudo da falta de elemento aglutinador de natureza afetiva.

Aliás, desde o começo, verifica-se a transformação dos sentimentos de afeição pelo rei. Ao exprimir o seu sentimento de viver em um período de "desventuras", os franceses têm o objetivo de estar, enfim, "tranquilos" e, até mesmo, "felizes" a fim de reencontrarem um mítico paraíso perdido. Isso começa pela família: o amor familiar é considerado como uma das pedras de toque da sociedade civil; esforçar-se para serem bons esposos, boa mãe, bom pai de família, boa filha ou bom filho constitui a garantia mais segura da coesão nacional. No entanto, a renúncia ao amor privado pelo amor do bem comum é valorizado igualmente como o ápice do amor familiar: depois de 1792, o tema do voluntário que se alista no exército para defender a pátria, arrancando-se dos braços da mulher e dos filhos, invade os discursos e as imagens. "Ignoro se o senhor está apaixonado, mas sei perfeitamente que, nas circunstâncias atuais, se um homem honesto é capaz de seguir a flama do amor, é somente depois que conseguiu acendê-lo no fogo sagrado da Pátria", escreve Madame Roland a Gilbert Romme[294].

Na medida em que a Revolução intensifica os sentimentos e separa várias dezenas de milhares de famílias e de casais por razões muito diferentes, mas quase sempre trágicas, ela inspira um imaginário do amor passional, feito de uma felicidade intensa e sem esperança, profundamente romântica. Juntan-

---

294. *Mémoires de Madame Roland.* Op. cit., t. 1, p. 340.

do-se a um tema recorrente do imaginário ocidental, os amores impossíveis tornam-se metáforas de rompimentos passionais e de contradições afetivas que afetam aqueles que se envolvem nesses acontecimentos. Numerosos casais malditos surgem no decorrer da Revolução: Lucile e Camille Desmoulins, Madame Roland e Buzot, Thérésia Cabarrus e Tallien, Basire e Etta Palm d'Aelders, Marat e Simonte Évrad, Brissot e Félicité Dupont, Louvet e Marguerite Denuelle mostram como a Revolução, em seus momentos paroxísticos, acelera a subjetivação dos sentimentos amorosos e promove a paixão intensa e dolorosa. Essa beleza do sofrimento alimenta determinado culto da morte a dois: após 1792, o suicídio sentimental, apesar do número reduzido de casos, torna-se um ideal que mostra a fusão do amor privado e público. Em maio de 1795, vários *montagnards*, antes de serem executados por terem apoiado as insurreições de maio de 1795, cometem suicídio. A ladainha dessas paixões destruídas pela força das coisas engendra um sentimento de patético e de trágico que se inscreve em uma tradição literária ocidental de longo prazo. Além da mudança de regime, um dos fins perseguidos pelos revolucionários, confessado publicamente por eles, é o retorno a uma felicidade comum e individual, proveniente do compromisso recíproco de sujeitos consentidores, formulado ao prestarem emocionantes e solenes juramentos. Expressões escritas desse contrato coletivo, as leis não devem somente ser compreendidas, mas apreciadas sinceramente pelos bons cidadãos, de quem se espera, sobretudo em período de guerra civil, que exprimam um apego pessoal e sem condições. "Houve a tentativa de consumar a Revolução por meio de *Terreur* [Terror]; por minha parte, eu teria preferido consumá-la pelo amor", lamenta o advogado e defensor da facção dos *girondins*, Vergniaud[295].

Sobretudo, a redistribuição do poder é vivenciada como uma reconfiguração amorosa. O rei é obrigado rapidamente a partilhar o amor do povo com os novos heróis da nação: os soldados que se recusam a atirar sobre a multidão, os vencedores da Bastilha, aqueles que são feridos ou mortos nos

---

295. *Moniteur universel*, 14/04/1793.

acontecimentos ou que – tais como o alugador de cavalos de posta, Drouet em Varennes – se distinguem por sua coragem, são sinceramente adulados. Por sua vez, os deputados recebem verdadeiras declarações de amor. Robespierre chega a receber, inclusive, um pedido de casamento por parte de uma viúva de Nantes: "És a minha divindade suprema e não conheço outra na terra além de ti. Considero-te como meu anjo tutelar e nada almejo além de viver sob as tuas leis"[296]. Apreciados por sua coragem e seu papel na Revolução, os deputados são também atingidos pelos novos mecanismos de celebridade da balbuciante sociedade do espetáculo[297]. É o caso de Necker, de La Fayette, de Desmoulins e, sobretudo, de Mirabeau, o qual, até a sua morte em 1791, se torna o homem mais "popular" (ou seja, segundo o novo sentido da palavra, "amado pelo povo") da Revolução Francesa: a sua força física, a sua eloquência, a sua reputação incendiária, a sua libertinagem bem conhecida, assim como também a sua feiura inspiram um fascínio que revela, de acordo com a observação provocadora de Sade, o quanto a experiência da Revolução libera as energias amorosas e, até mesmo, sexuais. Manejando a linguagem obscena e as alusões sexistas, o *sans-culotte* gosta de se descrever como um "fodedor" compulsivo. Na medida em que a Revolução desregula os mecanismos de controle social e moral e é a ocasião de exaltar um ideal de virilidade masculina, ela excita as paixões sexuais e favorece as violências contra as mulheres[298]. Os trajetos das condenadas em carroça, vestidas com uma simples camisola, amarradas e expostas aos olhares dos transeuntes, os processos e as execuções públicas de mulheres são vivenciados e descritos como verdadeiras exibições destinadas ao voyeurismo.

Em 1793, Charlotte Corday, a assassina de Marat, torna-se assim o espelho de fantasias masculinas: associando juventude e morbidade, emotividade

---

296. Apud HAMEL, E. *Histoire de Robespierre*. T. 3. Paris: Lacroix, Verboeckhoven & Cie, 1867, p. 524.
297. LILTI, A. *Figures publiques* – L'invention de la célébrité, 1750-1850. Paris: Fayard, 2014.
298. MARTIN, J.-C. *La Révolte brisée* – Femmes dans la Révolution française et l'Empire. Paris: Armand Colin, 2008.

e sangue frio, inocência e violência, a assassina não deixa ninguém indiferente e inspira uma série de ardentes paixões que serão fatais para algumas de suas vítimas. Impressionado ao ver Corday passar na carroça, o deputado extraordinário da efêmera República de Mogúncia, Adam Lux, pede para ser guilhotinado em sua honra, o que foi feito em 4 de novembro de 1793. Para alguns, essa reação comprova o quanto a Revolução desregula as relações de gênero: "Esse maníaco [ficou] eletrizado pela beleza de Charlotte e pela firmeza de sua atitude"[299]. A Revolução é também a liberação de uma libido coletiva e política, cujo controle se torna um desafio para o poder: desde o começo da Revolução, apenas as cartas de elogio e de entusiasmo são lidas no começo das sessões da Assembleia Nacional, a fim de mostrar o amor do povo por seus representantes. Na própria Assembleia, que funciona como um verdadeiro caldeirão de emoções, os transbordamentos de amor alternam com as situações mais violentas e conflitantes: na manhã de 7 de julho de 1792, quando a decisão de colocar a pátria em perigo provoca debates acirrados demais, o deputado Adrien Lamourette propõe aos eleitos que se abracem. Respondendo ao impulso de entusiasmo e de unidade do começo, o acontecimento provoca um fervor coletivo nunca visto desde a noite de 4 de agosto de 1789. Mas quem é otário? À semelhança dos abraços ritualizados da fête de la Fédération, o chamado adequadamente "baiser Lamourette" [beijo Lamourette] mostra até que ponto tais demonstrações de afeto limitam-se a fabricar, além de sua encenação, uma reconciliação efêmera. De fato, no verão de 1792, esses abraços e beijos midiatizados, de maneira calculada, não acalentam nenhum tipo de ilusão[300].

Mais, porém, que o amor, cujas efusões inquietam aqueles que temem uma dissolução dos costumes, a amizade é que é valorizada como a verdadeira afeição revolucionária. Contra as demonstrações codificadas da sociedade do Antigo Regime, a Revolução implica uma moral do sentimento: o bom cidadão

---

299. *Courrier de l'Égalité*, 23/07/1973.
300. CHOPELIN-BLANC, C. "Le 'baiser Lamourette' (7 juillet 1792)". In: *AHRF.revues.org*, 01/01/2012. • Vale lembrar que o termo "*baiser*", em sua forma verbal, tem igualmente o sentido de copular [N.T.].

é aquele com o qual se pode contar, virtuoso e autêntico, é o amigo[301]. Proveniente do estoicismo, reivindicada e praticada pelos patriotas norte-americanos e europeus dos anos de 1770-1780, a relação de amizade concretiza de maneira sensível o princípio igualitário sobre o qual a nova sociedade civil deve fundar-se pelo fato de se apoiar em um vínculo social desinteressado, autêntico e recíproco. Substituindo o clientelismo, a amabilidade e a deferência, o sentimento de amizade é, por isso, com o amor e a compaixão, considerado como uma das primeiras virtudes cívicas, sem deixarem de ser dominadas pelos valores masculinos: a solidariedade entre iguais é pensada, de preferência, como uma "fraternidade" e não tanto como uma "sororidade".

Em período de guerra civil, as provas de amizade valem como profissão de fé política e, por conseguinte, os limites do círculo de amizade definem o mundo dos inimigos. A amizade é bastante importante para que Saint-Just lhe dedique um capítulo de sua obra *Fragments sur les institutions républicaines* [1800, Fragmentos sobre as instituições republicanas]: "Quem não acredita na amizade, ou não tem amigos, está banido". Quanto mais a Revolução se radicaliza, quanto mais a guerra civil se estende, maior é a importância adquirida pela amizade: a popularidade de Marat rendeu-lhe o apelido, como já vimos, de "amigo do povo", em concorrência com o apelido de "amigo do rei", atribuído ao Abbé Royou. No entanto, a amizade tem os seus limites e paga o preço das tensões que atravessam a Revolução, durante a ditadura e a guerra civil (1793-1794). A amizade não deve ser a preferência: na medida em que pode falsificar o princípio de igualdade, ela não deve ser pessoal nem privada, mas política e pública; à semelhança da fraternidade, ela designa supostamente a solidariedade política entre os indivíduos e os povos para além de suas diferenças. Sobretudo, essa propensão deve ser retirada se os valores republicanos estiverem em perigo: "Fui amigo de Pétion – diz Robespierre; mas, bastou que ele tivesse sido desmascarado para que eu o abandonasse. Trabalhei também

---

301. LINTON, M. *Choosing Terror*: Virtue, Friendship and Authenticity in the French Revolution. Oxford: Oxford University Press, 2013.

com Roland; mas, ao tornar-se traidor, encarreguei-me de denunciá-lo"[302]. No auge da guerra civil, o reconhecimento entre os republicanos ocorre mediante provas de amizade, o antagonismo "amigo/inimigo" separa os campos políticos de maneira maniqueísta. A correspondência incendiária trocada entre Doin fils e Chaumette, as múltiplas declarações públicas de amizade viril entre "irmãos" e a promoção de mártires efebos, tais como Bara ou Viala, em 1794, deslocam as convenções de gênero: essas manifestações de amizade e de amores masculinos são, aliás, rapidamente atacadas tanto pelos revolucionários radicais que colocam em destaque os seus atributos viris quanto pelos revolucionários mais conservadores ou pelos contrarrevolucionários, os quais criticam a decadência dos costumes. Com efeito, antes do Diretório, a estabilização da Revolução passa por uma reorganização das afinidades trocadas entre membros do mesmo sexo ou de sexo oposto.

Depois de 1794, a vontade de estabilizar a Revolução e de limitar as efusões afetivas traduz-se por um incentivo à privatização dos sentimentos amorosos; os cidadãos são convidados a reinvestir a sua afeição não tanto no espaço público e na vida política ou militante, mas no seio do espaço doméstico e da família patriarcal, considerada como a célula de base da sociedade civil e na qual cada membro tem um lugar assinalado segundo a sua idade e o seu gênero. Antes valorizada, a renúncia à vida familiar é agora menos bem-vista. As moças da burguesia educadas no seio da família, percebidas como mais influenciáveis e sujeitas à exaltação, são colocadas a salvo dos abalos emocionais: "O grande segredo da educação dos dois sexos – e, sobretudo, do sexo cujos costumes exercem mais influência sobre a sociedade –, consiste em protegê-lo das seduções, em afastar dele todos os objetos capazes de despertar a imaginação e os sentidos", observa o originário da cidade de Lyon, Antoine Morand[303]; quanto aos rapazes, trata-se de torná-los, no futuro, homens ponderados, dóceis e respeitadores da autorida-

---

302. *Moniteur universel*, 01/01/1794.
303. Apud VERJUS, A. & DAVIDSON, D. *Le Roman conjugal* – Chroniques de la vie familiale à l'époque de la Révolution et de l'Empire. Seyssel: Champ Vallon, 2011, p. 88.

de[304]. Se, porém, a Revolução é vivenciada no amor e nos transbordamentos de afeição, ela é permeada também por lágrimas, sofrimentos e luto.

Lutos e sofrimentos revolucionários

Em 12 de julho de 1789, a revolução popular começa com um luto. O de um morto na política: Necker[305]. Depois de ficar sabendo da destituição do ministro no qual colocavam as suas esperanças, vários milhares de patriotas organizam uma manifestação para exigir a sua volta. A Revolução é um luto contínuo. Desde as pompas fúnebres das primeiras vítimas da Bastilha até os funerais de Turenne, passando pelas transferências para o Panthéon e pelas festas em honra dos mártires da República, as lágrimas e os enterros hão de ritmar as emoções coletivas, de tal modo que as comunidades políticas vão sentir-se regularmente como comunidades atingidas por adversidades. No dia 18 de julho de 1789, organizado na Igreja de Saint-Séverin, o enterro de Charles Dusson, morto no dia 14, é a primeira das numerosas cerimônias funerárias: a nova sociedade cívica nasce no sangue, no luto e nas lágrimas. A exibição do sofrimento dos que são feridos ou mortos em nome da Revolução visa suscitar a indignação e o congraçamento: desde 14 de julho de 1789, os ferimentos recebidos na Bastilha por Jean-Baptiste Cretaine, de 60 anos, são representados nas imagens imediatas como as provas irrefutáveis da violência do Antigo Regime (Il. 17, "Le sang des martyres" [O sangue dos mártires]). Ainda em 1799, o espetáculo dos sofrimentos do povo continua sendo utilizado na cultura radical: em 18 de julho, quando a guerra se desencadeia na Itália, o democrata Victor Bach propõe honrar os soldados republicanos, organizando festas nas quais os colegas mutilados ocupariam um lugar preferencial. Tendo ocorrido em momentos de grande tensão, as mencionadas mortes violentas de Le Peletier de Saint-Fargeau e de Marat, assim como a de Joseph Chalier (17 de julho

---

304. Ibid.
305. CLARKE, J. *Commemorating the Dead in Revolutionary France*: Revolution and Remembrance, 1789-1799. Cambridge: Cambridge University Press, 2007.

de 1793), provocam importantes ajuntamentos espontâneos: tendo surgido de uma guerra civil, o regime republicano forja-se também nesses momentos de tristeza. Se, em um lado como no outro, a Revolução é vivenciada como uma expiação coletiva, os contrarrevolucionários mobilizam-se em redor dos símbolos mais dolorizantes da monarquia e da Igreja: o culto do Sagrado Coração ferido de Jesus. Costurado sobre a roupa em companhia de símbolos monarquistas, esse emblema valoriza o sofrimento como uma condição da redenção. Os contrarrevolucionários mortos são celebrados como novos mártires cristãos, tendo oferecido a vida pela defesa da fé. Assassinadas ou executadas – Marie Martin, Perrine Dugué, as "Virgens de Verdun" ou, as mais conhecidas, Maria Antonieta e Charlotte Corday, associadas ao culto de Joana d'Arc –, todas essas mulheres integram a longa lista das santas mártires, cujo culto reforça a coesão de comunidades inteiras, para além das solidariedades locais ou regionais. No departamento de Vendée, a memória fúnebre das vítimas fortalece a determinação daquelas e daqueles que se comprometem na defesa da "verdadeira religião", das solidariedades locais e da realeza.

Ao mobilizar poderosas energias coletivas, essa cultura vitimária é objeto de intensos usos políticos. Enquanto as autoridades nacionais hesitam, em 1789, em honrar as vítimas da Bastilha a fim de não dar a impressão de avalizar as violências que se desencadearam em 14 de julho, outros indivíduos lançam-se em estratégias compassivas pouco arriscadas do ponto de vista político e, localmente, mais rentáveis: quando, em dezembro de 1789, um denominado Louis Michel Billon, ofendido por sua exclusão da guarda nacional de Senlis, provoca dezenas de mortos e feridos ao fazer explodir a sua casa, os membros da municipalidade enviam um pedido de socorro a Necker, listam o número exato dos "beneficiários", assistem a todos os enterros e celebram os sobreviventes como heróis. Em escala local, a partilha política das lágrimas é um consolo que une as comunidades e conjura os medos. Durante a guerra civil, o expressionismo da dor é também um meio de exibir as suas convicções republicanas e de afastar qualquer tipo de suspeita. Nos funerais de Marat, apesar de ter sido um homem muito criticado por seu radicalismo, será de bom gosto rivalizar lágrimas e lamentações a fim de torná-lo uma vítima consensual, encarnando o novo conformismo compassivo. Associadas à função do "cuidado com o bem-estar", as mulheres são convidadas a desempenhar um papel de primeiro plano nessas manifestações. Em julho de 1793, as "cidadãs republicanas revolucionárias", aliás, vistas com desconfiança por numerosos homens e republicanos moderados, são autorizadas e, até mesmo, convidadas a velar o corpo do amigo do povo e atuam como "carpideiras" no cortejo fúnebre. Marca de sensibilidade e de atenção com a sorte dos infelizes, a compaixão inspira algum miserabilismo e convida a celebrar, inclusive, o sofrimento e a desgraça como as primeiras qualidades republicanas. Preocupados em dar testemunho de sua desdita virtuosa, numerosos revolucionários cultivam um verdadeiro masoquismo político: a exibição das chagas, das doenças e do esgotamento provocados pelo devotamento à Revolução instalam a mortificação no topo das virtudes revolucionárias. Pensa-se que o elogio vibrante das doenças de Mirabeau, de Marat ou de Robespierre, mas também das mortes violentas de todos os "bons republicanos", desmascara supostamente aqueles que se mostram demasiado insensíveis às desventuras dos patriotas. As festas organizadas em favor dos mártires – mas sobretudo a "fête du Malheur" [Festa da Infelicidade] que celebra os pobres – traduzem a força desse dolorismo político: vibrando ao ritmo da política compassiva, a República social encontra o seu fundamento em um sentimento de dívida para com os marginalizados. A fruição do sofrimento desempenha um papel na construção de uma cultura política radical: assim, o aristocrata revolucionário, Antonelle, vive a sua sexualidade masoquista como uma inversão das relações de dominação e, por isso mesmo, como uma emancipação[306]. Instrumentalizados, os sofrimentos nem sempre são fingidos e podem revelar as piores inimizades.

---

306. SERNA, P. *Antonelle* – Aristocrate révolutionnaire, 1747-1817. Paris: Le Félin, 1967, p. 76.

Ódios de natureza política

A Revolução, ao desencadear ou despertar os conflitos fratricidas, é também vivenciada como uma explosão de conflitos: o incremento do medo e a queda da autoridade favorecem a aparição de um ódio desenfreado que provém do sentimento segundo o qual ninguém é capaz de arbitrar os abusos e as desavenças particulares. Desde o verão de 1789, a obsessão dos deputados em rejeitar as reivindicações sociais engendra processos de radicalização e atiça os conflitos coletivos. Onipresente desde o começo da Revolução e decretada em 14 de setembro de 1791, a vontade de anistiar os contrarrevolucionários cria um ressentimento contra os titulares de um mandato eleitoral e um ódio político popular a ser controlado. Numerosos assassinatos, linchamentos e massacres, descritos como explosões de selvajaria desordenada, refletem na realidade a vontade do povo de suprir a justiça instituída[307]. Acompanhados, muitas vezes, por gritos de raiva, de insultos e de gestos de extrema crueldade, os enforcamentos – passeios macabros e simulacros de rituais judiciários – tornam esses momentos, ao mesmo tempo, totalmente improvisados e, no entanto, vivenciados na impressão de uma repetição ritualizada. Inexplicável no tempo muito curto, a violência extrema acaba sendo mais plausível ao ser considerada no longo prazo[308]. Em 8 de julho de 1789, um dos primeiros linchamentos vem do ódio acumulado contra a polícia do Antigo Regime, de modo que um de seus membros é morto por várias dezenas de indivíduos que, demasiado habituados à corrupção policial, recusam-se a entregá-lo às autoridades e aplicam-lhe os gestos dos suplícios infligidos aos criminosos:

> Todos aqueles que o haviam conduzido [...] tendo sido dada a ordem pelo observador para lhe tirarem a roupa [...], recusam-se a conduzi-lo à prisão, opõem-se à ronda a pé, a cavalo, à guarda do regimento dos dragões e à dos hussardos, dizendo que pre-

---

307. Cf. os trabalhos de Sophie Wahnich e, especialmente, WAHNICH, S. *Les Émotions, la Révolution française et le Présent* – Excercices pratiques de conscience historique. Paris: CNRS, 2009.
308. MARTIN, J.-C. *Violence et révolution* – Essai sur la naissance d'un mythe national. Paris: Seuil, 2006.

tendiam fazer justiça com as próprias mãos. Em sua tentativa de fuga, eles acabam por persegui-lo até a Igreja dos Petits-Pères da place des Victoires, local em que lhe cortam uma orelha e cabelos, levam-no para o jardim do Palais-Royal, deixam-no prostrado com pauladas, mergulham-no no tanque, segurando-o aí durante bastante tempo para se divertirem à sua custa, retiram-no da água, vão espancá-lo de novo e voltam a mergulhá-lo no tanque, continuando a desferir-lhe pauladas; enfim, forçam-no a subir no alto de uma escada para que fique mais bem visível para todo o mundo[309].

"Os patrões tornaram-nos bárbaros porque eles próprios não são outra coisa"[310] – assim Babeuf justifica as violências não somente cometidas, mas dirigidas realmente contra os verdadeiros bárbaros, ou seja, os representantes do Antigo Regime.

Se o intendente de Paris, Bertier de Sauvigny, está entre os primeiros linchados deve-se ao fato de encarnar, na memória coletiva, a extrema violência de tal Régime: em julho de 1789, se ele é acusado de pretender açambarcar as farinhas e matar o povo de fome é precisamente porque, quatorze anos antes, ele tinha reprimido, impiedosamente, a insurreição do trigo no momento da "guerra das farinhas" (1775). O seu coração arrancado é levado ao prédio de Hôtel de Ville [prefeitura] e colocado em cima da mesa dos eleitores de Paris. A Revolução é considerada também como uma possível reparação dos sofrimentos do passado, às vezes, longínquo: as violências coletivas que estouram, em 1790, nas cidades de Montauban, Albi, Nîmes ou Avignon são devidas à volta dos protestantes ao jogo político local, após as primeiras eleições municipais. Nesses massacres, a Revolução não é a causa, mas a oportunidade para uma retomada de conflitos comunitários que, há mais de cem anos, ainda aguardam solução. Incentivados pelos outros, desprovidos da empatia mínima com relação ao inimigo, alguns indivíduos que, em geral, sentem repugnância pela violência cometem então atos de crueldade inimagináveis, torturando, des-

---

309. ANÔNIMO. *Événement du 8 juillet 1789*. Paris, s.n., 1789.
310. *Œuvres de Babeuf*. T. 1. Paris: BNF, 1977, p. 340.

membrando, exibindo pedaços de um corpo desonrado como se fossem macabros troféus. Em 17 de abril de 1792, o ex-prefeito de Romilly descreve como os católicos, "tendo degolado um homem que acabavam de roubar, [abrem-]lhe o ventre... arrancam-lhe as entranhas... vão assá-las e... comê-las"[311]: nesses casos de ódio acumulado, a manducação coletiva de determinadas partes do corpo do inimigo, às vezes, praticada realmente – mas, com maior frequência, fantasiada –, provoca o horror entre os observadores distantes, sem deixar de exprimir algo dessa insuportável cultura dos ódios intestinos que opõem populações há várias gerações.

A Princesa de Lamballe, que se tornou o emblema da monstruosidade aristocrática e da influência deletéria das mulheres na corte, serve de válvula de escape para os ódios revolucionários: o seu massacre é perpetrado e encenado como uma verdadeira punição ritualizada, permitindo que esses assassinos ocasionais ignorem a sua extrema crueldade, transformando-a em vingança justa[312]. Em 3 de setembro de 1792, aquela que havia sido uma das maiores damas do reino é massacrada por homens, na rua, com uma crueldade inusitada:

> Atrás da cabeça, ela recebeu uma pancada de sabre que lhe tirou o gorro. [...] Outra pancada atinge-lhe o olho; o jorro de sangue mancha o seu vestido. Ela teria desejado cair, morrer, mas foi obrigada a levantar-se, a andar sobre os cadáveres, e a multidão, silenciosa, assistia ao massacre. [...] Transpassada por pancadas de sabre e de lança, ela não passava de algo informe, ensanguentado, irreconhecível [...]. Um rapaz açougueiro, chamado Grison, cortou-lhe a cabeça com a sua faca de açougue[313].

Reanimada continuamente para que ela viesse a assistir à própria morte, a Princesa de Lamballe é massacrada sob a forma de uma punição ritualizada.

A Revolução é também a oportunidade para uma liberação dos ódios coloniais. Incentivando as piores fantasias, as violências perpetradas pelos in-

---

311. *Journal de Paris*, 17/04/1792.
312. BAECQUE, A. *La Gloire et l'Effroi* – Sept morts sous la Terreur. Paris: Grasset, 1997.
313. JOVIN, N. *Souvenirs d'un vieillard sur des faits restés ignorés*. Bruxelas: Wallens, 1843.

surgentes negros das colônias são, no entanto, muito menos maciças e atrozes do que as cometidas pelos brancos: se a vingança explica, evidentemente, que os revoltados incendeiem plantações e casas, vistas como lugares de opressão, ou ataquem os proprietários, são o medo e os preconceitos raciais e uma "destruição dos brancos" que motivam os massacres de massa de civis e de prisioneiros, bem como as torturas de excepcional violência contra populações negras. A violência coletiva, vivenciada como um restabelecimento da moral e da justiça e, até mesmo, como uma reparação simbólica, leva muitas vezes a um apaziguamento provisório. Contrariamente aos clichês da "cólera" ou da "raiva" das "multidões revolucionárias", numerosas carnificinas desenrolam-se, aliás, em uma calma relativa e com uma surpreendente lentidão, em clara defasagem com o horror dos atos que são realmente cometidos. Assim, os que massacram os prisioneiros em setembro de 1792 são indivíduos bastante seguros de sua razão, agindo com sague frio, como se cumprissem o seu dever. A indiferença dos que cometem o massacre esconde um sentimento de alívio. No final do verão de 1792, os grupos radicais têm o sentimento, daí em diante, de serem as únicas pessoas suscetíveis de salvar a Revolução, pensando que a sua intervenção é não apenas inevitável, mas sobretudo a mais justa em relação às ameaças extremas que pesam sobre a República, quando o duque de Brunswick ameaça destruir Paris. Herdadas, quase sempre, e mantidas por memórias coletivas asfixiadas ou reprimidas sob a monarquia absoluta, múltiplas pulsões de vingança ressurgem e são liberadas de uma maneira particularmente violenta; a Revolução deixa exprimir-se uma súbita "impaciência" do massacre.

As autoridades tentam, tanto quanto possível, satisfazer e enquadrar a expectativa de expurgo ou de reparação, particularmente com as decapitações na guilhotina, cuja dramaturgia deve levar os espectadores a sentirem gozo e, ao mesmo tempo, a tremerem de medo, conscientes de participarem de uma regeneração coletiva. Com frequência, mulheres molham pontas de tecido no sangue que jorra do cadafalso. Quanto mais importante é o condenado, tanto mais reparador é o gesto. Assim, na execução de Luís XVI, o jornalista de

Révolutions de Paris [Revoluções de Paris] descreve uma cena espantosa: "Um cidadão subiu na própria guilhotina e, mergulhando o braço nu por inteiro no sangue do [descendente] de Capet, líquido que se tinha acumulado em abundância, encheu a mão de coágulos e, com estes, aspergiu três vezes a multidão dos espectadores que se comprimiam ao pé do cadafalso para receberem uma gota de sangue na fronte de cada um. Irmãos – dizia o cidadão ao fazer a aspersão –, irmãos, existia a ameaça de que o sangue de Louis Capet cairia sobre as nossas cabeças. Pois bem! que ele volte a cair. Louis Capet lavou tantas vezes as mãos no nosso sangue! Republicanos, o sangue de um rei traz felicidade"[314]. Considera-se que esses espetáculos, momentos de magia coletiva, neutralizam os medos e lavam os sofrimentos do passado: na primavera de 1794, por ocasião da execução de *hébertistes*, um inspetor de polícia descreve como os espectadores tentam "ler na fisionomia dos condenados para usufruir, de alguma maneira, do sofrimento interior experimentado por eles; era uma espécie de vingança que lhes proporcionava uma verdadeira fruição"[315].

Diante das violências da guerra civil, nas quais o corpo a corpo, a crueldade e o espetáculo do sofrimento são cobiçados por seu poder reparador, a violência do Estado contrasta pela vontade de desapaixonar a manutenção da ordem. Da repressão dos motins Réveillon (abril 1789) à dos trezentos monarquistas de 13 vendemiário, ano IV (5 de outubro de 1795), passando pela eliminação de dezenas de peticionários do Clube dos Cordeliers, ou Société des Amis des droits de l'homme et du citoyen [Sociedade dos Amigos dos Direitos do Homem e do Cidadão], no Champ-de-Mars (17 de julho de 1791), a violência do Estado impressiona por seu caráter metódico, protocolar e insensível, de modo que a eliminação dos marginais ocorre à distância dos corpos, mediante fuzilamentos em massa, nos quais as vítimas são coletivas e anônimas.

---

314. *Révolutions de Paris*, n. 185, 19-26/01/1793.
315. Apud CARON, P. *Paris pendant la Terreur*. Paris: Picard, 1964, p. 100. • Os *hébertistes*, chamados também "exagerados" ou ultrademagogos, eram, durante a Revolução Francesa, os partidários de Jacques-René Hébert, líder da extrema-esquerda jacobina [N.T.].

As trinta e cinco mil a quarenta e cinco mil execuções dos anos de 1793-1794 não inventam, portanto, a violência política, ainda que a sua repetição e a sua ritualização permitam aos ódios exprimir-se e canalizar-se dentro de um quadro legal. Robespierre assume essa repressão com uma espécie de imparcialidade desvinculada de qualquer tipo de sentimento: "Por Luís, não tenho amor, nem ódio; odeio apenas os crimes" – afirma ele no decorrer do processo do rei[316]. Se o *ethos* revolucionário promove determinados ódios, não são os ódios privados que inspiram o ciúme, a ambição ou a vingança, rejeitados como paixões a inibir, mas os ódios públicos contra tudo o que ameaça a Revolução, ou seja, as facções que instilam a divisão, os inimigos do povo e, entre eles, em primeiro lugar, os ingleses. Presente há muito tempo, a anglofobia é instrumentalizada politicamente, entre 1793 e 1794, para congregar os franceses em torno da República: "É do meu ódio por seu governo que tiro o meu ódio por esse povo; que ele o destrua, portanto, deixando-o em estilhaços. Até então, dedico-lhe um ódio implacável", afirma Robespierre em 30 de janeiro de 1794[317]. Quatro meses mais tarde, Barère propõe, no mesmo espírito, definir a generosidade para com os ingleses de "crime de lesa-humanidade"[318]. Será que esse ódio transforma os soldados franceses ao penetrarem nos atalhos abertos da mata de Vendée ou ao combaterem na fronteira contra as forças armadas de diferentes coalisões? A diabolização do inimigo e os apelos à exterminação galvanizam os soldados republicanos, explicando o seu sucesso, inicialmente impensável, e fortalecendo o terror que eles provocam nos exércitos europeus, às vezes, reforçado – como ocorre no Palatinado, na Suíça, na Espanha, no Brabante e nas Províncias Unidas – pela memória dos crimes perpetrados no passado. Exibidos e encenados, esses ódios políticos não impedem, no entanto,

---

316. ROBESPIERRE, M. Discours du 3 décembre 1792. In: *Œuvres complètes*. T. 9. Ivry: Phénix, 2000, p. 129.

317. Apud AULARD, F.-A. *La Société des Jacobins*. T. 5. Paris: Jouaust-Noblet-Quentin, 1889-1897, p. 663.

318. WAHNICH, S. "La haine comme non-amnistie, la haine come faculté de juger". In: DELEPLACE, M. (dir.). *Les Discours de la haine – Récits et figures de la passion dans la Cité*. Villeneuve-d'Ascq: Presses Universitaires du Septentrion, 2009, p. 211-226.

que a maior parte das populações continuem mantendo, particularmente nas regiões de fronteira, relações rotineiras com os seus parceiros britânicos habituais. Se, porém, a Revolução desencadeia os ódios comunitários e políticos, ela é vivenciada também através de uma alternância de alegrias e de decepções, própria dos processos de transição política.

Alegrias e melancolias revolucionárias

A revolução como fruição

Em 15 de julho de 1789, o rei acaba de prometer aos deputados que irá retirar as tropas concentradas em torno de Paris. Forçando a voz no meio dos hurras, o presidente da Assembleia Nacional anuncia então, emocionado: "O Sr. Le Blanc, deputado de Besançon, faleceu. A sua perda deve ser tanto mais sensível à Assembleia porque ela foi precipitada pela alegria experimentada por esse deputado, tão instruído quanto sensível, ao saber que o rei reconheceu o seu equívoco"[319]. No mesmo momento, outros deputados desmaiam de alegria; ao ler os relatos deixados pelas testemunhas, as alegrias sinceras e extremas parecem ter ocorrido, cotidianamente, nos primeiros meses da Revolução.

"Nossas lágrimas vêm simplesmente de uma alegria inexprimível e à semelhança das pessoas cuja alma, pouco acostumada à felicidade, não é suficientemente forte para suportar a emoção desencadeada por uma nova ordem das coisas tão estranha" – afirma o deputado Gaultier de Biauzat[320]: a Revolução dá lugar a verdadeiras explosões de entusiasmo. Os votos mais importantes da Assembleia Nacional, os momentos de unidade, as vitórias militares ou de paz desencadeiam, quase sempre, fortes manifestações de alegria, de efervescência e, até mesmo, de euforia coletiva, cuja intensidade é proporcional ao sentimento de ter esperado, duvidado ou sofrido durante um tempo demasiado longo. Alguns desses momentos são verdadeiramente espontâneos: os acon-

---

319. Sessão de 15 de julho de 1789. In: *Moniteur Universel*, 15-16/07/1789.
320. GAULTIER DE BIAUZAT, J.-F. *Journal*. T. 2. Clermont-Ferrand: Bellet, 1890, p. 134-135.

tecimentos mais graves são acompanhados, muitas vezes, por festas improvisadas, reunindo as populações em torno de danças, cantos, bailes campestres ou, quando é possível prepará-las com alguma antecedência, de iluminação, de jogos náuticos e de paus de sebo, outras tantas práticas que têm a ver com os costumes festivos populares. Sobretudo, numerosas "crises" muito graves culminam em transbordamentos de júbilo e de alegria, em que a fruição compensa, de alguma maneira, o acúmulo de tensão, de angústia, de cólera e de sofrimento. Quatro dias depois da tomada da Bastilha, quando uma delegação de várias dezenas de deputados deixa Versalhes para assegurar os parisienses a respeito do destino da Assembleia Nacional, eles são acolhidos em uma atmosfera de exaltação coletiva: "Todos atravessaram a cidade no meio de uma compacta multidão pacífica, mas ébria de alegria [...]. Os homens, as mulheres, as crianças de todas as classes e idades comprimiam-se para vê-los, abraçá-los, tocá-los, beijar-lhes as mãos"[321]. Deixar explodir a sua alegria é um comportamento mais político do que parece na medida em que se trata de afirmar sem medo, inclusive, com um pouco de autopersuasão e de provocação, a vitória da Revolução: "O povo [...], além de fogueiras de alegria, fez espocar um número prodigioso de foguetes diante do Palais-Royal e do Contrôle général des finances; todas as casas adjacentes foram iluminadas; os seus moradores estavam nas janelas e aplaudiam com estardalhaço [...]"[322].

A fogueira festiva, os petardos e fogos de artifício utilizados ininterruptamente traduzem perfeitamente esse expressionismo revolucionário, ao mesmo tempo, solene e fanfarrão; o excesso de luz e de barulho visa, em uma ótica oposta das demonstrações de poder das festas do Antigo Regime, conjurar o medo, intimidar os inimigos e insuflar coragem. Associada às virtudes regenerativas da eletricidade e do mecanismo animal, a pirotecnia é, com efeito, louvada por sua capacidade de eletrizar as sensibilidades. Acrescido

---

321. *Journal de Versailles*, 18/07/1789.
322. Rapport d'un agent adressé au ministre des Affaires étrangères, 25 et 27 juin 1789 ("Relation des événements depuis le 6 mai jusqu'au 15 juillet 1789", documento citado).

geralmente de pantomimas, presume-se que o espetáculo do fogo de artifício, bem como o do aeróstato, faça convergir as emoções e impelir os cidadãos espectadores, dinamizados por uma energia invisível, a se unirem e transformarem o mundo. Desde 1789 e 1790, os "patriotas" juntam-se em torno de "altares da pátria", decorando-os com símbolos religiosos, mandando benzê-los e celebrando missas antes e depois de 1793, reunindo-se aí durante as festas, além de prestarem juramento, depositarem oferendas, cantarem hinos... Não muito longe, a árvore da liberdade contribui para modelar uma nova paisagem política, marcada pela alegria e pela dimensão festiva, assim como pelas tradições religiosas. Decorada com fitas e símbolos, coberta com um gorro, essa árvore torna-se o totem das comunidades políticas, concentrando os rituais coletivos, mas também as mais violentas tensões. Centro de gravidade de danças e cantos patrióticos, ela magnetiza a comunidade aldeã pela participação nos festejos. Inspirada em paus de sebo e arbustos de maio – árvores em que são praticados rituais coletivos na primavera, em comunidades aldeãs –, plantada quase sempre, desde o verão de 1789, em lugares impregnados de significado político, visível de longe, ela simboliza rapidamente a energia insurrecional da nova comunidade cívica que se forma ao lado da flecha, da torre de vigia ou do campanário. Concentrando os afetos, ela focaliza por isso mesmo os atos de resistência contra a Revolução, os gestos iconoclastas e os conflitos comunitários.

Esses atentados são experimentados como choques que desencadeiam reações desproporcionadas: na sequência do arrancamento de uma árvore da liberdade, a comuna de Bédouin (departamento de Vaucluse) é declarada em estado de contrarrevolução em 1794. Sessenta e três de seus habitantes são condenados à morte e bairros inteiros são arrasados. Apoiando-se no sólido envolvimento dos participantes, desenrolando-se muitas vezes ao ar livre, esses instantes de alvoroço imprevistos afirmam certa dignidade da cultura popular e democrática, oposta às pesadas encenações de cortejos régios, de nascimentos e casamentos principescos, de cerimônias municipais ou de festas religiosas, cujos protocolos regulados inclusive no gesto serviam de espelhos para as desigualdades da sociedade de ordens.

O modelo dessa festa revolucionária, durante a qual seriam tecidos novos vínculos políticos e sociais, é a festa federativa[323]. Estabelecidos durante a primavera e o verão de 1790, os pactos federativos convertem a nação nascente na reunião de comunidades afetivas coesas, desde a família até uma pátria em expansão permanente. Prestado na presença de padres, o juramento de ficar unidos e de defender os valores da Revolução é vivenciado como um compromisso muito forte. Reunidos na periferia das cidades, homens armados são celebrados na comunhão e no entusiasmo como os protetores da comunidade pelas mulheres, pelas crianças e pelos outros homens excluídos da concepção seletiva da cidadania ativa. Na cidade de Rennes, aos 23 de maio de 1790, milhares de homens, reunidos em "forças armadas cívicas" no campo de Montmorin, prestam juramento, ao ritmo de descargas de artilharia, de aplausos e de hurras de numerosos espectadores:

> Juramos ser fiéis à Nação, à Lei e ao Rei, e manter com todo o nosso poder a Constituição do Reino, permanecer constantemente unidos, prestar reciprocamente todos os socorros exigidos pela fraternidade, denunciar com confiança e reprimir com coragem todos os atos ilegais que vierem a ferir a utilidade pública e a comprometer os direitos dos cidadãos, além de apoiar a causa de nossos Camaradas armados que têm ou terão acesso à federação geral das forças do Império [...][324].

Como se vê, a alegria revolucionária é instrumentalizada bem rapidamente. Nas tribunas, entre os silenciosos que não assistem à festa ou aqueles que entraram em luta contra o regime ou estão envolvidos, inclusive, em dinâmicas de guerra civil, a vibração está longe de ser compartilhada por todos. O unanimismo emotivo das federações é amplamente fictício; a festa de 14 de julho foi preparada

---

323. ALPAUGH, M. "Les émotions collectives et le mouvement des fédérations (1789-1790)". In: *AHRF.revues.org*, 01/06/2013.
324. *Procès-verbal de la fédération faite à Rennes le 23 mai 1790*. Op. cit.

propositalmente para canalizar as emoções coletivas e transmitir uma mensagem consensual, de tal modo que o entusiasmo unitário se apoia, muitas vezes, no conformismo ou na intimidação política. As dúvidas levantadas pela chuva, em 14 de julho de 1790, lembram as críticas do jornalista Loustalot que fustiga um "povo de idólatras que, nessa festa, se limita a ver o Sr. La Fayette, depois o rei, e não se enxerga a si mesmo"[325]. De fato, para a grande maioria daqueles que se dirigem ao Champ-de-Mars nesse dia, a festa reduz-se a uma interminável espera e a um espetáculo confuso, de que numerosas pessoas, distantes do palco principal e relegadas ao papel de espectadores, se sentem excluídas. Os contrarrevolucionários não se iludem: essa festa é tanto a celebração quanto o sepultamento da ilusão da unidade. Nas multidões revolucionárias, os céticos tomam rapidamente as suas distâncias, tendo plena consciência da armadilha política que se desenrola em tais momentos. Durante os meses que precedem a festa do 14 de julho de 1790, as relutâncias concentram-se nas técnicas espetaculares, tais como os fogos de artifício, acusados de procurar apenas a admiração dos espectadores, colocados assim em posição passiva. Sobretudo, durante a guerra civil, numerosos franceses sabem perfeitamente que os folguedos e o ajuntamento dependem de uma verdadeira injunção, especialmente por ocasião dos enterros dos "mártires" e dos grandes aniversários. Diante do luto e da celebração das "conquistas" revolucionárias, vale mais fingir a adesão a fim de não ser qualificado como suspeito ou inimigo do povo. Os funerais de Marat, organizados em 16 de julho de 1793, são assim utilizados para desmascarar os ausentes e aqueles que não choram suficientemente ou que se mantêm demasiado afastados; nas semanas seguintes, todos eles serão objeto de uma verdadeira onda de prisões. Em tais momentos, "ser republicano" consiste, no mínimo, em conformar-se com as emoções previsíveis, em deplorar um "amigo do povo" lixiviado e esterilizado. Sob o Diretório, as populações das repúblicas irmãs ou das regiões conquistadas pelos exércitos franceses não acalentam nenhum tipo de ilusão: resistir aos franceses é também rejeitar a manipulação das emoções. Em 29 de novembro de 1798, o observador

---

325. *Révolutions de Paris*, n. 53, 10-17/07/1790.

Al-Jabarti aborda com escárnio o fracasso de um lançamento de aeróstato organizado pelos franceses no Egito ocupado: "[Eles tinham relatado] que uma espécie de embarcação deslocar-se-ia nos ares, graças à maravilha da técnica. [...] De fato, isso não foi além de uma pipa, semelhante às que são fabricadas pelos empregados domésticos nos dias de festas públicas e de folguedos"[326].

Assim, apesar de serem instrumentalizadas, essas festas nem sempre são aceitas ingenuamente pelas populações que, em geral, acabam por evitá-las. Em 4 de maio de 1789, na procissão que marca a abertura dos États généraux, os silêncios e as intervenções do público que se recusa a participar da festa régia traduzem o desmoronamento da autoridade política: "Ao sair da igreja, nenhuma palavra de aplauso à Rainha que ficou, pelo menos, quatro minutos em sua carruagem antes que esta se pusesse em movimento; reduzidos aplausos para o rei; e um grande aplauso para o Sr. d'Orléans que, durante todo o trajeto da procissão, não deixou de ser aplaudido"[327]. Festas do consenso por excelência, os lutos públicos, que visam manter em silêncio as dissensões mediante o recolhimento, não deixam também de mostrar os conflitos e tomadas de palavra: a entronização de Mirabeau no Panthéon, o qual havia sido um dos homens mais populares do seu tempo, conseguiu quase a unanimidade; por sua vez, a de Voltaire, organizada em 11 de julho de 1791, no contexto muito tenso que sucede à fuga do rei, provoca, ao contrário, verdadeiras rupturas. Mesmo que a unanimidade se limite sempre a ser quimérica, aquela visada pela política festiva não deixa de estilhaçar-se à medida da radicalização política[328].

Organizadas sob a República como os principais momentos da regeneração social, as reuniões festivas tornam-se, portanto, campos de batalha políticos. Quanto mais aumenta a violência, tanto mais numerosas são as festas

---

326. AL-JABARTÎ, A-al-R. *Journal d'un notable du Caire durant l'expédition française, 1789-1801*. Paris: Albin Michel, 1979, p. 87.
327. DUSQUENOY, A. *Journal*. Op. cit., p. 6.
328. AZOUF, M. *La Fête révolutionnaire*. Paris: Gallimard, 1976.

organizadas para restabelecer a ordem: em 3 de junho de 1792, a "fête de la Loi" [Festa da Lei] presta assim homenagem a Jacques Guillaume Simoneau, o prefeito de Étampes, massacrado após ter sido acusado de especular com a penúria alimentar. Esses festejos fabricados culminam por ocasião das festas de aniversário. Preparada com esmero, a fête de l'Unité [Festa da Unidade], que se realizou em 10 de agosto de 1793 para celebrar a queda da monarquia (10 de agosto de 1792), é também a ocasião – dois meses após o golpe de estado perpetrado pelos *montagnards* em 2 de junho – para contar os partidários da nova Convenção. Frequentes e numerosas, mobilizando populações inteiras, gerando custos muitas vezes assombrosos em tempos de urgência política, militar e alimentar, as festas constituem, sob muitos aspectos, um luxo ou uma anomalia que pode parecer irracional em um tempo de revolução; na medida em que elas testam e reajustam permanentemente as tensões políticas, as festas desempenham, na realidade, um papel essencial na manutenção da coesão coletiva e na encenação da adesão política. Marcadas por uma estética oposta às do rococó e do barroco, do luxo e da ostentação do Antigo Regime, as festas da Revolução aspiram, sobretudo entre 1793 e 1794, a formar um novo gosto popular, visto como um substrato cultural do homem novo: com os seus adornos falsos, essas festas exprimem uma consciência da fuga do tempo; elas põem em cena uma "política do provisório" bastante puritana, voltada contra a ostentação e a monumentalidade das festas da monarquia absoluta.

Entretanto, a utopia da fusão coletiva é apenas provisória. Com o sucesso dos jardins com entrada paga – tais como o Vauxhall, o Élysée ou o Tivoli –, o Diretório traduz-se por uma privatização, uma mercantilização e uma despolitização dos folguedos coletivos que voltam a tornar-se marcadores sociais: em 1797, a fim de poder vibrar ao som e à luz de um fogo de artifício semelhante àquele que acaba de ser lançado diante do embaixador otomano, é preciso pagar um bilhete de entrada de 3 libras. Um tanto sensacionalista, a cultura festiva dessa burguesia urbana evolui para um divertimento sofisticado com emoções orquestradas de maneira calculada, além de estar desconectado de pretensões cívicas e integradoras; assim, as festas oficiais visam colocar, daí em diante, o povo a salvo de suas paixões naturais e deficientemente controladas. Para os ideólogos que inspiram a política educativa e artística do diretório, as "fêtes décadaires" [festas das décadas do calendário republicano] devem ser os momentos privilegiados da educação cívica: "Nunca percamos de vista que o primeiro objetivo da instituição das *fêtes décadaires* deve ser a propagação dos conhecimentos úteis. À semelhança da criança, o homem deve ter também as suas escolas", afirma um artigo de La Décade philosophique, em 20 de dezembro de 1797. Por ocasião dessas celebrações, considera-se que a admiração dos bustos de personagens célebres guia as pessoas pusilânimes. No entanto, até mesmo os republicanos mais conservadores sabem perfeitamente que o culto da personalidade é um perigo para as sociedades em revolução, cuja inevitável desorganização reforça a tentação do homem providencial. Assim, tal admiração deveria permanecer totalmente interna: "Deve-se apreciar as virtudes e adorá-las em seu coração, mas não lhes prestar um culto exterior e concreto" – indica com precisão o mesmo artigo. Apoiando-se em um equilíbrio sensato entre hinos cantados coletivamente, orações individuais e leituras de regras de moral, além de textos fundamentais da República, os cultos das décadas do calendário republicano, apesar de serem pouco praticados, traduzem perfeitamente a utopia política que consiste em levar a adesão republicana a apoiar-se em uma religião civil bem moderada.

Aqueles que pretendem estabilizar a Revolução nada ignoram do poder crítico da risada[329]. Esse escárnio é o da Contrarrevolução, proveniente da ironia e da mofa nobiliárquica, exprimindo-se na sátira de um Rivarol ou nas ferozes caricaturas do inglês James Gillray, as quais, ridicularizando os jacobinos e os *sans-culottes*, são difundidas maciçamente no território francês para desestabilizar os primeiros. "Nosso desígnio inicial consistiu em provocar o riso em nossos concidadãos na expectativa de que, em seguida, eles viessem a irritar-se" – publicado em Coblença, nos círculos de emigrantes, em 1792, o

---

329. BAECQUE, A. *Les Éclats du rire* – La culture des rieurs au XVIIIe siècle. Paris: Calmann-Lévy, 2000.

Almanach historique et critique des députés [Almanaque histórico e crítico dos deputados], constituído de retratos mordazes e impiedosos, mostra a que ponto a risada sarcástica impregna a crítica contrarrevolucionária. Esse é também o riso dos revolucionários que extraem a sua força contestatária das caricaturas e panfletos dos anos de 1780, antes de se radicalizar sob a forma da vulgaridade e da grosseria assumidas no jornal, *Le Père Duchesne*: em setembro de 1973, o jornalista Hébert regozija-se com a prisão do General Houchard e exprime, com alusões cômicas, a "sua grande alegria em ver esse boçal colocar, em breve, a cabeça na janela", ou seja, ser guilhotinado. Oriunda do século XVIII, essa "guerra do riso" pontua regularmente as sessões da Assembleia visto que, durante os vinte e oito meses iniciais da Revolução, pelo menos quatrocentas risadas e gozações políticas interromperam os debates.

Pelo fato de alimentar os conflitos políticos, a risada é uma arma que alguns tentam domesticar, civilizar e colocar a serviço de uma revolução moderada e sob controle: em *La Feuille villageoise* [A folha da aldeia], o jornalista Cerutti tenta fazer um uso cívico da risada crítica, mas desvinculada do grotesco, da escatologia e do grosseiro. Sob o Diretório, as "risadas imoderadas" tornam-se, inclusive, o estigma da loucura e do desarranjo mental, de acordo com a observação do alienista Philippe Pinel[330]. Na mesma época, Jean-François de La Harpe publica uma obra intitulada *Du fanatisme dans la langue révolutionnaire* (1797 [Acerca do fanatismo na linguagem revolucionária]), na qual o entusiasmo religioso ou político é condenado como uma paixão própria dos iluminados, dos exaltados e dos loucos. O que faz falta a uma nação civilizada é o "bom-senso" de "homens ponderados"[331]. Associada aos excessos revolucionários, a alegria exagerada é condenada como o sintoma da exaltação ou do "fanatismo" político, desencaminhando as mentes frágeis. O verbo "fanatizar" aparece nos dicionários em 1798, designando a ação de tornar "fanático", palavra cujo uso foi politizado

---

330. PINEL, P. *Nosographie philosophique, ou la Méthode de l'analyse appliquée à la médicine*. Paris: Maradan, 1797, p. 25.
331. LA HARPE, J.-F. *Du fanatisme dans la langue révolutionnaire*. Paris: Migneret, 1797, p. 8-9.

consideravelmente pela Revolução: outrora associado à religião, o sentido do termo ampliou-se evidentemente, sendo aplicado também, segundo o *Dictionnaire de l'Académie Française* de 1798, "àquele que se apaixona excessivamente por um partido, uma opinião ou um autor". Sob o Consulado e o Império, o riso político é olhado com desconfiança, sinal do "terrorista" ou do "fanático".

Prenhes de prevenções contra a selvajaria popular, esses medos apoiam-se, no entanto, em determinadas singularidades da emotividade popular; com efeito, a manifestação de alegria é também aquela que acompanha o anúncio das violências ou que se imiscui nos próprios massacres e estabelece a candência dos gestos mais terríveis. Cometidos na fúria ou na calma, numerosos massacres são também perpetrados na aparente leveza da alegria coletiva[332]. Em 29 de abril de 1792, acusado de traição por uma parte de seus soldados, o General Dillon morre massacrado em uma ambiência completamente fora de controle; o seu cadáver destroçado é enforcado e jogado no fogo, em redor do qual os soldados começam a dançar gritando, divertindo-se e soltando gargalhadas[333]. Que essa alegria seja explicada por um reflexo de distanciamento ou pela satisfação de ter realizado um desejo de justiça ou de vingança, ela é, no entanto, muitas vezes provisória e rapidamente criticada, inclusive, pelos mais patriotas tão pouco conservadores, tais como Babeuf, o qual, relatando à esposa a alegria exibida por ocasião do assassinato de Bertier de Sauvigny, escreve o seguinte: "Oh, como sofri com essa alegria!"[334] Na mesma ordem de ideias, toleradas e, até mesmo, incentivadas por ocasião de execuções públicas, as manifestações de alegria, hurras e o gesto de levantar os chapéus provocam um grau cada vez mais elevado de horror, além de alimentarem o medo das massas populares, em que o riso e a alegria desenfreados remetem a um estado de perigosa selvajaria (il. 20, "Punir par la douleur" [Punir pelo sofrimento]).

---

332. CORBIN, A. *Le Village des cannibales*. Paris: Aubier, 1990.
333. *Relation de l'assassinat de M. Théobald Dillon, maréchal-de-camp, commis à Lille le 29 avril 1792*. Paris, s.n., 04/05/1792.
334. BABEUF, G. Carta citada.

Por outro lado, e sobretudo do ponto de vista daqueles que tentam controlá-la, a Revolução não é vivenciada somente sob o signo do júbilo. Para alguns, ela chegou a matar a "alegria francesa" que era a marca do espírito nacional antes de 1789. "A política e seus debates / Substituíram em nossas refeições / A piada para rir / O atrativo da liberdade / Longe de animar nossa alegria / Veio proscrevê-la"[335]. Para aqueles que dispunham do luxo de se divertir no Antigo Regime, é certo que a Revolução anuncia o fim da despreocupação. No entanto, esse clichê contém uma parcela de verdade: a Revolução está impregnada também pela seriedade, pela gravidade e pela severidade por parte daqueles que são conscientes dos desafios do acontecimento. Assim, desde o começo da Revolução, um dos primeiros gestos dos patriotas é impedir ou adiar os folguedos associados ao Antigo Regime. Em 12 de julho, quando estoura a insurreição que selará a sorte do regime, o primeiro gesto dos revoltados consiste em fechar os teatros, como sinal de luto público depois da destituição de Necker. O medo do complô e a exigência de transparência incitam também a reprimir e proibir os disfarces em 1793, e depois em 1800, ao passo que os carnavais e bailes de máscara são suprimidos desde 1790. Ao exprimir o seu entusiasmo, numerosos patriotas pretendem demonstrar que a Revolução é, sobretudo, um assunto sério. Postas à venda desde o mês de junho de 1789, as séries de retratos de deputados gravados por Dejabin ou Levanchez apresentam homens impassíveis, posando com gravidade, como que impregnados de um sentimento de responsabilidade. Perceptível no gosto neoclássico e na escolha de Jacques-Louis Davi como organizador das festas oficiais, o estilo severo da Revolução traduz-se no espantoso entusiasmo pelos fisionotraços, os retratinhos de bolso gravados nos quais os modelos posam de perfil, tendo a cabeça apoiada em um suporte de madeira com a ordem expressa de evitar, sobretudo, qualquer tipo de emoção. "Acabamos prostituindo a sensibilidade e desconhecemos o sentimento", resume Marat[336]. Ao contrário do sentimentalismo fictício do munda-

---

335. VALADÉ. *Motion en faveur de la gaîté française*. s.l., ago./1790, p. 299.
336. MARAT, J.-P. *Appel à la nation*. Paris: Chez Marat, 1790, p. 54.

nismo do Antigo Regime, existe um puritanismo patriota, sensível ao rigor, à modéstia e à discrição. Essa desconfiança com respeito ao carisma político está justamente muito bem encarnada pelo "Incorruptível". Posando pouco, escondendo-se em um traje estrito e fora de moda, Robespierre paga um pouco o preço de sua relutância em seduzir as multidões, como sugere Dubois-Crancé:

> Os próprios patriotas tinham estima por ele, mas não o amavam. O motivo é simples: esse homem, alimentado pela moral de Rousseau, sentia-se com coragem para imitar o seu modelo; aliás, manifestou a austeridade de seus princípios e costumes, o seu caráter selvagem, o espírito inconciliável, a simplicidade orgulhosa e, até mesmo, a morosidade[337].

Melancolias revolucionárias

Essa desconfiança crescente para com o riso e a alegria acompanha a rejeição das violências que, criando debate desde o verão de 1789, inspiram um desalento e um horror galopantes. Os massacres de setembro de 1792 constituem uma virada nessa história da sensibilidade em relação à violência: embora seja compreendido e, até mesmo, justificado pelos mais radicais, o banho de sangue provoca um horror geral. Ao longo do ano de 1793, o acúmulo das violências de guerra civil promove um clima de morbidade que provoca o repúdio. Alimentada pela difusão de caricaturas inglesas, a denúncia do "furor da guilhotina" e dos "sorvedores de sangue" é acompanhada pelo elogio dos condenados, transformados em mártires. No verão de 1793, Charlotte Corday, que acaba de apunhalar Marat em circunstâncias particularmente sangrentas, torna-se também a encarnação de uma nova rejeição da violência que é adotada pelos mais convictos dos republicanos. Na primavera de 1794, os *montagnards* no poder não se apercebem a não ser demasiado tarde dessa mudança das sensibilidades. Cansados pelas execuções em massa e pelo cotidiano de

---

337. DUBOIS-CRANCÉ, E.L.A. *Le Véritable Portrait de nos législateurs, ou Galerie des tableaux exposés à la vue du public depuis le 5 mai 1789 jusqu'au premier octobre 1791*. Paris, s.n., 1792, p. 110-111.

insegurança, as populações aspiram a um período de trégua. A decapitação do deputado Féraud, cuja cabeça é exibida pelos insurretos de 20 de maio de 1795 em plena Convenção, constitui um ponto de viragem sem retorno para aqueles que aspiram à calma; esse gesto marca o fim das grandes mobilizações populares parisienses até as jornadas revolucionárias do verão de 1830.

No exterior, perante a situação favorável das forças armadas francesas, a guerra deixa de justificar as leis de exceção. Um número cada vez maior de franceses ousa exprimir a sua repulsa diante da crueldade e do sangue derramado. Compreendendo que só poderão permanecer no poder dissociando-se da repressão, alguns *montagnards* apresentam Robespierre como o único responsável por um "système de la Terreur"[338] e tentam levar as pessoas a acreditarem no fim da repressão e da guerra civil. Organizado em dezembro de 1794 como uma catarse nacional, o processo de Carrier, acusado de ter dirigido os massacres de Vendée, permite denunciar publicamente, com grande número de detalhes, os afogamentos coletivos no Rio Loire e, em particular, determinados "casamentos republicanos" em que indivíduos teriam sido lançados em pares, nus e amarrados, nesse rio[339]. Em todos os sentidos do termo, a Revolução toma as suas distâncias da violência: deslocada da place de Grève para a place de la Révolution e, em seguida, no apogeu das execuções, para a place du Trône-Renversé, a guilhotina afasta-se do centro de Paris. Sob o Diretório, no entanto, a violência política continua sendo comumente praticada, de maneira mais discreta, entretanto, de acordo com o novo estado emocional. Assim, os agitadores *chouans* são frequentemente torturados, mas de maneira discreta. Rejeitado há várias dezenas de anos, o recurso à violência política é, no entanto, tolerada quando se trata de reprimir os "terroristas", sob a condição de que seja escondida dos olhares sensíveis de uma sociedade que se julga "civilizada" e "hemáfoba", termo que, no final do século, designa aquele que tem horror ao sangue.

---

338. TALLIEN, J.-L. Sessão de 28 de agosto de 1794. In: *Moniteur Universel*, 31/08/1794.
339. GOMEZ-LE CHEVANTON, C. *Carrier et la Révolution française em 30 questions*. La Crèche: Geste, 2008.

"Viva a morte!" – eis o que Rétif de la Bretonne pretende ter escutado durante os massacres de setembro de 1792. Verdadeiro ou imaginado, o sentimento de morbidade impregna as palavras e invade os pensamentos daqueles que vivem a Revolução. Essa atenção à morte vem evidentemente de sua onipresença, no auge da guerra civil, mas também de uma mudança de percepção. No momento em que os cemitérios distanciam-se das habitações e a escolha da guilhotina traduz uma recusa da crueldade, o medo de perder pessoas de suas relações, o medo de que a própria pessoa seja vítima de atos de violência, alimenta um imaginário tingido de negrume, levando a duvidar que a Revolução seja capaz de contribuir para o progresso. Sob o Diretório, desencadeia-se assim uma controvérsia sobre uma questão aparentemente anedótica: em 17 de julho, o enrubescimento das faces da cabeça cortada de Charlotte Corday, esbofeteada pelo assistente do carrasco, foi provocado por um simples efeito mecânico ou por uma reação de indignação, provando que os decapitados podem sentir, ainda que durante alguns segundos, emoções, e atestando assim a barbárie desse tipo de execução, praticado em massa desde 1791?[340] Em 19 de julho de 1795, o médico Oelsner serve-se desse exemplo para defender o fim das decapitações, comparadas aos antigos suplícios:

> Neste quadro, o que suscita minha revolta – mais do que a morte, o desfile e os uivos – é o menosprezo pelo pudor demonstrado por vocês nesses momentos horríveis. Vocês pretendem ser um povo sensível. [...] Vocês não tiveram a percepção de que, em um povo que usa roupa, é uma brutalidade abominável expor ao público a nudez de uma mulher ou de um idoso[341].

A guilhotina torna-se o símbolo do horror revolucionário que é denunciado também a propósito dos lugares de detenção, descritos como antros infernais pelos diferentes *Almanachs des prisons* [Almanaques das prisões]. Desde 1792, os processos e as últimas cartas dos condenados encontram um sucesso popular que atravessa as oposições políticas. Considerando que as informa-

---

340. MAZEAU, G. *Le Bain de l'histoire*. Seyssel: Champ Vallon, 2009.
341. *Magasin encyclopédique*, vol. 3, 1795, p. 466.

ções são raras ou censuradas, multiplicam-se os medos irracionais de epidemias, de fome ou de massacres generalizados. A Revolução acaba incrementando os numerosos medos mórbidos que impregnavam periodicamente a vida do Antigo Regime. Em Paris, os boatos de uma epidemia de peste, que teria escapado do hospital, voltam de maneira recorrente e inspiram uma multiplicação de projetos de urbanismo e de arquitetura higienistas, destinados a extirpar os miasmas e a facilitar a circulação do ar nas cidades. Assim banalizadas e integradas a favor da Revolução em uma excepcional normalidade, essas fantasias macabras permitem que alguns indivíduos façam afirmações ou tenham atitudes públicas que, em tempo comum, teriam provocado o horror e a indignação, ou não teriam sido simplesmente pensáveis. Autores de atos de violência particularmente emblemáticos, os famosos "Jourdan Coupe-Tête" [Jordão Corta-Cabeça] ou "Stanislas Maillard" desempenham o papel de heróis diabólicos desse imaginário; eles exercem fascínio e, ao mesmo tempo, causam repulsa nas populações que, por seu intermédio, se livram do assustador poder de provocar a morte.

Esse pessimismo, porém, emerge igualmente do próprio processo revolucionário. Inclusive entre os partidários mais fervorosos, a Revolução não se resume à expectativa entusiasta de um movimento linear em direção a um futuro melhor: se os mais radicais afirmam desprender-se, sem o mínimo remorso, de um "ancien régime" que, em seu entender, é totalmente diferente da "modernidade", eles não deixam de duvidar permanentemente do sucesso de sua ação, não cessando de inspirar-se em um passado mais distante ainda, vindo de uma antiguidade sonhada. Sobretudo, a maioria dos protagonistas são, em graus diversos, atingidos pela inevitável recaída emotiva subsequente à excepcional efervescência dos primeiros dias. O êxito de uma revolução no longo prazo depende sempre um pouco da qualidade da descompensação coletiva que se segue à euforia dos primeiros tempos. Uma vez derrubado o regime, as expectativas desmedidas e as ilusões de unidade dissipam-se necessariamente perante a realidade das divisões internas, dos compromissos a serem negociados e dos primeiros obstáculos encontrados, provocando, às vezes, irreparáveis ressentimentos. Esses amanhãs que desencantam nem por isso são a prova de uma ingenuidade revolucionária, mas a consequência inevitável da crença coletiva na qual o ajuntamento heteróclito de "patriotas" comprometeu-se voluntariamente para adquirir suficiente força, loucura e coragem, além de tentar conseguir o que até então era inimaginável. Mas, embora eles se tenham deixado captar nessa operação de magia coletiva, os que se lançaram em tal operação, muitas vezes com o sacrifício da própria vida, renunciam a ela quase sempre com pesar quando surgem os primeiros desentendimentos, e alguns recusam-se a continuar aderindo a essa ilusão voluntária que engendra decepções proporcionais às expectativas iniciais.

O choque pode ser insuportável para aqueles que deram tudo: depois de se ter lançado de corpo e alma na Revolução, Anne-Josèphe Théroigne de Méricourt é humilhada publicamente por mulheres *sans-culottes* e, incapaz de assumir a impressão de que a Revolução tivesse fracassado, acaba submergindo na loucura. Para a maior parte dos contemporâneos, os acontecimentos provocam uma profunda introspecção que se manifesta, sobretudo após 1794, quando a palavra se liberta novamente. Um verdadeiro dilúvio de emoções pessoais invade os cadernos de lembranças, a correspondência privada, os romances, as poesias e os inumeráveis retratos: a Revolução não consagrou apenas o indivíduo como um sujeito do direito, mas também como uma identidade subjetiva e afetiva que exprime os seus tormentos, os seus remorsos ou a sua nostalgia diante de uma oportunidade que fracassou. Para os mais conservadores, o lamento do mundo perdido, seja ele verdadeiro ou fantasiado, alimenta visões bastante sombrias, em parte inspiradas pela queda social consecutiva à Revolução, pelos traumatismos ligados à ditadura e à guerra civil, e pela angústia da decadência e do Juízo Final. Atingindo as populações de maneiras diferentes, a melancolia faz parte plenamente, de qualquer modo, da paisagem revolucionária. Ela exprime-se na amargura de milhares de exilados, sejam eles patriotas ou contrarrevolucionários, que a Revolução lança nas estradas da Europa; aliás, o romance *L'Émigré* (1797 [O emigrado]) de Gabriel Sénac de Meilhan há de constituir o manifesto literário dessa situação. Alimentando o sucesso do romantismo sombrio, o pessimismo inato exprime-se sobretudo nas listas de guilhotinados, nas comemorações fúnebres e nos relatos mais dramáticos do período de "Terreur", em suma, em uma neurose mórbida que se exibe no gosto pelos escorchados, pelas máscaras mortuárias e pela pintura de ruínas. No entanto, a melancolia faz parte da cultura dos radicais tanto de direita quanto de esquerda, que compartilham o culto do sacrifício, além da consciência aguda do perigo e da precariedade da existência. É essa depressão política que esmaga também aqueles que tiveram de se exilar por causa da Revolução, sejam eles "emigrados" ou, depois da volta dos Bourbon em 1815, os velhos regicidas refugiados em Bruxelas, ou ainda os numerosos ex-jacobinos que tentam passar despercebidos, na França, acalentando a expectativa de viverem dias mais aprazíveis. Para além de suas oposições políticas e em graus diferentes, essas mulheres e esses homens deploram a Revolução como uma oportunidade perdida e, muitas vezes, lançam-se em uma escrita compulsiva da história recente, marcada pelas frustrações e pelo amargor dos fracassos vivenciados. Essa amargura traduz-se por uma nostalgia quase imediata de um Antigo Regime idealizado e, mais amplamente, pelo lamento de um passado mitificado: no começo do século XIX, os românticos hão de inspirar-se em uma Idade Média completamente fantasiada, povoada de mundos perdidos e de criaturas sobrenaturais, para reinventar uma sensibilidade política alternativa à Restauração proposta pelos Bourbon.

O retorno dessa dinastia ao poder, em 1814 e 1815, ocorre sob a autoridade de uma Constituição que pretende suprimir as paixões revolucionárias. "[Napoleão] era detestado. Cada um o considerava como o obstáculo a seu repouso; ora, este tinha-se convertido na principal necessidade de todos"[342].

---

342. *Récits d'une tante*. Op. cit., p. 319.

Formuladas em 1845, essas lembranças retrospectivas da condessa de Boigne evocam a intuição de Adrien Duquesnoy, deputado nos États généraux, o qual, em 22 de maio de 1789, já havia declarado:

> Não conseguiremos livrar-nos da crise atual a não ser por um abalo terrível e, depois de termos combatido, durante muito tempo, uns contra os outros, acabaremos esmorecendo de lassitude no seio do mais absoluto despotismo[343].

---

343. DUQUESNOY, A. *Journal*. Op. cit., p. 36-37.

Segunda parte

Do período após a Revolução Francesa até a década de 1880

6
DIANTE DO CADAFALSO: DO ESPETÁCULO DO SOFRIMENTO AO TEATRO PEDAGÓGICO

Anne Carol

A pena de morte constitui, até meados do século XIX, no mínimo, o topo do edifício penal na Europa. Se as suas modalidades técnicas são variáveis segundo os países, variam também segundo uma cronologia que, praticamente em toda parte, tende a um triplo movimento: um abrandamento progressivo, uma tecnicização acentuada e uma ocultação crescente (inclusive, uma abolição). Na França, por exemplo, a execução capital desenvolve seus faustos cruéis no final do século XVIII na "ostentação dos suplícios"[344], antes de se restringir, na Revolução, apenas à decapitação mediante uma máquina; as últimas duas terças partes do século XIX veem as execuções tornarem-se cada vez mais raras e, ao mesmo tempo, cada vez mais furtivas, até o momento em que se confinam nas prisões, em 1939. Na Inglaterra, as execuções deixam de ser públicas a partir de 1868, tendo sido suspensas (de fato ou de direito): na Toscana, em 1847; na Grécia, em 1862; na Bélgica, em 1863; em Portugal, em 1867; e, na Holanda, em 1870. Quanto à Espanha, na impossibilidade de suprimir o garrote, ela vai escondê-lo, em 1900. Nesse final do século, no re-

---

344. FOUCAULT, M. *Vigiar e punir*: nascimento da prisão [1987]. Trad. de Raquel Ramalhete. 37. ed. Petrópolis: Vozes, 2009, p. 34 [Orig.: *Surveiller et punir – Naissance de la prison*. Paris: Gallimard, 1975, Col. "Tel"].

cém-país, Estados Unidos, já não se executa a pena capital mediante a corda, mas por métodos "limpos" e modernos, tais como a cadeira elétrica, antes de adotar o gás e a injeção.

O que nos dizem esses movimentos do ponto de vista da história das emoções? Seria tentador ver aí uma ilustração das teorias de Norbert Elias, além de uma forma de atenuação das violências, consubstancial à civilização dos costumes se, ao mesmo tempo, as tecnologias guerreiras não se tornassem cada vez mais mortíferas e brutais[345]. Do mesmo modo, seria possível evocar aqui uma elevação dos patamares de sensibilidade que, por consenso, remonta ao Iluminismo, para explicar essa intolerância crescente à violência exercida sobre o outro, tornando insuportáveis tanto a matança em público quanto as violências cometidas contra os animais, a exibição de cadáveres no necrotério ou a conservação de cemitérios nas cidades. No entanto, olhando de perto, as coisas são mais complexas do que parece. No final do século XIX, a população e os turistas acorrem ao necrotério ou em redor da guilhotina; são as decisões políticas que proíbem ou reduzem o seu acesso. Se há emoções, a sua variedade e as suas contradições impedem qualquer interpretação mecânica.

No entanto, em vez de explicar um fenômeno que ainda hoje suscita debate entre os historiadores do direito penal, vamos tentar aqui apresentá-lo em sua diversidade e segundo vários pontos de vista. Quais são as emoções previstas pelo poder ao executar a justiça em última instância? Quais são as emoções experimentadas pelos protagonistas, do supliciado ao espectador? Como é que elas são instrumentalizadas nos debates em torno da pena de morte? Se os tratados de justiça criminal, os textos dos especialistas em direito ou a imprensa

---

345. ELIAS, N. *La Civilisation des mœurs*. Paris: Calmann-Lévy, 1973, p. 296-297 [Orig.: *Über den Prozess der Zivilisation*. Erster Band. *Wandlungendes Verhaltens in denweltlichen Oberschichtendes Abendlandes*. Basileia: Verlag Haus zum Falken,1937 / Ed. bras.: *O processo civilizador* – Vol. 1: Uma história dos costumes. Trad. de Ruy Jungmann; Rev. e apres. de Renato J. Ribeiro. Rio de Janeiro: Zahar, 1990]. • MOSSE, G.L. *De la Grande Guerre au totalitarisme*: la brutalisation des sociétés européennes. Paris: Hachette, 2000 [Orig.: *Fallen Soldiers*: Reshaping the Memory of the World Wars, 1990]. • GAY, P. *O cultivo do ódio*. Trad. de Sergio Flaksman. São Paulo: Companhia das Letras, 1995 [Orig.: *The Cultivation of Hatred* – Vol. 3 de The Bourgeois Experience: Victoria to Freud. Nova York: Norton, 1993].

fornecem elementos de resposta à primeira e à última dessas perguntas, é mais difícil documentar a questão relativa às emoções *sentidas mais profundamente*, a não ser por testemunhos esparsos e bem preciosos. Esse desequilíbrio das fontes mudou definitivamente a abordagem da questão do espetáculo da pena de morte, de seus motivos emocionais e da sua legitimidade. Como se passa de um espetáculo do sofrimento para uma lição de moral e como a execução perde progressivamente a sua legitimidade? E somos levados também a interrogar-nos sobre as questões relativas à empatia e à promoção do indivíduo, enquanto categoria pública, entre o final do século XVIII e o começo do século XX.

O sofrimento como espetáculo

No final do século XVIII, o leque dos castigos infligidos aos criminosos mostra uma engenhosidade difícil de ser imaginada hoje em dia e, de qualquer modo, associada à implementação de uma justiça austera. Aplicados em público, esses castigos oferecem um espetáculo da dor mediante o qual torna-se possível observar os sofrimentos e o comportamento do condenado, além de questionar ou exprimir a sua própria sensibilidade.

Os suplícios e seus motivos

Segundo os tratados de direito penal francês, as penas dividem-se em três categorias: as penas pecuniárias, infamantes e corporais. Assim, "elas podem referir-se: 1º) à pessoa do acusado; 2º) à sua honra e sua reputação; 3º) a seus bens"[346]. O esquartejamento pune o regicida; a fogueira, o blasfemo ou a sodomia; a roda, o assassinato organizado; a forca, o roubo ou o assassinato simples. Dessas penas, o ferrete, o flagelo, a golilha ou o pelourinho são algo menos relevante. Segundo a natureza dos crimes, penas podem ser adicionadas: assim, a retratação pública precede, em geral, as penas capitais, enquanto o açoite

---

346. JOUSSE, D. *Traité de la justice criminelle de France*. T. 1. Paris: Debure, 1771, p. 36.

acompanha a marca de ferro em brasa. É possível encontrar a maior parte dessas sanções, com pequenas variantes, no resto da Europa.

As penas que são aplicadas no espaço público e afetam o corpo recorrem a duas causas sensíveis no condenado: a dor física e a vergonha moral e social, em proporções que variam segundo o que Pascal Bastien designa como a "aritmética do sofrimento e da humilhação"[347].

O sofrimento infligido constitui o núcleo das penas corporais: por exemplo, o flagelo, a marcação com ferro em brasa, as mutilações. Ele acompanha quase sempre a pena capital. Como sublinha Michel Porret, "na França, na Espanha, no Império Germânico, assim como em Amsterdã ou nas cidades da Itália do Norte, a morte como pena consiste, antes de tudo, em aplicar suplícios"[348]. A forca provoca uma morte rápida quando é causada pelo desencaixe das vértebras, mas mata mais lentamente quando é provocada por asfixia, o que é o caso mais comum; assim, na Inglaterra, os enforcados são mortos pelas pessoas à volta que se penduram a seus pés, ao passo que na França o carrasco sobe para seus ombros ou suas mãos amarradas, fazendo-o girar até romper-lhe o pescoço. Os supliciados na roda são amarrados em uma cruz e seus ossos são quebrados por onze golpes de barra de ferro nos membros e no tórax, antes de serem suspensos à roda com a cabeça e os braços virados para baixo, desarticulados, para agonizar nessa posição, às vezes, durante várias horas. O blasfemador e o sodomita são queimados vivos. Salvo exceção, o nobre é decapitado, mas esta pena não lhe garante uma morte indolor: o carrasco é obrigado, em determinadas situações, a retomar a sua tarefa várias vezes. O regicida, enfim, o mais monstruoso dos criminosos, deve sofrer no corpo uma soma inumana de suplícios, tais como aqueles a que, depois da retratação pública, Robert-François Damiens é condenado, em 1757:

> [...] atenazado nas mamas, braços, coxas e barriga das pernas, a sua mão direita, segurando a faca com a qual havia cometido o dito parricídio, é queimada com fogo de enxofre; e nos lugares em

---

347. BASTIEN, P. *Une histoire de la peine de mort*. Paris: Seuil, 2011, p. 84.
348. PORRET, M. et al. *La Chaîne du pénal*. Genebra: Georg, 2010, p. 82.

que estiver atenazado, é lançado chumbo fundido, óleo fervente, resina quente de breu, cera e enxofre fundidos e, em seguida, o seu corpo puxado por quatro cavalos para ser desmembrado, e seus membros e corpo consumidos pelo fogo, reduzidos a cinzas, e suas cinzas lançadas ao vento[349].

Esse arsenal penal não saiu de moda: na segunda metade do século XVIII, essas penas são ainda aplicadas em toda a sua ferocidade e violência. Para dar apenas um exemplo, o cavaleiro de La Barre, acusado de blasfêmia, é queimado em Abbeville, em 1766, depois de lhe terem cortado o punho e a língua. O seu espetáculo tampouco é excepcional. Em Paris, a pena do flagelo ou a da marca com ferro em brasa constituem cenas banais; de modo diferente da pena capital que, no final do século XVIII, tende a recuar um pouco em toda a Europa, exceto na Inglaterra, mas permanece um espetáculo recorrente.

A humilhação experimentada pelo supliciado participa também da natureza da pena quando ela é pública. Aliás, com exceção da decapitação, as penas corporais acarretam sempre a infâmia que é uma noção complexa, dependendo do direito (ela priva o condenado de alguns direitos civis), mas que contamina também toda a vida social: a reputação do condenado é manchada. Essa vergonha deve ser tanto mais rebuscada e tornada visível quanto maior for o escândalo público causado pelo crime. A retratação pública, que castiga tais crimes, prevê que

> [...] o condenado seja conduzido pelo executor do Supremo Tribunal à porta de uma igreja ou sala de audiência, local em que – usando camisa, descalço e cabeça descoberta, a corda ao pescoço, tendo na mão uma tocha de cera ardente com o peso de duas libras – ele deve declarar de joelhos, em voz alta e inteligível, que falsamente e contra a verdade ele fez ou disse algo (aqui são relatadas as causas da condenação) contra a autoridade do rei ou contra a honra de alguém; e que, desses atos, pede perdão a Deus, ao rei, à Justiça e à pessoa ofendida[350].

---

349. MUYART DE VOUGLANS, P.-F. *Les Lois criminelles de France dans leur ordre naturel*. Paris: Mérigot/Crapart/Morin, 1780, p. 133.
350. Ibid., p. 67-68.

Em um registro menos relevante, a golilha e o pelourinho ilustram essa humilhação pública: o condenado – enfiado em uma argola de ferro fixada a um poste, no primeiro caso, ou a cabeça e os braços presos na prancha do pelourinho, no segundo caso – é exposto à reprovação de todos após o seu périplo pela cidade, enquanto um cartaz detalha as causas de sua condenação e a natureza de seu crime. A multidão não se priva, pelo menos em Paris, de escarnecer dele e, até mesmo, de lançar-lhe imundícies. Com o rosto voltado para trás, as cafetinas ficam empoleiradas, nuas até a cintura, no dorso de um asno cuja cauda é segurada por elas, ostentando um chapéu de palha e um cartaz, e sendo conduzidas pela cidade até o lugar de sua execração pública. Nas penas capitais, ao sofrimento e à morte, acrescentam-se dispositivos menos relevantes de humilhação que se desenrolam no longo trajeto que conduz, através das ruas repletas de curiosos, da prisão ao lugar do suplício: por exemplo, o fato de ser transportado na carroça das imundícies, com o rosto voltado para trás e a corda ao pescoço. Estes permitem *a contrario* perceber a singularidade da decapitação, a única pena capital a não acarretar a infâmia[351], na qual o carrasco não constrange, aparentemente, o seu paciente de modo que este pode, em certa medida, permanecer o senhor do seu corpo enquanto espera o golpe de espada fatal.

Ao sofrimento e à humilhação, a pena acrescenta, enfim, no caso das execuções capitais, a angústia da danação. Se, desde o século XV, o condenado pode receber a assistência de um padre, nem por isso a sua salvação está garantida. Não tem igualmente a garantia de uma sepultura em terra consagrada: algumas condenações prolongam o castigo, além da morte, sobre o cadáver. Esse é o caso das condenações à fogueira, em geral, para crimes contra a religião, ou daqueles cujos restos mortais estão destinados a serem desmembrados, a apodrecerem publicamente ou a serem jogados na lixeira pública.

---

351. Quando esta não é inerente ao caráter ignominioso do crime; nesse caso, o nobre é executado como se fosse um plebeu.

Uma *"pedagogia do pavor"?*[352]

Que sentido conferir a esse dispositivo penal? Como escreve Pascal Bastien, "tem a ver com um sentimento de temor marcado na carne do espectador. É também uma consciência do direito inscrita em uma memória do crime e da forca. É uma emoção e um saber"[353]. O que será importante: dirigir-se ao coração ou à razão? Em que se baseiam os magistrados para presumirem que a execução é algo eficaz?

Já foi dito que a dor física faz parte integrante do suplício. No caso em que não é uma condenação à morte, trata-se de "corrigir" o malvado. Medo e sofrimento trabalham, portanto, junto com o corpo para imprimir nele um vestígio, uma lembrança, e dissuadi-lo de recomeçar. Para além da dor imediata provocada pelo ferrete ("V" para *voleur* [ladrão], "GAL" para galés) a qual poderia ser esquecida, tal suplício desempenha no corpo esse papel de recordação; se o ferrete é escondido no final do século (ao ser aplicado no ombro e não na fronte, do mesmo modo que ocorre a desaparição do desorelhamento) e serve sobretudo para identificar os casos de recidiva, ele reativa indefinidamente essa marca humilhante de vergonha no corpo, tanto para os outros quanto para o condenado.

Com relação ao condenado à pena capital, em vez de corrigir, trata-se de "exterminar" o malfeitor. Assim, a pena deve também, como no caso precedente, dissuadir o povo por meio do exemplo:

> Se os homens não fossem perturbados pelas paixões e pela cegueira de seu coração, a vergonha por si só deveria ser um motivo suficiente para impedi-los de praticar ações injustas; mas, em alguns deles, essas paixões são tão fortes, dominando-os de tal maneira, que foi preciso necessariamente empregar motivos

---

352. PORRET, M. "'Effrayer le crime par la terreur des châtiments': la pédagogie de l'effroi chez quelques criminalistes du XVIIIe siècle". In: BERCHTOLD, J. & PORRET, M. (sob a dir. de). *La Peur du XVIIIe siècle* – Discours, représentations, pratiques. Genebra: Droz, 1994, p. 45-67.

353. BASTIEN, P. *Une histoire de la peine de mort*. Op. cit., p. 249.

mais poderosos, tais como os do temor dos castigos, para impedi-los de cometer crimes que favoreçam as suas paixões[354].

Espera-se, portanto, que o espetáculo do sofrimento e da humilhação do supliciado faça nascer, em uma alquimia de afetos, o terror naqueles que assistem a essa execução, demovendo-os de cometer crimes. Para Michel Foucault, a violência do castigo e o assanhamento em relação ao corpo exercem uma função, ao mesmo tempo, judiciária e política: tais procedimentos devem traduzir o desequilíbrio dos poderes no regime monárquico; ou dito por outras palavras, "deve haver, nessa liturgia da pena, uma afirmação enfática do poder e de sua superioridade intrínseca"[355]; é por isso que o regicida, o criminoso por excelência, constitui o objeto de uma ferocidade obstinada.

Vamos admitir que o sofrimento é indispensável. Pode, no entanto, acontecer que se queira evitar uma dor forte demais ao condenado e que o seu suplício seja "atenuado"; ele é estrangulado ou perfurado com uma haste de ferro antes de ser queimado ou espancado da cabeça aos pés, em um momento fixado pela sentença e, em princípio, conhecido unicamente pelo executor. Essa decisão de justiça, o *retentum*, será que procede de uma compaixão para com o condenado? De modo nenhum, de acordo com o direito. Trata-se antes de evitar que o excesso de dor e a impaciência levem o infeliz à blasfêmia e comprometam a salvação a seu alcance mediante um arrependimento e uma justa expiação. Do mesmo modo, determinados suplícios não se aplicam às mulheres, tais como a roda, "por causa da decência devida ao respectivo sexo"[356]; nesse caso também, em vez da atenuação da vergonha, trata-se do efeito corruptor que o espetáculo desse corpo feminino em convulsão viesse a ter sobre o público.

---

354. JOUSSE, D. *Traité de la justice criminelle de France*. Op. cit., p. II.
355. FOUCAULT, M. *Vigiar e punir*. Op. cit., p. 49.
356. MUYART DE VOUGLANS, P.-F. *Les Lois criminelles de France...* Op. cit., p. 57.

As emoções em ação: empatia, insensibilidade, crueldade?

Resta o mais difícil: a tentativa de restituir as emoções manifestadas e sentidas profundamente pelos protagonistas da execução, a começar pelo supliciado até o espectador, passando pelo executor. As fontes à disposição do historiador são fragmentárias e, muitas vezes, tendenciosas: por exemplo, atas do oficial de justiça, *accounts* redigidos às pressas pelos padres ingleses ao pé da força, relatos dos escritos do foro privado.

Dos encarregados de executar o julgamento não se espera nenhuma emoção, a qual é, inclusive, contrária ao exercício de uma boa justiça: "A vingança é uma paixão da qual as leis estão isentas; estas punem sem ódio, nem cólera"[357]. Presume-se que o carrasco, em particular, esteja desprovido de *afeto* em seu ofício: ele deve ter cuidado "para não agir por nenhum motivo de vingança particular na punição dos culpados: e, tampouco, para levá-los a sofrer com demasiada crueldade na maneira de executá-los"[358]. Na verdade, são raros os relatos que atestam, de preferência, a perturbação passível de invadi-lo se falhar em seu trabalho, ocasionando desse modo um aumento de sofrimento em seu paciente – nesse caso, torna-se difícil separar o que depende da compaixão ou da vergonha. No final do século, no momento em que, é verdade, se exprime uma repulsa crescente pelo espetáculo dos suplícios, um espectador descreve assim uma execução na qual o carrasco, inexperiente, não havia espancado suficientemente o supliciado:

> Assim que o desamarraram para colocá-lo sobre a roda, ele levanta-se apoiado com firmeza nas pernas e precipita-se nos braços de seu confessor que o abraça; tal cena causa tamanha impressão ao confessor e ao próprio carrasco que estes chegam a passar mal[359].

---

357. SERVAN, J.M.A. *Discours sur l'administration de la justice criminelle*. Genebra, s.n., 1767, p. 33.
358. JOUSSE, D. *Traité de la justice criminelle de France*. Op. cit., p. 405.
359. BNF, ms fr. 6686, p. 320, apud BASTIEN, P. *L'Exécution publique à Paris au XVIIIe siècle*. Seyssel: Champ Vallon, 2006, p. 89.

O superintendente, encarregado de organizar o desenrolar do suplício, é o primeiro que deve implementar essa insensibilidade. Acontece, no entanto, que ele procede a uma atenuação da pena, fora dos casos previstos por *retentum*: assim, o livreiro Hardy conta que o assassino Ponchon, moído de pancadas em 11 de janeiro de 1785, é estrangulado quinze minutos mais cedo que o previsto, por decisão do "Senhor Superintendente da vara criminal, impressionado por seus gritos"[360]. Afinal, trata-se de um gesto de compaixão ou de ordem pública? É possível também, em casos raros, poupar a vergonha aos supliciados, autorizando-os a cobrirem o rosto.

As emoções do supliciado deixam um pouco mais de vestígios. Na França, os oficiais de justiça mencionam, na leitura da sentença, o espanto, os choros e o medo. A vergonha é também perceptível, como no caso da marquesa de Brinvilliers cujo confessor relata que ela "não conseguiu suportar esse dispositivo [o da retratação pública] durante o qual tanta gente a devorava com os olhos sem ficar exasperada por despeito"[361]. Mas, a aplicação imediata da pena, após a condenação, evita a obrigação de controlar durante um longo tempo, por exemplo, emoções complexas ou a alternância entre revolta e abatimento. A missão do padre, que deve ajudar o condenado a garantir a salvação – especialmente, pregando-lhe a resignação –, improvisa-se assim no decorrer da execução. Em Genebra, os homens do culto não têm tempo para essa tarefa, no máximo, vinte e quatro horas. Na Itália e na Espanha, a situação é diferente: em Madri, Bolonha, Roma, Nápoles e Palermo, confrarias de penitentes encarregam-se da preparação moral do condenado à morte, segundo um protocolo preciso. Os *Bianchi* palermitanos dispõem de três dias e três noites para extirpar nele qualquer esperança de escapar da morte, para convencê-lo a arrepender-se e para levá-lo a repetir, à força de exercícios espirituais e gestuais, o seu papel na representação bem-sucedida do "teatro de penitência"[362].

---

360. BNF, ms fr. 6685, p. 53, apud ibid., p. 115.
361. Apud ibid., p. 192.
362. DI BELLA, M.P. *Essai sur les supplices*. Paris: Hermann, 2011.

Apesar dessas prédicas, alguns condenados revoltam-se e recusam-se a aquiescer com a sua condenação à morte. A sua cólera exprime-se através de gritos e blasfêmias, tais como a de Gabriel Dupont, enforcado em 1794, em Genebra, e que berra para a multidão: "Desejo que o raio esmague meus juízes, o clero e o povo de vocês; vivi como um cão e é assim que desejo morrer"[363]. O Conde de Lally, condenado à decapitação em 1766, não tem o sangue-frio que seria previsível esperar de um aristocrata, tendo sido necessário tomar medidas para refrear a expressão de suas emoções, o que poderia comprometer a cerimônia:

> Tendo manifestado, então, o mais horrível desespero, ele jogou-se no chão com a máxima violência, de tal modo que foi muito difícil reerguê-lo [...], esses diferentes acidentes e as afirmações pouco comedidas que ele tinha proferido, seja contra o rei ou contra o governo e os juízes, tendo deixado a dúvida de que ele poderia renová-las, ainda com mais furor, quando aparecesse no cadafalso, o senhor Primeiro Presidente e o senhor Procurador Geral ordenaram que lhe fosse colocada na boca uma mordaça que mesmo assim foi construída de maneira que ele pudesse ser escutado por seu confessor[364].

Na Inglaterra, se o leque de reações parece ser o mesmo, os observadores franceses deleitam-se em relatar, no final do século, um modelo de comportamento estoico e indiferente à morte, considerado por eles como uma característica "nacional". Simples repetição de um lugar-comum? Ou talvez o prazo mais longo que precede a condenação à morte permita enfrentá-la em melhores condições e, nomeadamente, pensar no discurso do cadafalso (*last dying speech*), cuja tradição é mantida além da Mancha, por mais simples que ele seja?

O que se pode saber, afinal, dos sentimentos e das emoções experimentadas pelos espectadores? Estes acorrem às execuções capitais, oriundos de todas

---

363. Apud PORRET, M. et al. *La Chaîne du pénal*. Op. cit., p. 89.
364. HARDY, S.-P. *Mes Loisirs, ou Journal d'événements tels qu'ils parviennent à ma connaissance (1753-1789)*. T. 1. Paris: Picard, 1912, p. 45-47, apud JORIS, F. *Mourir sur l'échafaud*. Liège: Le Céfal, 2005, p. 89.

as classes sociais, de ambos os sexos e de todas as idades. Essa afluência atesta, pelo menos, duas certezas: a curiosidade sentida e uma forma de consentimento ao direito penal visto que, pela simples presença, a pessoa participa daquilo que é desejado pela autoridade como um espetáculo.

Em compensação, não é certo que o "terror" pretendido seja alcançado. Assim, a multidão, sem questionar a legitimidade do castigo, manifesta mais interesse pelo desempenho do carrasco e pelo condenado, seja no sentido de escarnecê-lo ou de compadecer-se com o seu destino. No trajeto de Tyburn, há quem lhe ofereça gin ou cerveja; um pouco por toda parte, a multidão entoa a *Salve Regina* ou reza com o infeliz para ajudá-lo a suportar o seu suplício. Será que se deve considerar essa emoção coletiva como uma forma de reviravolta empática, de reconciliação com o condenado, cujo sacrifício passional viesse a contribuir para congregar a comunidade? Tal interpretação tem dificuldade em harmonizar-se com a infâmia que acompanha a execução capital e que, pelo contrário, instaura uma segregação[365].

Por sua vez, os historiadores pretenderam ver na multidão em redor das execuções uma potencialidade carnavalesca e ler nesse movimento os germes de uma contestação do poder[366]. As "emoções de cadafalso", porém, são raras na França do final do século XVIII e, de modo algum, em expansão[367]: às vezes, elas têm uma base social – por exemplo, quando se executa um empregado doméstico por roubo ou quando se suspeita que uma personalidade teria escapado da pena merecida; elas têm pouco a ver com uma rejeição dos suplícios. A crueldade não é, na maior parte do tempo, percebida e contestada a não ser

---

365. Sobre a execução como ritual propiciatório, cf. BÉE, M. "Le spectacle de l'exécution dans la France d'Ancien Régime". In: *Annales ESC*, n. 4, 1983, p. 843-862. Sobre a sua contestação, cf. BASTIEN, P. *L'Exécution publique à Paris au XVIIIᵉ siècle*. Op. cit., esp. cap. 4.

366. À semelhança de Michel Foucault em *Vigiar e punir* (Op. cit.) ou de LAQUEUR, T. "Crowds, Carnivals and the State in English Executions, 1604-1868". In: BEIER, A.L.; CANNADINE, D.; ROSENHEIM, J.M. (sob a dir. de). *The First Modern Society*. Cambridge: Cambridge University Press, 1989, p. 305-355.

367. NICOLAS, J. *La Rébellion française* – Mouvements populaires et conscience sociale, 1661-1789. Paris: Seuil, 2002.

quando procede de uma agravação inesperada da pena, causada pela falta de jeito do carrasco: então, cólera e indignação exprimem-se contra o que é vivenciado, no sentido literal, como uma in-justiça. São essas emoções também que motivam os motins contra o *Murder Act* de 1751 que prolonga sistematicamente a punição por uma dissecação pública.

Por ocasião do suplício de Damiens, o magistrado Gueullette mostra perfeitamente que a sensibilidade pode coexistir com uma ausência de empatia: "Eu via a ponta dos seus pés, embora suas pernas estivessem solidamente atadas à mesa, agitar-se assim como todo o seu corpo com movimentos convulsivos que provocavam horror. Mas ninguém se compadeceu ao ponto de lamentar a sua sorte"[368].

Essa aparente insensibilidade à dor sofrida pelo outro chega a formular, de qualquer modo, a questão de um estado emocional diferente do nosso, no qual se verificasse a mistura de resistência à dor, de familiaridade com a violência e de banalidade da morte[369].

A ascendência dos intoleráveis: um novo sistema emocional?

A segunda metade do século XVIII, no entanto, vê exprimir-se um pouco por toda parte nas elites da Europa esclarecida uma rejeição dos suplícios bárbaros e um questionamento do aparelho penal. Essa mudança está marcada por debates teóricos em torno da pena de morte e da eficácia moral de seu espetáculo, pela emergência de um novo olhar lançado sobre este e por um movimento geral de atenuação das penas. Nesta virada, em que medida houve participação das emoções?

---

368. GUEULLETTE, T.S. *Sur l'échafaud* – Histoires de larrons et d'assassins (1721-1766). Ed. de Pascal Bastien. Paris: Mercure de France, 2010, p. 219.
369. SPIERENBURG, P. *The Spectacle of Suffering*. Cambridge: Cambridge University Press, 1984.

A rejeição dos suplícios

Embora as duas questões sejam distintas, é difícil separar nessa rejeição o que se refere à crueldade dos suplícios daquilo que incide sobre pena de morte em si, a qual, por essência, é a aplicação de suplício.

O pioneiro do combate contra a pena de morte é um jovem jurista milanês, Cesare Beccaria (1738-1794). Em um ensaio publicado anonimamente, em 1764, *Dei delitti e delle pene* [Dos delitos e das penas], ele propõe uma reforma da justiça penal que colocaria a prisão no centro e excluiria a pena de morte – salvo em matéria política. Esta não somente é ineficaz em termos de dissuasão e de exemplaridade, mas é também contraproducente de um ponto de vista moral, oferecendo um espetáculo cruel. Quanto aos suplícios que a acompanham, eles não têm lugar na civilização esclarecida:

> Convém prodigalizar impressões mais fortes e sensíveis para os ânimos de um povo recém-saído do estado selvagem. [...] À medida que, porém, as mentes se afrouxam no estado de sociedade, cresce a sensibilidade de cada indivíduo e tal crescimento exige a diminuição do rigor das penas, se houver a pretensão de manter constante a relação entre o objeto e a sensação[370].

A encarceração seria mais eficaz para corrigir os homens porque "a sensibilidade humana é mais fácil e constantemente afetada por impressões mínimas, porém renovadas, do que por um abalo intenso, mas efêmero"[371]. O tratado de Beccaria teve grande sucesso entre os pensadores do Iluminismo na Europa inteira. Traduzido para o francês em 1766 – *Traité des délits et des peines* –, causou grande admiração em Voltaire, que toma o partido da abolição; no entanto, a sua defesa contra a pena de morte não obtém a unanimidade. Entre os que reclamam uma reforma do sistema penal, são numerosos os que desejam o de-

---

370. BECCARIA, C. *Dos delitos e das penas*. Trad. de José Cretella Jr. e Agnes Cretella. 2. ed. São Paulo: Revista dos Tribunais, 1999, p. 139 [Orig.: *Dei Delitti e delle Pene*, 1764; ed. fr.: *Traité des délits et des peines*. 3. ed. Trad. de Abbé André Morellet. Lausanne, s. n. 1766].

371. Ibid., p. 91.

saparecimento dos suplícios sem abolir a pena capital e/ou pretendem torná-la menos frequente, como Rousseau.

No mesmo momento, escritores e intelectuais denunciam a crueldade penal, julgada incompatível com a evolução dos costumes e, a partir de sua própria experiência, observam a defasagem entre dois estados emocionais: o primeiro tem a ver com a insensibilidade, ou, às vezes, até mesmo, com o prazer em observar o sofrimento do outro; enquanto o segundo refere-se à empatia que torna insuportável esse espetáculo. Louis Sébastien Mercier ou, aqui, Rétif de La Bretonne dão testemunho dessa defasagem:

> O homem ficou totalmente quebrado, assim como os dois camaradas. Eu não conseguia aguentar a visão dessa execução; afastei-me, mas Hameau-Neuf, estoico, continuava observando tudo. Fiz outra observação. Enquanto os infelizes sofriam, eu examinava os espectadores, conversando e rindo como se estivessem assistindo a um desfile. Mas o que mais me revoltou foi uma moça, muito bonita, que estava aparentemente com o amante: ela dava risadas, divertia-se com o aspecto e os gritos dos infelizes. Não fiquei convencido![372]

De acordo com o discurso, a sua natureza é variável. Se concordarmos em rechaçar a indiferença ou a crueldade como algo do passado (ou de alhures), vamos torná-las também caraterísticas específicas do povo. Acaba por esboçar-se o *topos* de uma multidão selvagem, mesmo que este seja combatido por aqueles que sublinham o grande sucesso obtido pelas execuções famosas junto a todas as classes da sociedade, ou contradito pelos diários ou pelas correspondências de bons burgueses que assistem com todo o prazer ao espetáculo; todavia, já não fica bem regozijar-se ao ver alguém morrer e, pior ainda, sofrer. No entanto, será que essa *squeamishness*, essa delicadeza exibida procedem de uma verdadeira evolução das sensibilidades ou de uma estratégia de distinção social que antecipa uma mutação ainda em germe?[373]

---

372. RÉTIF DE LA BRETONNE, N.E. *Les Nuits de Paris* [1788-1794], apud JORIS, F. *Mourrir sur l'échafaud*. Op. cit., p. 116.
373. SPIERENBURG, P. *The Spectacle of Suffering*. Op. cit. Cf. ilustração para a Inglaterra do começo do século XIX. In: SIMPSON, A.E. (dir.). *Witness to the Scaffold* – English Literary Figures

Essa evolução está também marcada nas leis. As monarquias europeias esclarecidas começam timidamente a atenuar o seu sistema penal. Na Toscana, a pena de morte é suspensa em 1766 e abolida em 1786; a Áustria segue o seu exemplo um ano mais tarde. Na França, a *question préparatoire* [torturas para obter a confissão de crime] é abolida em 1781, sete anos antes da suspensão da *question préalable* [suplícios que, precedendo a execução, eram aplicados ao condenado a fim de obrigá-lo a revelar o nome de seus cúmplices]. Em Londres, em 1787, a forca é transferida para Newgate, perto da prisão, para evitar o longo percurso em carroça, e o *new drop* instaura um alçapão para abreviar a agonia do enforcado. A Revolução Francesa, porém, oferece uma oportunidade única para revisar tal punição de acordo com a filosofia do Século das Luzes.

A guilhotina ou o suplício humanizado

Os revolucionários debruçam-se, bem cedo, sobre o sistema penal; aliás, eles empenham-se em harmonizá-lo com os princípios enunciados pela Déclaration des droits de l'homme et du citoyen [Declaração dos Direitos do Homem e do Cidadão]. Desde o 1º de dezembro de 1789, o Dr. Guillotin propõe à Assembleia Nacional os princípios de uma pena idêntica para "os delitos do mesmo gênero", seja qual for "a categoria e o estado do culpado" (art. 1); é a aplicação lógica da ideia segundo a qual "todos os homens nascem livres e iguais em direito". A sua proposta reitera o princípio no caso da pena de morte, especificando o suplício: "O criminoso será decapitado. E será pelo efeito de um simples mecanismo" (art. 2). Se acrescentarmos o desejo de que a pena se extinga com a morte do supliciado, Guillotin convida a pôr fim aos suplícios e às penas agravadas referentes ao cadáver – em suma, à crueldade penal.

O seu discurso (que não foi conservado) apoia-se, com efeito, em "um esboço tão pitoresco quanto sensível dos assustadores suplícios que se tinham perpetua-

---

as Observers of Public Executions: Pierce Egan, *Thackeray, Dickens, Alexander Smith, G.A. Sala, Orwell*. Lambertville, N.J.: The True Bill Press, 2008.

do, inclusive, no século da humanidade"[374]; a evocação ao "sensível" encontra um eco em uma Assembleia "vivamente emocionada"[375] e, segundo os comentários das testemunhas, "os sentimentos de humanidade suscitados em tal circunstância impregnaram facilmente todas as almas"[376]. Guillotin cria, portanto, uma comunidade efêmera mediante os sentimentos de ternura e as lágrimas[377], a qual vota sem hesitar o primeiro artigo. No entanto, a Assembleia esbarra no segundo que, afinal, não passa de uma extensão do primeiro e que toca exatamente no cerne do problema. Pode-se levantar a hipótese de que o novo modo de matar e, sobretudo, a sua descrição cruamente técnica – portanto, insensível – tenham suscitado o mal-estar e levado o consenso a esvanecer-se. Além disso, duas questões são imediatamente formuladas, as quais hão de condicionar os debates ulteriores em torno da pena de morte, a saber: a questão do valor moral do espetáculo da degolação; e aquela que, sendo inerente ao desaparecimento dos suplícios, se refere à impossibilidade de graduar o castigo de acordo com o crime.

Decorrem ainda alguns meses antes que a Assembleia Nacional retome a questão no final de maio, a partir dos trabalhos do comitê encarregado de elaborar um novo código penal. O seu relator, Louis-Michel Lepeletier, defende a abolição da pena de morte e a sua substituição por uma pena de prisão. Ele contesta, em particular, o valor edificante dos suplícios: "Em vez de um exemplo, trata-se de um espetáculo ao qual vem assistir todo esse povo; este é atraído por uma curiosidade cruel. Essa visão adula e mantém em sua alma uma disposição imoral e obstinada"[378]. Lepeletier é apoiado por Robespierre e Adrien Duport; no entanto, em desacordo com eles, a Assembleia rejeita a abolição em 1º de junho. Desde então, os debates incidem sobre as modalidades – e de seu grau de crueldade ou não – da pena de morte. Ora, nesses debates, a

---

374. *Le Journal des États généraux*, 01/12/1789.
375. *Moniteur Universel*, 01/01/1789.
376. *Le Journal de Paris*, 02/12/1789.
377. A respeito desses sentimentos coletivos de ternura, cf. VINCENT-BUFFAULT, A. *Histoire des larmes*. Paris: Rivages, 1986.
378. *Archives parlementaires*, 1791, t. 26, p. 327.

questão das emoções está muito presente, na medida em que se continua a dar à publicidade da execução uma função de eficácia: trata-se sempre de edificar o povo e, portanto, de servir-se do recurso da visão – aliás, o sentido mais poderoso – para provocar uma emoção e inculcar o horror do crime.

A partir desse critério, como escolher o modo de execução? O comitê havia proposto a decapitação, ou seja, o suplício menos doloroso e, por tradição, o menos infamante. A discussão subsequente faz aparecer duas maneiras de representar as sensibilidades populares. Para uns, ou seja, aqueles vinculados à lógica aterrorizante do Antigo Regime, o sangue derramado tem um poder emocional inestimável:

> É extremamente importante que o homem exposto a todas as paixões da humanidade volte para casa, depois de um suplício, com o coração impregnado de terror e de pavor. Não creio que o suplício da degolação seja mais rigoroso, do ponto de vista físico, do que o da forca ou qualquer outro suplício; no entanto, em relação à sociedade, tem a vantagem de ser o mais assustador para o malfeitor, além de ser mais suscetível de conservar os costumes[379].

Os outros, por sua vez, temem que o povo se habitue a ver "correr o sangue de seu semelhante" e que, assim, a sua sensibilidade fique embotada: "Não pretendamos dar lições de crueldade a um povo que, por nosso intermédio, se tornou livre", exclama um deles[380]. No entanto, a decisão da Assembleia, que vota em 3 de junho, é que "todo condenado à morte será decapitado".

Regulada no judiciário, a questão da execução torna-se técnica: somente na primavera de 1792, diante do acúmulo dos condenados nas prisões e da persistência das execuções por enforcamento, é que a Assembleia supera a sua "repulsa" e encarrega o cirurgião Antoine Louis de especificar o modo de decapitação[381]. Este, de acordo com o executor Sanson, rejeita a decapitação

---

379. Joseph-Golven Tuaut de La Bouverie. In: ibid., p. 721.
380. Bertrand Barère. In: Ibid., p. 686.
381. Cf. CAROL, A. *Physiologie de la veuve* – Une histoire médicale de la guillotine. Seyssel: Champ Vallon, 2012, p. 45ss.

pela espada, a qual inspira pouca confiança por ser tributária demais das emoções do carrasco e do paciente; realizada com hesitação, ela poderia resultar, à semelhança do que ocorria no passado, em um "picado", reatando com os suplícios bárbaros e levando os espectadores a se indignarem não contra o criminoso, mas contra aquele que o executa. Impõe-se, portanto, voltar à máquina de decapitar proposta por Guillotin, cuja principal virtude é a inumanidade porque o procedimento depende de "meios mecânicos invariáveis". Montada por um fabricante de clavicórdio de acordo com as indicações do cirurgião, testada várias vezes em sua presença, a guilhotina funciona pela primeira vez, em 25 de abril de 1792, na place de Grève, para punir um ladrão. Precauções são tomadas para garantir a segurança do engenho, mas elas são inúteis: a multidão, presente em grande número, retira-se sem incidentes, lamentando, segundo os jornalistas, o fato de que a execução do suplício tivesse sido tão rápida. Com efeito, "os espectadores não veem nada; em seu entender, não há tragédia; eles nem têm tempo para ficarem emocionados"[382]. Como mostrou Guillaume Mazeau no capítulo precedente, é somente quando se torna um instrumento político que o suplício reata com uma dramaturgia e uma dimensão emocional complexa[383].

Um questionamento pela razão ou pela emoção?

O questionamento da crueldade penal podia parecer – percebido através de nossas sensibilidades – como guiado pela emoção legítima suscitada pelos sofrimentos do condenado. Ora, não é isso o que se passa: os sofrimentos não são considerados de seu ponto de vista, mas do ponto de vista do efeito que podem ter sobre os espectadores.

Com efeito, a legitimidade dos sofrimentos – e, mais amplamente, a da pena de morte – são entendidas, antes de tudo, sob o ângulo da utilidade pú-

---

382. CABANIS, P.-J.-G. "Note sur l'opinion de MM. Oelsner et Soemmering et du citoyen Sue touchant le supplice de la guillotine (28 brumaire an IV)". In: *Note sur le supplice de la guillotine*. Périgueux: Fanlac, 2002, p. 24.
383. Cf. acima, cap. 5: MAZEAU, G. "Emoções políticas: A Revolução Francesa", p. 145.

blica[384]. Se a pena de morte não é aplicada ao criminoso é porque, ao ser transformado em cadáver, ele já não serve para nada, ao passo que em situação de prisioneiro ele pode ser utilizado em qualquer tipo de trabalho forçado. As prisões prometidas pelos abolicionistas aos condenados são lugares em que o corpo é submetido a longos sofrimentos, de maneira contínua e desapiedada. Esse tormento é, às vezes, a consequência de um trabalho desumano (não seria *justo* que o criminoso tivesse uma vida mais aprazível do que o mais miserável dos homens honestos) e rentável para a coletividade: para Marat, é legítimo empregar os criminosos "nos trabalhos públicos, nos trabalhos repugnantes, nos trabalhos insalubres e nos trabalhos perigosos"[385]. Às vezes, porém, é organizado conscientemente como uma demonstração duradoura e recorrente do rigor da justiça, segundo o princípio da eficácia citado mais acima. Lepeletier, em 1791, propõe substituir a pena de morte por uma exposição pública de três dias no pelourinho, seguida de uma prisão em um "calabouço às escuras"; o condenado ficaria a salvo de qualquer violência física, mas colocado em um isolamento total, acorrentado e reduzido a pão e água. Enfim,

> uma só vez por mês [...] as portas da masmorra serão abertas, mas com o objetivo de oferecer ao povo uma imponente lição. O povo poderá ver o condenado carregado de ferros no fundo de seu doloroso reduto; e o povo lerá em letras maiúsculas, acima da porta da masmorra, o nome do culpado, o crime e o julgamento.

Para dissipar qualquer tipo de ambiguidade, o relator indica com precisão:

> Senhores, pretende-se que a pena de morte seja a única punição capaz de afugentar o crime; a situação que acabamos de descrever seria pior que a morte mais cruel [...], a própria compaixão manifestada pelos senhores comprova que temos feito todo o possível para sublinhar a função de exemplo: assim é que temos uma pena repressiva[386].

---

384. Sobre estas questões, cf. MICHELI, R. *L'Émotion argumentée* – L'abolition de la peine de mort dans le débat parlementaire français. Paris: Cerf, 2010. • LE NAOUR, J.-Y. *Histoire de l'abolition de la peine de mort*. Paris: Perrin, 2011.
385. MARAT, J.-P. *Plan de législation criminelle*. Paris: Rochette, 1790, p. 32.
386. *Recueil des débats des assemblées législatives de la France sur la question de la peine de mort*, avec une introduction et des annotations par M. Charles Lucas. Paris: Charles-Béchet, 1831,

Para filósofos emblemáticos do Iluminismo, tais como Diderot ou d'Alembert[387], ou para reformadores – por exemplo, o genovês, Benjamin Carrard –, ou ainda para o promotor da morte suave e imediata, Guillotin, os condenados à morte poderiam, aliás, ser objeto de experiências terapêuticas a fim de levar a ciência a progredir: inoculações experimentais da raiva ou de outras doenças incuráveis, operações cirúrgicas etc. Essa ferocidade tranquila poderia constituir motivo de espanto se não remetesse a definições concorrentes do conceito de "humanidade" que, supostamente, deveria regular o regime de penas. Com raríssimas exceções, essa humanidade consiste no devotamento ao bem de todos os homens e não na empatia para com uma só pessoa, e ainda com mais razão se é o caso de um celerado. O Abbé de Mably, *rétentionniste* [defensor da pena de morte], porém partidário da abolição dos suplícios, procura justificar a crueldade: "É por humanidade que preconizo o rigor"[388]. É essa humanidade (a busca do bem de todos) que o conduz a defender a vivissecção dos criminosos. Enfim, "ter humanidade pelos celerados é ser inumano" – responde Tallien a um abolicionista em 1795[389]. Esboça-se, desse modo, um paradigma que será adotado ao longo de todo o século seguinte, opondo a humanidade "verdadeira" à "falsa", preocupada com a sorte do criminoso e não de sua vítima ou de suas vítimas potenciais.

Entretanto, no espectro das emoções que são idealmente convocadas pelo espetáculo judiciário, o terror deixa de ocupar uma posição exclusiva. Outros, articulados com base na razão, podem ser postos em movimento. No caso parisiense, Pascal Bastien mostrou que, bem antes da Revolução, antes e durante a execução, um verdadeiro trabalho de legitimação da severidade final é efetuado principalmente por intermédio das sentenças que são publicadas e que, lidas em

---

p. 40-42. Esse regime é, mais ou menos, aquele aplicado aos condenados na Áustria abolicionista de José II. As "atenuações" evocadas por Louis-Michel Lepeletier consistem em uma série de patamares de melhorias materiais, em que a pena nunca deveria ser de prisão perpétua.
387. CHAMAYOU, G. *Les Corps vils*. Paris: La Découverte, 2008.
388. DE MABLY, G.B. *De la législation, ou Principe des lois*. Amsterdã: Rey, 1776, p. 108.
389. TALLIEN, J.-L. *Moniteur Universel*, 1ᵉʳ pluviôse an III.

várias circunstâncias, candenciam o percurso da execução e criam o consenso. Para os reformadores, o castigo justo e, até mesmo, rigoroso, se é aplicado rapidamente, poderia suscitar uma cadeia de emoções, aliás, em conformidade com o ardente desejo do advogado, Servan, representante do Ministério Público:

> Levem em consideração os primeiros momentos em que a novidade de alguma ação atroz se espalha em nossas cidades e em nossas zonas rurais [...], cada um está impregnado de indignação e de horror; as imaginações alarmadas esboçam com vivacidade o perigo, e os corações emocionados pela compaixão lamentam nos outros os males que temem também para eles mesmos: eis o momento de castigar o crime, não o deixem escapar, tenham pressa em prová-lo e julgá-lo, ergam cadafalsos, acendam as fogueiras, arrastem os culpados nas praças públicas, convoquem o povo com grandes gritos, e logo hão de ouvi-lo aplaudir a proclamação dos julgamentos de vocês como se se tratasse das proclamações da paz e da liberdade, vocês hão de vê-lo acorrer a esses terríveis espetáculos como se fosse ao triunfo das leis; em vez de inúteis lamentos, de uma imbecil compaixão, vocês hão de ver brilhar a alegria e a insensibilidade masculina inspiradas pelo gosto da paz e pelo horror do crime[390].

Ao rejeitar os suplícios, o espírito de reforma que anima os revolucionários leva alguns a convocar outras emoções, supostamente naturais ao homem. Se o medo é a mola propulsora das tiranias, ele já não tem razão de ser em uma comunidade de homens livres:

> Procedam de maneira que a punição do culpado apresente um espetáculo imponente; conectem ao suplício o aparelho mais lúgubre e comovente [...]. Imaginem as formas mais compatíveis com uma terna sensibilidade. Levem todos os corações a se interessarem pela sorte do infortunado que cai sob o gládio da justiça [...]. Que as diferentes cenas dessa tragédia afetem todos os sentidos, que elas despertem todos os afetos amáveis e honestos; que inspirem o mais sadio respeito pela vida dos homens; que arranquem do malfeitor as lágrimas do arrependimento; que lembrem, enfim, as reflexões de natureza moral e todos os sentimentos cívicos[391].

---

390. SERVAN, J.M.A. *Discours sur l'administration de la justice criminelle*. Op. cit., p. 36-37.
391. DUFAU, A. *Archives parlementaires*, 1791, t. 26, p. 688.

A crueldade pode, além disso, tornar-se contraproducente. Em seu discurso diante da Assembleia, Duport adverte os legisladores:

> O espectador, aquele mesmo que, impelido por sua indignação contra o culpado, nada deseja além da morte deste, no momento da execução perdoa-lhe o seu crime; não perdoa a tranquila crueldade dos senhores; o seu coração simpatiza secretamente com o supliciado contra os senhores; as leis de seu país parecem-lhe menos apreciadas e respeitáveis no momento em que elas ferem e revoltam os seus sentimentos mais íntimos; e, ao retirar-se, ele leva consigo, de acordo com o seu caráter, impressões de crueldade e de compaixão, todas elas diferentes daquelas que a lei procurava inspirar-lhe[392].

A crueldade penal é, portanto, denunciada na medida em que, como acentua Raphaël Micheli, corre o risco de provocar um duplo "desregramento da sensibilidade pública"[393]: seja transformar a cólera e, eventualmente, o medo previsíveis em compaixão, seja tornar insensíveis os corações ou, pior, contaminá-los. Esses temores encontram-se, durante todo o século seguinte, nos debates em torno da pena de morte e nas modalidades de implementá-la.

O teatro da expiação comum e o seu desregramento progressivo

Tendo ficado para trás a Revolução, sigamos no século XIX o espetáculo da execução capital comum. Enquanto a prisão ocupa quase totalmente o espaço penal, qual seria a sua função e que emoções são desencadeadas por ela? De que modo estará em harmonia com a humanidade e com o reconhecimento do indivíduo na esfera pública?

A questão das emoções no debate sobre a pena de morte

Um primeiro mal-estar surge bem cedo. Desde a sua implementação, com efeito, a guilhotina suscita dúvidas sobre a humanidade desse suplício. A sua

---

392. Apud MICHELI, R. *L'Émotion argumentée*. Op. cit., p. 239.
393. Ibid., p. 262.

principal vantagem, a saber, a sua rapidez fulgurante, volta-se contra ela: como conceber que uma cabeça, em plena vitalidade até o momento em que é atingida por uma lâmina, seja totalmente privada de vida em uma fração de segundo? Esse postulado entra em contradição com a medicina contemporânea que se empenhou em mostrar, há algumas décadas, que a morte é um processo – ao estender-se no tempo e no espaço – do corpo e que, ao distinguir estados de morte real, de morte aparente ou de morte imperfeita, acabou confundindo as fronteiras entre a vida e a morte[394].

Assim, insinua-se a suspeita: a morte é realmente instantânea? Não será que, na cabeça decepada, se mantém a vida até que a hemorragia tenha acabado? Desde o outono de 1795, por inciativa do publicista alemão Conrad Engelbert Oelsner, instaura-se um debate entre médicos sobre esse ponto. Para ele, assim como para Samuel Thomas von Soemmering ou Jean-Joseph Sue, a cabeça sente a horrível dor da amputação; mas, além disso, ela sente a dor moral e a angústia de ser uma cabeça cortada que está morrendo – sensação inaudita que Sue descreve com esta fórmula impressionante: "Haverá situação mais horrível do que a de ter a percepção de seu suplício e, na sequência, a lembrança do mesmo?!"[395] Não há dúvida de que é nesse aspecto que se deve buscar a explicação para as mímicas observadas no rosto dos supliciados ou para o enrubescimento da cabeça de Charlotte Corday, esbofeteada pelo carrasco:

> Nas cabeças separadas, era possível observar diferentes movimentos de pálpebras, de olhos, de lábios e, até mesmo, de convulsões nos maxilares quando os carrascos as mantinham suspensas [...]. Se essas cabeças pudessem exprimir de outra maneira tudo o que elas sentiam, além dos movimentos convulsivos e de um olhar alucinado e quase cintilante, haveria alguém capaz de suportar semelhante espetáculo?![396]

---

394. Cf. MILANESI, C. *Mort apparente, mort imparfaite* – Médecine et mentalités au XVIIIe siècle. Paris: Payot, 1989. • CAROL, A. *Les Médicins et la Mort, XIXe-XXe siècles*. Paris: Aubier, 2004.

395. SUE, J.-J. "Opinion du citoyen Sue sur le supplice de la guillotine". In: *Magasin Encyclopédique*, n. 4, 1795, p. 177.

396. Ibid., p. 177-178.

No campo oposto, Cabanis e outros estudiosos restauram a humanidade do suplício ao afirmarem que ocorre a abolição imediata das sensações desde o momento em que a medula espinal é cortada, além de atribuírem os esgares observados aos movimentos reflexos. Mas isso de nada adiantou: movido pela obsessão contemporânea da morte aparente e dos sepultamentos prematuros[397], o espectro do sofrimento do guilhotinado assombra durante mais de um século as imediações da máquina; ora, mediante experiências empreendidas com regularidade, os cientistas tentam descortinar "o segredo do patíbulo"[398] e obter das cabeças decepadas um sinal que confirmaria ou anularia a angustiante hipótese. Tal questão, aliás, vai além da esfera erudita e ressurge desde a Monarquia de Julho, no reexame da história revolucionária e no questionamento da pena de morte; ela serve de estímulo à imprensa sensacionalista do último terço do século, conferindo um maior atrativo a seus relatos de execução, além de inspirar os escritores, frenéticos do Théâtre du Grand-Guignol, em Paris, mediante o qual se divertem a meter medo através de um excesso de *gore* [cenas de violência com derramamento de sangue] e de crueldade.

O desafio não é somente técnico ou científico, mas também político: o que se avalia é o lugar da pena de morte em uma sociedade moderna. O sangue derramado até a náusea pelos detentores do período de *Terreur* [Terror] mistura-se com imagens obscenas de multidões em regozijo, as quais marcam, para alguns, o fracasso da Revolução em fabricar um homem novo. Se aquele que foi considerado, até então, como "o mais rápido e o mais suave dos suplícios"[399] continua revelando-se como um teatro da crueldade, não deveria, nesse caso, ser abolido definitivamente?

---

397. CAROL, A. *Physiologie de la veuve*. Op. cit.
398. Segundo o título do conto de Auguste de Villiers de L'Isle-Adam, "Le Secret de l'échafaud" (publicado em 1883), que faz parte da coletânea *L'Amour suprême*. Paris: M. de Brunhoff, 1886 [Ed. bras.:"O segredo do patíbulo" na antologia de contos fantásticos, *Os buracos da máscara*. Org. e trad. de José Paulo Paes. São Paulo: Brasiliense, 1985].
399. LEPELETIER, L.-M. "Lettre". In: *Moniteur Universel*, 15/11/1795.

O final da Restauração (1830) e a Monarquia de Julho assistem ao desenvolvimento de uma forte corrente abolicionista que culmina, em 1848 (em uma apoteose emocional)[400], com a supressão da pena de morte por motivo político, mas que fracassa em eliminá-la totalmente. Nessa corrente, argumentos variados são aduzidos, os quais marcam um deslocamento com relação ao utilitarismo do século precedente; por exemplo, o criminalista Charles Lucas, inspetor das prisões, empenha-se em demonstrar que a pena de morte é moralmente ilegítima, além de ser ineficaz. Do mesmo modo, vários registros de persuasão são utilizados: entre eles, o da emoção ocupa um lugar importante, mas já não se trata apenas da emoção boa ou má do espectador. A atenção desloca-se em direção ao condenado.

Com efeito, na apreensão da pena de morte, o século XIX introduz uma dimensão empática que, até então, era realmente marginal; esse movimento é, aliás, comum a toda a Europa, segundo *tempi* diferentes. Ao publicar *Le Dernier jour d'un condamné* [O último dia de um condenado], em 1829, Victor Hugo leva o leitor a compartilhar a sucessão das emoções experimentadas pelo futuro guilhotinado, desde a sua condenação à sua execução, um condenado cujo crime é propositalmente deixado na sombra para neutralizar a indignação e facilitar a identificação. Hugo descreve assim a angústia, os remorsos, o desespero que o invadem durante as longas semanas que, daí em diante, separam o veredito da execução, além de constituírem uma tortura moral à qual a decapitação se limita a ser o ponto final.

Essa abordagem que focaliza o prisma das emoções do paciente provoca um eco nas emoções do leitor, apostando em sua empatia para levá-lo a sentir repulsa pela pena de morte. Embora Hugo desenvolva paralelamente um discurso racional – explicando, por exemplo, que o crime é apenas o produto da ignorância –, ele dirige-se, em primeiro lugar, à sensibilidade para fazer

---

400. Cf. LAMARTINE, A. *Histoire de la révolution de 1848* [1849]. T. 1. Paris: Garnier, 1859, Extrato em que é relatada a redação coletiva do decreto: "Os olhos estavam úmidos, os lábios hesitavam a pronunciar as palavras e as mãos agitavam-se febrilmente ao escreverem o texto".

compreender o que é a guilhotina. Essa atenção projetada nas emoções do condenado difunde-se, aliás, com alguma complacência sádica, na imprensa de "sensação" do último terço do século[401], mas também, como veremos, entre os protagonistas da execução.

Desenha-se uma nova concepção da humanidade: em vez de uma disposição geral em buscar o bem comum, um movimento em direção do indivíduo sofredor. Um indivíduo visto não como uma categoria abstrata e filosófica, um cidadão intercambiável dotado de direitos e deveres, mas como um ser portador de uma história. Essa nova concepção da humanidade, articulada com a assunção do indivíduo, fornece, aliás, a base de outro argumento abolicionista que se desenvolve no mesmo momento: o do erro judiciário. Até então considerado sob o ponto de vista de ganhos e perdas, este torna-se potencialmente intolerável naquilo que é irreparável, cortando o fio de uma vida única. Em um momento em que o culto dos mortos e dos túmulos conhece um rápido desenvolvimento e em que novas sensibilidades funerárias particularizam cada morte[402], ele prepara, enfim, o caminho para uma reivindicação dos condenados que irá exprimir-se apenas no final do século: descansar em paz em uma sepultura decente, em vez de acabar no anfiteatro.

Essa compaixão encontra resistências: os *rétentionnistes* opõem uma argumentação cujos germes estavam já disseminados nos debates revolucionários. Reivindicando também uma capacidade de se emocionar, eles colocam a segurança pública na frente de seus escrúpulos ou recusam-se, de maneira mais radical, a compartilhar os sofrimentos dos criminosos. A propósito da eventualidade de que um pouco de vida se mantenha na cabeça do óctuplo assassino,

---

401. TAÏEB, E. *La Guillotine au secret* – Les exécutions publiques en France, 1879-1939. Paris: Belin, 2011.
402. ARIÈS, P. *L'Homme devant la mort*. Paris: 1977 [Ed. bras.:*O homem diante da morte*. Trad. de Luiza Ribeiro. São Paulo: Editora da Unesp, 2014]. • VOVELLE, M. *La Mort et l'Occident, de 1300 à nos jours*. Paris: Gallimard, 1983. • CAROL, A. "La peine au-delà de la peine – Le corps du supplicié dans la France du XIXe siècle". In: *Beccaria* – Revue d'Histoire du Droit de Punir, n. 1, 2015, p. 119-134.

Jean-Baptiste Troppmann, um jornalista de *Le Figaro*, declara o seguinte: "Com toda a sinceridade, confesso que me preocupo muito pouco que um decapitado, tal como Troppmann, sofra ainda alguns segundos após a sua morte. Aliás, sem a mínima sombra de dúvida, reservo toda a minha compaixão para as suas vítimas"[403]. Essa reivindicação há de tornar-se um eixo sólido do discurso antiabolicionista, no final do século XIX e ao longo de todo o século XX[404]. Acrescente-se a isso a ideia de que a incapacidade de assumir, daí em diante, o espetáculo da violência – *a fortiori* quando esta é justa – é o sinal de uma civilização pusilânime e decadente, de uma sensibilidade afetada. Assistir a uma execução tornar-se-ia, para alguns, uma prova de sangue frio e de virilidade.

No entanto, é sobre a questão das emoções dos espectadores, boas ou más, que o debate se concentra na segunda metade do século. Um dos pontos em torno do qual continuam a se defrontar partidários e adversários da pena de morte é o efeito produzido pela execução pública sobre a moralidade dos espectadores. Espera-se sempre que ela tenha uma função exemplar, o que explica, por exemplo, que a pena do parricida seja dotada de um cerimonial particular, ao qual se atribui um sentido bem peculiar: o condenado é coberto com um véu negro e deve ser conduzido descalço ao cadafalso, local em que, até 1832, teoricamente, deve sofrer a amputação do punho antes de ser decapitado. De maneira geral, o lugar da execução, decidido pelo tribunal, tem um alcance simbólico – é o lugar do crime ou de origem do assassino. Até 1870, a execução ocorre sempre sobre um cadafalso bem elevado, às vezes, em dia de feira, e o trajeto da prisão até a guilhotina continua atravessando o espaço urbano. As execuções mobilizam, portanto, multidões importantes, milhares de pessoas e, até mesmo, dezenas de milhares para os condenados mais midiatizados. Ora, se dermos crédito aos testemunhos dos contemporâneos ou, mais ainda, à imprensa, essas multidões comportam-se de uma maneira inadequada. Longe de edificá-las, a execução desencadearia

---

403. PONT-JEST, R. "Chronique judiciaire". In: *Le Figaro*, 02/02/1879.
404. LE NAOUR, J.-Y. *Histoire de l'abolition de la peine de mort*. Op. cit.

nas pessoas pulsões orgíacas, acarretando desordens e cenas indecentes. O populacho é visado por essas acusações:

> Para ele, o sangue é um veneno embriagante. Dir-se-ia uma matilha encarniçada sobre uma presa. Ele precisa de supraexcitações nervosas, de impressões emocionantes e de espasmos epilépticos; e a lei vem oferecer-lhe complacentemente a ocasião de satisfazer os seus apetites grosseiros. É isso o que se designa como o desenvolvimento da educação popular! [...] Não basta decretar o pavor, deve-se moralizar, o que é impossível com os maus instintos e as paixões brutais[405].

Dito por outras palavras, o espetáculo da morte penal haveria de desestabilizar as sensibilidades e "desmoralizar" o povo, limitando-se a inspirar-lhe uma "curiosidade malsã [e] depravada"[406]. Os relatos dos jornalistas, bastante codificados, e os discursos dos moralistas não cessaram de denunciar a presença de mulheres e de crianças ao pé do cadafalso, além do costume macabro de molhar lenços no sangue escorrendo pelas calçadas. Daí, nos anos de 1860-1870, o deslocamento tático dos debates sobre a pena de morte para a questão de sua publicidade, tanto por aqueles que consideram a falta de propaganda a esse respeito como um primeiro passo em direção da abolição quanto pela imprensa, a qual espera captar o espetáculo em seu único proveito com a condição de moralizar o seu relato[407]. Daí também a desconfiança que se deve ter diante desses relatos, previamente orientados ou fantasiados, os quais extrapolam, além disso, um caso parisiense talvez pouco representativo.

---

405. BASSINET, J.-B. *De l'abolition de la peine de mort*. Nevers: Regnaudin-Lefebvre, 1847, p. 18.
406. MENTQUE, É. *Journal officiel de l'Empire français*, 29/12/1869, p. 1.731, apud LE NAOUR, J.-Y. *Histoire de l'abolition de la peine de mort*. Op. cit., p. 153. Essa denúncia encontra-se por toda a parte na Europa; para um exemplo cujo conhecimento continua sendo deficiente, o da Espanha, cf. RENAUDET, I. "Mourir en Espagne: 'garrot vil' et exécution capitale dans l'Espagne contemporaine". In: BERTRAND, R. & CAROL, A. (sob a dir. de). *L'Éxécution capitale – Une mort donnée en spetacle*. Aix-en-Provence: Presses Universitaires de Provence, 2003, p. 83-106.
407. TAÏEB, E. *La Guillotine au secret*. Op. cit.

O teatro edificante e a circulação das emoções

Trata-se, de fato, de outra realidade que nos é transmitida por determinadas fontes, longe das bacanais populares. Os relatórios – às vezes detalhados (cruzados com os testemunhos de protagonistas ou de simples espectadores) – redigidos pelos procuradores gerais para o respectivo ministro permitem ler, mais de perto, as emoções desencadeadas no supliciado pela execução. Com efeito, se o Estado espera *a priori* que esses magistrados encarregados da execução estejam atentos às reações da opinião pública e aos sinais de adesão ou de contestação que elas exprimem, é forçoso constatar que é o condenado quem magnetiza o olhar deles e, mais particularmente, o seu corpo; aliás, eles se esforçam por ler neste as emoções que o atravessam[408]. O seu despertar no dia da execução, o anúncio da rejeição de seu recurso e do perdão; a última missa; o confronto com o executor, no tribunal, e a última toalete, na qual a tesoura toca a sua pele; o face a face com a multidão, no local da execução, e os poucos passos ou degraus que o separam da máquina – todos esses momentos, e outros menos relevantes, dão lugar a uma observação e a uma interpretação minuciosas, sem corresponderem a nenhuma exigência, mas que denunciam, talvez, uma forma de fascínio diante da morte anunciada.

Nesse ritual, segundo os critérios daqueles que o organizam ou tomam parte dele, as emoções têm, com efeito, o seu lugar; aliás, a sua expressão contribui para o sucesso do dispositivo. O condenado deve sentir o medo, a consternação diante da morte que vem punir o seu crime. Observam-se nele os tremores, a palidez, o andar hesitante, o recuo instintivo; observam-se também os choros, esse "dom das lágrimas" que assinalará o seu arrependimento, e as efusões que ele não deixará de testemunhar ao confessor que o acompanha e lhe garante apoio, além de constituírem a marca de sua humanidade. Mas

---

408. CAROL, A. "Le corps du condamné: langage et lecture des émotions dans les exécutions publiques en France au XIXe siècle". In: AMBROISE-RENDU, A.-C.; DEMARTINI, A.-E.; ECK, H. & EDELMAN, N. (sob a dir. de). *Émotions contemporaines, XIXe-XXe siècles*. Paris: Armand Colin, 2014, p. 123-137.

espera-se também que as suas emoções estejam sob controle, sejam contidas; teme-se a submersão pelo desespero, o abatimento total e lamentável, o terror puro e paralisante, a raiva incoercível e as cenas de violência, tais como aquela provocada por Claude Montcharmont em 1851, em Chalon, cuja resistência aos carrascos foi de tal modo enérgica que acabou impondo a suspensão da execução enquanto era aguardada a chegada de reforços. Contudo, tais incidentes são raros: na preparação, elabora-se um verdadeiro dispositivo – desde o "cordial" administrado no tribunal aos entraves suscitados pelos carrascos, passando pela assistência do padre ou pela presença dos guardas – que visa evitá-los. Durante muito tempo, o ministro do culto é quem desempenha o papel principal nessa economia das emoções: muito antes da execução, no decorrer de suas visitas, ele encarrega-se de manter o frágil equilíbrio entre a esperança e a resignação; no dia aprazado, a sua presença garante a conversão da cólera em firmeza, do desespero em arrependimento e da vergonha em humildade. Ele distrai o condenado com suas exortações e, ao levá-lo a repetir preces, vai apoiá-lo do ponto de vista moral e físico, dando-lhe a última prova de humanidade e de afeto mediante o abraço diante da guilhotina, além de acompanhar o seu corpo ao cemitério. Todas essas fontes são unânimes sobre a enorme tensão emocional compartilhada e sofrida por esses acompanhantes, os quais, certamente, "colaboram" com a administração da pena, mas também oferecem ao supliciado um código de conduta, um papel a desempenhar, um *vade-mecum*, ajudando-o a passar esses momentos, muitas vezes demasiado longos – em particular, nas províncias –, entre o despertar de manhã e o momento de passar pela pena capital. De fato, numerosas execuções estão moldadas no modelo da pena aplicada ao "bom ladrão": o condenado, visivelmente emocionado, anda com passo firme para o cadafalso, local em que se ajoelha antes de pronunciar as palavras de contrição e de admoestar os pais. Nesses casos, não tão raros assim – pelo menos nos dois primeiros terços do século –, as testemunhas não deixam de acentuar, em eco, o efeito produzido sobre a multidão que "se retira em silêncio, profundamente emocionada". O consentimento aparente do supliciado com a sua sina neutraliza, ao mesmo tempo, a indignação frente ao seu crime e a compaixão por sua morte, sem remover o caráter impressionante do espetáculo. O teatro da edificação deixa ver o drama pungente do castigo, em que a queda da lâmina é apenas o ponto final. A emoção que circula do supliciado ao público desempenha aqui um papel positivo: na sensibilidade dos espectadores, ela acaba gravando a lição desejada pelas autoridades.

> Étienne Coutat derramou algumas lágrimas ao deixar a casa de detenção; aliás, a rara energia de que esse homem era dotado não o abandonou nessa terrível provação; durante o trajeto, que durou perto de quatro horas, ele mostrou a maior coragem e a mais perfeita resignação. Era meio-dia menos quinze minutos quando o comboio chegou ao seu destino. O próprio condenado despojou-se de uma parte de suas vestes; subiu sozinho os degraus do cadafalso, manteve-se de pé na plataforma e, com um vozeirão, dirigiu algumas palavras à imensa multidão que se comprimia em redor do instrumento do suplício. Ele disse que tinha cometido um grande crime, que merecia a pena que iria sofrer, que pedia a Deus que o perdoasse e que estava resignado com a morte; em seguida, exortou todos os pais de família a vigiar os filhos e disse adeus ao povo. Depois disso, ele próprio entregou-se aos carrascos e, sem qualquer ajuda, tomou o seu lugar na báscula fatal. [...] Mais de dez mil pessoas assistiam a essa execução. O meu substituto julga que ela terá produzido uma impressão salutar. A ordem não foi perturbada um só instante; tudo se passou com decência e circunspecção[409].

Nesse esquema ideal, a emoção deve poupar alguns protagonistas: em primeiro lugar, o executor de quem se espera um controle total dos respectivos sentimentos. A recorrência de incidentes ligados à embriaguez dos executores parece indicar que essa insensibilidade não é automática. Foi preciso esperar 1870, e a concentração nas mãos de um único executor para o território nacional, para que o profissionalismo viesse a impor outras estratégias: e de novo! Louis Deibler, executor nacional de 1879 a 1898, sofria de hematofobia no final de sua carreira e era cada vez menos seguro e confiável em seus gestos.

---

409. Étienne Coutat, guilhotinado em 21 de fevereiro de 1845, na cidade de Privat. Archives nationales, BB[24] 2015.

Quanto a seu filho, Anatole, este mantinha minuciosas cadernetas contábeis de condenações e de execuções que, sem dúvida, eram outras tantas maneiras de manter distância e de burocratizar a execução[410]. Os magistrados ou os policiais que assistiam à execução redigiam – como já dissemos – relatórios circunstanciados. Se a emoção não chegava a exprimir-se, nessas circunstâncias, senão muito raramente enquanto tal, pode-se, todavia, levantar a hipótese de que é ela que conduz a essa narração detalhada – a qual, nos textos administrativos, não é prescrita de modo algum –, como se fosse impossível reduzir os últimos instantes de um homem a uma equação de ordem pública.

A deterioração dos afetos

Essa tentativa que visa juntar um castigo público violento e sangrento (cortar um homem em duas partes) e, no mesmo momento, um ato solene de justiça parece, no entanto, estar votada ao fracasso. A pena de morte é uma anomalia cada vez mais evidente no âmbito de um código penal que baniu progressivamente todos os castigos corporais. Desde a Monarquia de Julho, a amputação dos parricidas, a marca de ferro quente e a canga, ou golilha, são, de fato, suprimidas, bem como a corrente dos degregados[411].

O dispositivo deteriora-se, portanto, progressivamente. A descristianização torna incompreensível a redenção proposta como modelo ao supliciado, cujas emoções se exprimem cruamente sem nada que lhes dê sentido. A sua revolta ou a sua inércia (voluntária ou não) estilhaçam a ficção de um ato "civilizado". Elas transformam a execução em um combate ou em uma violência unilateral que desencadeiam, tanto nos protagonistas quanto no público, emoções indesejáveis, a saber: repulsa, indignação contra a justiça, além de ódio contra o culpado. Pior ainda, alguns condenados caminham para o suplício dissimulando as emoções que, precisamente, o poder se obstina em decifrar

---

410. DEIBLER, A. *Carnets d'exécutions, 1885-1939*. Ed. de Gerard A. Jaeger. Paris: L'Archipel, 2004.
411. RAPPAPORT, S. *La Chaîne des forçats (1792-1836)*. Paris: Aubier, 2006.

em seu corpo: o castigo parece deslizar sobre a sua impassibilidade aparente, deixando-os intatos.

Joseph Frey, executado em 1886, simultaneamente com o cúmplice, Pierre Rivière, "não manifestou estupefação, nem terror. Sem dizer nada, ele levantou-se lentamente e começou a vestir-se sozinho". Tendo repelido duas vezes o capelão, "com um passo decidido, ele dirigiu-se para o banheiro instalado em um canto da cela, urinou longamente e, com todo o cuidado, fechou a tampa do vaso". Na secretaria do tribunal, ele esperou "tranquilamente, passeando um olhar calmo pelas pessoas que o cercavam. Em certo momento, chegou a esboçar um sorriso [...]. Calmo, e aparentemente impassível, de pé a vinte passos do cadafalso, Frey assistiu à decapitação do cúmplice sem fazer um movimento"[412].

Alguns vão mais longe ainda e mantêm a ironia, o distanciamento, desviando o espetáculo da execução para a edificação de sua glória póstuma. É "a fanfarronada" e o "cinismo" que tantos magistrados deploram, pois o efeito sobre o público é deplorável; em vez de suscitar indignação pelos seus crimes, eles despertam a admiração e fazem êmulos. Constitui-se assim, no decorrer do século, paralelamente à pulverização do modelo cristão, uma contracultura das microrrebeliões diante do cadafalso, servindo-se de novos modelos: "o homem" – ou seja, o bandido – substitui o bom ladrão, a virilidade é mais inspiradora que a compaixão. Ao transpor as portas da prisão para ser executado no 1º de fevereiro de 1899, Alfred Peugnez subverte o ritual em sua vantagem ao ordenar aos soldados para apontarem as armas – o que eles fazem, por reflexo de obediência.

Mais, em geral, a execução reduz-se a um espetáculo. Nas cidades e em Paris, em particular, cada nova condenação à morte é a ocasião de vigílias noturnas e de desordens; trata-se também de acontecimentos mundanos aos quais é possível assistir mediante os passes ou as entradas gratuitas, de acordo

---

412. Relatório do chefe da segurança, "Exécution de Rivière et Frey, 4 octobre 1886". Archives de la Préfecture de police de Paris, BB 887.

com o relato do romancista e dramaturgo russo, Ivan Turguêniev, a propósito de Troppmann[413]. Mas que tipo de espetáculo? O que as pessoas desejam ver ou de que estão à procura?

Frente a esse desmantelamento do dispositivo, o poder evita, de fato, o problema: esforça-se por colmatar as brechas, dissimulando progressivamente a cena da expiação e acelerando a representação. As execuções ocorrem em um horário cada vez mais matinal; em Paris, elas são deslocadas para a porta de Saint-Jacques e efetuam-se ao raiar do dia, desde 1832. Elas aproximam-se progressivamente das prisões – em Paris, desde 1851; depois, na província –, para evitar tanto as transferências propícias aos incidentes quanto os confrontos com a multidão. A partir de 1870, o cadafalso é suprimido; assim, as primeiras fileiras de espectadores (mantidos a distância por um cordão de isolamento formado por soldados) são as únicas que conseguem assistir ao que se passa à volta da guilhotina, instalada no chão[414]. Com o relógio na mão, cronometra-se o carrasco, sendo a rapidez a sua primeira qualidade; Anatole Deibler é célebre pela velocidade com a qual ele se livra de seu paciente, a partir do momento em que este sai da prisão. À semelhança dos procedimentos adotados, na mesma época, pelo ilusionista e cineasta Georges Méliès, ou pelo mágico ilusionista Jean-Eugène Robert-Houdin (numerosos sainetes produzidos por esses dois autores giram em redor de cabeças decepadas), esse verdugo procura, de preferência, escamotear, em vez de aplicar um castigo.

Ao proceder assim, o poder acaba esvaziando a execução de seu sentido e de sua solenidade, reduzindo-a à sua violência intrínseca, insuportável para os protagonistas. Victor Hugo tinha pressentido essa evolução quando comentava as primeiras medidas de ocultação das execuções parisienses: "Para que

---

413. TURGUÊNIEV, I. *L'Éxecution de Troppmann*. Paris: Sillages, 2012 [Orig.: Казнь Тропмана,1870].
414. DEMARTINI, A.-E. "Bras rouges, bruits sourds, brouhaha de la foule. L'expérience sensorielle de l'exécution capitale dans la ville du XIXe siècle". In: BECK, R.; KRAMPL, U. & RETAILLAUD-BAJAC, E. (sob a dir. de). *Les Cinq sens de la ville du Moyen Âge à nos jours*. Tours: Presses Universitaires François-Rabelais, 2013, p. 155-167.

o exemplo venha a surtir o efeito pretendido, é preciso que seja grande; se for pequeno, em vez de levar à vibração, provoca vômitos"[415]. Nessa microescala de gestos (e de atores) da degolação – simplificados por serem intoleráveis e intoleráveis por serem simplificados – é que, talvez, se deva procurar o mecanismo que condena, em última análise, a guilhotina[416].

---

415. HUGO, V. • *Écrits sur la peine de mort*. Ed. de Raymond Jean. Arles: Actes Sud, 1992, p. 73-74.
416. CAROL, A. *Marcher à l'échafaud* – Pour une histoire sensible de la guillotine. Paris: Belin, 2016.

7
O "EU" E O BARÔMETRO DA ALMA

Judith Lyon-Caen

"Meu coração bate com violência, a minha cabeça está esquentada demais; entretanto, a minha mão treme ao traçar estas linhas. Te amo, Senhorita! Te amo com o amor mais ardente, puro e sincero"... Palavras de amor, palavras de emoção? Trata-se, no entanto, das primeiras linhas de um modelo de carta proposto em *Le Secrétaire français* [O secretário francês] de Deplasan, manual epistolar publicado em 1853 e reeditado com muita frequência. O livro fornece ao apaixonado, ao pretendente e ao noivo, palavras para exprimir uma emoção. Será que é necessário experimentá-la para escrevê-la? O modelo epistolar viria, então, emprestar as suas palavras ao apaixonado carente das mesmas? A ambiguidade da emoção "romântica" reside neste aspecto: o sentimento é exaltado, o corpo é mostrado como se tivesse sido invadido pela emoção e, no entanto, trata-se do mais comum dos modelos de carta de amor, com uma linguagem convencional que, talvez, seja simplesmente incapaz de exprimir algo dos sentimentos e das emoções experimentadas por aquele ou aquela que inscreve palavras no papel.

Qualquer reflexão sobre as emoções românticas é confrontada com o espectro de sua ausência na realidade das vidas passadas, a despeito da proliferação de sua expressão: diários chamados íntimos, cartas, poemas... No século XIX, o "eu" e os seus suspiros estão por toda a parte: efusão amistosa ou amorosa, ternura familiar, exaltação diante das sublimidades da natureza, perscrutação inquieta do "ego" na história. A literatura é o lugar em que se forja esta gramática da emoção. Poemas românticos, novelas de formação, romances sentimentais, lirismo do íntimo nas correspondências, memórias, confissões: gerações de leitores – cada vez mais numerosas à medida que se generaliza a alfabetização – hão de aprender nos livros a formular, talvez, a experimentar emoções íntimas.

Nesse domínio, o século XIX não constitui nenhuma ruptura: é toda a herança da alma sensível do final do Iluminismo que não cessa de se desenvolver. Os romances epistolares – nomeadamente, os do Abbé Prévost ou de Samuel Richardson – marcam de maneira duradoura as formas da correspondência. A prática do diário "para si", independente das injunções religiosas, e o "barômetro da alma" segundo Rousseau[417] difundem-se na segunda metade do século XVIII. O romance de Goethe – *Die Leiden des jungen Werthers* (1774 [Os sofrimentos do jovem Werther)] – conhece um sucesso europeu e duradouro no século XIX. "O amor à maneira de Werther" fornece, desde então, o modelo de qualquer paixão amorosa, mas também uma verdadeira pedagogia da emoção íntima. Para Stendhal, em 1822, esse amor "abre a alma a todas as artes, a todas as impressões afáveis e românticas, ao luar, à beleza dos bosques e da pintura, em poucas palavras, ao sentimento e à fruição do belo, sob qualquer forma que se apresente, até mesmo sob um hábito de burel"[418].

A época romântica (entendida em sentido amplo, dos decênios pós-revolucionários e avançando além da década de 1850)[419] pode assim aparecer como o

---

417. ROUSSEAU, J.-J. *Les Rêveries du promeneur solitaire* [1782]. Paris: Gallimard, 1972, p. 51.
418. STENDHAL [Henri-Marie Beyle]. *De l'amour* [1822]. Paris: Gallimard, 1980, p. 236 [Ed. bras.: *Do amor*. Trad. e seleção de Wilson Lousada. Rio de Janeiro: José Olympio, 1958, Col. Rubáiyát].
419. Na periodização da história literária tradicional, a era romântica termina com o advento dos escritos "realistas" e "naturalistas" sob o Segundo Império (1852-1870) – o que deixa sempre a possibilidade de reconhecer neste ou naquele autor um "romântico tardio"; esse é, p. ex., o caso de Charles Baudelaire (1821-1867) ou de Jules Barbey d'Aurevilly (1808-1889). Independentemente dessa história das correntes literárias, se nos situarmos do lado da circulação das obras, de sua publicação, das práticas de leitura e das aprendizagens escolares, o "romantismo"

momento da disseminação de um modelo de sensibilidade, de uma atenção a esse "sentido íntimo", a intraduzível *Gemüt* da filosofia romântica alemã, faculdade central da personalidade, esse "coração" a partir do qual são experimentadas toda a presença no mundo e toda a experiência do mundo, o próprio lugar do "ego" e da inspiração criadora[420]. Esse sentido íntimo é a alma dolorosa que palpita na poesia romântica, a alma aberta às belezas misteriosas da noite, das grutas, dos lagos e das florestas obscuras, a alma amorosa e solitária, a alma inquieta e melancólica dos primeiros poemas de Musset (1810-1857), de Lamartine (1790-1869) ou de Victor Hugo (1802-1885). Antes de figurar nas antologias escolares, esses poemas começaram por ser objeto da apropriação apaixonada de gerações de jovens; será que isso é suficiente para considerá-los como a expressão de uma exaltação compartilhada da subjetividade e da intimidade do indivíduo que seria o caráter próprio do período do Romantismo na Europa? Neste aspecto, o historiador das emoções deve, em primeiro lugar, constatar o desenvolvimento de práticas de escrita e de leitura: a multiplicação dos "diários" pessoais em ambientes sociais variados; o desenvolvimento das correspondências entre amigos, familiares e amorosas; a colocação em texto das emoções de leitura, não somente nos escritos íntimos, mas também nas cartas endereçadas ao grande escritor. Será que essas práticas traduzem a expansão de um novo sentido de si, de uma emotividade interior inédita, ou somente a formalização, a padronização e, até mesmo, o controle das emoções íntimas em usos compartilhados? Qual teria sido o papel desempenhado, então, pela literatura como mestra de almas? Teria ela exaltado as paixões e o devaneio em detrimento da razão ou, de preferência, teria permitido canalizar as emoções e, inclusive, esboçar com as cores do Romantismo os comportamentos mais conformes com as normas sociais?

---

representa uma duração muito mais longa, e mais difícil de limitar, se pensarmos especialmente no fato de que a literatura romântica faz parte dos programas de "seconde des lycées" [correspondente ao 1º ano do ensino médio], em 1885. Ainda assim, os alunos devem ser precavidos contra a tentação de imitar os românticos, suscetíveis de "desmoralizarem" as jovens mentes. Cf. JEY, M. *La Littérature au lycée*: invention d'une discipline (1880-1925). Metz-Paris: Université de Metz-Klincksieck, 1998.

420. Cf. GUSDORF, G. *L'Homme romantique*. Paris: Payot, 1984, esp. o cap. 4.

Os românticos tiveram a convicção – pelo menos, teriam feito o esforço de introduzi-la em suas obras – de que a forma singular de suas emoções íntimas (apaixonadas e sombrias, exaltadas e desesperadas) definia o seu "século". "A onda das paixões", tal como está descrita por Chateaubriand em uma página que se tornou célebre – de seu livro *Le Génie du christianisme* (1802 [O gênio do cristianismo]) –, seria esse mal peculiar das civilizações avançadas, nas quais o homem se encontra decepcionado antes mesmo de ter vivido, desiludido antes de ter usufruído do mundo: "A imaginação é fecunda, abundante e maravilhosa; enquanto a existência é pobre, ressequida e desencantada. Com um coração cheio, as pessoas habitam um mundo vazio..." As almas inquietas e ardorosas, em outras épocas, teriam encontrado refúgio nos mosteiros: daí em diante, "desiludidas com o seu século, assustadas por sua religião, elas ficaram no mundo sem se entregarem a este; então, elas tornaram-se a presa de uma infinidade de quimeras; então, assistiu-se ao surgimento dessa melancolia culpada que é engendrada no meio das paixões quando estas, sem objeto, se consomem a si mesmas em um coração solitário"[421]. Esse é o mal do século, a melancolia moderna, na qual a emoção se degrada no cinismo. Alfred de Musset, em seu romance de base autobiográfica – *La Confession d'un enfant du siècle* (1836 [A confissão de um filho do século]) –, descreve com um ardor enraivecido essa "desesperança" da geração que veio depois do tempo das grandes emoções coletivas da Revolução Francesa e do Império. Através desse "mal do século" é que, talvez, os românticos vieram a pensar o sentido histórico de suas inquietações e de suas mais íntimas emoções.

Diários – e cartas – íntimos

"Diário íntimo": literalmente, trata-se de um escrito mantido dia a dia, tendo como objeto "o que há de mais recôndito" – *intimus* –, o mais profundo do indivíduo; uma relação não dos acontecimentos da vida coletiva, mas dos

---

421. CHATEAUBRIAND (de), F.-R. *Le Génie du christianisme* [1802], III, 10.

"movimentos interiores da alma"[422]. A introspecção e a observação de si são a sua regra. Mas o íntimo é um amplo território: na tradição cristã, vivaz no século XIX, trata-se do domínio da vida espiritual. Ao evocar os "precursores" do diário íntimo, Pierre Pachet cita as frases do escritor, teólogo e arcebispo de Cambrai, Fénelon (1689-1761): "Julgamos estar sozinhos nesse santuário interior; e ocorre exatamente o contrário, Deus está aí mais intimamente do que nós mesmos"[423].

Deus ausenta-se, às vezes, desse colóquio singular. Os diários íntimos, abordados nas páginas seguintes, podem referir-se apenas a um Deus distante, reduzido a imperativos categóricos abstratos, um Deus expulso, ignorado ou cruelmente ausente; alguns diários são escritos sob vigilâncias mais prosaicas e seculares, a de uma mãe, de um educador ou de um esposo; às vezes, é a escrita enquanto tal que organiza um espaço em que o indivíduo se torna testemunha de si mesmo, de suas flutuações interiores, para contemplar o espetáculo de sua desorganização ou encontrar o meio de uma regulação. Nessa prática do diário que se difunde no século XIX com a alfabetização e o aprofundamento das aprendizagens escolares, a projeção regular – para não dizer, cotidiana – na escrita de uma subjetividade e de um "eu" singular, a produção de uma "alma escrita", de acordo com a expressão de Lamartine[424], é, antes de tudo, o fruto de um saber fazer, de um saber escrever que não é evidente, mas adquirido. Nesse espaço do diário, que supõe também um ambiente material favorável (um caderno, instrumentos para escrever, um lugar para se retirar) e o tempo para si – outros tantos bens que não são distribuídos igualmente entre todos –, as emoções inscrevem-se sob o signo de um paradoxo fundamental. O diário parece ser, por excelência, o lugar de sua expressão, mas também de seu controle, de sua vigilância e de seu enquadramento. Constante dialética entre o desabafo e o controle, a sensibilidade e a frieza lúcida.

---

422. STENDHAL. *Vie de Henry Brulard* [1890]. Paris: Gallimard, 1973, p. 30.
423. PACHET, P. *Les Baromètres de l'âme* – Naissance du journal intime. Paris: Hatier, 1990, p. 17.
424. LAMARTINE (de), A. *Cours familier de littérature*: un entretien par mois. T. 3. Paris: Ed. do Autor, 1856, p. 77.

No final do século XVIII, uma aristocrata culta, tal como Madame de Krüdener, considera a sua "sensibilidade demasiado viva", a sua "alma demasiado ardente" como a fonte de emoções funestas, de paixões e de penas excessivas; mas ela aprecia também essa "afável sensibilidade" que a leva a conhecer momentos felizes, que abre o "seu coração às mais agradáveis sensações". O diário aparece como o meio de ter em conta essa emotividade interior que, nesse texto, irá traçar cada "pensamento de [sua] alma", verter os seus prazeres e suas penas, além de deplorar os seus erros e as suas fraquezas. Entretanto, trata-se de um diário não para si, mas para o marido que a repreende pelo fato de contrariá-lo; e essa crítica assusta a jovem esposa. Escrever, desde então, "anotar tudo o que se passa", "descer muitas vezes em [seu] interior" é, em primeiro lugar, tornar-se mais "atenta" a si mesma, perseguir "a inconsequência" ou a "vivacidade" – justificar-se frente à ameaça da discórdia conjugal[425].

Exame de consciência solitário e cotidiano, o diário ajuda a ter as emoções sob vigilância. Eis o motivo pelo qual, ao longo de todo o século XIX, ele constitui um instrumento pedagógico antes de ser uma prática espontânea: aconselhado às crianças, é uma escola de escrita e de autocontrole. Essa pedagogia pelo diário, bastante difundida nos países protestantes e inaugurada na França no final do século XVIII por Madame de Genlis, governanta dos filhos da família de Orléans antes da Revolução, conhece uma longa posteridade: Madame de Genlis prescreve a escrita às crianças que elaboram relatos de viagem e tomam notas de reflexão moral. Essa espécie de "diário vigiado" – sublinha Philippe Lejeune – não se situa absolutamente do lado da introspecção sincera[426]: trata-se, muito pelo contrário, de projetar na escrita uma imagem de si que possa ser permanentemente vista e corrigida pelos pais e pelos pedagogos. É um espaço no qual o indivíduo aprende a dominar a escrita em primeira pessoa na ordem familiar e cotidiana e, ao mesmo tempo, um espaço no qual o

---

425. Madame de Krüdener. "Journal de Venise" [1785]. In: BRAUD, M. (ed.). *Journaux intimes* – De Madame de Staël à Pierre Loti. Paris: Gallimard, 2012, p. 71-75.
426. LEJEUNE, P. "Le panoptique de Mme de Genlis". In: *Autopacte.org*

poder dos adultos é exercido sobre as crianças, cujas emoções, se elas não têm valor moral exemplar, são excluídas.

Essa "injunção moralizadora de visibilidade"[427] permanece impactante ao longo de todo o século XIX e para além deste: veem-se jovens, particularmente moças, pegar a caneta por instigação dos pais e professores. Se nem todos os diaristas são femininos, a pedagogia do diário íntimo parece desempenhar um papel importante na construção dos papéis sexuados[428]. As moças aprendem a manter o seu lugar na ordem familiar e social seguindo modelos edificantes, tais como o célebre *Journal de Marguerite ou les Deux Années préparatoires à la communion* [Diário de Margarida, ou os Dois anos preparatórios para a comunhão] de Victorine Monniot, romance-diário publicado em 1858 e reeditado constantemente até o final do século[429]. Por instigação de sua professora, a pequena Marguerite mantém o seu diário tão escrupulosamente quanto uma confissão, escrevendo-o como se fosse um exercício de redação – ela aprende a fazer uma "narração", a detectar os textos prolixos, sem nunca transbordar o quadro das expectativas dos adultos: Marguerite é alegre, piedosa, séria, limitando-se a exibir pequenos defeitos encantadores. Ao perder o jovem irmão e, em seguida, a melhor amiga, o diário permite canalizar a dor sob o olhar de Deus, transformar o desespero em um "grande, grande desgosto". Esse texto modelo, difundido amplamente pelas editoras católicas, aparece em numerosos diários mantidos nos anos de 1860: "Ah, quantas vezes ao virar as páginas não desejei tornar-me como Marguerite! Essa menina tão ardorosa e viva, mas que sabe tão bem reconhecer e reparar os seus erros", lê-se no diário de Louise, uma moça da burguesia de Bordeaux, em 1864[430]. Eis a emoção no bom nível

---

427. Ibid.
428. Sobre os diferentes métodos de educação no período romântico, cf. HOUBRE, G. *La Discipline de l'amour* – L'éducation sentimentale des filles et des garçons à l'âge du romantisme. Paris: Plon, 1997. • ROGERS, R. *L'Éducation des jeunes bourgeoises en France au XIXe siècle*. Rennes: PUR, 2007.
429. LASSÈRE, M. *Victorine Monniot, ou L'Éducation des jeunes filles au XIXe siècle*. Paris: L'Harmattan, 1999.
430. LEJEUNE, P. *Le Moi des demoiselles* – Enquête sur le journal de jeune fille. Paris: Seuil, 1993, p. 202.

para uma jovem: ela precisava ter o ardor, aquele que alimenta a piedade e os afetos familiares, amigáveis e, em breve, conjugais, mas também uma capacidade para retornar a essa vivacidade, limitando-a, colocando-a em ordem.

Estudar e julgar a si mesmo, "consolidar-se", "encontrar coragem": todos os modelos de diários propõem tal controle das emoções. No *Journal d'Amélie* (1834 [Diário de Amélia]) de Madame Tourte-Cherbuliez, trata-se efetivamente de detalhar as "impressões" produzidas em sua alma por todos os acontecimentos de sua vida de moça, mas para erigir o diário em "juiz", "o qual atribui o elogio ou a repreensão, segundo o mérito". Se o diário pode ser mantido para "adquirir um hábito muito bom" é precisamente porque ajuda a jovem a submeter-se à ordem familiar, a ser boa filha antes de ser boa esposa e boa mãe; e, por sua vez, transmitir esse saber do autocontrole que autoriza a emoção, isolando-a, dirigindo-a e, às vezes, intimando-a a manter-se em silêncio. Mãe modelo apresentada como exemplo a seus leitores, a mãe de Lamartine é descrita pelo filho – em seu livro *Lectures pour tous* (1854 [Leituras para todos]) – como uma escritora recolhida, capaz de manter na escrita "a história doméstica do dia" e seus "acontecimentos interiores, os desabafos de inquietação e de melancolia, os ímpetos de reconhecimento e de alegria, as orações totalmente candentes que brotam do coração para Deus, todas as notas sensíveis de uma natureza que vive, usufrui, sofre, bendiz, invoca e prostra-se em adoração"[431].

O diário íntimo, no entanto, não é uma prática exclusivamente feminina, nem apenas um instrumento útil para a modelagem de atitudes e para a "fábrica de moças", de acordo com a expressão de Rebecca Rogers e de Françoise Thébaud[432]. Prática frequentemente incentivada – inclusive para os rapazes –, dependendo da "boa educação", o diário pode permitir outras formas de relação a si, outros desabafos e um menor controle, contanto que a caneta seja suficientemente flexível. O diário de infância ou de juventude

---

431. LAMARTINE (de), A. *Lectures pour tous* [1854], apud ibid., p. 355.
432. ROGER, R. & THÉBAUD, F. *La Fabrique des filles* – L'éducation des filles, de Jules Ferry à la pilule. Paris: Textuel, 2010.

terá sido, então, uma aprendizagem do texto e da produção, na escrita, de um espaço interior.

A salvo de olhares alheios, o diário íntimo – feminino ou masculino – torna assim aquele que escreve na testemunha de si mesmo. Será, por isso, o lugar do desabafo emotivo? De 1794 a 1824, Maine de Biran mantém um relatório atento do fluxo desordenado de seu ego: emoções contraditórias, humores variáveis, prostração, esperanças, momentos de desânimo, desejos, obsessões... são objeto, na escrita diarista, de uma descrição e de uma análise precisas. "Tudo exerce influência sobre nós – observa ele – e mudamos sem cessar com aquilo que nos cerca. Divirto-me, com frequência, ao ver fluírem as diversas situações de minha alma; elas assemelham-se à correnteza de um rio, ora calma, ora agitada, mas sucedendo-se sempre sem nenhuma permanência"[433]. Maine de Biran diverte-se com situações que, para outros, são objeto de preocupação. Ele observa-se, considerando que o homem deveria aprender "a comparar-se a si mesmo em diversos tempos, [a] manter registro de seus sentimentos particulares, de sua maneira de ser". Assim, a observação regular de si, a análise das variações do estado físico em sua ligação "com as irregularidades do estado moral", permitiria construir uma verdadeira "ciência do homem", capaz de deduzir o estado "moral" do estado "físico", e vice-versa, que não cessa de ser objeto dos trabalhos filosóficos de Maine de Biran[434].

De que modo compreender os "fenômenos de sensibilidade e de imaginação" e qual é a influência das "disposições internas" sobre as sensações de fora, a vida exterior? Às vezes, a emoção jorra, aguçando-se a sensibilidade ao mundo; outras vezes, é a apatia e a expectativa. O diário pode ser lido como um espaço de experimentação filosófica, um laboratório da obra que está em via de ser escrita, mas também como uma longa busca de domínio desse "ego" que não cessa de escapar, busca ansiosa e verdadeiramente depressiva, quando a "testemunha", envelhecendo, limita-se a assistir "à de-

---

433. MAINE DE BIRAN, P. *Journal*. Op. cit., t. 1, 27/05/1794.
434. Ibid., 25/12/1794.

composição de [seu] ser físico e moral" e acaba esbarrando nas lacunas de sua vontade, na repulsa de si[435].

Observar a emergência da emoção, procurar contê-la quando ela submerge o indivíduo, isolá-la, reprimi-la e, ao mesmo tempo, deixá-la exprimir-se. Com efeito, a escrita serve de alívio e de apaziguamento: "Observei que, ao escrever, me deixa calmo, consigo espairecer" – observa o jovem Barbey d'Aurevilly, em 1835, no final da tarde de um dia "de amargura"[436]. O diário que recebe o fardo da alma permite também que o indivíduo experimente a sua consistência, a sua própria continuidade interior: "Assim, este diário é uma espécie de história, e tenho necessidade de minha história como da história de outro para não me esquecer incessantemente e me ignorar" – afirma Benjamin Constant[437]. Diarista ocasional, Stendhal afirma que deixa de se compreender quando não anota nada: "Perdi totalmente a minha memória, de modo que, ao ser discreto nos diários *of my life* que tenho escrito até aqui, não compreendo mais nada dele no final de um ano ou dois [...]"[438]. A manutenção de um diário desempenha, então, um papel central na gestão da economia emocional: ele permite descarregar o excesso, inscrever no silêncio e, até mesmo, no segredo, de um caderno o que não pode ser dito em outro lugar, mas também lutar contra a obsessão da dissolução do ego.

À semelhança de Maine de Biran (1766-1824), seu contemporâneo, Benjamin Constant (1767-1830) não cessa, em seus cadernos íntimos, de perseguir a sua própria inconstância, a sua indecisão, a volatilidade de suas sensações, de seus sentimentos e desejos. Visto a partir de seus diários íntimos, o mundo intelectual e político no qual se move Constant, a esfera pública da qual ele é uma figura importante, sob o Império e a Restauração, aparece como um espa-

---

435. Ibid., 10-18/12/1817.
436. BARBEY D'AUREVILLY, J. "Fragment d'un premier *memorandum*" [1835]. In: *Œuvres romanesques complètes*. T. 2. Paris: Gallimard, 1966, p. 1.464, Col. "Bibliothèque de la Pléiade".
437. CONSTANT, B. *Journaux intimes*. Paris: Gallimard, 1952, p. 179.
438. STENDHAL. Journal. In: *Œuvres intimes*. Paris: Gallimard, 1981, p. 834, Col. "Bibliothèque de la Pléiade".

ço controlável e controlado. Constant trabalha, viaja, empreende várias atividades, além de publicar textos. A sua vida íntima parece, por contraste, votada à desordem, às reviravoltas incessantes: eis o que ocorre com a sua longa ligação com Madame de Staël que se tornou demasiado tensa, mas impossível de romper; e o mesmo acontece em relação à incerteza de seus sentimentos por outras mulheres ou de seus projetos de casamento. O diário, "essa espécie de segredo ignorado por todo o mundo", torna-se exercício de lucidez:

> Pretendo conciliar duas coisas inconciliáveis – anota ele em dezembro de 1804: a felicidade de Minette [Madame de Staël] que precisa de um homem inteiramente às suas ordens, e a minha própria felicidade que é afetada por qualquer dissabor; a minha necessidade física de mulheres e a ligação com uma pessoa que, neste aspecto, não corresponde ao meu desejo. Reviro em minha cabeça as mais bizarras combinações; ora, não há nenhuma que seja praticável[439].

Em 1805, ele estabelece um código numérico que divide a sua geografia íntima em dezessete pontos: "1) significa prazer físico"; "2) desejo de romper o meu eterno vínculo", a sua ligação com Madame de Staël; "3) retorno a essa ligação, por lembranças ou alguma atração momentânea"; "4) trabalho"... Os pontos seguintes dizem respeito a seus projetos de viagem (7) e de casamento (8), o seu amor hesitante por Charlotte von Hardenberg com quem ele pretende casar (12). A "necessidade de 1", "a única coisa que perturba a minha vida"[440], vai atormentá-lo constantemente. E a ansiedade indica a tentativa de dissecação aritmética da emoção: "30 de março de 1806. Noite ruim; dor no peito; tristeza. 2. 3. 8. Projetos para 1 A vida é para mim insuportável. 4 inutilmente"[441].

O sombrio Constant enternece-se na satisfação amorosa e sensual: "Jantei com Charlotte", anota ele em 25 de outubro de 1806: "1) Agradável, feliz, triste jantar. Talvez o último. Infortunado. Que anjo eu rejeitei! O amor me pegou,

---

439. CONSTANT, B. *Journaux intimes*. Op. cit., p. 178.
440. Ibid., p. 186.
441. Ibid., p. 246-247.

de novo, em toda a sua violência. Não acreditava que o meu velho coração fosse tão sensível. 12 12 12. É o meu único anseio. Minha única esperança". Oito meses mais tarde, ele tenta uma vez mais romper com Madame de Staël, mas, invadido de remorsos, assaltado pelo passado, não consegue: "Incontáveis lembranças dilaceraram a minha alma. As suas boas qualidades. Albertina [sua filha], tantos vínculos! Chorei como uma criança. Duas cartas a Mme. de Staël com o movimento mais verdadeiro e terno, condenando-me tão severamente quanto ela pode me condenar"[442]. Tudo nele não passa de "movimento": ele ama Charlotte, mas a palavra cruel de uma antiga amante sobre a sua ausência de beleza suscita-lhe dúvidas. O diário serve-lhe, então, para olhar o seu próprio desassossego, mas também para enterrar os seus maus pensamentos:

> Pois é! Amo Charlotte há 8 meses, sinto-me bem com ela, tenho a felicidade de ficar apaziguado com sua conversação, sinto prazer em seus braços, [...] e a conversa de uma moça com quem tive um caso e que está, mais ou menos, ciumenta por reminiscência de uma mulher que, segundo lhe disseram, eu tinha amado, me transtorna e me deixa abalado. Arre! minha imaginação; arre! meu coração. Ninguém soube desse sentimento de culpa. Que ninguém venha a conhecê-lo, e tratemos nós mesmos de esquecê-lo[443].

Enterrar os maus pensamentos, inscrever no papel os vestígios de seus estados anímicos para voltar a encontrá-los. Conhecer-se, esquecer-se; desabafar, conter-se: tais parecem ser as dialéticas familiares do diário íntimo. Depois de seu rompimento com Musset, George Sand mantém um diário da infelicidade amorosa: é o desespero, o sofrimento, a carência do outro, que enchem essas páginas, sombrias, amargas, ardentes. Será um diário ou uma derradeira carta de amor? Em um escrito ulterior, Sand afirma que não se "elabora um diário a não ser quando as paixões estão extintas ou chegaram ao estado de putrefação que permite explorá-las como montanhas, cujo risco de avalanche deixou de existir"[444].

---

442. Ibid., p. 336.
443. Ibid., p. 335.
444. SAND, G. Entretiens journaliers avec le très docte et très habile docteur Piffoël [1837-1841]. In: Œuvres autobiographiques. T. 2. Paris: Gallimard, 1971, p. 977, Col. "Bibliothèque de la Pléiade".

Outros diaristas, no entanto, dedicam-se a colocar no papel as mínimas pulsações de suas almas. Entre 1831 e 1834, Maurice de Guérin mantém para si mesmo um "caderno de paisagens e de impressões do dia a dia", segundo as palavras de seu amigo Barbey D'Aurevilly[445]. É uma escrita que se busca, uma prosa do movimento interior, o diário de uma alma de poeta, tão maravilhado pela natureza quanto torturado pela angústia: "Hoje – anota ele em 10 de dezembro de 1834 –, limito-me a projetar sombra, qualquer forma é opaca e atingida pela morte. À semelhança do que ocorre em uma caminhada noturna, avanço com o sentimento isolado de minha existência, entre os fantasmas inertes de todas as coisas"[446]. Diário de uma imaginação exaltada: "Quem não se surpreendeu ao olhar o deslocamento, sobre os campos, da sombra das nuvens de verão? Não faço outra coisa ao escrever: observo o deslocamento, sobre o papel, da sombra de minhas imaginações, flocos esparsos varridos pelo vento"[447]. Diário de solidão, certamente, mas não totalmente secreto, visto que é conhecido por seus próximos. Em 1836, Barbey começa para o seu "Somegod", apelido que atribui a Guérin, um "memorandum" feito de detalhes cotidianos, de notas de leituras, de esboços de retratos, de impressões fugidias devidas às condições do tempo, a uma música escutada pela janela, à aparência de uma mulher apercebida no bulevar. À semelhança de um caderno de esboços, os caderninhos de Barbey para Guérin estão repletos de ruídos e de silhuetas da vida parisiense, evocam saídas e encontros, os passeios com Guérin pelos bulevares, aventuras femininas, mas também as dores de estômago de Barbey, quando bebeu ou comeu demais: tudo isso só toma a forma de um diário de emoções íntimas pelo fato de serem assuntos bons para serem escritos, matéria de escrita. Os grandes abalos sentimentais são voluntariamente descartados para não deixarem vestígios. Trata-se de uma "busca de sensações", esmaltada

---

445. Carta de 22 de novembro de 1835. In: BARBEY D'AUREVILLY, J. *Letres à Trebutien, 1832-1858*. Ed. De Philippe Berthier. Paris: Bartillat, 2013, p. 638.
446. GUÉRIN (de), G.-P.M. Journal (Le Cahier vert). In: *Œuvres complètes*. Paris: Classiques Garnier, 2012, p. 144.
447. Ibid., p. 115.

com boas palavras e entrecortada por momentos de silêncio e de desânimo: "horrível" enfado, angústia, errâncias de um jovem cujo futuro é incerto[448].

No mesmo momento, a irmã de Maurice de Guérin, Eugénie, residindo na casa da família, em Cayla, perto de Albi, mantém um diário voltado totalmente para o jovem irmão amado e ausente. "Tenho necessidade de papel por toda a parte porque os meus pensamentos me seguem por toda e parte e querem esparramar-se em determinado local. Este é o vertedouro que os recebe para ti, meu amigo"[449]. Escrita íntima, semelhante a uma correspondência, que informa o ausente de todos os detalhes da vida familiar; escrita ardorosa de uma irmã amante, mas escrita impregnada totalmente por virtudes católicas, a tal ponto que o diário de Eugénie, publicado após a sua morte em 1863, se torna um modelo para um grande número de leitoras. Alegria das "mínimas coisas", prática da caridade, devoção familiar, autoexame, travessia do luto, pensamento de Deus e essa afeição transbordante pelo irmão que parece exceder as palavras e preenche as páginas com um erotismo sufocado: o território de Eugénie esboça perfeitamente o mapa das emoções permitidas à moça de meados do século XIX, em uma linguagem, às vezes, precisa e fácil, familiar e atraente, discretamente elegíaca. Philippe Lejeune observa, todavia, que as "sutilezas" de Eugénie são um luxo oferecido a poucas moças: as que a leem – por exemplo, Caroline Brame[450] ou Thérèse Bobillier –, a admiram, mas sublinham a enorme distância que as separa em sua própria rotina, obrigações e angústias, da cantilena comovente de Eugénie[451]. As emoções delas, na escrita, são mais raras e convencionais ou, talvez, mais difíceis de exprimir por palavras. Os diários íntimos deixam no silêncio um verdadeiro continente de emoções emudecidas, nunca registradas.

---

448. BARBEY D'AUREVILLY, J. *"Deuxième memorandum"* [1838]. In: *Œuvres romanesques complètes*. Op. cit., t. 2, p. 937.
449. GUÉRIN (de), E. *Journal*. Ed. de Guillaume Stanislas Trébutien. Paris: Lecoffre, 1887, p. 95.
450. PERROT, M. & RIBEILL, G. (ed.). *Le Journal intime de Caroline Brame*. Paris: Montalba, 1985.
451. Diários citados em LEJEUNE, P. *Le Moi des demoiselles*. Op. cit., p. 140.

Qual seria o testemunho dado por todos esses diários íntimos, alguns dos quais haviam sido conhecidos e publicados pouco tempo após a sua redação? Da difusão de uma prática da escrita na primeira pessoa, incentivada frequentemente nos ambientes abastados e educados, sobretudo, em relação às moças: instrumento de autoexame em que a emoção sob vigilância encontra espaço – o espaço do recolhimento "privado" –, determinados limites e uma linguagem. Encontraríamos as mesmas tendências, as mesmas tensões entre efusão e controle, em toda a prática epistolar, familiar, amistosa, amorosa, que se desenvolve no século XIX[452]. Alimentadas pela publicação de inumeráveis romances epistolares, entre as últimas décadas do século XVIII até os anos de 1840 e, em seguida, de correspondências notáveis, fictícias ou reais – por exemplo, a de Goethe com Bettina von Arnim[453] –, as correspondências do século XIX são, ao mesmo tempo, o lugar de uma pedagogia da escrita, da construção e manutenção dos laços familiares[454], das confidências, das aprendizagens amistosas e amorosas, e, às vezes, o lugar da experimentação mais livre de uma escrita de si, do sentimento, das dúvidas, da sexualidade... A emoção pode ser exposta de maneira espetacular – por exemplo, nos modelos de cartas amorosas que amplificam a desordem amorosa – ou decididamente ausente como nessas correspondências familiares que descrevem um cotidiano sem histórias; a emoção pode ser errática, oculta, secreta. A linguagem da emoção íntima, na escrita diarista ou epistolar, é sensível às desigualdades sociais: ser capaz de dizer a perturbação ou o sofrimento, a pena ou a cólera, as pequenas e as grandes alegrias, a carência, a perda, é, antes de tudo, um assunto de educação, de leitura,

---

452. CHARTIER, R. (sob a dir. de). *La Correspondance* – Les usages de la lettre au XIXe siècle. Paris: Fayard, 1991.

453. Publicada na Alemanha em 1835 sob o título *Briefwechsel mit einem Kinde* [Correspondência com uma criança], esse texto foi traduzido e publicado na França, em 1843, por Hortense Cornu, sob o título *Goethe et Bettina – Correspondance inédite de Goethe e de Mme Bettina d'Armin*. Correspondência bastante desequilibrada, observa Marie d'Agoult em 1844, visto que Goethe "não manifesta nenhum desabafo mais íntimo em sua resposta às ardentes efusões de Bettina" ("Écrivains modernes de l'Allemagne". In: *Revue des Deux Mondes*, 01/04/1844).

454. DAUPHIN, C.; LEBRUN-PÉZERAT, P. & POUBLAN, D. *Ces bonnes lettres* – Une correspondance familiale au XIXe siecle. Paris: Albin Michel, 1995.

de treino para a escrita, de tempo para si – para experimentar, auscultar-se e inventar-se.

Ao estudar um importante acervo de cartas, conservado nas coleções do museu de La Poste [Correios], Danièle Poublan[455] sublinha o quanto, nessa amostragem representativa das práticas epistolares de meados do século XIX, os "textos da efusão permanecem bastante minoritários, mesmo quando o fluxo do correio se infla" sob o efeito da entrada na escrita de gerações mais amplamente alfabetizadas. Será que é uma forma de pudor? "Feliz aquela que a educação tornou capaz de se exprimir corretamente. Ela pode fazer sentir o que experimenta" – observa uma jovem epistolar parisiense, em 1846. Para aquela que não tem "o talento de fazer frases bonitas", o amor não será escrito; para outras, ele ficará limitado a uma expressão contida e convencional. Assim, os vestígios das emoções íntimas dos menos favorecidos e menos letrados seriam precários, e o olhar perspicaz do pesquisador vai limitar-se a considerar, na maior parte das vezes, tal comportamento como uma imitação desajeitada de modelos disponíveis difundidos pelas livrarias ou pela imprensa – diários exemplares, manuais epistolares, romances sentimentais.

Restam essa linguagem e essa gramática do íntimo da qual a literatura é a matriz, a "fábrica"[456]: a publicação de correspondências e diários, verdadeiros ou fictícios, a inscrição da prática do diário e das cartas nos romances, a existência de objetos dedicados (cadernos com fechadura, livros de bordo, agendas, papel de carta...), contribuem para a sua difusão. Os escritos de Rousseau, de Goethe e de Bernardin de Saint-Pierre, reeditados constantemente no século XIX, os romances de Constant e tantos outros "romances íntimos", assim como a *Histoire de ma vie* (1855 [História de minha vida]) e as cartas de George Sand, todos esses textos contribuem, a seu modo, para

---

455. POUBLAN, D. "Affaires et passions". In: CHARTIER, R. (sob a dir. de). *La Correspondance*. Op. cit., p. 373-406.
456. DIAZ, B. & DIAZ, J.L. "Le siècle de l'intime". In: COUDREUSE, A. & SIMONET-TENANT, F. (sob a dir. de). *Pour une histoire de l'intime et ses variations*. Paris: L'Harmattan, 2009, p. 117.

constituir a "matéria literária 'íntima'"[457] de que alguns leitores se apropriam e tentam, por sua vez, tirar partido. O mesmo é dizer que toda a escrita "íntima" no século XIX, e sem dúvida muito além deste, situa-se sob esse horizonte literário, nesse espaço comum em que a literatura define o território e as modulações da intimidade; desse modo, as emoções de leitura estariam no cerne dessa escrita da intimidade sensível.

Emoções de leitura

No romance, *Os sofrimentos do jovem Werther*, o herói aprende a amar Charlotte ao olhá-la distribuindo pão a crianças e, em seguida, ao escutá-la falar "com a mais tocante verdade" dos livros que ela aprecia. A representação da leitura como experiência de emoção é constante na própria obra literária que, de alguma maneira, fornece assim o seu modo de emprego – bem antes do século XIX, visto que a partilha de emoção, entre o escritor que expõe a sua alma em um texto e o "simples leitor" que a recebe e se reconhece nela, está efetivamente na origem daquilo que define a literatura em seu sentido moderno. Desejos, fantasias, angústias, alucinações, terror, paixão, alegria: a leitura abre um verdadeiro leque de emoções, para o melhor ou para o pior, em particular se é intensa e solitária. Os "promotores da moral" do século XIX, religiosos ou leigos, não cessaram de denunciar os malfeitos das más leituras, julgadas demasiado exaltantes: o que irá acontecer, com efeito, se, da emoção sentida profundamente com a leitura de um poema ou de algumas páginas de romance, os leitores chegam a desestabilizar as suas vidas? Reputada como escola de adultério, de crime ou de revolta, a literatura, em particular a literatura da novela-folhetim ou das edições baratas, a qual atinge um público mais vasto e – há motivos para recear – menos apto para manter a distância as suas emoções (as mulheres, a juventude, o povo...), é objeto de um exame inquieto: na França, a lei de 1819 permite condenar o ultraje aos

---

457. PACHET, P. *Les Baromètres de l'âme*. Op. cit., p. 59.

bons costumes até o final do século XIX, a Igreja estabelece uma distinção entre livros para serem lidos e aqueles a serem proscritos, enquanto a administração, em particular, sob o Segundo Império (1852-1870), questiona-se regularmente em relação aos efeitos da literatura sobre os comportamentos e tenta orientar a sua produção[458].

É pertinazmente conhecido o elevado grau de ironia com a qual Flaubert mistura, em *Madame Bovary*, obra publicada em 1857, a evocação dos efeitos da leitura com determinados discursos que os assumem e os estigmatizam: leitora ávida, alimentada aos 15 anos por romances de "salas de leitura" e novelas sentimentais, Emma chega a confundir a tristeza da perda da mãe com a satisfação de sentir que, "na primeira tentativa, atingiu esse raro ideal das existências inexpressivas". Invadida por emoções românticas, em decorrência do luto, estas acabam sendo factícias:

> Ela deixou-se deslizar pelos meandros lamartinianos, escutou as harpas nos lagos, todos os cantos de cisne moribundos, a queda de todas as folhas, as virgens puras que sobem ao céu e a voz do Eterno discorrendo nos pequenos vales. Ela entediou-se de tudo isso, manifestando a sua aversão, mas continuou por hábito e, em seguida, por vaidade, tendo ficado enfim surpreendida por sentir-se apaziguada, sem nenhuma tristeza no coração, além de rugas em sua testa.

Representada nas obras, perseguida por todos os que a julgam perigosa para a ordem pública e a moral privada, a emoção da leitura é assim evocada constantemente. Mas qual é o conhecimento que se tem das emoções efetivas dos leitores e das leitoras do século XIX? Julia Daudet, a esposa de Alphonse, evoca esta singular emoção no relato de sua infância parisiense, nos anos de 1850:

---

458. LECLERC, Y. *Crimes écrits* – La littérature en procès au XIXe siècle. Paris: Plon, 1991. • ARTIAGA, L. *Des torrents de papier* – Catholicisme et lectures populaires au XIXe siècle. Limoges: Pulim, 2007. • LYON-CAEN, J. "Remettre le monde en ordre: les académies et la question de l'influence de la littérature sur les mœurs dans les années 1850". In: MILLOT, H. & SAMINA-DAYAR-PERRIN, C. (sob a dir. de). *1848, une révolution du discours*. Saint-Étienne: Les Cahiers Intempestifs, 2001, p. 27-46.

> Lembro-me de uma grande emoção sempre que abria um livro, da opressão singular que é aliviada por páginas folheadas, como se a pessoa tivesse em si mesma uma parte das ideias, dos sentimentos expressos aí; assim, ela sente-se feliz, de repente, por verificar que eles estão fixados, traduzidos, mais claros em decorrência de todo o talento do autor e da nitidez dos caracteres de impressão[459].

É uma mulher de letras que volta aqui à aprendizagem dessa leitura de iniciação, leitura "cujas chaves mágicas abrem, no fundo de nós mesmos, a porta das moradas nas quais não teríamos conseguido penetrar", segundo as palavras de Marcel Proust[460]. Leitura emocionada e construtiva, mas também modelo de leitura de escritor que reencontra as leituras das adolescências românticas: a de Sainte-Beuve em 1820, que "é invadido por frêmitos" ao ler *René* (1802) de Chateaubriand[461]; a de Maurice de Guérin, cuja leitura do mesmo *René* lhe "encharca a alma como uma chuva de trovoada"[462]; ou os êxtases provocados por Werther e Byron no jovem Flaubert[463]. A poesia, a manutenção de um caderno íntimo, a correspondência intensa com um amigo constituem, desde então, outras tantas práticas que vêm prolongar essas emoções: assim, leitura apaixonada e escrita efusiva aparecem como as duas faces da aprendizagem da literatura.

A carta ao escritor ocupa aqui uma posição particular visto que, de todas essas escritas da leitura, é ela que procede exclusivamente da emoção. Desde o final do século XVIII, em torno de *La Nouvelle Héloïse* (1761 [A nova Heloísa]), na França, e dos romances de Richardson na Inglaterra[464], assiste-se ao surgimento

---

459. DAUDET, J. *Enfance d'une Parisienne*. Paris: Chavaray, 1883, p. 41, apud DUZER, V.A. "Le fruit défendu". In: *Romantisme*, n. 165, 2014, p. 12.
460. PROUST, M. "Sur la lecture", Prefácio. In: RUSKIN, J. *Sésame et les lys* [1905]. Ed. de Antoine Compagnon. Bruxelas: Complexe, 1997, p. 73.
461. *Cahiers de Sainte-Beuve*, 25 mai 1820, apud HOUBRE, G. *La Discipline de l'amour*. Op. cit., p. 77, de acordo com PAILLERON, M.-L. *Sainte-Beuve à seize ans*. Paris: Le Divan, 1927, p. 21.
462. GUÉRIN, M. *Le Cahier vert*, 30 juillet 1832. In: *Œuvres complètes*. Paris: Classiques Garnier, 2012, p. 37.
463. FLAUBERT, G. *Mémoires d'un fou* [1838]. In: *Œuvres complètes*. T. 1. Paris: Seuil, 1964, p. 223.
464. LABROSSE, C. *Lire au XVIIIᵉ siècle* – La Nouvelle Héloïse *et ses lecteurs*. Lyon: PUL/Du CNRS, 1985. • TURNER, J.G. "Novel Panic: Picture and Performance in the Reception of Richardson's *Pamela*". In: *Representations*, n. 48, 1994, p. 70-96.

de "simples leitores" – pelo menos, eles apresentam-se como tais – atormentados por uma irreprimível necessidade de extravasar a sua emoção de leitura em uma escrita dirigida para a sua fonte.

> Quem seria capaz de descrever a minha situação – escreve Pierre Gallot a Jean-Jacques Rousseau –, o enlevo que sinto à leitura de suas encantadoras obras!? [...] Toda a minha atenção concentrada, limito-me a resfolegar, respiro com dificuldade, parece-me que estou sozinho no mundo, não vejo, nem escuto mais nada, lágrimas de ternura escorrem de meus olhos e creio que, nesses instantes, fascinado pela encantadora simplicidade da natureza encontrada em seu texto, acabo experimentando a perfeita felicidade[465].

Nas cartas a Rousseau, a emoção, a ternura e as lágrimas navegam do romance até os seus leitores. A leitura emocionada, relatada por estes com as mesmas imagens do romance, justifica este gesto epistolar aparentemente inédito, aquele que consiste em se dirigir como leitor a um escritor desconhecido, mas acreditando adivinhar quem está por trás dessa escrita: figura sonhada, talvez, fantasiada. Em 1844, em *Modeste Mignon* [Modesta Mignon], Balzac, destinatário de um grande número de cartas de leitores e leitoras, escarnece desse irreprimível desejo que atribui todas as virtudes ao autor imaginário: Canalis, o mentor da "escola angélica", por quem Modeste se apaixona, não passa de um mau poeta, feio, vaidoso, além de estar perdendo a inspiração. Sublinhemos que, se Balzac converte uma mulher jovem no arquétipo do leitor emocionado e confere ao desejo do autor a forma previsível do amor, os seus correspondentes reais, como todos os dos escritores do século, são tanto homens, quanto mulheres. Balzac participa, não sem alguma ironia reflexiva, na construção do estereótipo da leitora sensível e apaixonada, a qual, aliás, está presente em uma iconografia bastante ampla desde o final do século XVIII e em todos os discursos moralizantes que de-

---

465. *Correspondance complète de Jean-Jacques Rousseau*. Ed. De Ralph A. Leigh. T. 21. Genebra/Madison: Institut et Musée Voltaire-University of Wisconsin Press, 1969, p. 13.

nunciam os perigos da leitura por parte das mulheres[466]. Leitores masculinos emocionados não deixam tampouco de existir.

Bernardin de Saint-Pierre, Chateaubriand e, na sequência, os grandes romancistas do período da Monarquia de Julho – Balzac, Eugène Sue, George Sand –, recebem uma grande quantidade de cartas suscitadas pela emoção da leitura: o romance *Paul et Virginie* [Paulo e Virgínia] provoca, vinte e sete anos depois de *La Nouvelle Héloïse*, torrentes de lágrimas emocionadas e centenas de cartas que reconhecem nessa obra um verdadeiro guia de vida, bom "para instruir, esclarecer, consolar"[467]. Décadas mais tarde, é em torno da *Histoire de ma vie* [História de minha vida] de George Sand, publicada em folhetim, em *La Presse*, em 1854 e 1855, que é possível encontrar os impulsos da leitura rousseauniana. As "confissões" da romancista, escritas com a mesma "espontaneidade" e o mesmo "abandono"[468] que haviam contribuído para a grandeza de Jean-Jacques, suscitam uma leitura efusiva, lágrimas de "respeito e de felicidade", além de uma "afeição", uma "atração"[469] extraordinárias pelo autor: os leitores, desestabilizados pelo relato verdadeiro dessa alma tão boa e sincera, exprimem a sua convicção de pertencerem a uma comunidade de afeto, de emoções e de valores que prolonga os quadros da juventude de Aurore e, em seguida, da vida no lugarejo de Nohant. Assim, a correspondência recebida por Sand adquire as características de uma correspondência familiar, na qual as pessoas em redor dos leitores confundem-se com as do autor, como se pode constatar nas palavras desta leitora:

---

466. QUEFFELEC, L. "Le lecteur du roman comme lectrice: stratégies romanesques et stratégies critiques sous la monarchie de Juillet". In: *Romantisme*, n. 53, 1986, p. 9-22. • MATLOCK, J. *Scenes of Seduction*: Prostitution, Hysteria and Reading Difference in Nineteenth-Century France. Nova York: Columbia University Press, 1994. • NIES, F. *Imagerie de la lecture* – Exploration d'un patrimoine millénaire de l'Occident. Paris: PUF, 1995.

467. Lettre d'"Appiæ" à Jacques-Henri Bernardin de Saint-Pierre, 11 décembre 1789, apud MAURY, F. *Études sur la vie e les œuvres de Bernardin de Saint-Pierre*. Paris: Hachette, 1892, p. 162.

468. SAND, G. *Histoire de ma vie* [1855]. T. 1. Paris: Gallimard, 1970, p. 13, Col. "Bibliothèque de la Pléiade".

469. Apud LYON-CAEN, J. *La Lecture et la Vie* – Les usages du roman au temps de Balzac. Paris: Tallandier, 2006, p. 99-100.

A senhora me pegou pela mão, apresentando-me esse adorável pai com quem se parece tanto e depois essa boa digna avó tão orgulhosa de seus filhos. Tornei-me neta com a senhora, refiz também o *diable* [diabo], voltando a encontrar todas as espécies de lembranças simpáticas que me ligaram intimamente a seu jovem personagem, cresci, permanecendo fiel à senhora e sofrendo verdadeiramente os seus sofrimentos na medida em que, na natureza boa e irritadiça de sua mãe, acabei reconhecendo a da minha que já faleceu sem ter compreendido nada de meu caráter [...][470].

A grande família sandiana, porém, não é a das emoções desenfreadas: do mesmo modo que *La Nouvelle Héloïse* propunha a seus leitores um novo modelo de virtude, baseado na sensibilidade, assim também a *Histoire de ma vie* alimenta uma procura espiritual e moral, a busca de uma religião pessoal que, em vez de estar fundada em dogmas, baseia-se em certezas interiores, de acordo com o modelo do itinerário da própria Sand, em ruptura com a Igreja, mas não com a fé do coração.

Ao comentar as cartas apaixonadas de Bettina a Goethe, Balzac havia escrito este comentário mordaz: "Todas as moças, entre 15 e 18 anos, começam assim a vida, exercitando-se na ternura que deve preenchê-la". Como se as emoções de leitura e o impulso amoroso experimentado, às vezes, em relação ao escritor, dependessem de uma forma de aprendizagem. Vimos que Balzac tinha recebido, também, numerosas cartas de leitores e de leitoras emocionados, mas de um modo nada semelhante ao de Sand. O romance balzaquiano não se presta, de modo algum, à efusão: o que emociona os leitores e as leitoras da época de Balzac, nos anos de 1830 e 1840, é, antes de tudo, reencontrarem-se nos retratos de homens e de mulheres de seu tempo, envolvidos na mesma "mecânica social", às voltas com as mesmas ambições e os mesmos tormentos – ou seja, as convenções burguesas do casamento que privam de amor as mulheres aos 20 anos; a impos-

---

470. Lettre de Juliette Cuvellier à George Sand, 6 juin 1855, manuscritos da Bibliothèque historique de la Ville de Paris, Fonds Sand. No convento das agostinianas inglesas em que George Sand passou uma parte de sua infância, os *diables* [diabos] eram as meninas "que não eram, nem queriam ser devotas" (*Histoire de ma vie*. Op. cit., t. 1, p. 879).

sibilidade para os jovens sem apoio, que chegam a Paris oriundos da província, de serem bem-sucedidos... A emoção de leitura, aqui, reside em um reconhecimento na capacidade do romance para conferir sentido às experiências dos indivíduos em seu tempo, experiências simultaneamente singulares e sociais, inscritas na história. Voltamos a encontrar o mesmo tipo de emoção de leitura diante dos romances de Eugène Sue, quando os leitores reconhecem em sua obra *Les Mystères de Paris* [Os mistérios de Paris], publicada em 90 números do *Journal des débats*, entre 1842 e 1843, o contexto verdadeiro das misérias contemporâneas ou identificam-se com as desventuras imerecidas dos personagens[471].

Qual seria o tipo de testemunho dado pelas cartas aos escritores? Elas são, com certeza, uma escrita sobre a emoção, uma escrita que se diz motivada pela emoção, uma escrita repleta de palavras emotivas, mas é sempre possível suspeitar que este ou aquele leitor venha a utilizar essa linguagem com a intenção de captar a benevolência do escritor, entrar em contato com ele, para obter – e é o que, às vezes, aparece em algumas cartas – uma recomendação, um apoio moral ou material, uma ajuda, ou um simples autógrafo... Se essas cartas nem sempre podem ser consideradas testemunhos sinceros de emoções experimentadas, manifestariam, no mínimo, a difusão social de uma escrita *emocionada* sobre a leitura de literatura nas primeiras décadas do século XIX. A carta de leitor é contemporânea à ampliação do público da literatura, da consagração do poder social e simbólico do "grande escritor"[472], da intensificação da valorização social da atividade literária, mas, sobretudo, da constituição da experiência "íntima" e "histórica" do indivíduo enquanto objeto da exploração e da figuração literária – tornando-se a literatura, segundo a expressão balzaquiana, historiadora da vida privada[473]. E é, sem

---

471. LYON-CAEN, J. *La Lecture et la vie*. Op. cit.
472. BÉNICHOU, P. *Le Sacre de l'écrivain* – Essai sur l'avènement d'un pouvoir spirituel laïque dans la France moderne [1973]. Paris: Gallimard, 1996. • DIAZ, J.-L. *L'Écrivain imaginaire* – Scénographies auctoriales à l'époque romantique. Paris: Champion, 2007.
473. Cf. esp. LUKÁCS, G. *Balzac et le réalisme français*. Trad. de Paul Laveau. Paris: La Découverte, 1999 [Orig.: *Balzac und der französische Realismus*, 1952].

dúvida, o que constitui um acontecimento, nesse primeiro século XIX, para uma história das emoções.

"Mal do século"

Podemos ter o sentimento, neste começo do século XXI, que esse sentido e essa linguagem do íntimo, forjados nas décadas românticas e alimentados por literatura, continuam sendo contemporâneos. Embora alguns textos que marcaram o século XIX como acontecimentos deixaram de nos desestabilizar do ponto de vista coletivo, a literatura romântica atravessou o tempo, arrastando com ela o modo de leitura – ao mesmo tempo, intenso[474], iniciático, apaixonado e emocionado que ela promoveu –, além de algumas formas de práticas literárias, de escritas pessoais, "íntimas", que são tanto escritas de si quanto escritas da leitura. Os jovens escritores das gerações nascidas após a Revolução Francesa, por sua vez, formularam de maneira incisiva a dimensão *histórica* de seus estados anímicos. "Mal do século", "vaga das paixões": outras tantas expressões recorrentes, nos escritos do primeiro século XIX, que identificam determinado estado de emoção peculiar à juventude pós-revolucionária.

Em *La Confession d'un enfant du siècle*, Alfred de Musset fornece o relato mais acabado dessa "doença moral abominável" da "geração inquieta, lívida, nervosa", oriunda dos estabelecimentos de ensino secundário, criados no período do Império[475] (1804-1815). Se esse texto veio a fornecer, em seguida, as suas fórmulas febris a todos os mal-estares adolescentes, *La Confession* é, em 1836, um

---

474. A história da leitura tende a estabelecer uma cesura entre modos de leitura antigos, focalizados na repetição e na memorização de um *corpus* limitado de textos, e a leitura "extensiva", rápida, ávida, consumidora, que haveria de se desenvolver no século XVIII graças à expansão do público leitor e da produção impressa, em particular, de ficções. Roger Chartier e Guglielmo Cavallo sublinham que, por ser de fato extensiva, no sentido em que diz respeito a um grande número de textos, a leitura romântica e apaixonada nem por isso deixa de ser intensa. Ela apresenta uma "leitura intensiva" de um novo tipo, na qual se encontra envolvida a sensibilidade inteira. Cf. CHARTIER, R. & CAVALLO, G. (sob a dir. de). *Histoire de la lecture dans le monde occidental*. Paris: Seuil, 1997.

475. MUSSET, A. *La Confession d'un enfant du siècle* [1836]. Ed. de Sylvain Ledda. Paris: Flammarion, 2010, p. 26.

escrito sobre a angústia de seu tempo, a angústia de uma geração consciente de sua coesão histórica, mas incerta em relação ao futuro, caminhando sobre as ruínas do Antigo Regime, confrontada com o vazio de um presente sem promessas, nem verdadeira liberdade: "Tudo o que era, deixou de ser; tudo o que virá a ser, ainda não é. Não procurem alhures o segredo de nossos males", insiste Musset[476]. Além disso, o seu relato é uma história totalmente literária: a experiência coletiva relatada por ele é a da dupla recepção das obras de Goethe e de Byron, os "dois maiores gênios do século depois de Napoleão", que dedicaram "as suas vidas para reunir todos os elementos de angústia e de dor esparsos no universo"[477]. A leitura dessas obras teria provocado, na juventude de 1820 e 1830, uma "aversão sombria e silenciosa, seguida de uma convulsão terrível [...], uma negação de todas as coisas do céu e da terra, que pode ser designada como desencantamento ou, se quisermos, desesperança, como se a humanidade em estado de letargia tivesse sido considerada como morta por aqueles que tomavam o seu pulso"[478]. Repulsa, desesperança, desencantamento: da exaltação do desespero emerge o definhamento das almas. Assim, esse mal do século deslocar-se-ia de uma "disposição ao vago e ao devaneio" em direção à blasfêmia, à zombaria e à libertinagem. Musset atribui essa degradação a uma questão de sensibilidade francesa: "O poeta cantava o desespero: os jovens saíam das escolas com a fronte serena, o rosto viçoso e rosado, e a blasfêmia na ponta da língua". E esses "corações demasiado volúveis para lutarem e sofrerem definhavam como se tratasse de flores murchas. Assim, o princípio de morte desceu friamente e sem abalo da cabeça às entranhas. Em vez do entusiasmo pelo mal, limitamo-nos a ter a abnegação do bem; em vez do desespero, a insensibilidade"[479].

Musset escreveu, em 1836, o romance de uma geração demasiado sensível e desencantada, impregnada de niilismo e de libertinagem, já entediada antes

---

476. Ibid., p. 42.
477. Ibid., p. 35.
478. Ibid., p. 37.
479. Ibid., p. 39.

mesmo de ter verdadeiramente vivido. A história das emoções íntimas de seus contemporâneos, tal como é relatada por ele, é uma história coletiva, enraizada no tempo político e literário. Esse "mal do século" seria outra coisa além do estandarte literário de uma geração? O que diz ele a respeito das emoções vivenciadas? Em 1820, o jovem Edgar Quinet ausculta a sua alma e as suas leituras na correspondência endereçada à mãe: ele confessa admirar a "sensibilidade sombria e sonhadora" de Byron, mas teme que ela venha a despertar nele uma funesta "disposição para o vago e o devaneio"[480], ou seja, as duas doenças da alma dos filhos do século. Qual será o sentido dessa "repulsa pela vida"? Aos 17 anos, o jovem sofre pelo fato de lhe serem impostos estudos que lhe desagradam. Mais tarde, quando Quinet volta a esses anos de formação para redigir *L'histoire de mes idées* (1858 [A história de minhas ideias)], ele atribui, à semelhança de Musset, um sentido histórico a essas disposições existenciais:

> Embora esse sofrimento chegasse, muitas vezes, até o desespero, contudo, não havia nada que se assemelhasse ao *spleen*, ao tédio da vida, a tudo o que foi designado como a vaga das paixões, no final do último século. [...] Era, de preferência, uma impaciência cega de viver, uma expectativa febril, uma ambição prematura do futuro, uma espécie de embriaguez do pensamento renascente, uma sede desenfreada da alma após o deserto do Império. Tudo isso, junto com um desejo devorador de produzir, criar e fazer algo no meio de um mundo ainda vazio[481].

Essa historicização das emoções da juventude de 1820 seria, no entanto, algo diferente de um motivo literário? Em 1836, Balzac encarregou Jules Sandeau de escrever a vida de um autor fictício, Horace de Saint-Aubin, cujo nome tinha servido de pseudônimo a Balzac, antes de 1830. Tendo chegado a Paris oriundo da província, Horace lê *René* e perde-se nessa leitura: "Passou a noite

---

480. QUINET, E. *Lettres à sa mère*. Ed. de Simone Bernard-Griffiths e Gérard Peylet. T. 1. Paris: Champion, 1995, p. 158, apud BERNARD-GRIFFITHS, S. "Adolescence romantique et mal du siècle entre correspondance et autobiographie: Edgar Quinet au collège de Lyon (1817-1820)". In: *Cahiers d'Études sur les Correspondances du XIXᵉ siècle*, n. 8, 1998, p. 107.
481. QUINET, E. *Histoire de mes idées* – Autobiographie [1958]. Paris: Flammarion, 1972, p. 158.

debulhado em lágrimas; precipitou-se sobre a sua dor com uma raiva misturada com volúpia: no dia seguinte, ao nascer do sol, não restava mais nada de nosso Horácio; o filho da natureza estava morto nele, e já surgia o homem das sociedades modernas"[482]. Em seguida, são "as ondas amargas de *The Corsair* [O corsário] e de *Lara*" (1814) de Byron que completam a sua transformação. Na encenação zombeteira dessa iniciação conforme a todos os estereótipos do tempo, a leitura de literatura, uma vez mais, aparece como uma escola de emoção: experiência fundadora, ela transforma os filhos do século em homens modernos. Será que essas emoções escritas foram realmente experimentadas? Na realidade, ao historiador pouco importa se os escritos do mal do século sejam, ou não, o reflexo de experiências autênticas. O importante é que a capacidade para avaliar a força dessa escrita, forjada na intensidade das interações literárias dos anos de 1830, tendo conseguido fornecer uma linguagem à inscrição da experiência íntima na história pós-revolucionária. Daí, a sua disseminação nos diários pessoais, nas correspondências, nas autobiografias – e a sua ironização precoce em Balzac.

Desde os "barômetros da alma" até os escritos do "mal do século", a história das emoções românticas pode parecer confundir-se com uma história literária. Com efeito, todos os documentos mencionados têm alguma relação com a literatura: os diários pessoais do primeiro século XIX alimentam-se de uma matéria íntima moldada pela literatura de seu tempo, quando eles mesmos não se tornam admiráveis obras literárias, à semelhança do *Journal* [Diário] de Eugénie de Guérin ou, mais tarde, publicações póstumas de diários de poetas, tais como o *Journal d'un poète* [Diário de um poeta] de Vigny, em 1867, ou *Mon cœur mis à nu* [Meu coração posto a nu] de Baudelaire, em 1887. Quando não chegam a esta categoria, os diários íntimos conservados nas famílias, e que haviam permanecido inéditos, testemunham a intensidade da apropriação de modelos literários pelos diaristas: jovens, cuja educação sentimental se

---

482. SANDEAU, J. *Vie et malheurs d'Horace de Saint-Aubin* [1836]. Texto reproduzido em BALZAC, H. *Premiers romans*. T. 1. Paris: Robert Laffont, 1999, p. 1.084.

faz através da leitura e da escrita, que aprendem a exprimir as suas emoções, ou seja, a extravasarem e, ao mesmo tempo, a se conterem. É ainda no crisol do diário íntimo que se constroem algumas obras literárias importantes: as de Benjamin Constant ou Maine de Biran no alvorecer do século XIX, até as confissões de Marie Bashkirtseff – escritora, pintora e escultora, nascida na Ucrânia, em 1858, e falecida em Paris, em 1884 –, nos anos de 1870[483]. Íntimo, o diário aparece muitas vezes como o laboratório da obra efetiva, ou sonhada, inclusive, como a própria obra.

Por toda a parte, portanto, a literatura é mestra ou horizonte, modelo ou aspiração. Pode dar a impressão de pesar menos sobre as correspondências privadas, cuja prática se difunde continuamente. No entanto, desde que aparece a linguagem da emoção íntima, seja ela amigável ou amorosa, filial ou fraterna, é ainda a literatura que parece fornecer-lhe as suas palavras e os seus motivos. Daí, a inevitável ambiguidade de todos esses escritos do "século do íntimo", diários ou cartas: não será que eles dão testemunho da difusão de uma linguagem forjada na escrita literária e socializada fortemente pela escola, pela imprensa e pelas livrarias? A história das emoções íntimas confunde-se, desde então, com uma história dos usos da literatura: história da leitura e das apropriações de obras, história das práticas de escrita e história da valorização social da literatura. As obras literárias do século XIX romântico constituem, portanto, efetivamente, uma fonte importante para uma história das emoções, com a condição de que esta se faça história de escritos, história dos escritos. O historiador deve renunciar a buscar na literatura os reflexos de uma emotividade de época, a expressão das modalidades compartilhadas do "impulso interior"; a literatura não se limita a fornecer modelos de sensibilidade e de escrita que, em seguida, seriam difundidos, por capilaridade, entre os leitores do século XIX. O que marca a história da emoção romântica é a intensidade da valorização social da literatura e de suas apropriações singulares, a amplificação de seus usos íntimos; é exatamente o que relatam os historiadores precoces

---

483. BASHKIRTSEFF, M. *Journal, 1877-1879*. Lausanne/Paris: L'Âge de l'homme, 1999.

da emoção que foram os escritores do mal do século. Eles até lhe conferiram, talvez, o que nos escapa atualmente: um contexto político, o do retraimento das emoções coletivas, do "tédio" no período da Restauração, evocado por Stendhal em seu livro *Le Rouge et le Noir* (1830 [O vermelho e o negro]). Ao atravessar o tempo, as escritas do mal do século livraram-se dessa dimensão política que ainda fica por reencontrar.

Algumas obras literárias podem ser analisadas como outros tantos acontecimentos da história das emoções. As modalidades de sua publicação, de sua circulação, de suas apropriações – inclusive, nas práticas de escritas (diários íntimos, epistolares, ficcionais, poéticas...) que elas suscitam e alimentam: *Werther, René, The Corsair*; mais tarde, Musset, Lamartine, Hugo e Vigny; Balzac e Sand até o Baudelaire e o Rimbaud de todas as adolescências modernas, ou a Maurice de Guérin no qual François Mauriac pode reconhecer, a mais de um século de distância, um irmão ou um amigo[484]. Sendo literária, essa história das emoções íntimas no século XIX não deixa de ser socialmente diferenciada: o lugar atribuído à leitura e à escrita na fábrica de "si", por ser cada vez mais difundida, não deixa de continuar sendo o apanágio das vidas burguesas e educadas, tal como o saber exprimir-se corretamente que não é acessível, no mesmo plano, a todos. Sem "barômetros", cadernos ou papéis de carta, as almas continuariam existindo, mas as suas vibrações não deixariam vestígios na linguagem literária da emoção romântica. E esta naturaliza tão eficazmente as suas condições de emergência, além das distinções sociais, que seríamos levados a esquecer, durante um instante, que o fato de exprimir a sua alma por escrito, de assentar no papel com sinceridade as suas flutuações íntimas, é um gesto inscrito fundamentalmente no espaço social e na história.

---

484. MAURIAC, F. *Commencement d'une vie* [1953] e *Mémoires intérieurs* [1959]. Paris: Gallimard, 1990, passim, Col. "Bibliothèque de la Pléiade".

8
FORMAS DO DESEJO E DA FRUIÇÃO, DECEPÇÕES E MAL-ESTAR

Alain Corbin

Podemos adotar, de início, como postulado que as emoções dependentes do que era então qualificado como "vida sexual"[485] possuíam a sua história, aliás, condicionada pelos sistemas de representações do corpo e da "alma", pela influência de normas, assim como por um conjunto de convicções científicas e de crenças. Deste modo, seria necessário apresentar o pano de fundo sobre o qual se esboçavam as emoções da "vida sexual". Cada um de seus elementos constitutivos tem sido objeto de numerosos estudos; por isso, limitar-me-ei aqui a proceder a uma sucinta enumeração.

Para compreender a especificidade de tais emoções, convém levar em conta uma dezena de dados. No decorrer do período abordado por este volume, observa-se o seguinte: 1) Um esquecimento progressivo do sensualismo de Locke e de Condillac, o qual havia sido, durante muito tempo, dominante. 2) A ascensão do sentimento e do cuidado de si[486], contemporâneo da influência da noção de cinestesia; em suma, uma atenção ao sentido interno,

---

[485]. De fato, a palavra "sexualidade" só apareceu, na língua francesa, timidamente, no decorrer da década de 1840.

[486]. Sobre este assunto, cf. o excelente livro: VIGARELLO, G. *Le Setiment de soi* – Histoire de la perception du corps. Paris: Seuil, 2014.

qualificado, às vezes, como sexto sentido. Tudo isso era modulado pela noção, também ascendente, de idiossincrasia, ou seja, da particularidade específica de cada indivíduo. 3) Outros tantos dados que combinam com a importância atribuída à fibra e ao nervo, no cerne do século XVIII. 4) O declínio da teoria humoral e, por conseguinte, o remanejamento da noção de temperamento, o qual já não é determinado, desde então, pela influência majoritária deste ou daquele humor, mas pela predominância de um órgão ou de um sistema de órgãos; é neste sentido que, no século XIX, se fala de temperamento linfático, sanguíneo, nervoso, melancólico ou atlético; sem esquecer a complicação que determina temperamentos "parciais" – no pressuposto de que cada um deles ordena as emoções. 5) A preocupação crescente de se conformar com o anseio da natureza; o que é testemunhado pelos correspondentes[487] do célebre doutor suíço Tissot. 6) A acentuação na ordem tanto da anatomia quanto da fisiologia, da convicção de um forte dimorfismo sexual – o que traduz, especialmente, desde o século XVIII, a categoria nosológica intitulada "doenças de mulheres", assim como todos os tratados que descrevem a diferença de sensibilidade que distingue os dois sexos. 7) No que diz respeito à "vida sexual" e, em seguida, à "sexualidade", o abandono progressivo da teoria da dupla semente, equivalendo a pensar que a mulher produzia a sua no momento do prazer ou, em poucas palavras, que, à semelhança do homem, ela "fodia"; é no contexto desse abandono que se inscreve a descoberta da ovulação no decorrer da década de 1840. 8) Percepção ascendente do uso de práticas que visam controlar a concepção por aquilo que os teólogos designam como "onanismo conjugal" e os médicos "fraude conjugal", consistindo, no essencial, na prática da interrupção do coito. 9) Sobretudo, no que nos diz respeito, o incremento da prática da medicina anatomoclínica, a qual triunfa durante a primeira metade do século XIX, especialmente no interior da Escola de Paris; os métodos dessa medicina clínica produziram o essencial dos dados colocados à disposição do

---

487. BARRAS, V. & LOUIS-COURVOISIER, M. (sob a dir. de). *La Médicine des Lumières* – Tout autour de Tissot. Genebra: Georg, 2001.

historiador desejoso de revelar a especificidade das emoções suscitadas, então, pelo exercício da "função genital".

Eis o que nos leva a evocar as fontes que permitem detectar tal objeto. Deixaremos de lado aqui a literatura erótica, tão prolixa durante o século XVIII, considerando que ela nunca é prova de prática, mesmo quando se empenha a utilizar táticas de ilusão do verdadeiro. A literatura erótica intervém aqui apenas na medida em que exerce influência sobre o imaginário e induz determinados tipos de condutas, especialmente durante a masturbação; e é conhecida a importância, nessa circunstância, dos "livros que só é possível ler com uma mão"[488]. Sobre todos esses pontos, impõe-se chamar a atenção para o capítulo, deste volume, escrito por Michel Delon[489].

Em compensação, a medicina clínica, pelos manuais que ela produz, pela descrição detalhada de casos médicos e, às vezes, pela existência de uma escrita imposta ao paciente, fornece abundantes precisões sobre a natureza das emoções. Nesse aspecto, tal fonte é mais fidedigna do que a correspondência epistolar (principalmente, masculina) e a escrita de si (diários íntimos e agendas) que analisei no vol. II da *História da virilidade*[490]. De fato, essas fontes estão sujeitas amplamente à presunção, no que diz respeito à primeira, e ao cuidado de registro de resultados com vistas a se tranquilizar, no que se refere à segunda. Ocorre que tais fontes fornecem uma grande quantidade de registros que não repetirei aqui – dados superiores àqueles produzidos, então, pela licenciosidade, quase totalmente dirigida pela arrogância.

---

488. GOULEMOT, J.-M. *Ces livres qu'on ne lit que d'une main* – Lecture et lecteurs de livres pornographiques au XVIIIe siecle [1991]. Paris: Minerve, 1994. • A expressão ...*livres qu'on ne lit que d'une main*... [livros que só são possíveis de ler com uma mão] é retomada por Jean-Jacques Rousseau no Livro I de sua obra *Les Confessions*, 1782 [Ed. bras.: *As confissões*. Trad. de Wilson Lousada. São Paulo: Martin Claret, 2011, p. 35].
489. Cf. acima, cap. 1: DELON, M. "O despertar da alma sensível", p. 17.
490. CORBIN, A. (sob a dir. de). *História da virilidade* – 2: O triunfo da virilidade / O século XIX. Petrópolis: Vozes [Orig. *Histoire de la virilité* – Tome 2: Le triomphe de la virilité. Paris: Seuil, 2011, p. 125-154].

Manuais, teses, apresentações e, até mesmo, coletâneas de casos médicos, às vezes, enriquecidos por uma escrita imposta, além de relatórios da atividade hospitalar, fornecem – voltarei ao assunto – um grande acervo de fontes de primeira mão, até hoje muito pouco utilizadas pelos historiadores. A prática médica estava então, neste contexto[491], "fundada": 1) na observação e na exploração do corpo por todos os sentidos do profissional; e 2) em um questionamento preciso acerca do desenrolar das diversas funções do organismo. Ora, a função genital não escapa à observação, nem ao questionamento. Quando o pudor impede a compreensão de uma eventual disfunção, o médico esforça-se por obter a confissão, em especial, a de moças ou de mulheres interditadas de dizer tudo ao profissional. Graças a esses métodos, o médico é capaz de apreciar – e de escrever quando redige "casos médicos" – as modalidades do exercício da função genital em relação a cada um dos pacientes, sejam eles homens ou mulheres, de avaliar eventualmente o excesso ou a insuficiência, além de conhecer os ritmos e as modalidades dos prazeres, concretizados ou não. No entanto, esses médicos tinham o olhar bastante arguto.

No que se refere à "função genital", a maior parte deles, de fato, beneficiava-se de uma experiência pessoal. No decorrer dos respectivos estudos, em geral, eles haviam "frequentado" mulheres: uns tinham ido às casas de tolerância para encontrarem "moças", enquanto outros tinham "tido casos" com costureiras. Além disso, o médico tinha a obrigação, nessa época, de ser casado, a fim de não preocupar os pais e os maridos. Alguns deles tinham tido "amantes". Em poucas palavras, ao contrário dos confessores preocupados com a impureza eventual de suas ovelhas, eles sabiam perfeitamente o comportamento a ser adotado.

Até por volta de 1885, a evolução da prática médica permanece pouco aprofundada e pouco suscetível de modificar a apreciação das emoções descritas pelos pacientes. Sublinhemos, todavia, a esse respeito, a descoberta

---

491. FOUCAULT, M. *Naissance de la clinique*. Paris: PUF, 1963.

da ovulação que incitava a mulher a deixar de acreditar em uma eventual emissão de sua semente; e, sobretudo, a difusão, mais tardia, das teorias do Dr. Kobelt que definiam o orgasmo feminino – tal como o conhecemos –, atribuindo-o a uma densidade particularmente forte das fibras nervosas no clitóris. Observemos, a propósito disso, que a palavra "orgasmo", utilizada com frequência anteriormente, designava um "eretismo" generalizado do corpo e que o prazer intenso, qualificado hoje como orgasmo – voltaremos ao assunto –, era designado pela expressão "espasmo cínico". Trata-se de uma precisão importante na medida em que essa emoção se inscrevia, antes de Kobelt, na esfera do espasmódico e do clônico.

Além disso, durante o período que diz respeito a este volume, na ordem tanto da teologia moral[492], quanto da ética médica, realizou-se um afrouxamento da proibição relativa ao "onanismo conjugal" e à "fraude conjugal", ou seja, tudo o que tinha a ver com métodos contraceptivos. Enfim, durante essas décadas, algumas categorias nosológicas tinham aparecido antes de perderem importância: foi o que aconteceu com a definição das perdas seminais involuntárias que havia suscitado a angústia durante o século XIX. Da mesma maneira, a crença em um "frêmito" particular da mulher no momento da concepção, a crença na impregnação segundo a qual a mulher ficava impregnada pelo esperma de seu primeiro parceiro e corria o risco, em seguida, uma vez casada, de dar à luz um filho dele, assim como a crença da superfetação – convicção segundo a qual uma mulher que tivera relações simultâneas com dois parceiros podia ter dois filhos de pais diferentes – foram perdendo crédito aos poucos. Sem esquecer a certeza, que demorou a desaparecer, de que uma mulher não podia conceber se não tivesse experimentado prazer.

Tratando-se do nosso assunto, a verdadeira virada só aparece no decorrer das duas últimas décadas do século, durante a formação da protossexologia,

---

492. Cf. LANGLOIS, C. *Le Crime d'Onan* – Le discours catholique sur la limitation des naissances (1816-1930). Paris: Les Belles Lettres, 2005.

estudada por Michel Foucault[493] e, em seguida, por um grande número de outros autores[494], abastecida de um catálogo de perversões que acaba alterando os dados. Além disso, é durante essas últimas décadas do século que se amplifica o "perigo venéreo", especialmente a convicção da existência de uma heredossífilis que aviva e renova as modalidades da angústia sexual. Tudo isso acabou exercendo influência, tardiamente, sobre a história das emoções[495].

Durante o período que nos concerne, várias interrogações revelam-se recorrentes com respeito à história das emoções suscitadas pela atividade sexual: 1) hesitação sobre os papéis respectivos do clitóris e da vagina no desencadeamento do prazer feminino; 2) interrogação sobre o órgão percebido como o maestro desse mesmo prazer: o cérebro ou a matriz (útero); 3) enigma de Tirésias, o qual consiste em se questionar para saber quem – o homem ou a mulher – sente maior gozo no ato sexual.

Durante esse mesmo período, são apresentados, com bastante frequência, estes dois riscos: o do exercício prematuro da função genital e, de maneira mais geral, o risco advindo de todas as aprendizagens, especialmente a noite de núpcias.

Depois da apresentação desse pano de fundo, cujo conhecimento é indispensável para a apreciação das emoções experimentadas durante a atividade sexual, chegamos ao quadro apresentado pelos médicos.

Na sequência dos escritos de Buffon[496] e, em seguida, da obra que o Dr. Roussel[497] dedicou a esse assunto, durante as últimas décadas do século XVIII,

---

493. FOUCAULT, M. *História da sexualidade* – I: A vontade de saber. Trad. de Maria Thereza da Costa Albuquerque e de J.A. Guilhon Albuquerque. Rio de Janeiro: Graal, 1988 [Orig.: *Histoire de la sexualité* – T. 1: La volonté de savoir. Paris: Gallimard, 1976].
494. Cf. esp. CHAPERON, S. *Les origines de la sexologie, 1850-1900*. Paris: Audibert, 2007.
495. Cf. COURTINE, J.-J. (sob a dir. de). *História das emoções* – Vol. III. Petrópolis: Vozes, 2020 [Orig.: *Histoire des émotions*. T. 3. Paris: Seuil, 2017].
496. BUFFON. *Œuvres*. Paris: Gallimard, 2007, p. 212-235, Col. "Bibliothèque de la Pléiade".
497. ROUSSEL, P. *Système physique et moral de la femme, ou Tableau philosophique, organique du tempérament, des mœurs et des fonctions propres au sexe*. Paris: Vincent, 1775.

as emoções experimentadas na puberdade são lembradas pelos médicos. A noção de "pudor feminino" organiza o discurso deles ao considerarem que, nesse momento, o homem deseja encontrar resistência na moça; o motivo é que, na dinâmica entre o desejo masculino e o obstáculo à sua realização, o pudor feminino rechaça o primeiro a fim de exasperá-lo. As modificações que se realizam na mulher em devir e as emoções daí resultantes focalizam a atenção dos cientistas: em seu entender, a puberdade é o apogeu da beleza feminina, a qual exerce então sobre o desejo do macho um atrativo, cuja intensidade nunca mais será igualada. Nesse momento, o desenvolvimento dos mamilos e do púbis, o brilho dos olhos, a afirmação dos contornos, o apagamento dos relevos do corpo, uma nova elasticidade da pele, um novo colorido dos lábios, uma cabeleira mais abundante do que anteriormente, uma nova aparência, uma desenvoltura, uma flexibilidade de todo o corpo, uma afetividade mais viva da pele, da língua (e dos olhos) mantêm na moça um "atraente acanhamento", um "desejo vago", uma agitação da alma e um estado de devaneio permanente, avivando a consciência da diferença morfológica que distingue os dois sexos.

Emoções novas impõem-se, especialmente uma forma de curiosidade e um trabalho da imaginação que sugerem uma necessidade do prazer conjugal. O quadro esboçado pelos médicos, o qual traduz também, sem dúvida, uma forma de desejo, posiciona o momento da puberdade como uma etapa perigosa, pelo fato da tensão entre os sinais emitidos pela natureza e as normas de índole moral e social. Eis o que é lamentado pelo Dr. Virey para quem a "condição de virgem, em nossas instituições civis, é um estado de violência contra os impulsos da natureza"[498]. Nesse momento, os "acidentes de nervos" não são raros ao passo que as regras introduzem, no entender desses especialistas, um ritmo orgânico do desejo, o qual se torna particularmente violento no fluxo sanguíneo. Então, a moça fica toda trêmula, acionando as suas sensações. Dito isso, os mesmos especialistas sublinham que o fato de acariciar o indivíduo de sexo

---

498. VIREY, J.-J. *De la femme sous ses rapports physiologique, moral et littéraire*. Paris: Crochard, 1825.

diferente é, para a mulher, menos emocionante do que para o homem pelo fato da rugosidade da epiderme masculina.

A moça púbere, escreve o Dr. Virey[499],

> que se tornou languescente e descolorida, tem caprichos, alterações de humor desconhecidas; ela surpreende com lágrimas involuntárias que embargam os seus olhos e, às vezes, ela suspira; ela deseja algo e logo perde tal desejo; sem objeto fixo nem desejo declarado, ela ignora a si mesma. Seu estado é, ao mesmo tempo, ardente e gélido.

A sua atenção não deixa de se fixar, como é o caso no rapaz, sobre a diferença dos corpos. Nesse período, a moça procura entender os mistérios do amor, os gestos dos adultos, as palavras que escapam destes, os livros que caem nas mãos da púbere, "tudo favorece as suas buscas e a sua curiosidade"[500] – ao ponto de desencadear, às vezes, desejos violentos.

A percepção da diferença morfológica dos sexos é, tanto para a moça quanto para o rapaz, promessa de fruição dirigida ao outro. A puberdade faz com que o sentido genital do indivíduo deixe o "estado de repouso" para o "estado de vigília", na expectativa do "estado de ação"[501].

A descoberta do "eretismo venéreo", as modificações orgânicas, as simpatias, sublinhadas por Cabanis[502], entre o cérebro e os órgãos genitais podem conduzir à masturbação feminina. Tanto os médicos quanto os confessores são plenamente conscientes de tal situação.

O discurso médico é menos prolixo no que diz respeito às emoções suscitadas pela puberdade no rapaz; no máximo, refere-se à nova rudeza do corpo,

---

499. VIREY, J.-J. *Dictionnaire des Sciences Médicales*. T. 15. Paris: Panckoucke, 1812-1822, verbete "*Fille*" [Moça].
500. LABRUNIE, É. *Dissertation sur les dangers de la privation e de l'abus des plaisirs vénériens chez les femmes*. Paris, ano XIV, 1805, p. 34-35 [Tese de doutorado].
501. DESLANDES, L. *De l'onanisme et des autres abus vénériens considérés dans leur rapport avec la santé*. Paris: Lelarge, 1835, p. 32.
502. CABANIS, P.-G. *Rapport du physique et du moral de l'homme*. Fortin Masson, 1843.

do desenvolvimento da barba e do conjunto do sistema piloso, assim como da descoberta da energia da ereção. A revelação de uma necessidade resultante do "novo modo de impulso vital"[503] diz respeito tanto aos rapazes quanto às moças; e numerosos caracteres, numerosas emoções, descritos a propósito destas, aplicam-se aos primeiros, cujo desejo se encontra exasperado pelas táticas do pudor utilizadas pela sua eventual parceira. Seria possível pensar que tudo o que precede é banal, mas a importância histórica do discurso dos médicos acerca da puberdade, as suas tormentas e o seu vínculo com o pudor, a maneira como eles insistem então sobre esse momento, concordava com o que será, no século XIX, a percepção da necessidade da preservação da virgindade da "moça em idade de casar"[504], nesse momento perigoso que separa a puberdade do casamento, período durante o qual algumas jovens redigem um diário íntimo no qual anotam as suas emoções – prática que, em geral, cessa após o casamento.

Antes de descrever o que os médicos designam por coito ou copulação, eles procuram aprofundar o estudo sobre a recrudescência do desejo, a qual é apresentada com alguma precisão por Haller, desde meados do século XVIII[505], antes de ser enriquecida substancialmente pelos médicos do século XIX. No desencadeamento de tal processo, esse cientista alemão tinha sublinhado o papel das imagens lascivas, das leituras eróticas e da lembrança de prazeres anteriores; na sequência, ainda segundo Haller, a recrudescência do desejo é avivada pelos toques e, na mulher, pelo espetáculo do corpo do homem em ereção. Haller – que considera a glande em sua posição ereta, rígida e firme como a sede do prazer masculino – introduz a extrema importância do pênis no incremento do desejo; o que a imagem erótica do primeiro século XIX irá

---

503. ROUSSEL, P. *Système physique et moral de la femme...* Op. cit.
504. Cf. a esse respeito, CAROL, A. "Expérience du corps et sentiment de l'intime au XIXe siècle – Les journaux de Lucile le Verrier et de Marie Élisabeth Court". In: *Imaginaire et Sensibilité au XIXe siècle*. Paris: Créaphis, 2005.
505. HALLER, A. *La Génération, ou Exposition des phénomènes relatifs à cette fonction naturelle.* Paris: Chez Des Ventes de la Doué, 1774.

ilustrar à sua maneira[506]. Na mulher, segundo Haller[507], são as carícias no clitóris que determinam a ereção dos órgãos. A mulher perde então completamente o controle: os seus joelhos estremecem e se esquivam sob o seu corpo, enquanto os seus mamilos esquentam, ficam vermelhos, incham e endurecem em forma de cilindro. A vagina torna-se túrgida antes que – voltaremos ao assunto, mas fiquemos com Haller –, no momento da penetração, os tecidos desse órgão venham a inchar-se e a comprimir o pênis com deleite até o advento de um "espasmo venéreo", o qual tem a ver também com as trompas e os ovários.

Os médicos do primeiro século XIX enriquecem enormemente o quadro da recrudescência do desejo; a esse respeito, eles garantem que cada indivíduo possui a sua própria sensibilidade genital, levada em conta a importância da idiossincrasia.

Os médicos esforçam-se por regular o ardor dos esposos, suscitando ou atenuando a emoção. Há os que visam esquentar quando o incremento do desejo é demasiado lento, ou refrigerar quando se verifica a ameaça do excesso. Essas maneiras de trabalhar a emoção são muito complexas e sutis: a título de exemplo, aos esposos demasiado frígidos, é indicada uma estadia no campo, o exercício, a exposição do quarto aos ventos dominantes, um regime composto de substâncias estimulantes. Isso é acompanhado de conselhos psicológicos. Aos esposos lentos a manifestar as suas emoções, os médicos proíbem ler demais, mas recomendam que exercitem a inventividade nas carícias. A isso podem ser acrescentadas massagens, fricções, loções, banhos e sinapismos; existem profissionais que aconselham a adotar determinadas posturas favoráveis ao incremento do desejo.

---

506. Cf. esp. as ilustrações de Achille Devéria. In: CORBIN, A.; COURTINE, J.-J. & VIGARELLO, G. (orgs.). *História do corpo* (sem as ilustrações). Petrópolis: Vozes, 2008 [Orig.: *Histoire du corps*. T. 2. Paris: Seuil, 2005-2006]. • CORBIN, A.; COURTINE, J.-J. & VIGARELLO, G. (orgs.). *História da virilidade*. Op. cit., t. 2.
507. Cf. o resumo das afirmações de Albrecht von Haller em CORBIN, A. *L'Harmonie des plaisirs* – Les manières de jouir du siècle des Lumières à l'avènement de la sexologie. Paris: Perrin, 2008, p. 38.

Chegamos ao auge do gozo, à ejaculação masculina e ao "espasmo cínico". No século XVIII, Haller, Virey e alguns outros autores sublinharam a intensidade incomparável do prazer tanto no homem quanto na mulher. As emoções destes são, segundo esses cientistas, muito mais fortes do que aquelas experimentadas pelos animais. Isto deve-se, sobretudo, ao fato de que o homem tem consciência, ao ter gozo, de se conformar ao desejo da natureza e de contribuir para a perpetuação da espécie. Eis o que confere ao ato um caráter perigoso porque ele roça com a morte. O animal, por sua vez, não tem consciência do vínculo entre *Eros* e *Thanatos*. No coito, e de maneira geral, a posição adotada pelo homem e pela mulher põe em contato todas as partes do corpo – o que é ignorado pelo animal. Além disso, o homem é quase desprovido de pelos: ele pode acariciar com a mão a pele particularmente sensível de sua parceira. Em suma, a superioridade da emoção do homem em relação à reação do animal é incontestável.

Em minha opinião, as emoções do coito foram descritas com maior precisão pelos médicos do que pelos autores de livros eróticos do século XVIII. Vamos comprovar tal afirmação ao escutá-los na descrição do momento do "prazer indizível" do homem. A alma perdida – escreve Virey – "flutua em um oceano de prazeres [...], todas as fibras do corpo estremecem". A pessoa sente-se "absorvida e como que submersa" no momento do delírio da volúpia. "A pessoa anda à procura de si mesma e não consegue encontrar-se"[508]. "A pessoa já não liga para a riqueza, a consideração e as honrarias; tampouco para a vida" – escreve Deslandes[509].

> Diante de uma única necessidade, acabam desaparecendo todas as outras. Já não há fome, nem sede; aliás, deixará de haver para sempre fome e sede. É um delírio... [...] A inteligência passa por um apagão. Chega um momento em que ela deixa de ser suficientemente forte, inclusive, para delirar. Então sentir, coletar as mil e uma sensações que se desprendem do foco comum e brilham por toda a parte, é a única ocupação da alma, a única de que ela é

---

508. VIREY, J.-J. *Dictionnaire des Sciences Médicales*. Op. cit., t. 15, verbete "*Frigidité*" [Frigidez].
509. DESLANDES, L. *De l'onanisme...* Op. cit., p. 37.

capaz. A vontade está fora do ar. Os músculos já não estão sob o seu controle, mas pertencem aos centros nervosos grandemente excitados[510].

Em 1857, Béraud[511] descreve, por sua vez, o feixe de emoções masculinas, acompanhadas de "movimentos tanto involuntários quanto compulsivos". Pouco após a penetração, no momento do "paroxismo da exaltação", "a circulação acelera-se, as artérias palpitam fortemente; o sangue venoso, imobilizado nos vasos pela contração dos músculos, aumenta o calor geral, e essa estagnação, mais pronunciada no cérebro pela contração dos músculos do pescoço e pela virada da cabeça para trás, determina uma congestão cerebral momentânea, durante a qual se verifica a desativação da inteligência, assim como de todas as faculdades. Os olhos, injetados com violência, ficam esgazeados e tornam o olhar inquieto ou, na maior parte dos casos, fecham-se esporadicamente para evitar o contato com a luz.

A respiração é ofegante e entrecortada".

> [Em determinados casos], o ar, comprimido durante algum tempo, sai enfim para fora, através de discursos incoerentes e de palavras desconhecidas. Os centros nervosos [...] limitam-se a comunicar sensações e volições confusas: a motilidade e a sensibilidade manifestam uma desordem inexprimível, os membros, invadidos por convulsões e, algumas vezes, por câimbras, agitam-se em todos os sentidos ou se tensionam e ficam rígidos como se fossem barras de ferro; os maxilares, apertados um contra o outro, fazem os dentes rangerem, e algumas pessoas levam o delírio erótico tão longe que, esquecendo o companheiro de suas volúpias, mordem até sangrar um ombro que ele, sem ter tomado a mínima precaução, lhe havia deixado à mercê. [...] Esse estado frenético, essa epilepsia e esse delírio têm, em geral, pouca duração [...] essa superexcitação termina com uma ejaculação de esperma mais ou menos abundante[512].

---

510. Ibid., p. 41.
511. BÉRAUD, B.-J. *Éléments de physiologie de l'homme et des principaux vertébrés.* T. 1. Paris: Germer-Baillière, 1857, p. 38-39.
512. ROUBAUD, F. *Traité de l'impuissance et de la stérilité chez l'homme et chez la femme comprenant l'exposition des moyens recommandés pour y remédier.* T. 1. Paris: J.-B. Baillière, 1855, p. 38-39.

Ao ler essa descrição da intensidade da emoção compreende-se que a brevidade da cópula seja admitida, em geral, pelos médicos, os quais empenham-se também em descrever as especificidades das emoções que constituem o prazer feminino. Enquanto o paroxismo da emoção masculina é concebido como uma sacudidela – a da ejaculação –, o "espasmo cínico" da mulher é percebido, de preferência, como uma convulsão resultante do eretismo dos tecidos eréteis que incham e ficam rígidos; em seguida, o "senso genital" propaga-se ao conjunto dos órgãos que lhe servem comumente de limite. Trousseau, em 1851, esboçou um quadro detalhado do espasmo feminino:

> Tomemos como tipo uma mulher que sente vivamente as impressões que acompanham o exercício desse ato natural. Batimentos precipitados e tumultuados da região pericordial, respiração alta e frequente, suspiros entrecortados e *singultueux* [soluçantes], globos dos olhos revirados para cima, pescoço e tronco virados para trás, movimentos clônicos e convulsivos da bacia, contrações dos membros ora permanentes, ora clônicas, mas sempre involuntárias; enfim, no momento da consumação do ato, frêmito e agitações espasmódicas de todo o sistema muscular, gritos abafados, às vezes, perda total dos sentidos... em seguida, o organismo passa por uma diminuição da contratibilidade muscular e por uma languidez que o conduzem indolentemente ao sono[513].

O que atrapalha, aqui, a observação clínica é que numerosas mulheres simulam o prazer, e o abandono da teoria da dupla semente, ou seja, a convicção de que a mulher "fode", à semelhança do que ocorre com o homem, impede de constatar a realidade do auge do prazer feminino. Por outro lado, repitamos que as parteiras, as moças e numerosas mulheres foram persuadidas, durante muito tempo, de que um "frêmito particular", certa agitação, uma vibração particular do útero, das trompas e dos ovários acompanhavam o momento da concepção. Esse frêmito eventual acabou engendrando abundantes discursos.

---

513. TROUSSEAU, A. & PIDOUX, H. *Traité de thérapeutique et de matière médicale*. T. 2. Paris: Béchet, 1851, p. 277-278. ("*Singultueux*" significa que é entrecortado por soluços; "clonique" [clônico] diz-se dos movimentos convulsivos e espasmódicos quando são tumultuados e irregulares.)

O pós-coito é acompanhado por emoções descritas de maneira mais imprecisa. A maior parte dos médicos evoca uma fadiga acompanhada, muitas vezes, pelo adormecimento; outros, referindo-se ao homem, falam de um desejo de fuga, sobretudo se o ato foi realizado com uma "prostituta" ou "amante". O desejo de fuga social que levou o burguês a ter relações com uma mulher do povo, supostamente mais animalesca do que a sua esposa, concorda com a necessidade de fugir precipitadamente, uma vez terminada a cópula.

Ocorre que as emoções subsequentes ao coito são diversas e contraditórias. Assim, o Professor Lallemand escreve que um coito exitoso é seguido, muitas vezes, por um "sentimento de alegria, de bem-estar geral, de novo vigor". Uma cabeça que se torna "mais livre, mais desembaraçada" e um corpo mais flexível e desenvolto, assim como uma melhor disposição para os exercícios corporais e para os trabalhos intelectuais resultam, muitas vezes, da satisfação da necessidade de transar. É o que Benjamin Constant não cessa de sublinhar em seus escritos íntimos. Em compensação, "quando o coito – escreve ainda Lallemand – é seguido por um sentimento de tristeza, de mal-estar, de cabeça pesada [...], de lentidão nas ideias, de preguiça nos movimentos, de incerteza na vontade", deduz-se que ele não teria correspondido totalmente ao desejo da natureza. Dito isso – acrescenta o mesmo especialista com lucidez –, "no curso habitual da vida [...], o coito não é seguido por nenhum fenômeno notável"[514].

Na mulher, o coito incompleto, especialmente quando o homem se retirou, apresenta perigos que os médicos comprazem-se em observar; em compensação, o prazer simultâneo, qualificado como "espasmo isócrono", parece-lhes ser o sinal de um coito perfeito.

Um enigma – vamos repetir – preocupa os médicos: quem, do homem ou da mulher, experimenta um gozo maior? Tal havia sido a pergunta feita na Antiguidade ao adivinho Tirésias, o qual tinha vivenciado sucessivamente as emoções dos dois sexos. Haller é um dos raros especialistas a se pronunciar em

---

514. LALLEMAND, C.-F. *Des pertes séminales involontaires*. T. 1. Paris: Béchet, 1836-1842, p. 601-602.

favor do homem. "No momento da ejaculação – escreve ele – o macho é muito mais arrebatado do que a fêmea"[515]; afinal, a glande é mais grossa e inflada que o clitóris.

A exemplo de Riolan[516], a maioria dos médicos julga, pelo contrário, que é a mulher quem experimenta um gozo com maior intensidade. No tempo em que a teoria da dupla semente era predominante, era fácil explicar tal postura porque a mulher produzia, à semelhança do homem, uma semente; além disso, o seu útero deleitava-se com a semente masculina, "como o ventre com o alimento". Lignac, em 1772[517], acrescentava que, em decorrência da constituição mais delicada da mulher, de sua pele mais fina e sensível, ela era submergida mais facilmente pelo prazer, tanto mais que um maior número de partes de seu corpo contribuía para incrementar o prazer. Além disso, julgava-se que a imaginação da mulher era mais ativa do que a do homem, reservando-lhe o seu sistema nervoso uma acolhida mais refinada das impressões. A prova dessa superioridade da mulher na volúpia encontra-se também no fato de que ela se revela, nesse assunto, mais insaciável do que o homem. A sua superioridade, a esse respeito, é ainda sublinhada no dicionário de Pierre Larousse, em 1876. É, sem dúvida, o motivo pelo qual as mulheres, menos facilmente exaustas, vivem mais tempo do que os homens. Outros autores consideravam enfim que, na mulher, mais do que no homem, o sentimento de transgredir as normas do pudor, abandonando-se às "tormentas da volúpia"[518], acentuava paradoxalmente a intensidade do prazer.

Dito isso, há também médicos que acham então que o enigma de Tirésias constitui um problema falso e que as emoções, seja do homem ou da mulher,

---

515. HALLER, A. *La Génération*. Op. cit.
516. Jean Riolan, pai, médico da Renascença, apud ROGER, J. *Les Sciences de la vie dans la pensée française* – La génération des animaux de Descartes à l'Encyclopédie. Paris: Armand Colin, 1963, p. 60.
517. LIGNAC, L. *De l'homme et de la femme considérés physiquement dans l'étude du mariage*. T. 2. Lille: Henry, 1772, p. 142.
518. Cf. CORBIN, A. *L'Harmonie des plaisirs*. Op. cit., p. 85.

são incomparáveis. O prazer de cada um dos dois membros do casal não é mais forte, nem mais fraco, mas diferente – Kobelt, ao atribuir o orgasmo feminino à densidade das fibras nervosas do clitóris, contribuiu para essa desqualificação do enigma de Tirésias.

Na visão dos médicos, cujas convicções acabam de ser evocadas, o essencial depende do temperamento e da idiossincrasia: cada homem e cada mulher experimenta um gozo, cuja intensidade resulta desses dois dados. Eis o motivo pelo qual tanto o médico que formula questões quanto o paciente que se autoanalisa devem buscar o que constitui a particularidade, tendo necessidade de perceber a parte predominante que determina as emoções mais vivas, durante a cópula: assim, os sanguíneos têm a ereção fácil e o pênis bastante rígido; enquanto os nervosos sentem as emoções com uma vivacidade particular, além de seu número ser cada vez maior devido aos progressos da civilização.

O estilo de vida e as circunstâncias – sublinham, então, os médicos – exercem influência também sobre a intensidade das emoções. Assim, o libertino que se entrega aos "prazeres factícios" acaba por deixar de experimentar emoções fortes durante o coito. As circunstâncias nas quais se desenrola a noite de núpcias suscitam emoções específicas, suscetíveis de serem perigosas: as inquietações da nova esposa, ainda virgem, o receio de ser desastrado que atormenta o jovem marido, cuja missão consiste em ensinar à nova companheira a sentir prazer, o pavor de se aperceber de que ele não é o primeiro ou, pelo menos, de que a mulher sabe demais, tudo isso esboça um coito com emoções específicas. Se o sucesso é total, os esposos, geralmente jovens, nem sempre levam em conta as consequências nefastas das reiterações e dos ardores excessivos; e numerosos textos médicos ilustram isso mediante a apresentação de casos que levaram à morte, em geral, a da esposa...

A ocorrência de excessos no coito implica a necessidade de uma vigilância ativa dos esposos por parte dos médicos; ainda fica por determinar o momento em que se torna evidente tal excesso. Os médicos dedicam longas páginas – aqui, limitamo-nos a evocá-las – a fim de identificarem as emoções fortes ou fracas demais. Todos concordam em considerar que o excesso se detecta pela "imperfeição do ato". Cabe aos "doentes" procederem à sua autoanálise. Civiale apresenta um desses casos médicos que são tão preciosos para o historiador das emoções:

> [O paciente] observou que [as suas] ereções deixaram de ser completas, que a ejaculação se faz com demasiada precipitação, muitas vezes, até mesmo no momento da introdução do pênis na vagina, que ela causa menos prazer e é seguida por abatimento, mal-estar e inquietações. O esperma é mais líquido, menos odorante, apesar de ser mais abundante, pelo menos, em um grande número de casos; o pênis é frouxo e flácido; os testículos são relaxados; a apetência sexual é menos viva, menos recorrente[519].

Evidentemente, no paciente, verifica-se uma prática em excesso do coito, de modo que se impõe a necessidade de uma vigilância.

Tal situação leva-nos, naturalmente, a evocar as emoções da masturbação, as quais preocupam os médicos porque podem levar à adicção. Seguimos, neste assunto, o questionário dos médicos que conhecemos perfeitamente, levando em conta a abundância de casos apresentados por eles: em primeiro lugar, é investigado, no rapaz ou na moça, o momento e as circunstâncias da descoberta do prazer. Isso pode ter ocorrido desde a primeira infância; e a masturbação pode então referir-se a bebês, cujo sono havia sido provocado dessa maneira pelas babás. Mais tarde, são espetáculos fortuitos de cópula, nomeadamente entre empregados domésticos ou pais. Na maior parte das vezes, é na escola que o rapaz descobre esse prazer; ou então, na leitura de livros devassos. Em seguida, assiste-se ao encadeamento das emoções. Os pacientes masturbam-se por causa das "lembranças da sensação que haviam experimentado"[520]. Então, entram em cena a memória e a imaginação, a qual, aos poucos, passa por uma "tensão prodigiosa": o sujeito é levado a imaginar objetos desejáveis, de ma-

---

519. CIVIALE, J. *Traité pratique sur les maladies des organes génitaux-urinaires*. T. 2. Paris: Fortin, 1841, p. 165 e 168.
520. VIREY, J.-J. *Dictionnaire des Sciences Médicales*. Op. cit., verbete "*Masturbation*" [Masturbação].

neira intensa, para chegar ao prazer. Tal é a diferença essencial entre o vício solitário e o coito. Em suma, escreve Deslandes, a masturbação é, antes de tudo, um "trabalho mental"[521].

Para conseguir o gozo, o indivíduo não pode parar de inventar. As mulheres que se masturbam utilizam toda a espécie de instrumentos para chegarem ao espasmo; e vários especialistas descrevem os efeitos poderosos da introdução de uma esfera vazia na vagina. Na Ásia, mas também no Sul, as mulheres que utilizam essa prática "passam por um estado convulsivo que chega, às vezes, a simular o tétano"[522]. Durante a busca da emoção, esta pode ser adiada – sublinham ainda os médicos – mais facilmente do que no momento do coito. No caminho que leva à emoção, nada distrai o masturbador, a sua concentração é total. Rozier detalha a diminuição do desejo e do prazer da masturbadora durante o coito com o esposo: "O leito nupcial limita-se a receber o corpo insensível e, agora, estranho de uma pessoa que, outrora, havia sido uma terna esposa"[523]. "O hábito insaciável" está ligado à dissimulação, exigindo o segredo e o silêncio. O Dr. Deslandes descreve, de maneira aprofundada, as emoções silenciosas e secretas suscitadas por quem se abandona a seu vício no momento em que há pessoas à sua volta; às vezes, porém, ele é incapaz de manter-se discreto na "emoção final".

Os médicos desse tempo enumeram os danos do vício solitário sobre a estrutura emocional. Paradoxo: no masturbador, "a sensibilidade inteira torna-se genital" ao passo que se realiza nele um relaxamento de todo o sistema genital[524]. A prática da masturbação equivale a concentrar em si mesmo emoções que ninguém compartilha. Esse ensimesmamento desencadeia uma série de emoções: inquietação contínua, vergonha interior, melancolia difusa, perda de atração pelo coito e, no homem, medo do fiasco. Outra praga que causa esses mesmos danos aparece depois que o Professor Lallemand publicou o seu

---

521. DESLANDES, L. *De l'onanisme...* Op. cit., p. 53.
522. VIREY, J.-J. "Masturbation". Art. cit.
523. ROZIER. *Des habitudes secrètes ou des maladies produites par l'onanisme chez les femmes.* Paris: Audin, 1830, p. 126.
524. ROUBAUD, F. *Traité de l'impuissance.* Op. cit., t. 2, p. 558.

grosso tratado *Des pertes séminales involontaires* (1836-1842 [Das perdas seminais involuntárias]). Seria demasiado longo evocar as consequências desastrosas[525] dessa entidade nosológica imaginária que foi admitida também por cientistas ingleses[526]. O mal era considerado, antes de tudo, como atentado à virilidade.

O longo quadro das emoções ligadas à atividade sexual não se revela estável no decorrer do período estudado neste volume. A partir de meados do século, o uso, na França, do termo "sexualidade", a difusão da noção de orgasmo no sentido que lhe é conferido nas publicações de Kobelt e, ao mesmo tempo, a separação estabelecida entre o auge do prazer e a esfera dos espasmos e das manifestações clônicas modificam as maneiras de representar as emoções.

Além disso, ocorre uma erotização da dupla conjugal, lenta, moderada, contrastando menos do que se disse com os comportamentos anteriores. As convicções até então postas em prática pelos médicos passam além do espaço dos respectivos consultórios. Obras de vulgarização – tais como *La Petite Bible des jeunes époux* (1855 [A pequena Bíblia dos jovens esposos]) do Dr. Montalban[527] – são postas à disposição de casais cultos. Elas rechaçam as velhas crenças herdadas de Nicolas Venette[528]. O refinamento das carícias aprendidas nas casas de prostituição, práticas menos rudimentares do que anteriormente, difunde-se nas alcovas.

Paralelamente, e isto contradiz um tanto o que precede – a história, porém, nunca é linear –, a literatura romanesca enaltece os venenosos corpos femininos[529]. Assim, Flaubert, desde os seus 20 anos e a redação de seu primeiro texto, *Novembre* [Novembro], no outono de 1842, fala da atração da "prostituta" e das emoções específicas de quem faz sexo com semelhante mulher; muito mais tar-

---

525. Cf. CORBIN, A. "Écriture de soi sur ordonnance". In: *Des expériences intérieures, pour quelles modernités?* Paris: Defaut, 2012, p. 303-329.
526. ROSENMAN, E.B. "Body Doubles: The Spermatorrhea Panic". In: *Journal of the History of Sexuality*, vol. 12, 2003, p. 365-399.
527. MONTALBAN, C. *La Petite Bible des jeunes époux* [1855]. Grenoble: Millon, 2008.
528. VENETTE, N. *Tableau de l'amour conjugal* [impresso com muita frequência desde o século XVIII].
529. Cf. PRAZ, M. *La Chair, la mort et le diable dans la litterature du XIXe siècle* – Le romantisme noir [1977]. Paris: Gallimard, 1998.

de, ele voltará ao assunto em sua correspondência. Ao mesmo tempo, voltamos a insistir, o "perigo venéreo" aviva a preocupação – o advento do que Michel Foucault batizou como protossexologia e o catálogo das perversões que lhe são inerentes – começa a modificar os modos de análise das emoções; isso, porém, só irá difundir-se verdadeiramente após a década que encerra este volume.

A partir dos anos de 1870-1880, inicia-se timidamente o grande século do flerte (1870-1960) posto em evidência por Fabienne Casta-Rosaz[530]. Esse novo feixe de comportamentos renova os modos de declaração do desejo, introduz uma sutileza nas carícias iniciais, uma gama de amassos, de toques, de maneiras de cruzar os olhares; em suma, além de ser renovada a enunciação de formas da disponibilidade feminina, uma gama de prazeres é daí em diante permitida, cuja intenção, apesar desse objetivo não ser atingido, está focalizada na penetração. O que equivale a dizer que se realiza uma ampliação do leque das emoções.

No entanto, evitemos superestimar uma mudança que só irá desenvolver-se verdadeiramente após 1880. É durante o século XX que há de ocorrer a grande renovação das emoções sexuais, no momento em que será atenuada a preocupação suscitada pela sífilis, além de diminuir progressivamente a crença na heredossífilis e na frequência da histeria.

No que diz respeito à história das emoções, se tivermos de sublinhar, para concluir, o sentido da evolução que se realiza lentamente desde a última metade do século XVIII até os anos de 1880, o aspecto mais claro é, sem dúvida, a diminuição lenta da concepção segundo a qual o coito deveria ser um momento de vigor viril, de curta duração, dando lugar à concepção de uma relação mais sutil, incluindo preliminares. Convém, no entanto, não superestimar esse processo: no alvorescer do século XX, o grande sexólogo suíço, Auguste Forel[531], continua pensando que, na maior parte das vezes, o tempo de uma cópula limita-se a alguns minutos.

---

530. CASTA-ROZAZ, F. *Le Flirt* – Pratiques et représentations en France de 1870 à 1968. Université Paris 1-Panthéon-Sorbonne, 2008 [Tese de doutorado].
531. FOREL, A. *La Question sexuelle exposée aux adultes cultivés*. Paris: G. Steinheil, 1906.

9
DA ALMA SENSÍVEL AO ADVENTO DO ESTUDO CIENTÍFICO DAS EMOÇÕES: A DENSIFICAÇÃO DAS EMOÇÕES NA ESFERA PRIVADA

Agnès Walch

A célebre fórmula do Conde de Mirabeau que, na véspera de 1789, lamenta que a França seja "um agregado inconstituído de povos desunidos", permanece solidamente válido durante todo o século XIX no plano dos costumes, dos sentimentos e de sua expressão. A variedade das emoções que se desenvolvem na intimidade elucida a cena familiar como as luzes cintilantes dos projetores iluminam um teatro no qual a comédia confina com o drama. O quadro é fecundo, mas as dificuldades, quase insuperáveis, para reconstituir esse caleidoscópio emocional atravancam uma análise dos detalhes; apesar disso, nesta página virgem, é possível escrever algumas frases que, em vez de certezas, são de preferência questionamentos.

Depois da queda do Antigo Regime, os projetos filosóficos do Século das Luzes, as utopias revolucionárias e o pragmatismo político juntaram-se para definir as novas bases legislativas no âmbito da vida privada. A reconstrução jurídica da família volta a centralizar nela os seus diferentes componentes. O código civil reagrupa em torno do chefe-marido-pai, com a autoridade reafirmada e incontestada, o conjunto de irmãs e irmãos. O desaparecimento do direito de primogenitura reconhece a igualdade entre os filhos e, ao mesmo tempo, mantém a incapacidade jurídica em relação às moças. No entanto, a persistência dos usos costumeiros, com suas especificidades quanto ao direito da família, a variedade dos sistemas matrimoniais e a resistência à partilha igualitária das heranças preservam a nação da uniformidade. Assim, o estado das emoções seria variável do Norte ao Sul e do Oeste ao Leste, sem que o observador possa elaborar uma lista exaustiva de tais variantes, visto que outros fatores acentuam ainda a impressão da fragmentação, tais como a multiplicação dos testemunhos, a mistura das populações, as transformações sociais, a persistência das maneiras de fazer e de dizer de outrora, apesar da aculturação progressiva. A ampliação da cultura dominante deveria acentuar as semelhanças: ora, em um primeiro momento, o que se produz é precisamente o contrário, ou seja, a segmentação pelo fato do estilhaçamento dos modelos tradicionais. É tanto mais difícil realizar um trajeto em toda a França para captar as emoções familiares quanto mais esbatidas forem as diferenças pela aparente unanimidade de suas expressões normalizadas. As fontes limitam-se a fazer ouvir vozes citadinas, burguesas e parisienses, de tal modo que, no alvorecer da Belle Époque, uma homogeneidade de fachada relativamente aos afetos pode levar a crer em sua uniformização e a pensar que o século XIX será o tempo de uma lenta convergência das emoções íntimas. A realidade é muito mais complexa.

A expressão normalizada das emoções

A *emoção fronteira*

Desde o final do século XVIII, o uso da palavra "emoção" no campo da intimidade multiplica-se a tal ponto que se constata uma saturação desse termo nos textos literários e nas lembranças. O polígrafo, Rétif de La Bretonne, leva os seus heróis a efusivos prantos. O autor de sucesso, Guilbert de Pixerécourt, inunda de lágrimas os seus melodramas familiares. Germaine de Staël leva a sua *Corinne* (1807) a estremecer de emoções amorosas. Enquanto recurso dramático, a emoção, à semelhança da fatalidade das tragédias gregas, parece ser capaz de alterar as situações e de modificar o curso das aventuras; ela encontra-se totalmente na exterioridade, visto que é uma reação corporal. Mas as aparências induzem frequentemente ao equívoco.

Com efeito, os contemporâneos servem-se do termo enquanto sinônimo de sentimento. Esse "sentimento interior" – sublinha Jean-Baptiste Lamarck – é uma função cognitiva reflexa, rebelde à vontade, que estimula os órgãos com a finalidade de obter um movimento[532]. O biologista especifica que, no caso em que a emoção é "forte" demais, o sujeito corre o risco tanto "da síncope", quanto do "ato de loucura"; no entanto, em geral, a emoção acarreta uma ação adaptada às necessidades fisiológicas. Os entes são atravessados, portanto, permanentemente por emoções que, superpondo-se e imbricando-se umas nas outras, acabam por dissimular, mais do que por revelar, os segredos dos corações. Assim, em um erudito efeito de acúmulo, Germaine de Staël descreve a sua heroína rejeitando o seu cavaleiro servente com frieza e, ao mesmo tempo, enrubescendo por pensar "que, por sua emoção, tenha manifestado, talvez, falta de nobreza de sentimentos"[533]. Tendo sido invadida por essa lembrança constrangedora, ela enrubesce, mas consegue dominar-se porque dissimula a sua perturbação fingindo a não emoção; eis o motivo pelo qual a romancista afirma que a emoção "domina" mais aquele que a experimenta do que aquele que é a sua testemunha. Como consequência de sua educação, Corinne fabricou para si uma carapaça de proteção para ocultar reações que seriam inadaptadas em seu ambiente social; a sua vida privada parece ser um combate entre as suas paixões e o seu dever. Em resumo, enquanto manifestação física visível, a experiência da emoção é quase indizível na medida em que a sua intensidade escapa aos observadores.

A emoção apresenta, assim, duas características fundamentais e paradoxais: ela pertence ao domínio tanto do conhecimento quanto da sensação; emerge

---

532. LAMARCK, J.-B. *Philosophie zoologique*. Paris: Dentu, 1809.
533. STAËL, G. *Corinne ou l'Italie*. Livro XVI. Paris: Stéréotipe, 1807, p. 157.

espontaneamente do mais profundo recôndito do íntimo, mas, na medida em que sobe à superfície, é controlada pela inteligência. Ela constitui, portanto, um limite entre o indivíduo e o mundo exterior, criando uma fronteira entre a esfera privada e a esfera pública.

Existe uma paleta matizada de emoções, utilizada pelos escritores. Em primeiro lugar, no grau da intensidade experimentado pelo indivíduo e percebido pelos outros: uma emoção pode ser "viva", "extremamente viva" e, até mesmo, "leve", "suave", "aprazível", "violenta", "profunda" ou "indefinível". Em seguida, pelo fato de que ela se exprime em situações a respeito das quais é fácil estabelecer uma lista: à vista do ente amado, à leitura de uma carta, ao anúncio de uma notícia, ao roçar de um braço, diante do perigo ou da crueldade, mas também por ocasião da rememoração de uma lembrança ou de um pensamento. Enfim, ela induz um comportamento brusco, marcado pela mudança de cor (seja ela escarlate ou lívida), pela alteração da voz, pela produção de lágrimas, pela exuberância sublinhada por risadas, pela ausência (o sujeito parece estar confinado em si mesmo), pela aproximação (os abraços) e, posicionado no último lugar dessa escala, pelo desfalecimento, perda total do autocontrole, que marca o auge do crescendo emotivo. A literatura sentimental, o teatro romântico e a ópera organizam as suas intrigas em torno desses pontos de passagem que o público aguarda com impaciência, servindo-lhe, aliás, de deleite. Os memorialistas adaptam-se também a essas banalidades: pelo fato de vivenciá-las ou por sua incapacidade em formulá-las de outro modo.

A sexualização das emoções

O investimento das emoções no campo da intimidade é acompanhado por sua valorização e feminização. Ao ser proclamado vencedor, no Salon de 1761 – com a pintura *L'Accordée de village* [A noiva da aldeia] –, Jean-Baptiste Greuze apresenta os homens à direita, no escuro, o noivo segurando o dote entre os dedos e o escrivão redigindo o contrato, enquanto as mulheres ficam à esquerda, com luz, a noiva baixando timidamente os olhos e a irmã em prantos, agarrada a seu pescoço. A composição, ao mesmo tempo, expressiva, moralizante e sentimental nesse quadro campestre apreciado, então, por um público em busca de natureza, delimita dois espaços emocionais distintos: às mulheres, o lacrimejante; e aos homens, o patético. É esse mesmo *pathos* que, no quadro exposto no Salon de 1769, comove o jovem marido à vista da "mãe amada", sufocada pelos beijos dos seis flhos. Os estereótipos de gênero, reservando aos homens o sublime e deixando às mulheres a fragilidade, transformam-se, no começo do século XIX, com o gosto pelo neogótico e pelos romances "trovadorescos"[534]. A sensibilidade, expressão feminina, intuitiva e delicada, invade o universo masculino[535]: o homem que chora, manifestando as suas emoções, o homem que dá um sorriso amoroso e espontâneo ao ver uma criança pequena, que se mostra sensível ao afeto que lhe proporciona a sua família, esse homem é digno da admiração dos concidadãos.

A dificuldade da análise histórica consiste na reviravolta de perspectiva que intervém insidiosamente no decorrer do século XIX, conduzindo a uma rigidez frente à emoção, a qual é testemunhada por George Sand ao explicar que ela não sabe chorar[536], como se aquela que pretende emancipar-se tivesse dificuldade em reconhecer essa deficiência. De modo bizarro, ela não sente o efeito de catarse das lágrimas; pelo contrário, a expressão demonstrativa das emoções limita-se a acentuar o seu desassossego, mantendo-a em um estado febril angustiante. A emoção torna-se um sinal de fraqueza e de anarquia; ainda pior, ela corresponde ao comportamento de pessoas de baixa condição. Dito por outras palavras, a manifestação ruidosa de emoções (principalmente, sob a forma de prantos, mas pode ser também sob a forma de risadas) é julgada com menosprezo pelas elites como se fosse o apanágio daqueles que,

---

534. BOUYSSY, M.-T. "Stratégie d'écriture et préromantisme: Bertrand Barère en 1788". In: *Annales du Midi*, n. 202, 1993, p. 247-261.

535. SETH, C. *La Fabrique de l'intime* – Mémoires et journaux de femmes du XVIIIe siècle. Paris: Robert Laffont, 2013, p. 8, Col. "Bouquins".

536. SAND, G. *Œuvres autobiographiques*. T. 1. Paris: Gallimard, 1970, p. 857, Col. "Bibliothèque de la Pléiade".

deixando-se levar pelo instinto, são incapazes de se controlarem. Ela traduz o avanço da constituição do preconceito de classe: o medo e a condescendência burguesa em relação aos operários. Aparece assim, por trás da divergência sexual, uma fratura social: nesse sistema, a criança, a mulher e o operário são reduzidos ao mesmo nível. A sexualização das emoções estabelece uma linha divisória nítida entre aquelas que ficam emocionadas e aqueles que devem mostrar a sua virilidade através de comportamentos brutais e severos. A impassibilidade exibida pelos homens marca a sua dominação e, se as palavras substituem aos poucos os gestos violentos desferidos habitualmente por eles, a masculinidade permanece associada à força[537]. Tudo se passa como se as possibilidades oferecidas pelo advento da alma sensível do Iluminismo se dissipassem diante de uma fixação dos estereótipos de gênero. O parêntese, estendendo-se por mais de um século, entre o século XVIII e o século XIX, esbarra no final do período no fenômeno de segregação sexual e social, limitando o alcance das evoluções anteriores. Por conseguinte, as emoções que, por conveniência, se mostram nos círculos exteriores à família, devem ser moderadas e, até mesmo, inexistentes; a tal ponto que se pode perguntar se a esfera privada, a única contaminada pelos valores femininos, não continua sendo o último reduto das emoções.

O refúgio familiar

A evolução, que transforma a família em refúgio das emoções, tem o efeito de idealizar o conteúdo das relações domésticas. Amédée Jacquin de Margerie, deão da faculdade católica de letras de Lille, mostra que os vínculos familiares e de amizade são atravessados "por sentimentos mais elevados e por emoções mais expansivas"[538], ou seja, perfeitamente desinteressadas. Da esfera privada, seriam banidos os imperativos financeiros, de carreira, de amor-próprio, dei-

---

537. SOHN, A.-M. *"Sois un homme"* – La construction de la masculinité au XIXe siècle. Paris: Seuil, 2009.
538. MARGERIE, A.J. *De la famille*. T. 2. Paris: Téqui, 1881, p. 207.

xando os indivíduos viverem uma harmonia total. A vida de família é idealmente esse espaço de liberdade e de verdade no qual nada é escondido: a casa dos sonhos é construída totalmente de vidro, é transparente e deixa ver os seus moradores exprimirem as suas verdadeiras emoções. Os preconceitos favoráveis ao universo doméstico levam a celebrar a convivência familiar à maneira de um Victor Hugo em *L'Art d'être grand-père* (1877 [A arte de ser avô]) ou dos epistológrafos que, nas cartas endereçadas às esposas, escrevem o seguinte: "Teu marido e verdadeiro amigo que te ama por toda a vida"[539]. Ou seja, o quanto o advento de uma "civilização conjugal" e, por conseguinte, familiar coloca a afetividade e as relações interpessoais no centro das preocupações essenciais[540]. A erotização dos casais no alvorecer da Belle Époque[541] completa esse processo irênico que desdenha contingências materiais e realidades sociais.

O investimento afetivo no casal, manifestado por um grande número de testemunhos da época, confere uma maior densidade às emoções conjugais, independentemente do fato que seja celebrada a harmonia das relações ou, pelo contrário, seja vivenciada tragicamente a sua ausência. Os testemunhos de amor no casamento são numerosos, desde o famoso relato do camponês, Louis Simon[542], até os do político e escritor, Charles de Rémusat, e de sua esposa, Fanny Périer, que havia falecido precocemente, ou de Jules Ferry – advogado, jornalista e anticlerical, além de ministro da Educação que tornou a

---

539. MARTIN, Z. & MARTIN, L. *Correspondance familiale, 1863-1888*. Paris: Cerf, 2004, p. 15.
540. WALCH, A. *Histoire du couple en France*. Rennes: Ouest-France, 2005, p. 250. Cf. tb. DAUMAS, M. *La Tendresse amoureuse, XVIe-XVIIIe siècles*. Paris: Perrin, 1996. • *Le Mariage amoureux*. Paris: Armand Colin, 2004.
541. Cf. CORBIN, A. "La relation intime ou les plaisirs de l'échange". In: ARIÈS, P. & DUBY, G. (sob a dir. de). *Histoire de la vie privée*. T. 4. Paris: Seuil, 1987, p. 547 [Ed. bras.: "A relação íntima e os prazeres da troca", p. 466-524. Trad. de Bernardo Joffily. In: *História da vida privada – Vol. 4: Da Revolução Francesa à Primeira Guerra*. Org. de Michelle Perrot. São Paulo: Companhia das Letras, 2009]. • SOHN, A.-M. *Du premier baiser à l'alcôve*. Paris: Aubier, 1998.
542. FILLON, A. *Louis Simon, étaminier, 1741-1820, dans son village du Haut-Maine, au siècle des Lumières*. Le Mans: Centre Universitaire d'Éducation Permanente, 1984. • *Louis Simon* – Villageois de l'ancienne France. Rennes: Ouest-France, 1996. Em suas memórias, Louis não fala praticamente da Revolução, mas unicamente de sua história de amor com Anne Chapeau, que se torna a sua esposa, e de suas viagens.

escola francesa laica e republicana – que continua escrevendo cartas de amor à esposa, Eugénie Risler, depois de quinze anos de casamento[543]. A felicidade da vida cotidiana mediante o amor de uma companheira ou de um companheiro, apesar das provações da vida, pode ser vivenciada em todos os ambientes, embora o contrário (menosprezo, falta de afeição, ódio) seja também uma realidade amplamente compartilhada. Em ambos os casos, ela emana de sensações fortes que passam pelo olhar, pelos gestos e pelas palavras. A educação ao pudor das moças e a salvaguarda de sua virgindade até a noite de núpcias conferem ao mais discreto toque, abraço ou beijo, por mais castos que sejam, uma profundidade capaz de provocar palpitações. O ênfase atribuído às diferenças, entre os rapazes e as moças, implicando um desconhecimento do outro sexo, valoriza o instante do encontro e, em seguida, o conteúdo da vida matrimonial. O período da busca de um cônjuge corresponde ao de uma expectativa ansiosa. O desafio consiste em fazer coincidir a emoção sentimental com as convenções sociais, a paixão amorosa com os casamentos negociados sem o prévio consentimento da mulher. "Tenho necessidade de um pouco de coragem para afastar para longe de mim o desassossego e a emoção que experimento ao escrever-lhe", escreve Amélie a Frédéric Ozanam, intelectual católico, no começo do respetivo noivado; afinal, o noivo acabou experimentando violentamente essa emoção no dia em que, ao encontrar pela primeira vez a jovem mulher, caíram por terra as suas certezas. "Então, o mistério sobre a minha vocação que, há muito tempo, era fonte de questões para mim, ficou elucidado" – escreve ele a esse respeito[544]: é a iluminação. A emoção do amor à primeira vista é, para a geração romântica católica, um terremoto que valoriza o compromisso matrimonial que compete com a vocação religiosa. As cartas e os poemas endereçados por Frédéric à esposa e, vice-versa, os textos que Amélie lhe escreve, palpitam de emoções jubilosas. Ao ocorrerem os dramas (abortos espontâneos de Amélie,

---

543. DAUMARD, A. "Affaire, amour, affection: le mariage dans la société bourgeoise au XIXe siècle". In: *Romantisme*, n. 68, 1990, p. 33-47.
544. Carta de 29 de dezembro de 1840. BNF [Bibliotèque Nationale de France], NAF 28.199, fol. 3.

doença e, em seguida, morte de Frédéric), estes são vivenciados pelos cônjuges com uma grande sensibilidade e uma tristeza que nunca é desesperada em razão de sua fé cristã. O percurso biográfico desse casal é excepcional, visto que Amélie e Frédéric conseguem exprimir com palavras a sua experiência de vida, encontrando a distância crítica em relação ao que experimentam, sem desvalorizar as suas emoções por intelectualismo.

O mesmo fascínio pelo desconhecido e o mesmo desassossego são narrados por Martin Nadaud ao encontrar, pela primeira vez, aquela que se torna a sua esposa[545]. Esse homem modesto, de origem rural, exerce o ofício de pedreiro, antes de ser eleito, no final de uma longa formação política, deputado do departamento de La Creuse, no período da Terceira República. O afastamento temporário daqueles que chegam a Paris para trabalhar confere um caráter solene e emocionante à frequentação entre os jovens. Verifica-se que as adaptações ocorrem de maneira bastante rápida: Martin observa que faz a viagem para a capital apenas dezessete dias após o casamento.

A comédia das emoções

O século XIX é atravessado, assim, por lógicas contrárias que, ao se enfrentarem, limitam-se a reforçar as emoções proporcionadas pela vida íntima, enquanto a esfera privada parece ser o último reduto em que, apesar da possibilidade de serem vivenciadas sem vergonha, essas emoções acabam sendo cada vez mais reprimidas. Para Balzac, a comédia humana – ou seja, "o mundo" – é "um teatro" no qual as pessoas devem conter as suas emoções e "reservá-las à esfera privada"[546]. É possível chorar apenas na intimidade de seu quarto, longe dos olhares e sem ruído, o que não deixa de provocar sofrimento. Com efeito, a sociedade impõe, tanto quanto pode, a sua norma até mesmo na esfera doméstica, submetida igualmente à rígida lei das aparências e dos constrangimentos.

---

545. NADAUD, M. *Léonard, maçon de la Creuse* [1889]. Paris: La Découverte, 1998.
546. VINCENT-BUFFAULT, A. *Histoire des larmes*. Paris: Rivages, 1986, p. 153.

Assim, o último espaço de liberdade ainda subsistente, a família, acaba também por não escapar aos imperativos da sociedade burguesa.

Nessa lógica, numerosas emoções inscrevem-se na comédia das aparências e no campo das convenções, imprescindíveis de exibir na vida social, mas que não passam de uma fachada. As emoções do luto são assim amplamente exageradas: os comportamentos previsíveis devem imitar a dor pela sua dramatização, sem que se saiba a verdade profunda de sentimentos que exprimem. O luto sublimado por sua ritualização escapa da emoção e, se as roupas pretas indicam supostamente a tristeza e refletem o desgosto, o seu uso é puramente convencional. A emoção reaparece nas confidências íntimas, à semelhança daquelas da jovem órfã cujos olhos marejavam de lágrimas sempre que ela devia dizer "mãe" ao dirigir-se à madrasta[547]. O patético ocorre, mas em circunstâncias bem particulares, quando, por exemplo, a tuberculose ceifa uma juventude prenhe de promessas. O trágico da hecatombe produzida pelas doenças torácicas suscita um desespero coletivo.

O poder da emoção diante da morte que separa e destrói os entes queridos é tão ameaçador que cada um desenvolve estratégias para proteger-se dele. O desgosto de Flaubert, no dia do enterro da jovem irmã, enterrada com o vestido de casamento, é marcado por uma ironia dolorosa diante do espetáculo dos coveiros que sacodem o caixão na tentativa de introduzi-lo na cova; ele ainda consegue gritar, enquanto o marido derramou lágrimas após ter adormecido durante a vigília fúnebre. O irmão sozinho, acordado, lia Montaigne e exaltava-se para esquecer: "Eu estremecia de entusiasmo diante de excertos de frases do escritor"[548]. Com o objetivo de se proteger, ele transfere para uma emoção literária a revolta que está prestes a destruí-lo.

---

547. Testemunho oral coletado pela autora em Paris, 2014.
548. Apud JOUSSET, P. "Flaubert lecteur de Montaigne". In: *Flaubert.revues.org*, 2009.

As emoções paternas e filiais

Entre os estereótipos literários, surge logo uma nova emoção, aquela que cria o vínculo dos pais com os filhos. Balzac traduz o drama da paternidade ao converter o pai Goriot em um mártir, desamparado pelas filhas, que morre abandonado, ao passo que Victor Hugo descreve um Jean Valjean torturado pela ideia de que Cosette irá embora, deixando-o sozinho[549]. A lição dos romancistas é que as emoções que emanam da paixão dos pais pelas filhas são destrutivas porque é delicado encontrar a adequada distância emocional. A indiferença seria incapaz de servir de fundamento a qualquer relação séria; pelo contrário, o medo da morte tece os fios de uma afeição ansiosa que confina o filho em uma cadeia de deveres. Esse talvez seja o sentido que Philippe Ariès confere à noção de "amor obsessivo": de acordo com a sua observação, este desenvolve-se a partir do século XVIII em torno da criança[550], ilustrado pela reação estereotipada do diplomata Charles-Étienne de Coquebert de Montbret por ocasião do nascimento de seu "querido filho". No momento em que a camareira vem informá-lo do feliz parto – explica ele – "com as pernas bambas, acabou despencando na escada, sem forças, sufocado por lágrimas de ternura"[551].

Outros pais, menos eloquentes, ficam mergulhados em um êxtase mecânico ao anúncio dos nascimentos, o qual pode também deixá-los em uma indiferença que, por decência, são obrigados a dissimular; com efeito, as normas na boa sociedade impõem que seja manifestada alegria quando aumenta o número dos membros da família. Acontece exatamente o contrário nos ambientes simples, em que a perspectiva de braços suplementares para trabalhar não compensa necessariamente a perspectiva de outra boca para alimentar. É também a vergonha que domina quando uma moça do campo, emprega-

---

549. MÉNARD, M. "Le miroir brisé". In: DELUMEAU, J. & ROCHE D. (sob a dir. de). *Histoire des pères et de la paternité*. Paris: Larousse, 2000, p. 368.
550. ARIÈS, P. *L'Enfant et la vie familiale sous l'Ancien Régime*. Paris: Seuil, 1973, p. 314.
551. Apud SETH, C. *La Fabrique de l'intime*. Op. cit., p. 861.

da doméstica na cidade, é engravidada pelo filho da casa ou pelo patrão. As mães solteiras estão destinadas à depravação, tais como Fantine; além disso, nem todos os filhos naturais conhecem as sinas afortunadas seja da Cosette de Victor Hugo, a qual se tornou Madame de Pontmercy, ou do Rémi de Hector Malot, criança roubada à mãe, ou do Martin, o enjeitado de Eugène Sue que se tornou camareiro, na medida em que estes dois voltaram a encontrar os respectivos pais[552]. As emoções suscitadas por essas sagas familiares publicadas em folhetins transcendem a crítica social: além de deplorarem a crueldade dos abastados, denunciarem a escravidão das crianças e celebrarem a solidariedade de classe, elas exprimem o apego aos três valores em franca progressão, ou seja, os amores paterno, materno e conjugal.

Houve quem afirmasse que a Revolução havia destruído os pais. Se é verdade que um grande número de pais deplora que a sua autoridade tenha sido ultrajada, é possível também afirmar que numerosos pais encontram aí a segurança, de modo que o vínculo estabelecido com os filhos assume uma nova feição porque, daí em diante, é ditado pelo coração, em vez do dever. Os pais podem então amar os filhos como amigos, felizes por experimentarem os progressos de uma relação entre iguais, ou seja, entre adultos. As memórias da Condessa de Agoult começam com uma declaração de amor ao pai, o qual já não está infelizmente em vida para ouvi-la, suscetível de emocionar o coração de qualquer homem:

> As primeiras lembranças que me vêm à mente vão agrupar-se em torno de meu pai. Antes de qualquer outra coisa no mundo, eu o amei e admirei; aliás, fico devendo-lhe, com a mais viva ternura, todas as emoções e imaginações auspiciosas de minha feliz infância[553].

---

552. A obra *Les Misérables* [Os miseraveis], de Victor Hugo data de 1862; Hector Malot publica *Sans famille* [Sem família] em 1878; enquanto que o texto *Martin l'enfant trouvé ou les Mémoires d'un valet de chambre* [Martin, o enjeitado ou as Memórias de um camareiro], de Eugène Sue, vem a lume em folhetim no jornal *Le Constitutionnel*, de 1846 a 1847.

553. *Mémoires, souvenirs et journaux de la comtesse d'Agoult*. Ed. de Charles Dupêchez. T. 1. Paris: Mercure de France, 1990, p. 35.

Ela não é, e de longe, a única a amar apaixonadamente os pais e a experimentar junto deles toda a espécie de emoções benfazejas; aliás, irá reconhecer que lhes fica devendo para sempre tal experiência de vida. "Ao perder meu pai, nada me restou", confessa Marie-Louise, ex-imperatriz dos franceses, acrescentando: "Era a pessoa que eu mais amava neste mundo, para a qual se dirigiam todos os meus pensamentos e que era tudo para mim"[554]. Germaine Necker – a romancista e ensaísta mais conhecida como Madame de Staël – revela com lucidez que o pai é a única pessoa capaz de fazer palpitar o seu coração; é o único homem da Terra que ela teria desejado como amante[555], enquanto a futura Santa Thérèse de Lisieux [Santa Teresinha do Menino Jesus] dirige-se ao pai como o "rei querido"[556]. Essas observações insistentes indicam que os modelos normativos atuantes na sociedade pelos canais da educação religiosa, do convento e do confessionário, ou da escola, seja no ensino fundamental ou médio, assim como da literatura, difundem-se para enriquecer as sensibilidades íntimas. A educação está em via de criar um hábito favorável às emoções inscritas no âmbito da esfera privada: essa é uma novidade que dá testemunho de uma proximidade acentuada entre as gerações.

A fragmentação das emoções

O momento feminino

Em um primeiro momento, a mudança de valores e o seu retraimento na intimidade autorizam as mulheres a exprimir as suas sensações e os seus sentimentos; assim, a esposa que empunha a caneta para retraçar a história

---

554. Correspondência citada por OBLIN, M. *Le Vrai Visage de Marie-Louise* – Impératrice des Français, duchesse de Parme, Plaisance et Guastalla. Paris: Carrefour des lettres, 1974, p. 143. O seu filho, o duque de Reichstadt, tinha também uma grande devoção pela mãe, aliás, a única pessoa que ele chamou, agonizando, à sua cabeceira.
555. Apud HEUDEN-RYNSCH, V. *Écrire la vie* – Trois siècles de journaux intimes féminins. Paris: Gallimard, 1997, p. 30.
556. THÉRÈSE DE LISIEUX. *Histoire d'une âme* [1898]. Paris: Presses de la Renaissance, 2005, p. 131 [Ed. bras.: *História de uma alma*. Nova edição crítica por Conrad de Meester. 4. ed. São Paulo: Paulinas, 2011].

de sua vida não tem necessidade de justificar tal iniciativa. O pudor atribuído a seu sexo não lhe impede de falar de si mesma. Essa "necessidade de testemunhar"[557] alimenta a nostalgia de uma época já passada em que essas mulheres – então, "molas propulsoras da vida social"[558] – ocupavam uma posição alterada pelas mudanças de sistema de governo. Esse desvelamento exprime-se, no entanto, com moderação e através de códigos que permitem uma liberdade de maneiras de falar e, ao mesmo tempo, uma conformidade com as normas sociais. Numerosas mulheres de talento, pertencentes à aristocracia e à burguesia, envolvem-se em um procedimento introspectivo, mas também educativo, quando destinam seus relatos aos filhos, enaltecendo as emoções da juventude e descrevendo momentos de felicidade familiares propícios à exaltação de impressões benéficas, as quais, em seguida, lhes são recusadas. A escrita das emoções emerge nessas mulheres – cujo modelo mais acabado parece ser a Condessa de Boigne – de frustrações afetivas e de desilusões matrimoniais[559].

Com efeito, se forem celebradas as virtudes dos prazeres saboreados em casa, algumas observações feitas neste ou naquele trecho de uma correspondência mostram que as relações no casal, tendo permanecido muito desiguais, são fonte de sofrimento para as mulheres; até mesmo, nas famílias mais harmoniosas, o despeito manifesta-se, às vezes, nas esposas felizes. Esse "momento feminino", que conjuga exaltação emocional e expressão pessoal até meados do século, é construído sobre as ruínas de sonhos de uma juventude, que desapareceu demasiado depressa, e de expectativas jamais alcançadas. O código civil acentua o fenômeno do duplo padrão: aos homens, a liberdade de conduta e, às mulheres, a subjugação doméstica. Deste modo, compreende-se melhor

---

557. ROSSI, H. *Mémoires aristocratiques féminins*: 1789-1948. Paris: Honoré Champion, 1998, p. 11.
558. OZOUF, M. *Les Mots des femmes* – Essai sur la singularité française. Paris: Fayard, 1995, p. 329.
559. Adèle d'Osmond, condessa de Boigne, redige as suas memórias no período da Monarquia de Julho (1830-1848); elas são publicadas pela primeira vez em 1907.

a reação da Condessa de Ségur que ordena à filha para não chorar no dia de suas núpcias e garante que ela própria manterá o seu sangue frio: "Tenho confiança naquele que será o teu marido. Eu seria, portanto, injusta ao lhe mostrar uma emoção que fosse suscetível de levá-lo a acreditar na desconfiança de minha parte sobre a tua felicidade futura"[560]. Apesar de ter tomado todas as precauções, a romancista deve controlar-se para não manifestar a sua apreensão. Esposa aviltada, ela deve resignar-se a perder as suas expectativas; vai consolar-se das decepções sentimentais ocasionadas por um marido promíscuo e indiferente, transferindo para os filhos e netos a sua afetividade ferida. Eis o que é tanto mais cruel para ela porque a Revolução, tendo apostado muito nas virtudes familiares, havia levado a entrever outras possibilidades.

O choque revolucionário

A tomada de consciência da importância do que ocorre na família é, com efeito, o desafio do projeto de educação do Iluminismo, resumido na fórmula programática da Convenção: "Ninguém é bom cidadão se não é bom pai e esposo", com a condição de acrescentar: "se não tiver sido bom filho e irmão". Ou seja, as emoções familiares são como que uma translação geométrica das emoções políticas; nesse sentido, elas têm uma significação epifânica pelo fato de anunciarem o advento do cidadão, do homem virtuoso por excelência. Os revolucionários empenham-se em fazer advir um homem novo, vibrante de paixões, porque pensam que a emoção pode iluminar as consciências: a alegria e o entusiasmo deles marcam a memória genealógica de sua linhagem. Os refratários à mudança, pelo contrário, sofrem um choque traumático. A provação da Revolução é que precipita o processo de retraimento emocional na família, amplificando a onda de choque iniciada no século XVIII. Para que a esfera privada permaneça de maneira duradoura um refúgio aprazível, impõe-se um desprendimento da tragédia original, a dos massacres que con-

---

560. Apud DIESBACH, G. *La Comtesse de Ségur, née Rostopchine*. Paris: Perrin, 1999, p. 147.

tinuam assombrando os sobreviventes e o século inteiro como uma marca de ferro em brasa em suas memórias: os pais aproximam-se dos filhos, solidificando as relações entre si; numerosas famílias agregam-se em um grande ímpeto de solidariedade que anula as distâncias e as desavenças.

O pai de George Sand, então com 15 anos, evoca em uma carta endereçada à mãe, detida na prisão das senhoras inglesas, o dia funesto de sua detenção, da qual ele foi espectador em novembro de 1793 e que o havia arrasado ao ponto de passar os meses seguintes em um estado depressivo, submerso no medo obsessivo de sua execução e na expectativa ansiosa de ter a possibilidade de fazer-lhe uma visita[561]. O apego entre a mãe, libertada após o 9 Thermidor do ano II (27 de julho de 1794), e o filho é tão forte que esse amor exclusivo está na origem de numerosos dramas íntimos para o jovem, assim como para o lar que ele funda pouco depois. As consequências do trauma revolucionário permanecem gravadas, portanto, no âmago da vida emotiva das pessoas: tudo é pretexto para lembrar o horror daquilo que haviam vivenciado. Chateaubriand, que emigrou deixando toda a sua família em casas de detenção, lembra-se que um dia lhe foi entregue a aliança da cunhada, encontrada em um riacho da rue Cassette, tendo ficado profundamente abalado por essa descoberta: a cunhada teria retirado deliberadamente o anel do dedo, deixando esse indício para despertar as consciências dos sobreviventes? Essas impressões indeléveis são transmitidas pelos sobreviventes aos filhos, de tal modo que duas gerações foram necessárias para se esbaterem as consequências morais do período de *Terreur* [Terror, 1793-1794].

Aqueles que haviam sido vítimas desse regime não podem, ainda nos anos de 1830, deixar vagar a sua imaginação sem sentir os seus efeitos deletérios. A mãe de Frédéric Ozanam fica obcecada pela execução do irmão e a prisão dos pais; quanto ao filho mais velho, Alphonse, ele explica que todas as suas lembranças "deixaram em sua alma, sem dúvida, uma impressão funesta que a im-

---

561. SAND, G. *Œuvres autobiographiques*. Op. cit., t. 1, p. 99.

pedia de acreditar, tampouco de esperar, que pudesse haver qualquer felicidade para ela aqui embaixo"[562]. O excesso de emoções violentas em sua juventude a leva a ficar vigilante, com um cuidado inquieto, em relação aos filhos, além de contribuir para moldar o caráter deles.

Essas emoções de medo ou, pelo contrário, de exaltação naqueles que encontraram na Revolução um modo de se elevar socialmente, reforçadas pela incredulidade do século XVIII, provocam reações diversas e contraditórias: fortalecimento do comportamento rigorista, crispação nos arranjos financeiros das convenções matrimoniais e reforço do apego à família, desejo de retornar a um passado mitificado, vontade de sucesso pessoal, abertura às emoções familiares, retraimento à esfera íntima, além de percepção nova da vida privada. Para outros, o vazio emocional que sucede ao paroxismo vai deixá-los extenuados; eles cantam o desespero de se tornarem indiferentes a tudo em uma sociedade que se livra da influência exercida pela religiosidade[563]. O desencantamento do mundo transforma a relação de si a si mesmo, acelera o processo de individualização e contribui para enaltecer as sensações pessoais; como pano de fundo, tudo isso tem referências comuns dadas por uma cultura inspirada nas fontes do século XVII, aliás, cultura clássica ensinada para o exame final do ensino médio[564]. As tragédias de Corneille e de Racine fornecem aos apaixonados as falas de Rodrigo, de Hipólito ou de Tito... enquanto La Fontaine, Bossuet e Fénelon cadenciam as situações cômicas ou trágicas da existência. O Classicismo seduz os contemporâneos porque propõe uma visão equilibrada da virilidade, nem demasiado impassível, nem demasiado frágil. Por mais que Tito confesse a Berenice que ele chora, suspira, sente frêmitos, ou seja, está apaixonado, ele consegue dominar a sua emoção, tornando-a socialmente aceitável ao sublimá-la. Esse

---

562. Citado por ARÈNES, J. "Ozanam sous le regard du psycanalyste". In: *Revue d'Histoire de l'Église de France*, n. 244, jan.-jun./2014, p. 110.
563. Ibid.
564. CHERVEL, A. "Le baccalauréat et les débuts de la dissertation littéraire (1874-1881)". In: *Histoire de l'Éducation*, n. 94, 2002, p. 103-139.

pano de fundo cultural, que mergulha as suas raízes na monarquia absoluta, acaba modelando a expressão emocional e autoriza os relatos de si mesmo pelo fato de fornecer as palavras para exprimir tal vivência.

A emoção autobiográfica

O efeito de lupa das autobiografias, em pleno desenvolvimento com a individualização, confere a esse fenômeno uma amplitude acentuada por sua abundância. O crescimento do número dos que escrevem tem um efeito multiplicador; embora continuem sendo uma minoria, os que contam a si mesmos nos escritos de foro privado e nas correspondências tomam a ousadia de revelar emoções que, apesar de sua singularidade, refletem as tensões comuns à sua época. A linguagem das emoções tornou-se, então, mais fácil em um vocabulário acessível; e, além de não ser apenas ritualizada, ela apresenta-se como dizível, pessoal, inventiva e comunicativa. É uma descoberta importante da época o fato de fazer transbordar, para além dos esquemas habituais, emoções mais sutis baseadas em uma sensibilidade que se afirma como tal. Assim, fica reduzido, sem desaparecer totalmente, o obstáculo do vocabulário; com efeito, em qualquer pesquisa sobre as emoções, essa abordagem é bastante melindrosa. A paixão pelos relatos íntimos e pessoais serve de fundamento a uma nova era que coloca a esfera íntima sob o olhar do público, ainda assim restrito à família e aos amigos. A impressão dominante é a de uma densificação das emoções, experimentadas com uma força nunca manifestada anteriormente; segundo parece, as pessoas carecem de palavras. Se, porém, a expressão literária das emoções é mais abundante por ser um meio de descrever a vida interior, novo objeto de curiosidade, ela não deve dissimular a realidade: os calados, aqueles que foram ensinados a se calarem ou a quem é imposto o silêncio, ainda são predominantes.

O relato da esposa de Jules Michelet oferece um reflexo surpreendente da intrusão das emoções nas autobiografias – particularmente, nos relatos de juventude –, acentuando a ideia de que a infância é o tempo da emoção. A morte da mãe desencadeia nela um desassossego que a obriga a empunhar a caneta. Ela revive os seus anos de jovem no período da Monarquia de Julho, junto de uma mãe violenta, da qual suporta os tapas repetidos sem se queixar, junto de um pai adulado e reverenciado para além do amor filial, mas que a deixa bem cedo órfã, além de ser negligenciada pelas irmãs e pelos irmãos; aliás, o pai é o único membro da família que parece compreendê-la e ser capaz de apaziguar o caráter colérico da esposa. Mas até mesmo a alegria de estar a seu lado é ambígua, visto que ela se mortifica ao impor-se a obrigação de controlar a paixão que sente por ele: "A seu lado, nunca experimentei a felicidade sem desassossego; eu temia demais perdê-lo. Ele lia tudo nos meus olhos, na minha boca trêmula. Mediante um esforço acima de minha idade, eu me privava de abraçá-lo"[565]. Para ela, a mais insignificante lembrança é emoção: as paisagens já mediterrâneas em redor da comuna de Montauban onde a família está instalada, a atenção paterna, as visitas à cidade. A sua primeira missa provoca-lhe tal espanto que ela desmaia e indica esse estado por um crescendo de sensações que se apoderam dela e, em seguida, a esvaziam durante um instante de suas faculdades: "Fui invadida por essa vibração poderosa e cheguei a ter a sensação de uma parada cardíaca"[566]. Enquanto é levada para fora, longe dos vapores de incenso, do confinamento da capela, do ruído do órgão e da multidão, ela recupera os sentidos, sorri para os familiares que se debruçam em sua direção e, desta vez, através das lágrimas, consegue desatar a pressão que a havia deixado tão oprimida. A sequência é, à semelhança de seu estado de consciência, confusa. Mas ela lembra-se de que o incidente lhe permite obter o seu primeiro e único brinquedo: uma boneca comprada em um comerciante de novidades. A criança conteve as suas emoções e só as exteriorizou a contragosto quando falhou a resistência de seu corpo e teve uma síncope. A família teria aversão às efusões?

A dificuldade ou a impossibilidade de experimentar emoções é frequente nos relatos autobiográficos. A densidade emotiva do contexto familiar não

---

565. MICHELET, A. *Mémoires d'une enfant* [1867]. Paris: Mercure de France, 2004, p. 122.
566. Ibid., p. 100.

causa dúvida a ninguém, mas convém refrear as manifestações de felicidade. Essas crianças vivem dolorosamente a dupla injunção de serem felizes na família e não darem mostras disso, ou de serem felizes na família quando, afinal, são maltratadas. Ao atingirem a idade adulta, elas procuram explicar a sua singularidade. A estranheza do modo de funcionamento familiar é a primeira impressão que, segundo parece, esses escritores pretendem deixar através de seus testemunhos. Por seus relatos, eles põem à prova os clichês sobre os prazeres da infância ou da intimidade, tendo em comum o fato de terem sofrido de uma falta de ternura e da inadaptação de sua educação às suas expectativas profundas, dois elementos aos quais a nossa época está atenta, mas que deixam então os pais indiferentes.

A impassibilidade burguesa

Em *L'Enfant* (1881 [A criança]), Jules Vallès descreve a educação rígida recebida por Jacques Vingtras, o seu duplo: a família de origem camponesa promove-se graças ao sucesso intelectual do pai que se tornou professor, compensando o medo suscitado por esse deslocamento social mediante uma educação cruel. Esse adestramento ilustra a renúncia à educação dos afetos em proveito de sua erradicação total, sob o pretexto de que eles são a manifestação de um desregramento perverso do organismo[567]. A restrição das emoções sinaliza uma educação pequeno-burguesa. Ora, como os Vingtras vivem cercados de vizinhos modestos, Jacques pode comparar "duas maneiras de viver a emoção: o modo como se chora na casa dos Fabre e na casa dos Vincent, duas famílias populares", em que as lágrimas não são sinais de fraqueza. Daí, a estranheza dessa infância em um lar no qual ninguém chora, nem ri, ou seja, em que ninguém se atribui o direito de exprimir simplesmente emoções naturais, mas no qual as pessoas "gemem e gritam"[568], finalmente, como se fossem animais.

---

567. VINCENT-BUFFAULT, A. *Histoire des larmes*. Op. cit., p. 52.
568. Ibid. p. 20.

Para os pais de Jacques, torna-se difícil de compreender que a emoção, traduzindo-se pelas "bochechas que queimam", por um "frêmito" ou por "soluços", dá testemunho da abertura aos outros e da capacidade para integrar-se na sociedade. Pelo contrário, eles se retraem em si mesmos, separam-se de um mundo exterior percebido como ameaçador, mas criando em sua casa um universo de terror, cujas sequelas são conservadas por Jacques porque, durante toda a sua vida, ele reprime as suas lágrimas, atribui um resfriado à sua vontade de chorar e transforma toda a ternura em ironia. A violência de seus pais e a indiferença destes às suas necessidades elementares vão convertê-lo em um revoltado, a tal ponto que é possível se questionar se ainda estamos falando de emoção quando o hábito de levar tapas torna rígida, inclusive, a alma e quando a dor acaba impedindo até de sentir e de pensar. As sensações deixam de existir quando o corpo se fecha em uma reação de defesa. Ao adotar tais comportamentos, a burguesia – que se recusa a acreditar, por comodidade, em emoções perfectíveis – perde a sua humanidade.

A moral das emoções

Outra corrente acredita que, pelo contrário, as emoções familiares são portadoras de valores, predispondo a fazer o bem e sendo fontes de progresso moral. Essa corrente, que aposta na perfectibilidade e na bondade das sensações, não se esgota durante o século XIX; ela recebe, inclusive, a adesão da condessa de Ségur que valoriza a espontaneidade infantil. Emerge o modelo da boa menina em constante empatia com um irmão, no entanto, indisciplinado e, às vezes, malvado, para inculcar a paciência, a gentileza e a atitude materna. É menos convencional do que parece; com efeito, Sophie Rostopchine, de origem russa ortodoxa, não exibe as precauções habituais em relação aos excessos de pieguice. Ela se integra a uma corrente "que se tornou minoritária, mas ainda viva em sua época", a qual utiliza as lágrimas e o riso para educar[569]. No universo da condes-

---

569. DORAY, M.-F. *La Comtesse de Ségur*: une étrange paroissienne. Paris: Rivages, 1990, p. 93.

sa de Ségur, o ser humano, seja qual for a sua classe social, identifica-se com a emoção que se limita a ser a manifestação corporal dos impulsos da alma e do coração. Os seus personagens são, antes de tudo, entes relacionais; aliás, esse é o motivo pelo qual a condessa de Ségur valoriza a exteriorização dos sentimentos. Nesse aspecto, ela distingue-se da elite do Segundo Império (1852-1870) que desconfia das efusões populares, permanecendo nostálgica dos comportamentos nobiliárquicos distanciados da "hipercorreção burguesa"[570]. Educadas e aperfeiçoadas de maneira adequada, as emoções revelam a natureza generosa e altruísta do ser humano pelo fato de brotarem sempre que se trata de celebrar tanto o amor e a harmonia familiar quanto as relações de amizade e de boa vizinhança.

Na esteira de Rousseau, as almas sensíveis descobriram que, desde o berço, o bebê, condenado a morrer, percebe o mundo através das sensações corporais que são impressas em sua alma. "Nascemos sensíveis e, desde nosso nascimento, somos molestados de diversas maneiras pelos objetos que nos cercam", afirma o filósofo que acrescenta: "As primeiras sensações das crianças são puramente afetivas; nada percebem além do prazer e da dor" e as suas "sensações constituem o primeiro material de seus conhecimentos"[571]. Eis o motivo pelo qual ele preconiza uma educação das emoções que permita à criança, pela experiência, evitar os medos infantis e superar o estágio da dependência. Assim a infância, vivenciada como um momento decisivo da existência, haveria de adquirir importância na construção psíquica do indivíduo. A adolescência é identificada como tal e analisada como uma etapa cada vez mais longa no advento do adulto. Chateaubriand lembra-se particularmente desse momento de transição atravessado por paixões de intensidade tão rara que, muitas vezes – previne ele –, "era obrigado a sentar-se em um degrau para deixar acalmar-se a sua agitação"[572].

---

570. Ibid., p. 207.
571. ROUSSEAU, J.-J. *Emilio ou Da educação*. Trad. de Sérgio Millet. 3. ed. São Paulo/Rio de Janeiro: Difel, 1979, p. 13, 35 e 37 [Orig.: *Émile, ou de l'Éducation* [1762]. Paris: Garnier, 1866, p. 8 e p. 40-41].
572. CHATEAUBRIAND, F.-R. *Mémoires d'outre-tombe* [1849]. T. 1. Paris: Gallimarad, 1951, p. 85, Col. "Bibliothèque de la Pléiade" [Ed. port.: *Memórias de alem-tumulo*. Porto: Porto Ed., 2003-2008].

Muitos outros testemunhos evocam as emoções da criança, cujo horizonte limita-se, no entanto, às paredes de sua casa, mas que, despertando para todas as sensações, é impressionada pela mínima mudança. A chegada de um bebê em um lar em que ela estava acostumada a ser o único ponto de referência transtorna assim toda a sua existência, ao ponto de acarretar reações negativas que levam a pensar nos caprichos de filhos únicos do século XX. O nascimento de um irmão coloca a jovem Aurore Dupin em um estado de inquietação. Impressionada pelo aspecto moribundo da mãe no leito de parto, ela conhece um grande pavor que demorou a esvair-se. Ela foge para debaixo do terraço, local em que os adultos a isolam, durante o parto, para chorar à vontade. A morte do bebê, alguns dias depois, abala todo o mundo e mergulha a mãe em um estado de estupefação. George Sand lembra-se do estranho comportamento dos pais, desenterrando de noite no cemitério municipal o minúsculo caixão para verificar se o bebê não tinha sido enterrado vivo, fazendo eles próprios a toalete do morto, velando-o durante o dia inteiro e, no final da tarde, enterrando-o, desta vez no terreno familiar, no local em que a sua mãe gosta de jardinar[573]. O pavor da menina diante do comportamento irracional dos pais revela o seu medo de deixar de ser amada ou preferida. A sua reação sublinha o quanto a infância é o tempo das sensações, o que é exagerado voluntariamente pelo relato porque a aprendizagem da alteridade ocorre, neste caso, mediante o canal das emoções.

A sensibilidade é, portanto, benfazeja. Estamos longe da desconfiança tanto de Kant, que considera as emoções como o principal obstáculo à reflexão, à razão e à faculdade de julgar, quanto de Hegel, que preconiza também reprimir as paixões, isolar o amor na esfera íntima e excluí-lo do domínio público. Distante da influência desses filósofos, a literatura de juventude católica prossegue, no século XIX, a tradição de uma moral lamuriante, mas eficaz para produzir o bem[574]. Coexistem, portanto, dois movimentos antinômicos: o que preten-

---

573. SAND, G. Œuvres autobiographiques. Op. cit., p. 598.
574. Trata-se das obras impressas pelos seguintes tipógrafos-livreiros: Mame, em Tours; Ardant, em Limoges; ou Lefort, em Lille; e, a partir de 1873, por La Bonne Presse, em Paris.

de que as emoções sejam necessárias na esfera privada, espaço de amor e de autenticidade entre os indivíduos, correndo o risco de levá-las a transbordar no exterior; e, por outro lado, quem se limita a ver o risco de contaminação de todos os setores da existência e pensa que é mais prudente proceder a seu adestramento mediante coação ou, até mesmo, à sua erradicação completa. No entanto, essa corrente rigorista não consegue suprimir as emoções familiares que se manifestam em um ritmo que lhes é peculiar, em torno de diferentes acontecimentos: alegrias cotidianas, nascimentos, reuniões de família, separações, lutos, conflitos, adultérios, dramas íntimos, sexualidade... É impossível estabelecer uma lista exaustiva desses instantes em que as sensações compartilhadas na esfera privada garantem, ao mesmo tempo, a unidade do grupo e a individualização de cada um de seus componentes.

A privatização das emoções

As comunhões emotivas

A felicidade de conviver é o que, portanto, tornou possível viver em família e sentir novas sensações. As famílias são aglutinadas por esses momentos incomparáveis em que as almas são sacudidas por intensas sensações e em que todos os membros comungam do mesmo impulso. Esses instantes de exaltação compartilhada estreitam os vínculos entre os seus participantes: eles fabricam as famílias felizes. Louis e Zélie Martin, pais da futura Santa Teresinha do Menino Jesus, formam um casal original. O apego existente entre toda a parentela transparece em uma correspondência alimentada pela convivência calorosa do dia a dia. Filho benquisto de pais amorosos, Louis é emotivo, atento aos outros, desejoso de estabelecer relações com alguns amigos muito queridos que o acompanham durante toda a sua vida. A esposa não foi cercada pelos mesmos cuidados; a sua infância e a sua juventude são, por causa de uma mãe ultrarrigorista, "tristes como uma mortalha"[575]. Deste modo, o seu casamento

---

575. Apud HENAULT-MOREL, T. *Louis et Zélie Martin*. Paris: Cerf, 2015, p. 60.

teria sido uma libertação para ela; no entanto, ainda hesitou em tornar-se religiosa. Ela pode, finalmente, abrir o seu coração aos impulsos do amor em um afeto mútuo, o que não impede os obstáculos ou as dificuldades, tampouco temperamentos, às vezes, difíceis dos filhos. Os Martin apreciam compartilhar a oração da noite, em redor da estátua da Virgem Maria no quarto das filhas mais crescidas, momento cotidiano de intensa comunhão familiar. Depois do falecimento de Zélia, o pai busca na ternura filial a emoção que lhe permita superar o seu imenso desgosto: no final da tarde, ele gosta de sentir as filhas que se comprimem à sua volta, de deixá-las sentarem-se em seus joelhos e, em seguida, de presidir a oração comum que torna mais viva entre os irmãos e as irmãs a lembrança da querida mãe.

Martin Nadaud, o pedreiro de La Creuse, constata igualmente o poder fundador das emoções privadas. Ele torna os reencontros familiares, quando volta da capital, em momentos de intensa partilha que aglutinam o clã. As emoções vividas na esfera familiar, aqui exuberantes e estrepitosas, contribuem para aproximar os membros do grupo: há risadas, choros, "delírio", redobrados pelo pecúlio adquirido mediante o seu árduo trabalho. A emoção do pai, da mãe, da esposa e das irmãs é avaliada pelos gestos: "A gente se punha a pular, a se abraçar", à medida que ele tirava as bolsas de dinheiro de sua bagagem, promessas de um futuro risonho[576]. Martin exulta por ser aquele por quem chega a felicidade, por ter mostrado o seu valor, tendo-se tornado o herói familiar. A emoção de uns e dos outros só tem sentido pelo fato de formarem uma comunidade de interesse e de vida. É o sentimento de cada um que transborda para o grupo, tornando-se cimento de sua unidade. A coesão familiar surge dessas emoções compartilhadas.

Ela é observada particularmente por ocasião das separações. Deixar partir um filho porque ele cresceu e deve formar-se fora da família em um estabelecimento de ensino ou no estrangeiro, saber que irá enfrentar um mundo

---

576. NADAUD, M. *Léonard, maçon de la Creuse*. Paris: La Découverte, 1998, p. 195.

exterior complicado e hostil, é uma aflição para os pais amorosos. Os filhos, ao perceberem o quanto custa ao adulto transmitir o bastão, emocionam-se por sua vez; sobretudo quando se dão conta de que os pais perderam o controle da situação. O silêncio que precede as partidas deixa lugar ao desassossego e aos prantos que nunca se apagam das memórias, de tal modo esses momentos são raros e solenes. A violência das separações tem a ver com a angústia diante do futuro e com o medo de que as pessoas já não voltem a encontrar-se. Os exemplos são abundantes. Chateaubriand fica transtornado quando deixa a casa familiar: o pai, homem temível, severo, pouco propenso à ternura, deixa aparecer nesse momento o seu ponto fraco. E enquanto René – sentindo "esse rosto enrugado e severo colar-se com emoção ao seu"[577] – desata a soluçar, o seu pai velho e doente abrevia a despedida para não sucumbir a seu desgosto. Depois da morte do pai, ele exprime o seu amor filial através do apego aos lugares da memória familiar. É o que acontece com o castelo paterno. "Fui obrigado a parar, o meu coração batia ao ponto de repelir a mesa na qual escrevo. As lembranças que emergem da minha memória acabam por esmagar-me com a sua força e a sua quantidade", confessa ele ao leitor quando descreve a sua chegada a Combourg, lugarejo em que, ainda jovem, ele acompanha a mãe e as quatro irmãs[578].

No interior da constelação familiar, as afinidades aproximam particularmente alguns de seus membros. No tempo das famílias numerosas e respeitosas da autoridade de seu chefe, os vínculos horizontais são muitas vezes o refúgio de uma sociabilidade igualitária na qual a semelhança das sensações confere uma maior firmeza aos afetos que são vivenciados com mais simplicidade. Assim, os laços fraternos revelam-se como fontes de emoções incomparáveis. Zélia Martin, cuja infância infeliz não a impediu de estabelecer vínculos estreitos com o irmão, Isidore, "chorou de felicidade, pela primeira vez"[579] em

---

577. CHATEAUBRIAND, F.-R. *Mémoires d'outre-tombe*. Op. cit., t. 1, p. 104.
578. Ibid., p. 43.
579. MARTIN, Z. & MARTIN, L. *Correspondance familiale, 1863-1888*. Op. cit., p. 15.

sua existência, ao ficar sabendo que ele havia passado o exame final do ensino médio. A emoção ao receber o diploma de licenciatura é impregnada de orgulho e, entre as moças, às vezes também, da tristeza por serem excluídas dessa prova; a proximidade com um irmão querido lhes dá a ilusão de viverem por procuração aventuras exaltantes. Chateaubriand estabelece com a irmã Lucile uma relação de profunda amizade que perdura por toda a sua vida. Assim é que Lucile está praticamente mais presente que a mãe em sua lembrança, de modo que o anúncio de seu falecimento deixa-o na maior prostração: "Não passei um só dia sem chorar a sua perda. [...] A morte de Lucile atingiu o mais recôndito de minha alma: desaparecia assim a minha infância no meio de minha família, além dos primeiros vestígios de minha existência[580]. Com a morte da irmã, é um pouco o seu duplo feminino que deixa de existir.

A sexualidade passional

As emoções associadas à sexualidade, outros momentos fundamentais da vida íntima, estão todas contidas em um imaginário que reforça o seu poder de assombro. A avó de George Sand, ao impedi-la de dormir na cama da mãe sob o pretexto de que não é algo "casto", aplica-lhe os preceitos educativos de seu meio; mas, ao separar a mãe da filha, ela transfere para a menina o amor ciumento que sente pelo filho morto prematuramente. Aurore vinga-se rejeitando os beijos da avó, que vai chorar o seu desgosto no jardim contíguo ao cemitério onde o filho está enterrado. Como a avó passa apenas raramente por esse local, a neta, invadida por remorsos, dá-lhe um abraço bem apertado, prometendo consolá-la no futuro. A emoção traduz o sentimento de culpa de Aurore que, no fundo, ama a avó, pretendendo permanecer fiel à imagem paterna, sem atraiçoar a mãe. Um pouco mais tarde, por volta de seus 14 anos, a "vovó" volta ao assunto da mãe, fazendo revelações que lançam a adolescente em um estado de pavor: mãos frias, garganta sufocada, suor e, em seguida, lágrimas às

---

580. CHATEAUBRIAND, F.-R. *Mémoires d'outre-tombe*. Op. cit., t. 1, p. 599.

escondidas. Pouco depois, uma terrível enxaqueca vai deixá-la prostrada: "Eu sentia como que uma enorme queimadura dentro do meu peito e um vazio pungente no lugar do coração", explica ela, paralisada pelas revelações sobre a suposta falta de moralidade da mãe[581]. As crises de lágrimas só contribuem para aumentar o seu sofrimento. Incapaz de gerir as suas emoções entre uma avó rígida e uma mãe boêmia, a moça sente-se desamparada.

A esfera privada não oferece, portanto, todas as garantias de segurança. Ocorre que os filhos são confrontados com experiências das quais não saem ilesos sob o teto familiar. As agressões sexuais são fontes de angústia violenta, tanto mais que a educação ao pudor confina as moças sob um jugo moral alienante. Agredida sexualmente por um dos aprendizes do pai, a futura Madame Roland consegue livrar-se e refugiar-se com as pernas trêmulas, pálida e assustada junto da mãe; à sua emoção corresponde a emoção não menos importante da mãe, o que deixa a jovem ainda mais abatida, perturbada diante do sofrimento do adulto. O pai não tomará conhecimento da ocorrência; o confessor é a única pessoa que terá direito à confidência porque Manon está convencida de ter cometido um pecado. Para reparar a falta imaginária, ela refugia-se no misticismo e pede para fazer a sua primeira comunhão: "Certa noite, após a ceia, sozinha com o meu pai e a minha mãe, abracei-me aos joelhos deles; as minhas lágrimas escapam ao mesmo tempo em que cortam a minha voz. Quero suplicar-lhes, digo em soluços, para fazerem uma coisa que me deixa indecisa, mas corresponde ao que exige a minha consciência: levem-me para o convento"[582]. Até então, a simples ideia de ter de abandonar a mãe era suficiente para mergulhá-la na aflição, mas ela nada encontra para acalmar a sua angústia além de impor-se um sacrifício e mostrar a sua intensa emoção.

Na idade adulta, as emoções associadas à sexualidade vão continuar sendo vivenciadas com um sentimento de culpa, sobretudo no que se refere às mulheres. As noivas não advertidas chegam ao limiar de sua vida de mulher

---

581. SAND, G. *Œuvres autobiographiques*. Op. cit., p. 858.
582. *Mémoires de Madame Roland*. Ed. De Philippe Godard. Paris: Cosmopole, 2011, p. 35.

com uma apreensão que não sabe necessariamente acalmar um marido que é demasiado, ou insuficientemente, atrevido. A noite de núpcias é abordada pela literatura, de maneira profusa, como uma noite de pavor. A intensidade emocional da sexualidade conjugal em uma época em que o corpo das mulheres é quase inacessível, em que o pudor serve de freio à sensualidade e em que os assuntos do sexo são evocados apenas de maneira evasiva, é hoje dificilmente imaginável[583]. Quanto às ligações extraconjugais ou à licenciosidade sexual dos homens, elas são vivenciadas, segundo parece, sem maiores ímpetos, na medida em que suscitam um grau de violência e desassossego que se torna insuportável. Estamos longe da "legião lírica constituída por mulheres adúlteras" que provoca fascínio em Emma Bovary[584]. A emoção surge nos casais ilegítimos quando a relação adúltera preenche uma carência, tornando-se um "substituto para a relação conjugal legal não satisfatória"[585]; o segredo e o sentimento de vergonha acompanham, nesse caso, a paixão e a vã busca da felicidade. Seja como for, para muitos observadores não libertados dos eternos preconceitos masculinos, o obstáculo principal da vida de família continua sendo "a imperiosa necessidade de emoções"[586] por parte das mulheres, a qual põe em perigo um equilíbrio sempre delicado a manter.

As solidões afetivas

A coação moral, assim como a pobreza cultural, leva algumas famílias a considerar os gestos, as palavras e as manifestações de afeto como insignifi-

---

583. CORBIN, A. "A influência da religião". In: CORBIN, A.; COURTINE, J.-J. & VIGARELLO, G. (sob a dir. de). *História do corpo* – Vol. 2: *Da Revolução à Grande Guerra*. Trad. de João Batista Kreuch. Rev. da trad. Ephraim F. Alves. 4. ed. Petrópolis: Vozes, 2017, p. 68 [Orig.: "L'emprise de la religion". In: CORBIN, A.; COURTINE, J.-J. & VIGARELLO, G. (sob a dir. de). *Histoire du corps*. T. 2. Paris: Seuil, 2005-2006, p. 69].
584. FLAUBERT, G. *Madame Bovary* [1857]. Paris: Le Livre de Poche, 1972, p. 192 [Ed. bras.: *Madame Bovary*. Trad. de Ilana Heineberg. Porto Alegre: L&PM Pocket, 2003].
585. WALCH, A. *Histoire de l'adultère, XVIe-XIXe siècle*. Paris: Perin, 2009, p. 304.
586. RUSSEL, P. *Système physique et moral de la femme, ou Tableau philosophique, organique du tempérament, des mœurs et des fonctions propres au sexe*. Paris: Vincent, 1775.

cantes e supérfluos. Enquanto a infância alimenta-se de contatos, de camaradagem, de brincadeiras e de encontros, a solidão, a indiferença ou a violência são fontes de emoções paralisantes. Antoine Sylvère, pequeno camponês do departamento da Auvérnia, descreve uma infância horrível no início da Belle Époque, no seio de uma família em que, apesar de tudo, o afeto é conhecido, embora seja impossível exprimi-lo. Na casa dos Sylvère, as pessoas não se beijam, não ficam perto umas das outras: "A nossa vida familiar não aceitava efusões – explica Antoine. Nesse aspecto, os meus pais manifestaram um pudor rigoroso e não me lembro de tê-los visto dar um simples beijo durante os anos que vivi em sua companhia"[587]. O pequeno "Toinet" atribui a seu aspecto pouco atraente o desdém que lhe é reservado pelos outros; sofrendo de vegetações, o rosto está sempre remelento e o nariz sempre úmido, o que não incita a abraçá-lo. A emoção familiar é, entre os Sylvère, aniquilada pelo pudor, sufocada por orgulho e condicionada desde a infância: o pequeno Toinet diz que se lembra do momento em que, bebê de 2 anos, compreendeu que o choro não serviria para nada e que, se ele não gritasse, nenhum dos adultos presentes na casa dignar-se-ia prestar-lhe atenção ou pegar nele ao colo. Ele cessa bruscamente de manifestar qualquer tipo de emoção e torna-se taciturno.

A solidão é menos prejudicial que a indiferença, mas conduz a emoções que forjam um caráter resistente e triste. O pequeno "Tiennon", Étienne Bertin, nascido em 1823, no departamento de Allier, sofre disso porque os pais são camponeses pobres. Desde os 5 anos, ele guarda sozinho as ovelhas, levanta-se todos os dias às cinco horas da manhã e anda no meio do mato, conduzindo animais de maior porte que o seu tamanho. "Grande emoção" no dia em que se depara com uma víbora. Volta ao cair da noite "com vestígios de lágrimas, o rosto ainda convulsionado por soluços". Ele é consolado, mas tem de continuar a sua árdua labuta. Em outra ocasião, tendo ido ao mercado com o pai – que o deixa na praça da igreja a fim de entregar ao patrão o dinheiro da venda dos porcos, dos quais restam apenas três infelizes espécimes –, o menino

---

587. SYLVÈRE, A. *Toinou* – Le cri d'un enfant auvergnat. Paris: Plon, 1980, p. 7-8.

vai guardá-los até às dez horas da noite, no frio e no escuro, sem ter comido nada desde a manhã desse dia e sem que algum passante se dignasse socorrê-lo. "Estremeço de frio, de fome e de medo. [...] Os porcos – cansados como eu – dormem na vala; aproveito para me sentar perto deles reprimindo o meu desgosto". Ele rejeita deixar-se vencer pela emoção, evitando chorar. As únicas manifestações de seu desassossego são os arrepios. "Todos tinham notado a minha presença. E ninguém havia pensado em voltar para ver se eu ainda estava lá de noite..." – lembra-se ele com o coração apertado[588]. A indiferença dos outros suscita um terrível desassossego, contido durante muito tempo, de tal modo que, na volta do pai, cambaleando, porque acaba de despender em bebida uma parte do lucro da venda, ele perde o seu controle:

> A grande alegria de reencontrá-lo levou-me, de repente, a esquecer o desgosto, os terrores, os sofrimentos, o longo martírio de todo esse dia. Exultando de júbilo, fui lançar-me em seus braços. Ele, no estado habitual de embotamento subsequente à embriaguez, começou dando a impressão de espanto com a minha presença; mas, tendo recobrado a sua lembrança, ele me abraça com um entusiasmo transbordante de amor paterno, segundo o costume apreciado pelos bêbados de exagerar sempre as suas impressões. O meu pobre pai chorou por me ter deixado sozinho durante o dia inteiro![589]

O fato de calar as suas emoções não é motivo de sofrimento para o pequeno Tiennon, mas ele sofre por não ter ninguém com quem partilhá-las, visto que, na maior parte do tempo, está sozinho. Tendo se tornado adulto, conhece um momento de desafogo autêntico com um de seus ex-colegas de Comunhão, encontrado por acaso. A interação é, no começo, complicada pelo "abismo do passado, no qual se acumulam, sem interrupção, as nossas sensações do momento presente, em que as mais recentes encobrem indefinidamente as outras que se limitam a formar, com o tempo, um amontoado informe em que é difícil encontrar algo nítido". É, finalmente, em redor de uma garrafa de bom vinho

---

588. GUILLAUMIN, É. *La Vie d'un simple* [1904]. Paris: Stock, 1943, p. 54.
589. Ibid.

que as lembranças podem, de novo, emergir quando ele observa que a mão do amigo estremece por sentir "uma emoção de felicidade"[590]. O que equivale a dizer que a atenção prestada às emoções na intimidade é também a descoberta da necessidade para cada um de criar laços, de sair do isolamento, além de viver rodeado por outros, família e amigos. A lição do período consiste em afirmar categoricamente a necessidade dos vínculos interpessoais que tecem uma teia em redor dos indivíduos, levando-os a viver pela energia das sensações experimentadas.

As festas familiares

É também sintomático aperceber-se de que determinadas passagens obrigatórias da vida familiar, a que é atribuído um lugar de eleição pela literatura, não marcam absolutamente os indivíduos. Não é necessário passar pela codificação em um domínio em que predomina a espontaneidade. Esse é o caso das festas familiares e, especialmente, o dia de Ano-novo ou de Natal, festas estereotipadas que glorificam a felicidade familiar, mas que deixam poucos vestígios nos arquivos: assim, o pinheiro de Natal, introduzido na França por volta de 1840, mas que só ganha o Sul após a Segunda Guerra Mundial, ou as gratificações de fim de ano, apesar de serem descritas tão abundantemente na literatura de ficção e na imprensa[591], não chegam a evocar longas lembranças. Deve-se esperar os anos de 1870 para que as cartas de agradecimento pelos presentes recebidos por ocasião dessas festas contenham a descrição da alegria das crianças ao abrirem as embalagens. A elevação do nível de vida e os começos do consumo de massa não são alheios à difusão dessa prática. A densidade do vínculo familiar prefere encontrar oportunidades peculiares para se exprimir fora das convenções. Amélie Weiler confia a seu diário íntimo, em 1844, que está "louca de felicidade", que "pula de alegria" porque a avó acaba

---

590. Ibid., p. 295.
591. MARTIN-FUGIER, A. "Les rites de la vie privée bourgeoise". In: ARIÈS, P. & DUBY, G. (sob a dir. de). *Histoire de la vie privée*. Op. cit., t. 4, p. 215-224 [Ed. bras.: "Os ritos da vida privada burguesa". Trad. de Denise Bottmann. In: *História da vida privada*. Op. cit., vol. 4, p. 169-175].

de lhe oferecer a sua correspondência pessoal, um verdadeiro tesouro para a jovem que é "orgulhosa de seus antepassados, de um nome sem mancha e das relações de sua família com a elite". "Uma sensação bastante intensa" também ao anúncio de casamento dos primos e das primas[592]. A emoção familiar jorra de recomposições impostas pela passagem das gerações e pela conclusão de alianças, abrindo-a a outros universos familiares. As emoções na família alimentam-se com a complexidade dos laços entre os seus membros e deleitam-se em se estenderem às famílias dos irmãos e irmãs, tios, tias e sobrinhos.

Há mais fervor nos relatos de Primeira Comunhão, de festas e de aniversários. As cerimônias religiosas, porém, aparecem frequentemente esvaziadas de sua significação. Do batizado da querida sobrinha órfã, Flaubert não retém a alegria da comunhão familiar, mas a incompreensão de um rito enigmático. A emoção transforma-se em sarcasmo. É com o laço estabelecido fortemente entre ele e a pequena Caroline, considerada por ele como filha, que se exprime a sua sensibilidade, na intensidade de seu face a face e da correspondência trocada entre eles. A emoção surgida na esfera privada refere-se apenas àqueles que tomam parte dela. A densificação das emoções é acompanhada por uma interiorização extrema que corre o risco de diminuí-las: com efeito, se a esfera íntima chega a coletar os sentimentos mais pessoais, a sua expressão está submetida aos diversos acontecimentos inevitáveis que são os imperativos sociais, o controle de ordem moral e o desencantamento do mundo, ao ponto de levar as pessoas a desconfiarem das emoções que criam uma fadiga inútil, aliás, um perigo que, segundo o conselho dos médicos, deve ser evitado pelos cardíacos.

A emoção perigo

Será, então, que a rigidez da sociedade obriga as emoções a serem apenas gritos de revolta? Por ter a pretensão de controlar as suas reações corporais, a

---

592. WEILER, A. *Journal d'une jeune fille mal dans son siècle, 1840-1859*. Estrasburgo: La Nuée bleue, 1994, p. 51-52.

burguesia desconfiada levou as emoções a se tornarem patológicas. As lágrimas de felicidade deixam lugar à compaixão paterna e materna, segundo uma lógica que converte a emoção em uma paixão inquietante, exprimindo-se de preferência na cena pública, ou em um "enternecimento" insípido, segundo a definição dada por Pierre Larousse, em 1870, em seu dicionário. Desde os anos de 1780, a esfera privada é sobrevalorizada, protegida por um relativo segredo, à margem da vida pública e limitada ao círculo restrito da família e de alguns amigos. Após o Segundo Império (1852-1870), procura-se dar publicidade aos diários pessoais e às memórias mediante a sua publicação[593], exteriorizando por assim dizer as sensações íntimas, o que implica a consequência de generalizá-las. Nessa sociedade que abraça a democracia, o vínculo social alimenta-se da comunhão de experiências individuais convergentes. É apenas após a chegada do povo à política que as emoções vivenciadas no dia a dia, em todos os ambientes, particularmente, nos meios operários, poderão traduzir-se em relato sem serem caricaturadas injustamente pela elite. Essa midiatização, contemporânea da instauração da República (1870), contribui para modificar a natureza das emoções familiares: reveladoras dos sentimentos e caracteres individuais, elas tornam-se, em breve, os sintomas de (dis)funções familiares.

---

593. LEJEUNE, P. & BOGAERT, C. *Le Journal intime* – Histoire et anthologie. Paris: Textuel, 2006, p. 206.

10
ENTUSIASMOS MILITARES E PAROXISMOS GUERREIROS

Hervé Mazurel

Ao rasgar o tecido das tarefas cotidianas, a guerra impunha – àqueles que tinham a responsabilidade na Europa do século XIX – uma verdadeira ruptura com a existência comum. E se a vida do soldado não estava desprovida de aborrecimento cotidiano, para não dizer, de intermináveis expectativas, os períodos da guerra constituíam, no mínimo, um tempo à parte, saturado de substância. Núcleo do sagrado íntimo e coletivo, ele deixava as lembranças mais intensas de uma existência individual, assim como inscrevia as marcas mais duradouras na memória das sociedades. Quanto ao combate propriamente dito, ele era procurado, então, sobremaneira pelo fato de cristalizar instantes de uma intensidade incomparável. Sabe-se que, na proximidade imediata da morte, os homens tendem a combater com tudo o que eles são; a tal ponto que o historiador descobre nessa situação, melhor do que em outras circunstâncias, não somente os sistemas de representações do outro, do mundo ou do além, mas os próprios contornos da cultura afetiva do tempo. Aqui, o combate age à maneira de um potente revelador[594]: ele deixa ver o que é dissimulado normalmente pelo dia

---

594. Cf. AUDOIN-ROUZEAU, S. *Combattre* – Une anthropologie historique de la guerre moderne (XIXᵉ-XXIᵉ siècle). Paris: Seuil, 2008.

a dia, o que permanece soterrado nas profundezas do não dito. Portador de transgressões, estas tornam manifestas, de repente, as normas sociais e os valores da época, assim como o grau de apego que lhes é dedicado. Nesse tempo do excesso guerreiro – de palavras e gestos, de acúmulos e destruições –, em que as regras da civilização são menosprezadas, em que alguns devem, para matar, inverter os mandamentos morais, procede-se à leitura, por contraste, tanto do cotidiano do tempo de paz quanto do peso das leis costumeiras.

Por pouco que a atenção do historiador do século XIX deslize daqueles que carregam armas para os não combatentes, ele encontrará nesse período ainda sociedades afetadas de uma maneira mais contundente do que outrora; com efeito, as guerras revolucionárias e imperiais, que abrasaram o continente durante quase um quarto de século, esboçaram um processo de totalização da guerra que iria exercer uma profunda influência na Europa moderna até o cerne do século XX[595]. O advento das guerras nacionais e a relegação dos conflitos dinásticos com a Revolução Francesa engendraram, efetivamente, uma integração crescente das sociedades europeias na dinâmica bélica no plano tanto da mobilização militar econômica quanto da adesão das mentes e dos corações. O surgimento do soldado-cidadão e a progressiva generalização da conscrição na Europa Ocidental – exceto a Grã-Bretanha – imbricaram mais estreitamente do que outrora os destinos da frente de combate e da retaguarda. De modo que as sociedades civis europeias, nesse tempo de afirmação da ideia nacional, acabaram sendo mais intensamente influenciadas pelo amor da pátria e pelo ódio do inimigo; portanto, pelo medo da humilhação ou pela expectativa de desforra[596].

No limiar do século, esses anos de guerras quase ininterruptas, entre 1792 e 1815, haviam constituído, sem dúvida alguma, uma importante reviravol-

---

595. Cf., a este respeito, os debates que acompanharam a publicação de BELL, D.A. *The First Total War*: Napoleon's Europe and the Birth of Modern Warfare. Londres: Bloomsbury, 2007. Cf. esp. GUIOMAR, J.-Y. *L'Invention de la guerre totale, XVIIIe-XXe siècle*. Paris: Le Félin, 2004. • BELL, D.A.; CRÉPIN, A.; DREVILLON, H.; FORCADE, O. & GAINOT, B. "Autour de la guerre totale". In: *Annales historiques de la Révolution française*, vol. 366, 2011, p. 153-170.
596. Cf. aqui as interessantes páginas de um livro desconhecido: CAILLOIS, R. *Bellone, ou la Pente de la guerre* [1952]. Paris: Flammarion, 2012, p. 235-244.

ta na história do fenômeno bélico europeu. Se acompanharmos George Mosse, o continente teria herdado dessa longa sequência belicosa o essencial dos elementos constitutivos daquilo que ele designa como "o mito de guerra". A saber: uma imagem nova e valorizada do ofício das armas, a interiorização e a valorização dos objetivos da guerra pelos próprios soldados, o culto generalizado do voluntário e dos mortos no campo de honra, a emergência paralela de um modelo militar-viril que impregnou de maneira bastante profunda o ideal masculino até meados do século seguinte. Dessa sacralização da guerra e dos guerreiros – acrescenta ele – teria resultado uma evidente propensão das sociedades europeias para a desrealização da violência guerreira e, por conseguinte, para uma memória deformada e edulcorada dos combates[597].

O certo é que a sombra projetada por esses anos de epopeias gloriosas marcou o século de modo duradouro. E embora amplas camadas da sociedade civil, exaustas com esses perpétuos conflitos, rejubilassem com o refluxo da ideia militar após 1815, outros setores, também numerosos, eram incapazes de aceitar essa vida lúgubre e sem brilho, oferecida pela paz europeia[598]; os seus partidários procuravam, portanto, todas as oportunidades para combater. Havia uma multidão de ex-oficiais e soldados desmobilizados após Waterloo que haviam adotado a guerra como se fosse a sua profissão e que, muitas vezes, fracassavam em reintegrar de modo duradouro a vida civil[599]. Muitos desses militares estavam prontos a alistarem-se como voluntários, para não dizer, como mercenários, na Europa ou em outros continentes[600]; em suma, em toda a parte em que as suas habilidades viessem a ser requisita-

---

597. MOSSE, G.L. *Fallen Soldiers*: Reshaping the Memory of the World's Wars. Nova York: Oxford University Press, 1990. Cf. MOSSE, G.L. *The Image of the Man*: The Creation of Modern Masculinity. Nova York: Oxford University Press, 1996.
598. GIRARDET, R. *La Société militaire de 1815 à nos jours*. Paris: Perrin, 1998, p. 13-22.
599. PETITEAU, N. *Lendemains d'Empire* – Les soldats de Napoléon dans la France du XIXe siècle. Paris: La Boutique de l'histoire, 2003.
600. Sobre essas circulações maciças de soldados europeus, misturando mercenários e voluntários, cf. BRUYÈRE-OSTELLS, W. *La Grande Armée de la liberté*. Paris: Tallandier, 2009. • *Histoires de mercenaires*. Paris: Tallandier, 2011.

das. Outros, mais jovens e, frequentemente, filhos dos primeiros, sonhavam com campos de batalha para mostrarem a sua coragem: tendo crescido nos clamores de glória, eles aspiravam desde sempre a integrar o círculo dos guerreiros[601]. Esboçada com justeza por Vigny e Musset, essa geração romântica, frustrada de heroísmo, permanecia suspensa "entre o eco e o sonho de batalhas"[602]. Com efeito, como resignar-se a abandonar tantas esperanças gloriosas, mantidas desde a infância pela crônica emocionada e enaltecida das diversas frentes militares da Europa?

O fato, porém, é que, se entre os anos de 1750 e os anos de 1810 a atividade bélica mundial tinha estado concentrada essencialmente no continente europeu, verificou-se, a partir de 1815, um amplo deslocamento. Raros, de fato, foram, antes da Grande Guerra, os conflitos de amplitude a atingir, de novo, o centro da Europa. Certamente, no começo dos anos de 1850, a Guerra da Crimeia levou a Rússia, a Grã-Bretanha e a França a empolgarem-se em torno do futuro vacilante do Império Otomano; mas ela ocorreu nas fronteiras orientais do continente. Com certeza, desde o final dos anos de 1850 até a virada da década de 1870, a Europa conheceu, com as guerras da Itália de Napoleão III e as guerras da Prússia contra a Áustria e a França, confrontos de elevada intensidade; estes, porém, apesar de sua importância, foram breves e limitados em relação aos beligerantes. Limitando-nos a essa constatação, seria possível adotar a ideia, que se tornou comum, segundo a qual o século XIX foi um século pouco bélico – em relação, sobretudo a essa "era dos extremos"[603]

---

601. MIGLIORINI, L.M. *Le Mythe du héros* – France et Italie après la chute de Napoléon. Paris: Nouveau Monde, 2002. • GUTERMAN, D. "Le désir et l'entrave. L'impuissance dans la construction de l'identité masculine romantique: première moitié du XIXe siècle". In: RÉVENIN, R. (sob a dir. de). *Hommes et masculinités de 1789 à nos jours* – Contributions à l'histoire du genre et de la sexualité en France. Paris: Autrement, 2007, p. 55-74.

602. VIGNY, A. *Servitudes et grandeur de la vie militaire* [1835]. Paris: Le Livre de Poche, 1965, p. 22. Cf. MUSSET, A. *La Confession d'un enfant du siècle*. Paris: Bonnaire, 1836 [Ed. bras.: *A confissão de um filho do século*. Trad. de Maria Idalina Ferreira Lopes. São Paulo: Amarylis, 2016].

603. HOBSBAWM, E. *Era dos extremos*: o breve século XX, 1914-1991. Trad. de Marcos Santarrita; revisão técnica de Maria Célia Paoli. São Paulo: Companhia das Letras, 1995 [Orig.: *The Age of Extremes*: The Short Twentieth Century, 1914-1991. Londres/Nova York: Michael Joseph/Vintage Books, 1994].

que foi o século XX e com a exceção, certamente, dos conflitos civis e urbanos característicos do tempo.

No entanto, este capítulo entrará em contradição com essa representação comum. Por pouco que se observe a Europa do século XIX de fora e não de dentro, resta apenas constatar a extrema abundância de conflitos distantes – acima de uma centena –, nos quais soldados europeus estiveram envolvidos por todo o mundo nesse período. O século, de fato, abunda em experiências militares europeias exóticas, distantes, originais, vivenciadas em outros continentes, no meio de desertos, rios, selvas, estepes ou altas montanhas; a tal ponto que se pode dizer, com David Bell, que as grandes potências não chegaram a estabelecer a paz em 1815, mas, na realidade, "deslocaram a guerra para além dos mares"[604]. Tudo se passa como se o mundo, de repente, se tivesse transformado em novo campo de batalha dos guerreiros oriundos da Europa. Pensemos nas massas de voluntários e de mercenários de todas as nações europeias que, no século XIX, serviram em todo o mundo a esta ou aquela causa: aqueles que – principalmente, ingleses e franceses – foram dar respaldo a Bolívar ou a San Martín na libertação das colônias espanholas e portuguesas da América; aqueles que, ostentando camisas vermelhas, seguiram Garibaldi no Uruguai e alhures; ainda aqueles que, oficiais aguerridos, especialmente alemães, voltaram ao serviço do Império Otomano ou do soberano egípcio para formarem os respectivos exércitos à maneira europeia. Pensemos, porém, muito mais ainda nas centenas de milhares de europeus das guerras imperiais. Entre outros, nos combatentes holandeses lutando em Java e Aceh [Indonésia]; nos conquistadores belgas que se apoderaram de uma grande parte do Congo; nos soldados britânicos acampados nas Índias, no Afeganistão, no Egito, no Sudão, na África Ocidental ou Austral; ou ainda nos militares franceses que partiram para a conquista da Argélia, do Senegal, do Saara, do México ou do Tonquim [Vietnã]... No total, a história desse amplo nomadismo guerreiro europeu cruza, ao mesmo tempo, a história das revoluções liberais e democráticas, a das guerras

---

604. BELL, D.A. *The First Total War*. Op. cit., p. 309.

de independência nacional e, ainda mais profusa, a das conquistas coloniais[605]. Sendo assim, continuar afirmando que o século XIX europeu foi um século pacífico demonstra certa cegueira.

Dito isso, incumbe-nos tentar encontrar a carga emocional das experiências de guerra europeias desse século, em sua dimensão simultaneamente íntima e coletiva. O que implica, além dos problemas metodológicos específicos[606], não se ater apenas aos conflitos das potências continentais entre si, mas restituir toda a sua fecunda diversidade. E, desse modo, ultrapassar as dicotomias normativas e enganosas que distinguem guerras "grandes" e "pequenas", conflitos "regulares" e "irregulares", "verdadeiras guerras" e "operações de pacificação"; aliás, durante muito tempo, tais distinções permitiram à historiografia militar tradicional, acertando o passo com militares vidrados no modelo bélico ocidental, atenuar as guerras distantes e as experiências europeias induzidas[607].

O gosto pela guerra

Fervores patrióticos e exaltações militares

De qualquer modo, no plano coletivo, as grandes emoções de guerra estiveram associadas, antes de tudo, aos confrontos que se referiam aos inte-

---

605. Cf. MAZUREL, H. "Les guerriers de l'Ailleurs – De la croisade philhellène aux guerres lointaines du XIXe siècle". In: *Écrire l'Histoire*, n. 7, 2011, p. 53-61.

606. Pela impossibilidade de insistir sobre esse assunto, aqui, observar-se-á, entre os estudos decisivos: CORBIN, A. "'Le Vertige des foisonnements' – Esquisse panoramique d'une histoire sans nom". In: *Revue d'Histoire Moderne et Contemporaine*, n. 39, 1993, p. 103-126. • REDDY, W.M. *The Navigation of Feeling*: A Framework for The History of Emotions. Cambridge: Cambridge University Press, 2001. • ROSENWEIN, B.H. *Emotional Communities in the Early Middle Ages*. Ithaca, NY/Londres: Cornell University Press, 2006. Entre as publicações recentes, podemos nos referir também a AMBROISE-RENDU, A.-C.; DEMARTINI, A.-E.; ECK, H. & EDELMAN, N. (sob a dir. de). *Émotions contemporaines, XIXe-XXe siècles*. Paris: Armand Colin, 2014. • BOCQUET, D. & NAGY, P. "Pour une histoire des émotions. L'historien face aux questions contemporaines". In: BOCQUET, D. & NAGY, P. (sob a dir. de). *Le Sujet des émotions au Moyen Âge*. Paris: Beauchesne, 2009, p. 15-51. • DELUERMOZ, Q.; FUREIX, E.; MAZUREL, H. & OUALDI, M. "Écrire histoire des émotions: de l'objet à la catégorie d'analyse". In: *Revue d'Histoire du XIXe Siècle*, n. 47, 2013, p. 155-189.

607. Cf. MAZUREL, H. "Héroïsme et exotisme – L'imaginaire européen des conquêtes militaires coloniales (1830-1914)". In: *Romantisme*, n. 161, 2013, p. 35-44.

resses vitais dos povos europeus e que, portanto, ocorriam no próprio continente. Nada mais característico, aqui, do que o reflexo visceral desencadeado na França revolucionária pelo apelo da "Patrie en danger" [Pátria em perigo] de 11 de julho de 1792. Diante do avanço rápido das tropas austríacas, verificou-se uma mobilização espontânea em que o patriotismo defensivo se manifestou com todo o seu vigor. A emoção do povo francês revelou-se grandemente contagiosa. A tal ponto que dezenas de milhares de voluntários, oriundos dos quatro cantos do país, se alistaram nos dias seguintes para rechaçarem, nas fronteiras, o estrangeiro[608]. E, enquanto se dirigiam para os campos de batalha, cantos e *slogans* davam testemunho desse enlouquecido impulso de entusiasmo por parte dos cidadãos. Com efeito, eles faziam vibrar uma nova corda: a da Liberdade, termo que se tornou em uma das palavras-chave da época, carregada da mais elevada sacralidade; palavra pela qual as pessoas se mostravam, daí em diante, prontas a morrer, como teria sido o caso antigamente em defesa de uma religião. E esses mesmos voluntários de 1792, repletos de ardor e devotamento, reivindicavam a proeza de serem os primeiros mártires. Assim, Goethe não se tinha equivocado – ao assistir, a distância, a Batalha de Valmy, em 20 de setembro de 1792 – quando afirmava ter visto nesse evento o começo de "uma nova era na história do mundo": a era da guerra apaixonada, veemente e furiosa, travada por um exército popular movido pela mola do sentimento nacional, pelo apego democrático e pela alegria de lutar em favor da liberdade[609].

Clausewitz, presente também nesse dia, teorizou logo o princípio dessa transformação decisiva da guerra na era democrática: a ascensão aos extremos[610]. De repente, a antiga fórmula aristocrática da guerra deixaria de existir; esta última já não era o apanágio dos oficiais de carreira de origem essencialmente nobiliárquica. Com ela, desapareceriam o contexto temporal, as normas e o regime de relativa compostura aristocrática, tal como era o costume até o

---

608. LYNN, J.A. *The Bayonets of the Republic*. Urbana/Chicago: University of Illinois Press, 1984.
609. BERTAUD, J.-P. *Walmy. La démocratie en armes*. Paris: Gallimard, 1973.
610. CLAUSEWITZ, C. *Da guerra*. São Paulo: WMF Martins Fontes, 1979 [Orig.: *Vom Kriege*, 1832].

século XVIII. Enquanto eram suprimidos os habituais períodos da guerra, o tamanho dos exércitos e a amplitude das batalhas não cessavam de crescer. Movida por uma constante sobrevalorização diante do risco total que, através desses novos conflitos, ameaçava a população inteira, a nação devia agora canalizar tudo para as necessidades da guerra, além de empenhar o conjunto de seus recursos físicos, morais e afetivos para a batalha decisiva. O recrutamento em massa lançado pela Convenção através do grupo político dos *montagnards*, em 23 de agosto de 1793, após seis meses de derrotas contínuas e uma diminuição dos efetivos, constitui certamente o momento-chave dessa dinâmica de totalização. Esse decreto converteu a França, instantaneamente, em uma "nação armada". Enquanto os homens solteiros e viúvos, sem filhos de 18 a 25 anos, deviam partir de imediato para as fronteiras, sem a possibilidade de serem substituídos, o decreto impunha que o conjunto da sociedade francesa se empenhasse, sem demora, no esforço da guerra. Homens maduros, mulheres e crianças eram requisitados para tarefas materiais, enquanto os idosos eram convidados a se dirigirem às praças para exortar a juventude ao combate[611]. Deste modo, a guerra afirmava-se como paroxismo da existência nacional, já não dizendo respeito unicamente às camadas da sociedade designadas para carregarem armas, mas introduzindo nessa luta a sociedade inteira[612]. Com a era democrática, em suma, a guerra tornava-se de alguma maneira hiperbólica.

Além disso, essa nova espécie de guerra incitava à destruição sistemática do inimigo: a seu respeito, deixava de ser possível qualquer tipo de conciliação; impunha-se obrigá-lo a pedir clemência. Daí, o destino duradouro do *slogan* – "La Liberté ou la mort" [A liberdade ou a morte] –, inventado pelos revolucionários franceses e convocado para se tornar o estandarte de um grande número de outras guerras nacionais e revolucionárias do século XIX. Com o desaparecimento dos conflitos dinásticos, surgiam guerras inéditas por sua

---

611. FORREST, A. "L'armée de l'an II: la levée en masse et la création d'un mythe républicain". In: *Annales historiques de la Révolution française*, vol. 335, 2004, p. 111-130.
612. MORAN, D. & WALDRON, A. (sob a dir. de). *The People in Arms*: Military Myth and National Mobilization since the French Revolution. Cambridge: Cambridge University Press, 2003.

intensidade e por seu teor ideológico: antigamente, a soldadesca dos exércitos do Antigo Regime, em grande parte, mercenários, nem se dava conta do sentido dos combates; por sua vez, os soldados-cidadãos das guerras da Revolução interiorizavam, de modo diferente do que ocorria anteriormente, os objetivos de guerra[613]. Daí, o intenso esforço dos estadistas e outros publicistas revolucionários para levar os soldados a aderirem à sua causa, apresentando-a como a luta desinteressada do Iluminismo contra o obscurantismo, da liberdade contra o despotismo e, para não dizer, do Bem contra o Mal. Tratava-se, na verdade, de convencer os soldados a combaterem com o coração. E se, na sua maioria, os regimentos limitavam-se à defesa das fronteiras, outros mostravam-se sensíveis à famosa retórica da guerra dos povos contra os reis e desejavam verdadeiramente libertar a Europa. É prova disso o protesto coletivo efetuado na Convenção pelo 8º Batalhão da Costa do Ouro, aquartelado em Bordeaux, inquieto com as tergiversações do poder e os rumores de paz:

> A paz! Não! Nada de paz enquanto existirem reis!... Que é isso? A paz, quando a República busca consolidar-se? Quando o sangue dos defensores da pátria fumega ainda de todos os lados e grita por vingança?... Não. Não! Não basta apenas humilhar o orgulho dos tiranos e adormecer. Franceses, pensem em seus juramentos: guerra eterna contra os reis[614].

Afetados, esses discursos fazem aflorar com nitidez a dimensão de cruzada ideológica assumida por um grande número de conflitos do século, assinalando a necessidade do agir sagrado que, frequentemente na época, animava as mentalidades combatentes. Mesmo que essas crenças se tenham esboroado com o tempo, servindo, sobretudo, para disfarçar os interesses franceses, pelo menos, a temática relativa à cruzada das forças armadas revolucionárias e napoleônicas contra a Europa dos reis e em favor dos povos oprimidos impregnou grandemente as mentes. Ela insuflava nesses soldados e oficiais o sentimento de

---

613. BERTAUD, J.-P. *La Révolution armée* – Les Soldats-citoyens et la Révolution française. Paris: Robert Laffont, 1979.
614. Apud CAILLOIS, R. *Bellone*. Op. cit., p. 121.

serem os artesãos de sua própria salvação e, ao mesmo tempo, de realizarem a salvação comum. Ao promover assim a cruzada, enaltecia-se a causa com uma aura sagrada capaz de suscitar fervores coletivos e sacrifícios individuais. Essa mesma ideia de cruzada, misturada com a de reconquista, é que levaram, na sequência, os resistentes espanhóis, russos ou ainda alemães, na virada dos anos de 1810, a lutar contra a invasão das forças armadas inimigas. Em 1813, por ocasião da guerra de libertação alemã, os membros dos regimentos franceses eram reconhecidos, em geral, pelas cruzes que tatuavam nos seus antebraços. Muitos desses célebres voluntários, dos quais Ernst Moritz Arndt – o autor da canção patriótica "Was ist des Deutschen Vaterland" (1813 [Qual é a Pátria dos alemães?]) – consideravam-se como a vanguarda de uma "guerra santa" contra Napoleão. Tendo confiado na proteção de Deus, eles acreditavam em sua vitória contra o invasor[615]. Ora, em cada circunstância, ao suscitar assim a cruzada, as pessoas reivindicavam – se dermos crédito a Alphonse Dupront – a plenitude de seus poderes: "o seu segredo para conseguir a liberdade"[616]. Mesmo que esses impulsos de fervores resistentes e essas reconquistas territoriais não tenham sido suficientes para encontrar, após o Congresso de Viena (1814-1815), a sua tradução política, pelo menos, esses combates de libertação teriam contribuído para o enraizamento de uma memória nostálgica, fermento de um grande número de mitologias nacionais e de determinada estética da guerra.

O entusiasmo dos voluntários

Na época abordada neste texto, a aura que envolve a figura do soldado voluntário é exemplar dessas evoluções. Inspirando-se na lembrança de muitos exemplos heroicos engendrados por duas décadas de campanhas militares, o voluntário de guerra era associado, por toda a parte, a correntes de imagens altamente posi-

---

615. JEISMANN, M. *La Patrie de l'ennemi* – La notion d'ennimi national et la représentation de la nation en Allemagne et en France de 1792 à 1918. Paris: CNRS, 1998, p. 82.
616. Apud ALPHANDÉRY, P. & DUPRONT, A. *La Chrétienté et l'Idée de croisade* [1959]. Paris: Albin Michel, 1995, p. 511.

tivas. Nele, o imaginário social celebrava o homem que havia escolhido deliberadamente a guerra em vez de ser a sua vítima; tal imaginário enaltecia o indivíduo resoluto, apto a arriscar a vida pela pátria ou por valores com pretensão universal. Nele, apreciava-se também o homem viril, capaz de se elevar, pela nobreza de seus sentimentos, acima dos interesses correntes. Na hora dos combates europeus dos anos de 1820-1840 pela Liberdade e pela República universal, o voluntário internacional era, aliás, tão celebrado quanto o voluntário nacional (il. 13. "L'adieu à la famille" [O adeus à família]): testemunho disso é, por exemplo, os legionários que acompanharam o voluntariado em favor da libertação da Grécia dos anos de 1820, realçado pela presença de Lord Byron, o ícone da Europa romântica[617]. O entusiasmo desses voluntários em nenhuma parte é mais sensível do que em uma carta famosa do jovem filósofo de Iena, Christian Müller. Impregnada de uma excitação extrema, essa missiva escrita em Moreia [Peloponeso] e endereçada aos amigos, em julho de 1821, exprime a sua profunda alegria por ter aderido à luta dos gregos contra a dominação otomana plurissecular:

> O destino arrasta-me e o meu entusiasmo pela libertação dos gregos é cada vez maior [...]. Pretendo – ao combater e morrer, se for preciso, por eles – testemunhar o meu reconhecimento pelos sentimentos nobres e elevados que os seus antepassados me inspiraram [...]. Se o meu pressentimento tiver de se realizar, morrerei satisfeito nesta terra que busca conquistar a sua liberdade, sem experimentar qualquer remorso, desembaraçado dos miseráveis entraves que entristecem os nossos dias. A sombra das personalidades importantes que pisaram este solo há de planar acima de mim, hão de convocar-me e elevar-me aos lugares de onde eles observam com comiseração nossos infortunados tempos, tempos privados de tudo o que há de belo e de relevante[618].

Entregando-se inteiramente à sua decisão, o homem ainda jovem tinha encontrado nessa atitude um poderoso antídoto ao tédio, um meio de reatar com

---

617. MAZUREL, H. *Vertiges de la guerre* – Byron, les philhellènes e le mirage grec. Paris: Les Belles Lettres, 2013.
618. MÜLLER, C. *Voyage en Grèce et dans les îles ioniennes, pendant les six derniers mois de 1821*. Paris: Persan, 1822, p. 29.

uma vida repleta de sentido. Semelhante impulso, típico desse gênero de engajamento, originava-se no fato de abraçar uma causa considerada exemplar entre todas. Era, aliás, nessa jazida de sentido – de que a época havia privado a juventude –, que esta encontrava, de repente, a inspiração para os seus engajamentos. Daí, o seu prazer intenso em libertar-se dos entraves que oprimiam a sua vida. Além disso, semelhante combate, à imagem de outros mais tardios – por exemplo, as revoltas polonesas ou italianas contra a opressão russa ou austríaca –, permitia a esses jovens sair do anonimato em que estavam confinados por essa paz sem relevo, nem glória. Esse gesto em si vai distingui-los do comum dos mortais, arrancando-os da refrega social e, à semelhança de Christian Müller que pretende reatar com o ideal antigo da "bela morte", correndo o risco de sacrificar a própria vida no auge de sua juventude.

Envolver-se desse modo era também responder às injunções silenciosas no sentido de se virilizar. Por falta de campos de batalha, a juventude romântica tinha dificuldade em se conformar com esse ideal masculino, prenhe de virilidade bélica, que havia sido imposto na virada do século XIX. Ora, essa ocasião de combater devolvia a esperança de compartilhar o heroísmo paterno. Com efeito, o fato de ter sido soldado não era suficiente; tornar-se homem pressupunha, daí em diante, ter passado pelo batismo de fogo. Esse é o motivo pelo qual Armand Jacques Leroy, o futuro marechal de Saint-Arnaud, "cansado da vida de caserna" e de "vários anos de ociosidade sem combater"[619], decidiu, aos 23 anos, deixar o exército régio de Luís XVIII para buscar na Grécia um batismo de fogo, o único verdadeiro certificado de virilidade. Acreditava-se que ter passado por essa prova era pertencer ao "mundo dos homens verdadeiramente homens"[620]. Certamente, nem sempre era fácil convencer os parentes mais idosos, como é testemunhado por esta carta de Thomas-Robert Bugeaud, relatando ao tio, militar aguerrido, os seus primeiros passos na Argélia:

---

619. Apud MASPERO, F. *L'Honneur de Saint-Arnaud*. Paris: Plon, 1993, p. 35.
620. BOURDIEU, P. *La Domination masculine*. Paris: Seuil, 1998, p. 58 [Ed. bras.: *A dominação masculina*. Rio de Janeiro: Bertrand, 1999].

> O senhor deseja, meu caro tio, que eu lhe faça o relato de nossas últimas campanhas na África; no entanto, o senhor não me deu nenhum incentivo pela maneira como acolheu os relatos que lhe fiz, perto da lareira, durante minha última licença. Não é, de certeza, o combate de Staoueli, nem o cerco do forte do Empereur [Imperador] que vão despertar a fisionomia tão animada e marcial que o senhor tinha ao falar de suas batalhas de Rivoli, Marengo, Austerliz, Iena etc. etc., mas esses grandes dramas são tão raros quanto o número de capitães semelhantes a Napoleão. Espero que, um dia, eles voltem porque estamos em paz há vinte e cinco anos. [...] Na expectativa dessa circunstância tão desejada pelos jovens oficiais como eu, fiquei muito feliz por ter conseguido adquirir alguma experiência nos pequenos combates e nas penosas marchas da África. – Estou vendo o senhor sorrir de incredulidade porque, como isso lhe ocorreu em várias circunstâncias, não tivemos de enfrentar o fogo de quatrocentas peças de canhão e os esforços regulares de duzentos batalhões e outros tantos esquadrões. Mas o senhor, melhor do que eu, sabe que, na guerra, há outra coisa além de grandes batalhas: o cálculo, a ordem e as fadigas relativamente às marchas, os reconhecimentos, o serviço dos postos avançados para enfrentarem os árabes tão desenvoltos, astutos e arrojados; a organização e a conservação dos comboios que são a base de qualquer operação neste país, no qual o inimigo, ao fugir, não deixa nada para trás; a arte de criar e de conservar o bom moral nas tropas, ao percorrer a vegetação rasteira escaldante no meio da qual a gente se sente feliz por encontrar um filete de água suficiente para dar de beber aos integrantes da coluna; a vigilância, a prudência de todos os instantes que se deve manter na presença dos númidas modernos; enfim, os combates contra essas multidões, cujos gritos, intrepidez individual e, inclusive, a desordem têm algo de impactante e desconcertante para os militares acostumados à regularidade da Europa[621].

Muitas vezes, durante o primeiro século XIX, o voluntariado de guerra, assim como a vocação colonial, enraizava-se em uma forma de ansiedade duradoura, a de uma masculinidade frágil, torturada pela obsessão da impotência

---

621. BUGEAUD, T.-R. *La Guerre d'Afrique* – Lettre d'un lieutenant de l'armée d'Afrique à son oncle, vieux soldat de la Révolution et de l'Empire. Paris: Cosse-Laguionie, 1838, p. 5-7.

e pelo medo da afeminação – inquietação reforçada pelo cancelamento de carreiras e pela mistura das posições sociais. Reintegrar o círculo dos guerreiros, como ocorreu com numerosos veteranos após 1815, ou esforçar-se por ingressar nesse grupo como voluntários, era também uma maneira de pretender perpetuar a ordem dos gêneros e lutar contra o risco da indeterminação[622].

Aliás, no decorrer das décadas, o batismo de fogo continuou sendo a prova de virilidade por excelência. Na outra extremidade do século, Winston Churchill, em sua célebre obra *My Early Years* (1930), dá testemunho dessa persistência: à semelhança de um grande número de jovens do seu tempo, mantidos contra a vontade no limiar da maioridade, ele era atormentado por um ardente desejo de combater. Tendo ingressado no 4º regimento dos hussardos depois de estudos medíocres, Churchill vislumbrou a segunda guerra de independência cubana de 1895 como a oportunidade de acompanhar de perto as hostilidades. Assim, chegou ao local como simples observador, mas acabou por integrar-se às tropas espanholas e passar pela prova tão aguardada:

> As pessoas da geração atual, exaustas, brutalizadas, mutiladas e exasperadas pela guerra, talvez não compreendam a sensação de prazer delicioso, misturado com um pouco de pavor, com a qual um jovem oficial britânico criado na paz se aproximava, pela primeira vez, de um verdadeiro teatro de operações [...]. Nessa terra à minha frente, as coisas aconteciam de verdade. Nesse local, ocorreria certamente algo. Nesse local, talvez eu deixasse a minha pele. [...] O amanhã estava prenhe de promessas para um jovem oficial! [...] Não sabíamos nada de nossos amigos, nem de nossos inimigos. Nada tínhamos a ver com as suas desavenças. Somos incapazes de tomar partido em seus combates, a não ser para nos defender. Mas tínhamos a sensação de viver um grande momento de nossa vida... inclusive, um entre os maiores que conhecemos. Acreditamos que vai acontecer algo; esperamos com todo o nosso coração que aconteça algo; e, no entanto, não temos vontade de

---

622. COLLEY, L. *Britons*: Forging the Nation, 1797-1837. New Haven, Conn.: Yale University Press, 1992. • RAUCH, A. *Crise de l'identité masculine, 1789-1914*. Paris: Hachette, 2001. • SOHN, A.-M. *"Sois un homme!"* – La construction de la masculinité au XIXe siècle. Paris: Seuil, 2009.

sermos feridos ou mortos. Mas afinal, o que pretendemos? É a grande ilusão da juventude... a busca da aventura pela aventura. Pode-se dizer que é pura estupidez. Percorrer milhares de quilômetros sem ter grana para pagar a viagem, levantar-se às quatro horas da manhã com a expectativa de se meter em alguma encrenca na companhia de genuínos estrangeiros: eis o que não parece ser evidentemente razoável. Sabíamos, no entanto, que raros eram os segundos-tenentes no exército britânico que teriam dado um mês de soldo para estarem sentados em nossos bancos de pau[623].

Evidentemente, semelhantes desejos de engajamento só ficavam esclarecidos tendo como pano de fundo um imaginário pregnante da guerra bela e gloriosa. Longe de ser cruel, sórdida, para não dizer, antes de tudo, absurda, a guerra permaneceria então provedora de elevados valores morais e estéticos. Ela havia sido sacralizada pelos conflitos dos anos de 1782-1815, tendo impelido numerosos jovens europeus, por falta de campo de batalha, a buscarem longe – às vezes, muito longe, de sua terra – o seu batismo de fogo.

A guerra como viagem

Nunca, sem dúvida – exceto, talvez, no tempo das Cruzadas ou das "Grandes Descobertas" –, a tentação da guerra além-mar havia modelado tão profundamente as sociedades europeias. Durante mais de um século, a Europa não cessou de projetar para fora dela homens armados, até os confins do mundo conhecido[624]. Assim, na hora das grandes expedições europeias na Ásia e na África, a experiência das conquistas coloniais teria sido o crisol de novas experiências do espaço e da alteridade; por conseguinte, de novas fruições do mundo.

Tudo começava pelo distanciamento do lar e pela ruptura com o país natal. À semelhança das impressões deixadas pelo Capitão Lecomte ao partir para

---

623. CHURCHILL, W. *Mes jeunes années*. Paris, : Tallandier, 2007, p. 106-111 [Orig.: *My Early Life*, 1930; ed. bras.: *Minha Mocidade*. 2. ed. Rio de Janeiro: Nova Fronteira, 2011].
624. PORCH, D. *Wars of Empire*. Londres: Cassel, 2000.

Tonquim[625], sentimentos ambivalentes reinavam a bordo dos navios quando chegava a hora de deixar as orlas marítimas da França. Enquanto o coração permanecia apegado àqueles que ficavam no cais sem a certeza de voltar a encontrá-los, o olhar perscrutava o alto-mar, o que suscitava já a excitação da aventura. Aliás, esse horizonte de expectativa chegava a mesclar, muitas vezes, também emoções contraditórias: eis o que registra em seu diário de bordo, encontrado décadas mais tarde, o Segundo-tenente Clément, que fica sabendo com surpresa de sua nomeação para o Congo. À inquietação de mergulhar nesse "continente de trevas" do qual não sabia nada, ou quase, misturava-se uma verdadeira alegria de pisar "o país de Brazza e de Marchand", além de abarcar horizontes alargados, longe dos códigos tacanhos da vida burguesa, assim como das patologias urbanas[626]. Com frequência, o encanto do desconhecido e o atrativo do perigo acabavam, assim, por prevalecer.

Na chegada, o choque exótico ultrapassava, em geral, as expectativas iniciais. Cinquenta anos depois dos fatos, o general belga Lahure, alistado aos vinte anos nas tropas holandesas, ainda se lembrava do efeito bem intenso que lhe havia causado o desembarque das tropas na Batávia: vegetação tropical, climas escaldantes, atividade vertiginosa, lugares pitorescos e fervilhantes de uma multidão multicolorida, esplêndidos cavalos persas e uniformes brilhantes dos lanceiros de Bengala – aliás, acabaria por fazer parte desse grupo –, caçadas inauditas, enfim, eram anunciadas, do mesmo modo que um próximo batismo de fogo... Foi enorme a exaltação experimentada diante dessa nova vida que, de repente, se escancarava à sua frente e que, comparada com o "serviço de guarnição da Europa", garantia-lhe que nada poderia levá-lo à "decisão de voltar ao céu chuvoso de Bruxelas ou de Haia"[627]. Outras vezes, mais raramente, a realidade descoberta foi, pelo contrário, grandemente decepcionante, causando angústia, repugnância, quando não desejo de retorno imediato. No

---

625. LECOMTE, J.-F. *La Vie militaire au Tonkin*. Paris: Berger-Levrault, 1893, p. 1-3.
626. GOY, B. *Un marsouin au Congo* – Lieutenant Clément. Paris: Pierre de Taillac, 2011, p. 35-38.
627. LAHURE, L.-J. *Souvenirs* – Indes orientales. Bruxelas: Merzbach & Falk, 1880, p. 27-30.

final do século, no Congo Belga ou em Madagascar, por exemplo, a ruptura de encanto foi, às vezes, instantânea diante dos sangrentos rastros da luta colonial e frente a um fúnebre clima tropical[628].

De modo geral, essas viagens com objetivo bélico permaneciam, no entanto, a ocasião de novas apreciações do espaço geográfico. Um grande número desses soldados, que eram também exploradores, ficou emocionado com essas paisagens naturais inauditas e com o fato de percorrerem algumas das últimas regiões que ainda não figuravam no mapa-múndi.

A considerar pelo relato dos usuários de dromedários, a experiência do deserto foi, sem dúvida alguma, uma das mais marcantes[629]. Charles de Foucauld, jovem militar de vida dissoluta, tornou-se geógrafo do Saara marroquino e ficou tão marcado pelo silêncio, pelo vazio e pela mineralidade da região – sinais manifestos da presença divina –, que se converteu eremita na solidão do Hoggar, antes de atuar como missionário no meio dos tuaregues[630]. A chamada mística do "império do silêncio" afetou também profundamente a trajetória de Ernest Psichari, cristão apaixonado e tenente de artilharia na Mauritânia. Prenhe de escritos orientalistas, ele amava a vida isolada do Saara, as suas "noites sem amor, embora sejam mais ardorosas que o amor", os seus "dias sem pressa, mas em que se presta uma maior atenção à vida", "essa peregrinação que tem um valor superior a muitas outras" em que nos limitamos "a buscar por nós mesmos". E o desejo pelas "tempestades de areia" do Adrar porque fazem "aparecer os ângulos, as saliências e as reentrâncias de nosso coração"[631]. Desde Winston Churchill, relatando a última grande investida da cavalaria britânica

---

628. Cf. DARRICARRÈRE, J. *Au pays de la fièvre* – Impressions de la campagne de Madagascar. Paris: Stock, 1904.

629. Sobre os percursos cruzados de Charles de Foucauld e de Ernest Psichari, mas também de Hubert Lyautey, cf. BROUSTE, J. & BRULLÉ, P. *L'Appel du Sahara*. Paris: Place des Victoires, 2011.

630. FOUCAULD, C. *Reconnaissance du Maroc, 1883-1884*. Paris: Augustin Challamel, 1888. • *Lettres et carnets*. Paris: Livre de Vie, 1997.

631. PSICHARI, E. *Les voix qui crient dans le désert* – Souvenirs d'Afrique. Paris: Louis Conard, 1920, p. 46-48.

no centro de uma "bruma de irrealidade" e de "areias que chiam" no deserto em torno de Omdurman, em 1898[632], até Lawrence da Arábia, reinventando os princípios estratégicos da guerrilha em ambiente desértico[633], será longa a lista daqueles que ficaram fascinados pela metafísica dessa paisagem guerreira.

As conquistas europeias da África Subsaariana ou ainda do Sudeste Asiático revelam outras fontes de emoções. A subida dos grandes rios, vias de penetração ideais nesses territórios desconhecidos, com tribos muitas vezes hostis, é um dos grandes motivos da literatura colonial da segunda metade do século. Famosa, embora trágica, é a expedição do Capitão Francis Garnier que subiu com dificuldade as águas tumultuadas e agitadas do Mekong, cujo "espetáculo deslumbrante e ensurdecedor"[634] era tão apreciado por ele – antes de ser decapitado, em Hanói, no final de novembro de 1873, por mercenários chineses emboscados. Não menos conhecidas são as expedições de Savorgnan de Brazza nos afluentes caprichosos do Congo[635] ou aquela, repleta de peripécias, da missão Marchand nas águas pantanosas do Alto Nilo[636]. Elas tornaram as expedições militares fluviais, no centro da África, em um dos assuntos de fascínio dessa época.

A selva, por sua vez, suscitava uma mistura de admiração e detestação. Fascinado por seu "silêncio imponente", mas sofrendo por estar "isolado do mundo", sem nunca "ver a luz", o Capitão Louis-Gustave Binger, sobrevivente de uma angustiante marcha através da floresta equatorial do Golfo da Guiné, exprime da melhor maneira essa ambivalência: "Nada que reconforte, nem insufle alento ao coração, à alma – a monotonia é terrível nessas regiões. No entanto, como toda esta floresta é grandiosa e misteriosa!"[637] E se a exuberância

---

632. CHURCHILL, W. *Mes jeunes années*. Op. cit., p. 248-250.
633. LAWRENCE, T.E. *Os sete pilares da Sabedoria*. Trad. de C. Machado. 7. ed. Rio de Janeiro: Record, 2015 [Orig.: *Seven Pillars of Wisdom*, 1922].
634. GARNIER, F. *Voyage d'exploration en Indochine* [1873]. Paris: La Découverte, 1985, p. 97.
635. Cf. p. ex., SAVORGNAN DE BRAZZA, P. "Voyages dans l'Ouest africain". In: *Le Tour du monde* – Nouveau journal des voyages, 2º sem./1887.
636. BARATIER, A. *Vers le Nil* – Souvenirs de la mission Marchand. Paris: Arthème Fayard, 1930.
637. BINGER, L.-G. "Du Niger au golfe de Guinée, 1887-1889". In: *Le Tour de monde* – Nouveau journal des voyages, 2º sem./1891, p. 130.

da flora e o exotismo da fauna eram inicialmente fontes de prazer e de admiração, a cólera e a aversão diante de tamanha adversidade tornaram-se, depois de alguns dias, frequentes. "A cada passo – escreve o Capitão Baratier –, na luta contra essa mesma floresta, surge um obstáculo": "a vida em profusão", "a muralha de verdura", "uma podridão de folhas, de dejetos vegetais", "miríades de seres fervilhantes, formigas negras, vermelhas ou brancas, escolopendras, aranhas, vermes de todos os matizes e de todas as dimensões"...[638] Quanto a combater na selva, nada era mais difícil para o soldado europeu, acostumado aos confrontos em campo aberto. Sir Garnet Wolseley, grande herói colonial inglês, teve necessidade de enorme engenhosidade tática e logística, assim como de uma grande celeridade de manobras, para destruir, em 1873, a longa resistência do povo Ashanti, habituado a prolongar a luta indefinidamente e a transformar a selva em um verdadeiro morredouro de europeus[639].

Embora tenham menos pregnância no imaginário europeu, outros espaços investidos pelas forças armadas coloniais eram geradores de emoção. No epicentro de "The Great Game" [Grande Jogo] entre russos e britânicos – período decorrendo entre o Tratado Russo-persa de 1813 até a Convenção Anglo-russa de 1907 –, as estepes da Ásia Central proporcionaram aos oficiais e aos espiões ingleses cavalgadas à rédea solta e prazeres cinegéticos de um novo estilo: tais como aqueles relatados por Frederick Burnaby que, capitão da Royal Horse Guard, estava a caminho da mítica Khiva e teve a oportunidade de participar, no meio de cavaleiros cossacos, quirguizes e bucarianos, de grandes caçadas com o reforço de cães e de falcões[640]. A guerra nas montanhas, por mais complicada que fosse para os exércitos europeus, não era necessariamente desagradável. Esse teatro imponente – escreve Constantin von Benckendorff, um oficial alemão que ficou a serviço dos russos na Guerra do Cáucaso – parecia ajustado aos receios e às expectativas dos soldados quanto a seu destino pró-

---

638. BARATIER, A. *Vers le Nil*. Op. cit., p. 8-12.
639. BRACKENBURY, H. *The Ashanti War*: A Narrative. Londres: Blackwood & Sons, 1874.
640. BURNABY, F.G. *Khiva* – Au galop vers les cités interdites d'Asie centrale, 1875-1876. Paris: Phebus, 2001.

ximo. E o mesmo autor descreve o verdadeiro elã, quase alegre, de suas tropas que partiam bem cedo para a investida das posições mais elevadas dos partidários do Imã Chamil, convencidos de que se tratava da vitória final[641]. Em outros lugares e tempos mais importantes de "The Great Game", o espetáculo tornava-se ainda mais instigante com os vales profundos, os platôs em alta altitude ou a escalada dos picos montanhosos. O jovem Churchill tinha vindo por sua própria iniciativa a Malakand, local em que "cada pico resplandece sob o brilho dos sabres", "participar dos momentos de entusiasmo delirantes ou daqueles de cólera incontrolável e de terror"[642]. Não menos intensa tinha sido a emoção do jovem Francis Younghusband na hora de percorrer as imensas rochas do Indocuche, de chegar ao "teto do mundo" ou, ainda, de passar pelas portas da assombrosa Lhassa[643].

Já se aperceberam, certamente, que o século XIX marca a emergência de uma relação inédita entre a guerra e a viagem: tal ocorrência não é porque a tentação de conflitos exóticos tenha sido absolutamente nova; mas, na era romântica, a guerra e a viagem pareceram combinar os seus atrativos de maneira original, aliás, o que já havia sido esboçado pelas batalhas napoleônicas[644]. Não apenas o imaginário e o exercício da guerra tinham sido profundamente transformados, mas a viagem, o exotismo e, em breve, a aventura assumiram novas formas[645]. O cancelamento do código da viagem clássico em favor do código romântico engendrava emoções de um novo estilo; avivava o desejo de percorrer esses espaços menos conhecidos, mais selvagens e também mais perigosos.

---

641. BENCKENDORFF, C. *Souvenir intime d'une campagne au Caucase pendant l'été 1845*. Paris: Firmin-Didot, 1846, p. 65-73.
642. CHURCHILL, W. *La Guerre du Malakand*. Paris: Les Belles Lettres, 2012, p. 29 [Orig.: *The Story of the Malakand Field Force*: An Episode of Frontier War, 1898].
643. HOPKIRK, P. *Le Grand Jeu* – Officiers et espions en Asie centrale. Bruxelas: Nevicata, 2011, p. 479-495 [Orig.: *The Great Game*: On Secret Service in High Asia. Londres: John Murray, 1990].
644. PETITEAU, N. "Les voyages des hommes de la Grande Armée: de la vie militaire aux pratiques de la mobilité géographique". In: BOURGUINAT, N. & VENAYRE, S. (sob a dir. de). *Voyager en Europe, de Humboldt à Stendhal*. Paris: Nouveau Monde, 2007, p. 345-363.
645. VENAYRE, S. *La Gloire de l'aventure* – Genèse d'une mystique moderne, 1850-1940. Paris: Aubier, 2002. • *Panorama du voyage, 1780-1920* – Mots, figures, pratiques. Paris: Les Belles Lettres, 2012.

Como mostrou Alain Corbin, dessa cultura romântica da viagem, centrada na escuta de si, emanavam outras modalidades de apreciação dos espaços naturais. Enquanto o deserto escaldante, o alto-mar, a floresta profunda ou, ainda, as montanhas escarpadas eram outrora percebidos como espaços feios e hostis, profundamente repulsivos, eles eram daí em diante desejados, procurados intimamente por si mesmos[646]. E os sistemas de emoções desses militares eram modelados também pela estética do sublime, pelo gosto das paisagens de caos e das convulsões individuais. Assim, na paleta histórica dos devaneios e das emoções, surge uma nova tentação, invadida totalmente pela exaltação bélica e pelo devaneio geográfico: a da aventura militar ao longe, perseguida para além dos mares até nas regiões mais inóspitas e recuadas do mundo (il. 15, "Héroïsme de la bataille" [Heroísmo da batalha]; il. 16, "Organisation militaire"[Organização militar]; e il. 18, "L'embuscade" [A emboscada]).

Tendo chegado ao destino, porém, esse apelo das terras distantes tinha um reverso: a saudade do país natal. Longe de ser apenas uma modalidade existencial romântica, ela era durante o primeiro século XIX uma patologia séria, tão grave quanto o tifo, segundo Thomas Dodman: inicialmente, desgosto nostálgico, esse mal acabava alcançando uma forma de apatia debilitante e, em seguida, uma atrofia corporal, prelúdio de um desenlace fatal. Por ocasião da conquista da Argélia, o número de mortes em decorrência dessa "nostalgia africana" equiparou-se ao daquele provocado por febres ou disenteria. Essa vontade de retornar afetava principalmente os jovens recrutas camponeses ou montanheses, desesperados por voltar às respectivas regiões de origem. As fortes taxas de indisponibilidade de soldados originários da Bretanha ou dos Alpes indicavam o quanto era alienante a associação de uma frente de combate distante com a vida de caserna, cujas disciplinas eram de tal modo subjugantes que contrastavam demais com o acolhimento caloroso de suas comunidades originais[647].

---

646. CORBIN, A. L'Homme dans le paysage. Paris: Textuel, 2001, p. 86.
647. DODMAN, T. "Mourir de nostalgie en Algérie française, 1830-1880". In: Annales. Histoire, sciences sociales, vol. 66, n. 3, 2011, p. 743-784. • Cf. VENAIRE, S. "Le corps malade du désir du pays natal. Nostalgie et médecine au XIXe siècle". In: DEMARTINI, A.-E. & KALIFA, D. (sob

Nesse aspecto, resta-nos confrontar expectativas e experiências, assim como é importante mostrar a maneira como, no campo de batalha, o controle militar das emoções resistia, ou não, ao leque das violências observadas, recebidas e infligidas.

Emoções dos combatentes e violências de guerra

A disciplina das emoções

Segundo John Keegan, os soldados não haveriam de ser considerados homens exatamente como os outros[648]: vivendo à margem do mundo civil, praticamente separados da metade do gênero humano, eles distinguem-se deste por outros direitos e deveres. Em particular, no século XIX. Com efeito, se os valores militares impregnavam grandemente o ideal masculino predominante, a instituição militar permanecia o laboratório privilegiado de uma estrita regulação afetiva, além de um disciplinamento rigoroso das emoções e pulsões[649]. Nessa época, a economia psíquica do soldado ficava, portanto, marcada por um forte recalcamento afetivo (il. 14, "Discipline militaire" [Disciplina militar]).

De fato, em nenhum lugar era exigido um tão elevado grau de autocontrole. Organizada em torno da honra, a rede dos valores marciais restringia a expressão das emoções. Em relação aos militares, havia a expectativa de que

---

a dir. de). *Imaginaire et sensibilités au XIXe siècle* – Études pour Alain Corbin. Paris: Créaphis, 2005, p. 209-222.

648. KEEGAN, J. *Histoire de la guerre du néolithique à la guerre du Golfe*. Paris: Dagorno, 1996, p. 17 [Orig.: *A History of Warfare*. Londres: Random House, 1993 / Ed. bras.: *Uma história da guerra*. Trad. de Pedro Maia Soares. São Paulo: Cia das Letras, 2006, Ed. de Bolso].

649. Referimo-nos, é claro, por nossa própria terminologia, à teoria do processo de civilização. Cf. ELIAS, N. *Über den Prozess der Zivilisation* – Erster Band: Wandlungen des Verhaltens in den weltlichen Oberschichten des Abendlandes; Zweiter Band: Wandlungen der Gesellschaft – Entwurf einer Theorie der Zivilisation. Basileia: Verlag Haus zum Falken, 1939 [Ed. bras.: *O processo civilizador* – Vol. 1: Uma história dos costumes, 1990; Vol. 2: *Formação do Estado e civilização*. Trad. de Ruy Jungmann; revisão e apresentação Renato J. Ribeiro. Rio de Janeiro: Zahar, 1993 / Ed. fr.: *La Civilisation des moeurs*, 1973; Vol. 2: *La Dynamique de l'Occident*. Paris: Calmann-Lévy, 1975].

dessem constantemente mostra de força, sangue-frio e dignidade[650]. E esse pudor emocional deveria inscrever-se imperativamente nos próprios corpos para ser observado por todos. O incremento da importância do visual[651], acentuado pela moda das fisiologias e da fisiognomonia, impunha a ideia de uma necessária correspondência entre o físico e o moral. O "corpo aprumado"[652] do soldado continuava sendo a primeira garantia de sua retidão moral. A tal ponto que os jovens recrutas da cavalaria napoleônica aprendiam a não abaixarem espontaneamente a cabeça diante dos disparos. Manifestar esse medo instintivo não era considerado digno dos soldados da *Grande Armée* [exército imperial francês de Napoleão Bonaparte]; tampouco entre os soldados de infantaria britânicos, os quais deveriam ser capazes de permanecer de pé, além de receberem os disparos, durante um tempo bem longo, sem responderem imediatamente[653]. De modo mais geral, a sociedade militar lutava contra "a doença do sentimento" que parecia dominar o século: ela esforçava-se por proscrever de suas fileiras as emoções ditas femininas. Além do medo, objeto de constantes táticas de disfarce, a expressão livre de sua tristeza era também proibida. As lágrimas, enquanto indícios corporais da emoção, eram condenadas; o fato de não reprimi-las engendrava sempre uma vergonha profunda e o constrangimento por parte de um grupo masculino tradicionalmente pouco compassivo.

Na verdade, porém, é o conjunto dos gestos da emoção que estavam sob a vigilância da instituição. Com a segunda metade do século XVIII, uma nova moral militar, particularmente coercitiva, impôs-se em todo o continente: a

---

650. Cf. MOSSE, G.L. *L'Image de l'homme* – L'invention de la virilité moderne. Paris: Pocket, 1996.
• BERTAUD, J.-P. "A virilidade militar". In: CORBIN, A.; COURTINE, J.-J. & VIGARELLO, G. (sob a dir. de). *História da virilidade* – Vol. 2: O triunfo da virilidade: o século XIX. Petrópolis: Vozes, 2013 [Orig.: "La virilité militaire". In: CORBIN, A.; COURTINE, J.-J. & VIGARELLO, G. (sob a dir. de). *Histoire de la virilité*. T. 2. Paris: Seuil, 2001, p. 157-202].
651. CRARY, J. *L'Art de l'observateur*: Vision et modernité au XIXe siècle. Paris: Chambon, 1998 [Orig.: *Techniques of the Observer*: on Vision and Modernity in the Nineteenth Century. Cambridge, MA: MIT, 1990].
652. VIGARELLO, G. *Le Corps redressé* – Histoire d'un pouvoir pédagogique. Paris: Delarge, 1978.
653. KEEGAN, J. *Anatomie de la bataille*. Paris: Robert Laffont, 1993, p. 157 [Orig.: *The Face of Battle*, 1976].

moral da obediência passiva. Surgida com a massificação das forças armadas, já avançada no tempo da Guerra de Sete Anos (1756-1763), ela suscitou uma revisão profunda dos aprendizados militares no sentido de um projeto disciplinar reforçado. Na origem, a intensificação do *drill* visava aumentar a flexibilidade das tropas em campanha, as quais deveriam aprender a abandonar rapidamente a ordem linear do fogo em favor da profundidade da coluna ou do quadrado, indispensáveis para consolidar o apoio no confronto. De modo que, por meio de exercícios mais sofisticados, foi reforçado o adestramento militar dos corpos: marchas e contramarchas, apresentação de armas, passagem em revista e desfiles, tudo visava modelar o corpo do soldado até calibrar minuciosamente os mínimos gestos, expressões e saudações. Tendo em vista o seguinte objetivo: o de incorporar essa disciplina de modo que se torne uma "segunda natureza". O exército prussiano de Frederico II, por seu rigorismo escrupuloso, continuava sendo, neste caso, o modelo arquetípico; mesmo que, localmente, existissem apropriações variadas – por exemplo, as forças armadas do Piemonte, estudadas por Sabrina Loriga[654]. No entanto, a ambição reformadora permanecia a mesma: restringir ao máximo o grau de emotividade das tropas no campo de batalha. A verdadeira beleza do guerreiro residia, então, em seu perfeito sangue-frio diante do inimigo.

Frente a esse projeto disciplinar e às relações de poder induzidas, as reações diferiam sensivelmente. Entre os oficiais, eram numerosos aqueles que consideravam a moral da obediência passiva como se fosse uma forma de grandeza. A de um estoicismo explícito, prenhe de abnegação. Essa mística do dever transparece nos heróis descritos por Vigny em *Servitudes et grandeur militaires* (1835 [Servidões e grandeza militares]). Nesse texto, faz-se a apresentação, com frequência, de homens que se alistaram no exército como outros haviam entrado no convento. Homens convocados a se esquecerem de si, a se despojarem deles mesmos, a ficarem calados diante dos regulamentos e dos

---

654. LORIGA, S. *Soldats* – Un laboratoire disciplinaire: l'armée piémontaise au XVIIIe siècle. Paris: Les Belles Lettres, 2007.

superiores, preconizando a renúncia de si para estar a serviço de exigências mais relevantes. Um testemunho dessa atitude é o relato do estudante René-Valéry Radot, voluntário de 1874, o qual não cessava de elogiar, após um ano de caserna, os benefícios da vida militar:

> O voluntariado exercerá a mais benéfica influência sobre as ideias e os costumes. As ideias de dever, de abnegação e de patriotismo hão de crescer em nós e os costumes hão de predispor para essa vida austera. Além de bons soldados e de bons cidadãos, creio que esta instituição há de formar também bons filhos[655].

Evitemos, no entanto, tirar a conclusão, aqui, de que se trata da experiência majoritária. Odile Roynette descreveu perfeitamente a amplitude dos sofrimentos suportados pelos alistados franceses na hora em que a "disciplina se tornou ainda mais estrita" em decorrência da derrota de 1870 e, em seguida, relativamente à idade de recrutamento generalizado: abuso de autoridade, gestos de submissão, trotes e trabalhos forçados, exercícios físicos excessivos...[656] Outras tantas provações que significam o aprendizado brutal dessa disciplina considerada necessária para o ofício de soldado; em compensação, este deveria dar mostras de resistência e impassibilidade. Diante de tais exigências, a coesão entre os ocupantes da camarata, preservando um espaço para relaxar e para a franca camaradagem, nem sempre era suficiente para superar castigos e humilhações.

Com certeza, as tensões e solidariedades que atravessavam a sociedade militar refletiam-se grandemente na vida afetiva das casernas e dos exércitos em campanha. Seria impossível minimizar, aqui, o peso dos ódios hierárquicos, a capacidade de exclusão de grupos de soldados ou a longa persistência dos duelos entre oficiais – o ponto de honra, nessa época, era rapidamente alcançado. Ocorre que a pregnância do tema dos "irmãos a serviço do exército", nesse século, impõe uma análise mais profunda. Em tempos de guerra, as provações vivenciadas por todo o mundo, a igualdade diante do risco mortal,

---

655. Apud GIRARDET, R. *La Société militaire...* Op. cit., p. 132.
656. ROYNETTE, O. *"Bons pour le service"* – L'expérience de la caserne en France à la fin du XIXe siècle. Paris: Belin, 2000.

o sentimento de uma comunidade de destino, tudo isso levava esses homens a estabelecerem vínculos de uma intensidade e intimidade desconhecidos da vida civil. Sacralizada tanto pelos veteranos napoleônicos quanto pelos regimentos franceses na Alemanha ou pelas túnicas vermelhas britânicas dos anos de 1880, essa camaradagem participou solidamente da sedução da guerra ao longo de todo o século. É, aliás, notável que o mito da camaradagem de guerra tenha surgido com a Modernidade, tendo como pano de fundo as convulsões sociais subsequentes à Revolução Industrial. Com efeito, essa fraternidade militar era promissora de um modo de relações eletivas, de afinidade, prenhes de sentido, reforçadas pela partilha do cotidiano nos acampamentos e nas casernas: a refeição em comum, a leitura de romances, a escrita da correspondência, a resistência ao chefe ou, ainda, a colocação em comum dos recursos materiais... Diante das cidades monstruosas e da solidão na Era Moderna, a sociedade militar, com o seu espírito de corporação, propunha uma espécie de refúgio; sobretudo quando se apoiava em solidariedades geográficas, linguísticas ou geracionais preexistentes. A força dos vínculos tecidos entre os homens é testemunhada perfeitamente pela relação entre vivos e mortos: se, em meio militar, a expressão do luto era caracterizada por gestos emotivos de grande sobriedade, pelo menos, o cuidado dispendido para a inumação do cadáver, assim como para a manutenção da lembrança do defunto, sem contar o desejo de vingar seus camaradas, manifestariam a força das solidariedades estabelecidas e toda a importância dos rituais de luto no seio das forças armadas[657].

O caos do combate e o espetáculo das carnificinas

Abordemos, porém, os lugares do próprio confronto: local em que, no centro violento das batalhas, a ação permanecia antes de tudo afetiva, não reflexiva; local em que definhava – às vezes, rapidamente – o estrito controle exigido pela instituição militar.

---

657. FORREST, A. *Napoleon's Men*: The Soldiers of the Revolution and Empire. Londres/Nova York: Hambledon, 2002, p. 114.

Numerosos soldados começam por lembrar-se da extenuante tensão emocional engendrada pela expectativa do combate. A opacidade do futuro próximo servia de incentivo a múltiplas projeções e aos boatos mais estapafúrdios. A excitação, misturada com o medo, fazia palpitar os corações. Cada um, ao se deparar de frente com o destino, encontrava, nesses instantes antes do assalto, um paroxismo de existência; na iminência do choque, porém, discursos e exortações coletivas predominavam em relação ao recolhimento pessoal. Nas palavras do General Paulin, no umbral da Batalha de Friedland, no verão de 1807, *slogans* e vivas repetidos em coro davam coragem e determinação:

> Escutem os gritos dessa juventude que, hoje, trava o seu primeiro combate! Que feliz presságio para o aniversário de Marengo! Que ardor! Que entusiasmo! E de fato, esse ardor, esse entusiasmo eram imensos. Um bravo soldadinho, ao meu lado, gritava em plenos pulmões, alternadamente: "Viva o imperador!" "Santo Deus, que quantidade de soldados!" "Viva o imperador!" Alguns instantes depois, ouvia-se um grito que dominava os outros: "Marengo! Marengo!"[658]

Certamente, no teatro de operações, o grau de regulação das emoções dependia, quase sempre, da experiência adquirida. Ao contrário dos soldados experientes, os novatos oscilavam facilmente de um extremo ao outro. Os jovens recrutas, antes do alistamento, deslumbravam-se muitas vezes com o espetáculo do campo de batalha, impressionados pela precisão das manobras, por essas impressionantes coortes de soldados da infantaria e esses cavaleiros desfilando com seus sabres. Eles tinham orgulho de marchar contra o inimigo no meio de uniformes brilhantes e de medalhas rutilantes. Imaginavam já a volta para casa, desfilando junto aos civis nesses uniformes elegantes, aureolados da glória da *Grande Armée* – nunca, é verdade, a estética do uniforme tinha sido levada tão longe quanto nessa época. É que, à semelhança do jovem polonês, De Brandt, o qual estava a serviço de Napoleão diante de Smolensk, em 1812, muitos militares de sua geração, cansados de uma vida sem importância, so-

---

658. *Les Souvenirs du général baron Paulin* [1895]. Paris: Librairie des Deux-Empires, 2002, p. 68.

nhavam apenas com "batalhas e vitórias" e nada receavam além de "um zelo demasiado grande por parte dos russos em assinar a paz". Desejando cobrir-se de glória, esses novatos, levados por uma espécie de embriaguez guerreira, como se ignorassem o perigo, mergulhavam assim – ainda de acordo com o seu relato –, como se estivessem "enraivecidos", "possuídos", nesses combates sangrentos[659]. Como se eles se banhassem em uma espécie de bruma de irrealidade. Outros, em compensação – explica o General-barão Paulin –, tinham necessidade de um tempo de adaptação para recuperarem o controle do corpo:

> O homem tem medo, em primeiro lugar, da morte violenta; ele cede a uma revolução interna da qual ele não é o senhor, e que exerce influência sobre as suas faculdades mentais. Mas, passado o primeiro momento, a vontade toma a dianteira, o fragor do combate, a exasperação febril dos sentidos, a irreflexão das emoções de horror e de admiração, tudo isso incentiva o soldado a avançar até o último grau[660].

Numerosos, sem dúvida, eram também aqueles que acabaram fracassando, invadidos pelo pânico e, até mesmo, pela fuga desordenada; aliás, esse era o melhor meio de morrer, na medida em que a retirada, em um contato próximo com o inimigo, tendia sempre a provocar nos perseguidores um irreprimível desejo de matar. O certo é que, devido ao código viril que orientava os relatos de combate, são abundantes sobretudo os textos a respeito do batismo de fogo que falam do medo rapidamente dominado e da excitação extrema de avançar contra o inimigo. Raríssimos, para não dizer, inexistentes, são aqueles que confessam a perda de controle dos esfíncteres, o pavor insuperável, quando não a debandada generalizada.

Em cada circunstância, no entanto, prevalecia a impressão de caos e de confusão generalizados. O combate é, antes de tudo – de acordo com a afirmação desses homens –, uma bagunça indescritível que agride todos os sentidos.

---

659. Apud PETITEAU, N. *Guerriers du Premier Empire* – Expériences et mémoires. Paris: Les Indes Savantes, 2011, p. 36.
660. *Les Souvenirs du général baron Paulin*. Op. cit., p. 69.

Tal é o quadro que o cavaleiro Chevillet esboça da Batalha de Wagram de 5 de julho de 1809:

> Eu nunca tinha visto semelhante ação, nem uma confusão de tantos acontecimentos que ocorrem simultaneamente. Os gritos dos diferentes vencedores e dos vencidos, a fumaça, o fogo, o estrépito, o brilho das armas, a explosão intermitente das carroças de munição, os obuses que voavam e brilhavam no ar, o grande número de estilhaços por todos os lados. Mas o que era pior: os infelizes soldados feridos que sufocavam e ficavam queimados, sem socorro, no meio das chamas; o fogo alastrava por toda a parte nos campos de trigo, de centeio e de outras colheitas[661].

Lembremos que, tendo sido efetuados os primeiros disparos, já não se via nada em redor de si. Por sua combustão, a pólvora negra mergulhava o confronto em uma fumaça espessa, lenta a se dissipar e que tornava difícil a orientação dos soldados. Apesar dos uniformes vistosos que visavam permitir distinguir-se no campo, essa fumaça tendia a dissimular tanto o inimigo quanto o amigo. Com efeitos ambivalentes. Se a primeira salva de um quadrado de infantaria contra uma investida de cavalaria pudesse diminuir o terror suscitado, a falta de visibilidade favorecia tanto o pânico quanto os tiros dos camaradas. Em Waterloo, um coronel inglês do 23º regimento de dragões ligeiros, depois que o 52º tinha disparado por erro contra os seus homens, queixava-se ao Tenente Anderson de que "o maior número de vítimas de seu regimento havia sido atingido por fogo, não do inimigo, mas dos próprios camaradas"[662]. Nesse aspecto, a ilegibilidade do campo de batalha tornava o combate muito mais confuso e incerto do que deixam crer a maior parte dos testemunhos, sempre propositalmente heroizantes. No entanto, uma coisa perdurou através de todo o século: o apego visceral às cores nacionais e aos emblemas do regimento a que pertencia o militar, os quais serviam de local de concentração e de princípio galvanizador; a vergonha de vê-los desonrados pelo inimigo, que

---

661. CHEVILLET, J. *Souvenirs d'un cavalier de la Grande Armée, 1800-1810*. Paris: La Boutique de l'histoire, 2004, p. 247.
662. Apud KEEGAN, J. *Anatomie de la bataille*. Op. cit., p. 170.

empreendia sempre ações irrefletidamente temerárias para esse fim, assinala a forte carga afetiva desses símbolos para a defesa dos quais os seus guardiões aceitavam fazer, inclusive, o sacrifício da própria vida.

Geradoras de emoções fortes, outras mensagens sensoriais, tão intensas quanto inabituais, saturavam o universo do campo de batalha. No combate da Ponte de Alcolea de 1808, na Andaluzia, o Tenente Cosme Ramaeckers lembra-se de que "o estardalhaço do canhão e do tiroteio, os tambores que anunciam a investida, os gritos dos soldados, os queixumes dos feridos, a visão dos homens expirando, o relincho dos cavalos, a nuvem de fumaça e de poeira, tudo isso acompanhado pelo fedor de pólvora, formavam um conjunto que impactava os sentidos de muitas maneiras"[663]. E esse caos sensorial é descrito, muitas vezes, com grande quantidade de metáforas torrenciais ou eruptivas, as de acontecimentos climáticos excessivos. Na Batalha de Borodino, em 7 de setembro de 1812, o General Griois relata "as balas, as bolas de canhão, os obuses e as descargas de artilharia que chovem de todos os lados"[664]. No acampamento em frente, o tenente de infantaria russo Andreev esboçou céus apocalípticos sob o estrondo das peças de artilharia: "Houve quem dissesse que o céu estava queimando"[665]. E se a "chuva de balas", "os furacões de descargas de artilharia" e o "trovão ribombante dos obuses" não deixavam de serem fascinantes, pelo menos, essas agressões sensoriais repetidas acabariam por exaurir os organismos e avivar grandemente a emotividade dos soldados.

Ora, a essas fadigas nervosas, acrescentavam-se outras provações e perigos: a fome recorrente, as sedes ardentes e a falta de sono. Hoje é difícil imaginar os imensos suplementos de energia exigidos por essas marchas incessantes, pelo choque das armas, pelo calor do fogo e pelos combates corpo a corpo com, ou sem, baioneta. Tudo isso exigia, de cada um, força e um sangue-frio sob a ameaça

---

663. *Du Tage à Cabréra* – Souvenirs de deux lieutenants et d'un caporal. Paris: Teissèdre, 1999, p. 82.
664. *Mémoires du général Griois, 1792-1822*. T. 1. Paris: Plon, 1909, p. 49.
665. Apud REY, M.-P. *L'Effroyable Tragédie* – Une nouvelle histoire de la campagne de Russie. Paris: Flammarion, 2012, p. 157.

constante do colapso total da pessoa. Durante a retirada da Rússia, os sobreviventes do exército francês conheceram esses tormentos da escassez até atingirem limites inauditos: ao enfrentarem a chegada do inverno rigoroso, sabe-se que a provação suprema foi a travessia do Rio Berezina. No relato dessa retirada, Jakob Walter, um jovem pedreiro alemão alistado no exército napoleônico, diz ter comido um porco cru com seus camaradas por falta de meios para cozinhá-lo. Certo dia, à beira do desfalecimento, ele fez buracos em um pântano para dessedentar-se com uma água quente e avermelhada, cheia de vermes, antes de sofrer, recorrentemente, de disenterias e desidratações[666]. A seu lado, no frio penetrante da nevasca, desfilavam coortes sinistras de soldados em farrapos, cobertos de vermes, entorpecidos e esgazeados; apesar disso, ainda estavam sob a constante ameaça de cossacos saqueadores. Em grande número, eles caíam duros no caminho sem a mínima expectativa de serem socorridos. Sob essas temperaturas extremas, o instinto de sobrevivência – relata Jean-Roch Coignet, veterano que se tornou oficial da Garde Impériale [Guarda Imperial] – dava alento à marcha de "cada um por sua conta"[667]. Os vivos, para se aquecerem na barraca, tomavam à força o lugar perto do fogo; as botas, peles e migalhas de alimento eram surripiadas aos feridos enregelados ou aos moribundos. "O único meio de encontrar força para resistir a tanto sofrimento – escreve o Capitão François – consistia em fechar o coração a qualquer sentimento de compaixão"[668].

Já teria sido efetuada a devida avaliação segundo a qual, no século XIX, o número de soldados mortos por doenças era superior ao dos que morriam nos próprios combates? Nomeadamente, durante as guerras coloniais – em particular, antes da utilização do quinina. Nessas "campanhas contra a natureza" das quais fala o seu teórico Charles Callwell[669], os exércitos europeus acabavam

---

666. WALTER, J. *The Diary of a Napoleonic Foot Soldier*. Nova York: Doubleday, 1991, p. 41-43.
667. *Les Cahiers du Capitaine Coignet (1799-1815)*. Paris: Hachette, 1894, p. 339.
668. *Journal du capitaine François, dit le Dromadaire d'Égypte, 1792-1830*. Paris: Tallandier, 2003, p. 690.
669. CALLWELL, C. *Petites guerres*. Paris: Economica, 1998 [Orig.: *Small wars. Their Principles and Practice*. Londres, 1896].

sendo devastados, com efeito, pelos males e delírios tropicais, a começar pela malária, tifo e paludismo. Sabe-se que a África Ocidental foi batizada como "o túmulo do homem branco". Foram as campanhas francesas no Marrocos, no decorrer dos anos de 1910, que contabilizaram, pela primeira vez, uma maioria de soldados mortos em decorrência de sequelas de atos bélicos e não de doenças[670]. Nos exércitos em campanha, a mais devastadora das epidemias foi, contudo, a do cólera, que se desencadeou nas fileiras aliadas no começo da Guerra da Crimeia. Para o Marechal de Saint-Arnaud – afinal, uma de suas vítimas –, esse flagelo imparável ressoou, no verão de 1854, "a hora da luta sem glória"[671]. Tendo adormecido na estrada do cemitério de Varna, o jovem oficial Paul de Molènes lembra-se, com o coração apertado, da razão de suas repetidas insônias:

> De noite, havia um barulho que eu não cessava de ouvir. Era o barulho de pesadas carroças que se dirigiam ao cemitério. O dia era dedicado aos comboios isolados; quanto àqueles que transportavam as hecatombes para a vala comum, passavam apenas à noite[672].

No decorrer dos trezentos e trinta e dois dias do cerco de Sebastopol (1854-1855), foi apenas um sexto das vítimas aliadas que sucumbiu sob o fogo inimigo. O restante – uma perda superior a cem mil vidas – morreu dos efeitos conjugados do cólera, do escorbuto, do frio e da subnutrição, tornando essa "primeira guerra industrial" em uma assustadora catástrofe sanitária.

Incapaz aqui de controlar a epidemia, por falta de profissionais e de conhecimento técnico, a medicina militar tinha dificuldade, também, diante dos novos ferimentos provocados pela propagação dos fuzis com cano estriado e pelo recente uso das balas Minié – balas com forma cilíndrica e cônica, giratórias, com poder vulnerante ainda muito maior (cf. mais abaixo, p. 382, nota 721). Tal situação é testemunhada pelo suíço Henri Dunant, o qual, bastante

---

670. FRÉMEAUX, J. *De quoi fut fait l'Empire* – Les guerres coloniales au XIXe siècle. Paris: CNRS, 2010, p. 411-417.
671. Apud GOUTTMAN, A. *La Guerre de Crimée, 1853-1856*. Paris: Perrin, 2006, p. 167.
672. MOLÈNES, P. *Les Commentaires d'un soldat*. Paris: Lévy, 1860, p. 33.

afetado – após a terrível carnificina de Solferino que, no dia 24 de junho de 1859, havia feito quarenta mil vítimas austríacas, francesas e italianas –, fundou a Cruz Vermelha:

> O choque das balas cilíndricas estilhaça os ossos em todos os sentidos, de tal maneira que a ferida daí resultante é sempre muito grave; os estilhaços de obuses, as balas cônicas produzem também fraturas excessivamente dolorosas e danos interiores quase sempre terríveis. Lascas de todo o tipo, fragmentos de osso, pedaços de roupa e de chumbo acabam tornando, frequentemente, mais sensíveis as chagas do paciente e reduplicam as suas angústias[673].

Enquanto, na vida civil, a propagação dos anestesiantes, analgésicos e antálgicos tinha começado a apaziguar as salas de cirurgia, as feridas mais profundas, as chagas e as mutilações mais chocantes induzidas por essas novas armas converteram o teatro cirúrgico militar mais assustador do que ele era anteriormente. Após essa virada decisiva dos anos de 1850-1860 em matéria de armamento, os serviços médicos das forças armadas envolveram-se em uma verdadeira corrida contra o tempo ao prestarem atendimento aos feridos em um campo de batalha que se tornou ainda muito mais letal do que ocorria outrora.

No terreno, a piedade e a compaixão em relação aos prisioneiros, feridos e cadáveres variavam consideravelmente de um indivíduo para o outro e tinham a ver com a amplitude dos danos causados pelo confronto. Quanto maior tivesse sido o desastre e o número de vítimas, diz-nos John Keegan, tanto mais profundo seria o sentimento dos sobreviventes de estarem desprovidos, além de se mostrarem indiferentes à sorte dos prisioneiros, ao sofrimento dos feridos, assim como à inumação dos corpos[674]. Para limitar-nos ao exemplo dos cativos e da Batalha de Waterloo, mesmo que os franceses se desfizessem das armas e gritassem – "Prisioneiro!" –, nada lhes garantia a sobrevivência. Semelhante transação permanecia arriscada; e ainda pior, dizia-se, se eles se entregassem aos prussianos, reputados por passar prisioneiros e feridos ao fio das baionetas.

---

673. DUNANT, H. *Un souvenir de Solférino* [1862]. Paris: L'Âge d'Homme, 1986, p. 31.
674. KEEGAN, J. *Anatomie de la bataille*. Op. cit., p. 174.

Em compensação, para os camaradas que eram feitos prisioneiros, estes podiam contar sempre com uma grande compaixão. Na época, nada parecia mais desonroso do que a humilhação de ser obrigado a entregar as armas; e a situação piorava, se o exército adversário era considerado inferior ao seu. Uma vergonha profunda e uma intensa cólera apoderaram-se das forças armadas italianas e, em seguida, da nação inteira, após a derrota de Adua, no dia 1º de março de 1896, contra o exército etíope do negus Menelik que, nessa batalha, havia feito 1.700 prisioneiros – aliás, bem-tratados e logo postos em liberdade[675].

Rara no teatro colonial, essa clemência cresceu ao longo do século no contexto dos conflitos interestatais europeus. Paradoxalmente, e tendo como pano de fundo os progressos incessantes do armamento e de uma maior letalidade associada à guerra industrial, o século XIX foi marcado por um verdadeiro esforço para civilizar a guerra. Tendo passado, após grandes conferências internacionais, de um direito costumeiro para um direito escrito da guerra, verificava-se o empenho em garantir uma maior proteção não só para os civis, emissários e prisioneiros, mas também para os feridos e cadáveres. Regras mais bem definidas foram esboçadas em relação ao respeito pela bandeira branca, à trégua de feridos, à recolha dos mortos ou, ainda, à libertação sob palavra de oficiais cativos. Antes que a Grande Guerra fizesse estilhaçar essas normas estritas, ficou a impressão, portanto, do fortalecimento dos diques que supostamente deveriam conter a propagação da violência bélica. Aqui, a Guerra Franco-prussiana de 1870-1871, para além da violência exibida, permitiu uma sensível melhoria humanitária mediante a neutralização dos feridos, lugares e atores dos cuidados médicos.

Furores e violências paroxísticas

O fato é conhecido: se os soldados dão testemunho, em geral, das violências observadas ou recebidas do inimigo, eles calam-se de maneira mais notória em

---

675. FRÉMEAUX, J. *De quoi fut fait l'Empire*. Op. cit., p. 380-383.

relação às violências infligidas por eles mesmos, especialmente as mais exageradas. Na época napoleônica, a morte provocada tornou-se, aliás, uma fonte de repulsa e de remorsos na mente dos oficiais[676]. No decorrer do século e de maneira geral, a proibição relativamente ao ato de matar foi cada vez mais raramente formulada nos discursos dos combatentes. A primeira pessoa do singular quase nunca é usada: a violência infligida diretamente, de perto ou a distância, encontra-se cada vez mais mergulhada na ação coletiva. Ao ser confessada, ela é justificada pela legítima defesa ou pela necessidade de represálias contra o inimigo bárbaro: como se fosse necessário fundamentar, na razão, o direito de matar e remover assim a proibição fundamental. Durante a expedição francesa no México, o oficial bretão Émile de Kératry, que servia nas Terras Quentes [Tierra caliente] nas unidades de contraguerrilha, justificará em poucas palavras a sua caça aos guerrilheiros no Estado de Veracruz e os abusos cometidos: "As atrocidades perpetradas, enquanto punição, nada tinham de comum com a defesa sempre legítima de um povo contra a invasão estrangeira; elas deveriam ser mantidas sem piedade, nem misericórdia"[677]. Típico dessa parcimônia de palavras são aquelas utilizadas pelo Tenente Théodore Galland que, tendo caído em uma armadilha durante o cerco de Puebla, em 6 de abril de 1863, perseguiu até uma velha construção um grupo de mexicanos emboscados que acabavam de alvejar as suas tropas: "Dessa vez – diz ele com todo o seu eufemismo –, cometemos um pequeno massacre"[678]. Nada transparece das violações perpetradas contra os corpos do inimigo, das maneiras de liquidá-lo, do tratamento reservado aos feridos e cadáveres; um pouco mais, no entanto, em relação ao prazer experimentado em descarregar a sua agressividade e em torturar o inimigo.

A satisfação dos instintos primários e a transgressão dos interditos custavam a ser explicitadas: nomeadamente, o assassinato de civis mesmo quando havia a possibilidade de explicá-lo. Ao justificar a ação de seus homens pela

---

676. KEEGAN, J. *Anatomie de la bataille*. Op. cit., p. 165.
677. KÉRATRY, É. *La Contre-Guérilla française au Mexique, souvenirs des Terres chaudes*. Paris: Librairie Internationale, 1868, p. 6.
678. Théodore Galland, apud GAVARD, C.-R. *Un officier de zouaves*. Paris: J. Gervais, 1886, p. 9.

demente resistência calabresa e pela atitude de francos atiradores de todas as idades, o Oficial Jean-Michel Chevalier não escondeu a sua emoção diante do massacre da população de Lauria, em 8 de agosto de 1806, e a pilhagem de vinte e cinco aldeias nos arredores:

> Tudo foi sacrificado à implacável vingança. Os idosos, as mulheres e as crianças alvejavam-nos através das janelas, além de nos apedrejarem [...]. Fomos então obrigados a lançar fogo nos quatro cantos da cidade. Deste modo, desenrola-se à nossa frente um quadro horrível: as mulheres, os idosos e as crianças abandonam precipitadamente as casas incendiadas e vêm lançar-se aos pés dos vencedores... mas acabam sendo imolados pelos soldados exasperados e furiosos![679]

Salvo no caso de serem levados diante da justiça, os estupros cometidos pela tropa nas cidades conquistadas eram geralmente silenciados. Aliás, as únicas violências sexuais a serem mencionadas repetidamente eram aquelas cometidas pelo adversário para alimentar a indignação e o espírito de vingança; mesmo que, nesse caso também, subsistam alguns raros testemunhos para denunciar o horror de tais procedimentos. Tendo participado da atroz Guerra da Espanha (1808-1813), o oficial napoleônico Karl Franz von Holzing relatou, enojado, a expedição punitiva contra a pequena cidade de Arenas. Invadidos por uma insana loucura ao ficarem sabendo que as espanholas, antes de matarem os seus camaradas, tinham o costume de castrá-los, os soldados franceses arrastaram as mulheres jovens para a rua a fim de perpetrar um estupro coletivo; uma delas chegou a ver o seu bebê que, depois de ter o corpo despedaçado contra um muro, foi jogado em uma fogueira[680].

Dessas autorizações súbitas e soberanas oferecidas aos soldados vitoriosos, o único júbilo que se relata com maior facilidade é aquele vivenciado por ocasião de saques e pilhagens. Se essa prática era extremamente difundida, seja

---

679. CHEVALIER, J.-M. *Souvenirs des guerres napoléoniennes*. Paris: Hachette, 1970, p. 74. A respeito da extrema violência dos combates na Calábria, cf. CADET, N. *Honneur et violence de guerre au temps de Napoléon* – La campagne de Calabre. Paris: Vendémiaire, 2015.
680. Apud BELL, D.A. *The First Total War*. Op. cit., p. 330.

durante as batalhas ou após o seu termo, as cidades conquistadas abriam um enorme leque de tentações, à semelhança do que ocorreu no saque do Palácio de Verão em Pequim, realizado durante a expedição franco-inglesa de 1860: nos dias 18 e 19 de outubro, antes que o "Jardim da Claridade Perfeita" se tornasse pasto das chamas, os oficiais e os três mil e quinhentos soldados que compunham o corpo expedicionário foram convidados, em troca de somas substanciais, a açambarcarem as suas imensas riquezas em porcelanas, esmaltes, colares, esculturas, móveis e pinturas de seda, cuja venda foi garantida em leilões muito concorridos em Londres e em Paris. E se o célebre Charles Gordon, então capitão dos Royal Engineers, chegou a sentir a consciência pesada em destruir, "como vândalos, bens dos mais preciosos", o Capitão Butler, a exemplo de muitos outros camaradas, não poupava os elogios a respeito da ação empreendida. Como prazer derradeiro, foi deixada aos chineses, sobre as ruínas fumegantes do palácio, esta inscrição vingadora: "Isso não passa da recompensa à perfídia e crueldade de vocês"[681].

De maneira geral, o teatro das guerras coloniais ou, de forma mais abrangente, imperiais, como é o caso aqui, fornece inumeráveis exemplos a quem se interessa pelos paroxismos bélicos. Com efeito, é no terreno colonial que a fronteira entre o "nós" e o "eles", mediante a qual se estabelece a distinção entre o amigo e o inimigo, se consolidava ainda com maior nitidez do que no continente [europeu]. Desse sentimento acrescido de alteridade decorria a transposição de patamares de violência cada vez mais elevados. As diferenças de cor, de religião e de atitudes dos guerreiros postos frente a frente aprofundavam os ódios e favoreciam atitudes brutais e crueldades. Em uma época em que, na Europa, a hierarquia das raças era parte integrante das crenças inabaláveis, a passagem para a violência paroxística acabava sendo, por isso mesmo, mais facilitada. A tal ponto que as colônias, em relação aos progressos da autocontenção na metrópole, do controle acentuado da afetividade engendrada pelo processo de civilização, tenham dado a impressão a numerosos autores

---

681. BRIZAY, B. *Le Sac du palais d'Été* – Seconde guerre de l'opium. Paris: Le Rocher, 2003.

de servirem de válvula de escape[682]. Entre os povos estrangeiros, nos quais o controle social, longe dos olhares metropolitanos, era mais relaxado, muitos europeus deram curso mais livre à expressão de suas pulsões de agressividade, ao prazer de estuprar, assim como à satisfação de humilhar e de matar.

Hoje, as violências cometidas nessas guerras de conquista são mais bem conhecidas do que outrora. Entre europeus e não europeus, elas inscreviam-se muitas vezes em longas correntes de vingança em que cada lado desejava punir o adversário por atrocidades cometidas contra os seus. Outros, no entanto, não dispunham desse pretexto. Seja como for, há fatos comprovados, tais como a asfixia mediante fumaça de pessoas refugiadas em grutas, em meados dos anos de 1840, por oficiais franceses na Argélia a fim de aniquilar a resistência de Abd el-Kader. "Se esses tratantes vierem a refugiar-se em cavernas – ordenou o marechal da França e governador-geral da Argélia, Bugeaud – não hesitem em asfixiá-los com fumaça como se fossem raposas[683]. A utilização de táticas de caça como práticas de guerra era uma maneira de indicar formas de animalização do inimigo. Na esteira de Canrobert contra os sbéhas e de Pélissier em Dahra, asfixiando perto de um milhar de homens, mulheres e crianças, Saint-Arnaud, por sua vez, emparedou vivos acima de quinhentos argelinos que, tendo rejeitado render-se, refugiaram-se em uma caverna perto de Tenes. Ao irmão, tal operação é relatada por ele, dividido entre o sentimento do dever cumprido e um mal-estar persistente:

> Mandei tampar hermeticamente todas as saídas e fiz um amplo cemitério. A terra cobrirá para sempre os cadáveres desses fanáticos. Ninguém desceu às cavernas. Ninguém além de mim sabe que, debaixo da terra, há quinhentos bandidos que deixaram de degolar franceses. Um relatório confidencial relatou tudo ao marechal sem poesia, nem imagens terríveis. Irmão, ninguém é bom

---

682. Eis o que, em 1939, já havia sido observado por Norbert Elias (*La Civilisation des mœurs*. Op. cit., p. 281).

683. Ordem dada a Orléansville por Thomas-Robert Bugeaud aos subordinados em 11 de junho de 1845. Apud CHARBONNIÈRES, L. *Une grande figure*: Saint-Arnaud, maréchal de France. Paris: Nouvelles Éditions Latines, 1960, p. 67.

por gosto e por natureza como eu. Entre os dias 8 e 12, adoeci, mas não tenho nenhum remorso. Cumpri o meu dever[684].

Na Índia Britânica, a revolta dos sipais – conhecida como Rebelião Indiana – de 1857 e a sua repressão atingiram também os auges de furor e obstinação. Um dos episódios mais marcantes para os britânicos foi o massacre de Kanpur, em 27 de junho, orquestrado pelos amotinados por ocasião da rendição da cidade. Segundo o Capitão Mowbray Thomson – um dos quatro sobreviventes –, quando foi aberto um corredor para permitir que a multidão dos sitiados chegasse aos barcos, a quase totalidade dos soldados britânicos foi cercada e massacrada de surpresa; enquanto os barcos eram incendiados, houve o cuidado de matar um a um os que se lançavam à água[685]. Tendo sobrevivido pouco mais de duzentas mulheres e as crianças, elas foram executadas, duas semanas mais tarde, na ponta de faca e sabre; em seguida, os cadáveres foram jogados em um poço que, rapidamente, ficou cheio – e o resto, no Ganges. Mais tarde, ao retomarem a cidade, os britânicos conduziram sipais cativos – que não haviam tido nenhuma responsabilidade pelo massacre – para o local em que tinham ficado detidas essas reféns, forçando-os a lamber as manchas de sangue no chão e nos muros. A repressão britânica foi igualmente feroz: no final do conflito, os últimos rebeldes foram amarrados na boca de canhões para que a pulverização desses corpos diante de todo o mundo servisse de exemplo[686] (il. 19, "Férocité des représailles" [Ferocidade das represálias]).

Semelhantes explosões de ódio não cessaram, na realidade, de balizar a história das conquistas coloniais europeias; mesmo que, na metrópole, na virada do século XX, tenha sido registrada uma recrudescência do remorso

---

684. Carta de 15 de agosto de 1845. In: *Lettres du maréchal de Saint-Arnaud, 1832-1854*. T. 2. Paris: Lévy, 1858, p. 27.
685. THOMSON, M. *The Story of Cawnpore*. Londres: Bentley, 1959, p. 90.
686. Cf. SAUL, D. *The Indian Mutiny*: 1857. Londres: Penguin Books, 2003. • HARRIS, J. *The Indian Mutiny*. Ware: Wordsworth, 2001.

em relação ao período colonial[687]. Testemunho disso é, por exemplo, a ampla denúncia dos massacres da missão francesa na África Central-Chade, chamada Voulet-Chanoine[688]; o "escândalo das mãos cortadas" relativamente às atrocidades belgas no Congo[689]; ou, ainda, aquele que engendrou, em 1904, o massacre deliberadamente programado de várias dezenas de milhares de hereros pelas tropas alemãs do General Von Trotha, o qual havia mandado cercar os fugitivos, sem distinção de idade, nem de sexo, em um deserto onde todas as fontes de água tinham sido envenenadas, além de terem sido cortadas todas as saídas[690].

Medos, comoções e ansiedades subsequentes ao evento

As práticas de crueldade – decapitações, desorelhamentos, extirpações, cortes de membros e das partes genitais etc. –, relativamente marginais nos campos de batalha da Europa no século XIX, eram mais disseminadas no contexto das guerras distantes. Já afirmamos que a dimensão do ódio religioso ou racial era cada vez maior de uma guerra para outra. Na expedição do Egito empreendida por Bonaparte em 1798, numerosos franceses manifestaram a sua inquietação com as célebres práticas de tortura e decepagem de corpos, atribuídas aos otomanos. Como foi o caso do observador, Louis Reybaud, vítima da armadilha da fortaleza de Kattieh, que criticou "o menosprezo deles por todos os direitos da guerra"; louco de ansiedade na companhia dos outros sitiados, ele pensava apenas no "saque, na pilhagem, nas cabeças enfiadas na ponta de lanças dos osmanlis, ou amontoadas em sacolas para serem oferecidas ao

---

687. BERTRAND, R. "Norbert Elias et la question des violences impériales – Jalons pour une histoire da la 'mauvaise conscience' coloniale". In: DELUERMOZ, Q. (sob a dir. de). *Norbert Elias et le XXe siècle* – Le processus de civilisation à l'épreuve. Paris: Perrin, 2012, p. 261-289.
688. WESSELING, H. *Le Partage de l'Afrique*. Paris: Gallimard, 2002, p. 410-413.
689. Cf. HOCHSCHILD, A. *Les Fantômes du roi Léopold* – La terreur colonial dans l'État du Congo, 1884-1908. Paris: Tallandier, 2007.
690. KOTEK, J. "Le génocide des Herero, symptôme d'un *Sonderweg* allemand?" In: *Revue d'histoire de la Shoah*, n. 189, jul.-dez./2008, p. 177-197.

sultão de Constantinopla"[691]. Entre os turcos otomanos, a tomada desses troféus de guerra era, de fato, altamente característica e ritualizada. Mas, em face, Bonaparte usava também de uma violência sem moderação: por exemplo, no final de outubro, para punir os revoltados do Cairo e vingar a morte de oficiais de alto escalão, ele recusou poupar a vida dos milhares de rebeldes refugiados na grande mesquita. Todos os prisioneiros armados foram decapitados e seus cadáveres foram jogados no Nilo[692].

O furor massacrador superava muitas vezes, como aqui, as práticas correntes em algumas culturas da guerra. Eis o que parece sugerir o Comandante Rivière que, tendo sido enviado para a Nova Caledônia a fim de lutar contra a insurreição canaca de 1878, descobriu, estupefato, toda a obstinação dos insurretos massacradores:

> Os ferimentos, quase todos no crânio ou na nuca, são profundos entalhes de golpes de machado ou de bicada de ave. Sem terem a possibilidade de se defenderem, todas essas pessoas foram atingidas pelas costas por canacas que elas conheciam. Com os mortos, os selvagens ficaram exaltados e divertiram-se com requintes de crueldade ou de luxúria. Os membros foram separados do tronco com machadadas. Em outras partes do corpo, há ablações por faca ou, até mesmo, por dentes, ou obstruções monstruosas e irrisórias por buchas de madeira[693].

Um ano mais tarde, na guerra anglo-zulu, aqueles que percorreram o campo de batalha de Isandhlwana, depois da famosa derrota britânica de 20 de janeiro, foram invadidos pela repulsa diante do horror da carnificina: cabeças decepadas de soldados britânicos desenhavam um círculo assustador; cinco soldados muito jovens foram encontrados com os seus órgãos genitais na boca; um jovem tocador de tambor, degolado, havia sido suspenso pelos pés a uma carreta. Aos

---

691. REYBAUD, L. *Histoire scientifique et militaire de l'expédition française en Égypte*. Paris: Dénain, 1836, p. 39.
692. BELL, D.A. *The First Total War*. Op. cit., p. 242.
693. RIVIÈRE, H. *Souvenirs de la Nouvelle-Calédonie* – L'insurrection canaque. Paris: Calman-Lévy, 1881, p. 113.

soldados barbudos, por sua vez, o maxilar inferior tinha sido arrancado, o qual foi utilizado pelos guerreiros zulus como troféu de guerra. Aqui e lá, torsos truncados tinham sido profanados e suas entranhas reduzidas a pasta. Quanto aos corpos dos mortos zulus, eles apresentavam vestígios de terríveis ferimentos provocados pelos fuzis Martin-Henry e por suas balas de grosso calibre, capazes de arrancar membros, de despedaçar bochechas e rostos, além de perfurar ventres e torsos[694]. Pelo fato da amplitude da batalha e do estresse ocasionado, é indescritível o elevado grau atingido aqui pelas práticas de crueldade. No entanto, a mutilação de cadáveres pelos zulus, que provocava uma profunda repugnância por parte dos britânicos, referia-se a práticas ritualizadas peculiares da cultura local relativamente aos combates. O caso da morte do Príncipe Napoleão, na África do Sul, é neste aspecto sintomática: em busca de um batismo de fogo, ele se alistou aos 23 anos, por falta de opção, nas forças armadas britânicas. Pouco depois da sua chegada, o príncipe imperial foi vítima de uma emboscada (il. 18, "L'embuscade" [A emboscada]). O corpo, encontrado nu no dia seguinte, tinha sido perfurado por dezessete golpes de azagaia; semelhante crueldade havia suscitado a indignação de seus camaradas e uma intensa comoção na França, país que exigiu a imediata vingança de tal selvajaria. Ninguém sabia ou não queria saber que, na cultura zulu, a evisceração de cadáveres inimigos constituía um ato que visava libertar o espírito dos mortos e impedir, ao proceder desse modo, qualquer tipo de vingança posterior[695].

Deixemos, porém, o espaço colonial. As guerras continentais não estavam, de modo algum, isentas desses enormes espetáculos de horror e de repulsa. Como foi mostrado por Natalie Petiteau[696], dispomos de um grande número de testemunhos impressionantes sobre as assustadoras carnificinas napoleônicas; com certeza, em seus atores, a incapacidade para esboçar essas cenas de horror era recorrente. Ao atravessar, horrorizado, os campos desolados nos quais se

---

694. HANSON, V.D. *Carnage et culture*. Paris: Flammarion, 2002, p. 342.
695. CLAMMER, D. *The Zulu War*. Nova York: St Martin's Press, 1973, p. 96.
696. PETITEAU, N. *Guerriers du Premier Empire*. Op. cit.

amontoavam soldados e cavalos mutilados após a Batalha de Borodino, em 1812, o jovem Tenente Andreev, à semelhança de numerosos autores, faz a seguinte confissão: "Descrever esses horrores está acima das minhas forças. Ainda hoje, sou incapaz de me lembrar desse horrível espetáculo"[697]. Não é esse o caso de outras testemunhas que conseguem trazer à memória terríveis agressões tácteis, sonoras ou visuais que, por sua vez, constituem fontes de emoções paroxísticas. Em Borizow, durante a campanha da Rússia, o capitão francês declara ter sido invadido pela compaixão e pelo horror ao ouvir "o esmagamento dos cadáveres debaixo das patas dos cavalos e das rodas das carroças", além dos "gritos e gemidos daqueles que, prostrados no solo, lutavam contra a mais pavorosa agonia e morriam incontáveis vezes esperando a morte"[698]. Depois de Waterloo, muitos militares – por exemplo, o tenente britânico Keowan que adormeceu sob o manto de um dragão [soldado de infantaria, montado a cavalo] francês – ficaram comovidos, em estado de choque, perseguidos inclusive em seu sono pelos combates do dia e pelo "grito dos soldados agonizantes"[699].

Algumas experiências tácteis do campo de batalha revelaram-se também grandemente desconcertantes: por exemplo, a experiência de ter pisoteado camaradas feridos ou mortos; aquela também, peculiar dos cavaleiros, de ter esmagado, debaixo dos cascos de seus cavalos, soldados que tinham sido jogados no chão durante a investida do adversário. A experiência, ainda, de ter sido atingido por pedaços de corpos após um bombardeio inimigo. Em Waterloo, também, o Tenente Hugh Wray, do 40° regimento, enquanto prestava socorro ao Capitão Fischer, ferido por um obus, foi, no espaço de um segundo, "de repente, coberto por seus miolos, já que o seu crânio tinha sido literalmente estilhaçado"[700]. Desse pavor original, ele guardou durante longos anos uma lembrança horrorizada. Essa mesma experiência aconteceu no mesmo dia a

---

697. Apud REY, M.-P. *L'Effroyable Tragédie*. Op. cit., p. 159.
698. *Journal du capitaine François*. Op. cit., p. 690.
699. Apud KEEGAN, J. *Anatomie de la bataille*. Op. cit., p. 173.
700. Ibid., p. 136.

um batalhão inteiro, o do porta-bandeira Charles Fraser, relatando que a cabeça do trombeta, despedaçada por um obus francês, tinha salpicado todos os homens em redor e, inclusive, os estandartes, com os seus miolos[701].

Espetáculos visuais do mesmo tipo assombraram, durante muito tempo, os participantes de diferentes conflitos bélicos. Na Batalha de Hohenlinden, na Baviera, em 3 de dezembro de 1800, o Sargento Lavaux nada percebia em redor de si além de "pernas quebradas, cabeças mutiladas, braços separados do tronco"[702]. Ao entrar em Saragoça, em meados de fevereiro de 1808, cidade em que cinquenta mil pessoas tinham perecido, o Subtenente Brandt – apesar dos numerosos massacres de que, em seguida, haveria de ser testemunha – não sentiu, em nenhum lugar, "a mesma emoção", ao assistir nesse dia a uma "desordem indescritível" em que "jaziam crianças, idosos, vivos e mortos", muitas vezes, "inteiramente nus, empilhados no meio das ruas"[703]. Nesse aspecto, é impossível ser mais transgressivo do que o relato feito aos pais pelo jovem russo Iuri Bartenev, seis meses após a Batalha de Borodino:

> Por toda a parte, corpos despedaçados, moribundos que gemiam. Vi alguém sem cabeça, outro sem mãos, nem pernas. Vi um soldado que, ferido levemente, não podia falar porque a sua boca estava entupida com os miolos do soldado morto a seu lado. Quase todos moviam os lábios; adivinhem o que eles estavam pedindo, qual era o desejo deles? Estavam pedindo para que alguém lhes desse a morte a fim de deixarem de experimentar esses horríveis sofrimentos[704].

Através dessa enfiada de exemplos de emoções-choques e de sofrimentos morais, focalizados nas guerras napoleônicas, mas que seria fácil prosseguir com outros conflitos bélicos, vemos o quanto, para o século XIX, o historiador do fato guerreiro lida, muitas vezes, com todos os sintomas de feridas invisíveis,

---

701. Ibid., p. 161.
702. LAVAUX, F. *Mémoires de campagne, 1793-1814*. Paris: Arléa, 2004, p. 83.
703. Apud BELL, D.A. *The First Total War*. Op. cit., p. 322.
704. Apud REY, M.-P. *L'Effroyable Tragédie*. Op. cit., p. 162.

designadas no século seguinte como "traumas psíquicos" e cujo tratamento foi assumido pela psiquiatria militar: emoções paroxísticas surgidas de intensas agressões sensoriais, constituição de feridas mentais, seguidas de lembranças obsessivas, de ansiedade residual, de pesadelos de revivescência... Aqui, no entanto, a prudência impõe a rejeição do anacronismo psicológico. Diante desse campo de estudos recente, caberá, com efeito, ao historiador do sensível, por um lado, identificar, em cada circunstância, os conteúdos peculiares desses choques traumáticos e, por outro, detectar as transgressões dos níveis de tolerância que estão em sua origem e são variáveis com o passar do tempo[705].

Observa-se que, nas sociedades europeias do século XIX, o universo militar permanecia extremamente singular. As forças armadas – dotadas de uma cultura afetiva própria, além de serem modeladas por constantes relações de autoridade e obediência – esforçavam-se em regulamentar as mínimas manifestações emocionais de seus membros. Ocorre evidentemente que, se esse estilo emocional era compartilhado por todos, ele era vivenciado de modo diferente segundo as patentes, a origem social e a experiência; e se estava marcado pela remanescência de gestos emotivos antigos e, até mesmo, bastante antigos, ele não havia sido absolutamente imutável, estando também, por sua vez, às voltas com o devir. Além disso, no campo de batalha, local em que se misturavam confusamente entusiasmos militares e paroxismos violentos, as emoções do soldado tendiam a ser levadas a uma espécie de incandescência frenética que, muitas vezes, transpunha instintos e afetos habitualmente refreados. Entretanto, nesse aspecto, a curiosidade do historiador esbarra regularmente no pudor persistente dos discursos, o que torna difícil uma pesquisa em profundidade sobre a afetividade dos combatentes. De qualquer modo, subsistem estas duas certezas: a primeira é que o estudo da emoção do soldado não pode ser dessolidarizada – em relação a seus preliminares – do estudo das percepções sensoriais

---

705. Cf. MAZUREL, H. "D'émotions paroxystiques en blessures invisibles – Traumas de guerre et cultures sensibles dans les récits combattants du XIXe siècle". In: AMBROISE-RENDU, A.-C.; DEMARTINI, A.-E.; ECK, H. & EDERMAN, N. (sob a dir. de). *Émotions contemporaines.* Op. cit., p. 155-169.

nem, relativamente a suas manifestações, do estudo dos sentimentos; quanto à segunda certeza, ela consiste no fato de que qualquer psicologia histórica, bem-elaborada, das experiências bélicas de outrora exige uma apreensão mais profunda das relações estabelecidas historicamente – e de maneira extremamente íntima na guerra – entre o corpo, os afetos e a psique.

11
A ÉPOCA DAS GRANDES CAÇADAS

Sylvain Venayre

> Se é verdade que viver é sentir, onde e quando encontrarei semelhantes emoções a não ser em um face a face, local e momento semelhantes?
> GÉRARD, J. *La Chasse au Lion* (1855)[706].

A partir do final do século XVIII, um fenômeno novo associou, para os europeus, as emoções da caça e o desejo dos lugares remotos. Ele emergiu nos relatos de soldados britânicos, na Índia, antes de se desenvolver – aproveitando-se da política de conquista colonial – na África Austral, na Argélia e, em seguida, na África Oriental, tendo-se metamorfoseado, no século XX, sob a forma de safári. Na segunda metade do século XIX, foi-lhe atribuído o qualificativo de "grandes caçadas".

Esse fenômeno foi objeto de raros estudos mais aprofundados[707]. De modo geral, as grandes caçadas ficaram circunscritas à literatura da façanha cine-

---

706. GÉRARD, J. *La Chasse au lion*. Paris: Librairie Nouvelle, 1855, p. 234.
707. Existem estudos sobre o safári, nomeadamente em etnologia e antropologia. Cf. CROS, M. & BONDAZ, J. (sob a dir. de). *Sur la piste du lion* – Safaris ethnographiques entre images locales et imaginaire global. Paris: Archives Contemporaines, 2010. • CROS, M.; BONDAZ, J. & MICHAUD, M. (sob a dir. de). *L'Animal cannibalisé* – Festins d'Afrique. Paris: Archives Contemporaines, 2012.

gética, constituindo um subgênero que alcançou algum prestígio, apesar de marginal. Os historiadores da caça limitam-se a mencioná-las de passagem[708]; os historiadores dos impérios coloniais – e, de maneira singular, do Império Britânico – são os únicos estudiosos a considerá-las com maior atenção, mas tendo sempre o objetivo de estudar, de preferência, o imperialismo e não as próprias caçadas[709].

Pode-se deplorar essa falta de interesse. Durante mais de um século, as grandes caçadas alimentaram, de fato, o desejo de conhecer outros lugares[710]: elas ilustraram, reforçaram e, em parte, modelaram as representações que os europeus tinham do mundo. Com certeza, foi reduzido o número de indivíduos que as praticaram; tal constatação é, sem dúvida, o que justifica o desdém dos historiadores por essa temática. No entanto, numerosos relatos, gravuras e espetáculos fixaram as suas imagens no mundo inteiro. O que não deixou de ter consequências: para limitar-nos a um só aspecto, as grandes caçadas do século XIX exprimiram – sem dúvida, melhor do que qualquer outro fenômeno – o desejo de emoções fortes.

Em busca de emoções fortes

No final do século XVIII, já fazia tempo que os caçadores da Europa tinham deixado de matar unicamente para se livrarem de espécies julgadas daninhas, para se alimentar ou para conservar a pele dos animais. Eles não desdenhavam, certamente, a carne de lebre, de perdiz ou de javali; no entanto, as suas

---

708. Cf. CORVOL, A. *Histoire de la chasse* – L'homme et la bête. Paris: Perrin, 2010. • HOBUSCH, E. *Histoire de la chasse des origines à nos jours*. Trad. fr. por Madeleine Maléfant. Paris: Pygmalion, 1980 [Orig.: *Fair Game*: A History of Hunting, Shooting, and Animal Conservation. Nova York: Arco Publishing Books, 1980]. • INGOLD, T.; RICHES, D. & WOODBURN, J. (sob a dir. de). *Hunters and Gatherers* – T. 1: *History, Evolution and Social Change*. Oxford: Berg, 1988.

709. MACKENZIE, J.M. *The Empire of Nature*: Hunting, Conservation and British Imperialism. Manchester: Manchester University Press, 1988. Em francês há o artigo: MACKENZIE, J.M. "La chasse, un sport impérial?" In: SINGARAVÉLOU, P. & SOREZ, J. (sob a dir. de). *L'Empire des sports* – Une histoire de la mondialisation culturelle. Paris: Belin, 2010, p. 139-152.

710. Sobre essa noção, cf. VENAYRE, S. "L'historien ailleurs". In: *Écrire l'Histoire*, n. 7, 2011, p. 9-22.

motivações principais não eram a alimentação, nem a proteção das culturas, tampouco o comércio de peles.

Apesar disso, os gestos da caça enraizavam-se nesse passado distante que conferia aos caçadores uma parte de seu prestígio. Ao matar o animal selvagem, os homens davam continuidade a uma história que – de acordo com numerosos mitos, desde Ártemis e Diana até Santo Huberto e Santo Eustáquio – teria a ver com a origem da civilização. Caçar implicava se afastar das cidades e das aldeias e reencontrar a *natureza* – uma palavra que o Século das Luzes tinha sobrecarregado com imponentes significações[711]. Os caçadores estavam armados com fuzis, é claro, mas também com facas, raspadores, às vezes, machados, outros tantos instrumentos entre os mais antigos concebidos pela humanidade. Eles serviam-se de ardis considerados imemoriais. Durante a espera, eles transformavam o próprio tempo em uma espécie de eternidade que gerações sucessivas de caçadores haviam experimentado antes deles. Enquanto a cidade e a burguesia davam a impressão de terem o dever de dominar o mundo sob o signo do progresso, do barulho e da velocidade, os caçadores transformavam-se progressivamente em conservadores de tradições silenciosas, entre as mais antigas de que há memória.

Isso era tanto mais verdadeiro na medida em que, há muito tempo, a caça tinha sido considerada como a melhor preparação para outra atividade quase tão antiga quanto o próprio homem: a guerra. A caça ensinava a arte do manejo das armas, as técnicas da emboscada, assim como a mover-se em terreno desconhecido, a dominar o medo e a mostrar sangue-frio. Ela era a iniciação para o assassinato, além de familiarizar com a visão do sangue, infundindo rigidez ao corpo e ao coração. As forças armadas hão de levar isso em conta, durante muito tempo, ao tomarem de empréstimo aos caçadores uma parte de seu vocabulário e de seu imaginário[712].

---

711. Cf. THOMAS, K. *Dans le jardin de la nature* – La mutation des sensibilités en Angleterre à l'époque moderne, 1500-1800. Paris: Gallimard, 1985, esp. p. 256ss [Orig.: *Man and the Natural World*: Changing Attitudes in England 1500-1800. Londres: Allen Lane, 1983].
712. Basta pensar nos regimentos de caçadores ou nos aviões de caça.

Os caçadores, por sua vez, serviam-se de bom grado das metáforas da guerra para descreverem as suas proezas.

Na medida em que a guerra era, em teoria, o apanágio da aristocracia, a caça engalanava-se com o prestígio da nobreza. Ela era um privilégio, comprovando o pertencimento a um grupo definido por seu valor guerreiro e, graças ao sangue derramado do animal, permitindo atualizar esse valor. Uma verdadeira política de discriminação tinha afastado, aliás, os plebeus dos terrenos de caça, além de ter estabelecido uma minuciosa distinção, no interior da nobreza, entre as práticas de cada um[713].

Enfim, a caça era uma atividade reservada aos homens. As mulheres não caçavam: o único sangue que elas faziam correr era o seu próprio sangue e este não significava a morte, mas a vida. Matar era um apanágio masculino. As formas mais obscuras da virilidade estavam em jogo: aquelas que, por exemplo, levavam a derramar o *sang noir* [sangue negro, ou seja, o formidável vigor sexual] de cervos e de javalis no cio. A caça era o espaço em que os homens não cessavam de afirmar a sua peculiar identidade masculina[714].

Todas essas significações misturavam-se entre si para esboçar, além da diversidade das práticas e das habilidades, os contornos de um poderoso imaginário social. Partir para a caça era submeter-se a um sistema de emoções, orientado pelos desejos de natureza, de guerra, de nobreza, de virilidade e de morte. O caçador deixava a sua casa em busca de emoções, as quais se encontravam entre as mais estimulantes experimentadas pelo homem: eis o que é testemunhado, da melhor maneira, pela frequência da associação entre a caça e a vida sexual. A figura do caçador chifrudo constitui, no caso concreto, apenas uma variante cômica, facilitada pela homologia entre os chifres do animal, carregados para casa como troféu, e os do marido enganado. O fato de ter sido proposta, com tanta

---

713. SALVADORI, P. *La Chasse sous l'Ancien Régime*. Paris: Fayard, 1996, p. 15-36.
714. Cf. CORBIN, A.; COURTINE, J.-J. & VIGARELLO, G. (sob a dir. de). *História da virilidade*. Trad. de João Batista Kreuch e de Noéli Correia Melo Sobrinho. Petrópolis: Vozes, 2013 [Orig.: *Histoire de la virilité*. Paris: Seuil, 2011]. Sobre o sangue negro, cf. esp. HELL, B. *Le Sang noir – Chasse et mythe du sauvage en Europe*. Paris: Flammarion, 1994.

frequência, a equivalência entre o prazer experimentado pelo caçador na floresta e aquele vivenciado, no mesmo momento, pela esposa em sua cama é algo bastante eloquente em relação à qualidade das emoções associadas à prática da caça.

Quatro inovações

Tudo isso corresponde, em grande parte, ao que ocorre ainda hoje[715]. No século XIX, outras significações vieram sobrepor-se àquelas oriundas da Idade Média e da Era Moderna. Quatro inovações contribuíram assim para modificar e enriquecer a gama das emoções suscetíveis de ser experimentadas pelos caçadores.

Em primeiro lugar, a caça deixou de ser um privilégio nobiliárquico. O fato parece ser bastante notável na França, país em que a Revolução autorizou todos os cidadãos a praticar livremente a caça nos limites do direito de propriedade. O movimento, porém, foi europeu e, aliás, na própria França, a ruptura foi menos brutal do que se poderia pensar: por um lado, o direito de caçar, com efeito, tinha conhecido na Era Moderna numerosas exceções (assim, a lógica do monopólio nobiliárquico só foi aplicada, em todo o seu rigor, na Bacia parisiense, terra das caçadas principescas); e, por outro, ao assegurar a vitória da propriedade privada, a Revolução tornava, finalmente, a caça possível apenas para os latifundiários. Em 1844, a instauração de uma licença de caça mediante uma taxa bastante elevada reforçou ainda mais o caráter elitista dessa atividade; em 1854, na França, havia apenas setenta e seis mil titulares dessa autorização[716].

A distribuição social das práticas de caça modificou-se, portanto, um pouco menos do que, às vezes, se pensa; em compensação, na ordem das repre-

---

715. Criada em 1975, a canção "Monsieur Lepetit le chasseur" [O senhor Lepetit, caçador] dá testemunho da auspiciosa vitalidade do tema do caçador traído para a representação do qual o quarteto vocal, Les Frères Jacques (1946-1982), se serviu, aliás, de uma mímica divertida a partir dos adereços das grandes caçadas, ao introduzir "rhinoféroces" e "zippopotames".
716. Ao que deveria acrescentar-se cerca de cento e cinquenta mil caçadores clandestinos. Cf. BARATAY, É. *Et l'homme créa l'animal* – Histoire d'une condition. Paris: Odile Jacob, 2003, p. 79.

sentações, a proclamação de igualdade diante da caça teve grandes efeitos. O caçador deixou de ser uma das figuras da aristocracia. A caça tornou-se o crisol de uma nova elite, definida daí em diante unicamente por suas virtudes cinegéticas. Certamente, as façanhas individuais dos grandes caçadores já haviam sido comemoradas bem antes do século XIX[717]. Entretanto, na medida em que, daí em diante, cada um podia dedicar-se livremente à caça, o caçador já não era tributário, de modo algum, de suas origens sociais, mas sobretudo de seu talento pessoal: a sua melhor definição residia apenas em seus atos. Aliás, as suas aptidões deixavam de significar uma capacidade específica para atualizar os valores bélicos herdados de sua família.

É possível que o advento da figura de Nemrod seja característico dessa evolução: bisneto de Noé – de quem o Gênesis diz, com certa ambiguidade, que era "caçador valente diante do Senhor" (cap. 10, vers. 9) –, ele tinha seguido, até então, uma carreira bastante discreta no imaginário europeu. Ocorreu exatamente o contrário no século XIX, quando a sua glória foi imensa: os caçadores eram designados e consideravam-se como Nemrods. O obscuro personagem bíblico convertera-se em uma figura tutelar de um grupo social definido, daí em diante, exclusivamente pela prática da caça[718].

A cultura britânica do *sport*, difundida aos poucos em toda a Europa, sancionou também essa metamorfose: desde meados do século, os caçadores eram apresentados como *sportsmen* e a caça como um *sport*[719]. Essas novas representações eram induzidas pelo advento tanto de lazeres, quanto pela paixão da *performance*[720]; ainda nesse aspecto, os melhores caçadores formavam uma elite que, em teoria, nada ficava devendo às origens sociais de seus diferentes membros.

---

717. Cf. SALVADORI, P. *La Chasse sous l'Ancien Régime*. Op. cit., esp. p. 173-175.

718. A partir de 1886, *Nemrod* foi o título do jornal oficial da Société de vénerie [Sociedade de caça de montaria].

719. Cf., p. ex., GÉRARD, J. *Voyages et chasses dans l'Himalaya*. Paris: Lévy, 1865, p. 2. • ORLÉANS, H. *Six mois aux Indes* – Chasses aux tigres. Paris: Calmann-Lévy, 1889, p. 144.

720. PORTER, R. "Les Anglais et les loisirs". In: CORBIN, A. (sob a dir. de). *L'Avènement des loisirs, 1850-1960*. Paris: Aubier, 1995, p. 21-54.

Na realidade, a situação era evidentemente muito mais complicada. No século XIX, os caçadores continuaram sendo, quase sempre, aristocratas ou soldados. No entanto, do mesmo modo que as honras militares já não eram reservadas à nobreza, assim também a significação da caça acabou passando por grandes mudanças. Um halo de nobreza pairava ainda em torno dos mais famosos caçadores; mas, na maior parte do tempo, tratava-se, daí em diante, de uma eleição conquistada no terreno de caça, em vez de uma herança. Vamos repetir: caçar, em vez de ser a atualização das virtudes bélicas de uma família, consistia em formar o próprio destino individual. Seria impossível desconhecer as consequências dessa mudança sobre as emoções associadas à prática da caça.

A segunda evolução notável do século XIX diz respeito ao armamento. Os antigos fuzis de alma lisa, carregados pela boca, destituídos de mira e atirando balas esféricas de chumbo, ficaram logo obsoletos pelos progressos da indústria; hoje em dia, as pessoas lembram-se apenas de seus inconvenientes. Em relação aos fuzis modernos, tratava-se, com efeito, de armas pesadas, cujo mecanismo exigia muita força, além de ser necessário efetuar uma dúzia de operações para ficar em condições de atirar: o seu recuo era difícil de dominar, o seu disparo nem sempre era bem-sucedido e o seu alcance era limitado. Sem contar que esses fuzis soltavam, no momento do tiro, uma enorme nuvem de fumaça negra bastante incômoda.

Essas características apareceram como defeitos imperdoáveis à medida que se tornou possível superá-los. Desde a década de 1830, a espoleta de cobre de fulminato de mercúrio limitou as falhas, enquanto o cano estriado e, em seguida, a bala Minié[721] aumentavam o alcance das armas e tornavam o tiro muito mais preciso. Em meados do século, a invenção do carregamento pela culatra permitia acelerar a cadência de tiro, possibilitando daí em diante a posição dei-

---

721. Inventada pelo coronel francês Claude-Étienne Minié, essa bala era introduzida no cano com batidas de maço e dilatava-se no momento do disparo, de maneira a ser afetada pelo movimento de rotação imprimido pelas estrias.

tada. As carabinas de repetição apareceram na década de 1870 e, no decênio seguinte, a invenção da pólvora sem fumaça permitiu generalizar o seu uso, uma vez que a vista do atirador já não ficava ofuscada desde o primeiro disparo. As balas explosivas, enfim, foram aperfeiçoadas no final do século[722].

Esses progressos foram acompanhados por uma verdadeira paixão pelas armas de fogo. As exposições universais e a imprensa ilustrada relatavam os seus fantásticos avanços. Lee-Enfield, Chassepot, Snider, Martini-Henry, Colt, Gras, Winchester, Kropatschek, Lebel, Lee-Metford, Mauser tornaram-se nomes comuns. Os autores de romances de aventuras para crianças – Júlio Verne, Karl May, George Alfred Henty, Emílio Salgari – vão colocá-las em evidência em inumeráveis cenas de caça; tal celebração ia além de uma ode ao progresso. Os antropólogos sublinharam o quanto é relevante o apego do homem a seu fuzil: sob muitos aspectos, a arma é um prolongamento do corpo e, no caso do fuzil, o prolongamento de uma evidente simbólica sexual[723]. A forma do objeto e a sua pujança significavam ainda algo para além das capacidades acentuadas de destruição. As mudanças do fuzil tinham também consequências sobre a percepção dos caçadores a respeito de si mesmos.

A primeira dessas consequências foi certamente a recrudescência do sentimento de poder. Por volta de 1890, um caçador com uma carabina de repetição e com balas explosivas era capaz de destruições infinitamente maiores do que aquelas que tivessem ocorrido cinquenta anos antes. Isso, porém, não acontecia sem ambiguidades. Os caçadores do final do século XIX podiam esperar abater um maior número de animais – e de maior porte – do que nunca. Mas estavam bem conscientes de que essa operação exigia menos força, destreza e talento do que era o caso anteriormente. A tendência do século era, portanto, dupla: verificava-se o crescimento do poder dos caçadores, enquanto diminuía

---

722. Sobre esses progressos que haviam começado a ser estudados do ponto de vista militar, cf. HEADRICK, D. *Tools of Empire*: Technology and European Imperialism in the Nineteenth Century. Oxford: Oxford University Press, 1981, 2ª parte.
723. AUDOIN-ROUZEAU, S. *Combattre* – Une anthropologie historique de la guerre moderne (XIXᵉ-XXᵉ siècle). Paris: Seuil, 2008, p. 252-259.

o seu mérito. Na Grã-Bretanha, algumas mulheres participavam daí em diante de caças à raposa: esse não seria o sinal de uma mudança?

O terceiro fator de inovação das emoções associadas à caça consiste no remanejamento da fronteira entre civilização e selvajaria. É sabido que o gosto pelo mundo selvagem apareceu na virada dos séculos XVIII e XIX: no caso concreto, a busca dos sustos sublimes precede a codificação da estética romântica[724]. Esse movimento era acompanhado pelo sentimento de um processo acelerado de civilização. No entender de muitos autores, tudo parecia contribuir para a erradicação da selvageria na Europa; aliás, essa impressão estava apoiada em múltiplos fatos. Para limitar-nos ao nosso assunto, as autoridades municipais das cidades em pleno desenvolvimento tinham proibido assim, por razões de segurança, na primeira metade do século XIX, a exibição de animais selvagens nas feiras. Nunca se tinha mostrado tantos animais exóticos, é verdade, mas as condições de sua apresentação tinham mudado consideravelmente. Tendo aparecido no começo do século, os jardins zoológicos organizavam daí em diante o mundo selvagem segundo o modelo dos museus, limitando-se a exibir espécimes submissos à vontade racional do homem. No mesmo momento, os circos eram povoados por feras que domadores e adestradores reduziam à condição de auxiliares do espetáculo. Panteras, tigres e leões eram talvez considerados agora como feras cruéis – e já não enquanto curiosidades como era o caso ainda no século XVIII – mas o "frêmito selvagem" suscitado por elas ilustrava, antes de tudo, a capacidade da humanidade para dominar o reino animal[725].

No momento em que os ursos e os lobos tinham quase desaparecido das florestas e das montanhas da Europa Ocidental, parecia evidente que a selvageria tendesse a se refugiar nos lugares mais recuados do mundo. A partir dos anos de 1820, o entusiasmo pela obra de James Fenimore Cooper exprimiu assim os anseios de uma vida de caçador, daí em diante, impossível na Europa.

---

724. Cf. acima, cap. 5, BRIFFAUD, S. "Face ao espetáculo da natureza", p. 87s.
725. Cf. BARATAY, É. & HARDOUIN-FUGIER, É. *Zoos* – Histoire des jardins zoologiques en Occident (XVIe-XXe siècles). Paris: La Découverte, 1998, p. 180-210.

As possibilidades oferecidas pela América dos *Leatherstocking Tales* [Contos de Meias de Couro] eram, no entanto, limitadas. Cooper tinha o cuidado de especificar que esboçava um mundo desaparecido, o do final do século XVIII. Os viajantes da época romântica, com Chateaubriand à frente, seguiram os seus passos ao sublinharem até que ponto, no espaço de duas gerações, as florestas da Nova Inglaterra tinham se tornado perfeitamente civilizadas. Além disso, *Leatherstocking* tinha a ver apenas com animais considerados pouco perigosos: desde Buffon, havia o entendimento de que a fauna do Novo Continente, com raras exceções – o urso pardo, o jaguar ou o puma – era de tamanho mais reduzido que o do Velho[726].

Não era esse o caso em outros lugares do mundo. Na África e na Ásia, viviam animais gigantescos e ferozes, cujos espécimes podiam ser contemplados nos jardins zoológicos e em zoos ambulantes – ou, ainda, nas gravuras que a técnica de gravação em madeira permitia difundir em proporções inéditas. A maior parte desses animais era conhecida na Europa há muito tempo; mas, daí em diante, eles representavam para os caçadores, pela primeira vez, o meio de conhecer emoções que tinham se tornado inacessíveis no mundo a que se atribuía o qualificativo de *civilizado*[727].

Ora, a experiência dessas emoções tinha-se tornado possível pelo fato de uma quarta e última inovação do século XIX: a política de conquista colonial na Era Moderna. Suas consequências foram imensas para o nosso tema. Em um primeiro momento, os colonos europeus começaram a exportar as próprias práticas de caça para a África e a Ásia. Os britânicos adaptaram assim, um pouco por toda parte, o gosto singular pela caça à raposa, a qual era detestada grandemente pelos caçadores franceses. Eles não levavam, com certeza, as suas

---

726. ROGER, P. *L'Ennemi américain* – Généalogie de l'antiaméricanisme français. Paris: Seuil, 2002.
727. Sobre a história dessa noção desde a segunda metade do século XVIII, ainda é possível ler com proveito: FEBVRE, L. "Civilisation: évolution d'un mot et d'un groupe d'idées". In: FEBVRE, L.;TONNELAT, É.; MAUSS, M.; NICEFORO, A. & WEBER, L. *Civilisation*: le mot et l'idée. Paris: La Renaissance du Livre, 1930, p. 1-55.

magníficas matilhas de cães; nem chegavam a encontrar, na maior parte das vezes, raposas, tendo à sua disposição cães selvagens ou hienas, caçados com a ajuda de matilhas desparelhadas. Essas tentativas de transposição de caçadas europeias acabariam por desaparecer, de qualquer forma, diante das novas possibilidades oferecidas pelos territórios conquistados.

Além-mar, os colonos reencontraram, de fato, as antigas funções da caça. A destruição de animais daninhos, a procura de alimento, o comércio das peles ou qualquer outro atributo do cadáver, a começar pelas presas do elefante, voltariam a ser razões para caçar. Associadas ao poder de destruição crescente das armas de fogo, elas estiveram na origem dos mais maciços extermínios; aliás, não há memória de se ter presenciado algo parecido na superfície da terra[728].

Nesse domínio, a América do Norte serviu de campo de experiências, tratando-se seja da caça de animais com pele a ser curtida, organizada pelas grandes companhias do Canadá Britânico, tais como a Hudson Bay Company, ou da devastação das manadas de bisões. Nos anos de 1860, os caçadores, a começar pelo célebre William Cody, começaram alimentando com carne de bisão as levas de operários que construíam a estrada de ferro transcontinental dos Estados Unidos (mais tarde, a existência dessa estrada de ferro permitiu alvejar mais facilmente os animais das janelas dos vagões). Eles receberam, em breve, o apoio dos grandes criadores de gado, os quais utilizaram os territórios dos bisontes para abrigar imensas manadas de animais de chifre, muito mais rentáveis. As autoridades dos Estados Unidos, por sua vez, viam apenas vantagens no extermínio de uma espécie animal à qual grande parte dos ameríndios devia a sua existência. Para retomar uma afirmação do General Sheridan: "A contribuição dos caçadores de bisões para a solução do problema dos índios, em trinta anos, foi muito mais importante do que a de todo o exército americano"[729]. Durante o século XIX, o número de bisões da América do Norte passou,

---

728. Cf. PLANHOL, X. *Le Paysage animal* – L'homme et la grande faune: une zoogéographie historique. Paris: Fayard, 2004.

729. A´pud HOBUSCH, E. *Histoire de la chasse des origines à nos jours*. Op. cit.

assim, de sessenta milhões a pouco mais de um milhar. Simultaneamente a esse extermínio, verificou-se o dos antílopes de chifres bifurcados, originários também das pradarias do Oeste: dos trinta a quarenta milhões de indivíduos presentes em 1800, restavam apenas duzentos mil um século mais tarde.

Na Ásia e na África, as coisas eram um pouco diferentes. A vontade de proteger os cultivos coloniais conduziu, certamente, a grandes campanhas de extermínio de animais selvagens: assim, tigres em algumas regiões da Índia ou de leões e panteras da Argélia, a partir da década de 1840. A destruição dos elefantes da África começou, mais ou menos, no mesmo momento em razão do valor mercantil do marfim (e isso foi igualmente o que se passou, embora em grau menor, com os rinocerontes e os hipopótamos, cujos chifres e dentes eram comercializados). Na África Oriental, trinta mil elefantes eram mortos, todos os anos, por volta de 1850, e sessenta a setenta mil, em 1880; entre 1880 e 1910, cerca de dois milhões de indivíduos foram abatidos nessa região. Foi pior ainda na África do Sul: estima-se que, entre 1887 e 1908, quatorze espécies de mamíferos, entre os quais o quaga e o antílope azul, foram aniquiladas[730].

No âmbito particular das colônias europeias da África e da Ásia, a caça aos animais selvagens adquire, no entanto, outros significados[731]. Na maior parte dos territórios em que os colonizadores se estabeleceram, estes confrontaram-se, de fato, com a existência de sedutoras práticas de caça que, à semelhança do que se passava na Europa, estavam estreitamente ligadas às hierarquias sociais. Os colonos europeus acabaram apropriando-se delas na exata medida em que estas apareceram como um meio simbólico de desapossar as autoridades locais de suas prerrogativas. As representações associadas aos animais reforçaram tal política. Matar o "rei dos animais" – ou seja, o tigre na Índia ou o leão na África – permitia manifestar o seu poder exatamente em plano semelhante ao do

---

730. Ibid. Cf. tb. STEINHART, E.I. *Black Poachers White Hunters*: A Social History of Hunting in Colonial Kenya. Oxford: Currey, 2006.

731. Sobre essas significações imperiais das grandes caçadas, cf. os estudos de John M. MacKenzie já citados, a quem os parágrafos seguintes são, em grande parte, tributários.

cervo que, na Europa da Era Moderna, tinha sido definido como o animal de caça reservado aos reis.

Os colonos retomaram também as surpreendentes práticas ostensivas da caça que haviam tido oportunidade de observar no local. No final do século XVIII, a Índia Mongol foi, no caso concreto, um revelador de modelos. Os britânicos converteram-se ao que viria a tornar-se a mais suntuosa de todas as grandes caçadas: a caça ao tigre no dorso de um elefante. Sentados em uma espécie de palanquim, chamado *howdah*, munidos de seus melhores fuzis, os caçadores partiam em perseguição de tigres, escoltados por um grande número de empregados e de soldados, assim como pelos guias locais chamados *shikaris*, os quais estavam encarregados de levantar a caça. A magnificência dessas caçadas era incomparável: quando, em dezembro de 1882, o Duque de Portland partiu para uma grande caçada no Nepal – além da companhia dos amigos Lord Beresford, Lord Grey, filho do vice-rei da Índia, Lord Ripon e Lord Wenlock –, dispunha de uma comitiva de setecentos elefantes. Expedições desse tipo tinham também uma função diplomática: constituíam um expediente para travar encontros e manifestar cortesias. Os representantes da Coroa e os príncipes indianos ficavam lado a lado, particularmente nos estados do interior, em que a autoridade exercida pelos britânicos era limitada. Do ponto de vista das autoridades do Reino Unido, as grandes caçadas eram um meio de se inscreverem legitimamente na história de longa duração dos invasores da Índia.

Tais práticas espalharam-se em numerosos territórios coloniais, consolidando um sentimento manifestado frequentemente pelos europeus expatriados: o de se beneficiarem de um *status* social que teria sido impensável em seus países de origem. No século XIX, havia o costume de afirmar que a democracia era o futuro da Europa (uma predição cuja realização foi acompanhada por uma infinidade de matizes). A África e a Ásia, em compensação, apareciam como os últimos refúgios de sociedades tradicionais, em que príncipes e reis dispunham de um poder absoluto sobre os súditos. O desejo de viver uma vida feudal – e de vivê-la em condições senhoris – era um componente importante no fascínio exercido pelas grandes caçadas[732]; assim, renovava-se o antigo vínculo simbólico que unia a caça e a nobreza.

Esse quadro foi sendo implementado progressivamente a partir do final do século XVIII. A glória das façanhas individuais, o poder de fogo do novo armamento, o desejo de enfrentar o mundo selvagem residual e a situação colonial criaram as condições para o pleno desenvolvimento das grandes caçadas, cuja idade de ouro perdurou desde a década de 1840 até o final do século XIX. Nessa época, não havia absolutamente emoções fortes mais desejáveis do que o encontro do caçador com o animal selvagem [*bête fauve*].

O encontro com o animal selvagem

Os animais selvagens [*bêtes fauves*] nem sempre haviam sido *fauves*, termo que se refere, em primeiro lugar, a uma cor, a qual permitiu designar certos animais de pelagem castanho-alaranjada ou avermelhada, tais como os cervos e os gamos. Essa cor só se tornou o nome de animais selvagens [*fauves*] e ferozes – quase sempre, felinos –, a partir do final do século XVIII. A seu modo, tal mudança dava testemunho também do novo vigor emanando da associação entre a selvajaria e a distância (em primeiro lugar, distância da Europa e, em seguida, desse conjunto amplo e difuso que englobava igualmente uma boa parte da América do Norte e a que se atribuía, de maneira cada vez mais natural, o qualificativo de *Ocidente*).

Com efeito, era evidente que os *fauves* se encontravam nos confins do mundo conhecido, ou seja, no centro misterioso dos continentes e, de modo muito particular, da África. As ilhas, por maiores que fossem, estavam desprovidas deles. Os cangurus e os cães selvagens da Austrália foram sempre considerados como caça medíocre e, de modo semelhante, os porcos, que se tornaram selvagens, introduzidos na Nova Zelândia pelas tripulações do Capitão Cook.

---

732. Para o caso britânico, cf. CANNADINE, D. *Ornementalism*: How the British Saw their Empire. Londres: Allen Lane, 2001.

Em compensação, além das manadas de antílopes, de girafas e de búfalos de diversas espécies, duas categorias de animais fascinavam os caçadores europeus: por um lado, os grandes felinos (leões, tigres, panteras, leopardos, guepardos); e, por outro, os animais gigantescos e bizarros (elefantes, rinocerontes, hipopótamos, gorilas, crocodilos). A respeito destes, utiliza-se habitualmente o qualificativo de "monstros"[733].

O prestígio desses animais foi contemporâneo daquele da exploração e, em seguida, da colonização da Ásia e da África: o primeiro a ser celebrado foi o tigre indiano, logo seguido pelos mamíferos de grande porte da África Austral, à medida que a implantação britânica obrigava os bôeres a se retirarem para o interior. Depois foram as panteras e os leões da Argélia, exterminados a fim de civilizar o novo território colonial francês. Enfim, vieram os animais da África Equatorial. Uma das últimas figuras animais da selvajaria, o gorila, emergiu na Europa na década de 1860.

Nesses tempos de expedições geográficas, e no momento em que os caçadores eram definidos, mais do que nunca, pelas proezas individuais, cada uma dessas espécies começou sendo associada a um nome célebre. Assim, na França de meados do século XIX, os elefantes pertenciam a Adulphe Delegorgue, os leões a Jules Gérard e as panteras a Charles Bombonnel[734]. Paul Du Chaillu, por sua vez, orgulhava-se de ter levado o mundo civilizado a descobrir os hábitos dos gorilas tão admiravelmente semelhantes ao homem e, ao mesmo tempo, tão assustadores com o "seu costume de bater no peito quando estão furiosos"[735]. Essa partilha das espécies entre os grandes caçadores era acompanhada de uma acirrada competição para saber qual era o animal mais perigoso

---

733. Sobre esta figura, cf. CAIOZZO, A. & DEMARTINI, A.-E. (sob a dir. de). *Monstres et imaginaire social* – Approches historiques. Paris: Créaphis, 2008.

734. Cf. esp. HOUDETOT, A. *Chasses exceptionnelles* – Galerie des chasseus illustres. Paris: Au dépôt de la Librairie, 1855.

735. DU CHAILLU, P. *L'Afrique sauvage* – Nouvelles excursions au pays des Ashangos. Paris: Lévy, 1868, p. 5. Sobre esse personagem, cf. HOMBERT, J.-M. & PERROIS, L. (sob a dir. de). *Cœur d'Afrique* – Gorilles, cannibales et Pygmées dans le Gabon de Paul Du Chaillu. Paris: CNRS, 2007.

ou, para utilizar outra maneira de dizer, qual era o caçador mais heroico. Gérard e Bombonnel, que caçavam ambos no mesmo território argelino, foram exemplos perfeitos dessa corrida para a glória[736]: o primeiro considerava a caça ao leão, da qual se tornara o lídimo representante, como a mais intrépida de todas; quanto ao segundo, defendia tal primazia para a caça à pantera, da qual era o perito incontestável[737].

Essas rixas de precedência ocorreram durante um breve período. Bem depressa apareceram indivíduos – com maior frequência, britânicos – desejosos de caçar todas as espécies de animais, consideradas perigosas. Tendo recebido o apelido de *"the lion hunter"*, Roualeyn Gordon-Cumming, cujas proezas na África Austral datavam da década de 1840, foi sem dúvida a primeira e a mais importante encarnação desse novo desejo, e foi seguido por um grande número de outros caçadores, cujos relatos dão testemunho da idade de ouro das grandes caçadas: Samuel Baker, William Baldwin, Bénédict-Henry Révoil, Frederick Selous, Édouard Foà, Denys Lyell, James Sutherland, Walter "Karamojo" Bell, Philipp Percival, Théodore Lefebvre etc. Não existe nenhum estudo sobre as origens sociais desses Nemrods de além-mar, mas pode-se apostar que as semelhanças com as dos exploradores teriam sido muito grandes; alguns, tais como Baker ou Foà, foram, aliás, considerados não só como exploradores, mas também como caçadores. À semelhança de Gordon-Cumming, Gérard ou Selous, eles tinham tido, quase sempre, uma experiência no exército. No conjunto, eram homens que não estavam destinados a chegar a uma elevada posição no país natal, mas que, segundo um lugar-comum da propaganda imperial do final do século XIX, podiam acalentar tal expectativa fazendo uma digressão pelas colônias. Eles encarnavam, com brilho, a figura moderna do caçador que ganhava uma nobreza moral em decorrência unicamente de sua ciência da caça.

---

736. Cf. GÉRARD, J. *Le Tueur de lions*. Paris: Vermont, 1862, p. VII-XI.
737. Paul Du Chaillu considerava, evidentemente, a caça ao gorila como a mais relevante: *L'Afrique occidentale* – Nouvelles aventures de chasse et de voyage chez les sauvages. Paris: Lévy, 1875, p. 59.

Nunca será demais dizer até que ponto essa época celebrou o fato de matar animais selvagens. Havia, no entanto, outras maneiras de encontrar os *fauves* em seu meio natural. Os animais pertencentes aos museus de história natural, europeus e norte-americanos, fundados a partir do modelo da coleção do museu de Paris, exigiam espécimes vivos de todas as categorias de animais; aliás, essa busca era tanto mais premente pelo fato de que, nas condições de cativeiro da época, os animais morriam bem rapidamente e era necessário substituí-los de maneira recorrente. Essa necessidade engendrou a criação de empresas prósperas à imagem daquela fundada por Carl Hagenbeck, em Hamburgo: "captadores" foram enviados por todo o mundo a fim de fornecer animais vivos aos jardins zoológicos e museus.

Esses homens procediam, também, a grandes matanças, visto que a única maneira de capturar um animal vivo consistia em começar por abater as fêmeas lactantes ou os chefes de manada[738]; na medida, porém, em que o seu objetivo era a captura e não a morte, eles não se beneficiavam de uma glória semelhante àquela atribuída aos caçadores. A obra de Júlio Verne, tão fértil em façanhas cinegéticas de todo o tipo, limita-se a apresentar assim um só personagem de captador: o "naturalista Mathias van Guitt, fornecedor habitual de paquidermes, tardígrados, plantígrados, proboscídeos, carnívoros e outros mamíferos para as casas Charles Rice de Londres e Hagenbeck de Hamburgo"[739]. Era um homem bastante ridículo, ex-professor de História Natural, com 50 anos e usando óculos, que não havia obtido sucesso enquanto docente. Verne era, no entanto, sensível ao extermínio dos animais selvagens, tendo manifestado, em várias oportunidades, preocupação a esse respeito[740]; apesar disso, até mesmo para ele – e para as crianças leitoras de seus livros –, nada igualava a glória do matador de *fauves*. De modo geral, nenhum empregado das casas de comércio

---

738. BARATAY, É. & HARDOUIN-FUGIER, É. *Zoos*. Op. cit., p. 132-133.
739. VERNE, J. *La Maison à vapeur* [1880]. Paris: Le Livre de Poche, 1968, p. 294-297 [Ed. bras.: *A casa a vapor*. Ed. Matos Peixoto, 1966].
740. Assim, em *Vingt mille lieues sous les mers* (1869 [Vinte mil léguas submarinas]) ou em *Le Pays des fourrures* (1873 [O país das peles]).

de animais vivos conheceu uma celebridade equivalente à dos grandes caçadores do século XIX: a emoção proporcionada pelo encontro com o animal selvagem implicava fatalmente na morte deste.

O novo prestígio adquirido pelas armas de fogo contribuía, certamente, para essa situação. Os caçadores discorriam sem cessar sobre os méritos comparados dos diferentes fuzis à sua disposição, expondo de maneira detalhada as suas opiniões sobre o bom tamanho das munições ou sobre o interesse por armas de repetição ou por balas explosivas. Neste último caso, a questão do percussor era essencial pelo fato de ser protegido normalmente por uma calota; além disso, escreve Édouard Foà, "cinco vezes em dez [a bala] não detona, sem dúvida, porque na emoção suscitada diante do perigo a pessoa esquece de tirar o protetor"[741]. Como exprimir de maneira mais adequada que o valor da arma estava estreitamente associado ao conhecimento que o seu utilizador tinha das próprias emoções? A questão era tanto mais séria na medida em que, como já dissemos, o fuzil estava investido de uma significação íntima. De resto, os que partiam para longas campanhas distantes deslocavam-se com o seu molde de balas e as suas reservas de chumbo, de pólvora e detonadores. Eles tinham as suas astúcias para fabricar as próprias munições: alguns endureciam o chumbo ao fundi-lo com estanho. Tais práticas, aperfeiçoadas à medida que se acumulavam as experiências, reforçavam ainda mais a verdadeira afeição dos caçadores por suas armas.

Acrescente-se a isso o fato de que a caça ao animal de grande porte implicava um armamento excepcional, desconhecido para os próprios soldados profissionais. A mais notável dessas novas armas era o fuzil destinado a abater elefantes, o qual apareceu no final do século XVIII e permaneceu, mais ou menos, imutável até 1870: pesando entre seis a sete quilos, era carregado pela boca e não podia atirar além de uma só grande bala esférica de chumbo, à volta de cem gramas. Ele exigia algumas precauções que conferiam ao utilizador um

---

741. FOÀ, É. *Chasses aux grands fauves pendant la traversée du continent noir du Zambèze au Congo français*. Paris: Plon-Nourrit, 1899, p. 8.

prestígio particular. Frederick Selous, que matou uma dezena de elefantes em 1872 com um desses fuzis, relata que, no momento de cada recuo, era jogado sempre no chão[742]. Além disso, o fato de dispor apenas de uma bala – e de ficar com a vista ofuscada, durante um longo período, pela fumaça negra provocada pelo disparo – impunha a obrigação de jogar-se o mais rápido possível para o lado no caso em que o animal, apenas ferido, viesse atacá-lo depois de ter sido atingido; os relatos de caça repetiam as histórias desses caçadores que, por diferentes razões, tinham assim encontrado a morte, pisoteados pelo elefante ou rinoceronte como reação ao tiro que lhes havia causado apenas ferimentos.

Tais riscos constituíam um dos elementos mais fascinantes das grandes caçadas; eles só existiam na frente dos *fauves* e dos animais de grande porte. Os outros mamíferos não proporcionavam as mesmas emoções; na maior parte do tempo, tratava-se de caça de segunda classe, da qual ninguém se gabava a não ser pelo fato de ter caçado quantidades fenomenais. Em meados do século XIX, no entanto, os britânicos da Índia inventaram um gênero de caça particular, destinado a compensar o caráter inofensivo desses animais, ao qual atribuíram o qualificativo de *pig sticking*[743]: tratava-se de uma caça efetuada a cavalo e servindo-se exclusivamente de uma lança, consistindo quase sempre em uma investida contra algumas espécies de porcos selvagens. Os amadores de *pig sticking* repudiavam, portanto, os fuzis em um período em que estes se encontravam em pleno aperfeiçoamento a fim de praticarem uma espécie de *sport* que, mediante o cavalo e a lança, inspirava-se grandemente na gesta dos antigos cavaleiros. Robert Baden-Powell julgou que o caçador, no *pig sticking* – ao matar o porco com a sua lança –, assemelhava-se, em parte, a São Jorge combatendo o dragão[744]; essa, talvez, tenha sido a representação desse gênero de caça para alguns autores.

---

742. Cf. FOÀ, É. *Mes grandes chasses dans l'Afrique centrale* [1895]. Paris: Pygmalion, 1988.
743. Cf. MANGAN, J.A. & McKENZIE, C. "Pig Stiking is the Greatest Fun: Martial Conditioning in the Hunting Fields of Empire". In: MANGAN, J.A. & MAJUMDAR, B. (sob a dir. de). *Militarism, Sport, Europe*: War without Weapons. Londres: Frank Cass, 2003, p. 97-119. Para uma descrição perplexa dessa prática por um caçador francês, cf. GERARD, J. *Le Mangeur d'hommes*. Paris: Dentu, 1863, p. 1-22.
744. Apud MANGAN, J.A. & McKENZIE, C. "Pig Stiking is the Greatest Fun…" Art. cit.

Deve-se, sobretudo, observar que essa prática original resultava da vontade de sentir profundamente as emoções fortes que, no caso da caça aos porcos selvagens, não podiam ser experimentadas com as armas modernas.

Foi a bela época dos troféus. A decoração interior – um dos grandes negócios do século XIX – começou a utilizar animais embalsamados[745]. O advento da profissão de taxidermista foi assim contemporâneo da emergência da expressão "troféu de caça" para designar as cabeças naturalizadas e emolduradas dos animais abatidos; às vezes, os fuzis eram associados aos troféus a fim de comemorar a vitória do caçador sobre os animais caçados. Em 1872, o gabinete de Tartarin de Tarascon nada fazia além de exagerar uma das modas do século, aliás, ridicularizada por ele ao deixar de incluir em sua fabulosa coleção de armas qualquer troféu de caça digno desse nome:

> Imaginem uma grande sala cujas paredes estivessem cobertas de fuzis e de sabres de alto a baixo. Todas as armas de todos os países do mundo: carabinas, rifles, trabucos, facas corsas e catalãs, facas revólveres, facas punhais, kriss malaios, flechas caribenhas e de sílex, soquetes, cassetetes, clavas hotentotes, laços mexicanos...[746]

Nesse arsenal não havia, portanto, nenhuma cabeça de animal naturalizada.

Esses troféus exprimiam a glória individual do caçador: dependurados em série no interior das antigas casas coloniais, eles podiam manifestar também o poder adquirido, daí em diante, pela Europa sobre os territórios de além-mar. Os museus de história natural, que criavam no mesmo momento galerias de animais embalsamados, forneciam uma garantia científica a essa celebração do domínio europeu sobre os confins do mundo. Na passagem do século XIX para o século XX, o Duque Philippe d'Orléans, filho primogênito do conde de Paris, formou assim a maior coleção do mundo de troféus de animais mortos e

---

745. MacKENZIE, J.M. *The Empire of Nature*. Op. cit.
746. DAUDET, A. *Aventures prodigieuses de Tartarin de Tarascon* [1872]. Paris: Pocket, 1994, p. 28 [Ed. bras.: *As aventuras prodigiosas de Tartarin de Tarascon*. Adaptação de Rubem Braga. São Paulo: Scipione, 1998].

reunidos por um só indivíduo[747]. Ao falecer, em 1926, ele a doou ao Muséum d'histoire naturelle de Paris [Museu de História Natural de Paris], local em que o visitante pode contemplar, ainda hoje, uma tigresa com as garras cravadas no *howdah* do duque. A forma particular dada a esse troféu lembrava uma aventura de caça no dorso de um elefante, registrada com toda a minúcia pelo duque de Orléans em um relato publicado em 1892[748]; tal caso exprime perfeitamente até que ponto o troféu servia também para recordar emoções experimentadas por ocasião das grandes caçadas.

Tratava-se apenas de uma questão cenográfica. Os números eram muito importantes: mediam-se as pontas esgalhadas, os chifres, as presas dos animais mortos, assim como, no caso dos *fauves*, o comprimento da pele, desde o focinho até a extremidade da cauda. O número e o tamanho dos animais indicavam o desempenho e permitiam avaliar os méritos respectivos dos caçadores. Essas medidas, talvez, exprimissem também a vitória da suposta racionalidade da Europa sobre o mundo selvagem. De qualquer modo, na conclusão dos relatos de caça publicados, aparecia normalmente uma enumeração que deve ser compreendida, contrariamente a nossas sensibilidades atuais, como fonte de orgulho. Por ocasião de sua primeira expedição de caça no Nepal, em 1882, o duque de Orléans orgulhava-se do fato de ter abatido, sozinho, 2.442 animais, dos quais 12 tigres, 22 crocodilos, 45 macacos, 176 papagaios, 216 cervos e 451 narcejas. No entanto, era possível obter um resultado ainda melhor: desde 1860, somente no dia 24 de agosto, o Príncipe Alfred, segundo filho da Rainha Victoria, havia abatido em companhia de seus convidados, no maior rio da África do Sul, o Orange, mais de cinco mil quagas, bonteboques, gnus, cudos, cabras-de-leque, zebras e outros animais[749].

---

747. DIAS, N. "Les trophées de chasse au musée du duc d'Orléans". In: CROS, M.; BONDAZ, J. & MICHAUD, M. (sob a dir. de). *L'animal cannibalisé*. Op. cit., p. 102.
748. ORLÉANS, P. *Une expédition de chasse au Népal*. Paris: Calmann-Lévy, 1892, p. 141-144.
749. HOBUSCH, E. *Histoire de la chasse des origines à nos jours*. Op. cit.

Os exemplos do Príncipe Alfred e do duque de Orléans ilustram, aliás, o progressivo deslocamento da prática das grandes caçadas em direção das elites sociais na segunda metade do século XIX. Os *fauves* e os mamíferos de grande porte da África cessaram de ser o negócio apenas dos exploradores e soldados coloniais. As representações da nobreza que lhes estavam associadas atraíram também os membros das antigas aristocracias[750]; no começo do século XX, a prática estendeu-se, inclusive, às novas elites dominantes da Europa e da América do Norte. O advento do safári moderno coincidiu com esse deslocamento social. A palavra *safari* – termo suaíli associado à ideia de viagem – foi popularizada em 1910 pelo ex-presidente dos Estados Unidos da América, Theodore Roosevelt, por ocasião da publicação de seu relato de caça na África Oriental: *African Game Trails*[751]. Ele designaria uma moda adotada por uma parte das elites do século XX, a começar pelos políticos da França Republicana, desde Georges Clemenceau a Valéry Giscard d'Estaing. O safári tornou-se, deste modo, uma das práticas originais da viagem, graças às quais os turistas afortunados – e determinados artistas – podiam manifestar a sua preocupação pela distinção social.

O advento do safári significou, no entanto, uma reviravolta decisiva na ordem das representações das grandes caçadas: ele fazia desaparecer não somente todos os antigos significados da caça – alimento, proteção das culturas, comércio de peles, chifres ou dentes – que as conquistas coloniais tinham reatualizado, mas também a associação entre a selvajaria e os lugares remotos, a qual havia sido tão importante no século XIX. Os apreciadores de safári já não partiam para os limites do mundo conhecido, em direção de uma vasta *fronteira* em que todas as aventuras eram possíveis, mas divertiam-se daí em diante em territórios que, sob o nome de *parques*, tinham a função precisamente de

---

750. Cf., p. ex., ORLÉANS (d'), H. *Six mois aux Indes*. Op. cit.
751. MICHAUD, M. "L'œuf ou la pintade? – Safari de chasse et imaginaire sauvage du bestiaire africain". In: CROS, M.; BONDAZ, J. & MICHAUD, M. (sob a dir. de). *L'Animal cannibalisé*. Op. cit., p. 83-98. A caçada de Theodore Roosevelt, bastante midiatizada, tinha sido organizada nomeadamente por Frederick Selous.

conservar o que restava da fauna selvagem após as grandes matanças de animais do século precedente[752]. Sinal tangível dessa evolução, os apreciadores de safári já não pretendiam matar o maior número possível de animais e, pelo contrário, envolveram as suas façanhas de caça com muitas proclamações de respeito pelos animais selvagens e por seu ambiente.

O modelo desses parques – mais do que o Yellowstone National Park, pensado em 1872 como uma figura identitária da *wilderness* dos Estados Unidos, ou o parque canadense de Wood Buffalo que devia proteger, a partir de 1893, as últimas centenas de bisões sobreviventes – foi a reserva natural de Sabi, na África do Sul: projetada, desde 1884, pelo presidente da República Sul-africana do Transvaal, Paul Kruger, ela foi inaugurada em 1898[753]. Pode-se considerar que a sua abertura marcou o fim do tempo das grandes caçadas, vivenciadas daí em diante sob o signo de uma irremissível nostalgia. As sociedades protetoras dos animais selvagens – por exemplo, a Society for Preservation of the Wild Fauna of the Empire, criada na Grã-Bretanha em 1903, ou o Shikar Club, fundado na Índia Britânica, em 1908 – impediram que a caça aos *fauves* continuasse a ser feita da maneira como havia sido promovida anteriormente. Desde Theodore Roosevelt até Juan Carlos da Espanha, passando por Ernest Hemingway, a história do safári no século XX deixou de apresentar uma lógica semelhante à das grandes caçadas do século precedente[754]. Desde os anos de 1920, a invenção do safári-foto dava testemunho disso: para um número cada

---

752. Sobre as consequências dessa reviravolta a respeito das representações do espaço do planeta na virada dos séculos XIX e XX, cf. VENAYRE, S. *La Gloire de l'aventure* – Genèse d'une mystique moderne, 1850-1940. Paris: Aubier, 2002, p. 144-188.

753. Em 1926, ela tornou-se o Parque Kruger. Sobre a história da preservação do meio ambiente na África do Sul, cf. CARRUTHERS, J. *The Kruger National Park*: A Social and Political History (Pietermaritzburg: University of Natal Press, 1995), assim como os numerosos estudos de William Beinart.

754. Em abril de 2012, o Rei Juan Carlos fraturou a bacia por ocasião de um safári em Botsuana. A revelação de que o velho rei caçava elefantes causou escândalo. As críticas foram tanto mais contundentes pelo fato de que matar um elefante custava ao caçador cerca de 37.000 euros, enquanto a Espanha passava por uma grave crise econômica; mas o safári apareceu, sobretudo, como uma prática tão anacrônica quanto a existência de um rei, o qual acabou abdicando dois anos mais tarde.

vez maior de pessoas, as grandes caçadas manifestavam daí em diante uma virilidade fora de época, causando sofrimentos aos animais sem nenhuma justificativa e tendo consequências catastróficas sobre a diversidade do mundo dos seres vivos[755]. E acima de tudo, elas deixaram de ser associadas às emoções experimentadas anteriormente.

Emoções vivenciadas, emoções relatadas

Durante um século, as grandes caçadas tinham representado, de fato, o meio de conhecer as emoções mais fortes. É muito difícil levar o leitor de hoje a experimentar esse fascínio quase inteiramente desaparecido. Se Tartarin de Tarascon diverte-nos tanto, é porque ele nos aparece como o herói grotesco de uma aventura que, em si, nos parece ser ridícula. Ora, convém desprender-nos desse sentimento. Se Tartarin era risível para os leitores de 1872, tal atitude devia-se ao fato de que ele imitava os caçadores que, por sua vez, eram autênticas encarnações do heroísmo. Jules Gérard, um dos principais modelos de Tartarin, tinha sido em seu tempo uma glória consagrada: em 1857, o seu retrato em pé foi escolhido pelos redatores do *Monde ilustré* para ornar a capa do primeiro número da nova revista.

Os livros – cuja temática é a viagem – da primeira metade do século XIX contiveram, com muita frequência, relatos de caça aos *fauves* ou animais de grande porte[756]. A partir do sucesso de *Five Years of a Hunter's Life in the Far Interior of South Africa*, publicado por Gordon-Cumming, em 1851, os editores multiplicaram o número de livros exclusivamente dedicados a tais relatos[757].

---

755. Sobre este assunto, cf. BARATAY, É. "Emocionar-se com os animais". In: COURTINE, J.-J. (sob a dir. de). *História das emoções*. Vol. 3. Petrópolis: Vozes, 2020 [Orig.: "S'émouvoir des animaux". In: COURTINE, *Histoire des émotions*. T. 3. Paris: Seuil, 2017] [Vol. 3 desta série].

756. Os relados de caça ao elefante de Adulphe Delegorgue, p. ex., tinham sido publicados, em 1847, em sua obra *Voyage dans l'Afrique australe*.

757. Alexandre Dumas escrevia que, "para ele, as viagens mais divertidas são aquelas que contêm relatos de caça" (Prefácio. In: GORDON-CUMMING, R. *La Vie au désert* – Cinq ans de chasses dans l'intérieur de l'Afrique méridionale. T. 2. Paris: Blot, 1960 [Orig.: *Five Years of a Hunter's Life in the Far Interior of South Africa*, 1860].

La Chasse au lion [A caça ao leão] de Jules Gérard foi, em 1855, o primeiro sucesso francês; e em cada nova publicação os autores sublinhavam que a caça ao leão, sobretudo na África, estava na origem de emoções impossíveis de serem experimentadas na Europa. "Trata-se de emoções que nós, pobres caçadores sentimentaloides, nunca chegamos a experimentar" – escrevia Léon Bertrand no prefácio para o livro de Gérard[758]. A incomensurabilidade das emoções sentidas profundamente frente aos *fauves* e mamíferos de grande porte tornou-se um lugar-comum dos relatos de caça na África.

Em 1895, Édouard Foà explicava a sua partida para o Zambeze pelo fato de desdenhar as caçadas europeias. E acrescentava:

> Eu sonhava com o imprevisto, o animal, perigoso ou não, encontrado no canto de um matagal, a sua astúcia instintiva frustrada pela experiência humana, a sua defesa às vezes desesperada e, enfim, a sua morte em decorrência, ao mesmo tempo, da segurança da mão, do golpe de vista, da prudência e da habilidade do caçador[759].

Tudo, ou quase tudo, era afirmado nessas poucas linhas de um caçador que tinha sido também um leitor assíduo de relatos de seus predecessores, a começar pelos textos de Selous[760]. Na esteira de outros autores, Foà sublinhava que as emoções da caçada não emergiam do encontro com o animal, mas da expectativa. Todos os relatos insistiam sobre este ponto, descrevendo com uma quantidade de detalhes o longo tempo de tocaia, o caçador à espreita, todo o seu ser mobilizado de uma maneira extraordinária. O crepúsculo favorecia tal situação, na medida em que a penumbra exacerbava os outros sentidos, salvo a visão. Os relatos descreviam as sensações associadas ao calor, à umidade, ao vento, aos odores destilados pela noite. O ouvido, sobretudo, entrava em cena. A variedade do vocabulário dos gritos animais permitia fornecer ao leitor uma

---

758. BERTRAND, L. Prefácio. In: GÉRARD, J. *La Chasse au lion*. Op. cit., p. 13.
759. FOÀ, É. *Mes Grandes Chasses dans l'Afrique centrale*. Op. cit., p. 6.
760. O primeiro livro de Édouard Foà foi dedicado a Frederick Selous, autor de *A Hunter's Wanderings in Africa*, em 1881.

ideia da gama dos sons percebidos pelos caçadores. Fazendo eco nesses livros, ouvia-se assobiar, barrir, berrar, bramar, bufar, chalrear, chiar, estertorar, ganir, grunhir, guinchar, latir, mugir, miar, piar, pipiar, relinchar, rir, rosnar, rugir, uivar, vagir. As pessoas sentiam frêmitos ao escutar os ruídos que vinham do mato e dos ramos agitados pelos animais que permaneciam invisíveis. "Tão grande quantidade de ruídos e de emoções diversas" – escrevia Jules Gérard que acrescentava, a propósito de suas horas de tocaia, e sem ter encontrado ainda nenhum animal: "Posso dizer que, no espaço de uma meia hora, cheguei a experimentar o suficiente para satisfazer um apreciador de aventuras"[761].

Édouard Foà relatava também de que modo, "nessa calma absoluta, uma folha que cai, uma sombra, um raminho que quebra são outros tantos motivos de emoção, e o coração bate mais de uma vez à aproximação de um inofensivo antílope, cuja identidade se ignora"[762]. Com certeza, essas emoções provinham do fato que essas sombras e esses ruídos podiam anunciar um animal bem mais terrível que um antílope – precisamente o gênero de animais procurados, nesse momento, pelos caçadores. No entanto, ao evocarem as suas emoções, os autores de relatos de caça acabavam por referi-las sempre a essas horas de vigia passadas na espreita, e não ao encontro com o próprio animal.

A visão brusca do animal era certamente para os caçadores a oportunidade de uma intensa emoção, da ordem da estupefação, sobretudo quando se tratava de sua primeira grande caçada ou, ainda, quando o animal era de um tamanho inesperado[763]. O bom caçador, porém, era precisamente aquele que, nesse exato momento, era capaz de um total autodomínio[764]. A maior parte das façanhas de caça resultava dessa aptidão a passar instantaneamente das emoções fortes

---

761. GÉRARD, J. Le Tueur de lions. Op. cit., p. 157.
762. FOÀ, É. Chasses aux grands fauves... Op. cit., p. 174.
763. Cf., p. ex., ibid., p. 318. • CHASSAING, J. Mes chasses au lion. Paris: Dentu, 1865, p. 89.
764. Em sua obra – Le Tueur de panthères (1860 [O matador de panteras]). Paris: Hachette, 1863, p. 55 –, Charles-Laurent Bombonnel limita-se a utilizar o termo uma única vez, exatamente para explicar que não tinha sido a emoção que o impediu de atirar, mas simplesmente o fato de não ter visto o animal. Cf. RÉVOIL, B.-H. Le Sport américain – Chasses excentriques dans l'Amérique du Nord. Tours: Mame, 1882, p. 28.

da tocaia para o mais elevado grau de sangue-frio; essa era a condição para que o caçador viesse a abater o animal ao primeiro disparo. Jules Gérard fornece aqui também o modelo desse comportamento descrito posteriormente com grande frequência:

> O local em que eu me encontrava, o rugido formidável do monstro, a escuridão profunda à minha volta, tudo contribuía para me impressionar contra a minha vontade. Essa emoção, porém, dissipou-se tão prontamente como tinha surgido e, quando percebi os olhos do leão, brilhando como duas brasas ardentes, descer para o riacho, eu fiquei totalmente impassível, qualquer que tivesse de ser o resultado da luta[765].

Esse domínio das próprias emoções era o resultado de um aprendizado: impunha-se ser capaz de garantir a vitória da inteligência sobre o seu instinto. Para estabelecer essa capacidade, os autores de relatos de caça começavam a embaralhar a fronteira entre o homem e o animal, mostrando que o caçador corria o risco da animalidade ao deixar-se dominar por suas emoções. Inversamente, eles descreviam muitas vezes animais que procuravam vingar-se do homem e, para obter esse efeito, esboçavam estratégias aparentemente inteligentes. A morte do animal significava um retorno à ordem do mundo depois que, durante alguns instantes, essa ordem havia sido ameaçada pela contradança entre a inteligência e as emoções.

Os romances reforçavam essa lição ao livrarem-se ainda mais das regras da verossimilhança (que não eram respeitadas, realmente, pelos autores de relatos seja de caça ou de viagem). Contra a obsessão crescente da finitude do mundo e do desaparecimento da selvajaria, eles impeliam os leitores em direção a caçadas do futuro: as que teriam como objeto a caça de animais polares ou os das profundezas submarinas, em uma época em que os polos ainda eram desconhecidos e em que o oceano conservava todo o seu mistério. Em 1851, *Moby Dick* celebrou, pela primeira vez, a caça ao cachalote. Em 1869, Júlio Verne convertia o tubarão na caça mais terrível que seria possível imaginar:

---

765. GÉRARD, J. *Le Tueur de lions*. Op. cit., p. 103-104.

> Se alguém o convidasse para caçar ursos nas montanhas da Suíça, você diria: "Muito bem! Amanhã iremos caçar ursos". Se o convidasse para caçar leões nas planícies do Atlas ou tigres nas selvas da Índia, você certamente diria: "Ah, ah! Até que enfim parece que vamos caçar tigres ou leões!" Mas se o convidasse para caçar tubarões em seu elemento natural, você talvez pedisse algum tempo para refletir antes de aceitar esse convite[766].

Enfim, havia os espetáculos. No prefácio para a tradução francesa do relato de Roualeyn Gordon-Cumming, publicado em 1860, Alexandre Dumas relatava a sua visita a Londres, cidade em que, na Coventry Street, Gordon-Cumming tinha organizado uma verdadeira *exhibition*. Ele possuía um teatro cujas imediações eram protegidas por uma cerca de chifres de rinoceronte e de presas de elefante; o proscênio era pavimentado com imensas escamas. O palco, por sua vez, era coberto de tapetes de peles de animais selvagens e decorado com serpentes embalsamadas e milhares de chifres de todo o tipo: curvos, retos, retorcidos, esgalhados, pontudos, obtusos, bifurcados, foscos, reluzentes, rugosos. "Era o desarmamento completo da guarda nacional", escreve Dumas retomando o estereótipo do caçador chifrudo[767].

Uma ou duas vezes por dia, alguém tocava piano e o próprio Gordon-Cumming aparecia, vestido com um kilt, para fazer o relato de sua vida: tendo nascido na Escócia, em 1822, aí aprendeu a caçar; em 1839, alistou-se na cavalaria ligeira de Madras, na Índia, e depois passou para os Cape Riflemen da África Austral. Em 1843, ele envolveu-se em uma grande expedição no interior da África, que se estendeu até 1848; de volta a Londres com os seus troféus e suas lembranças, ele montou esse espetáculo. À medida que fazia o relato de sua vida e de suas aventuras, eram apresentados, em suas costas, quadros panorâmicos representando as principais imagens de suas viagens.

---

766. VERNE, J. *Vingt mille lieus sous les mers* [1869]. Paris: Gallimard, 2012, p. 979, Col. "Bibliothèque de la Pléiade" [Ed . bras.: *Vinte mil léguas submarinas*. Trad. e adapt. Heloisa Prieto. Belo Horizonte: FTD, 2014].

767. Alexandre Dumas, Prefácio citado, p. 3.

Dumas observava com pesar que os franceses não tinham nenhuma ideia desse tipo de espetáculo, o que viria a ocorrer mais tarde. A exibição londrina de Gordon-Cumming seria seguida por um grande número de outras, encenando toda a espécie de grandes caçadas do século XIX. As mais célebres, hoje – pelo fato de darem a impressão, retrospectivamente, de anunciar a era do *entertainment* –, são aquelas que William Cody organizou, a partir de 1882, sob o nome de "Buffalo Bill"; de fato, as três turnês europeias do *Buffalo Bill Wild West Show* (1887, 1889-1891, 1905-1907) haviam sido grandes sucessos populares que acompanharam o advento do mito do faroeste. No entanto, elas não fazem justiça ao imaginário das grandes caçadas do século XIX; com efeito, como já vimos, ele dizia respeito muito mais à Índia e à África do que à América do Norte. Até o final do século XIX, a propensão para sonhar era fornecida, sem dúvida, não tanto pelos espetáculos de Buffalo Bill, mas pelas inumeráveis ilustrações que acompanhavam os livros de grandes caçadas, das quais Gordon-Cumming havia oferecido o modelo e Alexandre Dumas se tinha empenhado em levar a sentir o poder evocador:

> Eu me debrucei sobre o livro e, como faz uma criança, corri para as gravuras, aliás, bem-apropriadas ao assunto. Havia elefantes fazendo pular, de árvore em árvore, florestas no ar; havia rinocerontes caçando o caçador, em vez de serem caçados por ele; havia miríades de cães selvagens, de goela aberta e de cauda esticada, cercando o narrador com a intenção bem visível de devorá-lo; e via-se Gordon-Cumming, ajudado por seu pequeno bosquímano, puxando pela cauda uma boa de vinte e cinco pés de comprimento, ou assassinando, com facadas, um hipopótamo em um pântano; via-se, enfim, fixados no papel, os sonhos mais fantásticos que possa ter um caçador, seja por sua conta ou por conta dos outros[768].

Para retomar a afirmação de Jules Gérard, os relatos dos caçadores deviam "iniciar o leitor nas diferentes emoções e sensações"[769] experimentadas

---

768. Ibid.
769. GÉRARD, J. *Le Tueur de lions*. Op. cit., p. 27.

pelo caçador. As ilustrações contribuíam para alcançar esse objetivo: em 1855, Gustave Doré desenhava as ilustrações de *La Chasse au lion* [A caça ao leão]; a partir de 1863, as ilustrações do livro *Les Voyages extrordinaires* [As viagens extraordinárias] enalteciam as façanhas dos caçadores. Desde a obra *Cinq semaines en ballon* [Cinco semanas em balão], Júlio Verne propunha, à admiração dos jovens leitores, o personagem de Dick Kennedy, grande caçador de origem escocesa, que o ilustrador representava vestindo um kilt – o que era então uma homenagem declarada ao célebre Gordon-Cumming.

Os rapazes eram particularmente visados por esses livros[770], extraindo desses textos, senão as próprias emoções, pelo menos, a certeza de que se acostumavam a aprender a dominá-las. Reencontrando uma antiga tradição, esse relato das grandes caçadas aparecia, com efeito, como uma escola da guerra, tal como o século XIX renovava as suas formas. As vastas colônias britânicas não haviam sido conquistadas por soldados que eram também grandes caçadores? Para nos servirmos da afirmação de uma sociedade francesa de instrução militar, em 1855, "aquele que mira, com a carabina, um tigre da Ásia, um leão ou um rinoceronte africano, deve ter um coração de bronze e músculos de aço; com efeito, o mais leve tremor, a mínima emoção seria uma causa de morte"[771]. Ora, tal domínio, em tal contexto, era uma vantagem para o combate. Desde a perseguição da presa até o troféu, algumas experiências de combatentes enunciaram assim, por ocasião das guerras coloniais, as práticas das grandes caçadas com que os europeus tinham alimentado o seu imaginário desde o final do século XVIII[772].

---

770. MacKENZIE, J.M. "Hunting and Juvenile Literature". In: RICHARDS, J. (sob a dir. de). *Imperialism and Juvenile Literature*. Manchester: Manchester University Press, 1989, p. 144-172.
771. Apud VENAYRE, S. *Panorama du Voyage, 1780-1920* – Mots, figures, pratiques. Paris: Les Belles Lettres, 2012, p. 421.
772. ARZEL, L. "Du gibier au colonisé? – Chasse, guerre et conquête coloniale en Afrique (France, Royaume-Uni, Belgique, 1870-1914)". In: LORIN, A. & TARAUD, C. (sob a dir. de). *Nouvelle histoire des colonisations européennes, XIXe-XXe siècles* – Sociétés, cultures, politiques. Paris: PUF, 2013, p. 15-25. Cf. CHAMAYOU, G. *Les Chasses à l'homme* – Histoire et philosophie du pouvoir cynégétique. Paris: La Fabrique, 2010.

12
O ENTUSIASMO DA ADESÃO: NOVAS FORMAS DE EMOÇÕES POLÍTICAS

Corine Legoy

Desde o impulso de um coração arrebatado pelo anúncio do nascimento do duque de Bordeaux[773] até a rue Montorgueil embandeirada sob o pincel de Monet (*La Rue Montorgueil à Paris. Fête du 30 juin 1878*), passando por um cinto bordado para Luís Filipe como lembrança das Jornadas de Julho ou os elogios enviados a Napoleão III, esboçam-se os contornos de um campo tão eclético quanto conturbado: o da adesão – entendida como o assentimento ao poder, a sua aceitação desejada e, até mesmo, procurada com diligência[774] – e das emoções que a acompanham, suscitam ou exprimem. Registradas em memorandos, inscritas em um discurso, encenadas publicamente no tempo da festa, traduzidas por aplausos ou dissimuladas por trás da oferta de uma medalha, essas emoções tecem, ao sabor das fontes, a trama esquecida de um século XIX que foi vivenciado, lido e continua impondo-se, antes de tudo, como o século das

---

773. "Enquanto me visto às pressas, improviso algumas coplas em que o meu coração manifesta a sua alegria... corro em direção ao castelo" (MENNECHET, É. *Seize ans sous les Bourbons – 1814-1830*. Paris: Béthune, 1824, Carta de 5 de outubro de 1820).
774. Para retomar as palavras de Alain Viala que, desde 1998, defendia uma reflexão histórica sobre a adesão ("Quelques remarques sur l'adhésion", *Les Cahiers du Centre de recherche historique*, n. 20, abr./1998, p. 27).

revoluções. O objeto é, na verdade, desconcertante, o que pode ser avaliado por sua relegação na área dos estudos históricos. O tropismo do olhar – há muito tempo, atento às revoltas, aos gritos de sedição, às práticas contestatárias e, mais recentemente, às suas emoções correlatas (regozijo no momento do massacre, indignação, ódio ou fervor oposicionista, para citar apenas alguns exemplos) – é, de fato, impressionante. Sem dúvida, efeito de origem: o entusiasmo, registrado depressa ou decretado rapidamente, deixa menos vestígios do que os discursos intragáveis, o insulto ou o atentado; é impossível medir um tempo suplementar de aplausos quando se registra um grito, um protesto ou uma diversão e, se as destruições de emblemas ou as caricaturas são bem anotadas pelas fontes, onde buscar os cultos prestados ao poder que não provoquem nenhuma perturbação à ordem do mundo? Onde encontrar a expressão dessas emoções para com os regimes ou os homens que as encarnam? Obtém-se com maior certeza o peso de seu mistério em oposição a quem está mais próximo desse tipo de manifestação: como inferir uma emoção experimentada a partir dos discursos de celebração do poder ou das "multidões esfuziantes de alegria" descritas pelos superintendentes regionais da segurança? Como não admitir que a presença e os comportamentos dos participantes nas festas de soberania deixam na sombra o grau de adesão dos indivíduos às mensagens difundidas? Como desenredar o arrebatamento político do que é a alegria da festa, o prazer de beber, de cantar e de conviver? Estão em ação igualmente, e no mesmo plano, a desconfiança e a suspeita contra os partidários da ordem estabelecida – de alguma maneira, as nossas precauções éticas: o processo das musas de Estado ou dos vira-casacas reduziu, durante um longo período, o seu gesto ao cálculo servil e timorato, além de ter anulado a gama complexa das atitudes que eles podiam abranger – da resignação ao assentimento convicto, da adesão íntima ao engajamento combativo. Ele negou-lhes também a parte de liberdade que ninguém, no fundo, contesta aos oponentes: à força coercitiva e persuasiva dos regimes, aos rituais orquestrados a partir de cima, às censuras e aos entraves impostos, competiria assim ter feito surgir adesões marcadas com o selo da coação.

Misturados, esses múltiplos fatores de relegação foram reforçados pela primazia – e, muito particularmente, para a história política do século XIX – do advento de um cidadão racional e de uma construção estatal fundada no "enxugamento das paixões"[775]. Assim, a adesão teria sido pensada a partir do modelo do exercício da razão crítica, no voto, no engajamento partidário e no serviço da República, sem que tivessem sido aprofundados os seus aspectos menos formais e menos racionais, tampouco a sua colocação a serviço de regimes, por sua vez, longamente relegados a contrapelo de um século em marcha para a democracia. Desacreditados por insinceridade ou arcaísmo, despossuídos de sua livre-subjetividade, devolvidos à sua opacidade, as emoções da adesão encontraram-se assim descartadas por uma dupla desconfiança contra a consideração dos afetos na política e do assentimento à ordem vigente. No entanto, correndo o risco de que essa história seja, talvez, impossível e, com certeza, delicada, esboça-se um espaço fértil da política que, de saída, nos convida a apreender o passado em sua estranheza radical: com efeito, pensar o ímpeto fora do arrebatamento subversivo, restituir as emoções do vínculo ao príncipe ou ao poder, consiste efetivamente em fazer a experiência da distância, da irredutível diferença as pessoas do século XIX e nós. Em vez de oferecer uma versão ingenuamente encantada da história ou uma ponderação dos apoios aos regimes frente a seus adversários – o que não corresponderia à história das emoções políticas –, o desafio consiste, em compensação, em restituir vida, singular e encarnada, aos anos que vão da Restauração (1814-1830) a 1880, mediante a abordagem do que lhe serviu de fundamento, a saber: uma atenção acentuada à vivência sensível dos atores; uma elucidação das múltiplas modalidades afetivas da relação com o poder e de sua historicidade, além da consideração da combinação de ideias, de representações herdadas e de afetos, irredutível unicamente ao universo da razão. A nossa tentativa neste texto consiste em elaborar uma história desigualmente balizada – e ainda amplamente

---

775. Para retomar essa constatação estabelecida por Quentin Deluermoz, Emmanuel Fureix, Hervé Mazurel e M'hamed Oualdi, cf. "Écrire l'histoire des émotions: de l'objet à la catégorie d'analyse". In: *Revue d'Histoire du XIXe siècle*, n. 47, 2013, p. 155-189.

a construir – das categorias de análise às manifestações de entusiasmos coletivos, das palavras ao segredo dos corações.

Acerca do entusiasmo político

No decorrer desse trajeto, ameaçado sempre pelo risco de uma qualificação afetiva demasiado apressada dos comportamentos e das práticas, impõe-se prestar atenção à linguagem do tempo, às palavras utilizadas para *ler* a adesão política. Damien Boquet e Piroska Nagy, pioneiros na elucidação desta temática, lembraram o quanto a história das emoções deveria passar por uma "história da antropologia afetiva das sociedades de outrora", atenta às teorias e às representações dos fenômenos afetivos, além de estar em condições de divulgar as codificações, situadas historicamente, da emoção[776]. De certa maneira, no entanto, o nosso olhar procede a uma abordagem retrospectiva: para não decretar as emoções, o desafio consiste simplesmente, e para começar, em apreender a maneira como a adesão é, então, observada e transcrita em palavras, como a gama lexical é mobilizada para descrevê-la.

Aqui, evidentemente, impõe-se o entusiasmo, de tal maneira as linguagens política, administrativa ou jornalística parecem ser pródigas a esse respeito. Os "gritos de entusiasmo" ou "o entusiasmo unânime" dos franceses permeiam assim os relatórios dos superintendentes regionais da segurança desde a Restauração até a Terceira República nascente (1870). No período da Restauração da dinastia dos Bourbon, os boletins de Paris[777] registram com satisfação os ímpetos que acolhem peças e coplas oferecidas por ocasião das festas da realeza ou que parecem dar testemunho da "capacidade intelectual" do público dos teatros. Em 30 de setembro de 1820, no dia seguinte ao nascimento do duque

---

[776]. BOQUET, D. & NAGY, P. "Une histoire des émotions incarnées". In: *Médiévales*, vol. 61, 2011, p. 5-24.

[777]. Relatórios policiais redigidos diariamente para os superintendentes regionais da segurança a fim de noticiar a atividade, os eventuais distúrbios e o estado anímico cotidianos da capital; para o período 1819-1830, cf. Archives nationales F7 3874 a F7 3884.

de Bordeaux, filho póstumo do duque de Berry assassinado em 13 de fevereiro, o boletim do superintendente faz a seguinte constatação:

> Ontem, o público era extremamente numeroso em todos os teatros. Na ópera, todas as alusões foram compreendidas e aplaudidas com enlevo, e as coplas cantadas após a representação de *Athalie* foram escutadas com viva emoção. Nos outros teatros, o entusiasmo era semelhante. Os atores foram levados a repetir a maior parte das coplas; aliás, ficou a impressão de que todos as retiveram de memória, dando mostras de uma excelente capacidade intelectual.

O boletim do dia 2 de outubro ainda é mais categórico:

> As peças e as coplas inspiradas nesse evento foram acolhidas por toda a parte com entusiasmo e nenhuma oposição ousou manifestar-se. O acontecimento tão desejado e tão desejável do nascimento do Sr. duque de Bordeaux reanimou a esperança dos bons cidadãos e, uma vez mais, provou o quanto os habitantes de Paris estão afeiçoados à augusta família dos Bourbon.

Esse cuidado em registrar os arrebatamentos de adesão ao poder caracteriza, de resto, todo o período, de modo que a Segunda República, o Segundo Império ou a Terceira República não deixam de estar atentos a tal atitude. As formas podem variar, mas o campo lexical é o mesmo: em um telegrama endereçado aos superintendentes regionais, em 18 de julho de 1852, Victor de Persigny, ministro da Segurança Interior, vai informá-los de que "o tempo estava magnífico na chegada do príncipe a Estrasburgo, tendo sido recebido no meio das mais ardentes aclamações. A sua entrada foi verdadeiramente triunfal. As casas estavam todas enfeitadas, cobertas de divisas, de inscrições, e o entusiasmo era universal". Por sua vez, em 10 de dezembro de 1870, o vice-superintendente Fernand Ramel convoca a população de Havre a "resistir até a morte", invocando "o entusiasmo republicano da guarda nacional e de nossa população inteira"[778]. O entusiasmo, termo recorrente da linguagem adminis-

---

778. Apud CLARETIE, J. *Les Murailles politiques de la France pendant la Révolution de 1870-1871 – Chute de l'Empire, la guerre, le siège de Paris: complément indispensable de l'histoire de la révolution de 1870-1871*. Paris: Librairie Illustrée, s.d.

trativa, ocorre igualmente em relatórios, crônicas ou artigos da imprensa. É, então, alternadamente, o entusiasmo regalista – o qual leva as pessoas a emocionarem-se diante do relato das batalhas contra os "bleus" [nome atribuído aos soldados republicanos por causa da cor azul do respectivo uniforme] em *Yvon Le Breton, ou Souvenirs d'un soldat des armées catholiques et royales* (1854 [Yvon Le Breton, ou Lembranças de um soldado das forças armadas católicas e regalistas]), pelo Visconde Walsh –, ou o entusiasmo republicano, celebrado com vigor por Camille Pelletan em *Le Rappel* [A convocação], em 27 de setembro de 1879:

> Convém extrair os ensinamentos dessas grandes manifestações políticas que acabam de ocorrer nos pontos mais distantes da França [...]. Por toda a parte, são os mesmos sentimentos de entusiasmo republicano. [...] Era impossível deixar de ouvir essas massas republicanas, ávidas por manifestar o seu entusiasmo democrático, o "ruído vivo", como diz o poeta, produzido pelos passos humanos quando marcham em frente.

A produção teatral vai, por sua vez, tirar partido dessa situação – a partir daí, Joseph Léonard cria um tipo em uma comédia, *L'Enthousiaste* [O entusiasta], em 1826[779] – e, ainda de maneira mais profusa, as brochuras políticas.

No entanto, menos que a frequência do termo nos textos do período, que achata em demasia o curso da história segundo o prisma de um termo onipresente, importam aqui as inflexões de sentido e as cristalizações – polêmicas – de que ele é objeto. De fato, se o século XIX não inventa a palavra, nem a ideia de entusiasmo, em compensação vai convertê-lo em uma nova categoria de análise da esfera pública e do vínculo com o poder. A etimologia do termo vai conectá-lo às religiões antigas: do grego *enthousiasmós* (derivado, por sua vez, de *en-theós*, "deus em"), ele designa o arrebatamento ou a possessão por uma divindade. Em seguida, durante um longo período, fica associado à ideia de penetração do divino no corpo do indivíduo, geradora de revelações: "Não é sem

---

779. LÉONARD, J. *L'Enthousiaste*, Paris: Barba, 1827. Comédia em três atos e em verso, encenada pela primeira vez no palco do teatro régio do Odéon, em 30 de dezembro de 1826.

motivo que 'entusiasmo' significa 'Deus em nós'", lembra Vigny em seu *Journal d'un poète* (1867 [Diário de um poeta]). A partir do século XVI, e sob o impulso do grupo de La Pléiade, o termo serve de fundamento a novas representações da inspiração poética: remete daí em diante ao entusiasmo criador, ao "furor" divino que impele o poeta a escrever e ao qual ele deve abandonar-se. O entusiasmo é a energia criadora e aceita passivamente, a via de acesso ao sublime. A posteridade desses estereótipos é longa, revivificada em torno de Diderot, Mercier ou Chénier[780], assim como pela poesia neoclássica. O século XIX, no entanto, ratifica um deslocamento essencial do termo: durante muito tempo, inscrito essencialmente nos domínios da arte e da religião, às vezes, concebido como a admiração excessiva, ele passa daí em diante para o campo político, para as suas experiências individuais e para as suas expressões coletivas e públicas. No dicionário *Littré*, assim como no *Grand Dictionnaire Universel du XIXe siècle* [Grande Dicionário Universal do século XIX] de Pierre Larousse, o entusiasmo do herói toma lugar ao lado do entusiasmo do poeta, o entusiasmo guerreiro ao lado da possessão divina: é esse arrebatamento que excita a atos extraordinários, manifesta-se no exterior pela energia e, às vezes, pela violência dos atos.

Essa reconfiguração do termo é essencial, indissociável de uma atenção renovada à parte afetiva dos impulsos políticos. Dois "momentos" contribuíram para esse deslocamento, sem deixarem, no entanto, a sua marca própria: o Século das Luzes e a Revolução Francesa. Do Iluminismo, e do primado atribuído por seus filósofos à razão, derivam a oposição – destinada a perdurar – entre ela e o entusiasmo, assim como o processo correlato daquilo que depende de uma perturbação incontrolada do ser, resvalando sempre, mais ou menos, para o temível fanatismo. O artigo severo de Voltaire, em seu *Dictionnaire philosophique* (1764 [Dicionário Filosófico]), ataca, de maneira irônica, essa "doença do entusiasmo" que leva um jovem espectador de teatro, "tão extasiado, pela sua infelicidade", a escrever a sua própria tragédia, ou César a chorar ao ver a

---

780. DIAZ, J.-L. *L'Écrivain imaginaire* – Scénographies auctoriales à l'époque romantique. Paris: Champion, 2007.

estátua de Alexandre. O entusiasmo é "semelhante ao vinho": "Ele é capaz de excitar tanto tumulto nos vasos sanguíneos e tão violentas vibrações nos nervos que, nesse estado, a razão é completamente destruída".

A Revolução Francesa, em compensação – e como foi mostrado pelos estudos de Haïm Burstin, de Jean-Clément Martin ou de Sophie Wahnich[781] –, não desacredita nem ignora, antes pelo contrário, os entusiasmos políticos. Sob muitos aspectos, a revolução romântica é um momento de afirmação individual no dom de si e, até mesmo, o sacrifício, por uma causa superior. Vivenciada intimamente segundo o modelo do entusiasmo, essa implicação subjetiva alimenta tanto a militância revolucionária quanto – convém sublinhar este aspecto – o engajamento contrarrevolucionário; de fato, ambos inscrevem-se em um clima cultural mais geral e compartilhado, impregnado por uma corrente sensível que não foi enterrada pelo racionalismo do Século das Luzes. Aliás, a retórica revolucionária serve-se amplamente, em particular, a partir de 1792, do apelo ao entusiasmo pela liberdade, pela pátria e pela República. As festas públicas, enfim, inscritas nesse vasto movimento, apoiam-se, em grande parte, em uma mobilização sensível dos indivíduos, raiz do desdobramento da energia revolucionária: essa a leitura feita por Rabaut Saint-Étienne, em dezembro de 1792, por ocasião de um debate sobre a instrução pública na Convenção, quando ele faz um apelo para atribuir a primazia à educação que "forma o coração" sobre a instrução que "fornece conhecimentos"[782].

Essas heranças intricadas – necessária contenção das "paixões" para fazer advir a razão, sobrevivência da corrente sensível e impacto da experiência revolucionária – constituem um legado em tensão para as representações dos

---

781. BURSTIN, H. *Révolutionnaires* – Pour une anthropologie politique de la Révolution française. Paris: Vendémiaire, 2013. Cf. textos de Jean-Clément Martin em VAILLANT, A. (sob a dir. de). *Dictionnaire du romantisme*. Paris: CNRS, 2012. • WAHNICH, S. *Les Émotions, la Révolution française et le présent*. Paris: CNRS, 2009.

782. Condorcet, no entanto, como é sublinhado por Bronislaw Baczko, ergue-se contra "essa tendência quase geral para fundar as nossas novas virtudes políticas em um entusiasmo inspirado pela infância" ("Démocratie rationnelle et enthousiasme révolutionnaire". In: *Mélanges de l'École française de Rome*, vol. 108, 1996, p. 583-599).

entusiasmos políticos e deixam o século dividido entre a sua valorização e a sua contestação. Depois das análises "no decorrer dos acontecimentos" de Kant – *Kritik der Urteilskraft* (1790 [Crítica do juízo]) e *Der Streit der Fakultäten* (1798 [Conflito das faculdades]) –, o período posterior à Revolução e ao Império assiste à multiplicação de reflexões de natureza filosófica, moral e política em torno desses textos. Impregnados pelo choque do acontecimento, numerosos contemporâneos procuram pensar o que aparece, para um grande número de autores, como a sua característica mais marcante: a irrupção, no curso da história, de fervores coletivos que atuam impelidos por um entusiasmo político inédito. Associado, em alguns, aos furores obcecados, esse entusiasmo pode assumir o aspecto do fanatismo ou do frenesi e preparar os episódios sangrentos da história. Por trás dessa leitura contrarrevolucionária dos acontecimentos misturam-se então o medo das multidões e dos contágios subversivos com a denúncia das abstrações que as puseram em movimento. Elas impregnam a lenda negra da Revolução no período da Restauração e, ainda no final do século, numerosos escritos católicos: em 1888, um publicista considera "Brutus, degolando os filhos, [...] como o grande modelo do fanatismo revolucionário"[783]. É impossível, no entanto, atribuir essa leitura apenas ao universo da contrarrevolução, de tal maneira a desconfiança contra entusiasmos coletivos atravessa o século e as culturas políticas. Outros, pelo contrário, interpretam os entusiasmos de adesão como o impulso sublime em favor de uma causa nobre que faz a grandeza do homem: "Todos aqueles que sabiam refletir podiam temer; mas aqueles que se limitavam a sentir não tinham nenhum receio. À Europa armada, opôs-se o entusiasmo da França: tendo de armar um milhão de homens, esse entusiasmo foi bem-sucedido", sublinha, em 1824, Jean-Joseph Regnault-Warin em sua obra *Mémoires pour servir à la vie du général La Fayette et à l'histoire de l'Assemblée constituante* [Memórias para servir à vida do General La Fayette e à história da Assembleia Constituinte].

---

783. SAINTE-MARIE, A. *1789 à 1899: un siècle de révolutions en France* – Politique de la révolution et politique chrétienne française. Paris: Palmé, 1888.

A constatação despoja, certamente, os franceses de sua lucidez crítica, mas leva também a marca dessa admiração – difusa, complexa – pelos impulsos políticos, a qual fornece uma de suas tonalidades à época. É ela que, no período da Monarquia de Julho, leva Philippe Damiron, professor universitário e membro do Institut de France, a afirmar o quanto o entusiasmo, impulso incessante para o belo e o justo, é criador; pelo contrário, o misticismo é destruidor, e o furor é sanguinário e brutal[784].

Impregnadas pela história recente, essas leituras do entusiasmo vão constituí-lo em objeto político e polêmico, às vezes, no seio do mesmo universo de pensamento. A obra de Chateaubriand, referência fundadora para o movimento romântico, leva assim a marca dessas tensões entre um entusiasmo funesto, fornecedor de violências políticas e de dissolução social, e o entusiasmo virtuoso pelo belo e pelo sagrado. É o caso, também, mas de acordo com uma leitura republicana, daquela feita por Germaine de Staël. A seu culto do entusiasmo, à sua admiração pela sua versão política, em 1789 – mistura, em seu entender, de impregnação dos modelos antigos, de desejo de se sacrificar e de impulso em favor da liberdade –, mescla-se uma desconfiança de experiência contra os seus avatares excessivos: o entusiasmo pelo déspota, evidentemente, mas também alguns entusiasmos militares, assim como o entusiasmo pela virtude cívica do período de *Terreur* [Terror] que, para ela, apoia-se na manipulação dos fracos pelo medo:

> Não é, estou de acordo, a maioria numérica da França que é entusiasta das ideias democráticas, mas são todos os caracteres ativos, impetuosos, que multiplicam a sua resistência pela sua paixão, arrastam os outros pela sua vontade e conseguem recrutar todos os fracos mediante o pavor que inspiram[785].

Em seus passos, os românticos contribuem para a inflexão da noção e para a sua difusão. Por sua consciência da importante ruptura realizada pelo surgimento das forças coletivas e populares, e por sua atenção em ler a história

---

784. DAMIRON, P. *Discours prononcés à la Faculté des Lettres (cours d'histoire de la philosophie moderne)*. Paris: Hachette, 1839, p. 34 e 46.
785. STAËL [Madame]. *Œuvres complètes*. T. 1. Paris: Lefèvre, 1838, p. 34.

pelo prisma da afirmação deles. Indissociavelmente, e sobretudo, por sua consagração dos afetos. Ela ocorre, em primeiro lugar, no desdobramento de uma poética das emoções em obras que se oferecem como uma projeção do ego sensível e interior – como uma "sagração do sujeito", segundo a expressão de Alain Vaillant[786]. Em seguida, ela passa por uma experiência comum do engajamento, concebido de acordo com o modelo do fervor. Seja em favor da causa regalista e religiosa, no primeiro momento, para alguns, tais como Hugo, ou em favor da causa liberal, o seu lirismo político alimenta o impulso em direção tanto à escrita quanto à ação. A corrente romântica marca assim um momento de ruptura com a dicotomia tão influente entre inteligibilidade e sensibilidade: no culto da energia e do entusiasmo, aloja-se a esperança da possível reconciliação entre as duas. O advento da Segunda República, em fevereiro de 1848, cristalizou essas representações otimistas: entusiasmo lírico e consensual, fusão na alegria e na harmonia, impulso de vida e de esperança, as imagens são recorrentes nos escritos mais importantes da época. George Sand escreve a Charles Poncy, em 8 de março de 1848:

> Viva a República! Que sonho, que entusiasmo e, ao mesmo tempo, que contenção, que ordem em Paris! Chego a essa cidade, corri de um lado para o outro e assisti à abertura das últimas barricadas à minha frente. Vi o povo imponente, sublime, ingênuo, generoso, o povo francês reunido no centro da França [...]. Passei noites insones, muitos dias sem me sentar. As pessoas estão loucas, ébrias, felizes por terem adormecido e acordado nos céus.

Essas experiências e essas grandes correntes contribuem, sem serem as únicas, para tornar os entusiasmos da adesão em uma categoria da percepção inédita e polêmica, além de exercerem uma influência duradoura sobre a tensão fundamental que se estende até os anos de 1880, entre a sua exaltação e a sua rejeição. Entretanto, elementos novos integram-se nelas, na segunda metade do século. Eles vêm revelar, por sua vez, a historicidade profunda da

---

786. VAILLANT, A. Introduction. In: VAILLANT, A. (sob a dir. de). *Dictionnaire du romantisme*. Op. cit.

formulação em discursos das emoções, assim como a natureza, muitas vezes, contextual de sua percepção: esse é o caso da imagem recorrente de um século XIX prosaico, alheio aos impulsos, tendo sufocado todos os entusiasmos. Certamente, esse clichê aparece cedo (pensemos em Lamartine: "Entre as minhas maiores calamidades, está a influência funesta que me fez nascer poeta em um século de matemáticos"[787]), mas afirma-se mais nitidamente a partir dos anos de 1850 e, então, alimenta-se de novas fontes. O desencantamento subsequente às jornadas de junho de 1848 foi muito útil, tendo deixado George Sand triste, mal-humorada, incapaz de se recuperar do golpe que lhe haviam desferido, como ela escreve a Émile de Girardin, em 16 de novembro de 1850[788], aliás, sentimentos partilhados, com ela, por um grande número de republicanos românticos. A hora do entusiasmo já não existe e o golpe de estado de 2 de dezembro de 1851, tendo "despolitizado" fisicamente Baudelaire, parece confirmar ainda mais tal situação. A imagem de um século sem fervor atravessa também, em uma perspectiva diferente, numerosas publicações católicas dos anos de 1860-1880; desenvolve-se, então, uma forma de melancolia cristã diante de uma época considerada como a do recuo da fé. O que leva o bispo de Tulle a afirmar, em 1860: "Quanto mais avançamos neste século raciocinador, sistemático e impassível, tanto mais o entusiasmo se torna raro, se restringe, amesquinha e desaparece"[789]. Mais frequente, no entanto, é a lamentação sobre um tempo que teria consumado o divórcio entre entusiasmo e política: "Assim, torna-se possível gritar duas palavras juntas: entusiasmo político! É como se alguém dissesse tagarela-discreto, valente-fanfarrão, corajoso-covarde, filantropo caritativo", ironiza o legitimista Clariond[790]. A ideia introduz-se

---

787. Carta à senhorita de Canonge, 24 de dezembro de 1818. In: *Correspondance de Lamartine*. Ed. de Valentine de Lamartine. T. 2. Paris: Hachette-Furne, 1873-1875, p. 290.

788. Carta a Émile de Girardin, 16 de novembro de 1850. In: *Correspondance de George Sand*. Ed. de Georges Lubin. T. 10. Paris: Classiques Garnier, 1972, p. 801.

789. "Mgr Berteaud. Évêque de Tulle". In: *Revue du Limousin*, vol. 1, 1860, p. 49.

790. *Lettres marseillaises (de l'ancienne France) au docteur Louis Véron (de la nouvelle), par Clariond, docteur en aucune espèce de chose, quoique vingt-quatrième rédacteur du* Corsaire. Paris: Ledoyen, 1852.

inclusive em um tratado médico, publicado em 1866: "A política! Mas cada um sabe que as paixões desse gênero, com raras exceções, estão bastante embotadas, para não dizer, extintas. O fanatismo, o entusiasmo político, são expressões que, na etiologia das doenças, figuram apenas como lembrança"[791]. Outra inflexão, enfim – e sem pretendermos ser exaustivos –, adotada pelo período: as queixas sobre o triunfo descarnado do positivismo. Para *Le Correspondant*, na sombra projetada pela derrota de 1870, esse triunfo atraiçoaria inclusive a vitória do espírito germânico sobre o sentimento, a imaginação e a elegância, características próprias da França:

> Veja-se com que sorriso pedante, com que desdém satisfeito, nosso século positivista fala de tudo o que é espírito, sentimento, elegância, imaginação, arte, inspiração em literatura, ou em poucas palavras, de tudo o que constituiu até aqui a flor do espírito francês – sob o pretexto de que, no fundo de todas essas centelhas, de todos esses falsos brilhantes, de todos esses fogos fátuos, nada há de científico –, pode-se temer, após a invasão de nosso território pelas forças armadas alemãs, uma invasão não menos temível do cérebro de nossa juventude pelo espírito germânico[792].

Observa-se então que vários elementos convergem para alimentar esse processo de uma era materialista: desencantamento ou melancolia após 1848, pleno desenvolvimento avassalador da indústria, incremento e institucionalização das disciplinas científicas, audiência pública crescente de suas figuras mais importantes que, em breve, vê o cientista suplantar o poeta. Ao proceder assim, eles contribuem para revestir de grandeza e de virtude os entusiasmos políticos. A nostalgia republicana em relação às emoções suscitadas pela grande Revolução leva, de alguma maneira, a marca disso, de tal maneira a emoção não é concebida apenas – eis o que foi demonstrado por Paula Cossart – como um "dano para a ideia republicana"[793].

---

791. *Du tabac: Son influence sur la santé et sur les facultés intellectuelles et morales* – Hygiène des fumeurs, par le Dr Druhen aîné, professeur à la faculté de médicine. Besançon: Dodivers, 1866.
792. *Le Correspondant* – Recueil périodique, 3. série, vol. 96, 1883, p. 986.
793. COSSART, P. "L'émotion: un dommage pour l'idée républicaine – Autour de la rhétorique de Gambetta". In: *Romantisme*, n. 119, 2003, p. 47-60.

Pelo contrário, não ocorre o desaparecimento do medo, nem da condenação – alimentados, por sua vez, por novos elementos – dos entusiasmos. A ciência, em primeiro lugar, intromete-se recentemente no debate à mercê de uma leitura médica dos entusiasmos que se desenvolve então e conduz à sua patologização:

> O entusiasmo, político ou religioso, sobretudo este último, não sobre-excita apenas as faculdades intelectuais, mas atua com não menos energia sobre os sentimentos afetivos cuja exaltação extrema pode igualmente converter-se em um verdadeiro estado patológico, o qual é caracterizado suficientemente pela fixidez das ideias emotivas, espécie de estado cataléptico da parte sentimental do ser e, em seguida, por um estado de insensibilidade e de anestesia geral[794].

A experiência do Segundo Império, sobretudo, renova as precauções contra os entusiasmos de adesão e contribui para remanejar as respectivas representações. Ela suscita, nos pais fundadores da Terceira República, uma desconfiança visceral para com entusiasmos cristalizados em um só, os quais acabam preparando o advento de homens providenciais e do carisma despótico. Ela atua plenamente na inquietação frente à popularidade de um Gambetta – suspeito, assim, de ser uma ameaça para o regime republicano – e face à sua arte retórica capaz de eletrizar as multidões.

Essas representações, estáticas ou refundidas, contribuem para modelar o novo rosto dos entusiasmos de adesão, entre 1815 e 1880: não porque estes viessem a constituir em si mesmos arrebatamentos desconhecidos até então – nada disso é testemunhado por eles –, e sim porque a maneira como são levados em conta é inédita. Consciência nova das emoções subjetivas dos atores políticos, atenção vigilante às circulações coletivas das emoções, reflexão sobre o que serve de fundamento ao vínculo com o poder – razão e/ou afeto – e sobre os riscos de evolução das adesões para o fanatismo ou para tornar-se crisol de regimes auto-

---

794. *La Psychologie morbide dans ses rapports avec la philosophie de l'histoire, ou De l'influence des névropathies sur le dynamisme intellectuel, par le Dr Moreau (de Tours)*. Paris: Masson, 1859.

ritários, tudo isso impregna as percepções do passado próximo e as leituras da história em marcha.

Entusiasmos coletivos?

De que modo construir, para além dessas verbalizações e representações elitistas da noção, a história desses impulsos de adesão? Como passar para a "antropologia histórica da afetividade", a história das maneiras de viver e de usar o afeto em sociedade, que é o segundo objetivo de uma história das emoções tal como esta é definida por Damien Boquet e Piroska Nagy?[795] A pista privilegiada pelos historiadores foi – e continua sendo – a das festas políticas, consideradas como momentos paroxísticos de expressão e de aprofundamento dos entusiasmos coletivos.

De 1815 a 1880, é verdade, todos os regimes servem-se dessas "festas de soberania", organizadas, programadas e financiadas pelo Estado; a sua celebração efetua-se segundo calendários e imaginários próprios, mas mediante procedimentos e um repertório festivos que impressionam por sua fixidez. O ritmo e a natureza dessas festas são daqui em diante bem conhecidos, desde as festas regulares às festas excepcionais (vitórias, nascimentos ou casamentos), passando por uma gama de folguedos de âmbito nacional ou local (visitas e viagens, recepções ao rei ou inaugurações de busto, exposições universais). Como foi demonstrado por Alain Corbin, elas são impregnadas, alternadamente, por estes três modelos: o da festa régia, ostentação da soberania impregnada de sacralidade; o da festa revolucionária, obcecada pela ideia de tábula rasa e pela ambição pedagógica; e o da festa cesariana, que mistura ritual de corte, desfile militar e aspiração à confirmação democrática[796]. Essas festas são organizadas segundo calendários específicos que, de saída, manifestam a sua inscrição memorial e as suas heran-

---

795. BOQUET, D. & NAGY, P. "Une histoire des émotions incarnées". Art. cit.
796. CORBIN, A. Prefácio. In: CORBIN, A.; GÉRÔME, N. & TARTAKOWSKY, D. (sob a dir. de). *Les Usages politiques des fêtes aux XIXe-XXe siècles*. Paris: Publications de la Sorbonne, 1994, p. 7-11.

ças políticas. Até 1870, são celebradas as festas dos soberanos, correspondentes às do respectivo santo padroeiro: festas de São Luís [a Saint-Louis], em 25 de agosto, e de São Carlos [a Saint-Charles] em 4 de novembro, sob a Restauração; festas de São Filipe [a Saint-Philippe], no 1º de maio, sob a Monarquia de Julho; e, em seguida, a Saint-Napoléon, em 15 de agosto, sob o Segundo Império. A Restauração acrescenta uma sagração, a de Carlos X, em 29 de maio de 1825, reativação emblemática de ritos monárquicos. A Monarquia de Julho, por sua vez, inspirando-se em seu registro festivo na associação heterogênea entre celebrações da sacralidade régia e de seu advento revolucionário, enxerta nessa trama fixa o aniversário da fundação do regime – *Trois Glorieuses* [Três jornadas gloriosas] 27, 28 e 29 de julho de 1830 – e de sua instauração oficial, em 9 de agosto de 1830. As festas da Segunda República, festas de regeneração cívica, impregnadas do modelo revolucionário, celebram, igualmente, os aniversários de sua fundação (24 de fevereiro de 1848) e de sua proclamação (4 de maio de 1848), assim como de maneira mais ocasional a promulgação de sua Constituição (19 de novembro de 1848). A Terceira República, enfim, adota em 1880 o dia 14 de julho como dia da Festa Nacional, ao termo de dez anos de celebrações hesitantes, atravessadas de banquetes políticos orquestrados pelos republicanos e de uma festa em homenagem à República, em 30 de junho de 1878, durante a Exposição Universal. Entretanto, a inscrição das festas no calendário tece, às vezes, parentescos inesperados: assim, todos os regimes celebram as respectivas vitórias por meio de triunfos militares. É o caso, por exemplo, em 1823, com o triunfo do duque de Angoulême após a sua intervenção na Espanha para o restabelecimento de Fernando VII; ou, em 1859, de Napoleão III, após as batalhas de Magenta e Solferino. Da mesma maneira, conforme a tradição da realeza, o nascimento de um herdeiro implica, tanto nas monarquias censitárias quanto no período do Segundo Império, o seu cortejo de festas de soberania: batismo do duque de Bordeaux, o filho póstumo do duque de Berry e de Marie-Caroline, no dia 1º de maio de 1821; batismo de Philippe d'Orléans, neto de Luís Filipe, em 2 de maio de 1841; ou batismo de Luís Napoleão, filho de Napoleão III e da Imperatriz Eugênia, em 14 de junho de 1856.

Nenhum século, com toda a evidência, manifestou tanto gosto por festas políticas – mesmo que não tivéssemos citado todas elas – e nenhum de seus regimes omitiu orquestrá-las, seja reatando com a tradição ou servindo-se do ecletismo ou da ambição da invenção fundadora. Sobretudo e, sem dúvida, mais ainda, o século XIX havia ficado obcecado literalmente pela observação e decifração das mesmas. Assombrado pela decifração do "espírito público", interessado em clarificar um mundo social e político que se tornou, para muitos, bastante opaco[797], ele produziu assim uma intensa literatura administrativa sobre as festas, em todos os pontos do território e em todos os níveis de sua supervisão, ao arbítrio dos relatórios de polícia, assim como dos relatórios municipais, ministeriais e das superintendências regionais. Como já dissemos, esses relatórios foram os primeiros que leram essas festas sob o prisma dos entusiasmos coletivos. E, também, os primeiros a converterem-se em sismógrafos da opinião: medidas da adesão aos regimes na perspectiva do regozijo popular observado, da frequência ou da ausência de gestos sediciosos, das aclamações produzidas. Assim, desenvolve-se, imediatamente após o acontecimento, uma leitura da festa política como testemunho afetivo da adesão ao poder vigente; aliás, a imprensa contribui também para isso, atenta, segundo a sua tendência política, a descortinar nessa festa o sinal da solidez ou do esgotamento dos regimes.

Essa abundante produção de discursos sobre as festas de soberania permitiu o estudo aprofundado desses rituais pelos historiadores, desde o trabalho fundador de Mona Ozouf sobre *La Fête révolutionnaire* (1976 [A festa revolucionária]), daí em diante amplamente conhecidos em seu desenrolar, tanto em sua simbólica quanto em sua subversão. No entanto, a inserção desses estudos em uma história das emoções políticas está, ainda hoje e em grande parte, por ser empreendida; com certeza, ela não poderia retomar por sua conta o olhar de suas fontes, buscar nessas festas sinais de adesão e apropriar-se das constatações de entusiasmo ou de indiferença. Nesse aspecto, são mani-

---

797. Sobre esta questão cf. KARILA-COHEN, P. *L'État des esprits* – L'invention de l'enquête politique en France, 1814-1848. Rennes: PUR, 2008. • MALANDAIN, G. *L'Introuvable Complot* – Attentat, enquête et rumeur dans la France de la Restauration. Paris: L'Ehess, 2011.

festos os problemas, inclusive, os impasses, que ainda devem ser superados. Tão maciços, de certa maneira, que chegaram a alimentar a ideia de um aniquilamento inevitável do afeto político na festa: atribuição política demasiado rápida dos entusiasmos manifestados nesse momento; impossibilidade de ter acesso por seu intermédio ao sentimento profundo, às emoções vivenciadas pelos atores; orquestração e incentivo por parte do poder que contradizem a espontaneidade da adesão; e coação interiorizada inerente aos mecanismos rituais. Tudo isso, que exige uma vigilância rigorosa – mas indispensável, no fundo, a todos os objetos de história – foi evocado e deve ser levado em conta[798]. No entanto, e salvo acreditar em vias de acesso transparentes ao passado, isso não poderia relegar tão radicalmente as festas para fora de uma história das emoções de adesão. Nesse sentido, deve ser dado um passo de lado[799]: não procurar nelas momentos de *expressão* dos entusiasmos, mas de preferência abordá-las como momentos de *aprofundamento* dos fervores coletivos, dos empreendimentos de mobilização afetiva nos quais aparece a vontade, própria de cada regime, de utilizar e de regular as emoções a seu serviço. Impossível, de fato, ignorar a sua importância em uma era marcada, como já vimos, pela centralidade dos afetos – e do entusiasmo – nas representações da esfera pública; impossível, igualmente, negar o quanto a festa foi concebida, desde as monarquias censitárias à Terceira República nascente, como uma maneira de enraizar o regime nos corações.

Para as festas de soberania da Restauração, essa dimensão de mobilização afetiva foi frequentemente sublinhada: festas de ostentação do príncipe, tentativas paradoxais de ressacralização da monarquia, elas buscariam apenas a admiração consensual e o regozijo submisso dos súditos. A vontade declarada por Élie Decazes, em 1817, de "induzir a amar o poder ao promover o seu res-

---

798. MARIOT, N. "Qu'est-ce qu'un 'enthousiasme civique'? – Sur l'historiographie des fêtes politiques en France après 1789". In: *Annales – Histoire, sciences sociales*, vol. 63, n. 1, 2008, p. 113-139.
799. Como foi sublinhado por Quentin Deluermoz, Emmanuel Fureix, Hervé Mazurel e M'hamed Oualdi em "Écrire l'histoire des émotions... " Art. cit.

peito"[800], encontra assim eco nas encenações festivas comandadas pela retórica familiar do rei-pai cercado dos filhos reconciliados. Eis o que é testemunhado, à sua maneira, pelas peças oferecidas à população nesse momento: de fato, o desfecho da maior parte delas apresenta o quadro de uma efusão coletiva em torno do soberano, servindo-se da repetição edificante, e idealizada, da festa; é o que se passa com a cena final de *L'Entrée à Reims* [A recepção solene em Reims], representada por ocasião da sagração de Carlos X, no teatro de Ambigu-Comique, que encena o afã entusiasta do povo em contemplar o cortejo régio[801]. Em oposição a essas festas de uma "monarquia sentimental", foi apresentado muitas vezes o modelo republicano de uma festa pedagógica, pensada como a consagração de uma adesão fundada na razão. Essa vontade, inegável, nem por isso deve ocultar a aspiração à inscrição afetiva do regime na comunidade nacional que subentende, indissociavelmente, o repertório republicano, baseado na dupla mola propulsora da educação e da emoção. No período do governo de Ordre moral [Ordem Moral], que organiza o seu 30 de junho de 1878, a intenção é cristalina: "Uma festa nacional deve ser a festa de todos e, por assim dizer, levar todos os corações a baterem em uníssono"[802], mas a ideia impregna igualmente o desígnio plenamente republicano de Festa Nacional do 14 de julho. O lirismo de Victor Hugo vai denunciá-lo mediante estas palavras:

> Eis uma festa popular; observem a alegria que irradia em todos os rostos, escutem o rumor que sai de todas as bocas. Mais do que popular, trata-se de uma festa nacional [...]. Mais do que nacional é uma festa universal: verifiquem em todas as frontes, inglesas, húngaras, espanholas, italianas, o mesmo entusiasmo; deixou de haver estrangeiros. Senhores, o dia 14 de julho é a festa humana[803].

---

800. Élie Decazes, Discurso na Câmara dos Deputados, 15 de dezembro de 1817.

801. BARA, O. "Dramaturgies de la souveraineté: entrées royales et pièces de circonstance sous la Restauration". In: PERRIN-SAMINADAYAR, C. & PERRIN-SAMINADAYAR, É. (sob a dir. de). *Imaginaires et représentations des entrées royales au XIXe siècle* – Une sémiologie du pouvoir politique. Saint-Étienne: Puse, 2006, p. 41-60.

802. "Exposé des motifs du projet de loi instituant la fête du 30 juin 1878". In: *La République française*, 28/05/1878, apud IHL, O. *La Fête républicaine*. Paris: Gallimard, 1996, p. 108.

803. Victor Hugo, Discurso ao Senado, Sessão de 3 de julho de 1880, apud SANSON, R. *Les 14 juillet* – Fête et conscience nationale, 1789-1975. Paris: Flammarion, 1976, p. 37.

Além das palavras, os próprios dispositivos festivos atraiçoam essas políticas da emoção. Eles são organizados segundo dois momentos distintos, separados pelo banquete do meio-dia: a parte da manhã, tempo das personalidades importantes, dedicada às cerimônias oficiais e religiosas (até 1880, ano em que estas são anuladas e o ritual é laicizado), aos desfiles ou revistas militares e às distribuições de caridade; e a parte da tarde, após o meio-dia, destinada aos folguedos públicos e populares, encerrada pelos bailes e danças do final da tarde. A gama dos procedimentos utilizados é invariável: distribuição de víveres ou de socorro, demonstrações militares, fogos de artifício e iluminações, representações teatrais gratuitas, banquetes e danças. Ela apoia-se em uma intensa mobilização sensível dos participantes, solicitando profusamente os cinco sentidos: visão (cores dos símbolos e das bandeiras, brilho dos uniformes...); audição (carrilhões de sinos, salvas de tiros de canhões, rufar de tambores, música...); tato (banhos de multidão); além do olfato e do paladar (festins dos banquetes ou do alimento oferecido). Nessas festas, tira-se partido também dos efeitos de contágio e de treino, irredutíveis unicamente ao registro político: os procedimentos visam suscitar o entusiasmo (pelo espetáculo ou pela prodigalidade), levá-lo a circular e compartilhá-lo (pela presença dos corpos), além de despertar a sua expressão (pelo canto em uníssono ou pela repetição das aclamações). Assim, explica-se amplamente a introdução de variações locais, mais facilmente mobilizadoras, nos dispositivos festivos: corridas de touros que aparecem, em Bayonne, em 1853, em homenagem ao casamento de Napoleão III com Eugênia, antes de se difundir no Sudeste e no Sul para as subsequentes festas de Saint-Napoléon. Assim, explica-se igualmente a permanência das revistas militares que, desde o Segundo Império, atraem as multidões parisienses e provinciais, além de constituírem muitas vezes o "clímax" do espetáculo nos primeiros anos da Festa Nacional do 14 de julho. O espetacular introduz-se, portanto, no âmago de todas essas festas, atingindo o seu apogeu no período do Segundo Império, em Paris: regatas entre as pontes de Alma e de Iéna; lançamento de balões de ar quente a partir da Place des Invalides; fogos de artifício e iluminação do Arc de Triomphe, do domo de Invalides ou da coluna de

Vendôme[804]. Todos os regimes compartilharam essa vontade de orquestração regulada de um entusiasmo coletivo, mobilizando recursos já experimentados ou mais originais. As representações teatrais gratuitas, oferecidas por cada um dentre eles, exploram assim tanto o gosto pelo espetáculo quanto a sedução dos lugares ou a alegria de sair de casa para assistir ao teatro. Cantos e danças, que perduram durante todo o período, exprimem, por sua vez, essa instrumentalização de emoções misturadas, assim como a inserção de espetáculos inéditos no ritual codificado (sombras chinesas, p. ex., durante a recepção ao rei de 8 de junho de 1825, em Paris, mas também espetáculos de feira ou exibição de monstros); ou, a partir da Monarquia de Julho, jogos físicos (luta, competições náuticas...), antes das demonstrações esportivas (atividades na academia ou corridas de bicicletas) do Segundo Império e da Terceira República.

Isolados de maneira sumária, esses procedimentos impõem os seus contornos fixos; no entanto, é forçoso reconhecer que são permeados por variações, denunciando não só filosofias próprias aos diferentes regimes, mas também equilíbrios contrastados, segundo os momentos, entre vontade pedagógica e apelo à emoção. O mesmo ocorre com as representações teatrais gratuitas, promovidas por todos os regimes: de fato, enquanto as monarquias censitárias e o Segundo Império oferecem, para essa ocasião, um repertório de peças baseadas na celebração do príncipe, os regimes republicanos, por sua vez, escolhem pôr à disposição do público as obras-primas do repertório. Como é possível constatar, o pano de fundo é diferente: para uns, edificação através da canalização, a serviço do príncipe, das emoções suscitadas pelo teatro; e, para os outros, ambição de democratização do saber e da educação pela difusão dos grandes textos. A linha divisória – tão frequentemente evocada entre uma festa republicana concebida como o crisol do cidadão livre e as festas monárquicas pensadas como reafirmação do sujeito devotado ao soberano – encontra, tal-

---

804. HAZAREESINGH, S. *La Saint-Napoléon* – Quand le 14 juillet se fêtait le 15 août. Paris: Tallandier, 2007.

vez, aqui, uma de suas ilustrações. Assim, os dispositivos emocionais desenvolvidos nas festas – e cuja história está ainda amplamente por fazer – seriam mais bem-abordados ao serem pensados em relação ao que William Reddy definiu como "estados emocionais", ou seja, os estilos emocionais dominantes, tornados obrigatórios para uma grande parte da elite de um Estado e que organizam a partilha entre emoções obrigatórias e emoções condenadas[805]. Se for necessário, sem dúvida, modular essa leitura demasiado uniformizadora – em particular, do ponto de vista social –, a sua contribuição permanece incontestável para apreender, no período de longa duração, as emoções prioritariamente mobilizadas segundo os momentos. De fato, todas essas políticas das emoções apoiam-se tanto em culturas políticas quanto em desafios distintos. Canalização de emoções consensuais e reparadoras, sob a Restauração, para consolidar a comunidade nacional atrás do príncipe; apelo legitimador às emoções para uma Monarquia de Julho, a qual emerge, paradoxalmente, de uma revolução; captação resoluta dos entusiasmos, no período do Segundo Império, para torná-los no crisol de uma confirmação democrática; ou despersonalização do objeto do júbilo popular, sob a Terceira República, para conectá-lo aos valores do regime: todos esses elementos formam a base – instável – de uma mobilização afetiva na festa que, deste modo, se torna história.

Os entusiasmos coletivos não seriam acessíveis, nesse caso, a não ser pelo prisma das modalidades de sua orquestração a partir de cima? Será que eles, inacessíveis em si mesmos, constituem um ângulo obscuro da história? A resposta é, sem dúvida, negativa, mas à custa, de novo, de um passo de lado: aquele que conduz, desta vez, das festas de soberania às celebrações vindas "de baixo", às manifestações coletivas – ainda tão amplamente dissimuladas – de "júbilo militante", fórmula tomada de empréstimo a Olivier Ihl[806]. Nesse caso e sem dúvida, mais que alhures, verificou-se a acomoda-

---

805. REDDY, W.M. *The Navigation of Feeling*: A Framework for The History of Emotions. Cambridge: Cambridge University Press, 2001.
806. IHL, O. *La Fête républicaine*. Op. cit., p. 95.

ção das curiosidades de natureza histórica e tudo parece ainda amplamente por construir. No entanto, afloram os sinais que permitem pensar uma dinâmica de politização menos teleológica, construída tanto no protesto e na reivindicação quanto no assentimento afirmado e proclamado. Eis o que foi mostrado perfeitamente por Oliver Ihl, em relação a esses anos de aparente deserto comemorativo, ou seja, desde a Proclamação da República, em 1870, à instauração da Festa Nacional em 1880: sem cerimônia institucionalizada, e exceto a data de 30 de junho de 1878, eles não deixam de ser percorridos por demonstrações de alegria e por celebrações festivas informais. Banquetes republicanos, procissões de estátuas, enfeites, hino nacional, *Marseillaise*, hino entoado nas ruas... assim, desde 4 de setembro, faz-se ouvir uma adesão vivenciada do ponto de vista coletivo e público.

Essa história, porém, não começa na era republicana e, desde a Restauração, tais gestos são perceptíveis. A sua dimensão afetiva é, sem dúvida, complexa – seria a tradução de um impulso de adesão que leva à ação? Vontade, pelo embalo festivo, de suscitar o engajamento ou desejo de experimentá-lo em companhia de outros? –, mas ela não poderia ser descartada. Ela impregna, com certeza, as práticas dos círculos de cantores, na época, em pleno desenvolvimento. Espetáculos noturnos no Momus e no Caveau moderne [Cabaré literário moderno] abrem assim os seus ágapes com a declamação de versos – na maior parte das vezes, improvisados – em honra do poder, na interseção de demonstração de adesão monarquista, de moda "metromaníaca" peculiar à época, de uso ritual e de diversão orgíaca. Mais nítidos, nessa mesma direção, são os banquetes de apoio orquestrados pelos círculos monárquicos que, pelo fato de serem quase sempre efêmeros, não deixam de ser numerosos e ativos: por exemplo, a Société des amis du berceau [Sociedade dos Amigos do Berço], fundada por ocasião do nascimento do duque de Bordeaux, em 29 de setembro de 1820; a Société des XXIX [Sociedade dos XXIX], fundada em 29 de maio de 1821 para o seu batismo; o Cercle de la fidélité [Círculo da Fidelidade]; a Société des amis du Roi et des dames [Sociedade dos Amigos do Rei e das Damas] ou a Réunion des amis des muses et du Roi [Reunião dos Amigos das Musas e do Rei]. Todos organizam banquetes – em ligação, ou não, com as festas de soberania – nos quais a codificação ritual, semelhante à dos banquetes liberais, permite a cristalização afetiva: decoração com emblemas monárquicos, cortejo na abertura do banquete, brindes à saúde do rei e de sua família, refeição acompanhada de canções, poesias e discursos, demonstrações de entusiasmos coletivos (gritos, vivas e aplausos); e, antes do encerramento do banquete, uma coleta e, às vezes, a distribuição de gravuras monarquistas. Os objetivos desses círculos e os relatos de sua fundação mobilizam, por sua vez, uma invariável retórica do coração e do entusiasmo político, além de sublinharem, sem falta, a vontade combativa de compartilhá-los. Assim, para a Société des amis du berceau:

> O nascimento de uma Criança no seio da Realeza mudou, de repente, as metas a atingir pela França, e a chegada desse Redentor político trouxe a todos os corações franceses a exaltação da esperança, o consolo dos infortúnios passados. Ora, à semelhança da dor, o regozijo é expansivo; e aqueles que, outrora, se reuniam com receio e para chorar, hão de juntar-se agora para comunicar entre si o seu enlevo e para celebrar, com seus cânticos de amor, o dia para sempre auspicioso que viu nascer um duque de Bordeaux[807].

A Réunion des amis des muses et du Roi, por sua vez – cuja divisa é "Le Roi, l'honneur et les dames" [O Rei, a honra e as damas] –, lembra, da mesma maneira, a seus sócios:

> O Rei: os corações de vocês pertencem-lhe, assim como os talentos e a vida de vocês; façam o máximo de esforços para vincular todas as afeições e todos os interesses ao trono de São Luís e saibam celebrar a grande alma, o nobre caráter e as admiráveis virtudes de nosso augusto monarca[808].

---

807. *Recueil de la Société des amis du berceau*. Paris: Guiraudet, 1821, p. VI-VII.
808. *Odes au Roi, sur la bonté, la sagesse et la fermeté qui ont inspiré le discours prononcé par Sa Majesté, à l'ouverture de la session de 1816, sujet mis au concours par la Réunion des amis des muses et du Roi, de Lyon*. Lyon: Guiraudet, 1817, p. 13-14.

No segredo dos corações

Representações, políticas da emoção e "estados emocionais" não conseguiriam, porém, tecer, sozinhos, a trama dessa história. Englobantes, muitas vezes, aporéticos, eles deixam, de fato, na sombra o que, ao mesmo tempo, lhes serve de fundamento e os supera: os fervores individuais e os laços afetivos estabelecidos, subjetivamente, com o poder. Sem estes últimos, a brusca aparição dos coletivos, os medos ou a instrumentalização dos afetos seriam incompreensíveis, enquanto os entusiasmos políticos não passariam de objetos impassíveis e congelados. Esse é, sem dúvida, o horizonte mais fecundo, mas também o mais abandonado, do campo dos impulsos de adesão: uma história atenta às antigas maneiras de dizer, de exprimir e – talvez – de viver a ligação com o poder, uma história íntima, de alguma maneira, da política, capaz de circunscrever a sua vivência sensível para além das grandes categorias de análise.

O ângulo, aqui, não é o de uma história da recepção das políticas emocionais. O campo, certamente, é útil para tentar esclarecer, em particular, os desvios ou os conluios entre orquestração política dos afetos e percepção individual; aliás, ele chegou a ser analisado ao sabor das memórias e dos testemunhos que registram esse sentimento subjetivo. Victor Hugo, Louis Veuillot, a duquesa de Dino ou o jovem Émile Durkheim, não faltam, de fato, os contemporâneos para exprimir a alegria ou o ceticismo, o medo ou a esperança suscitados pelos impulsos coletivos que são abundantes em seu século. Aqui, no entanto, o desafio é diferente, consistindo em tentar, em contraponto de uma história dos entusiasmos coletivos, a história de suas expressões individuais. Trata-se, no fundo, de formular uma pergunta simples: será que as pessoas do século XIX conseguem exprimir algum entusiasmo político? Em que modalidades, momentos e com que palavras? Será que compartilham, assim, a experiência sensível da adesão que os observadores, atentos e polêmicos, perscrutam com tanto cuidado?

Mediante uma colheita nas fontes e nos arquivos, empreendida com a única ambição de identificar os vestígios conservados de adesão política, impõe-se, em primeiro lugar, a profusão eclética dos gestos: homenagens em verso e prosa, manuscritos ou impressos, pequenos presentes enviados ao poder, panfletos para defender o regime, cartas de apoio... uma verdadeira gama de práticas individuais vem assim mostrar uma vontade manifesta de exprimir o engajamento. Essa tomada da palavra, destinada ao poder, impressiona tanto mais pelo fato de escapar ao conformismo sociológico das dissertações: longe de ser específica dos grandes letrados, advogados, professores ou empregados da administração, ela provém quase sempre de artesãos, ex-soldados, camponeses e operários, assim como de uma multidão de pessoas pouco alfabetizadas que acabam sendo denunciadas por seu domínio incerto da ortografia. "Meu [Mont] caro Soberano é [cet] com alegria que vos escrevo estas palavra [mot] de carta para vos anunciar [annoncés] que todos os povo [peuple] de muitas zonas rurais [campagne] reza ao deus bondoso [bondieu] que vos conserve no trono da frança [france]", escreve Louis Bellantin a Luís Filipe, em dezembro de 1836[809], quando Castera afirma ter deixado, "há pouco, o arado" para lhe expor as suas ideias[810]. Se essa fala de apego pode exprimir-se em palavras "que estão longe de ser o resultado da instrução", para retomar a fórmula de um habitante do departamento da Sarthe, em 1841[811], ela pode emanar também de mulheres, de jovens ou de crianças, escapando totalmente à clássica separação de gênero e de idades. "Será que o Senhor vai escutar a voz de uma mulher desconhecida, o Senhor que é o poeta de nossas horas de solidão e de devaneio, o Senhor que é agora o esteio da França?" – pergunta formulada a Lamartine por Louise Descoutures da comuna de Alençon, na Normandia, no dia 1º de março de 1848[812].

Sublinhada frequentemente no que diz respeito à Revolução Francesa, no período de sua excepcional eflorescência, essa tomada de palavra prosseguiu

---

809. "Hommages et pétitions, 1830-1837". In: *Archives nationales*, O4 904. • Entre colchetes, alguns erros ortográficos dessa carta [N.T.]
810. "Hommages et pétitions, 1830-1837". In: *Archives nationales*, O4 906.
811. Carta de Peltier ao Rei, 29 de dezembro de 1841, apud *Archives Nationales*, O4 950.
812. Apud COURT, A. *L'Auteur des Girondins, ou les Cent Vingt Jours de Lamartine*. Saint-Étienne: Centre Interdisciplinaire d'Études et de Recherches sur l'Expression Contemporaine, 1988, p. 86.

ao longo do século, mostrando bem a aspiração individual ao envolvimento nos assuntos públicos. Ela convida a pensar, para momentos aparentemente mais inexpressivos e para culturas políticas diferentes, o que foi designado, em relação à era revolucionária, por Haïm Burstin como o "protagonismo": a participação ativa na transformação política em curso, bem como a vontade de ver reconhecida oficialmente essa participação[813]. Como, de fato, não conceber que esse potente mecanismo de atração pela vida pública, que moveu tão ardorosamente os revolucionários, possa prosseguir nessa prática tão presente no século dos manuscritos dirigidos ao poder? A sua amplitude, bem como a sua novidade, são realmente impressionantes: nem cartas de solicitação, que o Antigo Regime podia ter conhecido e que, de resto, continuam existindo, nem cartas de denúncia, tais correspondências, simples afirmações de adesão, sobressaem claramente da reivindicação de um direito de intervir, da afirmação de uma forma de utilidade cidadã. Estas irrigam, desde a Restauração, as cartas de homenagem ao poder: em 1817, Riballier, guarda nacional, declara a sua vontade de combater a "detestável mania" de vituperar tudo com seus elogios[814]. Em seguida, elas atravessam todo o período: seja em uma candidatura visando o posto de ministro do Comércio "para desencargo de consciência" e "para ser útil ao país"; ou nas cartas insistentes enviadas a Luís Filipe para dar-lhe a conhecer o pensamento de Fourier; ou, ainda, nos conselhos dados para se proteger de atentados[815]. Mais difícil, em compensação, é, no dia de hoje, a medida do gesto em relação à Terceira República: no acervo de Archives nationales, lacunares para a década de 1870-1880, não existem cartas desse tipo; deve-se, então, seguir os caminhos aleatórios dos arquivos privados e dos legados, à imagem da documentação do político e historiador, Thiers, confiada, em grande parte, à Bibliothèque nationale. E nesse campo, o trabalho está

---

813. BURSTIN, H. *Révolutionnaires*. Op. cit., p. 151ss.
814. Riballier, Carta de 15 de julho de 1817, acompanhada por uma *Épître au Roi* [Missiva ao Rei] e de uma *Épître à l'un de nos modernes aristarques* [Missiva a um de nossos modernos aristarcos]. In: *Archives nationales*, F17 1.025(4).
815. "Hommages et pétitions, 1830-1837". In: *Archives nationales*, O4 906.

ainda por fazer. Impossível, pois, afirmar a decomposição desse laço afetivo com o poder ou a erosão da prática subentendida por ele. Gambetta ou Thiers foram os destinatários de numerosíssimas mensagens e petições de apoio[816]. Susanna Barrows, por sua vez, mostrou a profusão das cartas de cidadãos comuns enviadas a Mac Mahon por ocasião da crise de 16 de maio de 1877: cartas críticas, sem dúvida, mas que são um testemunho significativo da vontade persistente de interpelar pessoalmente o poder[817].

De qualquer modo, será que essas homenagens, fontes inegáveis para uma história da adesão, constituem uma via de acesso para uma história dos entusiasmos políticos? Tal análise é possível, sem restrições e de imediato, tendo em conta a retórica desenvolvida nesses textos; expõe-se, de fato e de maneira impressionante, um léxico do coração que serve de fundamento ao gesto de escrever sobre a emoção experimentada, além de impor-se com força nas cartas das eras censitárias: irreprimíveis impulsos do coração[818], canção surgida do coração ou ode "escrita em um momento de entusiasmo"[819], votos de um súdito "dirigidos a ti, por amor arrebatado"[820] ou "que vos ama com toda a força de sua alma", "terna veneração"[821] ou "doce prazer"[822] em escrever ao rei... todas as homenagens estão impregnadas dessa retórica sensível. Ela cristaliza-se, às vezes, em torno de pequenos presentes enviados aos soberanos, mediante um

---

816. GARRIGUES, J. *Les Hommes providentiels* – Histoire d'une fascination française. Paris: Seuil, 2012. • LE GUILLOU, B. *Thiers, le pouvoir et l'opinion (1870-1877)*. Universidade Paris-Sorbonne, 2005 [Tese de doutorado].

817. BARROWS, S. "Quand les plumes étaient plus puissantes que les barricades – Lettres politiques pendant la crise du 16 mai 1877". In: *Sociétés et Représentations*, n. 38, 2014, p. 225-239.

818. Carta de Jacquelin a La Rochefoucauld, 27 de fevereiro de 1827: "Em todas as festas do rei [...] nada foi capaz de frear os impulsos do meu coração, já não tenho necessidade de afirmar que eles são ardorosos e inalteráveis em favor dos Bourbon" (*Archives nationales*, O3 1313).

819. "Chanson à l'occasion de la Saint-Louis en 1818, par un prisionnier de Chatelain, exilé dans la Corrèze". In: *Archives nationales*, O3 664. • BOUCHET, C. *Ode sur la naissance de S.A.R. Monseigneur le duc de Bordeaux*. Paris: Rougeron, 1820.

820. *Le Bonheur de la France, épître à S.A.R. Monsieur pour le jour de sa fête, le 4 novembre 1817*, par Berquin. Paris: Nouzou, 1817.

821. Cartas de Baissac a Luís Filipe, em 1836, e carta de Baquet, em 1837. In: *Archives nationales*, O4 904.

822. Carta de Peltier ao rei, cit.

gesto que, em si mesmo, denuncia o investimento afetivo: seja um anel que contém um fragmento da barba de Henrique IV, oferecido a Luís XVIII; ou uma cesta de frutas e plantas exóticas esculpidas, doada a Carlos X por uma mãe que a havia recebido do filho, falecido no ano anterior. Honorine Ramand, com 12 anos, envia, por sua vez, a Luís Filipe um cinto bordado com pérolas em lembrança das Jornadas de Julho, acompanhada por estas palavras: "A cada pérola, eu fazia um voto pela Felicidade de Vossa Majestade e de sua augusta família; eu ouvia meu coração dizer que eu fazia esse gesto para a Felicidade da França"[823]. Embora ainda haja muitos assuntos por analisar nesse campo, é impressionante a concomitância dessas correspondências com a moda das joias, ao mesmo tempo, políticas e sentimentais – com divisas, símbolos, acrósticos, ou contendo uma mecha de cabelo – que se desenvolve a partir de 1820, em ligação com a corrente romântica. Em seguida, essa retórica do coração impregna, igualmente, as inumeráveis cartas e homenagens dirigidas a Lamartine, nas primeiras horas da Segunda República: "Há oito dias que o meu coração está com o Senhor!", confia-lhe um habitante da comuna de Mâcon, na Borgonha, em 28 de fevereiro de 1848. "A minha emoção foi tal [...] que lágrimas deslizaram de meus olhos", escreve-lhe outro compatriota, em março de 1848, enquanto Louise Descoutures dizia-lhe no mesmo momento: "Em nossas províncias distantes, compartilhamos intensamente todas as emoções de Paris; quando o coração palpita, as artérias batem também"[824]. As mensagens do Segundo Império (1852-1870) com um formato mais formal, visto que são textos votados pelas municipalidades ou pelas superintendências regionais, assim como as cartas a Napoleão III, mobilizam também essa linguagem da emoção. Sob a Terceira República nascente, se a correspondência política é menos perceptível, como já dissemos, existem homenagens, no entanto, sob a forma de discursos ou de poemas. A retórica afetiva parece, no entanto, deslocar-se: o objeto dos arrebatamentos, que os cristaliza e mobiliza, é sobretudo o regime

---

823. *Archives nationales*, O4 950.
824. Apud COURT, A. *L'Auteur des Girondins*. Op. cit., p. 85-86.

em si quando a linguagem igualmente parece evoluir. A correspondência para Lamartine já levava essa marca na emergência inédita de um vocabulário da *adesão* – termo inexistente na escrita das eras censitárias – ao regime: "Tenho a honra de dirigir ao Senhor, em anexo, sob a forma de hino, a minha adesão ao governo republicano do qual o Senhor é membro", escreve-lhe um habitante da cidade de Tours, na região central da França, em 7 de maio de 1848[825].

Ainda pouco investigado, esse campo da mobilização de um léxico do afeto na escrita dirigida ao poder abre pistas fecundas. A primeira entre elas é a da ligação com o poder revelada por essas práticas correntes da política. Aspiração a dar um presente ao príncipe ou emoção de ter ficado próximo dele, cujo registro consta em numerosas cartas, apelos insistentes a colocar sob os olhos do rei ou do imperador a carta escrita... tudo isso denuncia o investimento afetivo da ligação política, a vontade de ver encarnar-se o assentimento em um gesto. Em suas flutuações, esse léxico convida também a pensar as modalidades afetivas do vínculo com o poder em relação às grandes culturas políticas: o arsenal semântico do coração caracteriza, sem dúvida, muito mais a cultura tradicionalista, mas não se restringe a isso. Ao proceder assim, além da ideia de "sistemas emocionais", conviria pensar, sem dúvida, na ideia de culturas emocionais, mais erráticas, mais variáveis e inscritas nas práticas cotidianas. Essas flutuações apoiam-se, com efeito, na forma dos regimes: faz-se referência, aqui, à erosão aparente – ainda por avaliar e tributária, no dia de hoje, do estado das pesquisas – do gesto sob a Terceira República suscetível de ser associado ao advento do sufrágio universal. No entanto, a impregnação por códigos e modelos educativos deve ser igualmente aprofundada aqui: codificação do gênero epistolar, é óbvio[826], ou crisol dos exercícios da classe de retórica pesam inegavelmente, nos mais letrados, nessa mobilização de uma linguagem parcialmente herdada, mas conviria também levar em conta o impacto dos mo-

---

825. Ibid., p. 83.
826. DAUPHIN, C. "Les manuels épistolaires au XIXe siècle". In: CHARTIER, R. (sob a dir. de). *La Correspondance* – Les usages de la lettre au XIXe siècle. Paris: Fayard, 1991, p. 209-272.

delos difundidos, entre outros fatores, pelos catecismos políticos da Segunda República ou pela escola da Terceira República na cristalização afetiva sobre o regime. Em sua riqueza, enfim, esse léxico do afeto revela uma gama emocional complexa e convida a pensar mais sutilmente o que é abrangido pelo "entusiasmo político": alegria da história reatada, em 1815, ou da nova aurora, em 1848, alívio triunfal após uma vitória, fervor combativo, ódio do adversário ou inquietação em horas incertas enxertam-se, assim, nesses impulsos de adesão.

De resto, somos convidados a assumir tal atitude pela cronologia singular dessas práticas. Certamente, os momentos mais relevantes das grandes celebrações rituais, orquestradas pelos regimes, drenam as suas torrentes de versos e de homenagens: esse é o caso, em particular, das primeiras festas de Saint-Louis, em 1815 e 1816; da sagração de Carlos X, em 1825; ou das festividades de Saint-Napoléon, no período do Segundo Império. Mais que estas últimas, porém, as vitórias militares suscitam os elogios, impregnadas pelo impulso de adesão de um enlevo patriótico perceptível em todo o período. A expedição da Espanha, em 1823, cristaliza assim uma abundante produção de versos à glória do regime, impregnados de exaltação da grandeza militar francesa. As vitórias de Napoleão III, também, cristalizam essas emoções inextricáveis. Essa temporalidade subjetiva perceptível ao sabor das homenagens impõe-se mais claramente ainda nesses picos de produção associados às dificuldades superadas: nascimento do duque de Bordeaux após o assassinado do duque de Berry ou o fracasso dos atentados contra Luís Filipe e Napoleão III. Nesses casos, desenvolve-se então uma retórica do alívio entusiasta que mostra o que esses impulsos de adesão ficam devendo aos medos e ao sentimento de uma ameaça sobre o poder. "A que gritos de alegria não deve alguém abandonar-se ao ver que o mais augusto dos monarcas escapou do ferro mortífero de infames assassinos?" – escreve Hippolite Berton, antes de denunciar as manobras carlistas em seu departamento e de desfiar uma série de conselhos ao soberano[827]. Os anos de 1835 e 1836, marcados pelos atentados de Giuseppe Fieschi, de Louis Alibaud e de Pierre-François

---

827. Carta de Hippolite Berton, filho de eleitor, 1836. In: *Archives nationales*, O4 904.

Meunier, constituem momentos relevantes dos manuscritos dirigidos ao poder. Verifica-se a multiplicação de recomendações dirigidas a Luís Filipe: promover a sua coroação "com o único fito, e inteiramente"[828] no tempo para consolidar o regime, ou carregar um amuleto para servir-lhe, supostamente, de proteção. As demonstrações de emoção são, por sua vez, onipresentes: indignação e pavor diante do atentado, mas consolo perante a unanimidade de tais manifestações e, sobretudo, júbilo pela sobrevivência de Luís Filipe.

A reatividade singular desses textos mostra perfeitamente uma forma de percepção sensível da política, na qual se enredam impulsos de adesão e de inquietação. Nesse sentido, estes levam também, sem dúvida, a marca dessa nova relação ao tempo, cujo surgimento havia ocorrido com a Revolução Francesa. Em todos esses textos, nesses impulsos quando o poder parece ameaçado, lê-se realmente a consciência – tênue ou manifesta – de um futuro incerto: o sentimento íntimo, de alguma maneira, da descontinuidade verificada e sempre possível da história. "Sou um simples particular que vem descrever-lhe toda a dor que senti e que ainda me leva a estremecer unicamente por me ocorrer a ideia, unicamente pelo fato de pensar no tipo de horror em que teríamos mergulhado [...] talvez em uma anarquia assustadora" – escreve Simon Blanc a Luís Filipe em 1º de março de 1836, quinze dias após a execução de Fieschi. Proceder à análise aprofundada desse amplo campo de entusiasmos políticos impõe-se, portanto, para compreender o que se passa com a politização subjetiva, entre 1815 e 1880. Um dossiê singular traz o vestígio de tudo isso: conservado no acervo de Archives nationales, ele contém "ofertas patrióticas" para o ano 1831[829]. Oriundas de toda a França, essas ofertas colocam à dispo-

---

828. Carta de Mathieu Bechet, fabricante de cadeiras de jardim, a Luis Filipe, 26 de dezembro de 1837. In: *Archives nationales*, O4 904.

829. De fato, se a prática do dom patriótico foi estudada no que diz respeito à Revolução Francesa, o seu prosseguimento no século XIX foi pouco aprofundado. Ora, com toda a evidência, tal gesto continua ocorrendo, seja espontaneamente ou de maneira mais formal, no contexto de subscrições públicas (como foi o caso por ocasião da Guerra da Crimeia para manter as forças armadas do Oriente). A documentação referente ao ano de 1831 encontra-se em *Archives nationales*, subsérie F1cI 79.

sição do governo, em caso de intervenção estrangeira para o restabelecimento dos Bourbon: aqui, um cavalo equipado; lá, dois meses de pensões de aposentadoria; alhures, o engajamento de deslocar-se para defender as fronteiras se a independência nacional estiver ameaçada. Além do gesto, o qual reativa o imaginário de uma cidadania armada e do dom de si surgido na experiência revolucionária, a retórica que lhe é inerente mostra bem os recursos complexos dessas emoções políticas: apego vibrante à pátria constantemente evocado, mas também demonstração de amor pelo "rei-cidadão" que a pátria havia escolhido para si mesma, além da vontade de preservar a independência da França. Essas emoções dão testemunho, à sua maneira, de que a construção cidadã é tributária tanto da educação e da experiência do sufrágio quanto da interiorização afetiva do engajamento político.

13
AS EMOÇÕES DE PROTESTO

Emmanuel Fureix

O sentido moderno da palavra "protestar"[830] demorou a impor-se: no século XIX, ela continua significando, sobretudo, "declarar (algo) com segurança e em público"[831]. É, portanto, por um anacronismo circunspecto que vamos esforçar-nos a refletir, neste texto, na expressão das emoções de protesto, desde o desfecho da Revolução Francesa até o enraizamento da República. Protestar contra a ordem das coisas pode, então, assumir múltiplas formas, além de desafiar o sentido linear do "progresso". Os partidários da revolução não detêm, certamente, o monopólio do protesto, o qual pode visar a ordem mais cotidiana em seus micropoderes ou a organização social e política em seu conjunto; afetar o que se encontra próximo ou distante; gritar ou, simplesmente, murmurar; resvalar, ou não, em violência. Ela pode soçobrar no esquecimento, ressurgir de repente dos subterrâneos da história ou triunfar no próprio instante em que se realiza. Ora, o período abordado – *grosso modo*, de 1800 a 1880 – coincide com uma mutação muito importante das maneiras de protestar: para designá-la, o sociólogo Charles Tilly falava de modernização do repertório da ação coletiva que, em sua opinião, começa por volta de 1850 para terminar no

---

830. "Exprimir algo enquanto se opõe ao que foi dito anteriormente ou ao que está implicado no contexto" (verbete "*Protester*" [Protestar]. In: *ATILF.fr*).
831. *Grand Larousse du XIXᵉ siècle*, 1875.

final do século[832]. O protesto coletivo ter-se-ia tornado, então, cada vez mais autônomo – sem intermediários –, cada vez mais nacional – e não local –, cada vez mais explícito – e não simbólico – e cada vez mais bem-organizado: os seus indícios poderiam ser encontrados no advento gradual da greve e dos sindicatos, assim como na prática da passeata, cada vez mais tolerada sob a Terceira República (1870-1940). O período abordado situa-se em um entremeio, em que o protesto está enraizado, cada vez mais, em um horizonte nacional, embaralha as fronteiras entre a dimensão social e a política, além de verificar-se ainda o emaranhamento entre o simbólico (o "folclórico", dizia Maurice Agulhon)[833] e o explícito. No caso concreto, a exteriorização das emoções é decisiva. Ora, se uma atenção minuciosa foi prestada pelos historiadores às maneiras e aos motivos do protesto, em compensação, o aspecto relacionado com as emoções e os sentimentos permaneceu quase sempre na sombra ou, de preferência, em uma penumbra cujas razões são facilmente compreensíveis.

Escrever a história das emoções de protesto no século XIX comporta, de fato, numerosos riscos, bem concretos. O primeiro consiste em adotar uma leitura psicologizante ou mecanicista, redobrando a confusão semântica, ainda presente no século XIX, entre *émeute* [motim] e *émotion* [emoção]. O *Dictionnaire de l'Académie française* [Dicionário da Academia francesa], tanto em 1798 quanto em 1835, define a emoção como "alteração, distúrbio, movimento de excitação nos humores", mas também como "disposição no povo a se sublevar" (1798) ou "disposição à sublevação, à revolta" (1835). Temível é igualmente a tentação da referencialidadade: escritas por outros, as emoções populares remetem tanto a um imaginário social (o das elites que as transcrevem em palavras) quanto a uma experiência ou percepção. Sabe-se que são raros os rastros deixados pelos grupos que protestam: aliás, na maior parte das vezes, os vencedores é que lhes atribuem as emoções; ora, essas emoções atribuídas acabam

---

832. TILLY, C. "Les origines du répertoire d'action collective contemporaine en France et en Grande-Bretagne". In: *Vingtieme siècle* – Revue d'Histoire, vol. 4, 1984, p. 89-108.
833. AGULHON, M. *La République au village*. Paris: Plon, 1970, passim.

modelando, por sua vez, os comportamentos tanto dos "dominantes" quanto dos "dominados". As fontes que reivindicam a objetividade científica não são exceção: a incipiente psicologia das multidões, no último terço do século XIX, constitui assim o "espelho deformador" do medo das elites diante do contágio emocional e da "eletrização" das multidões[834]. E quando os próprios atores enunciam as emoções pelas quais tinham sido invadidos ou os sentimentos que os haviam estimulado, eles apoiam-se quase sempre em interações que os deixam constrangidos: a petição, a queixa, a demanda de recompensa ou *a contrario* a justificação no contexto de um processo judicial. Enfim, nesse século XIX atormentado pelo medo social e saturado de inquéritos, nomeadamente de natureza política, os arquivos produzidos pelo conflito e pelo protesto correm o risco de fazer esquecer o que, por definição, não deixou vestígios – e mais ainda que a adesão, evocada, aliás, em outro texto neste volume –, ou seja, a apatia, a indiferença ou a dissonância interior.

Sem ter a pretensão de superar todas essas ciladas, propomos aqui uma incursão em alguns dos palcos públicos em que se desenvolvem emoções coletivas e se enuncia um protesto, social e/ou político: as "emoções populares" tradicionais, revisitadas no século XIX; as emoções experimentadas por ocasião de insurreições e barricadas, emblemáticas do período abordado; as emoções ritualizadas da "política informal" (banquetes, enterros de protesto etc.); as emoções vivenciadas a distância em solidariedade com povos oprimidos. A lista, certamente, poderia ser mais longa; ela privilegia as emoções que se manifestam ou se enunciam então de nova maneira e, ao mesmo tempo, proporciona ao leitor de hoje um sentimento de estranheza. Ela permite também não decretar uma emoção singular – por exemplo, a cólera, o ódio ou a indignação – que viesse a condensar sozinha o protesto. Esta abordagem está empenhada igualmente em transformar as emoções em sintomas pelos quais seja possível obter uma melhor compreensão de uma relação com o social e o político que deixou

---

834. BARROWS, S. *Miroirs déformants* – Réflexions sur la foule en France à la fin du XIXe siècle. Paris: Aubier, 1990, p. 103-122.

de ser, em grande parte, a nossa e, aliás, já não era a dos homens e das mulheres do final do século XIX.

"Emoções populares": do ressentimento à luta pelo reconhecimento
A atribuição das emoções

O século XIX, pelo menos até a década de 1850, assiste à persistência de formas de sublevações populares que parecem reconduzir ou prolongar as emoções coletivas tradicionais, chamadas "emoções populares": distúrbios decorrentes da carência e do preço elevado dos cereais [*troubles frumentaires*], rebeliões antiestatais contra os impostos, contra o recrutamento ou contra o código florestal etc. No século precedente, essas "emoções" ainda eram designadas como gritos, clamores e tumultos[835], movidos pela cólera ou pelo ódio. O motim e a emoção estavam, nos discursos dominantes, intimamente ligados, resvalando potencialmente para a rebelião e a sedição[836]. A multidão amotinada era reduzida, no essencial, a uma naturalidade violenta, a um agregado indistinto de palavras balbuciadas, infradiscursivas; ou, mais precisamente, as palavras pronunciadas e os gestos efetuados pelos amotinados não estavam adaptados às normas da arena política e da opinião pública no século XVIII, ou seja, as da racionalidade crítica[837]. Essa inadequação entre o espaço público "moderno" e as paixões amotinadas continua, no século XIX, a orientar o olhar das elites, servindo de fundamento à "partilha do sensível", tal como a define o filósofo Jacques Rancière[838], ou seja, a partilha entre os que dominam – e os que não dominam – o *logos*. Perdura assim,

---

835. NICOLAS, J. *La Rébellion française* – Mouvements populaires et conscience sociale (1661-1789). Paris: Seuil, 2002, p. 21.
836. TOURNIER, M. "Émotion populaire, petite note lexicologique". In: *Mots* – Les langages du politique, n. 75, jul./2004.
837. COHEN, D. *La Nature du peuple* – Les formes de l'imaginaire social (XVIIIᵉ-XXIᵉ siècles). Seyssel: Champ Vallon, 2010.
838. RANCIÈRE, J. *Le Partage du sensible* – Esthétique et politique. Paris: La Fabrique, 2000 [Ed. bras.: *A partilha do sensível*: estética e política. Trad. de Mônica Costa Netto. São Paulo: Ed. 34, 2005].

para designar as rebeliões populares, sejam elas urbanas ou rurais, um léxico emocional bastante antigo, tecido de paixões inspiradas na hidráulica e inscritas mecanicamente nos corpos. Assim, na sequência dos motins decorrentes da carência e do preço elevado dos cereais em Buzançais (departamento de Indre), em 1847, as violências perpetradas são lidas pelo advogado geral junto ao Tribunal Régio de Bourges como o fruto das "más paixões", de "uma espécie de delírio furioso [que] se apossou das populações rurais e revelou, no seio das mesmas, uma perversidade, uma ignorância ou um menosprezo do direito, cuja previsão era impossível, e que se tornariam um perigo permanente para a sociedade, se não fossem aplicados remédios de imediato e enérgicos"[839]. A esse discurso de defesa social, os filantropos e os observadores sociais da Monarquia de Julho acrescentam a distinção cuidadosa entre a resignação da maioria das pessoas e as perigosas paixões de uma minoria de excitados e perversos. Evocando a crise de 1836-1837 e a ausência de motim operário, nesse momento, o Dr. Villermé – autor de uma célebre monografia sobre os operários das manufaturas de algodão, lã e seda – faz a seguinte observação: "A conduta adotada [pela classe operária], nesse momento, é a prova do bom-senso das massas populares e do entendimento perfeito que, muitas vezes, elas têm, entre nós, de seus verdadeiros interesses, quando não são enganadas por pérfidos conselhos"[840].

Tocqueville e, em sua companhia, numerosos contemporâneos desenvolvem outro léxico emocional – em parte, renovado –, apoiado em um imaginário inquieto da democracia. É a promessa ferida de igualdade, surgida da democracia entendida como princípio social, que segregaria a "doença mais comum do século": a inveja[841]. "A inveja que anima as classes inferiores da França contra as superiores – escreve Tocqueville – não é um sentimento francês, mas demo-

---

839. *Cour royale de Bourges* – Pillage et assassinat. Châteauroux: Migné, 1847, p. 19-20.
840. VILLERMÉ, L.-R. *Tableau de l'état physique et moral des ouvriers employés dans les manufactures de coton, de laine e de soie*. T. 2. Paris: Renouard, 1840, p. 72.
841. WILHELM, F. *L'Envie* – Une passion démocratique au XIXe siècle. Paris: Presses de l'Université Paris-Sorbonne, 2013.

crático"[842]. "Quando a desigualdade é a lei comum de uma sociedade – indica ele com precisão –, as mais fortes desigualdades não impressionam os olhos; quando tudo está, mais ou menos, no mesmo nível, as menores desigualdades os ferem"[843]. A comparação interpessoal própria das sociedades democráticas produziria, por reação, a inveja dos mais fracos pelos mais fortes. A explicação das "emoções populares" pela inveja "democrática" torna-se um *topos* das elites conservadoras, particularmente em torno de 1848. Em abril desse ano, precisamente, quando operários de Rouen se sublevam em reação às eleições vencidas por republicanos conservadores, o procurador geral incrimina uma "ávida e funesta inveja": "Não passavam [...] de malfeitores vulgares, malfeitores impelidos à insurreição por instintos de desordem, por paixões invejosas, pelo ódio que a miséria engendra contra a riqueza"[844]. Três anos mais tarde, o superintendente regional, Auguste Romieu, defensor da ordem pública e autor do *Spectre rouge de 1852* (1851 [Espectro vermelho de 1852]), descreve um ódio de classes que visaria qualquer sinal visível de distinção social:

> A palavra *aristo*, utilizada com tamanha frequência nos tumultos de rua, já não se aplica às classes, mas aos trajes. Todo aquele cujo aspecto não se assemelha a um faminto, que anda de cavalo, desce de uma carruagem, cobre as mãos com luvas, [...] que, para terminar, não usa tamancos, nem blusa, que esse não fique parado, no meio da multidão, no bulevar du Temple: ele seria insultado, mesmo que tenha o melhor sangue plebeu. O seu traje e os seus supostos hábitos é que são atacados de tal modo o ódio e a inveja se tornaram, para essas massas ateias, verdadeiros artigos de fé[845].

---

842. TOCQUEVILLE, A. *A democracia na América* – Livro I: Leis e costumes: de certas leis e certos costumes políticos que foram naturalmente sugeridos aos americanos por seu estado social democrático [1998]. Trad. de Eduardo Brandão; Prefácio, bibliografia e cronologia de François Furet. 2. ed. São Paulo: Martins Fontes, 2005, p. 230, Col. "Paideia" [Orig.: *De la démocratie en Amérique* (Tome 1, 1835; Tome 2, 1840). Ed. de Jean-Claude Lamberti e Françoise Melonio. Paris: Robert Laffont, 1986].

843. TOCQUEVILLE, A. *A democracia na América* – Livro II: Sentimentos e opiniões: de uma profusão de sentimentos e opiniões que o Estado social democrático fez nascer entre os americanos. Trad. de Eduardo Brandão. São Paulo: Martins Fontes, 2000, p. 168, Col. "Paideia".

844. *Le Journal de Rouen*, 01/12/1848.

845. ROMIEU, A. *Le Spectre rouge de 1852*. Paris: Ledoyen, 1851, p. 55-56.

Esse imaginário da inveja é, finalmente, mais instrutivo relativamente ao medo do "comunismo", desde os anos de 1840 – essencial para a compreensão do golpe de Estado de 1851 –, do que em relação a uma pretensa afetividade democrática[846]. Ele inscreve-se, em geral, em uma patologização das doutrinas utópicas desde os anos de 1830, assim como na medicação da "paixão" pela igualdade e pela liberdade. O alienista conservador, Alexandre Brierre de Boismont, retoma assim, em 1850, as teses de um médico alemão, Groddeck, inventor do conceito de *morbus democraticus*, ou "doença democrática", "nova forma de loucura" associada a uma liberdade ilimitada, uma "inveja" desenfreada, um "espírito de negação", e disseminada como uma "epidemia moral". Brierre de Boismont afirma ter observado, entre os clubistas socialistas de 1848, tais sintomas patológicos: "Enquanto médico, é impossível para mim esquecer as figuras, os gestos, as palavras de um grande número desses personagens que observei nos clubes; nenhuma diferença os separava dos hóspedes de nossas casas [asilos], e mesmo se tivesse ocorrido uma vantagem, ela teria sido a favor de nossos doentes entre os quais os acessos de fúria são infinitamente raros"[847]. É conhecida a amplificação desse discurso alienista sobre a inveja, no período posterior da Comuna de 1871, cristalizando uma psiquiatrização das multidões revolucionárias[848].

Além da inveja em si, o ressentimento tende a converter-se, sobretudo após 1848, em um instrumento de desqualificação das ações coletivas das classes populares, no momento em que a questão social se torna cada vez mais visível[849]. O ressentimento designa não apenas a inveja democrática, mas também a incapacidade para exprimir, de maneira ativa, esse sentimento, além da volta recorrente dessa incapacidade. Após 1848, as elites econômicas e políticas pa-

---

846. Sobre esse medo cf. CUCHET, G. & MILBACH, S. "The Great Fear of 1852". In: *French History*, vol. 26, n. 3, 2012, p. 297-324.
847. BRIERRE DE BOISMONT, A. "Die demokratische Krankheit, eine neue Wahnsinns Form ou De morbo democratico, nova insaniæ forma par le docteur C.-T. Groddeck". In: *Annales Médico-psychologiques*, vol. 2, 1850, p. 519-523.
848. GLAZER, C. "De la Commune comme maladie mentale". In: *Romantisme*, n. 48, 1985, p. 63-70.
849. JARRIGE, F. "Ressentiment, révoltes et histoire". In: GRANDJEAN, A. & GUÉNARD, F. (sob a dir. de). *Le Ressentiment, passion sociale*. Rennes: PUR, 2012, p. 77-93.

recem ver na difusão do ressentimento o efeito perverso da impregnação das ideias socialistas. Michel Chevalier, em fevereiro de 1849, denuncia assim na aula inaugural no Collège de France "algumas escolas" que teriam tornado o capital "em uma espécie de vampiro contra o qual é incentivado o ressentimento das populações operárias"[850]. No período do Segundo Império (1852-1870), a palavra retorna para designar, nos textos das autoridades (superintendentes regionais ou procuradores) as motivações das violências cometidas durante os motins, associando-as às "seitas" vermelhas.

Economia moral, dignidade e reconhecimento

Converter o ressentimento na mola propulsora de uma vingança social equivale a apagar as outras significações possíveis desse afeto. Ao estudar as violências contra as máquinas, perpetradas pelos tipógrafos, em 1830 e em 1848, François Jarrige mostra que, além de prolongarem um ressentimento até então manifestado por meio de queixas (p. ex., petições) que haviam permanecido inaudíveis, elas permitem que os indivíduos exerçam uma "justiça popular seguida de efeitos"[851]. O contexto revolucionário inaugura brutalmente o significado da palavra "soberania" e permite assim que operários dotados de elevadas qualificações reivindiquem, inclusive, pela violência, o controle de suas competências técnicas. A partir de então, o ressentimento não se reduz à sede de vingança dos fracos, mas integra uma aspiração à soberania e um desejo de justiça, comportando um "potencial dinâmico", mesmo que seja, de preferência, imputado, e não tanto reivindicado, por seus atores[852]. Os operários-artesãos do primeiro século XIX defendem um "controle dos saberes e das competências, os seus códigos de natureza moral e as suas solidariedades singulares"[853].

---

850. Ibid.
851. Ibid.
852. GRANDJEAN, A. & GUÉNARD, F. Introduction. In: ibid., p. 17.
853. FROBERT, L. *Les Canuts, ou la Démocratie turbulente* – Lyon, 1831-1834. Paris: Tallandier, 2009, p. 13.

Da mesma maneira, os tumultos associados ao preço do trigo ou do pão, ainda numerosos até os anos de 1840, não se reduzem a emoções primitivas, odiosas ou invejosas, tampouco a motins relacionados com a fome[854]. A geografia dos distúrbios, decorrentes da carência e do preço elevado dos cereais, de 1816 e de 1847, não coincide, aliás, com os espaços em que o trigo é vendido mais caro. Esse tipo de distúrbio ocorre em um face a face constante e negociado entre uma multidão de consumidores e autoridades locais, intimadas a tomar o partido da justiça distributiva contra o do mercado livre. A justiça, um direito reconhecido como válido e incontestável, a emoção e a intuição sensível estão relacionados entre si, sem que seja fácil, para o historiador, reconstituir tais laços. A ordem social defendida pelos amotinadores baseia-se no "preço justo", na primazia da comunidade em relação a seus recursos e, às vezes (mais raramente), em relação ao castigo do culpado (de açambarcamento) e à referência ao soberano evérgeta. Todos estes elementos fundamentam o que Edward Thompson designa como "economia moral da multidão", definida por ele, em 1991, nestes termos:

> Não é somente o fato de haver um pacote de crenças, usos e formas associadas à distribuição de alimentos em período de escassez de víveres que tudo isso seria reunido comodamente sob a mesma denominação, mas também as emoções profundas suscitadas por essa escassez, as exigências formuladas pela multidão em relação às autoridades durante tais crises e a raiva provocada pela busca do lucro nas situações de urgência vital conferem uma carga "moral" particular ao protesto. É esse conjunto que entendo por economia moral[855].

Tal economia refere-se a dois domínios distintos[856]: por um lado, um sistema de bens, de serviços e de intercâmbio no interior de uma comunidade, em

---

854. BOURGUINAT, N. *Les Grains du désordre* – L'État face aux violences frumentaires dans la première moitié du XIXe siècle. Paris: L'Ehess, 2002.
855. THOMPSON, E.P. "The Moral Economy Reviewed" (1991), apud FASSIN, D. "Les économies morales revisitées". In: *Annales* – Histoire, sciences sociales, vol. 64, n. 6, 2009, p. 1.245. Cf. tb. o seu primeiro artigo sobre o tema: "The Moral Economy of the English Crowd in the Eighteenth Century". In: *Past & Present*, vol. 50, 1971, p. 76-136.
856. FASSIN, D. "Les économies morales revisitées". Art. cit.

uma economia ainda inserida no social; e, por outro – e esse aspecto desperta um maior interesse aqui –, uma intuição sensível do justo e do injusto, uma concepção do bem comum encarnado em uma emoção. A economia dos afetos não se reduz à escuma dos medos e ressentimentos, mas engloba sentimentos de natureza moral, saberes práticos, assim como uma memória e normas políticas. É nesse sentido que evolui a mobilização das emoções no decorrer do primeiro século XIX: com o passar dos decênios, verifica-se uma politização cada vez maior da "economia moral". Quando os amotinados de 1816-1817 sentem ainda nostalgia, em nome da justiça, de um Napoleão provedor e evérgeta, aqueles dos anos de 1840 referem-se ao apogeu revolucionário de 1793 e aos direitos naturais. A indignação diante de um preço considerado injusto é, portanto, inseparável de uma faculdade de julgar, a qual inclui uma avaliação econômica e política cada vez mais sutil do que é, ou não, tolerável; ela contribui para a elaboração de um direito informal ou direito justo, prenhe de afetividade, porém, irredutível unicamente a essa afetividade.

Essa questão do direito justo ou reconhecido como válido e incontestável é essencial para apreender a gramática das emoções de protesto no século XIX. Ela permite circunscrever, debruçando-se de maneira mais detalhada sobre os campos e os contextos, o modo como se entrelaçam, no seio do espaço social, os afetos, as normas, assim como a exigência de justiça. Nos dois primeiros terços do século, os *prud'hommes*, membros das instâncias de conciliação entre operários e empregadores, criadas a partir de 1806, são o espaço por excelência em que se exprime, na deliberação, diretamente frente a frente, a luta pelo reconhecimento de um "direito válido e incontestável"[857]. Este último nada é além de uma regra não escrita, julgada legítima por duas partes, mais ou menos, igualitárias. Na origem dos conflitos trabalhistas, figuram quase sempre repreensões sobre ausências, a apreciação negativa sobre o trabalho efetuado, confiscações de carteira de operário, discussões tumultuadas sobre o salário,

---

857. Cf. COTTEREAU, A. "Justice et injustice ordinaire sur les lieux de travail d'après les audiences prud'homales (1806-1866)". In: *Le Mouvement Social*, n. 141, 1987, p. 25-60.

"abusos" patronais, roubos de matérias-primas etc. Tanto os patrões quanto os operários ou os aprendizes podem considerar-se lesados e requisitar a mediação dos *prud'hommes*. A crise surge do não respeito de um uso considerado legítimo e manifesta-se através de uma intensa emoção, de uma "indignação espetacular"[858], a qual cria um tempo da urgência no sentido de "liquidar" a desavença o mais cedo possível. Cabe aos *prud'hommes* – cujas sessões são cotidianas – representar a cena da "liquidação" que começa pela expressão de uma "ferida", de um "direito reconhecido como válido e incontestável" que não teria sido honrado. A desavença entre as partes é solucionada em contato com terceiros (precisamente os *prud'hommes*), com a condição de que, na reciprocidade, sejam elaboradas novas versões do passado litigioso. Alain Cottereau fala a esse propósito de "catarse interativa" e de "satisfação": os direitos respectivos de uns e dos outros são debatidos; assim, o conflito inicial é reescrito no termo de uma conciliação (e não de uma arbitragem exterior). Esse equilíbrio foi rompido, segundo ele, no último terço do século XIX, quando se acentua a assimetria entre os assalariados e os seus empregadores, além de se autonomizar um direito do trabalho distinto do direito comum: o direito dos juristas faz desaparecer o "direito reconhecido como válido e incontestável" do primeiro século XIX.

Para além do recinto dos *prud'hommes*, a luta pelo reconhecimento travada pelos operários não se apoiava apenas nesse "direito válido e incontestável", mas na exigência primordial da dignidade, cuja dimensão afetiva e moral aparecia como essencial. "O século XVIII – escreve Jacques Rougerie – conhecia a honra (por pouco que seja exclusiva) da profissão. Daí em diante, trata-se de dignidade, dignidade do trabalho, dignidade do trabalhador"[859]. Essa referência à dignidade da classe dos produtores permite interpretar – em um sentido totalmente diferente daquele proposto por Tocqueville – as lutas sociais que se manifestam no decorrer do século XIX: a sua mola propulsora não reside,

---

858. Ibid., p. 51.
859. ROUGERIE, J. "Le mouvement associatif populaire comme facteur d'acculturation politique à Paris de la Révolution aux années 1840: continuité, discontinuités". In: *Annales historiques de la Révolution française*, vol. 297, 1994, p. 497-516.

então, principalmente na inveja ou no ressentimento, mas na exigência de reconhecimento[860]. Os vestígios dessas emoções de natureza moral são deixados por "porta-vozes" que qualificam as lutas em via de advir. Por ocasião do levante dos *canuts* [tecelões de seda] de Lyon, em 6 de novembro de 1831, o jornal *L'Écho de la fabrique* [O Eco da Fábrica], em que coexistem *canuts* e chefes de ateliê, dirige aos comerciantes-fabricantes a seguinte mensagem: "Que os senhores negociantes se lembrem de sua origem; que pensem que todos saíram da classe que, hoje, é menosprezada por eles; que busquem, portanto, os meios de suavizar a sorte dos artesãos; [...] que pensem, enfim, que os seus operários são homens como eles, e igualmente dignos de respeito". O jornal interpreta a sublevação como o produto de uma "dignidade ferida", de "vexações contínuas" por parte "de um punhado de senhores fabricantes"[861]. A humilhação está associada evidentemente à recusa dos fabricantes em reconhecer a legalidade do acordo coletivo sobre a "tarifa", mas ela acaba inscrevendo-se em período de maior duração, ou seja, a dos repetidos "abusos" por parte dos negociantes. O reconhecimento simétrico dos produtores e dos fabricantes, a exigência de justiça e de autonomia, ou seja, a própria base do modelo da fábrica de Lyon, vão estilhaçar-se, nesse momento, justificando a insurreição.

No último terço do século XIX, a economia dos afetos já descrita parece mostrar uma discreta evolução: não apenas o repertório de ação de protesto vai modificar-se radicalmente, mas também a mobilização das emoções de natureza moral parece decrescer no seio de movimentos sociais menos comunitários, mais autonomizados e institucionalizados[862]. A defesa dos interesses e dos direitos, a ação econômica e a solidariedade de classe predominam sobre a expressão de uma ferida e sobre a reivindicação de uma dignidade e de uma

---

860. Sobre a filosofia social da exigência de reconhecimento, cf. HONNETH, A. *Luta por reconhecimento*: A gramática moral dos conflitos sociais. Trad. de Luiz Repa. São Paulo: Ed. 34, 2003 [*Kampf um Anerkennung* – Zur moralischen Grammatik sozialer Konflikte. Frankfurt a. M., 1992].
861. Apud FROBERT, L. *Les Canuts*. Op. cit., p. 40-41.
862. PIGENET, M. & TARTAKOWSKY, D. (sob a dir. de). *Histoire des mouvements sociaux en France, de 1814 à nos jours*. Paris: La Découverte, 2012, p. 181-185.

"economia moral". Tal hipótese ainda mereceria estar mais bem comprovada em estudos empíricos.

Emoções insurrecionais: sob a calçada há palavras apagadas e reescritas

O protesto popular dispõe, no século XIX, de outro palco importante: a insurreição, figura central de uma nova historicidade revolucionária, a qual tende para outras possíveis, raramente experimentadas. De 1827 a 1871, o século XIX é atormentado pela recorrência dessas sublevações, designadas posteriormente como insurreições (em 1827, 1832, 1834, 1839, em junho de 1848, em dezembro de 1851 ou em março de 1871) e, até mesmo, revoluções (em 1830 e em 1848) ou, pelo contrário, desqualificadas como motins ou "complôs". Do motim à insurreição, a fronteira é tênue e, inclusive, arbitrária. Victor Hugo vai torná-la rígida em um trecho célebre de sua obra *Les Misérables* (1862 [Os miseráveis]):

> Há motim e há insurreição. Trata-se de duas cóleras: uma está equivocada, enquanto a outra está fundada na razão. Nos estados democráticos que os únicos países baseados na justiça, acontece, algumas vezes, a usurpação por parte da fração; nesse caso, o todo reage, e a necessária reivindicação de seu direito pode levá-lo, inclusive, a pegar em armas. Em todas as questões referentes à soberania coletiva, a guerra do todo contra a fração é insurreição, enquanto o ataque da fração contra o todo é motim [...].

Percebe-se o quanto essa divisão é tributária da ideia republicana de uma soberania popular inalienável, a qual deslegitimaria qualquer sublevação em regime de representação supostamente "universal" (especialmente, em junho de 1848). Em relação a nosso escopo, é mais importante a definição bastante material, presente em Hugo, da insurreição como "pegar em armas", em nome da soberania popular, correspondendo melhor à experiência concreta dos cidadãos que, de fato, se sublevaram muitas vezes contra a autoridade ao erguerem barricadas, sobretudo, em Paris e em Lyon. Essa cidadania combatente, descontínua, posta à prova do sufrágio universal, não se encarna somente na referência ao direito natural, à lei ou ao povo soberano, mas assume uma consistência singular em emoções e sentimentos que singularizam, sem dúvida, o momento insurrecional situado entre o final da Restauração (1830) e o começo da Terceira República (1870), o período das barricadas.

Nesse caso, também, a busca do historiador não é facilitada: as emoções insurrecionais foram apagadas, de alguma maneira, após 1871 pelo avanço do progresso que inscreve a insurreição em um "antes", cuja atualidade no presente tivesse de ser banida. Elas tampouco escapam ao trabalho de atribuição, evocado precedentemente a propósito dos motins, tanto mais intensa a propósito de insurreições, cujo sentido é objeto de lutas violentas – em particular, em junho de 1848 e na Comuna de Paris, primeiro governo operário da história, em 1871. A atribuição realiza-se em sentido duplo na medida em que a barricada insurrecional funciona, no século XIX, como uma verdadeira máquina de fantasias e de lendas, sombrias e edulcoradas. A barricada está "apta a produzir – lembra Alain Corbin – o povo das revoluções, do qual ela simboliza a existência intermitente". Como tal, ela "intensifica as identidades, os pertencimentos e os engajamentos"[863] e, acrescentemos, as emoções, no sentido tanto da desmedida e do opróbrio quanto da glória e do martírio. A literatura ficcional da insurreição, por sua vez, apoia-se quase sempre em um deslocamento que embaralha o sentido conferido às emoções descritas. A insurreição de junho de 1848 assume o aspecto da sublevação de junho de 1832, em *Les Misérables*; a Comuna é refratada através do período de *Terreur* [Terror, 1793-1794] em seu livro *Quatrevingt-treize* (1874 [Noventa e três]); as jornadas de fevereiro e de junho de 1848 aparecem sob um modo irônico ou histriônico, em *L'Éducation sentimentale* (1869 [A educação sentimental]); *L'insurgé* (1886 [O insurreto]) de Jules Vallès baseia-se "na fragmentação e na dissonância",

---

863. CORBIN, A. "Préface". In: CORBIN, A. & MAYEUR, J.-M. (sob a dir. de). *La Barricade*. Paris: Publications de la Sorbonne, 1997, p. 21.

"sinais estéticos das cicatrizes deixadas pela história no próprio corpo da escrita"[864], retrato por contraste do que a insurreição *poderia ter* sido etc.

Os próprios insurretos, uma vez mais, deixaram poucos rastros – nem sequer, indiretos –, através de uma escrita de si guiada pela justificação e permeada de silêncios. No contexto de processos de recompensa cívica ou de repressão judiciária, os insurretos verbalizam as suas emoções em função das normas civis dominantes. E até mesmo quando fazem confidências "diretamente" em cadernos, em diários íntimos ou, mais ainda, em lembranças, a intenção justificadora não está ausente. Mas é exatamente nessa escrita-ação que o historiador pode compreender algo da historicidade dos afetos da barricada[865]. A emoção pode tornar-se um recurso social e político, em um momento em que o engajamento afetivo e o desejo de reconhecimento participam plenamente da integração cívica e do "protagonismo" detectado por Haïm Burstin no período da Revolução Francesa[866]. A emoção inscrita no papel pode ser um modo de ação sobre o mundo social, mesmo quando a linguagem dos vencedores impõe as suas mais rígidas leis. A verdade da emoção insurrecional, para o historiador, não reside então em sua autenticidade, indemonstrável, mas em sua inscrição no seio de um modelo de cidadania frágil, o do "cidadão-combatente"[867] – cidadão, ao mesmo tempo, de carne e de papel.

A escrita da emoção pelos insurretos entrelaça-se com a experiência física da guerra das ruas e com a cultura das armas. A exposição à morte ou aos sofrimentos corporais constitui a matriz da escrita insurrecional, tal como mostrou Louis Hincker a propósito dos insurretos da Segunda República[868]. Sem surpre-

---

864. PORFIDO, I. "Des *Victimes du Livre* à *L'Insurgé*, livre des victimes: roman et politique chez Jules Vallès". In: *Mots* – Les langages du politique, n. 54, 1998, p. 69-85.

865. Por analogia com outros tipos de textos relativos às "desgraças dos tempos", cf. JOUHAUD, C.; RIBARD, D. & SCHAPIRA, N. *Histoire, littérature, témoignage*. Paris: Gallimard, 2009.

866. BURSTIN, H. *Révolutionnaires* – Pour une anthropologie politique de la Révolution française. Paris: Vendémiaire, 2013.

867. HINCKER, L. *Citoyens-combattants à Paris, 1848-1851*. Villeneuve-d'Ascq: Presses universitaires du Septentrion, 2008.

868. Ibid.

sa, os feridos recentes ou antigos pedem reparação pelos sofrimentos suportados, além de converterem o corpo e as emoções no próprio lugar da dimensão política, antes da explicitação dos motivos do engajamento. Um insurreto de dezembro de 1851, fabricante de velas, ao requerer uma recompensa trinta anos mais tarde, Henri Floucaud, aos 63 anos, também insurreto em junho de 1848 e, em seguida, "desterrado" para Cherbourg, relata os sofrimentos da repressão de junho, a aspiração à vingança – "Jurei vingar-me* [para os asteriscos, cf. nota 869] na primeira revolta, ou de ser morto* na barricada*", escreve ele. E, na sequência, a sua reação física ao golpe de Estado de 1851: "O sangue fervilhou* em meu corpo, eu já não podia me conter". Ele retoma, portanto, o combate em dezembro de 1851, hesita – "então eu pensava* em minha família, eu dizia para os meus botões que a minha cabeça me tinha atormentado*" –, prefere o risco da morte ao da prisão, pensa em jogar-se no Rio Sena antes de receber "um golpe de espada* na espinha dorsal*, que [lhe] causou muito* sofrimento", botinadas e socos, além de ter passado por uma "chave de braço". O face a face com a morte é esboçado, às vezes, como um risco de cair na loucura, como foi o caso na repressão das Jornadas de Junho de 1848: "Na lúgubre noite de 26 para 27 de junho – escreve *a posteriori* Georges Voiturin, com 18 anos, em 1848, quando houve uma tentativa de degola dos prisioneiros –, as emoções foram tão violentas que dois homens ficaram completamente loucos na primeira carroça de seis cavalos em que estávamos detidos"[869]. De maneira geral, a exposição do insurreto às emoções de um possível sacrifício é erigida como experiência política fundadora que autoriza o requerente a reivindicar um título e um reconhecimento. No contexto de uma relação jurídica ou administrativa, os cidadãos-combatentes exprimem com as próprias palavras a emoção paroxística do face a face com a morte, para requisitar em melhores condições a "bondade", a "humanidade" e a "justiça", a que aspiram enquanto sujeitos de direito. Para uma melhor compreensão dessa experiência, inscrita,

---

869. Apud ibid., p. 133. • No original: ... *de me vangé* [venger]; *tué* [tuer]; *bariquad* [barricade]; *boulliona* [bouillonna]; *pansait* [pensais]; *mavait travaillié* [m'avait travaillé]; *dépé* [d'épée]; *lepine dorsal* [l'épine dorsale]; *beaucou* [beaucoup] [N.T.].

simultaneamente, em uma sensibilidade romântica do sacrifício, em uma cultura jurídica do reconhecimento cívico e em uma prática da soberania pelas armas, é importante lembrar o poder de mobilização emocional – no começo de cada insurreição – dos primeiros cadáveres estendidos no chão. O "desfile dos cadáveres" de fevereiro de 1848, em uma carroça iluminada com tochas, e a exposição pública dos corpos das primeiras vítimas de 1830, 1832 e 1839 foram acompanhados por uma convocação a armar-se em nome de uma fraternidade cívica estabelecida no sangue derramado[870]. "Vingança, estão assassinando os nossos irmãos!" – grita-se à passagem da carroça dos mortos, em 23 de fevereiro de 1848[871]. O pegar em armas e a montagem de barricadas seguem-se imediatamente a esses gritos de indignação, assimilados pelas autoridades a uma investida de "excitação" coletiva.

A indignação torna legítima a autodefesa e, como tal, aparece no âmago dos relatos dos insurretos desejosos de justificar a sua ação. Essa emoção moral[872], desencadeada por um estímulo exterior, é erigida como resposta a um crime de lesa-humanidade proveniente da autoridade legal que, por isso mesmo, se torna usurpadora. Ela está muito presente no início da Comuna, em 18 de março de 1871: quando as tropas de Versalhes procuram apoderar-se dos canhões da guarda nacional, a indignação coletiva atribui a essa tentativa os termos de "golpe de Estado" ou "novo Deux Décembre [Dois de Dezembro]"[873] e leva a insurgir-se em nome da lei, reativando uma cidadania combatente, repudiada desde 1848 e 1851. O companheiro maçon, Martial Senisse, anota assim em seus cadernos, com data de 18 de março: "Às cinco horas da manhã [...] fomos acordados pelos tambores da guarda nacional. Parece que se trata

---

870. FUREIX, E. *La France des larmes* – Deuils politiques à l'âge romantique. Seyssel: Champ Vallon, 2009.
871. Apud ROBIN, C.-J.-N. *Histoire de la Révolution française de 1848*. T. 1. Paris: Penaud, 1849, p. 247.
872. AMBROISE-RENDU, A.-C. & DELPORTE, C. (sob a dir. de). *L'Indignation* – Histoire d'une émotion politique et morale, XIXe-XXe siècles. Paris: Nouveau Monde, 2008.
873. Segundo ROUGERIE, J. "Notes pour servir à l'histoire du 18 mars 1871". In: *Commune-Rougerie.fr*.

de *golpe de Estado*. Os soldados de Thiers tinham lançado um ataque durante a noite[874]". Ao negligenciar essas palavras – escreve Jacques Rougerie, "em um Paris popular prenhe de lembranças, [...] corre-se o risco de perder algo de essencial na história profunda das reações populares"[875].

A indignação está muito presente também no relato bastante incisivo, editado recentemente por Thomas Bouchet, de um insurreto de junho de 1832, Charles Jeanne[876]. Escrita mais de um ano depois dos acontecimentos do claustro Saint-Merri, a longa carta que ele endereça então à irmã constitui um monumento de autojustificação e de celebração épica de um heroísmo coletivo. Segundo o seu autor, às primeiras descargas de mosquetes vindas das forças da ordem, respondeu "um grito de raiva e de dor, um grito de vingança terrível e prolongado [...]. Idosos, mulheres, crianças estavam expostos a um perigo semelhante ao que nos espreitava... A indignação atingiu o seu auge!"[877] A autoridade é considerada culpada de "profanações" – no contexto do enterro do General Lamarque, marcado pela sacralidade do culto aos mortos – e os seus defensores designados como "salteadores", ou seja, contrarrevolucionários. A proximidade do sangue e da morte organiza, em seguida, todo o relato que tende para a ideia de um sacrifício inevitável. "À semelhança da heroica Polônia, estávamos destinados a perecer – escreve Jeanne. 'Em uma hora, estaremos todos mortos'" – teria gritado um dos insurretos[878]. Tendo passado pela experiência das armas, antes de 1830, esse comerciário de 33 anos transpõe para a barricada uma ética militar-viril, em que a honra, o desafio, a bravata e o riso sonoro predominam em relação aos sentimentos propriamente políticos – mesmo que, em pano de fundo, verifica-se a presença da liberdade, da República e da pátria. Nessa ética do combatente, porém, o controle das emoções é tão central

---

874. SENISSE, M. *Les Carnets d'un fédéré da la Commune (1871), recueillis et présentés par Jean-André Faucher*. Paris: Saint Just, 1965, p. 48.

875. ROUGERIE, J. "Notes pour servir à l'histoire du 18 mars 1871". In: *Commune-Rougerie.fr.*

876. JEANNE, C. *À cinq heures nous serons tous morts!* – Sur la barricade Saint-Merry, 5-6 juin 1832. Ed. de Thomas Bouchet. Paris: Vendémiaire, 2011.

877. Ibid., p. 42.

878. Ibid.

quanto a faculdade de indignação; ele está destinado a evitar as violências e as mortes inúteis. As petições de insurretos estão repletas desses testemunhos de regulação das paixões que constituem outras tantas respostas aos discursos, já evocados, de inveja, do ressentimento e da "loucura democrática". Entre tantas outras fontes, citemos a petição de guardas nacionais de março de 1848, que visa garantir o justo comportamento de um contador de 57 anos, Bazet, por ocasião das Jornadas de Fevereiro: "Ele inspirou tanta confiança aos combatentes que a propriedade foi respeitada, assim como as pessoas inofensivas que, em um momento de efervescência, haviam corrido o risco de passar por dissabores"[879]. A emoção moral (a indignação), a emoção paroxística (a exposição à morte) coexistem com a temperança e a ordem, virtudes cívicas reconhecidas pela ordem republicana.

Outros conflitos intoleráveis permeiam os relatos de insurreição, singularmente, em junho de 1848. A "reversibilidade do espaço público" (Louis Hincker), ou seja, a legitimidade ou ilegitimidade de pegar em armas segundo as circunstâncias (no caso concreto, o advento do sufrágio "universal"), faz com que as emoções de alguns insurretos se tornem muito mais ambíguas, voláteis e incertas. Pensamos aqui em todos aqueles que pegam em armas, ou melhor, dizem pegar em armas sob o efeito de um alarme, do medo, para defender um território sitiado, sem que o inimigo esteja claramente identificado e sem que o envolvimento deles seja absoluto, sacrifical. São numerosos os insurretos de junho de 1848 que apresentam, assim, o seu engajamento na montagem e defesa das barricadas. A esse respeito, o relato de um deles, exumado recentemente por Alexandre Frondizi, é particularmente eloquente[880]. O relato foi redigido logo após o acontecimento, antes de sua prisão (a cronologia é, neste caso, decisiva), por um operário mecânico de La Chapelle (na época,

---

879. Apud HINCKER, L. *Citoyens-combattants à Paris*. Op. cit., p. 119.
880. Cf. FRONDIZI, A. "Entre le 'village' et la Ville: l'itinéraire politique de Martin Eugène Deloris à l'épreuve de juin 1848". In: BOUCHET, J. & CÔME, S. (sob a dir. de). *Les Passeurs d'idées politiques nouvelles au "village"* – De la Révolution aux années 1930. Clermont-Ferrand: Presses Universitaires Blaise-Pascal, 2015. Alexandre Frondizi prepara uma edição crítica desse testemunho.

bairro da periferia parisiense), Martin Eugène Deloris. O gesto de escrita, em tal contexto, constitui em si uma emoção ao vivo, cujos motivos e destinatários permanecem incertos. No decorrer das três jornadas de insurreição, a curva das emoções, ditas ou não ditas nas entrelinhas de seu testemunho, ajusta-se à de um acontecimento considerado ilegível e dominado pela incerteza. Membro do clube local de La Chapelle, muito ativo durante a primavera democrática (especialmente, por ocasião da passeata de 15 de maio), ele participa em 23 de junho dos primeiros sobressaltos da insurreição em seu bairro, mas sem apreender o seu sentido: "Para mim, era evidente que se devia pegar em armas para se defender. Mas contra quem?!" "Eu tinha a convicção de que os bons se encontravam misturados com os maus porque eu não descortinava dois campos; então, o que fazer!?" O seu percurso no decorrer dessas jornadas de insurreição é guiado por uma avaliação tão sensível e afetiva quanto política, do que se passa à sua volta. No dia seguinte, 24 de junho, Deloris encontra o presidente da Assembleia Nacional, Antoine Sénard, e inclusive o General Cavaignac, para propor-lhes um plano visando a saída da crise, orientado para a "organização do trabalho" e para uma República democrática e social. Ele procura evitar a discórdia civil, "essa horrível guerra entre irmãos, do filho contra o pai". Ele "vibra de alegria" ao acariciar o sonho de uma conciliação, mas a esperança esvai-se quando ele observa um Sénard "calmo e digno como a lei" e, sobretudo, um Cavaignac "inexorável como o Destino". De volta ao bairro, na Prefeitura de La Chapelle, ele lê nos rostos dos concidadãos "o descontentamento e, em outros, uma grande incerteza e, [ainda] em outros, uma espécie de triunfo"; ele fica prostrado ao saber da instauração do estado de sítio que anuncia um desencadeamento de violência. No dia 25 de manhã, o vencido deixa-se invadir pelo medo, o de ser denunciado, e pela resignação de evitar o espaço público: "Tomei o partido de não sair de casa e de baixar a cabeça diante dos acontecimentos". Ele entrega as armas, justificando o seu gesto por estas palavras pungentes: "Eu devia obedecer ou morrer, mas eu rejeitava a segunda opção". Neste caso, verifica-se a ausência da exposição sacrifical à morte que se encontra no cerne da cultura das armas do cidadão-combatente; em 20 de julho, escondido em uma granja dos arredores de Melun, ele é preso por ter "incitado a insurreição".

Esse percurso ao âmago das emoções insurrecionais poderá parecer um tanto desencantado, distante do lirismo da barricada, de acordo com a descrição de Victor Hugo. Ele exprime a incerteza desse tempo insurrecional em que o protesto tem dificuldade, às vezes, em encontrar um inimigo bem identificado e uma causa bem delimitada. A situação é totalmente diferente quando a insurreição oscila em direção à tomada efetiva de soberania e esboça-se uma multiplicidade de futuros emancipados. Em 26 de março de 1871, uma semana após o começo da insurreição da Comuna, o carpinteiro Désiré Lapie, membro do Comitê da Guarda Nacional de Montmartre, escreve à irmã o seguinte texto:

> No início, estávamos batante fragilizados, mas, hoje dispomos de todo o poder, seja mediante a força ou a justiça. [...] Sim, minha irmã, somos senhores, presta bem atenção, as pessoas inclinam-se à nossa frente, os monarcas estremecem ao pensar em nossa Revolução [...] e as pessoas do campo pensam vir esmagar-nos em Paris; pobre povo, o quanto eles são bobos, afinal, é para eles que trabalhamos e eles teriam o desejo de esmagar-nos, mas se isso acontecer e se Paris levantar a voz, esta será escutada desde o Oceano Atlântico até os Montes Urais porque nada resiste a um povo livre[881].

Fica por escrever, nessa perspectiva, uma história do entusiasmo revolucionário, tanto em 1848 quanto em 1871; em relação a esta data, ela havia sido esboçada por Henri Lefebvre[882], na época, inspirado grandemente pelos situacionistas e por uma visão, depois contestada, da experiência da Comuna enquanto festa da reapropriação do espaço urbano. Ela mereceria incluir, em contraponto, todas as incertezas, os medos e as indiferenças, sublinhados hoje pelo historiador britânico, Robert Tombs[883]. Essa história pressupõe também

---

881. Apud ROUGERIE, J. *Procès des communards*. Paris: Julliard, 1970, p. 177-178.
882. LEFEBVRE, H. *La Proclamation de la Commune*. Paris: Gallimard, 1965.
883. TOMBS, R. *Paris, bivouac des révolutions* – La Commune de 1871. Paris: Libertalia, 2014, p. 295ss.

considerar as emoções mais comuns, de baixa intensidade, aquelas que, no cotidiano, invadem os insurretos confrontados não só com novas relações de poder e de vizinhança, mas também com um novo espaço sensível, saturado de gestos e de símbolos revolucionários. De qualquer modo, ela excede o nosso propósito, focalizado nas falas e nos atos de protesto.

Protesto "informal", emoções ritualizadas e contenção da violência

O espaço público de protesto apresenta, no século XIX, formas diferentes relativamente ao motim e à insurreição, formas simultaneamente herdadas e novas, nas quais se desenvolvem poderosas emoções coletivas, mas reguladas pela exclusão da violência física. Essas emoções ritualizadas participam plenamente da experiência política de súditos não reconhecidos como cidadãos de pleno direito, em particular, sob as monarquias censitárias, antes do advento do sufrágio chamado universal, em 1848. Ao lado do espaço público de deliberação crítica, o do voto, das câmaras parlamentares, da imprensa e da sociabilidade política, limitado a uma elite restrita, emerge a partir da Restauração (1815) um espaço público informal (não institucional), exuberante e interclassista, dominado pela razão sensível, que associa a racionalidade com a afetividade. Esse espaço se desenvolve em uma grande quantidade de lugares e de gestos: enterros de protesto, banquetes de oposição, distúrbios por ocasião de representações teatrais, desvirtuamento de festas públicas (antifestas), charivaris e carnavais contestatários, exibição de emblemas sediciosos etc. Esses gestos e rituais derrubam as fronteiras oficiais da participação política, além da "partilha do sensível" evocada mais acima; na sua maioria, eles desvirtuam práticas costumeiras ou correntes para subvertê-las em gestos de oposição. Essa subversão realiza-se, certamente, pela intrusão de um discurso crítico, pela exibição de uma opinião, mas também e sobretudo pela expressão de poderosas emoções coletivas. A deliberação interior e exterior do súdito-cidadão racional está, nesses rituais, muito afastado da expressão das emoções, as quais estão em dissonância frequentemente com aquelas previsíveis em determinados lugares e momentos. Assim, a alegria aninhada no cerne dos funerais de massa do General Foy, em 1825; a efervescência em eco à representação de *Tartuffe* (1664 [Tartufo]) sob o reinado de Carlos X[884]; o brinde proposto por Évariste Galois a Luís Filipe, empunhando um punhal, por ocasião de um banquete, em 1831, todas essas manifestações teriam sido percebidas como objetos de escândalo. Essas emoções "inapropriadas" ou discordantes fazem, sem dúvida, a singularidade desse momento de protesto, anterior ao sufrágio universal e à passeata "moderna": eis a hipótese que gostaríamos de aprofundar, em torno dos principais ritos de protesto do primeiro século XIX, ou seja, os enterros, os banquetes e os charivaris políticos.

Os enterros de oposição homenageiam defuntos que pertencem ao panteão liberal e, em seguida, republicano (do General Foy ao Deputado Manuel, de Benjamin Constant a La Fayette, passando pelo General Lamarque), concentrando-se particularmente, em Paris, cidade em que foi contabilizada uma trintena desses eventos, entre 1820 e 1840[885]. Os banquetes parisienses, mas também e sobretudo provinciais, reúnem, por sua vez, centenas de convivas que haviam contribuído para uma subscrição prévia, em redor de uma refeição partilhada, mas também de discursos e de brindes pronunciados por oradores que fazem uma crítica, mais ou menos, explícita dos poderes[886]; o seu desenrolar é orquestrado de maneira bastante estrita, antecipadamente (de modo diferente dos enterros). Em três oportunidades, eles se enunciam como verdadeiras campanhas nacionais de opinião (ditas campanhas dos banquetes), em 1829-1830, em 1840 e em 1847-1848. Quanto aos charivaris, eles começam por visar o clero envolvido nas missões populares e, em seguida, no início dos anos de 1830, os deputados ao voltarem da sessão parlamentar, quando atraiçoam o contrato que os liga a seus mandantes ou transgridem um direito

---

884. KROEN, S. *Politics and Theater*: The Crisis of Legitimacy in Restoration France. Berkeley, Calif.: University of California Press, 2000.
885. FUREIX, E. *La France des larmes*. Op. cit.
886. ROBERT, V. *Le Temps des banquets* – Politique et symbolique d'une génération, 1818-1848. Paris: Publications de la Sorbonne, 2010.

natural[887]. Realizados ao anoitecer, eles fazem uma barulheira ensurdecedora debaixo das janelas do adversário visado. A cronologia desses três rituais de protesto é bastante semelhante: todos eles surgem na década de 1820, em redor da oposição liberal; aprofundam-se, radicalizam-se e democratizam-se depois de 1830; passam um tanto despercebidos com o advento do sufrágio "universal" em 1848, embora tivessem ressurgido mais pontualmente no período do Segundo Império (com as exéquias de Victor Noir, nomeadamente, em janeiro de 1870) e do governo de Ordre moral [Ordem Moral]. Eles mantêm laços estreitos com a representação política oficial, mesmo que acabem por subvertê-la: celebram – ou, no caso do charivari, condenam – representantes políticos, em particular, deputados: ao misturarem, em graus diversos, incluídos e excluídos da política, personalidades importantes e classes populares, prestam-se, por conseguinte, a uma encenação (em si subversiva) do povo soberano. São, enfim, rituais essencialmente masculinos, o que não deixa de ter incidências sobre as emoções mobilizadas.

Banquetes e enterros, do ponto de vista tanto de seus atores quanto de seus adversários, são percebidos como máquinas de produzir a emoção e, consequentemente, "a agitação". O banquete entra no repertório da "ciência política" e o republicano Altaroche, no *Dictionnaire politique* [Dicionário político] de 1842, vai defini-lo nestes termos:

> O banquete é um excelente meio de agitação, como se diz na Inglaterra, e de propaganda, como dizemos na França. Sob a influência de sentimentos de amor e de igualdade fraterna que surgem de qualquer grande reunião e a acalentam, milhares de cidadãos são imediatamente animados por um pensamento comum; repletos continuamente de efusão e entusiasmo, as asperezas desaparecem, as pequenas divergências harmonizam-se e a assembleia unânime aclama em uníssono com base na fórmula dos brindes e nos desdobramentos dos discursos. Qualquer ideia que tenha sido propalada amplamente nos banquetes será,

---

887. FUREIX, E. "Le charivari politique: un rite de surveillance civique dans les années 1830". In: BEAUPAIRE, A. & GUEDJ, J. (sob a dir. de). *Vox populi*. Rennes: PUR, 2015, p. 53-70.

por isso mesmo, adotada em escala nacional e não há de tardar a tornar-se lei[888].

A efervescência afetiva, associada à partilha igualitária, produziria a unanimidade no campo dos oponentes a Luís Filipe e participaria na elaboração da lei (no caso concreto, a lei aguardada relativamente à ampliação do sufrágio). Uma retórica análoga – com exceção da igualdade – está em ação entre os liberais quando eles analisam a força política dos enterros de oposição:

> A perda de um homem tão insigne acabou estreitando os nossos vínculos – é o que se pode ler após os funerais do General Foy –, sentimos mais intensamente a necessidade de colmatar, por uma adesão mais forte, o vazio que ele deixa à nossa volta; um juramento tácito foi pronunciado sobre os despojos ilustres do homem da pátria. A sua morte imprimiu ao corpo social um movimento irresistível de ordem e de independência, de força e de sabedoria[889].

O rito é assimilado a um choque elétrico capaz de mover a sociedade e de revelar a nação a si mesma. Nos dois casos, a mediação realiza-se pelo culto cívico da personalidade importante, capaz de coalizar as emoções "populares" e de constituir uma "comunidade emocional" cujos contornos são, para dizer a verdade, bastante permeáveis e redesenhados em cada ocorrência do ritual.

Ora, esses rituais de protesto afastam-se de maneira bastante profunda de seus ancestrais revolucionários – e de seus herdeiros republicanos do final do século. Os dispositivos emocionais já não são semelhantes àqueles ocorridos sob a Revolução, indícios de uma metamorfose das sensibilidades. À grandiloquência alegórica das festas fúnebres da Revolução, sucede uma sobriedade reivindicada dos enterros de oposição. A exposição "sublime" dos cadáveres e das chagas – pensemos em Marat ou Lepeletier de Saint-Fargeau – é substituída pelo fechamento do caixão e a ocultação do cadáver. A ostentação das

---

888. ALTAROCHE, M.M.A. *Dictionnaire Politique* – Encyclopédie du langage et de la science politiques [1842]. Paris: Pagnerre, 1857, p. 147.

889. *Journée du 30 septembre 1825, ou Récit des derniers moments et des funérailles du général Foi.* Paris: Mongie, 1825, p. 8.

festas de soberania (regalistas ou revolucionárias) é explicitamente repudiada. A emoção não deve surgir do espetacular, nem do sublime, mas apenas da consciência sensível de formar um corpo político que implica uma agregação cívica. Presume-se que o ajuntamento da multidão, os discursos pronunciados sobre o túmulo, os gritos proferidos à glória do defunto, além de modestos emblemas que se tornaram sinais de união, em particular, as coroas cívicas – que se encontram também nos banquetes –, sejam suficientes para manter essa emoção política. Se os rituais de protesto "são eficazes", é sem dúvida por causa de sua capacidade para modelar "ficções-mestras", transmitidas nos discursos que descrevem esses rituais. Charivaris, enterros de protesto e banquetes políticos têm em comum o fato de implicarem um imaginário que coloca o povo no proscênio da história, instituindo-o como soberano (sobretudo a partir da década de 1830) e projeta sobre ele as luzes da igualdade. Assim, o charivari de oposição, nos anos de 1830, seria percebido como o lugar de uma eloquência totalmente popular e afetiva, nova *vox populi* oposta à pesada retórica parlamentar: "A nobreza e a generosidade dos sentimentos não é [sic] aristocrata, mas plebeia; elas devem ter o direito de serem conhecidas pelo país inteiro. O panelaço é uma imprensa popular, enquanto o charivari é uma tribuna plebeia"[890].

Esses rituais, aliás, excluem o uso da violência: todos eles visam conciliar a crítica do poder e a harmonia das paixões – nesse aspecto, é impressionante o paralelo que pode ser estabelecido com os socialismos "utópicos" contemporâneos. Os enterros de oposição resvalam em insurreição apenas em uma ocorrência (os funerais do General Lamarque, em 1832); os banquetes não redundam em uma revolução, em 1848, a não ser por causa de sua proibição; os charivaris, por sua vez, são objeto de violências repressivas e não tanto o lugar de violências decorrentes de motins. Todos esses rituais visam, ao mesmo tempo, uma participação democrática, em si transgressiva, uma emoção associada

---

890. *Procès du charivari donné à M. le baron de Talleyrand, préfet du Pas-de-Calais*. Arras: Souquet, 1832, p. 35.

à socialização cívica e uma contenção da violência, de acordo com os cânones liberais dos anos de 1820. Ao enxertar-se em rituais preexistentes, o protesto transgride, no entanto, as normas emocionais previsíveis. A consternação está presente, sem dúvida, nos cortejos fúnebres de oposição, mas, durante alguns instantes, ela é obscurecida pela alegria da apoteose ou pela indignação protestatária. Os gritos de homenagem ao defunto, os cânticos (mais raros), os juramentos prestados sobre o túmulo violam o silêncio habitual das exéquias. Observando os cortejos de oposição, o republicano Armand Marrast escreve, em 1834, o seguinte comentário:

> Hoje, portanto – em vez das festas fúnebres que os antigos celebravam perto dos mausoléus, em vez de cerimônias sérias e tristes, e das orações em que se mistura a esperança e o medo, com as quais o cristianismo acompanhava a última viagem –, temos exéquias barulhentas, agitadas, em que se reserva mais espaço para as lembranças do que para o sofrimento, em que se ameaça o presente ao enterrar o passado[891].

À semelhança do que ocorre com os rituais de adesão, mas em um grau menor, a efervescência protestatária aguça as suspeitas: ela não poderia refletir crenças enraizadas (liberal, republicana, bonapartista etc.), mas simplesmente, na melhor das hipóteses, uma emoção incorporada. Nem todos os participantes nos funerais de oposição exteriorizam uma indignação contra os poderes: alguns estão presentes por dever social ou por fidelidade a uma amizade que nada tem a ver com a política. Para superar essas aporias, convém esforçar-se por reconstituir o "enquadramento" que os indivíduos puderam fazer do ritual ao qual assistiam. A tarefa é imensa e, deste ponto de partida, resta muito a fazer aos historiadores, inspirando-se na sociologia interacionista. Neste texto, contentamo-nos em evocar como as emoções de protesto, por ocasião dos impressionantes funerais do General Foy, puderam ser percebidas e traduzidas de maneira contraditória. Para a liberal duquesa

---

891. MARRAST, A. Les funérailles révolutionnaires. In: *Paris révolutionnaire*. T. 3. Paris: Guillaumin, 1834, p. 219-318.

de Broglie, filha de Madame de Staël, a homenagem cívica ao defunto aniquilou qualquer emoção religiosa:

> Que coisa triste – escreve ela, então, a Barante – a absoluta ausência de emoção religiosa, que fenômeno singular esse respeito pelos mortos, essa lembrança séria, todos esses sentimentos, sem dúvida, de criaturas imortais; com a vontade de permanecer neste mundo, o qual, no entanto, desfaz-se em pó à sua frente[892].

O seu contemporâneo, Edgar Quinet, então com 22 anos, evoca em termos quase opostos a natureza das emoções de protesto:

> Nada apagará esse dia – escreve ele à mãe – da minha lembrança, e cheguei a conceber imensas expectativas e uma alegria religiosa de tudo o que, então, impressionou a minha vista. O país torna-se um aprazível pensamento quando se vê que ele renasce de suas cinzas; [...] a palavra França começa a despertar uma grande quantidade de emoções nacionais que pareciam estar extintas para sempre[893].

As emoções cívicas, sacralizadas, são designadas como "religiosas". Em um impressionante paralelo, Benjamin Constant, vai considerá-las também como a quintessência do "sentimento religioso", fundado no diálogo entre as almas:

> Experimentávamos não sei qual sentimento confuso do prazer doloroso que ele próprio deveria sentir. Era o sentimento religioso em sua pureza; era a voz da parte imortal de nossa natureza que, ainda acorrentada a esta terra que habitamos durante alguns instantes, lançava-se em direção ao companheiro de nossos trabalhos, ao esteio dos oprimidos, ao vingador da fraqueza, ao adversário inflexível da arbitrariedade da corrupção[894].

O novo repertório de protestos que surge a partir dos anos de 1860 – as reuniões públicas e, em seguida, as passeatas – é acompanhado, segundo parece,

---

892. Carta da duquesa de Broglie a Prosper de Barante, 7 de dezembro de 1825. In: *Souvenirs du baron de Barante, de l'Académie Française, 1782-1866, publiés par son petit-fils*. T. 3. Paris: Calmann-Lévy, 1892, p. 297.

893. Carta de 12 de dezembro de 1825. In: QUINET, E. *Lettres à sa mère*. T. 2. Paris: Honoré Champion, 1998, p. 250.

894. Benjamin Constant, Discours à l'Athénée royal de Paris, 3 décembre 1825. In: *Le Courrier français*, 05/12/1825.

por um desaparecimento dessa religiosidade romântica, mas também de uma intensificação da conflituosidade. As reuniões públicas e os *meetings*, longe de regular as paixões, acarretam pelo contrário explosões de cólera e insultos que tendem a ser mais facilmente absorvidos pelo ritual funerário ou culinário. As tumultuosas reuniões públicas, no final do Segundo Império, assistiam à multiplicação dos incidentes contra as delegacias e contra os oradores, indícios de uma "democracia bastante pitoresca, propícia para atemorizar o burguês"[895]. Sem terem desaparecido, portanto, as emoções trocam de natureza.

Protestar a distância: um cosmopolitismo da indignação

Há outra maneira de protestar, na e pela emoção, relativamente nova nesse primeiro século XIX: a indignação e a compaixão a distância, com povos em rebelião contra a opressão que os esmaga. Luc Boltanski sublinhou a importância dos mecanismos de sofrimento a distância, implementados no decorrer do século XVIII[896]. Formaliza-se, então, uma política da compaixão que institui os sujeitos sofredores em objetos de espetáculo e em "causa" moral a defender, além de impelir os espectadores a distância a experimentarem uma emoção, mas também, sendo necessário, a empreender determinada ação. Uma das reações possíveis do espectador a distância é a cólera e a denúncia, uma vez que o perseguidor tenha sido identificado. Desde o caso do Chevalier de La Barre, em 1766, "o grito do sangue inocente" (Voltaire) designa assim um "perseguidor" e subleva a indignação contra "o infame". A universalidade dos direitos naturais, o cosmopolitismo revolucionário e, em seguida, a sensibilidade romântica a um "alhures" fantasmático estendem progressivamente o campo dessa indignação a distância. As pessoas não somente indignam-se com o espetáculo de perseguições – aliás, elas não conhecem pessoalmente as vítimas –, mas o dis-

---

895. DALOTEL, A.; FAURE, A. & FREIERMUTH, J.-C. *Aux origines de la Commune* – Le mouvement des réunions publiques, 1868-1870. Paris: Maspero, 1980, p. 144.
896. BOLTANSKI, L. *La Souffrance à distance* – Morale humanitaire, médias et politique. Paris: Métailié, 1993.

tanciamento parece reforçar a possibilidade de uma emoção. O filelenismo dos anos de 1820 – o poderoso movimento de simpatia europeia em favor da causa dos gregos insurgidos contra os otomanos – constitui, sem dúvida, a verdadeira cena inaugural desse protesto a distância. As fraternidades revolucionárias, no contexto das "revoluções atlânticas" (norte-americana, batava, francesa, haitiana, latino-americanas etc.), já tinham feito eclodir, certamente, movimentos de compaixão transnacional, porém, com um menor grau de visibilidade e intensidade. Hervé Mazurel fala assim, para designar esse movimento filelenista, de um "momento inaugural no desabrochamento da tradição romântica a longo prazo que é a solidariedade universal dos povos"[897]. A efusão emocional atinge o seu paroxismo com o cerco e a queda de Missolonghi, em 1826 (bem mais que os massacres de Scio, em 1822). A descrição, a distância, dos ritos de violência e de crueldade, assim como a incriminação unilateral dos turcos catalisam a cólera e a indignação. Entram em cena as mutilações rituais dos cadáveres, a exibição dos troféus de guerra, os boatos destilados pela imprensa europeia segundo os quais os "egípcios e os turcos teriam crucifixado e queimado em fogo lento os últimos sobreviventes", além de "terem presenteado o sultão com a remessa de milhares de orelhas cortadas"; o sintagma "torrentes de sangue" é então mobilizado grandemente em um sentido acusador, tal como foi sublinhado por Maïté Bouyssy[898]. As monarquias europeias e, singularmente, o governo de Joseph de Villèle, são visadas indiretamente. Bertrand Barère escreve o seguinte comentário: "Será possível que não estejam enxergando o rio de sangue acusador? Esse sangue que escorre é o dos homens, dos cristãos como vocês; é o de vocês, reis da Europa, indiferentes e cruéis por diplomacia"[899].

Imprensa, panfletos, onda poética, exposição de pintura, gravuras, discursos de assembleia, ópera e teatro, concertos fazem perdurar uma "propaganda

---

897. MAZUREL, H. *Vertiges de la guerre* – Byron, les philhellènes et le mirage grec. Paris: Les Belles Lettres, 2013, p. 108.
898. BOUYSSY, M. *L'Urgence, l'horreur, la démocratie* – Essai sur le moment frénétique français, 1824-1834. Paris: Publications de la Sorbonne, 2012.
899. Apud ibid., p. 125.

emocional" não desprovida de interesses perfeitamente compreendidos e, até mesmo, de vaidade para alguns autores em busca de reconhecimento[900]. Ela é, porém, acompanhada por atos de mobilização bem concretos das "almas sensíveis": surgem comitês de apoio filelenista, subscrições e coletas em favor dos gregos, nas quais as mulheres da burguesia e da aristocracia liberais desempenham um papel pioneiro, e enfim o envio de voluntários armados. O apelo à opinião pública está eivado de uma afetividade romântica: a opinião é dotada de um caráter religioso; ela passa por ser um tribunal sensível que rejeita com indignação, em nome do "espírito de humanidade", as violências extremas contra os civis. Ela desenvolve-se em uma efusão que mistura "paixões contrárias"[901]. A emoção desestabiliza as linhas de fratura política, faz convergir a indignação dos liberais ligados à causa da emancipação nacional com a dos conservadores, motivados pelo espírito de cruzada.

Mecanismos análogos estão em ação, alguns anos mais tarde, no dia seguinte à revolução de 1830, quando desperta a causa "polonófila". Os levantes europeus de 1830-1831 são acompanhados pela constituição de um espaço público transnacional, cuja dimensão afetiva é, de novo, essencial.

> Seria difícil – escreve o historiador, Thureau-Dangin – fazer uma ideia da emoção produzida em Paris, nos primeiros dias de dezembro, pelo novo levante de Varsóvia. Sem dúvida, o movimento belga tinha ocorrido demasiado perto de nós, interessava diretamente demais à nossa política, para não ter inspirado vivas simpatias. A causa da independência italiana tinha também, para a imaginação francesa, um atrativo repleto de poesia. Tudo isso, porém, nada era ao lado do efeito produzido pelos acontecimentos da Polônia; em Paris, não se falava de outra coisa. Cada um cantava a *Varsovienne* [Varsoviense] de M. Delavigne com não menos paixão que a *Parisienne* [Parisiense]. La Fayette podia gritar – "A França inteira é polonesa" –, além

---

900. BARAU, D. *La Cause des Grecs* – Une histoire du mouvement philhellène (1821-1829). Paris: Champion, 2009, p. 307.
901. CHATEAUBRIAND, F.-R. *Note sur la Grèce*. Paris: Le Normant, 1825, p. 41.

de intimar "o governo francês" a mostrar que ele era também *polonês*[902].

A identificação com a vítima polonesa, novo Cristo do Gólgota, provoca um protesto indignado contra a inércia dos poderes, o qual ainda se acentua com a notícia da tomada de Varsóvia pelos russos, difundida em Paris, em 16 de setembro de 1831: bandeiras de pano preto são hasteadas em sinal de luto e, no dia seguinte, as emoções funerárias transformam-se em insurreição com montagem de barricadas, rapidamente abortada, contra Jean Casimir-Perier e Horace Sébastiani – o autor da célebre fórmula, monumento de inépcia, "A ordem reina em Varsóvia" –, contra "as mentes tacanhas, incapazes de compreender que, nos impulsos do coração, se encontra a mais poderosa alavanca da política"[903]. A polonofilia exprime-se, de novo, em termos semelhantes, em 1863, por ocasião de uma nova insurreição polonesa – desta vez, sem barricadas em Paris. Entre os dois momentos, o ano de 1848 terá marcado, sem dúvida, o apogeu desse romantismo cosmopolita que valoriza as efusões a distância, a República Universal, a fraternidade em armas e o luto compassivo. A primeira indignação é aquela diante do massacre a distância, como tinha ocorrido por ocasião dos acontecimentos precedentes, atingindo o conjunto dos clubes políticos parisienses ao receberem a notícia da repressão sangrenta do movimento revolucionário de Poznan pelos soldados prussianos, em abril de 1848. Petições de solidariedade com a Polônia, de uma amplitude considerável, circulam no começo do mês de maio em toda a França. Acrescenta-se, porém, outra indignação: aquela engendrada pela repressão do motim operário de Rouen e, em geral, pelas desilusões de uma República insuficientemente democrática e social. É o cruzamento dessas emoções que explica o alcance da passeata de 15 de maio de 1848 que terminou com a invasão da Assembleia Nacional e a apresentação coletiva de uma petição em favor da Polônia.

---

902. THUREAU-DANGIN, P. *Histoire de la monarchie de Juillet*. T. 1. Paris: Plon, 1888, p. 444.
903. BLANC, L. *Histoire de dix ans, 1830-1840* [1841]. T. 2. Paris: Germer-Baillière, 1877, p. 444.

Todas essas emoções fraternas e cosmopolitas, mais raramente prolongadas pelo voluntariado internacional, inscrevem-se em um poderoso movimento europeu de "sentimentalização da política" que impregna os grandes relatos patrióticos, então, emergentes[904]. A "narração melodramática" do Risorgimento, baseada no *pathos* do sofrimento, do sacrifício, da honra e do parentesco, prolonga-se assim após 1848; ela parece ter atingido, inclusive, as classes populares francesas e inglesas à medida que se verifica a implementação de uma cultura midiática e de uma imprensa de massa. Giuseppe Montanelli, exilado em Paris, faz a seguinte constatação: "O meu coração bate quando o operário parisiense se detém à frente do retrato de Garibaldi, contemplando-o com admiração e emoção"[905].

As cenas são diversificadas: desde o distúrbio decorrente da carência e do preço elevado dos cereais até a barricada, desde a rejeição frondista até a emoção filelenista ou polonófila. Cada uma à sua maneira, com os seus gestos, as suas regras e os seus atores sociais, revela, no entanto, um momento singular da história das emoções de protesto. A configuração do espaço público contribui grandemente para essa singularidade pelo fato de ser, sobretudo, informal, não institucionalizado. A deliberação está, nesse caso, menos presente do que a interação sensível. É nessa interação que podem desenvolver-se as emoções de natureza moral que acabamos de descrever. A presença da indignação, em primeiro lugar, impressiona o observador. O "grito do povo", metáfora de uma soberania inencontrável, confere uma poderosa legitimidade à ação coletiva com a condição de estar respaldada na ideia de justiça e de dignidade. Além disso, a concepção da cidadania, a centralidade da cultura das armas e de uma soberania em exercício autorizam emoções paroxísticas, nas quais o sangue derramado ocupa um lugar central. A presença difusa de uma sensibilidade romântica, que sacraliza o vínculo cívico e a fraternidade cosmopolita, é igual-

---

904. SORBA, C. *Il melodrama della nazione* – Politica e sentimenti nell'età del Risorgimento. Bari: Laterza, 2015.
905. MONTANELLI, G. *Opere politiche, 1847-1862*. Apud ibid., p. 21.

mente essencial, pelo menos, até 1848 e, sem dúvida, para além dessa data. Tudo isso transparece através das emoções incorporadas em ritos ou manifestações coletivas, assim como através das emoções discursivas, aquelas que os atores escolhem enunciar para agir sobre o mundo social. Parece-nos que esse triplo quadro – institucional, antropológico e discursivo – se modifica profundamente no final do século XIX. O protesto é cada vez mais enquadrado em formas reconhecidas legalmente; as emoções paroxísticas são menos solicitadas; a marca romântica é menos difusa.

14
A RENOVAÇÃO DA EMOÇÃO RELIGIOSA

Guillaume Cuchet

Ninguém pode duvidar seriamente de que haja emoções, no sentido de reações afetivas, na religião de outrora e atualmente, nem de que elas tenham uma história. Pode alguém inclusive questionar-se se, do ponto de vista psicológico, a religião não é fundamentalmente uma forma de intensificação dessa emoção primordial que é o sentimento da existência. Seja como for, as emoções pessoais ou coletivas, ordinárias ou extraordinárias, auspiciosas ou funestas, fortes ou de intensidade mais fraca, suscitadas pela própria religião ou simplesmente acolhidas, tratadas e transformadas por ela, apresentam-se sob uma grande diversidade de formas segundo os cultos e a história de cada um destes. Por hipótese e referindo-se às diferentes definições propostas, a esse respeito, por André Lalande em seu célebre *Vocabulaire technique et critique de La philosophie*[906] [Vocabulário técnico e crítico da filosofia], seria possível estabelecer a distinção entre as "sensações" da religião, associadas especialmente às práticas religiosas, litúrgicas e paralitúrgicas; as suas "emoções", mais complexas, embora também mais pontuais e intensas (em que a mais forte e paradigmática é, sem dúvida, aquela que acompanha a conversão); e as suas "afeições" ou "tendências afetivas", mais estáveis e sintéticas – tudo

---

906. LALANDE, A. *Vocabulaire technique et critique de la philosophie* [1926]. T. 1. Paris: PUF, 1991, verbete *"Émotion"* [Emoção].

isso constituindo o que poderia ser designado, em sentido amplo, como a "afetividade" religiosa.

Essa afetividade assume formas específicas segundo os cultos, embora seja possível encontrar, na diversidade destes, características comuns e elementos transversais que consistem no fato de que os crentes são sempre, mais ou menos, contemporâneos para além de suas divergências doutrinais. A estrutura religiosa da França do século XIX pode ser apresentada sumariamente a partir do último recenseamento que incluía, oficialmente, uma rubrica sobre religião, o censo de 1872, no começo da Terceira República[907]. Nesse ano, em uma população acima de 36 milhões de habitantes, a França contava com cerca de 35.300.000 católicos declarados, 580.000 protestantes, dos quais 467.000 reformados (calvinistas) e 80.000 luteranos, 33.000 de "outras" confissões protestantes, 49.000 israelitas, 3.000 pertencentes a "outros cultos" (sem mais especificação) e 81.000 "sem culto". A França era um país de cultura católica ultramajoritária (97,5%) – à semelhança da Itália, Bélgica, Espanha ou Portugal – cuja homogeneidade religiosa tinha sido ainda reforçada pela anexação recente da Alsácia e da Mosela.

Essa afetividade, ao mesmo tempo, prescrita e vivenciada, é um dos domínios menos explorados da história religiosa tradicional; habitualmente, os historiadores preferiram abandoná-la aos psicólogos, filósofos ou antropólogos, partindo do princípio de que eles não estavam ou estavam muito mal-equipados para "sondar os rins e os corações" [expressão bíblica – cf. Jr 11,20; Sl 7,10; Ap 2,23 –, a qual, por falta de termos abstratos, tais como "consciência", utiliza a palavra "rim", enquanto parte mais íntima do ser humano]; deste modo, os aspectos mais internos de seu objeto não eram verdadeiramente historicizáveis. Tornamo-nos mais sensíveis a essa temática sob a influência do desenvolvimento recente da história dita das emoções, oriunda dos Estados

---

907. Sobre a estatística oficial dos cultos, na França, no século XIX, cf. POULAT, É. "Les cultes dans les statistiques officielles en France au XIXe siècle". In: *Archives de sciences sociales des religions*, vol. 2, 1956, p. 22-26.

Unidos, na esteira da história do gênero[908]; mesmo que, na França, a história das mentalidades (o medo de Jean Delumeau, o luto de Philippe Ariès etc.) e, em seguida, a história da cultura já tivessem abordado – muitas vezes, no passado, inadvertidamente – a história das emoções, e mesmo que uma obra, tal como a de Alain Corbin, já tivesse sensibilizado amplamente os seus leitores para o problema. Ora, desde o momento em que nos interrogamos sobre a história das emoções nas sociedades de outrora, torna-se impossível evitar a religião na medida em que ela desempenhava um papel social e cultural bastante significativo, pelo menos, até a década de 1950.

As particularidades do campo religioso

Parece-nos, no entanto, que esse novo interesse pela história das emoções deve levar em conta, para produzir bons efeitos no campo que é o nosso, algumas de suas particularidades.

A primeira é que a religião, e de modo todo especial, o catolicismo – aliás, ao qual é dedicado o essencial deste texto, considerando a sua influência sobre a sociedade francesa –, é um sistema complexo de instâncias articuladas que compreende, ao mesmo tempo, doutrinas, práticas, comportamentos prescritos, devoções, pregações, produções literárias, uma vida ascética e mística, além de um direito próprio (o direito canônico), elementos que não são necessariamente portadores da mesma mensagem, nem dos mesmos efeitos emocionais. Cada uma dessas instâncias, dotada de suas lógicas particulares, ao combinar-se com as outras, produz efeitos que se reforçam, combatem entre si ou se compensam, segundo caminhos bastante diversificados, de modo que é extremamente difícil tirar daí conclusões gerais, válidas para o conjunto dos fiéis, além de ser sempre imprudente extrapolar a partir de uma só delas.

---

908. DELUERMOZ, Q.; FUREIX, E.; MAZUREL, H. & OUALDI, M. "Écrire l'histoire des émotions: de l'objet à la catégorie d'analyse". In: *Revue d'Histoire du XIXe siècle*, n. 47, 2013, p. 155-189.

Cada uma dessas instâncias tem também a sua história, a sua temporalidade e o seu ritmo de evolução peculiar, de tal modo que nem sempre há sincronização bastante estreita entre elas. O catolicismo do século XIX, a despeito de seu neomedievalismo literário, artístico e ideológico – tal como ele se manifestou, por exemplo, na obra dos teóricos da arte cristã, François Rio e Charles de Montalembert[909] – é, antes de tudo, herdeiro e continuador de seu predecessor da época clássica nos séculos XVII e XVIII: o fato é particularmente sensível na literatura de piedade, na iconografia[910] ou nos catecismos. As grandes personalidades da cátedra cristã, cujas obras haviam sido mais reeditadas no primeiro terço do século XIX, são Jacques-Bénigne Bossuet, Louis Bourdaloue e Jean-Baptiste Massillon, cujo *Petit Carême* (1718 [Breve devocionário da Quaresma]), em particular, conhece uma difusão bastante ampla. Em 1861, ano em que culmina a produção do livro religioso na França com 18% de fatia do mercado (sem contar o volume dos romances edificantes)[911], a parcela dos textos anteriores a 1800 é ainda de 40%[912]. Os *best-sellers* da espiritualidade dessa época continuam sendo *De imitatione Christi* (c. 1400 [Imitação de Cristo]) do monge e escritor alemão Thomas de Kempis; a *Introduction à la vie dévote* (1609 [Introdução à vida devota]) do padre católico saboiano que foi bispo de Genebra, São Francisco de Sales; *Pratica di amar Gesù Cristo* (1768 [A prática do amor a Jesus Cristo]) do filósofo escolástico e teólogo italiano Santo Afonso de Ligório; *Il combattimento spirituale* (1589 [O combate espiritual]) do religioso e escritor italiano Lourenço Scupoli; os *Ejercicios espirituales* (1548 [Exercícios espirituais]) do fundador da Companhia de Jesus, Santo Inácio de Loyola; e *Ejercicio de per-*

---

909. SAINT-MARTIN, I. *Art chrétien, art sacré* – Regards du catholicisme sur l'art (France, XIXe-XXe siècles). Rennes: PUR, 2014.

910. FOUCART, B. *Le Renouveau de la peinture religieuse en France, 1800-1860*. Paris: Arthéna, 1987.

911. ARTIAGA, L. *Des torrents de papier* – Catholicisme et lectures populaires au XIXe siècle. Limoges: Pulim, 1997.

912. SAVART, C. *Les Catholiques en France au XIXe siècle* – Le témoignage du livre religieux. Paris: Beauchesne, 1985, p. 528.

fección y virtudes cristianas (1608 [Exercício da perfeição e virtudes cristãs]) do padre jesuíta espanhol Alonso [Afonso] Rodríguez.

O "caráter de século XIX" dessa literatura só se afirmou progressivamente e conseguiu exprimir-se levando em conta toda essa herança, variável segundo os gêneros. Os catecismos[913], por exemplo, mostraram a tendência para veicular uma religião bíblica e dogmática bastante severa, tendo sido reduzida a sua influência sobre a evolução da sensibilidade religiosa que se manifestava, no mesmo momento, na literatura de piedade ou nas imagens piegas fabricadas no estilo sulpiciano [Bairro de St-Sulpice, em Paris]. Por volta de 1860, a distância entre uns e outros chegou a ser muito importante; ora, convém não perder de vista que, em matéria de formação religiosa, uma maioria de franceses não ia além do catecismo de Primeira Comunhão, feita por volta de 12-13 anos, e que, por conseguinte, a imagem que faziam da religião não refletia necessariamente a realidade mais atualizada que era vivenciada pelas populações mais praticantes ou pelos fiéis motivados.

A emoção faz parte, certamente, desses sistemas complexos que são as religiões, mas enquanto parte de um todo só é raramente abordada como objeto de estudo, salvo em determinadas circunstâncias particulares, tais como as missões populares que procuram provocar o choque psicológico da conversão por uma alternância calculada de afirmações inquietantes e tranquilizadoras[914]. Dizia-se que o missionário devia ser "um leão no púlpito e um cordeiro no confessionário", da mesma forma que o confessor era, ao mesmo tempo, "médico" e "juiz". Via de regra, o clero desconfiava dos transbordamentos de afetividade, da "mística" e dos "fenômenos extraordinários", termos raramente bem aceitos por ele, sobretudo antes de meados do século. Quando, por volta

---

913. SAINT-MARTIN, I. *Voir, savoir, croire* – Catéchismes et pédagogie par l'image au XIXe siècle. Paris: Champion, 2003.
914. Cf. as análises de DOMPNIER, B. "Pastorale de la peur et pastorale de la séduction – La méthode des missionnaires capucins". In: *La Conversion au XVIIe siècle* – Actes du 12e Colloque de Marseille (janvier 1982). Marselha: Centre Méridional de Rencontres sur le XVIIe siècle, 1983, p. 257-281.

de 1830, os europeus começaram a ouvir falar dos *camp meetings* norte-americanos, os quais juntavam durante vários dias, em plena natureza, centenas de fiéis que vinham escutar pregadores de sucesso e dedicar-se às práticas de uma religiosidade exuberante com base em invocações do Espírito, de "falar línguas", de dom de profecia, de milagres, de transes etc., eles ficaram atônitos e, em geral, consideraram tais comportamentos como uma especificidade *yankee*, sem imaginar que, um dia, ela podia espalhar-se entre eles[915]. Em seu entender, a pedra de toque do verdadeiro cristianismo residia sobretudo na observância dos deveres religiosos, na retidão das crenças e na moralidade dos comportamentos, embora as orientações de natureza espiritual e pastoral da piedade "utramontana"[916] do século XIX tivessem modificado, em parte, essa situação ao abrir-se mais amplamente às aspirações da sensibilidade popular em matéria religiosa.

Outra particularidade refere-se aos limites das possibilidades de expressão das novas emoções em sistemas religiosos constituídos, as quais são produzidas por eles mesmos; além disso, não deixam de ter efeitos restritivos sobre aquelas oriundas do exterior. A sensibilidade moderna não consegue exprimir-se no interior dos cultos existentes a não ser levando em consideração a sua estrutura interna, o seu tradicionalismo manifesto (embora seja bem atenuado, muitas vezes, na prática), os seus dogmas e as suas práticas. As devoções, a espiritualidade, a literatura piedosa, a arte, constituem setores mais flexíveis e menos limitativos nos quais a novidade pode exprimir-se mais facilmente, inclusive em escritos de leigos e de mulheres. Daí, o interesse do historiador pelos pensadores religiosos independentes ou heterodoxos do século XIX, que são numerosos, especialmente na esfera socialista em que eles encarnam um verdadeiro *New Age* precoce para o qual o escritor Philippe Muray chamou a atenção em uma

---

915. Cf. a obra clássica CROSS, W.R. *The Burned-Over District*: The Social and Intellectual History of Enthusiastic Religion in Western New York State, 1800-1850. Nova York: Harper & Row, 1965.
916. O "ultramontanismo" é um movimento de concentração da autoridade e do poder na Igreja Católica, em redor da pessoa do papa, que se generalizou no século XIX em oposição ao galicanismo, o qual insiste de preferência sobre os privilégios da Igreja da França.

obra tão inspirada quanto polêmica[917]. Pelo fato de não terem herança religiosa (no período posterior à Revolução) ou terem rompido com esse legado, mas continuando a ter preocupações metafísicas, eles estão geralmente em melhores condições do que os outros para mostrar os níveis da afetividade contemporânea em que um sentimento religioso podia surgir ou ressurgir no século XIX. Na leitura desses autores, o historiador terá a impressão, muitas vezes, de ver exprimir-se claramente o que se buscava, no mesmo momento, de maneira mais subterrânea e codificada, no interior das culturas clássicas.

Deve-se também refletir sobre a maneira como ocorre a articulação concreta, na religião, entre afetividade social e afetividade religiosa. Religião e sociedade estão associadas estreitamente e a dialética pode funcionar nos dois sentidos: uma evolução "social" pode ter um conteúdo "religioso" e uma evolução "religiosa" pode refletir, antes de tudo, modificações nos usos sociais de uma prática, tal como chegou a ser demonstrado recentemente a propósito do alongamento do prazo para a administração do batismo no século XIX[918]: ou dito por outras palavras, nem sempre se sabe muito bem, nas sociedades em que ela ainda faz parte plenamente da cultura, qual é o verdadeiro sentido da palavra religião. A estranheza da mensagem da Virgem Maria às crianças de La Salette, em 1846[919], é pelo menos tanto a de uma religião tradicional e comunitária em que Deus é, ao mesmo tempo, aquele que envia as catástrofes e protege contra as mesmas quanto a de uma sociedade rural arcaica confrontada com uma situação dramática de carência e de preço elevado dos cereais no contexto do que foi a última verdadeira escassez de víveres da história europeia. Estabelecer a separação entre as duas é sempre uma operação delicada.

O catolicismo francês, enfim, apresentava contrastes bem evidentes, não apenas de natureza geográfica e sociológica, mas também, em certa medida,

---

917. MURAY, P. *Le XIXe siècle à travers les âges*. Paris: Denoël, 1984.
918. GOURDON, V. "Les pratiques du baptême à Paris e à Rome au XIXe siècle". In: *Popolazione e Storia*, n. 2, 2006, p. 19-60.
919. Cf. a célebre *Relation Pra* dos acontecimentos citada em BOUTRY, P. *Un signe dans le ciel – Les apparitions de la Vierge*. Paris: Grasset, 1997, p. 130-131.

histórica. Nem todo o mundo tinha a mesma "idade", religiosamente falando, nessa sociedade do século XIX. Bastava que alguém viajasse um pouco para aperceber-se disso, tal como pode ser constatado na correspondência de Frédéric Ozanam, célebre fundador das Conferências de São Vicente de Paulo no começo da Monarquia de Julho (1830), professor na Sorbonne e católico republicano. Ele passou uma parte das férias do verão de 1850 no departamento bretão de Morbihan, na mansão neomedieval do amigo Théodore de La Villemarqué, fervoroso amante de antiguidades e de folclore celtas. Durante essa estada, ele mostra-se impressionado com a "antiguidade" e a "unanimidade" religiosa das populações da região de Vannes, as quais assistem em grande quantidade às procissões e às peregrinações locais com os cabelos longos (para os homens) e os trajes do século XVIII[920]. A imagem atravessou a literatura e a pintura do século. Ou dito por outras palavras, no exato momento em que o catolicismo conhecia, em determinados setores, processos de modernização ideológica e afetiva bastante sensíveis – dos quais o próprio Ozanam era um bom representante –, painéis inteiros da antiga religião continuavam existindo, mas que se referiam, de preferência, à "longa Idade Média" de Jacques Le Goff[921].

As mudanças religiosas

O debate sobre a "pastoral do medo"

Do ponto de vista historiográfico, o debate sobre a espiritualidade do século XIX teve tendência, no passado, a focalizar-se sobre a noção, tomada de empréstimo a Jean Delumeau, de "pastoral do medo"[922], definida por ele como um discurso culpabilizante que atribuía claramente maior importância à dimensão

---

920. Carta a Charles Ozanam de 3 de setembro de 1850. In: *Lettres de Frédéric Ozanam*. T. 4. Paris: Klincksieck, 1992, p. 149 e 191.
921. LE GOFF, J. *Un long Moyen Âge*. Paris: Tallandier, 2004 [Ed. br.: *Uma longa Idade Média*. Rio de Janeiro: Civilização Brasileira, 2008].
922. Sobre esses debates cf. CUCHET, G. "Jean Delumeau, historien de la peur et du péché". In: *Vingtième siècle* – Revue d'histoire, vol. 107, 2010, p. 145-155.

do pecado em detrimento daquela do perdão[923]; nesse discurso, tratava-se, de preferência, da Paixão do Cristo e não tanto de sua Ressurreição, do Deus juiz em vez do Deus pai, do pecado em vez do perdão, do inferno e não tanto do paraíso etc. Os estudos ulteriores modularam tal quadro e mostraram que esse tipo de pastoral caracterizava, sobretudo, as missões populares, nas quais ela funcionaria geralmente junto com uma "pastoral da sedução" que inspirava muito mais tranquilidade. Mas a tendência geral não deixa dúvida, pelo menos, até cerca de 1830.

Entre 1815 e 1830, no período denominado Restauração, foram feitas entre quatro mil e quinhentas a cinco mil missões, nas cidades e nas zonas rurais, que eram espécies de "curas de religião"[924] intensivas, de duas a cinco semanas, animadas por um grupo de especialistas que, às vezes, recebiam o apoio do clero local. O programa era, mais ou menos, intocável: procissão de abertura, confissão pública, renovação das promessas do batismo, adoração do Santíssimo Sacramento, implantação de cruzes, pregações no cemitério (às vezes, o pregador chegava a empunhar uma caveira), confissões em massa, tudo isso seguido pela instalação de associações de perseverantes destinadas a manter o fervor após a partida dos missionários. Nesse espaço de tempo, desenvolvia-se uma verdadeira pastoral bastante emocionante, de estilo neobarroco, baseada na evocação dos fins últimos e da salvação. "Eis o Juiz de vocês! – tinha o costume de dizer o Padre Bretenière mostrando o ostensório –, Ele ainda é o Salvador de vocês. Afinal, no Vale de Josafá, vocês querem ficar à sua direita ou à sua esquerda?"[925] As pessoas costumavam debulhar-se em lágrimas e os cânticos – servindo-se de melodias profanas da moda, romanças e marchas segundo os casos – ocupavam um lugar central, implicando um grande número de

---

923. DELUMEAU, J. *Le Péché et la Peur* – La culpabilisation en Occident, XIIIe-XVIIIe siècles. Paris: Fayard, 1983, p. 10.
924. BORDET, G. *La Grande Mission de Besançon, janvier-février 1825* – Une fête contre-révolutionnaire, néo-baroque ou ordinaire? Paris: Cerf, 1998.
925. Apud SEVRIN, E. *Les Missions religieuses en France sous la Restauration*. T. 1. Paris: Vrin, 1958, p. 186.

oponentes. Essas missões obtiveram um grande sucesso popular, embora o seu balanço político seja mais matizado pelo fato de terem contribuído para provocar a explosão do anticlericalismo que acompanhou a Revolução de 1830.

Coloca-se, por conseguinte, a questão de saber o que se tornou esse tipo de cristianismo nas décadas seguintes. Em 1835, um acontecimento simbolizou, para um grande número de autores, a mudança religiosa: a restauração das Conferências de Carême [Quaresma], em Notre-Dame de Paris, pelo Padre Lacordaire, futuro refundador da Ordem dos Dominicanos, na França. Ao introduzir as tonalidades expressivas do romantismo no púlpito mais prestigioso do país, ele renovou o gênero clássico da grande pregação, não sem suscitar de início críticas e resistências, além de ter criado o acontecimento religioso e mundano do ano. Na notícia necrológica dedicada por ele a Frédéric Ozanam e à fundação por este último, em 1833, das Conferências de São Vicente de Paulo, Lacordaire equiparou as duas ocorrências, tendo enaltecido grandemente a virada representada por elas:

> Aqueles que não viveram nesses dois tempos [antes e após 1833-1835] nunca hão de conseguir entender o que foi a passagem de um para o outro. Para nós que estivemos em ambas as épocas, que vimos tanto o menosprezo, quanto a honra, os nossos olhos ficam rasos de lágrimas involuntárias, ao pensar nisso, além de prestarmos ações de graça Àquele que é *inenarrável em seus dons*[926].

É certo, portanto, que havia vestígios bastante numerosos da antiga religião da época clássica na religião do século XIX, para além dessa virada do começo da década de 1830. Mas até que ponto? Entre os especialistas, as opiniões são divergentes.

Alguns, tais como Gérard Cholvy ou Ralph Gibson, consideram que a "pastoral do medo" desapareceu praticamente no século XIX e que, aproveitando-se de uma redescoberta da pessoa de Jesus Cristo, incentivada pela pie-

---

926. Citado pelo Padre Bernard Chocarne em *Le R.P.H.-D. Lacordaire de l'ordre des frères prêcheurs – Sa vie intime et religieuse*. T. 1. Paris: Poussielgue, 1905, p. 189.

dade "ultramontana", o "Deus de amor" ganhou a primazia definitivamente em relação ao "Deus terrível" que ainda era prevalecente no século XVIII[927]. Nessa perspectiva, o Deus vingador de Delumeau, muito presente ainda nas missões politizadas da época da Restauração, limitar-se-ia a travar, nos anos de 1880, combates de retaguarda, embora ainda estivesse longe de ser predominante em toda a parte, nomeadamente na zona rural. Os mesmos historiadores tiveram tendência, em geral, a associar essa evolução na pastoral e a espiritualidade à recuperação religiosa das décadas centrais do século XIX; aliás, ela teria contribuído para explicá-las.

Outros pensam, pelo contrário, que a "pastoral do medo" conheceu uma verdadeira sobrevivência no século XIX e que, no máximo, se assiste à sua "progressiva degenerescência"[928], embora ela fosse compensada, a partir dos anos de 1840-1850, pela multiplicação das devoções particulares e pela enorme "bolha" marial que, na religião do século, introduziu um apaziguador toque materno e feminino. Para assistir a uma verdadeira mudança espiritual, seria preciso esperar o final do século, especialmente a publicação, em 1898, do livro *Histoire d'une âme* [História de uma alma] de Teresa de Lisieux[929], cujo sucesso imediato e prodigioso mostra que, afinal de contas, existia realmente uma expectativa desse gênero entre os crentes.

O nosso problema consistirá, portanto, em tentar escolher entre essas duas leituras e em indicar com precisão, na medida do possível, a cronologia, as razões, as modalidades e os limites dessas evoluções. Parece-nos, para dizer as coisas sem rodeios, que se assiste, pelo menos, no século XIX, a um triunfo

---

927. Cf. esp. CHOLVY, G. "'Du dieu terrible au deu d'amour': une évolution dans la sensibilité religieuse au XIXe siècle". In: *Transmettre la foi: XVIe-XXe siècles* – Actes du 109e Congrès National des Sociétés Savantes. T. 1. Paris: CTHS, 1984, p. 141-154. • GIBSON, R. "Hellfire and Damnation in Nineteenth-Century France". In: *Catholic Historical Review*, vol. 74, n. 3, 1988, p. 383-402.

928. SAVART, C. *Les Catholiques en France au XIXe siècle* – Le témoignage du livre religieux. Paris: Beauchesne, 1985.

929. A questão foi renovada profundamente nestes últimos anos pelos estudos de Claude Langlois. Cf. CUCHET, G. "Écriture spirituelle et histoire. Claude Langlois, lecteur de Thérèse de Lisieux". In: *Archives de sciences sociales des religions*, n. 158, 2012, p. 221-236.

do "Deus de amor" no sentido moderno do termo, para além muito mais do que uma simples decadência da "pastoral do medo", nem que esta estivesse acompanhada por compensações devocionais. Na primeira hipótese, com efeito, ainda que se acentuasse a evolução paralela dos níveis de sensibilidade que faz com que aquilo que parecia "suave", em 1850, podia parecer "severo" em 1890, seria impossível compreender os problemas e as reações dos crentes do final do século, *a fortiori* dos crentes do século XX, que tiveram o sentimento – a começar pela Ação Católica, entre as duas guerras e, em seguida, com o Concílio Vaticano II (1962-1965) –, de assistir a uma verdadeira revolução espiritual. Na segunda hipótese (aquela de uma simples decadência da "pastoral do medo"), seria difícil explicar a cronologia do fenômeno (visto que a flexibilidade ocorreu, de preferência, em uma fase de retomada religiosa) e as reações de homens e mulheres do século XIX que experimentam indiscutivelmente o sentimento de ter assistido em sua existência a mudanças significativas no estilo, nas formas e, em parte, nos próprios conteúdos da religião.

Em que aspectos teria ocorrido exatamente o esforço de flexibilização e de modernização do catolicismo, herdado do período clássico a partir dos anos de 1830? Em 1832, em sua célebre *Justification de la théologie morale d'Alphonse de Liguori* [Justificação da teologia moral de Afonso de Ligório], o Abbé Gousset – então, professor de Teologia Moral no seminário de Besançon, futuro arcebispo de Reims e eminente autoridade teológica do partido "ultramontano" – escrevia o seguinte:

> As verdades a respeito das quais os pregadores e os catequistas carecem, com maior frequência, de exatidão pelo fato de serem incapazes de discernir entre as opiniões da escola [a teologia] e os dogmas da Igreja, são o pecado original considerado em seus efeitos; a sorte das crianças que morrem sem batismo; a salvação daqueles que não pertencem ao *corpo*, nem à comunhão *exterior* da Igreja; o número dos eleitos; e a impenitência final[930].

---

930. GOUSSET, T. *Justification de la théologie morale du B. Alphonse-Marie de Ligorio*. Besançon: Outhenin-Chalandre, 1832, p. 231.

Compreendemos que, em relação a todos esses assuntos, pregadores e catequistas "careciam de exatidão" porque se mostravam severos demais, tratando-se seja da sorte das crianças que morrem sem batismo, do sentido do adágio teológico "fora da Igreja não há salvação", da tese clássica do reduzido número dos eleitos (no além) ou da possibilidade de alguém se redimir *in extremis* no leito de morte, após uma vida pouco edificante. Mas uma das questões mais sensíveis da época dizia respeito à atitude do confessor no "tribunal da penitência".

A evolução da pastoral da confissão

Desde um célebre decreto do IV Concílio de Latrão (1215), cada fiel deveria confessar-se, pelo menos, uma vez por ano em sua paróquia para estar em condições de comungar na Páscoa. O gesto foi sempre sentido profundamente como uma coação[931], porque se tratava de confessar todos os pecados ao próprio pároco, o qual detinha o lugar do juiz divino; além disso, o fiel corria o risco de lhe ser recusada a absolvição se o confessor julgasse que faziam falta o arrependimento e o firme propósito de não reincidir. A mecanização da confissão, a forma exatamente igual da acusação de uma confissão para a outra, a garantia do sigilo e o anonimato relativo do confessionário tornavam, com certeza, as coisas mais fáceis, sem suprimirem todas as dificuldades.

A obrigação tinha manifestado a tendência para se agravar, desde meados do século XVII; com efeito, na França, assim como na Itália do Norte e nos Países Baixos austríacos, o clero se tinha mostrado cada vez mais rigorista, tendo utilizado com maior frequência a prática do adiamento da absolvição (que obrigava a voltar, uma ou várias vezes, para confessar-se antes de obter a absolvição). A decisão da Assembleia do Clero da França de 1656 de divulgar amplamente as *Instruções aos confessores* do cardeal italiano e arcebispo de Milão, São Carlos Borromeu, é considerada tradicionalmente como o ponto

---

931. Sobre esse ponto, cf. o livrinho clássico de J. Delumeau: *L'Aveu et le Pardon* – Les difficultés de la confession, XIIIᵉ-XVIIIᵉ siècle. Paris: Fayard, 1990 [Ed. bras.: *A confissão e o perdão*. São Paulo: Companhia das Letras, 1999].

de partida desse movimento, tanto mais que o clero francês acabou por interpretá-la de maneira ainda mais estrita do que seu autor. Confessar-se, indicava com precisão essa Assembleia, não devia consistir simplesmente em "relatar os pecados como se fosse uma história", sem a firme resolução de se emendar, mas em equipar-se de meios eficazes para deixar de sucumbir, de novo, à tentação. Para melhor se assegurar disso, o clero era convidado a mostrar-se mais restritivo na distribuição de uma absolvição que devia ser a recompensa de um esforço devidamente constatado, e não somente a recompensa da acusação. Na prática, evidentemente, é difícil saber como se passava exatamente a confissão no período do Antigo Regime. Os testemunhos à nossa disposição, tal como aquele – célebre – do prior de Sennely em Sologne, em 1700, incitam a evitar imaginá-la como algo demasiado edificante: "Faz-se de tudo no confessionário – dizia ele –, exceto o que deveria ser feito, ou seja, declarar os seus pecados com contrição e sinceridade"[932].

Seja como for, a Revolução marcou um corte importante na continuidade dos deveres religiosos, em geral, e da confissão em particular: pelo fato de ser a mais constrangente das práticas obrigatórias, esta era também aquela que, *a priori*, deveria ter maior receio do fim da obrigação civil. Com efeito, nas raras enquetes diocesanas à nossa disposição referentes ao período imediato à assinatura da Concordata de 1801, constata-se que, se os fiéis voltaram realmente em massa, pelo menos, em um primeiro momento, à missa dominical, a retomada da Comunhão pascal contou com a adesão de um número reduzido, em particular, entre os homens, precisamente porque ela pressupunha passar pela confissão.

Nesse domínio, dispomos de um documento excepcional: as estatísticas de confissão e de comunhão do Abbé Goumet, pároco de Jussy-Champagne, no departamento de Cher, entre 1789 e sua morte em 1837 (tendo emigra-

---

932. SAUVAGEON, C. *Registre concernant le prieuré de Sennely* – Le manuscrit du prieur de Sennely. Ed. de C. Poitou. Marselha: Laffitte, 1980, p. LXXXIV.

do em 1790, ele voltou à paróquia em 1802)[933]. Elas elucidam perfeitamente os efeitos que podiam produzir, na sociedade pós-revolucionária, uma recondução demasiado mecânica de antigos métodos pastorais. Em 1790, dos 291 "comungantes" (no sentido tradicional de pessoas submetidas ao preceito da comunhão) da aldeia, todos cumpriram as suas obrigações. Em 1802, eles não passam de 231, entre 285, a cumprirem tais obrigações (ou seja, 81,1%); em 1808, 184 entre 290 (63,4%); em 1825, 139 em 322 (43,2%); e em 1837, 92 em 344 (26,7%).

A contabilidade – em parte, dupla – do Abbé Goumet permite compreender o que aconteceu: em 1808, entre os 290 habitantes sujeitos ao preceito, 47 não se apresentaram à confissão e 59 que, tendo passado pelo confessionário, foram rejeitados; em 1825, eles eram 84 e 99, respectivamente; em 1837, 162 e 90! Havia, portanto, entre os habitantes não comungantes dessa Paróquia do Cher, nesse primeiro terço do século XIX, dois tipos bem diferentes de fiéis: aqueles que se abstinham deliberadamente de comungar e aqueles que se tinham apresentado no "tribunal da penitência", mas que não haviam conseguido obter a absolvição e, provavelmente, acabaram por desistir. O balanço pastoral calamitoso do Abbé Goumet está associado – para além das características pessoais de que, infelizmente, não existe nenhuma referência – a uma situação geral de transição pastoral e social cujas manifestações encontram-se alhures: ele continuou aplicando – em uma sociedade marcada pela Revolução em que a prática religiosa se tinha tornado, daí em diante, uma opção livre – métodos de "cristandade" (no sentido político e sociológico do termo) que pressupunham, por parte dos fiéis, níveis de constrangimento ou de motivação que, daí em diante, faziam grande falta. O período seguinte, em Jussy-Champagne, foi marcado por uma recuperação espetacular das curvas (75% de comunhão em 1853), a qual está, sem dúvida, associada em parte ao abandono da recusa da absolvição e à adoção por seus sucessores de uma teologia moral mais flexível.

---

933. Notes de l'abbé Goumet dans le fonds Boulard (14 PP 149, Diocèse de Bourges) du Centre National des Archives de l'Église de France.

Com efeito, a introdução nos seminários e nos presbitérios, a partir dos anos de 1830, da teologia moral de Afonso de Ligório[934], um religioso italiano do século XVIII, fundador da Ordem dos Redentoristas, que tinha adquirido uma sólida experiência pastoral na zona rural do sul da Itália, representou uma verdadeira "revolução copernicana"[935] na administração do Sacramento da Penitência. Proclamado doutor da Igreja em 1871, Ligório era partidário em teologia moral tanto do "probabilismo" – ou seja, da liberdade para o confessor, nos casos duvidosos, de optar pela solução mais branda, em benefício da "boa-fé" do penitente –, quanto, mais amplamente, da atitude que consistia em partir não da integridade do sacramento a preservar ou da honra de Deus a vingar, mas do penitente a encorajar. "Os sacramentos são feitos para os homens e não o contrário" – dizia ele[936] –, retomando uma fórmula tradicional. Para o clero francês, formado em uma teologia totalmente diferente, de tipo "probabiliorista", tal revolução era importante.

A passagem da antiga para a nova teologia não foi feita sem demora, nem resistência. Os estudos recentes tiveram tendência para retardar o tempo de sua generalização que, de fato, só ocorreu nos anos de 1850 quando a jovem geração sacerdotal de inspiração romana chegou à maturidade; seguiu-se não um desaparecimento, mas uma rarefação do adiamento da absolvição. Nos países de Cristandade, prontos a adotar as iniciativas romanas, a nova teologia moral contribuiu para atenuar as práticas de um clero que, caso contrário, poderia ter sido tentado em manter os antigos métodos; nas regiões descristianizadas, ela permitiu acompanhar um movimento irreversível, associado à impossibilidade de manter a antiga pastoral, correndo o risco de produzir grandes danos. Em ambos os casos, pode-se pensar que o fenômeno não é alheio à recuperação das curvas de prática pascal, registrada em algumas dioceses, em meados do século.

---

934. Sobre este assunto, cf. a obra clássica de J. Guerber: *Le Ralliement du clergé français à la morale liguorienne* – L'abbé Gousset e ses précurseurs (1785-1832). Roma: Universidade Gregoriana, 1973.

935. BOUTRY, P. *Prêtres et paroisses au pays du curé d'Ars*. Paris: Cerf, 1986, p. 377-452.

936. Apud GUERBER, J. *Le Ralliement du clergé français à la morale liguorienne*. Op. cit., p. 222.

A crise do inferno

A pregação sobre o inferno e a respeito de outras "verdades terríveis da salvação" havia assumido proporções consideráveis na França da época moderna e ainda estava muito presente nos catecismos, nos sermões, nos retiros e nas missões da época da Restauração. Organizadas por homens cujas bases teológicas e pastorais remontavam ao século XVIII, destinadas a restabelecer as práticas e a extirpar os germes da Revolução, essas práticas inscreveram-se de maneira bastante lógica no prolongamento da "pastoral do medo" do Antigo Regime, tendo obtido um resultado precário.

Allan Kardec – autor da obra *Le Livre des Esprits* [O livro dos espíritos], em 1857, que continua sendo, até hoje, a bíblia do espiritismo – exprimia um ponto de vista amplamente disseminado, em particular, entre todos aqueles que tinham tido filhos no período da Restauração, quando ele escrevia na década de 1860:

> A doutrina das penas eternas teve sua razão de ser, como a do inferno material, enquanto o temor podia constituir um freio para os homens pouco adiantados intelectual e moralmente. Na impossibilidade de apreenderem os matizes, tantas vezes, delicados para distinguir o bem do mal, assim como o valor relativo das atenuantes e agravantes, as pessoas não se impressionariam, na época, a não ser pouco ou, até mesmo, nada com a ideia das penas morais; tampouco compreenderiam a temporalidade dessas penas e a justiça decorrente de suas gradações e proporções. [...] *Uma Religião, porém, que faz pedra angular de tal doutrina, uma Religião que se destrói pela base – se lhe forem retirados os seus demônios, o seu inferno, as suas penas eternas e o seu deus impiedoso –, é uma religião suicidária*[937].

A crise do inferno é uma tendência de fundo de uma época que foi particularmente sensível à "profissão de fé do vigário saboiano" de Rousseau,

---

937. KARDEC, A. *O céu e o inferno, ou A justiça divina segundo o espiritismo.* Trad. de Manuel Justiniano Quintão. 61. ed. 1. imp. (Edição Histórica). Brasília: FEB, 2013, p. 63-64 e 135 [Orig.: *Le Ciel et l'Enfer, ou la Justice divine selon le spiritisme*, 1865].

o qual – em sua obra *Émile*, em 1762 – havia elaborado, contra esse dogma, objeções que pareciam decisivas para um grande número de contemporâneos. A maioria dos pensadores religiosos heterodoxos de meados do século XIX recorrem a essa objeção para apresentá-la contra a Igreja como uma de suas contradições mais importantes. Essa crise focalizou-se especialmente em dois problemas: o sentido do adágio teológico tradicional "fora da Igreja não há salvação" e o problema do número dos eleitos.

A fórmula "fora da Igreja não há salvação", no sentido de Igreja *visível*, faz ainda parte do ensino corrente do clero na época da Restauração[938]. No século XIX, essa fórmula conheceu uma dupla evolução[939]: por um lado, foi utilizada maciçamente para manifestar-se contra os progressos daquilo que os teólogos romanos designavam como o "indiferentismo", ou seja, a convicção de que era possível ser salvo em qualquer religião ou filosofia, com a condição de respeitar os costumes de acordo com a moral natural; e, por outro, a insistência, particularmente em Pio IX, sobre o conceito de "ignorância invencível" (quer dizer, não culpada) que permitia, pelo contrário, ampliar notavelmente os caminhos da salvação.

O século é, portanto, permeado por uma espécie de oscilação entre rigorismo e posição de abertura que parece ter deixado nos contemporâneos, após 1830, o sentimento de definhamento gradual do adágio. O diretor administrativo na superintendência do departamento de Sena, no período da Monarquia de Julho (1830-1848), Honoré-Antoine Frégier, escrevia – em um livro célebre sobre as "classes perigosas" nas grandes cidades – o seguinte comentário:

> A máxima segundo a qual "fora da Igreja não há salvação" está, há muito tempo, tacitamente ab-rogada. Ela esbarra tanto nos nossos costumes quanto fere as nossas consciências, e os padres mais piedosos, ou seja, os mais caritativos, vão utilizá-la contra o pró-

---

938. GERMAIN, É. *Parler du salut?* – Aux origines d'une mentalité religieuse: la catéchèse du Salut dans la France de la Restauration. Paris: Beauchesne, 1968.

939. SESBOÜÉ, B. *Hors de l'Église, pas de salut* – Histoire d'une formule et problèmes d'interprétation. Paris: Desclée de Brouwer, 2004.

ximo pertencente a outra religião que não é a deles, como se não existisse esse funesto aforismo[940].

Outro ponto de aplicação clássica da "pastoral do medo" era a tese dita do reduzido número dos eleitos, inclusive, entre os católicos. Ela remontava, pelo menos, a Santo Agostinho e parecia ser deduzida rigorosamente de várias afirmações evangélicas tão inquietantes quanto formais, por exemplo, a famosa fórmula: "Muitos são os chamados e poucos os escolhidos". Tendo se tornado adágio teológico e premissa de raciocínios pessimistas sobre o número dos eleitos, ela foi objeto, no século XVIII, de um célebre comentário em um sermão de Massillon, mencionado por todo o mundo no século XIX como o símbolo do rigorismo de outrora, felizmente superado. O primeiro a ter contestado publicamente essa afirmação foi o Padre Lacordaire, em uma de suas últimas Conferências de Carême, em Notre-Dame de Paris, em 1851:

> *Muitos são os chamados e poucos os escolhidos.* Essa será, portanto, a última palavra? Deus deu o sangue para respigar, ao longo dos séculos, algumas almas esparsas; e o resto, rebanho perdido na iniquidade, vai, em falanges compactas, engrossar o abismo que nunca devolve o que recebeu, habitado por choro e ranger de dentes, um fogo que nunca há de extinguir-se e o verme que corrói incessantemente. [...] O que me resta fazer contra uma profecia tão manifesta? O que está em meu poder, simples depositário de uma palavra que não é a minha, mas a Palavra de Deus, contra uma sentença tão clara e precisa, tão acima de qualquer interpretação?[941]

Invocando a autoridade do Abbé Bergier – autor de um *Dictionnaire théologique* [Dicionário teológico], no século XVIII, constantemente reeditado no século XIX –, Lacordaire lembrava tratar-se de uma questão aberta na Igreja que não havia sido decidida pelo magistério e, a seu respeito, propunha uma interpretação que inspira uma maior confiança. Bergier, que conhecia profun-

---

940. FRÉGIER, H.-A. *Des classes dangereuses de la population dans les grandes villes* [1840]. T. 1. Genebra: Slatkine, 1977, p. 414.
941. LACORDAIRE, H.-D. "Des résultats du gouvernement divin". In: *Conférences de Notre-Dame de Paris*. T. 5. Paris: Gigord, 1912, p. 136-137.

damente a obra de Rousseau, considerava pessoalmente essa tese do reduzido número dos eleitos como uma "blasfêmia contra a Redenção" e a fonte de um terrível mal-entendido entre a Igreja e a sociedade contemporânea. Foi preciso, no entanto, esperar os anos de 1850 e Lacordaire para que esse gênero de relutâncias privadas se exprimisse abertamente e a antiga doutrina viesse a ceder (sem muita resistência, é verdade). Há outro nome associado a essa revolução teológica: o poeta britânico, Padre Faber, fundador do Brompton Oratory [Oratório de Londres], um dos grandes autores espirituais da segunda metade do século XIX. No livro que resume o seu pensamento teológico, ele escrevia, em 1857 – consciente, ademais, de dizer algo novo –, o seguinte: "Para os católicos, a salvação é fácil"[942].

Convém sublinhar tal convergência porque Lacordaire e Faber representavam duas tendências diferentes no seio do catolicismo: o que se convencionou designar por um liberal e um intransigente. É verdade que, se eles estavam de acordo sobre a tese, as suas motivações eram diferentes. No plano pessoal, Lacordaire era alguém de escrupuloso obsessivo e multiplicava as confissões gerais e as penitências extraordinárias sem nunca ter conseguido apaziguar-se. A sua biografia "oficial" pelo Padre Chocarne revelou, após a sua morte, cenas de flagelação amarrado em uma coluna e de crucifixão na cripta da capela des Carmes, em Paris, que suscitaram a estupefação dos leitores[943]. Nesse caso concreto, porém, tratava-se, sobretudo para ele, de facilitar os retornos religiosos que se multiplicavam na burguesia e nos meios intelectuais, considerando que o seu objetivo consistia em proceder de maneira que, na entrada da igreja, o degrau a transpor não fosse elevado demais para esses recém-chegados.

Quanto ao Padre Faber, ele era motivado por outras razões: neste autor intransigente, muito apreciado pelo Papa Pio IX e, mais tarde, pelo escritor

---

942. FABER, F.W. *Le Créateur et la Créature, ou les Merveilles de l'amour divin*. Tr. fr. por Abbé Valette. Paris: Bray, 1858, p. 241 [Orig.: *The Creator and the Creature, or The Wonders of Divine Love*, 1857].
943. CHOCARNE, B. *Le R.P.H.-D. Lacordaire de l'ordre des frères prêcheurs*. Op. cit., p. 72.

panfletário, Léon Bloy, dominava o antijansenismo[944] doutrinal e prático. A distância, as suas análises, especialmente sobre a bondade de Deus, conferem uma tonalidade muito mais "moderna" do que as de Lacordaire, o qual, para justificar a sua tese do grande número dos eleitos entre os católicos, tinha-se contentado em apresentar argumentos estatísticos um tanto laboriosos: com efeito, do número dos condenados, ele excluía *a priori* as crianças que morrem em baixa idade, além de uma boa parte das mulheres e dos pobres. Faber, por sua vez, tinha em grande apreço o final da vida, o "momento mais solene da existência"[945], para ver produzirem-se conversões *in extremis*, inclusive, invisíveis a olho nu.

De qualquer modo, seja por liberalismo (em Lacordaire) ou por antijansenismo (em Faber), a velha tese do número reduzido dos eleitos sofre um sério abalo na segunda metade do século XIX.

O retorno espetacular do purgatório

A crença no purgatório e as práticas conexas de oração pelos mortos conheceram, em meados do século XIX, um novo impulso devocional que se seguia a um eclipse relativo entre o fim do Antigo Regime e a Monarquia de Julho[946]. Essa renovação, que estava inscrita em um movimento mais amplo de retomada religiosa, impressionou os contemporâneos, em particular, aqueles que tinham conhecido a situação anterior. O clero – que julgava, no entanto, ter poucos motivos para regozijar-se com a situação religiosa do país – acabou, em geral, por reconhecê-la: nunca, dizia-se, houve tanta oração pelos mortos, quanto no século XIX. A adesão espontânea das populações a essa devoção, inclusive em regiões

---

944. O jansenismo era uma corrente teológica do século XVII, oriunda de controvérsias técnicas sobre a graça e a interpretação da obra de Santo Agostinho, cuja característica consistia em um grande rigorismo moral e uma tendência a restringir o acesso aos sacramentos.
945. FABER, F.W. *Le Créateur et la Créature*. Op. cit., p. 295.
946. Sobre este assunto, cf. CUCHET, G. *Le Crépuscule du purgatoire*. Paris: Armand Colin, 2005.
• CUCHET, G. (sob a dir. de). *Le Purgatoire* – Fortune historique et historiographique d'un dogme. Paris: L'Ehess, 2012.

e em meios que não eram, ou pouco, praticantes, ia convertê-la em um precioso instrumento pastoral, como sublinhava, em 1852, o Abbé Gaduel – braço direito do Bispo Félix Dupanloup, na Diocese de Orléans – nestes termos:

> O que é peculiar e singularmente auspicioso nessa devoção reside no fato de conter em si um atrativo, uma sedução e um móbil particular que exerce influência, inclusive, sobre aqueles que nunca chegariam a ser atraídos por nenhuma outra prática cristã. A devoção às almas do Purgatório conduz à graça pela natureza. Ela toca e comove profundamente uma das fibras mais sensíveis do coração humano: o amor pelos semelhantes. Até mesmo a pessoa que tiver perdido, há muito tempo, todo o hábito da oração, não há de recusar-se a rezar e, até mesmo, irá rezar com gosto, com fervor pelo pai, pela mãe, pelo esposo, pelo filho querido que, há pouco tempo, tenham sido arrebatados de sua afeição pela morte. Os cristãos mais arredios das práticas e das assembleias da religião reencontram o caminho de nossas igrejas e, nesses locais, emocionam-se ainda com as santas impressões de Deus e da eternidade, quando são convocados por um piedoso dever a participar das exéquias, dos serviços fúnebres e dos aniversários de familiares ou amigos[947].

No plano cronológico, os primeiros sinais dessa renovação remontam aos anos de 1840; aliás, esse fenômeno tornou-se evidente nos anos de 1850, tendo assumido uma amplitude considerável na década seguinte, paralelamente à generalização de novas formas de culto dos mortos na sociedade francesa. Algumas datas balizam essa renovação: em 1852, Pio IX informa que, daí em diante, todas as indulgências serão "aplicáveis às almas do purgatório" e não somente a si mesmo; em 1856, é criada, em Paris, por uma moça da burguesia do Norte, Eugénie Smet, a Congrégation des sœurs auxiliatrices des âmes du Purgatoire [Congregação das Irmãs Auxiliadoras das Almas do Purgatório], próxima dos jesuítas; no mesmo ano, é traduzido em francês o primeiro *Le Mois du Purgatoire* [O mês do Purgatório], opúsculo de devoção, de origem

---

947. GADUEL, J.-P. *Manuel de la dévotion aux âmes du purgatoire*. Orléans: Gatincau, 1852, p. VIII.

italiana, concebido à imitação de *Les Mois de Marie* [Os meses de Maria] e destinado a incentivar a oração pelos mortos no mês de novembro; em 1858, em Nîmes, é instaurada pelo Cônego Firmin Serre, em uma linha divisória católico-protestante, uma obra do purgatório de novo gênero, a qual incentiva a mandar celebrar o máximo de missas possíveis pelos defuntos, mediante uma quota de adesão bastante reduzida. Ela será imitada e a fórmula aperfeiçoada, especialmente em 1884, pelo Abbé Paul Buguet que funda a Œuvre expiatoire de Montligeon (no departamento de Orne [Obra expiatória de Montligeon]), que conhecerá um sucesso mundial nas décadas seguintes.

Nos séculos XVII e XVIII, os teólogos explicavam geralmente que o purgatório era reservado aos "favoritos de Jesus Cristo" e, antes de tudo, destinado a "fazer com que a santidade de Deus seja preservada do labéu do pecado"; essa perspectiva deixou de ser predominante na segunda metade do século XIX. Os sofrimentos inerentes a esse estado eram apresentados, daí em diante, pelos pregadores como o recurso encontrado por Deus para dilatar o máximo possível as fronteiras de sua misericórdia e recuperar *in extremis* – para não dizer, *post mortem* – todos os negligentes da salvação que tendiam a se multiplicar na sociedade contemporânea. Nessa perspectiva, o purgatório era apresentado como uma espécie de carro-vassoura que permitia mostrar a indulgência de Deus no leito de morte porque a sua justiça tinha os meios de "recuperar-se" no além.

A essas mudanças na concepção do purgatório, acrescentavam-se evoluções nas formas de seu culto. A primeira é a generalização da ideia de intercessão pelas almas do purgatório, já espalhada na Itália e, às vezes, no sul da França antes da Revolução. Os crentes do século XIX estão cada vez mais convencidos de que os defuntos, mesmo quando ainda estão no purgatório, podem prestar socorro aos vivos, de modo que as orações de uns (os "sufrágios" da teologia) possam ser correspondidas imediatamente pelas "graças" dos outros. Daí em diante, os fiéis já não se contentariam em rezar *pelas* almas do purgatório por medo (nomeadamente, dos fantasmas), por dever ou por caridade, mas rezariam *para elas* como se fossem intercessoras de pleno direito. Daí, o novo nome de "devoção *às* almas do purgatório". Essa introdução de uma dimensão taumatúrgica no culto contribuiu grandemente para ampliar a sua base. A segunda novidade reside na difusão crescente do tema das "almas abandonadas". No século XIX, as pessoas se emocionavam muito com a sorte dessas almas pelas quais ninguém rezava e que, supostamente, estariam abandonadas sem orações, nos cantos obscuros do purgatório: as dos indivíduos isolados, dos pobres e dos padres. Novas práticas foram igualmente introduzidas ou generalizadas, tais como o trintário gregoriano que consistia em mandar celebrar trinta missas seguidas por um defunto, no final das quais presumia-se que a sua alma passava do purgatório para o paraíso quase infalivelmente. Última inovação importante: a criação de grandes obras especializadas, arquiconfrarias de irradiação nacional ou internacional que compartilhavam as orações e os pedidos de missas de centenas de confrarias, congregações, seminários, famílias e indivíduos dispersos, à semelhança das obras de Nîmes ou de Montligeon.

O recrudescimento da devoção às almas do purgatório permitiu encontrar uma solução devocional para o problema teológico suscitado pela crise do inferno. Ela estava destinada também, em um plano mais pastoral, a tentar tirar proveito do apego persistente das populações por tudo o que tinha a ver com o culto dos mortos e, por seu intermédio, reconduzi-los a uma religião exercida em plenitude. Ela não deixava de ter ligação, enfim, com a moda do espiritismo que invadiu a Europa, em 1853-1854, e com a tomada de consciência pelo clero da necessidade de ocupar essa interface decisiva da relação entre os vivos e os mortos na qual prosperavam novas práticas oriundas dos Estados Unidos[948].

O destino das crianças que morrem sem batismo

A mortalidade infantil (abaixo de um ano) era de280% na véspera da Revolução, o que significa acima de uma criança em quatro. Desse total, dois terços,

---

948. Cf. HUGO, V. *Le Livre des Tables* – Les séances spirits de Jersey. Ed. de Patrice Boivin. Paris: Gallimard, 2014.

pelo menos, dependiam do que os demógrafos designam como mortalidade "endógena" (que ocorre durante o parto ou de suas sequelas) e "neonatal" (nos dias seguintes ao nascimento): como se verifica, essa sociedade teve de enfrentar realmente o problema da sorte no além das crianças que morrem sem batismo, mesmo que as parteiras e outras "comadres" autorizadas pelo pároco pudessem administrar, em caso de necessidade, um "batismo de emergência". O texto de referência, nesse domínio, é extraído do Evangelho de João (3,5): "Se alguém não nascer da água e do Espírito, não poderá entrar no Reino de Deus". Em virtude disso, as crianças mortas sem batismo eram enterradas na parte não benzida do cemitério e presumia-se que elas iam para o limbo[949]. O batismo era a única maneira de apagar o vestígio do pecado original e de abrir as portas do céu. Em algumas regiões da Cristandade do século XIX, as crianças não eram beijadas antes da cerimônia porque, supostamente, estavam ainda sob o domínio do diabo – aliás, os pequeno-burgueses espíritas do Segundo Império (1852-1870) indignavam-se diante desse comportamento, considerando-o como um crime contra os sentimentos "naturais" da humanidade. O batismo deveria ser administrado *quam primum* (o mais cedo possível): nas vinte e quatro horas subsequentes ao nascimento, segundo uma ordenança de Luís XIV de 1698; e, no espaço de três dias, segundo a legislação sinodal.

Jacques Gélis sublinhou perfeitamente o drama vivenciado pelos pais diante da morte sem batismo de um filho, visto que ela estava na origem de um triplo sofrimento: psicológico, sobretudo, para a mãe (embora a afetividade não fosse semelhante à nossa); espiritual (visto que o filho estava privado da visão de Deus); e funerária (pelo fato de não ser enterrado na terra dos ancestrais, benzida pela Igreja). Além do mundo dos vivos, eles eram eliminados do mundo dos mortos comuns e, por isso mesmo, forneciam o grande contingente do mundo dos fantasmas, ou seja, dos mortos que não haviam passado – ou, então, de maneira deficiente – por uma verdadeira morte.

---

949. Sobre o limbo, cf. GÉLIS, J. *Les Enfants des limbes* – Mort-nés et parents dans l'Europe chrétienne. Paris: Audibert, 2006. • LE GOFF, J. "Les Limbes". In: *Nouvelle Revue de Psychanalyse*, n. 34, 1986, p. 151-173.

Face a esse drama, os pais dispunham de um duplo consolo: em primeiro lugar, a ideia de que os filhos passariam a eternidade no limbo e não no inferno, embora essa crença nunca tenha se tornado dogma, nem ter sido adotada por todos os teólogos; e, em segundo lugar, os "santuários *à répit*" (expressão forjada pelo antropólogo Pierre Saintyves[950]), desigualmente distribuídos no território francês, para os quais os pais desconsolados levavam o corpo dos filhos a fim de que estes tivessem uma ressurreição momentânea, a qual permitia batizá-los e evitar que fossem lançados definitivamente no inferno. Esses dois expedientes associados funcionavam como um ritual corretivo, do tipo teológico-devocional, de um dogma impopular.

Como se apresentavam as coisas no século XIX? A doutrina comum da época era a de que as crianças mortas sem batismo iam fatalmente para o limbo onde sofriam "apenas" a privação da visão beatífica, a respeito da qual era fornecida aos mais eruditos a explicação de que não se tratava de algo exclusivo de uma forma de "beatitude natural".

A administração do batismo o mais cedo possível continuava sendo um dever, mas verifica-se a tendência para fazer evoluir a norma e a prática. A regra oficial das vinte e quatro horas de Luís XIV deixou de ser cumprida depois da Revolução. Os estatutos sinodais continuavam recomendando um prazo de três dias. No começo do século XX, um prazo de oito dias era considerado normal nos meios católicos. Na prática, registra-se uma fidelidade maciça aos três dias até cerca de 1830. Após essa data, sobretudo após meados do século, assiste-se a um alongamento do tempo para a administração do batismo e a uma diversificação dos modos de efetuar tal cerimônia. Antes de 1880, no entanto, são raros os pais que mandam batizar os filhos após quinze dias, prova de que o *quam primum* de outrora continuava exercendo alguma influência.

---

950. SAINTYVES, P. "Les résurrections d'enfants morts-nés et les sanctuaires à répit". In: *Revue d'Ethnographie e de Sociologie*, nouvelle série, vol. 2, 1911, p. 65-74. • De acordo com a explicação do texto, "*répit*" refere-se, no caso de uma criança natimorta, ao retorno à vida correspondente ao tempo necessário para que lhe seja administrado o batismo antes da morte definitiva [N.T.].

Como explicar essa flexibilização relativa do sistema após 1830? Foram aventadas várias hipóteses: em primeiro lugar, a queda da mortalidade infantil, bem concreta no final do século XVIII e no começo do século XIX, todavia ainda limitada, sobretudo na sua forma neonatal; em 1870, ela elevava-se ainda a 170%. Outra hipótese tem a ver com o desprendimento religioso de uma parcela das populações urbanas, mais ou menos desenraizadas e provenientes de ambientes paroquiais tradicionais e de exigências rituais que lhes eram inerentes. Ainda há quem apresente explicações de natureza mais social, nomeadamente, a influência crescente do discurso médico e higienista que prevenia os pais contra os perigos do transporte demasiado precoce dos pequeninos (tanto para o batismo quanto para o registro civil), assim como a familiarização acentuada da cerimônia que partia do pressuposto de deixar o tempo à mãe para se recuperar e aos familiares distantes para fazerem a viagem[951].

Culto dos mortos e religião do luto no século XIX

O século XIX é o tempo do "culto dos mortos", para retomar uma expressão utilizada frequentemente na época, em conjunto com as de "religião dos mortos" ou de "compaixão pelos defuntos". Pode-se defini-lo como um culto familiar da lembrança e do túmulo cujo rito principal era a visita ao cemitério acompanhada pela deposição de flores ou de coroas sobre as campas. Uma tela do pintor de Nancy, Émile Friant, intitulada *La Toussaint* (1888 [A Festa de Todos os Santos]) restitui perfeitamente o que foi uma das imagens mais familiares desse período: uma família burguesa dirige-se ao cemitério, vestida elegantemente de negro – o senhor de cartola e as mulheres com braçadas de flores –, mostrando em segundo plano, por trás do muro rematado com grade, outras famílias que vieram "visitar os seus mortos" que se espalham pelas alamedas. Edmond de Goncourt, bastante afetado pela morte do irmão, Jules,

---

[951]. GOURDON, V. "Les pratiques du baptême à Paris e à Rome au XIXe siècle". Art. cit., p. 19-60.

quatro anos antes, escrevia – em seu célebre diário, em 2 de novembro de 1874 ao voltar de uma visita ao cemitério – este comentário:

> No meio da materialização e do utilitarismo moderno, um só sentimento imaterial e desinteressado subsiste na França: o culto dos mortos. Creio que não haja, atualmente, nos cemitérios dos outros países da Europa, um tão grande número de vestidos negros, de coroas e de flores. Ao sair do cemitério, deparei-me à porta com Dubois de l'Estang que, ao apertar-me a mão, me disse: "O Senhor está voltando da casa de seu irmão?" Essa frase, sugerindo que, ao voltar da visita à campa de um morto, eu estivesse voltando da casa de um vivo, encheu-me de satisfação durante o dia inteiro[952].

Tendo surgido, mais ou menos, com o novo cemitério parisiense do Père-Lachaise, a partir de 1804, replicado na província, esse culto dos mortos generalizou-se em meados do século, antes de se espalhar progressivamente pelas zonas rurais, regiões em que, no último terço do século, um número crescente de recintos rurais assume a aparência de cemitérios floridos à moda urbana, com concessões e túmulos "importantes". No período do Segundo Império, a imprensa assinala, quase sistematicamente, na festa de *Toussaint*, os picos de frequência dos cemitérios, sobretudo, em Paris, cidade em que a superintendência regional do departamento de Sena efetua a contagem dos visitantes desses locais. Os comentaristas manifestam o seu espanto e felicitam-se pelo fato de que a cidade dos motins e das revoluções, precocemente "perdida para a religião" nos bairros populares[953], seja também a cidade por excelência do culto dos mortos. O clero de regiões menos fervorosas observa também que as festas relativas ao culto dos mortos – *Toussaint*, o Dia de Finados em 2 de novembro e o Domingo de Ramos – são as mais frequentadas do ano, às vezes, até mesmo, contando com um número de participantes superior ao das celebrações do Natal e da Páscoa. Os abstencionistas da prática corrente

---

952. GONCOURT, E. *Journal* – Mémoires de la vie littéraire. T. 2. Paris: Robert Laffont, 1956, p. 596, apud LASSÈRE, M. *Villes et cimetières en France, de l'Ancien Régime à nos jours* – Le territoire des morts. Paris: L'Harmattan, 1997, p. 300.

953. *La religion est perdue à Paris (Lettres d'un vicaire parisien à son archevêque en date de 1849 suivies d'un mémoire adressé au même)*. Ed. de Yvan Daniel. Paris: Cana, 1978, Col. "Foi et histoire".

não faltariam, de modo nenhum, ao enterro de um vizinho ou a uma missa de aniversário de falecimento.

Com respeito aos funerais, a vigília fúnebre, a retirada do corpo da casa, a sua apresentação na igreja e, em seguida, a condução ao cemitério, tudo isso constitui o procedimento habitual. Os enterros civis são raros, pelo menos, antes da década de 1860, e a prática anterior a 1914 diz respeito essencialmente a determinados bairros populares das grandes cidades – em particular, do Leste parisiense (45% de cortejos fúnebres civis em Belleville, em 1879, o que representa o maior número no século, bastante localizado)[954] – e a algumas regiões rurais, por exemplo, o Limousin[955].

A novidade é a importância crescente do cortejo de acompanhamento do defunto entre a igreja e o cemitério: ao sair da igreja, em vez de abandonar o corpo à família ou aos coveiros, como era o caso no Antigo Regime, criou-se o hábito de acompanhá-lo à sua última morada; uma vez no cemitério, seguiam-se as últimas orações, os discursos de despedida e depois, se fosse o caso, a dispersão pelos túmulos dos próprios familiares. Nas cidades, os indigentes e as pessoas modestas não são conduzidos ao cemitério pelo clero, por falta de recursos para adquirir a categoria de enterro que incluía esse direito (enquanto essa condução é, em geral, gratuita na zona rural): tal situação deixa insatisfeitas as camadas populares; daí, a iniciativa de natureza bastante política de Luís Napoleão Bonaparte, em 1852, que pede ao arcebispo de Paris a criação de um corpo de capelães especializados (os "capelães das últimas orações"), agregados aos cemitérios, para acolher as famílias no local[956].

A concessão funerária e o túmulo tornaram-se progressivamente um verdadeiro ideal social. Em 6 de março de 1805, um decreto do superintendente

---

954. Cf., esp. JACQUEMET, G. "Déchristianisation, structures familiales et anticléricalisme – Belleville au XIXᵉ siècle". In: *Archives de sciences sociales des religions*, vol. 57, 1984, p. 69-82.
955. PÉROUAS, L. *Refus d'une religion, religion d'un refus en Limousin rural, 1880-1940*. Paris: L'Ehess, 1985.
956. "Chapelains des cimetières". In: Archives historiques de l'archevêché de Paris, 4 G2.

regional do departamento de Sena introduziu, pela primeira vez, no direito francês a ideia de concessão funerária perpétua que, em seguida, foi consagrada pela ordenança régia de 6 de dezembro de 1843 (distinguindo concessões perpétuas, trintenárias e temporárias) e, no caso parisiense, por uma regulamentação de 1850[957]. Durante algum tempo, cogitou-se na renúncia desse procedimento diante seja da ocupação excessiva da superfície daí resultante, ou dos custos de manutenção das concessões abandonadas; no entanto, após opinião contrária do Conseil d'État – instituição que, desde 1799, garante a assessoria jurídica ao poder executivo e exerce a função de Supremo Tribunal de Justiça Administrativa – e diante do sucesso da prática, tal princípio acabou sendo generalizado pela ordenança de 1843.

Cada um tinha, portanto, teoricamente, o seu lugar no cemitério do século XIX – as antigas "covas comuns" haviam sido substituídas por "trincheiras" nas quais as famílias podiam colocar sinais distintivos –, mas o período de tempo era bastante variável: cinco anos (às vezes, um período menor) para a maioria; quinze, trinta anos e perpetuidade para os privilegiados. Essa desigualdade social perante a morte suscitou protestos crescentes; daí, a supressão das trincheiras em Paris, em 1874, e o esforço das sociedades de socorro mútuo, laicas e confessionais, para que os associados disponham de compartimentos, a preço moderado, nos jazigos. Foram os israelitas que encontraram essa solução, através de suas sociedades de exéquias, Les Enfants de Japhet (1851 [Os filhos de Jafé]), La Terre promise (1854 [A Terra Prometida) e Le Repos éternel (1869 [O repouso eterno])[958], imitados imediatamente pelos católicos.

Depois dos funerais, repete-se a visita aos defuntos, a qual ganha solenidade pelo fato do afastamento dos cemitérios. Na zona rural, após o ofício do domingo, os fiéis têm o costume de visitar os túmulos, durante alguns instan-

---

957. Cf. BERTRAND, R. & CAROL, A. (sob a dir. de). *Aux origines des cimetières contemporains* – Les réformes funéraires de l'Europe occidentale, XVIIIe-XIXe siècle. Aix-en-Provence: Presses Universitaires de Provence, 2016.
958. HIDIROGLOU, P. *Rites funéraires e pratiques du deuil chez les juifs en France, XIXe-XXe siècles*. Paris: Les Belles Lettres, 1999.

tes, sobretudo se o cemitério é vizinho da igreja. Por toda a parte, a afluência atinge recordes para a festa de *Toussaint* e para o Dia dos Finados (1º e 2 de novembro), ou seja, as festividades do calendário litúrgico mais unânimes do século. A verdadeira novidade, porém, é que as pessoas vão colocar ramos de buxo em cima dos túmulos, também, no Domingo de Ramos, nos feriados, no aniversário de falecimento e nos acontecimentos familiares importantes, tais como os casamentos e as primeiras comunhões. Os judeus não ficam para trás e visitam também os túmulos dos familiares e amigos nas grandes festas de Rosh Hashaná e do Yom Kipur; e, até mesmo, os protestantes, relutantes por tradição diante de qualquer culto dos mortos, são tentados a orientar, às vezes, a sua prática religiosa nesse sentido[959].

Esse culto aos mortos é, sob muitos aspectos, um produto da afetividade familiar do século XIX e de suas transformações[960]. As relações familiares são mais calorosas, sobretudo, entre pais e filhos (muito menos, segundo parece, entre cônjuges, no mínimo, antes de 1860), e os falecimentos são vivenciados com maior consternação, embora seja sempre arriscado nesse domínio tirar uma conclusão da verdadeira intensidade dos sentimentos a partir da expressão dos mesmos. Essa afetividade familiar exerce uma pressão importante sobre a concepção tradicional do luto e tende a levá-lo a perder o seu formalismo, deixando um maior espaço para a expressão das emoções pessoais. Sob o Antigo Regime, o luto era, antes de tudo, uma homenagem prestada à posição social do defunto, o que não implicava a exclusividade de uma dor sincera; mas os dois aspectos estavam dissociados. Daí em diante, as modalidades do rito social são ditadas, de maneira cada vez mais frequente, pelo coração[961]. Essa dimensão familiar do culto aos mortos e a sucessão de falecimentos explicam a generalização progressiva do túmulo de família, ao passo que no começo do

---

959. Cf. esp. GASPARIN, V. *Les Horizons célestes* [1859]. Paris: Calmann-Lévy, 1882.
960. ARIÈS, P. *L'Homme devant la mort*. Paris: Seuil, 1977, p. 464. • Cf. ARIÈS, P. *Histoire des populations françaises et de leurs attitudes devant la vie depuis le XVIIIe siècle* [1948]. Paris: Seuil, 1971. • *L'Enfant et la vie familiale sous l'Ancien Régime* [1960]. Paris: Seuil, 1973.
961. GOURDON, V. *Histoire des grands-parents*. Paris: Perrin, 2001, p. 284-291.

século tratava-se sobretudo de túmulos individuais; eles multiplicam-se sob a forma de capelas ou de pequenas casas, com inscrições na fachada e telhado com dupla beirada[962], a tal ponto que, nos primeiros anos do século XX, os cemitérios das grandes cidades assemelham-se não tanto a jardins, mas a verdadeiras "cidades de mortos". Até mesmo as zonas rurais recuadas contêm uma grande quantidade desses jazigos de família nos quais vêm amontoar-se as sucessivas gerações.

É difícil dizer que tipo de concepção, relativamente ao além, emana desse culto aos mortos, por falta de fontes e porque ela está amplamente implícita. Os sociólogos contemporâneos, ao refletirem sobre as últimas gerações de praticantes do sistema, falaram de uma fantasia de conservação artificial dos corpos, a qual remete ao horror persistente da cadaverização e, ao mesmo tempo, autoriza um comportamento de proximidade asséptica que contrasta com a repulsa do século XVIII pelos miasmas dos cemitérios[963]; no entanto, a esperança exibida – nomeadamente, nos epitáfios – assinala, sobretudo, o desejo de reencontrar a família no céu.

O clero – que, neste domínio, dá a impressão de andar um pouco a reboque das sensibilidades coletivas – é obrigado a adaptar o seu discurso, reservando um espaço maior que outrora, em sua doutrina, para esse sonho de eternidade doméstica; a partir de meados do século, ele vai explicar, com uma frequência cada vez maior, que as afeições privadas, sejam elas conjugais, amigáveis ou familiares, tendem a manter-se no além. Em 1855, o Padre Ravignan, célebre pregador jesuíta, faz a seguinte declaração:

> Não julguem que eu queira proibir-lhes a esperança de conservar no céu os laços das afeições legítimas de vocês. [...] Lá [...], vocês hão de continuar a sentir afeição por aqueles que amaram

---

962. LEDUC, J. "Les atitudes devant la mort: l'exemple du cimetière de Terre-Cabade à Toulouse (XIXᵉ-XXᵉ siècles)". In: *Annales du Midi*, n. 229, 2000, p. 85-98.
963. Cf. URBAIN, J.-D. *La Société de conservation* – Étude sémiologique des cimetières d'Occident. Paris: Payot, 1978. • URBAIN, J.-D. *L'Archipel des morts* – Le Sentiment de la mort et les dérives de la mémoire dans les cimetières d'Occident. Paris: Plon, 1989. • DÉCHAUX, J.-H. *Le Souvenir des morts* – Essai sur le lien de filiation. Paris: PUF, 1997.

na terra, segundo a vontade de Deus; hão de continuar a pensar neles e a rezar por eles; hão de ter a possibilidade de socorrê-los, aliviá-los, e Deus, em sua providência atenciosa, há de levar vocês a conhecer as necessidades dessas almas queridas, deixadas atrás de vocês, para que vocês estejam em condições de ampará-las[964].

Em 1863, o jesuíta François Blot publica, no mesmo espírito, um opúsculo – *Au ciel on se reconnaît* [No céu, as pessoas se reconhecem] – que será um dos maiores sucessos da literatura religiosa do século: com uma vendagem acima de cem mil exemplares e tendo sido traduzido em várias línguas, ele apoiava-se nos Padres da Igreja [teólogos, professores cristãos e bispos importantes que viveram entre o II e o VII séculos] para mostrar que, no céu, as pessoas não se contentavam com um face a face místico diante de Deus – como preconizava a definição dogmática tradicional –, mas usufruiriam também, de maneira "acidental", da reconstituição de uma vida de família e de amizades.

A inflação do culto marial entre 1820 e 1880

No século XIX, a devoção marial conheceu uma popularidade considerável, cuja cronologia e fases são, atualmente, bem conhecidas. Pode-se dizer que o rápido crescimento havia começado na década de 1820, tendo-se afirmado na década de 1840 e culminado na década de 1850; após 1880, ela passou por um declínio relativo[965]. Essa conjuntura marial inscreve-se no interior de um processo de multiplicação das devoções particulares, enquanto reflexo de fenômenos de personalização da fé, cuja duração é mais longa, assim como de uma forma de democratização do fervor, nomeadamente feminino. Ela constitui também uma das manifestações da entrada da religião em sua era sulpiciana, denominação que tem a ver com o bairro parisiense de St Sulpice no qual, a partir dos anos de 1840, se instalaram as lojas de objetos de piedade e de arti-

---

964. RAVIGNAN, X. *Entretiens spirituels*. Paris: Gervais, 1881, p. 151-152.
965. LANGLOIS, C. "Le temps de l'Immaculée Conception – Définition dogmatique (1854) et événement structurant". In: BÉTHOUART, B. & LOTTIN, A. (sob a dir. de). *La Dévotion mariale de l'an mil à nos jours*. Arras: Artois Presses Université, 2005, p. 365.

gos religiosos – tais como Biais, para os paramentos; Poussielgue-Rusand, para a ourivesaria; Bouasse-Lebel para as imagens impressas e estampas; e Raffl para a estatuária[966] –, cuja demanda ganhou uma amplitude considerável nos anos de 1840-1860. Na França, essa época da piedade caracterizou, sobretudo, as décadas de 1860-1930; no entanto, ela é ainda visível, a olho nu, nas igrejas antigas em que a estratigrafia espiritual permaneceu completa e foi poupada pelo "vandalismo" pós-conciliar dos anos de 1960-1970 que lhe devotou um ódio particular.

Entre as numerosas manifestações desse avanço da devoção marial, convém sublinhar a difusão considerável do prenome de Maria, predominante entre as mulheres, na França, desde o século XVII, mas que, entre 1810 e 1880, diz respeito a cerca de um terço das meninas, com um pico em 35,6% na década de 1850-1859[967]; em menor escala, esse fenômeno tem a ver também com os rapazes que utilizam o prenome seja em primeiro ou segundo lugar. A partir de 1832 (ano da chegada do cólera, na França) e sobretudo de 1834, a famosa medalha milagrosa que leva em seu anverso a oração – "Ô Marie conçue sans péché, priez pour nous qui avons recours à vous" [Ó Maria concebida sem pecado, rogai por nós que recorremos a vós] – foi difundida em milhões de exemplares. Multiplicam-se os ex-votos, as festas e os cânticos marianos, as confrarias do Rosário e do Escapulário. A partir dos anos de 1830, a prática de origem italiana do mês de Maria (maio) espalha-se grandemente, assim como, para as meninas, os grupos de crianças com nome, nas paróquias. As congregações colocadas sob o seu patrocínio marial são criadas igualmente em grande número, nos anos de 1820-1860. Enfim, essa marianização da piedade lê-se com uma nitidez crescente na paisagem, através das capelas, igrejas, estátuas, estatuetas etc. dedicadas à Virgem Maria.

---

966. SAVART, C. "À la recherche de l'art dit de Saint-Sulpice". In: *Revue d'Histoire de la Spiritualité*, n. 207-208, 1976, p. 265-282.
967. DUPÂQUIER, J.; PÉLISSIER, J.-P. & REBAUDO, D. *Le Temps des Jules* – Les prénoms en France au XIXe siècle. Paris: Christian, 1987, p. 111-115.

Três acontecimentos desempenharam um papel importante no desenvolvimento desse fenômeno. O primeiro é a série de aparições marianas que marcaram o período que nos interessa – nomeadamente, em 1830, na rue du Bac em Paris, a Catarina Labouré; em 1846, às crianças de La Salette; em 1858, em Lourdes, a Bernadete Soubirous; e, em 1871, em Pontmain[968]. O segundo acontecimento é a definição do dogma da Imaculada Conceição, em dezembro de 1854, por Pio IX, levando a maior parte das dioceses a promover a organização de grandes festas de promulgação que marcaram tanto mais os contemporâneos na medida em que a Igreja era – em companhia das forças armadas, nessa primeira década "autoritária" do Segundo Império –, mais ou menos, a única instituição dotada da prerrogativa de manifestar-se no espaço público. Numerosos católicos consideraram o sucesso dessas "grandes festas populares da fé" (de acordo com a expressão do prelado F. Dupanloup) como um sinal impactante de despertar religioso. Novas práticas surgiram na esteira dessa definição, nomeadamente a instalação de estátuas colossais da Virgem Maria que, simbolicamente, marcavam o retorno da Igreja ao espaço urbano; enquanto modelo, foi adotada a estátua erigida em Notre-Dame de Fourvière, em Lyon, em dezembro de 1852, ou a de Notre-Dame du Puy, em 1860. Assistiu-se também ao desenvolvimento da prática da coroação de estátuas da Virgem nos centros de peregrinações marianas, antigos e novos, após a autorização romana. O último acontecimento – literário, desta vez – desempenhou um papel importante nesse rápido crescimento de devoção marial: a publicação póstuma, em 1843, do *Traité de la vraie dévotion à La Vierge Marie* [Tratado da verdadeira devoção à Virgem Maria] de Louis-Marie Grignion de Montfort, falecido em 1716, mas cuja obra só foi encontrada em 1842, tendo obtido um sucesso prodigioso, além de ter sido traduzida em numerosas línguas.

Continua sendo difícil fazer a interpretação de tal sucesso pelo fato de proceder de múltiplas causas. Flaubert, em sua correspondência, viu perfeita-

---

968. Sobre as aparições marianas, cf. BOUFLET, J. & BOUTRY, P. *Un signe dans le ciel* – Les apparitions de la Vierge. Paris: Grasset, 1997.

mente as afinidades que uniam esse acontecimento com a afetividade do século e o papel desempenhado pela religião na difusão, de maneira bastante ampla, de certa forma de sensibilidade romântica. A esse propósito, ele escreveu o seguinte comentário:

> Creio [...] que uma das causas da fraqueza moral do século XIX vem de sua *poetização* exagerada. Assim, o dogma da Imaculada Conceição parece-me ser um genial golpe político por parte da Igreja, ao formular e anular, em seu proveito, todas as aspirações femininas da época. Não há um escritor que não tenha exaltado a mãe, a esposa ou a amante. – A geração, amargurada, choraminga com a cabeça apoiada nos joelhos das mulheres, como se fosse uma criança doente. Não se tem ideia da *covardia* dos homens para com elas![969]

Mais precisamente, pode-se pensar que essa conjuntura mariana, particularmente fecunda, procedia de três causas principais.

A primeira é do tipo institucional. Maria é tradicionalmente uma figura da Igreja e a sua exaltação, no século XIX, através especialmente da definição do dogma da Imaculada Conceição, exprime algo da imagem e da autocompreensão que ela tinha de si mesma: a de uma Igreja pura e intransigente, ereta diante do mundo submetido aos estragos do pecado e das ideias falsas – houve, inclusive, quem chegasse a associar essa definição a uma condenação dos erros da Era Moderna, o que só aconteceu finalmente, em 1864, com a encíclica, *Syllabus* –, mas também confiante no futuro, materna, compassiva e aberta às aspirações da sensibilidade popular.

A segunda causa possível é do tipo mais sociológico, ligada à feminização crescente do catolicismo do século XIX, tanto entre seus fiéis quanto em seu pessoal dirigente. Ela caracterizou-se nomeadamente pela explosão do número de religiosas e das congregações femininas[970]: deste modo, acima de duzentas

---

969. Carta de Flaubert à Senhorita Leroyer de Chantepie, 18 de dezembro de 1859. In: FLAUBERT, G. *Correspondance*. Paris: Gallimard, 1998, p. 388.
970. Cf. a obra clássica de C. Langlois. *Le Catholicisme au féminin*. Paris: Cerf, 1994.

mil moças entraram nos noviciados, entre 1800 e 1880; e, no auge da vaga, nos anos de 1855-1859, elas são cinco mil novas candidatas a se apresentarem anualmente. Embora a comprovação do estabelecimento de tais laços nunca seja evidente, a exaltação da figura de Maria pode ser interpretada como uma expressão devocional e teológica desse fenômeno sociológico maciço e, ao mesmo tempo, talvez, uma forma de compensação simbólica concedida às mulheres em uma Igreja na qual o lugar institucional das mesmas permanecia estreitamente subordinado – ainda que fosse bem menos, nessa data, que no mundo laico.

O último elemento de explicação é do tipo mais espiritual e tem a ver com a questão da evolução da imagem de Deus, assinalada mais acima. A acentuação da devoção mariana – concomitante com um cristocentrismo da piedade, marcado pelo desenvolvimento da devoção ao Sagrado Coração de Jesus –, a difusão da prática das vias-sacras nas paróquias, a insistência sobre a figura romântica de Jesus de Nazaré nos anos de 1830-1848 etc. introduziam na piedade católica um toque feminino e materno que avançava no sentido da afetividade contemporânea, tal como ela se exprimia nomeadamente nas cidades e nos círculos mais afinados com o século. Eis o que Chateaubriand havia observado atentamente, desde 1802, em sua obra *Génie du christianisme* [O gênio do cristianismo], ao escrever a seguinte reflexão:

> A terna medianeira, entre nós e o Eterno, abre com a suave virtude de seu sexo um coração repleto de piedade para as nossas tristes confidências e desarma um Deus irritado: dogma encantado que suaviza o terror de um Deus, interpondo a beleza entre o nosso nada e a majestade divina! Maria brilha como uma rosa misteriosa ou como a estrela da manhã [...]. Nessa filha dos homens, é possível reconhecer o refúgio dos pecadores, a consolação dos aflitos; ela ignora as santas cóleras do Senhor; ela é totalmente bondade, compaixão e indulgência[971].

---

971. Apud HILAIRE, Y.-M. "Évolution du culte marial au XIXe siècle en France". In: BÉTHOUART, B. & LOTTIN, A. (sob a dir. de). *La Dévotion mariale de l'an mil à nos jours*. Op. cit., p. 43.

De um para outro Deus: o surgimento do "Deus bondoso"

No final do século XIX, no prefácio da reedição de um tratado sobre o purgatório que havia sido publicado, pela primeira vez, em 1879 – e cujo rigorismo tinha sido censurado por alguns de seus leitores –, o Abbé Louvet, um ex-pregador de missões populares, escrevia o seguinte comentário:

> Se temos tanta dificuldade, em nossos dias, para compreender as responsabilidades e os castigos da outra vida, isso deve-se – eis o meu receio –, das falsas ideias que as pessoas têm a respeito dos direitos de Deus e de sua justiça. Na França, país em que nunca sabemos ser comedidos, viu-se quase sem transição suceder ao Deus estrito e rígido do jansenismo, a figura de um Deus *bonachão*, com quem não há motivo para se preocupar; à semelhança dos filhos que, à força de se familiarizarem com os pais, deixam de respeitá-los ou de recearem as suas punições. Em nossos dias, somos tentados a nos comunicar com Deus em pé de igualdade. [...] Imploro para não esquecermos que, se Deus é *infinitamente* bom, Ele é, do mesmo modo, *infinitamente* santo e *infinitamente* justo. Ele nada tem que se assemelhe à sensibilidade fingida de nossos papais modernos que, para poupar uma lágrima aos filhos, permitem que estes desrespeitem os direitos da autoridade paterna[972].

A anotação é interessante pelo fato de assinalar uma evolução bem concreta que ocorreu na imagem de Deus, *grosso modo*, entre 1830 e 1860, em um momento de oscilação nos anos de 1850; além disso, ela reflete ou anuncia, talvez, uma reação lembrando que esses processos, embora funcionem por efeitos de ricochete difíceis de questionar, não são geralmente lineares, nem unívocos, tal como somos levados, às vezes, a pressupô-los por falta de pesquisas suficientemente fundamentadas.

De qualquer modo, é certo que, ao ser comparada a imagem de Deus – resultante dos sermões do "primeiro" Cura d'Ars, nos anos de 1815-1830; das missões no período da Restauração; ou da célebre *Relation Pra* de La Salette,

---

972. LOUVET, L.-E. *Le Purgatoire d'après les révélations des saints* [1880]. Paris: Retaux, 1893, p. V-VI.

em 1846 – com a pregação e a literatura espiritual das décadas de 1850-1860, resta-nos apenas ficar impressionados diante da amplitude da mudança, mesmo que permaneça por resolver a questão de sua concreta difusão social. Em 1866, quando o prelado F. Dupanloup, em uma brochura célebre, pensou ser possível atribuir as recentes enchentes mortíferas do Rio Loire à manifestação da cólera divina – de acordo com uma teologia bastante clássica, em seu princípio, por falta recorrente de suficiente comprovação relativamente ao detalhe de suas aplicações –, ele suscitou uma instigante reação de indignação coletiva[973]. De que Deus monstruoso – eis a questão formulada de maneira irônica pela imprensa liberal – o prelado F. Dupanloup era então o servidor?

Assistiu-se ao surgimento, no decorrer do tempo, de algumas das causas prováveis dessa evolução: o antijansenismo e o populismo bem atenuado da piedade "ultramontana", as preocupações pastorais de determinado catolicismo liberal, preocupado em não desestabilizar demais os contemporâneos em sua teologia espontânea (o "Dieu des bonnes gens" [O Deus das pessoas simples] de Pierre-Jean de Béranger, benzedeiro e indulgente), as coações objetivas de uma situação na qual a religião já não era obrigatória e em que as pessoas eram obrigadas, por bem ou por mal, a privilegiar métodos mais suaves. Nesse campo, é difícil estabelecer a separação entre o que depende, por parte do clero, de uma forma de aclimatação forçada à nova situação religiosa surgida da Revolução, e de um movimento de adaptação deliberado. Convém sublinhar, no entanto, que essa evolução ocorreu nos anos de 1835-1870, os quais têm sido considerados, daqui em diante, pelos especialistas, como "bons" anos para a Igreja, sobretudo, a década de 1850; ora, a situação desta pôde contribuir para a explicação, em parte, dessa prosperidade relativa.

Parece-nos, no entanto, que, além desses ajustes pastorais forçados ou deliberados, essa nova imagem de Deus correspondia a uma evolução na afetividade religiosa, da qual ela era, ao mesmo tempo, uma causa e uma consequên-

---

973. CUCHET, G. "Trois aspects de la crise des représentations de l'action de Dieu dans l'histoire au XIXe siècle". In: *Transversalités*, n. 128, 2013, p. 13-25.

cia. Ela criava, no interior da teologia tradicional, tensões e anomalias do ato de crer que estão na origem das mudanças – já mencionadas – na doutrina e na prática. O Deus terrível do mundo antigo deixou de ser crível para um grande número de fiéis, tendo cedido o lugar, progressivamente, ao "Deus bondoso" do século XIX.

A evolução das concepções referentes à justiça

Entre as causas profundas do fenômeno, convém reservar um grande espaço à evolução das concepções relativas à justiça. O século XIX, dizia Michel Foucault, é o tempo da "sobriedade punitiva"[974]. O pensamento do Iluminismo, sob a influência de grandes criminalistas, tais como Cesare Beccaria (*Dei Delitti e delle Pene*, 1764 [Dos delitos e das penas) e Jeremy Bentham (*Punishments and Rewards*, 1811 [Teoria das penas e das recompensas]), insistia sobre a necessidade de proporcionar as penas aos delitos, de valorizar as capacidades de emenda dos delinquentes e dar uma dimensão pedagógica (e não tanto espetacular) às punições. No século seguinte, essas novas ideias passam para os códigos e transformam progressivamente as mentalidades, inspirando a importante lei penal de 28 de abril de 1832, a qual generaliza o uso da noção de "circunstâncias atenuantes" no direito francês, abole a pena de morte em nove casos (entre os quais falsificação de moeda, complô político não seguido de atentado, alguns casos de incêndio criminoso, de assassinato e de roubo) e suprime os castigos corporais. O art. 5 da Constituição Francesa de 4 de novembro de 1848 abole, por sua vez, a pena de morte em matéria política. De que modo, nessas condições, continuar acreditando em uma justiça sem matizes, absoluta e vingadora, que se tornou arcaica e indigna do próprio Deus? Nesse momento, ocorreu uma separação perigosa entre as exigências da justiça divina, que permaneceram conformes às normas do Antigo Regime, e

---

974. FOUCAULT, M. *Vigiar e punir*: nascimento da prisão. Trad. de Raquel Ramalhete. Petrópolis: Vozes, 1987, várias edições, p. 19 [Orig.: *Surveiller et punir* – Naissance de la prison. Paris: Gallimard, 1975, p. 21].

as da civilização moderna. Ao polemizar contra a teologia católica, o filósofo republicano, Jean Reynaud, escrevia em sua obra *Terre et Ciel* [Terra e Céu], em 1854, a seguinte reflexão:

> [...] queiram ou não, é impossível para nós fixar-nos nos sentimentos da Idade Média, seja em religião ou em política; o movimento dos costumes arrasta-nos, e deixamos de ser capazes de encontrar nossa satisfação tanto ao atribuir a Deus o caráter e as paixões de um juiz dos tempos bárbaros quanto ao atribuir à sua legislação a brutalidade do sistema penal das épocas que nos precedem. Foram vocês [...] que destruíram a crença do inferno, tornando-a tão antipática às nossas crenças quanto o é, daqui em diante, o horrível desfile dos carrascos e das torturas. Quando a era das represálias irrefletidas for abolida na terra, de que modo a divindade conseguirá fazer reinar no universo o que somos levados a rechaçar em nós?[975]

A evolução da concepção da paternidade

A evolução da imagem do pai desempenhou também um papel importante no processo que está sendo delimitado neste texto[976]. O cristianismo prestava-se particularmente a isso por sua insistência sobre a paternidade de Deus e pela ideia corrente de que, para os filhos, os pais ocupavam o lugar de Deus. Em meados do século, assiste-se – no prolongamento de evoluções antigas que remontam, pelo menos, ao século XVII –, a uma intensificação do sentimento familiar, a qual se traduz por uma ternura acentuada nas relações entre pais e filhos. Ernest Legouvé, especialista em questões familiares, escrevia então: "Neste século em que tudo se renova, não conheço transformação mais importante do que aquela que se refere às relações entre pais e filhos na sociedade moderna"[977]. A difusão dos termos afetuosos de "papai" – "papa gâteau" [papai

---

975. REYNAUD, J. *Philosopie religieuse* – Terre et Ciel. Paris: Furne-Jouvet, 1875, p. 381-382.
976. Cf. GIBSON, R. "Théologie et société en France au XIXe siècle". In: DURAND, J.-D. (sob a dir. de). *Histoire et théologie*. Paris: Beauchesne, 1994, p. 96.
977. LEGOUVÉ, E. *Les Pères et les Enfants au XIXe siècle* – Enfance et adolescence [1872]. Paris: Hertzel, 1907, p. 1.

bonachão] data de 1854 – e de "bebê"[978], a prática que consiste em usar luto pelas crianças[979], inclusive aquelas mortas em tenra idade, o tuteio dos filhos pelos pais, em uma parcela da burguesia, são sinais dessa intensificação. Como imaginar que um pai divino concebido, de acordo com esse modelo, seja capaz de enviar os filhos para o inferno?

O núcleo sociológico dessas mudanças afetivas residia, antes de tudo, nas classes médias, "em que o progresso começa fatalmente – escreve ainda Legouvé – nessas famílias, cuja posição na sociedade é intermediária – famílias de magistrados, de advogados, de industriais, de eruditos, de professores, de artistas, de trabalhadores"[980] –, ao passo que nas famílias aristocráticas, nas quais persistia de preferência o apego à linhagem e ao "espírito de raça", e, mais ainda, nas famílias populares, camponesas e operárias, o processo era muito menos avançado. No entanto, era difícil para a Igreja, com o passar do tempo, não registrar tal evolução, nem evitar que os seus efeitos emolientes viessem a interferir progressivamente em seu conceito de Deus.

Os rendimentos decrescentes da "pastoral do medo"

Os teólogos e pregadores do final do Antigo Regime, que estavam preocupados em fazer o cristianismo evoluir em um sentido menos severo e mais flexível, continuavam pensando que, se a pressão fosse relaxada em demasia, especialmente no tocante ao inferno, corria-se o risco de ver os fiéis aproveitarem a ocasião e, sem disporem de nenhuma referência, perderem todo o controle. Daí, o fato de terem a preocupação permanente em mostrar que, ainda quando fossem adotadas teses menos severas, restaria sempre bastante horror no sistema para conter os pecadores a caminho da perdição.

---

978. Alain Rey sublinha que o termo *"bébé"* [bebê] lexicaliza-se em meados do século XIX (*Dictionnaire historique de la langue française*. T. 1. Paris: Le Robert, 1995, p. 200).
979. GOURDON, V. *Histoire des grands-parents*. Op. cit., p. 290.
980. LEGOUVÉ, E. *Les Pères et les Enfants au XIXe siècle*. Op. cit., p. 199.

Os limites desse tipo de pastoral tornaram-se, no entanto, mais evidentes à medida que se avançava nesse século. O filósofo católico, Jean Wallon – convertido, tradutor de Hegel para o francês e amigo de Baudelaire – sublinhou claramente esse fato em um livro sobre o inferno, publicado em 1866, no qual ele explicava que, de fator de cristianização, a pastoral do inferno tendia a converter-se, na sociedade contemporânea, um fator de descristianização: não pelo fato de ter perdido toda a eficácia, dizia ele, mas daí em diante esta era mais nefasta "no alto" da sociedade, nos círculos intelectuais e nas elites sociais, do que benéfica "embaixo", nos ambientes populares[981]. Daí, a perplexidade do clero que se questionava a respeito da atitude a adotar: não é que, ao atenuar o discurso, corria-se o risco de desestabilizar a base, sem garantir necessariamente a conversão daqueles que viessem a ser atraídos por essa apresentação mais leniente? Não é indiferente que a questão tenha sido formulada no momento em que uma parcela da antiga burguesia liberal voltava ao seio da Igreja, mesmo que o problema tenha sido abordado, de maneira diferente, na geração seguinte.

Para concluir esta trajetória, desejaríamos apresentar duas teses principais. A primeira é que a religião dos anos de 1815-1880, além de ter prolongado, sob muitos aspectos, a dos séculos XVII e XVIII, assistiu ao desenvolvimento em seu seio de uma nova afetividade, do tipo "romântico", à qual reservou, em geral, uma boa acolhida e que acabou por transformá-la em profundidade em um sentido menos severo e mais místico[982]. Com relação aos estudos anteriores, teríamos tendência para retardar um pouco o momento de oscilação entre os dois universos e, sobretudo, para atribuir-lhe o período dos anos de 1850, os quais correspondem também aos melhores anos do século XIX para a Igreja Católica[983]. A segunda tese é que a evolução da imagem de Deus é, sem dúvida,

---

981. WALLON, J. *L'Éternité des peines*. Paris: Bonaventure et Ducessois, 1866, p. 55.
982. Retomamos aqui uma das grandes conclusões de C. Savart: *Les Catholiques en France au XIXe siècle*. Op. cit.
983. Sobre esses problemas de periodização e de avaliação da amplitude da retomada religiosa do século, cf. CUCHET, G. *Faire de l'histoire religieuse dans une société sortie de la religion*. Paris: Publications de la Sorbonne, 2012, p. 74-79.

a manifestação mais reveladora e sintética desse processo de transformação da afetividade, em relação ao qual ela desempenha um papel, simultaneamente, de "variável explicada" e de "variável explicativa" (para retomar o vocabulário dos sociólogos).

A religião desempenhou, portanto, um papel notável na história das emoções no século XIX. A influência social do clero e o fato de que ela fazia ainda plenamente parte da cultura tinham como consequência que os grandes domínios da vida humana, exatamente aqueles que são mais fecundos em emoções – tais como os ritos de passagem entre as diferentes fases da vida, o lazer, a sociabilidade, a sexualidade, as emoções estéticas, as atitudes diante da morte etc. –, estavam ainda profundamente impregnados dela, com matizes peculiares segundo os ambientes e as regiões. A afetividade religiosa era feita tanto de emoções produzidas pela religião quanto de emoções acolhidas, moduladas e transformadas por ela. Essa situação, abordada neste texto entre 1815 e 1880, prolongou-se muito adiante no século XX, pelo menos, até os anos de 1930 e, inclusive, os anos de 1950.

15
AS NOVAS EMOÇÕES SUSCITADAS PELAS ARTES CÊNICAS

Olivier Bara

As emoções no espetáculo têm a sua história, assim como possuem a sua geografia, social e cultural. Experimentadas individual ou coletivamente, as emoções suscitadas pelas artes cênicas emanam de conjunções complexas e efêmeras em que *atuam* conjuntamente o lugar e o momento da recepção, a natureza estética da obra, a interpretação dos artistas e a cenografia do espetáculo ou, ainda, o grau e a natureza da receptividade dos espectadores. Definidas como o fenômeno de sensação que engendra um movimento para fora de si, seja ele êxtase ou arrebatamento, as emoções no espetáculo podem manifestar-se e traduzir-se por meio de frêmitos, de prazer ou de medo, através de lágrimas, assim como de risadas com a condição de que seja ele "louco" – ao remover o controle da razão ou do amor-próprio. Além disso, a emoção viria do "interesse" suscitado pelo espetáculo para desencadear "a piedade, a paixão, as lágrimas e o terror"[984], inclusive as "febres" e os "transes infinitos"[985], a menos que se trate apenas de uma "emoção de curiosidade"[986], diante da novidade

---

984. JANIN, J. *Histoire de la littérature dramatique*. T. 1. Paris: Lévy, 1853-1858, p. 168.
985. Ibid., t. 5, p. 4.
986. GAUTIER, T. *Histoire de l'art dramatique en France depuis vingt-cinq ans*. Paris: Hetzel, 1858-1859; t. 2, p. 326. Tal fórmula comporta uma contradição interna: de que modo o fato de não estar acostumado à estética exibida seria suscetível de "emocionar-me", arrancando-me ao

teatral ou musical. Totalmente aberto está o leque que leva desde as emoções mais íntimas, sem outra manifestação exterior a não ser o imperceptível estremecimento do corpo ou o deslumbramento interiorizado, até as manifestações mais exteriores do entusiasmo, do desespero ou da alegria transbordante.

O século XIX é reputado pelas emoções fortes desencadeadas pelas formas inventadas e promovidas por ele: melodrama e espetáculo feérico, drama romântico e grande ópera histórica, teatro de revista e opereta. Século da democratização do acesso ao espetáculo, século da teatromania e, até mesmo, da *teatrocracia*[987], o século XIX conheceu uma reviravolta profunda das práticas culturais e sociais, da "ida ao teatro"[988]; novos hábitos, assim como rituais inéditos, são elaborados e transformam a natureza das emoções como se fossem a manifestação das mesmas na sala. Deste modo, esse século permitiria alimentar, de maneira privilegiada, a consciência da historicidade das emoções. Convém, todavia, não ceder aos discursos dominantes: estes constituem, muitas vezes, para nós, o único modo de acesso, mediatizado, à vida emotiva do público em determinado tempo e lugar. Numerosas lendas oriundas de reconstruções *a posteriori*, enquanto deformações polêmicas, simplificaram a percepção das emoções consideradas grosseiras, suscitadas nos espectadores pouco cultos por espetáculos com efeitos supostamente acomodatícios. O "melodrama" como o drama de Victor Hugo, a ópera de Meyerbeer como os espetáculos feéricos da sala de Châtelet foram – aliás, continuam sendo – alvo de tal acusação. Convém compreender os seus fundamentos e, sem dúvida, matizá-la, conferindo um conteúdo à palavra "emoção/ões". Trata-se de enunciar cuidadosamente o termo a fim de recuperar, em sua novidade, toda a iridescência de seus conteúdos e desafios.

---

controle do meu ser?
987. Cf. YON, J.-C. *Une histoire du théâtre à Paris* – De la Révolution à la Grande Guerre. Paris: Aubier, 2012, p. 7. O autor retoma o neologismo a um correspondente parisiense anônimo do *New York American*, no número de 01/03/1839.
988. Cf. YON, J.-C. & GOETSCHEL, P. (sob a dir. de). *Au théâtre!* – La sortie au spectacle, XIXᵉ-XXIᵉ siècles. Paris: Publications de la Sorbonne, 2014.

Como, porém, analisar a distância as emoções experimentadas nas salas de espetáculo para avaliar a sua natureza e intensidade no momento de seu surgimento? Como evitar reconduzir os discursos convencionais sobre a emoção lacrimal provocada pelo melodrama "em que Margot chorou"[989] (il. 5, "Volupté de la syncope" [Volúpia da síncope]) ou sobre a perturbação erótica dos membros do Jockey Club, mais excitados na ópera pelas pernas torneadas das dançarinas do que pela arte lírica? Como recuperar experiências sensoriais e afetivas sem retomar o discurso da elite para quem o novo "povo" dos teatros "adora as emoções violentas" e tem prazer em "ir amontoar-se, todas as noites, às centenas de casais, em salas nauseabundas, nas quais o fedor dos hálitos humanos se mescla – mistura horrível! – com o odor de flores"?[990] (il. 6, "À public nouveau, émotions nouvelles" [Para público novo, emoções novas]).

Vestígios de emoções

Os usos do próprio termo *émotion(s)* [emoção/ões] – em seu plural [imperceptível, foneticamente, em francês] que concretiza os afetos, mas também no detalhe de seu singular, o qual exprime a evanescência do movimento interior – hão de servir de guia. As emoções desencadeadas pelas artes cênicas podem ser, com efeito, esteticamente definidas pelos discursos teóricos, independentemente de acompanharem a busca da legitimidade do melodrama ou o impulso reformador do teatro romântico. A programação de emoções virtuais na abstração do tratado poético ou do prefácio deve ser confrontada, no entanto, com a atualização de tais movimentos sensoriais e afetivos no fenômeno vivo, não reproduzível, da representação pública. As medidas tomadas pela instância de fiscalização dos espetáculos e pelos boletins de ocorrência da censura fornecem algumas informações sobre as emoções coletivamente manifestadas na sala quando estas atingem um elevado grau de incandescência e ameaçam a

---

989. MUSSET (de), A. "Après une lecture" [1842]. In: LESTRINGANT, F. (ed.). *Poésies complètes*. Paris: Le Livre de Poche, 2006, p. 590.
990. DELVAU, A. *Les Paisirs de Paris*. Paris: Faure, 1867, p. 145-146.

ordem da representação teatral ou lírica e, até mesmo, a ordem pública – "emoção" significa também "agitação que movimenta as massas populares", segundo o *Grand dictionnaire universel du XIXe siècle* [Grande dicionário universal do século XIX] de Pierre Larousse. As emoções deixam também vestígios nos discursos de recepção crítica, dando testemunho das reações coletivas da sala, às vezes, da emoção pessoal do redator da crônica. A moda das "fisiologias", nos anos de 1830-1840, desencadeia também uma proliferação de representações tipológicas, muitas vezes, caricaturais, do espectador, seja ele parisiense ou provincial, cultivado ou privado de gosto, facilmente entusiasta ou propenso ao assobio[991] (il. 7, "Passions déchaînées" [Paixões desencadeadas]; e il. 8, "Passions contenues" [Paixões contidas]). Desde então, tornam-se compreensíveis emoções mediatizadas por sua representação, colocadas a distância ou modeladas pelo *ethos* do escritor e de seus leitores, pelas palavras e pela forma dos textos[992] ou pelos códigos retóricos do folhetim dramático. Em seu estudo, "Les émotions au théâtre" [As emoções no teatro], contribuição para o *Musée pour rire* [Museu para rir], Louis Huart procede assim à caricatura, mediante algumas fórmulas mordazes, da "extrema volúpia da síncope e do ataque de nervos" proporcionada a algumas "almas sensíveis" pelo melodrama[993]. Huart aproxima-se da representação pictural das emoções experimentadas pela espectadora extasiada, no célebre quadro de Louis Léopold Boilly, *L'Effet du mélodrame* [O efeito do melodrama], pintado por volta de 1830 e conservado no Musée Lambinet de Versalhes. As imagens, textuais ou picturais, revelam a parte de teatralização inerente às emoções vivenciadas e exibidas em público, arrebatamento na sala do espetáculo que, supostamente, deveria desenrolar-se no palco: o espectador emocionado transforma-se em ator, cujo corpo alterado pela emoção ou assombrado é oferecido à vista de outrem.

---

991. Cf. NAUGRETTE, F. "Physiologies de spectateurs de province au XIXe siècle". In: CEREDI. *Lab. Univ.-Rouen.fr*.

992. Assim, Florence Naugrette constata, nas fisiologias do espectador, uma "especialização excessiva dos tipos que conduz, finalmente, a uma visão parcelar, individual e anedótica de 'fatos isolados', cujo alcance é apenas satírico" (ibid., p. 2).

993. HUART, L. "Les émotions au théâtre". In: *Le Musée pour rire*. T. 2. Paris: Aubert, 1839, n. 51.

Tais representações acabam coincidindo, pela sua estereotipia, com um grande número de ocorrências da palavra "emoção(ões)" nos textos críticos da época: vinculadas ao corpo, ligadas aos efeitos espetaculares considerados fáceis e gratuitos, as emoções são muitas vezes ditas vulgares, "populares", dignas "da esquina da rua"[994]. Tal seria em geral, segundo o crítico Théophile Gautier, "a emoção dramática" contra a qual ele se mostra "rebelde", preferindo degustar "o pensamento, a poesia, a observação e o estilo, tudo aquilo que confere valor a uma obra intelectual"[995]. A emoção encontra-se vinculada aos estímulos da visão pelo fato de ser considerada, supostamente, como mais impressionável que a audição: o público de teatro "deixa-se levar sempre mais facilmente pelos olhos do que pelos ouvidos", afirmará no final do século o crítico Francisque Sarcey[996]. Tudo isso prepara a teoria de Fernand Brunetière, o qual situa na época do drama burguês, em meados do século XVIII, o momento da degradação artística do espetáculo teatral: "À medida que o sentido da arte se enfraquece, aumenta a parcela da emoção puramente humana"[997]. Assim, o recurso aos escritos críticos no encalço das emoções experimentadas no espetáculo, entre 1780 e 1880, deveria permanecer prudente: evitar-se-á reconduzir cegamente as axiologias implícitas ou os preconceitos socioculturais dos censores[998]. A propósito do comportamento dos teatros de Londres, no século XIX, Christophe Charle escreve o seguinte comentário:

---

994. JANIN, J. *Histoire de la littérature dramatique*. Op. cit., t. 3, p. 235; t. 2, p. 139.
995. GAUTIER, T. *Histoire de l'art dramatique en France depuis vingt-cinq ans*. Op. cit., t. 1, p. 322.
996. SARCEY, F. *Quarante ans de théâtre*. T. 3. Paris: Bibliothèque des Annales politiques e littéraires, 1900-1902, p. 260.
997. BRUNETIÈRE, F. *Les Époques du théâtre français, 1636-1850* – Conférences de l'Odéon. Paris: Hachette, 1896, p. 286.
998. Em todo o século se estabelece a distinção entre a emoção "física que é apenas um abalo nervoso" e o caráter "moral" da emoção "que consiste em um afeto bastante vivo da alma, do qual a afeição física é apenas o sinal exterior" (LAROUSSE, P. *Grand Dictionnaire Universel du XIXe siècle*). O mesmo verbete exprime a perplexidade perante a "emoção estética" que reside "em uma faculdade ainda muito pouco conhecida" chamada, provisoriamente, "percepção estética".

Dispomos apenas de raros testemunhos sobre os modos de se apresentar e o comportamento dos públicos desses diversos tipos de teatro. E os que existem não merecem confiança, ditados às testemunhas, jornalistas ou pesquisadores sociais, pela preocupação com o pitoresco, ou inspirados pelo espanto frente a outros costumes mais do que pelo interesse na exatidão social ou histórica[999].

A recuperação a distância das emoções coletivas – empenhadas na própria encenação segundo os códigos culturais do lugar, do momento ou da classe social –, talvez, seja mais fácil do que a das emoções individuais. Estas, aliás, no momento da recepção, são outros tantos encontros fugazes entre proposições artísticas, estímulos sensoriais, um imaginário próprio e uma cultura particular: tais emoções íntimas emanam de uma configuração individual feita de certa disponibilidade às lembranças e aos afetos em determinado ambiente. Aqui, os choques emotivos, advindos do encontro com formas inauditas, ou nunca vistas, de espetáculos, deixam um maior número de testemunhos do que as "emoções-sentimentos", mais sutis, destinadas a um esquecimento mais rápido. As primeiras lembranças de teatro, passagem obrigatória de numerosas memórias ou autobiografias, oferecem alguns vestígios literários de emoções vivenciadas; elas não serão consideradas, todavia, "como fontes historicamente confiáveis, mas como um biografema que procede e participa da elaboração de um mito, simultaneamente, pessoal e coletivo"[1000]. Tal lembrança é oriunda de uma memória seletiva, embora seja caracterizada pelo "vestígio sempre pregnante de um prazer intenso, de uma emoção forte, cujo modelo subsiste na experiência adulta e que resulta da conjunção de uma excitação social, do assombro diante da pompa e das seduções da ilusão"[1001].

Lembranças pessoais ou translação crítica, programa teórico ou boletim de ocorrência em delegacia, as emoções são transmitidas graças a uma tradução

---

999. CHARLE, C. *Théâtres en capitales* – Naissance de la société du spectacle à Paris, Berlin, Londres et Vienne. Paris: Albin Michel, 2008, p. 265-266.
1000. NAUGRETTE, F. "Les premiers souvenirs de théâtre des romantiques". In: *Orages* – Littérature et culture, 1760-1830, n. 4, 2005, p. 99.
1001. Ibid., p. 104.

nas palavras daquilo que é movimento, frêmito ou espasmo; na eflorescência das imagens, a inventividade estilística é, segundo parece, a única capaz de fornecer um equivalente poetizado da emoção percebida. Esse é o caso de Hector Berlioz ao tentar recuperar-se da perturbação experimentada ao descobrir a Ópera e as *Danaïdes* (1784) de Antonio Salieri: "Eu era como um homem jovem com instintos navegadores que, nunca tendo visto senão os pequenas canoas dos lagos de suas montanhas, se encontrasse bruscamente transportado para um barco de três pontes em pleno mar"[1002]. A mesma metáfora marítima aparece em um escrito de outro autor, diante de um espetáculo bastante diferente: "[...] a sala tornava-se um mar ao sabor de todos os ventos, balançando as suas ondas, mugindo, hurlando, e fui testemunha de vários naufrágios", relata o companheiro maçon, Agricol Perdiguier, espectador de passagem no Théâtre des Célestins de Lyon[1003]. Uma metáfora idêntica traduz, ora a profunda emoção pessoal, ora as emoções coletivas desencadeadas: prova de que, muitas vezes, faltam as palavras onde começam as emoções.

Para um público novo, emoções novas

O drama – terceiro gênero dramático forjado pelo século XVIII, entre tragédia doméstica e comédia séria – impôs, a uma parte do público do Iluminismo, a circulação contagiosa das emoções na sala de espetáculo. A estética do quadro[1004] – tratamento pictural da cena teorizado ou praticado por Diderot, Mercier, Sedaine ou Beaumarchais, mas também por Lessing, na Alemanha – incutiu, bem antes da década revolucionária, a edificação moral pelo exemplo impactante. O drama burguês modelou um espectador "lamuriento" que se tornou receptivo, do ponto de vista moral, pela emoção experimentada: o público deve, segundo essa estética e essa ética do teatro dito burguês, reen-

---

1002. BERLIOZ, H. *Mémoires* [1870]. Paris: Flammarion, 1991, p. 58.
1003. PERDIGUIER, A. *Mémoires d'un compagnon*. T. 2. Genebra: Duchamp, 1854-1855, p. 204-205.
1004. FRANTZ, P. *L'Esthétique du tableau dans le théâtre du XVIIIe siècle*. Paris: PUF, 1998.

contrar a sua humanidade pela partilha lacrimal; daí em diante, a emoção é pensada em temos de comoção, de descarga e de circulação, segundo a metáfora elétrica então em curso, em plena voga do mesmerismo e da teoria do fluido magnético.

O poder emocional da cena trágica, assim como do quadro dramático, encontra-se em competição, a partir de 1789, com a violência do presente diretamente vivenciado. A reviravolta revolucionária nas artes do espetáculo comporta quatro tipos: em primeiro lugar, as representações teatrais, dramáticas e líricas, entram em uma relação de concomitância e, sobretudo, de interações diretas com o momento político. No espetáculo, agitam-se novas emoções coletivas, paixões públicas despertadas pelo caráter de atualidade de peças representadas – tais como o *Charles IX* de Marie-Joseph Chénier – tornando-se, em novembro de 1789, a severa "escola dos reis". Por essas aplicações imediatas da fábula representada à realidade coletiva vivenciada, o teatro revolucionário ameaça ver abolir-se o entendimento da ficção como a separação entre palco e sala, transformando-a em festa segundo o ideal de Rousseau – *Lettre à d'Alembert* (1758 [Carta a d'Alembert]) – ao preconizar a supressão da fronteira entre os observadores e os que são observados. Pelas folgas em decorrência dos acontecimentos, pelo número de representações gratuitas de peças patrióticas, pelas declarações partidárias lidas do proscênio e pelos cânticos entoados na sala, tudo isso contribui para a mudança de natureza do ritual teatral. François Guizot há de comentar, mais tarde, a formidável ampliação da esfera das emoções, desencadeada pela experiência revolucionária: "Testemunhas, há trinta anos, das maiores revoluções da sociedade, não confinaremos de bom grado o movimento de nossa mente no espaço estreito de algum acontecimento de família, ou nas agitações de uma paixão puramente individual"[1005]. As emoções tornaram-se também políticas.

1005. GUIZOT, F. "Vie de Shakespeare". In: SHAKESPEARE, W. *Œuvres complètes*. Trad. fr. por Pierre Letourneur; revista por Fançois Guizot e Amédée Pichot. T. 1. Paris: Ladvocat, 1821, p. CLI.

Outra transformação profunda que acompanha a saída do Antigo Regime afeta a poética clássica e a sua *distinção* (no sentido estético e social) entre gênero dramático e gênero lírico. Graças à Lei Le Chapelier de janeiro de 1791 e à abolição dos privilégios teatrais, foi suprimida a oposição antiga entre espetáculos régios (Académie nationale de musique [Academia Nacional de Música], Théâtre-Français) e teatros privados da feira (comédie italienne [comédia italiana], opéra-comique [ópera cômica]). A rivalidade entre as numerosas salas recém-abertas, em Paris, engendra uma proliferação de obras que misturam linguagem dramática com linguagem musical, prometendo conjunções de novas emoções por seu subtítulo programático ("quadro patriótico", "peça herói nacional" ou "grande espetáculo de pantomima misturada com diálogos"). Assim, a ópera-cômica, gênero proveniente das paródias de feira, transforma-se em drama lírico, durante a década revolucionária: a *Lodoïska* (1791) de Luigi Cherubini ou *La Caverne* (1793 [A caverna]) de Jean-François Le Sueur, nas quais vítimas inocentes lutam contra figuras da tirania, desenvolvem uma cenografia e uma eloquência orquestral, inauditas até então. O ponto comum dos espetáculos surgidos durante a década revolucionária é (outra reviravolta) a liberação de uma escrita inventiva – seja ela dramatúrgica, cênica ou musical – que amplia os meios de expressão visual e sonora, além de aumentar, por conseguinte, a intensidade e a variedade das emoções suscitadas. Enfim, para os contemporâneos da Revolução, na emoção trágica, verifica-se a mudança de natureza e de sentido: a partir de então, "a tragédia é representada em cada esquina de rua"[1006], deixando de ser apreciada da mesma maneira no teatro, espaço em que o espetáculo parece retrair-se diante das violências da realidade. Daí, a entrada em crise do gênero trágico, a partir dos anos de 1790, a despeito das tentativas recentes de Voltaire – *Sémiramis* (1748) – e, em seguida, de um Dormont de Belloy – *Gabrielle de Vergy* (1770) –, para fundar um novo gênero trágico situado nos confins do horrível: "Tudo, em poucas palavras, impregna-

---

1006. DUCIS, J.-F. Carta a Monsieur Vallier, 1793. In: ALBERT, P. (ed.). *Lettres de Jean-François Ducis*. Paris: Jousset, 1879, p. 105. Cf. *Orages – Littérature et culture, 1760-1830*, n. 14. • *Le tragique moderne*. Lyon: Association Orages, 2015.

va as mentes com uma tonalidade sombria e terrível, e não deve ser motivo de espanto se, no teatro, assistia-se impassivelmente a horrores, cuja realidade já não causava nenhum frêmito"[1007].

A desorientação da crítica dá testemunho de tal reviravolta na *ordem* dos espetáculos e das emoções. Adepto dos prazeres quintessenciados do teatro literário em que o espetáculo é redimido pela qualidade do verbo e se justifica pelo alcance moral, o primeiro folhetinista da história da imprensa, Jean-Louis Geoffroy, limita-se simplesmente a confessar o seu desassossego: ser-lhe-ia impossível conferir aos novos espetáculos, frequentados avidamente por um novo tipo de espectadores, o *status* de arte. Se ele admite que o maravilhoso, oriundo da literatura épica, possa encontrar lugar "na poesia dramática do bulevar", ele não deixa de ser exigente em relação à arte, ou seja, em seu entender, ao sentido: deve-se "enobrecê-la por meio de um objetivo moral: convém que as ficções não se limitem a ser alegorias"[1008].

A resposta ao escândalo de um espetáculo *dos sentidos* separado *do Sentido* encontra-se na invenção do melodrama. Em germe na produção desordenada da década de 1790, o gênero melodramático consolida-se, em torno de 1800, com *Cœlina, ou l'Enfant du mystère* [Cœlina, ou a criança do mistério] de René-Charles Guilbert de Pixerécourt. O melodrama apoia-se na articulação estreita entre emoções desencadeadas e transformação moral programada, em que esta é a justificação daquelas. Charles Nodier, em sua introdução ao *Théâtre choisi* [Teatro selecionado] de Pixerécourt, em 1841[1009], discerne posteriormente a

---

1007. ÉTIENNE, C.-G. & MARTAINVILLE, A. *Histoire du théâtre français depuis le commencement de la Révolution jusqu'à la réunion générale*. T. 3. Paris: Barba, 1802, p. 28. Edmund Burke afirmava que a mais bela tragédia não seria capaz de resistir à concorrência da execução capital de um "criminoso de Estado ocupando um cargo elevado": "En faut-il davantage pour vous démontrer la faiblesse comparative des arts imitatifs?" (*Recherche philosophique sur l'origine des idées que nous avons du beau et du sublime*. Trad. fr. por Abbé Des François. T. 1. Londres/Paris: Hochereau, 1765, p. 100-101 [Orig.: *A Philosophical Enquiry into the Origin of Our Ideas of the Sublime and Beautiful*, 1757]).
1008. GEOFFROY, J.-L. *Cours de littérature dramatique*. T. 6. Paris: Blanchard, 1819, p. 99.
1009. NODIER, C. "Introduction". In: GUILBERT DE PIXERÉCOURT, R.-C. *Théâtre choisi* [1841]. T. 1. Genebra: Slatkine, 1971, p. VI-VIII.

originalidade e a necessidade de tal gênero na virada de 1800 e no período do Império. O grande espetáculo do melodrama, com seus cadafalsos e campos de batalha, aparece-lhe como uma necessidade moral e política na era pós-revolucionária: "Impunha-se suscitar, a esses espectadores solenes que destilavam pólvora e sangue, emoções análogas àquelas de que, pelo retorno à ordem, haviam sido privados". A dramaturgia do quadro, a sua capacidade para baratinar o espectador, para dirigir o seu pensamento mediante a orientação de seu olhar e para agregar também um público permeado pelas mesmas descargas emocionais, eram suscetíveis de substituir a eloquência do púlpito – daí em diante, emudecido – para se tornar "a moralidade da revolução". Assim, as emoções do espetáculo melodramático estariam isentas "de qualquer perigo" e, inclusive, seriam "saudáveis", visto que elas preparam o público para contemplar "a ação dinâmica da inteligência providencial nos assuntos humanos". Ao proceder assim, suprime-se o escândalo dos teatros de bulevar: o visível conectado ao sensível, mas desligado do inteligível. O espetáculo ocular, mas também sonoro, do melodrama, essa ópera para o povo, é "um teatro da ordem"[1010]; nesse caso, torna-se compreensível que o espetáculo melodramático tenha sido, ao sair da era revolucionária, legitimado e difundido no plano mundial.

Nova geografia das emoções

Ao remover a liberdade dos teatros obtida em 1791, os decretos napoleônicos de 8 de junho de 1806, 25 de abril e 29 de julho de 1807 criam um gargalho administrativo que subsistirá até 1864, ano em que chegará ao fim o sistema dos "privilégios"[1011]. No topo da hierarquia, eles posicionam os teatros literários e, no grau mais baixo, os espetáculos oculares. O restabelecimento do sistema dos privilégios reconduz assim uma hierarquia implícita das artes

---

1010. FRANTZ, P. "Le théâtre sous l'Empire: entre deux révolutions". In: BONNET, J.-C. (sob a dir. de). L'Empire des Muses – Napoléon, les Arts et les Lettres. Paris: Belin, 2004, p. 194.

1011. Cf. a obra de referência de WILD, N. Dictionnaire des théâtres parisiense au XIXe siècle – Les théâtres et la musique. Paris: Aux Amateurs de Livres, 1989; esp. "Introduction historique", p. 9-19.

cênicas, fundada na natureza da emoção, considerada no topo como algo *puramente* intelectual, moral e estético (Théâtre-Français, Opéra, Opéra-Comique, Théâtre-Italien), enquanto presumia-se que, embaixo, era algo *simplesmente* físico (Bulevar do crime e "espetáculos de curiosidades"). O efeito dos decretos napoleônicos é duplo: além de institucionalizarem o gênero melodramático, eles acabam restringindo a esse espetáculo as principais reformas da arte dramática, musical e cênica até os anos de 1820. Pelo fato de situar-se no centro do sistema de teatros, tomando de empréstimo o seu alcance moral aos teatros principais e a sua riqueza espetacular aos palcos inferiores, o melodrama torna-se o gênero mais inovador na arte de produzir emoções novas e intensas, adaptadas ao novo público dos teatros. No mesmo momento, os principais palcos, tentados frequentemente a captar a modernidade da linguagem melodramática, são obrigados a se tornarem o conservatório das formas consagradas e das emoções já experimentadas.

O melodrama, gênero privilegiado por Napoleão I e atribuído pelo imperador a dois teatros da capital (Gaîté e Ambigu-Comique), foi vilipendiado por uma jovem geração "pós-imperial", desejosa de acabar com o autoritarismo do regime. O poder de sideração exercido pelo espetáculo melodramático, espaço de catarse dos imaginários aterrorizados e de apaziguamento das paixões públicas, viu-se caricaturado. Segundo o paródico, *Traité du mélodrame* [Tratado do melodrama], publicado em 1817 e assinado também pelo irmão de Victor Hugo, o melodramaturgo de sucesso "comunica aos espectadores as expressões fortes e quase convulsivas que o terror introduz, inclusive, nos primeiros aposentos da alma!" E os autores desse tratado ironizam as "emoções divertidas" que, no melodrama – forma degradada da antiga tragédia –, são "o terror, o riso e a compaixão"[1012]. Certamente, a *descontração* dos espectadores identificados com as vítimas da fábula, abandonados ao prazer do terror, é permitida pela própria codificação do gênero: as leis que regem a distribuição dos

---

1012. A! A! A! (Jean-Joseph Ader, Armand Malitourne, Abel Hugo). *Traité du mélodrame*. Paris: Delaunay/Pélicier/Plancher, 1817, apud *Orages* – Littérature et culture, 1760-1830. Op. cit., p. 173 e 186.

empregos, assim como o feliz desenlace, oferecem o quadro tranquilizante da brincadeira que consiste em provocar o medo. Mas não está aí o essencial do que forja o melodrama imperial: "a emoção é utilizada pelos melodramaturgos [não somente] como um instrumento de transformação social e política"[1013], mas, sobretudo, para alcançar tal objetivo, o melodrama apoia-se na perfeita convergência das escritas verbal, musical, pantomímica e cênica. As emoções transbordantes a serem suscitadas e o paroxismo emocional a ser atingido no momento do clímax induzem tal articulação das linguagens sob a férula do "diretor do espetáculo". A modernidade do melodrama reside precisamente na "associação estreita [...] entre as expressões musical, corporal, verbal e cenográfica"[1014]. O espetáculo melodramático impõe também o controle de um ritmo variável, o arrebatamento emocional diante do clímax, pressupondo momentos de relaxamento e, até mesmo, de diversão (as pilhérias do bobo no melodrama) ou de silêncio e imobilidade (o quadro oferecido à leitura dos espectadores ao subir o pano).

Além do melodrama e do gênero semelhante, a representação feérica[1015], um grande número de outros espetáculos enriquece as emoções visuais e sonoras de um público ávido de novos efeitos. No entanto, nenhum consegue uma regulagem tão minuciosa dos efeitos espetaculares e das intenções moralizadoras. O Cirque-Olympique de Antonio Franconi – espetáculo que se torna habilmente um espaço de predileção entre as "curiosidades" e, em seguida, entre os teatros secundários – é um dos lugares mais fecundos da renovação emocional nas primeiras décadas do século. É diante de um de seus espetáculos – *Murat*, "peça militar" –, que Théophile Gautier pronuncia, em 1841, a célebre profecia: "Chegou o tempo dos espetáculos puramente oculares"[1016]. Alguns

---

1013. MARTIN, R. *L'Émergence de la notion de mise en scène dans le paysage théâtral français (1789-1914)*. Paris: Classiques Garnier, 2013, p. 64.

1014. Ibid., p. 55.

1015. Cf. MARTIN, R. *La Féerie romantique sur les scènes parisiennes (1791-1864)*. Paris: Champion, 2007.

1016. GAUTIER, T. *Histoire de l'art dramatique en France depuis vingt-cinq ans*. Op. cit., t. 2, p. 175.

anos mais tarde, ele falará de "ópera do olho" a propósito do *Cheval du diable* (1846 [Cavalo do diabo]) de Amable de Saint-Hilaire no mesmo Cirque-Olympique[1017]. A experiência sensorial do espectador do circo convoca a audição (o "pif! paf!" das detonações, os relinchos dos cavalos), o odor (a pólvora, o esterco e a serragem), antes, talvez, da visão, obscurecida pela fumaça dos tiros e pela poeira levantada pelas evoluções equestres. A emoção coletiva surge, certamente, da reconstituição das batalhas: ela mistura a admiração pela proeza técnica, o choque proporcionado pelos combates e o entusiasmo patriótico.

Um vínculo é estabelecido entre os quadros variáveis do circo e o espetáculo, no entanto, silencioso, do panorama. O entusiasmo pelos prestígios materiais do espetáculo não poderia ser separado, de fato, de outro fenômeno urbano, importado de Londres para Paris, em 1799, e difundido em todas as capitais. Nesse "lugar totalizado de uma representação sem beiradas, nem restos, tampouco exterior"[1018], a visão a cento e oitenta graus de uma cidade ou de uma paisagem, na tela pintada, busca saturar a percepção, rompendo com a estética clássica na qual o imaginário supria os limites da representação. Entre os quadros melodramáticos ou feéricos das salas de espetáculo e os panoramas de Pierre Prévost ou de Jean-Charles Langlois, a diferença reside no enquadramento, garantido no teatro pela capa de Arlequim, com o encargo de orientar o olhar fascinado para o centro único da ação.

Se os teatros secundários nos quais são representados o melodrama e o espetáculo fantástico, assim como as "curiosidades" do circo ou dos panoramas, deixaram numerosos rastros documentais, esse não é o caso dos teatros de bolso "à quatre sous"[1019] [a quatro vinténs], os espetáculos de curiosidades e os espetáculos ao ar livre, cuja recepção acabou engendrando raros testemunhos. Com certeza, o Théâtre des Funambules [Teatro dos Funâmbulos] deu azo a

---

1017. Ibid., t. 4, p. 210.
1018. COMMENT, B. *Le XIXᵉ siècle des panoramas*. Paris: Biro, 1993, p. 67.
1019. Cf. JANIN, J. *Deburau* – Histoire du théâtre à quatre sous, pour faire suite à *L'Histoire du Théâtre-Français*. Paris: Gosselin, 1832.

uma abundante literatura romântica, mas esta depende amplamente da "recuperação" simbólica e da mitografia: presume-se que as emoções de um povo infatilizado devem reconduzir às origens da criação cênica, a uma infância da arte; nesse caso, "cabeças com cabeleira anelada [...] comprimem-se, o olho fito e a boca aberta, ao longo das balaustradas de ferro", no "silêncio do recolhimento"[1020]. Fora desses escritos pouco confiáveis, parece difícil recuperar a emoção concentrada do espectador de pantomimas sem falas. A esse propósito, Jacques Rancière esboçou a seguinte interpretação:

> A fórmula da arte popular é a da *performance* fabulosa sem nenhum motivo; o caráter do personagem popular é o do atuante virtuoso de uma tarefa que o deixa indiferente. As palhaçadas dos funâmbulos mostram o modelo de uma arte teatral desembaraçada da engenhosidade das intrigas, assim como da comédia dos caracteres e dos costumes[1021].

Por intermédio dessa despreocupação e *inconsequência* da brincadeira, são libertadas as angústias metafísicas das necessidades do ser vivo e, em primeiro lugar, a necessidade da morte. É promovida, do ponto de vista político, uma risada desprendida de toda a axiologia, tendo como resultado o estilhaçar de qualquer construção filosófica e ideológica, e mediante a qual se exprime o desdém pela significação, assim como pela *edificação* do sentido. Semelhante emoção em alguém perdido de riso, violentamente libertadora, foi suscitada pelo comediante Frédérick Lemaître, grande dinamitador da unidade de ação em suas improvisações, em torno do melodrama *L'Auberge des Adrets* [A estalagem dos Adrets] de Benjamin Antier, em 1823, assim como em seu *Robert Macaire* de 1834. Os dramas "macairianos", variações divertidas sobre o vigarista, o ladrão e os policiais, oferecem ao público o prazer da rebelião frente à ordem pública; após 1835 e no período do Segundo Império (1852-1870), esses espetáculos hão de tornar-se objeto de uma rígida vigilância por parte

---

1020. SAND, G. "*Deburau*". In: *Le Constitutionnel*, 08/02/1846, apud PLANTÉ, C. (sob a dir. de). *George Sand critique, 1833-1876*. Tusson: Du Lérot, 2006, p. 349-350.
1021. RANCIÈRE, J. *Aisthesis* – Scènes du régime esthétique de l'art. Paris: Galilée, 2011, p. 108-109.

da censura[1022]. Esta deseja que "todas as cenas marcadas por um *espírito revolucionário*, assim como por qualquer espécie de luta entre os partidos, sejam descartadas completamente dos teatros, baseando-se no fato de que *o teatro deve ser um lugar de repouso e de distração e não uma arena aberta às paixões políticas*"[1023]. Aterrorizado pelas emoções públicas desencadeadas no teatro, o poder acalenta o sonho de unanimismo, mediante a partilha da emoção estética ou da diversão.

Encontrar-se-ão poucos vestígios de outros espetáculos efêmeros representados nos últimos dos teatros do Boulevard du Crime e sob as arcadas do Palais-Royal [Palácio Real]. As lembranças autobiográficas, ainda que embelezadas pela distância, são aqui preciosas: onde encontrar algum eco das emoções suscitadas nas crianças pela barraca de Séraphin a não ser no texto repleto de ternura de Théophile Gautier?

> [...] quando os aros de lata cobriam as lâmpadas a fim de produzir a escuridão necessária para as sombras chinesas, havia, no auditório infantil, um silêncio de ouvir os beijos que, aproveitando-se das trevas, os metidos a galantes davam nas jovens empregadas domésticas. Com que olhos arregalados observávamos a agitação das silhuetas negras sobre o fundo transparente da decoração [...]. Tudo isso parecia-nos dotado de uma vida intensa e maravilhosa, levando-nos à mais completa ilusão[1024].

A conjunção romântica das emoções

Congregar os públicos e reunir as mais diversas emoções na totalidade de um único espetáculo, chamado "drama": eis o projeto romântico no teatro. Trata-se também de colocar as emoções a serviço de um ensino moral ou político – prolongamento das intenções de um Pixerécourt e do drama burguês

---

1022. Cf. KRAKOVITCH, O. *Hugo censuré* – La liberté au théâtre au XIXe siècle. Paris: Calmann-Lévy, 1985.
1023. Nota do Ministério da Segurança Interna francês, com data de 1853, apud ibid., p. 225.
1024. GAUTIER, T. "Théâtre-Miniature". In: *Gazette de Paris*, 18/12/1871, apud BARA, O. (ed.). *Théâtre de poche*. Paris: Classiques Garnier, 2013, p. 417-418.

do Iluminismo. No entanto, a mistura de gêneros e o choque das emoções contrárias, desencadeados por uma dramaturgia em constante movimento, impedem esse teatro de se fechar, sem a mínima *sobra*, em um discurso estritamente moralizador; com efeito, trata-se de elevar o espectador a uma autonomia de consciência e de simbolização, de transfigurar a multidão em público "pensativo".

Ao tomar consciência da relatividade histórica das formas artísticas, os teóricos do grupo de Coppet, em torno de Germaine de Staël, definem um novo critério da qualidade de uma obra: a quantidade de emoções suscitadas. Estas permitem redefinir a ilusão dramática contra a teoria clássica da verossimilhança: "Com toda a certeza, aquilo que é designado como ilusão não é imaginar que exista realmente aquilo que se vê: uma tragédia não pode parecer verdadeira a não ser pela emoção que nos causa"[1025]. É, portanto, em nome do choque emocional, condição da ilusão e do prazer trágicos, que Germaine de Staël recorre, com base no modelo inglês ou alemão, à ruptura das unidades de tempo e de lugar, cultivadas na França. Benjamin Constant, por sua vez, sublinha que o "encanto" exercido pela "cor local", garantia da verdade de um espetáculo, cuja nova mola propulsora deve ser "a ação da sociedade sobre o homem"[1026]. Tal é a fonte de um trágico moderno, em harmonia com as expectativas dos espectadores em uma Europa às voltas com a revolução: o poder de emoção contido pelo espetáculo de um sujeito individual em luta contra a lei social e econômica.

A dimensão coletiva dos prazeres do espetáculo é colocada em evidência pelos teóricos e pelas realizações do romantismo: em vez de uma questão de casta ou de classe, o teatro é o meio de entreter o sentimento de filiação a uma comunidade política. François Guizot, no prefácio de sua nova tradução de

---

1025. STAËL [Madame]. *De l'Allemagne* [1813-1814]. T. 2. Paris: Flammarion, s.d., p. 224.
1026. CONSTANT, B. "Réflexions sur la tragédie" [1829]. In: BORIE, M.; ROUGEMONT (de), M. & SCHERER, J. (sob a dir. de). *Esthétique théâtrale, textes de Platon à Brecht*. Paris: Sedes, 1982, p. 176.

Shakespeare – "Vie de Shakespeare" (1821 [Vida de Shakespeare]) – propõe o Globe Theatre como modelo de um espaço popular, entendido como lugar de reunião, na partilha emocional, do povo nacional; no teatro, seria representada a fundação da nação, oriunda das revoluções. Eis o que será repetido por George Sand no prefácio à sua adaptação do original, *As you like it – Comme il vous plaira* (1856 [Do jeito que você gosta]): o "privilégio" do teatro consiste em "reunir massas convocadas a compartilhar as mesmas emoções"[1027], o que pressupõe concentrar os prazeres dramáticos no mesmo espaço-tempo da representação compartilhada. Victor Hugo faz essa afirmação, em 1827, no prefácio de *Cromwell*, ao criticar a composição do cartaz e o hábito adquirido pelo público de separar as emoções experimentadas:

> As fruições do espectador dividem-se em duas partes bem distintas. Começam por fornecer-lhe duas horas de prazer sério e, em seguida, uma hora de prazer folgazão; com a hora entre os atos que não contamos no prazer, ao todo, são quatro horas. O que faria o drama romântico? Trituraria e misturaria, de maneira artística, essas duas espécies de prazer. Levaria o auditório a passar, em cada instante, do sério para a risada, das excitações burlescas para as emoções lancinantes, *do austero para o suave, do aprazível para o severo*[1028]. Com efeito, tal como já estabelecemos, o drama é o grotesco com o sublime, a alma sob o corpo; trata-se de uma tragédia sob uma comédia[1029].

A questão não se limita à estética: para Hugo, trata-se de adaptar o desenrolar do espetáculo teatral noturno às sensibilidades modernas. De acordo com o comentário de Florence Naugrette, "o desafio da mistura de gêneros, além da fusão dos públicos, é também o desdobramento da sensibilidade pelo confronto das emoções entre si. O belo trágico, por si só, já não é suficiente

---

1027. SAND, G. "Préface" de *Comme il vous plaira* [1856]. In: *La Presse*, 18/04/1856, apud PLANTÉ, C. (sob a dir. de). *George Sand critique*. Op. cit., p. 456.
1028. Citação de Boileau em sua obra *Art poétique* (I, 76).
1029. HUGO, V. "Préface" de *Cromwell* [1827]. In: REYNAUD, J.-P. (ed.). *Œuvres complètes – Critique*. Paris: Robert Laffont, 1985, p. 36.

para suscitar a emoção"[1030]. Tal posição é prolongada por Hugo, em 1838, por ocasião da abertura do Théâtre de la Renaissance, inaugurado pela criação de sua peça, *Ruy Blas*. No prefácio do drama, o dramaturgo afirma a sua vontade de fazer convergir as "três espécies de espectadores" que formam o público: as "mulheres" ávidas de paixão; os "pensadores" em busca de caracteres; e a "multidão", cuja expectativa é a ação. As primeiras esperam "emoções", os segundos "meditações" e a terceira "sensações"[1031] – maneira de situar as "emoções" experimentadas no espetáculo entre a desestabilização intelectual do pensamento e o movimento puramente físico dos sentidos. A esses três componentes da recepção teatral correspondem os três gêneros que o drama romântico pretende fundir em um só: a tragédia que provoca a emoção; a comédia que instiga a pensar; e o melodrama que excita os nervos. Desejoso de forjar, mediante os seus dramas, um público novo – que seja, ao mesmo tempo, "mulher", "pensador" e "multidão" –, Hugo fica apegado à articulação clássica do *movere* (emocionar) e do *docere* (ensinar): a emoção teatral e, tampouco a sensação, não é erigida como único objetivo do espetáculo. No entanto, o drama romântico não busca o unanimismo do público congregado por uma emoção compartilhada, mas propõe uma visão problemática da sociedade pós-revolucionária, assim como da história coletiva que não encontra solução em nenhuma providência; nesse aspecto, encontra-se a diferença principal em relação ao melodrama do qual o teatro romântico não deixa de retomar uma parte essencial da linguagem dramática, musical e cenográfica.

Entre os refundadores da cena por volta de 1830, Stendhal ocupa um lugar à parte. É certamente em nome do "prazer *dramático*", distinto do "prazer *épico*", que o autor de *Racine et Shakespeare* (1823), desejoso de refundar no teatro a "emoção profunda", elabora a sua teoria, a qual consiste em levar um público literalmente arrebatado pela ação cênica a "chorar e sentir frêmitos". Ele

---

1030. NAUGRETTE, F. "Le plaisir du spectateur romantique". In: *Revue d'Histoire du Théâtre*, n. 257, 2013, p. 22.
1031. HUGO, V. "Préface" de *Ruy Blas* [1838]. Ed. de Guy Rosa. Paris: Le Livre de Poche, 2000, p. 15-16.

critica o "puritanismo" do público do Théâtre-Français: novos ricos afetando possuir um código clássico que não chegam a controlar[1032]. O prazer auferido ao escutar belos versos declamados com eloquência na Comédie-Française é apenas uma emoção épica que poderia ser produzida fora da sala de espetáculo. No entanto, em Stendhal, o prazer teatral permanece individual: o espectador stendhaliano é pensado como sujeito, mônada sensível e vibrante, em vez de ser a parte de um todo unido por algum tremor elétrico que atravessa a sala de espetáculo, reunida em comunidade. Stendhal representaria, sem dúvida, essa parcela dos espectadores que são chamados "diletantes", frequentadores do Théâtre-Italien de Paris e dos palcos líricos europeus nos quais usufruem, em um canto do camarote, da eloquência poética do garganteio, da acentuação de um fraseado, da fusão de timbres em um duo rossiniano – seriam novas emoções líricas associadas ao novo culto da diva, prazeres de estetas ciosos das próprias fruições?

Dispersão e enriquecimento das emoções

A posição de Stendhal estilhaça a unanimidade de fachada dos teóricos do teatro moderno, revelando o quanto a partilha social e cultural das emoções teatrais permanece um ideal contestado pelos discursos sobre a recepção do espetáculo no período da Monarquia de Julho (1830-1848). São numerosas, de fato, as representações do público popular e de sua maneira particular de assistir ao teatro: esse povo permaneceria *plebs*, populacho, sem ter a capacidade de tornar-se *populus*, povo nacional. Paul de Kock faz parte dos escritores ávidos de tipologias e de cenas pitorescas que erigem "a saída do espetáculo", do ponto de vista social, em momento revelador. O povo é posicionado do lado da intensidade emocional procurada a todo o custo: "Aqueles que amam as emoções fortes e não têm sequer o meio de consegui-las comprando um bilhete, vão postar-se diante dos teatros em que é representado algum drama e ficam

---

1032. STENDHAL. *Racine et Shakespeare* [1823]. Paris: Flammarion, 1970, p. 53-54.

coletando fragmentos de conversa sobre a peça [...]". Entre esses espectadores, as moças de costumes fáceis "apreciam o drama, as peças que levam a experimentar emoções fortes. [...] Mas é raro que esse tipo de moça assista sozinha ao espetáculo; tem necessidade de levar uma amiga para lhe comunicar as emoções experimentadas durante a representação"[1033]. Assim, esses espectadores populares poderiam ser celebrados como um "bom público" que manifesta facilmente o seu entusiasmo: "Ele não fica, de modo algum, apático em relação às emoções, e com palavras evocando o orgulho, a humanidade e a pátria, há sempre a certeza de fazer vibrar o seu coração"[1034]. Escarnecido ou adulado, o público popular constitui o foco dos comentários, sinal de que, em razão de sua presença, se impõem comportamentos novos nas salas de espetáculo.

Longe de unir as emoções às paixões e às meditações, o drama mais frequentado continua criando sobre o público um efeito de deliciosa sideração. Instaura-se na sala um estado de confusão entre ficção e realidade, pessoa e personagem, autor e ator, como é testemunhado pelo sucesso dos comediantes Bocage ou Marie Dorval, identificados de corpo e alma com os seus papéis: Antony, na peça epônima de Alexandre Dumas (1831), ou a "mulher do povo" Marie-Jeane, no drama epônimo de Adolphe d'Ennery (1845), o autor de *Deux Orphelines* (1874 [Duas órfãs]). São predominantes o transbordamento emocional e o contágio da comoção, graças a uma escrita, uma representação e uma recepção "empáticas" do autor ao ator, do ator ao espectador, de um espectador ao outro: "Estamos no imaginário da crise, ou seja, de um choque sinônimo de vazamento, e de uma catarse pensada não tanto como depuração pela ascese, mas como purgação do excesso pelo acúmulo de emoção"[1035]. As emoções teatrais valem, quase sempre, por si mesmas, deixando de visar qualquer tipo de

---

1033. KOCK, P. *La Grande Ville, ou Paris il y a vingt-cinq ans* [1842]. Paris: Sartorius, 1867, p. 114 e 250-251.
1034. *Le Journal de Rouen*, 13/03/1831, apud NAUGRETTE, F. "Physiologies de spectateurs de province au XIXe siècle". Art. cit., p. 11.
1035. NAUGRETTE, F. "Morales de l'émotion forte: la catharsis dans le mélodrame et le drame romantiques". In: DARMON, J.-C. (sob a dir. de). *Littérature et thérapeutique des passions* – La Catharsis en question. Paris: Hermann, 2011, p. 131-150.

aperfeiçoamento moral que viesse a justificá-las. Assim, a imprensa contestou as virtudes catárquicas do drama de Dumas, *Richard Darlington* (1831): "[...] nesse drama, o espectador é impregnado de terror, em vez de compaixão; o seu interesse manifesta-se por xingamentos, chegando a perder o fôlego, mas não se debulha em prantos. [...] Ninguém faz uma dissertação sobre dramas semelhantes: limita-se a assistir, a escutar e, em seguida, fica de boca aberta, de olhos arregalados e de cabelos em pé"[1036].

O abandono às emoções não impede a instauração concomitante de outros sistemas de recepção quando o teatro substitui o assento parlamentar, fórum provisório em um século em que se busca o Estado democrático. A carreira do ator Bocage, ardoroso republicano, diretor efêmero do Odéon, é assim caracterizada pelos incessantes deslocamentos do papel dramático para o papel político, pela transposição regular da rampa e pelos xingamentos lançados ao público. A propósito de *Notre-Dame des Abîmes* de Léon Gozlan – peça representada, no Odéon, em 1845 –, Philibert Audebrand faz a seguinte observação: "A majestade com a qual [Bocage] cingia a faixa tricolor [azul, branca e vermelha da bandeira francesa] de um representante do povo fez quase, por si só, o sucesso da peça"[1037].

À pluralidade dos modos de recepção do teatro na capital, acrescenta-se a diferença de comportamentos do público entre Paris e a província. A vedete em turnê, tal como Marie Dorval, dá testemunho em sua correspondência da defasagem entre os costumes da província, tradicionais, e a liberdade no tocante à moral do público parisiense, o qual aceita as audácias do teatro moderno. Ela experimenta a sensação de ser inconveniente no teatro da comuna de Bourg-en-Bresse [região de Auvérnia-Ródano-Alpes] no qual, acima de uma plateia de camponeses e de empregadas domésticas, os camarotes estão todos ocupados por mulheres diante de quem ela representa *Angelo* (1835) de Victor

---

1036. JANIN, J. "Théâtre de la Porte Saint-Martin – *Richard d'Arlington* [sic], drame en trois actes et en prose". In: *Journal des Débats*, 12/12/1831.
1037. AUDEBRAND, P. *Petits mémoires d'une stalle d'orchestre*. Paris: Lévy, 1885, p. 342.

Hugo: "Eis-me completamente baratinada por representar as minhas mulheres apaixonadas e desorientadas diante de todas essas meninas, essas mulheres jovens e essas gentis mamães. Todos esses textos devem ter realmente algo a dizer visto que me sinto envergonhada ao representá-los diante de um tão grande número de mulheres!" Todas as peças modernas do repertório não engendram semelhante constrangimento: com o papel de Kitty Bell em *Chatterton* (1835) de Alfred de Vigny, Dorval afirma que põe "à vontade todas essas mulheres sem preparo intelectual que, não tendo qualquer motivo para enrubescerem, acabam deixando exprimir-se mais facilmente as suas emoções"[1038].

Aos costumes de natureza moral, que condicionam a emoção experimentada no espetáculo, acrescentam-se as modalidades socioculturais da representação na província. Nas capitais, a extensão e a diversificação do público, assim como a multiplicação das salas, contribuem para diluir as manifestações intempestivas de espectadores e para canalizar as emoções coletivas. Esse não é o caso na província, em que uma única sala de espetáculo acolhe, muitas vezes, uma diversidade de gêneros dramáticos e líricos para um público heterogêneo: "No centro das grandes cidades de província [...], o teatro – quase sempre, a única sala de espetáculos à disposição dos habitantes – faz ressoar as rivalidades locais. Aqui, o mais insignificante debate, acentuado pelo confronto obrigatório dos públicos, acaba por chamar a atenção"[1039]. Além disso, o público de província, pelo fato de não ter a possibilidade de escolher o seu programa, não pode trocar de teatro em caso de insatisfação. Essa é a causa principal da agitação de todo o público, ou de uma parcela deste, preocupado em defender como um privilégio o seu direito ao prazer e à emoção frente à direção do teatro. Assim, aparece a plateia do Grand Théâtre de Lyon, segundo *Le Bulletin de Lyon*, em 1803: "É aí que, pela ação e pelo

---

1038. Carta de Marie Dorval a Alfred de Vigny, Bourg(-en-Bresse), 8 de julho (1836), 7 horas da manhã, em minha cama. In: AMBRIERE, M. (ed.). *Correspondance d'Alfred de Vigny*. T. Paris: PUF, 1989-1997, p. 125

1039. CORBIN, A. "L'agitation dans les théâtres de province sous la Restauration". In: *Stanford French and Italian Studies*, vol. 35, 1985, apud *Le Temps, le Désir et l'Horreur* – Essais sur le XIXe siècle. Paris: Aubier, 1991, p. 54.

movimento, se manifesta essa exibição singular. As bengalas, os pés, as mãos, os chapéus, os assobios, os gritos, a estridência do 'comecem' que se eleva em coro nas anfractuosidades do templo, as vozes, os suspiros de toda a espécie, os desejos tão fortemente pronunciados, o diretor! o diretor!"[1040] O comportamento do público evolui ao sabor das transformações arquitetônicas das salas: o novo Grand Théâtre de Lyon, em 1831, oferece lugares sentados na plateia que, daí em diante, é mais bem-comportada. Essa medida complementa uma série de ordenanças para o mesmo teatro: as de 1820 proíbem a entrada de bengalas e de armas na sala, mas também a difusão de textos, a vociferação de injúrias e gritos; as de 1827 proíbem a posição sentada na beirada dos camarotes, virar as costas para o público nos mesmos camarotes ou ficar de pé nas fileiras das poltronas[1041]. Todas essas medidas revelam, indiretamente, a natureza das emoções coletivas vivenciadas publicamente na sala, as quais atingem, nas províncias, um elevado grau de incandescência no momento da apresentação de atores ou de cantores: a sala comporta-se, então, como se fosse um juiz do supremo tribunal; por seus sinais de aprovação ou desaprovação, ela decide a respeito da integração no grupo do artista de que irão depender os seus prazeres durante uma estação. O "horizonte de expectativa" dos espectadores serve assim de fundamento à sua exigência frente ao diretor do teatro. Do mesmo modo, nos espetáculos londrinos, segundo o estudo de Christophe Charle, o escândalo ou o tumulto é desencadeado pela ruptura do contrato moral e social estabelecido implicitamente entre o público e a direção: se porventura o espetáculo estiver defasado, estética ou moralmente, em relação às expectativas, nesse caso, a exaltação apodera-se de grupos de espectadores, avessos às inovações, às desprogramações e às alterações do cartaz[1042].

1040. *Le Bulletin de Lyon*, 24 brumaire an XII (16 de novembro de 1803), apud GUÉRIMAND, M. *Les Programmations du Grand-Théâtre de Lyon (1815-1848)*: une identité en construction? Universidade de Lyon-2, 2014, p. 67 [Tese de doutorado].
1041. Ordenanças de 2 de outubro de 1820 e de 12 junho de 1827, apud ibid., p. 75.
1042. Cf. CHARLE, C. *Théâtres en capitales*. Op. cit., p. 271-272.

À dispersão das emoções do público entre grandes e pequenos palcos, entre salas parisienses e salas de província, acrescenta-se uma difração de natureza entre emoções dramáticas e novas emoções líricas, as quais são proporcionadas pela aparição, desde o final dos anos de 1820, da grande ópera romântica; entre os seus representantes podemos citar Auber, *La Muette de Portici* (1828 [A muda de Portici); Meyerbeer, *Robert Le diable* (1831 [Roberto o diabo]) e *Les Huguenots* (1836 [Os huguenotes]); Halévy, *La Juive* (1835 [A judia]); ou Verdi, *Don Carlos* (1867). Essas novas emoções são suscitadas por uma ampliação da paleta sonora, por uma renovação dos efeitos visuais e, sobretudo, por uma perfeita congruência entre todos esses signos – de natureza musical, cenográfica, verbal, gestual – e o sentido do drama. A unidade de perspectiva é obtida tanto pela busca da "cor local" (da verdade histórica e geográfica) em todos os níveis da representação, quanto pela articulação profunda entre destinos individuais e a meta a atingir coletivamente por personagens e corais empolgados pelo movimento da história. A tudo isso, acrescenta-se a demonstração tecnológica: a emoção suscitada pela grande ópera francesa, difundida em toda a Europa, está associada às manifestações do progresso, tanto na iluminação quanto na organologia. A instalação do gás na Opéra de Paris dá lugar ao espetáculo visualmente encantador de *Aladin, ou la Lampe merveilleuse* [Aladim e a lâmpada mágica] de Nicolas Isouard, em 1822. No Grand Théâtre de Lyon, a nova sala, inaugurada em 1831, possui uma iluminação a gás regulável de acordo com as necessidades da ilusão teatral[1043]. Para a criação, em Paris, de *Robert le diable*, em 1831, duplica-se o número de trompetistas, timbaleiros e harpistas; acima de tudo, um órgão é introduzido para fazer ressoar a voz da consciência religiosa em um herói prestes a ser condenado – o órgão havia sido escutado na Opéra-Comique, alguns meses antes, em *Zampa* (1831) de Hérold, outra ópera extravagante. A viola de amor e o clarinete baixo fazem ressoar sons inauditos em *Les Huguenots*, em 1836, enquanto os saxofones repercutem em *Le Prophète* [O profeta], em 1849 – ópera em que o arco elétrico produz,

---

1043. Segundo GUÉRIMAND, M. *Les Programmations du Grand-Théâtre de Lyon*. Op. cit., p. 24.

pela primeira vez, o prodígio visual de um nascer do sol, revelado em toda a sua pujança simbólica. A importância recém-atribuída às percussões na ópera romântica é comprovada pelo aumento das remunerações dos instrumentistas, após 1831, na Opéra de Paris: címbalos, grande caixa, tambor e triângulo beneficiam-se de tal reconhecimento financeiro[1044]. Desde as guerras napoleônicas, verificara-se a transformação do som das orquestras para fazerem ouvir o "rumor das batalhas"[1045]. A fanfarra ("banda") ressoa na ópera italiana, desde 1815: em *La donna del lago* (1819) de Rossini, em sua *Semiramide* (1823), assim como em *Il crociato in Egitto* (1824) de Meyerbeer, obras representadas em toda a Europa. A música militar sobe ao palco da Opéra de Paris em *Le Siège de Corinthe* (1826 [O cerco de Corinto]) ou *Moïse et Pharaon* (1827 [Moisés e faraó]) de Rossini, ou, nos bastidores, mediante um efeito de espacialização sonora, no segundo ato do mencionado *Robert le diable*. Em vez de uma busca do efeito gratuito, destinado a despertar as emoções embotadas do público, persegue-se a ampliação dos meios de expressão, iniciada pelas sinfonias de Haydn e de Mozart. Estas, tendo sido descobertas pelo público parisiense dos concertos do Conservatoire, no período da Restauração, criam novas emoções, puramente musicais, surgidas de um contraste, de uma nova sonoridade e de uma modulação inaudita:

> Outrora, não havia nenhuma distinção entre as partituras de oboé e de flauta, por um lado, e, por outro, as de violino; o aspecto do conjunto dos instrumentos musicais e o grau de intensidade eram raramente diferentes. Agora, os instrumentos de sopro intervêm para colorir um *forte*, para conferir determinado caráter a uma melodia: produzem-se efeitos de contrastes, misturas de sonoridade. O poder dos matizes começa a ser mais bem-percebido: o *piano* já não é um simples *eco*; o *crescendo* e o *diminuendo* entram na categoria dos meios de expressão[1046].

1044. HERVÉ, E. *L'Orchestre de l'Opéra de Paris à travers le cas de* Robert le diable *de Meyerbeer (1831-1864)*. Tours: Université François-Rabelais, 2010, p. 92 [Tese de doutorado].
1045. Cf. KALTENECKER, M. *La Rumeur des batailles*. Paris: Fayard, 2000.
1046. GEVAERT, F.-A. *Traité général d'instrumentation*. Gand-Liège: Gevaert, 1863, p. 5.

Na dramaturgia lírica da Era Moderna, os poderosos contrastes engendrados – entre as cenas, ou no interior das mesmas cenas da grande ópera – desencadeiam novos frêmitos nos espectadores. Esse é o efeito produzido, segundo a representação romanesca de Balzac, pelo final do terceiro ato de *Robert le diable*, no momento em que o infernal Bertram se prepara para despertar as monjas defuntas a fim de dançarem a bacanal (il. 10, "Élargissement du clavier émotionnel" [Ampliação da gama de emoções]):

> Ainda sinto-me estremecer [...] com os quatro compassos de timbales que me atingiram nas entranhas e servem de abertura à curta e brusca introdução em que o solo de trombone, as flautas, o oboé e a clarineta lançam na alma um colorido fantástico. Esse andante em *ut* menor faz pressentir o tema da invocação das almas na abadia, e amplia a cena pelo anúncio de uma luta totalmente espiritual. Senti calafrios[1047].

A propósito dessa mesma página, Berlioz, por sua vez, fala de uma "impressão de pavor admirável" superada pelo "horror causado pelo grotesco solo de fagote que aparecia no meio da orquestra silenciosa como se fosse um cadáver galvanizado. Eis o que leva a sentir frêmitos"[1048]. Longe dos "efeitos sem causa", de acordo com a crítica de Wagner à obra de Meyerbeer[1049], a emoção suscitada emana aqui da perfeita convergência entre a ideia (o combate espiritual representado no palco) e os meios de expressão. A mesma busca de integração da orquestra na dramaturgia, a partir do modelo do melodrama, encontra-se na ópera de Verdi: em sua tentativa para submeter as formas vocais e musicais ao movimento dramático irreprimível de suas óperas, esse compositor cria uma concentração semelhante no espectador,

---

1047. BALZAC, H. *Gambara* [1837]. Paris: Flammarion, 1981, p. 123-124.
1048. BERLIOZ, H. "Revue musicale – Académie royale de musique: *Guillaume Tell – Robert le diable*". In: *Le Rénovateur*, 14/09/1834, apud COHEN, H.R. & GERARD, Y. (eds.). *Critique musicale*. T. 1. Paris: Buchet/Chastel, 1996, p. 382.
1049. WAGNER, R. *Opéra et drame*. Trad. fr. por Jacques-Gabriel Prod'homme. T. 1. Plan-de-la-Tour: Éd. d'Aujourd'hui, 1982, p. 169. • Cf. BRZOSKA, M. "'Wirkung mit Ursache' – Idée esthétique et apparence du spectaculaire dans l'œuvre de Meyerbeer". In: MOINDROT, I. (sob a dir. de). *Le Spectaculaire dans les arts de la scène du romantisme à la Belle Époque*. Paris: CNRS, 2006, p. 84-93.

arrebatado ainda mais pela energia dos strettos e das cabalettas no contexto do Risorgimento – da renascença nacional italiana[1050]. Nas casas de ópera da Europa, observa-se, paralelamente, a busca de uma fusão entre espetáculo visual e fluxo sonoro que emana do palco e da orquestra. Lamenta-se em Paris, na sala Le Peletier, o inconveniente ocasionado pela ausência de fosso de orquestra e pelo posicionamento do maestro na beirada do palco, de costas para os músicos, ao passo que os contrabaixos e seu longo cabo estão colocados à beira da sala, no campo de visão dos espectadores; apesar da tentativa de dissimulação do fosso de orquestra, empreendida pelo arquiteto Claude-Nicolas Ledoux no teatro de Besançon, desde 1782, foi preciso esperar a inauguração do Festspielhaus de Bayreuth, em 1876, para ver a fonte sonora orquestral dissimulada e fundida na totalidade do espetáculo, enquanto o apagar das luzes da sala forçava os olhares a se dirigirem unicamente para o palco. A composição de um só lance (*durchkomponiert*) das óperas de Wagner, assim como a disposição arquitetônica de Bayreuth, favorecem a instalação, na sala, de um silêncio compenetrado. A ópera deixa de ser estruturada segundo uma sucessão de números confinados (áreas, duos, trios, conjuntos, coros), entre os quais a atenção do espectador se relaxa e as conversas são retomadas nos camarotes. Outrora, o silêncio era imposto, no concerto, graças ao poder conferido ao maestro na época romântica: com alguns gestos de batuta, François-Antoine Habeneck, na Société des concerts du Conservatoire de Paris [Sociedade dos Concertos do Conservatório de Paris], sabe pôr fim ao burburinho da sala e exigir a escuta concentrada da composição musical, deste modo, sacralizada. O ideal romântico de fusão orgânica da obra, garantia de uma emoção indissoluvelmente física e espiritual, é então alcançado, em detrimento, sem dúvida, da teatralização das emoções no espaço social da sala.

1050. Cf. CARLOTTA, S. "'Le mélodrame' du Risorgimento – Théâtralité et émotions dans la communication des patriotes italiens". In: *Actes de la recherche en sciences sociales*, n. 186-187, 2011, p. 12-29.

Indústria do espetáculo e novas emoções

A difração e a dispersão das emoções experimentadas nos espetáculos são reforçadas pelo novo sistema industrial do teatro, implementado no século XIX. A liberalização da vida teatral, decidida pelo Segundo Império, em 1864, fortalece o fenômeno ao acabar com o sistema de privilégios restaurados por Napoleão I. Esse período leva também a uma nova era da história das artes cênicas: Paris vê a sua hegemonia cultural[1051] cada vez mais contestada pelas grandes capitais e deixa de ser o centro irradiador de onde dramas e vaudevilles [comédia ligeira de intriga], óperas cômicas e grandes óperas desencadeiam emoções através do mundo[1052]; a partir dos anos de 1880, uma nova organização de espetáculos criará a oposição entre teatros de bulevar e teatros de vanguarda, em que estes (Théâtre-Libre, Théâtre de l'Œuvre) manifestavam a sua curiosidade em relação a peças estrangeiras.

Forma industrial por excelência, obra quase sempre efêmera produzida por uma escrita colaborativa, será que o vaudeville, de Scribe a Labiche, na expectativa de Feydeau e, em seguida, de Guitry, chega a produzir uma emoção? Esta seria gerada pela virtuosidade da composição e pela complexidade da intriga a encontrar um desfecho. Um prazer de conivência instaura-se, além disso, entre palco e sala, na partilha de valores convocados por "palavras instigantes", no despertar da memória musical criada pelas coplas "de acordo com a melodia de" ou na posse de um saber superior ao dos personagens enleados na ação. A emoção suscitada pelo vaudeville estaria, enfim, associada ao perigo: o de uma situação aparentemente impossível de desenredar para o dramaturgo ou de uma cena que exige audácia ao ator.

Entretenimento bastante semelhante ao vaudeville antes de se autonomizar, o teatro de revista começa por ser um espetáculo oferecido, ritualmente,

---

1051. Cf. YON, J.-C. (sob a dir. de). *Le Théâtre français à l'étranger au XIXe siècle* – Histoire d'une suprématie culturelle. Paris: Nouveau Monde, 2008.
1052. "[...] os teatros do Boulevard, em Paris – essa sociedade do espetáculo tão precoce que serviu de modelo às outras capitais – descobrem que deixou de ser possível usufruir da situação favorável que lhe era garantida por sua antiga posição dominante" (CHARLE, C. *Théâtres en capitales*. Op. cit., p. 290).

em 31 de dezembro ou no início de janeiro para recapitular os acontecimentos do ano que passou e reencená-los de um modo alegórico ou paródico. Aqui, a emoção está ligada à reapropriação memorial dos fatos recém-passados; ela surge também dos prodígios de imaginação e de técnica, desenvolvidos no palco para figurar, através dos personagens, o Futuro ou a Moeda de cinco francos (*Coucou! ah! la voilà! Revue de l'année 1861*, no Théâtre du Luxembourg). As revistas engendram, sobretudo, um novo prazer associado à saturação cênica que confere um sentimento de posse – no sentido comercial do termo. O teatro de revista torna-se, aliás, cada vez mais suporte publicitário para elogiar as "novidades do ano"; assim, como observa Christophe Charle, "o entusiasmo pelas revistas, pelos espetáculos grandiosos ou pelas peças musicais de longa carreira deve-se também, sem dúvida, a essa fração do público que 'dá valor a seu dinheiro', enquanto tem o sentimento de ser roubado no teatro 'ordinário', com peças formatadas sempre pelo custo mais baixo, com o seu eterno salão entre *cour et jardin*"[1053]. Com efeito, uma totalização é efetuada por esses espetáculos: linguagens dramáticas, últimas técnicas ilusionistas, acontecimentos da atualidade. Uma lógica de sobrevalorização preside o seu desenvolvimento fastuoso para continuar suscitando emoções em um público que se desilude demasiado depressa.

A liberalização da vida teatral favorece a expansão de um novo gênero que irá competir rapidamente com o vaudeville: a opereta. Esse espetáculo começa a desenvolver-se no período do Segundo Império. Apesar de sua proximidade com o vaudeville por sua verve cômica, ela possui a vantagem de oferecer uma música inteiramente original. Em 1855, no contexto da Exposition universelle de Paris, Jacques Offenbach consegue dirigir um teatro, situado inicialmente nos Champs-Élysées – Bouffes-Parisiens –, local em que ele representa as suas próprias obras, tais como, nesse ano, o espetáculo "musical de inspiração chinesa", *Ba-Ta-Clan*. Desejoso em reatar com o espí-

---

1053. Ibid., p. 284. • *Cour* [pátio, voltado para a rua] designa o lado direito do palco, visto da sala, por oposição a *jardin* [jardim, nos fundos da casa], o lado esquerdo [N.T.].

rito da *opera buffa* italiana e com a veia paródica da ópera-cômica do século XVIII, Offenbach designa em breve os seus espetáculos como "opéras-bouffes". As obras de Offenbach evocam, a partir do modelo burlesco, as figuras nobres e os grandes temas da cultura clássica: o poeta que desceu ao reino de Plutão em *Orphée aux enfers* (1858 [Orfeu nos infernos]), a Guerra de Troia em *La Belle Hélène* (1864 [A bela Helena]). Parodiam-se também as obras de teatro e óperas sérias, tais como *Guilherme Tell* (1829) de Rossini, cujo trio acabou sendo "triturado musicalmente" por Offenbach em *La Belle Hélène*. Representa-se, enfim, para exibir os macetes do espetáculo, para desvelar os procedimentos teatrais e para romper, durante um instante, a ilusão. A opereta oferece a um público ébrio de espetáculo o prazer de segundo plano e da reciclagem distorcida[1054]. A emoção torna-se "puramente" teatral quando o espetáculo alimenta-se de si mesmo – euforia da atuação com os próprios códigos da representação teatral e lírica.

De outra natureza é a emoção do espectador do café-concert [qualquer tipo de espetáculo, salvo teatro] após 1867, quando os estabelecimentos obtêm a autorização tácita dos poderes para encenarem as canções, interpretadas com decorações e uniformes, e para apresentarem comédias. Na atmosfera do Alcazar ou do Eldorado, entre as decorações "de fachada" e na ambiência do consumo partilhado de bebidas ou de tabaco, predomina o componente sensorial e, até mesmo, sensual, do prazer. Jean-Jacques Weiss, jornalista no *Journal des débats*, evoca assim o talento artístico da cantora Thérésa pelo efeito produzido no público: "a intensidade do *frisson* físico" que escorre "ao longo de [suas] medulas"[1055]. O crítico Jules Lemaitre assume a dimensão erótica do prazer adquirido no caf'con', o qual "confessa" aos leitores os seus "desejos mais secretos" e reconhece fixar a sua atenção nas "covinhas do rosto" de Anna Thibaut, no Alcazar de verão, enquanto ela "cantarola, sem se mexer, com uma voz muito suave e como que adormecida, coisas que não são absolutamente necessárias entender,

---

1054. Cf. YON, J.-C. *Jacques Offenbch* [2000]. Paris: Gallimard, 2010.
1055. WEISS, J.-J. *Trois années de théâtre, 1883-1885*. T. 2. Paris: Calmann-Lévy, 1893, p. 139.

nem compreender"[1056]. A sonolência hipnótica descrita por Lemaitre não passa de um voluptuoso abandono aos estímulos visuais e sonoros.

A política teatral do Segundo Império e os trabalhos de remodelação de Paris, empreendidos pelo Prefeito Haussmann, acarretam uma reviravolta tanto da oferta quanto da geografia dos espetáculos. As salas populares do boulevard du Temple são relegadas, em breve, para fora de Paris, enquanto um aumento generalizado do preço dos ingressos modifica a sociologia dos teatros. Duas novas salas tornam-se os emblemas da nova cidade Paris imperial, embora a segunda seja inaugurada apenas sob a Terceira República: o Théâtre du Châtelet e a Opéra Garnier. O Châtelet converte-se no espaço por excelência do "grande espetáculo", das "viagens extraordinárias" segundo Júlio Verne com prodígios do espetáculo feérico repleto de metamorfoses e de outras transformações visuais. Numerosos discursos convencionais portadores de uma preocupação de *distinção* assinalam a grosseria das emoções que satisfazem alguma *libido* do olhar (il. 9, "La passion scopique du spectateur" [A paixão escópica do espectador]):

> De que serve dirigir-se à capacidade intelectual do público, quando este, exausto com as preocupações do dia, limita-se a procurar a satisfação do olhar? E, no Châtelet, não lhes falta com o que se regozijarem; numerosos batalhões de lindas moças, colhidas nas estufas quentes onde crescem essas amáveis flores do mal, evoluem graciosamente durante três ou quatro horas, sob pretexto de espetáculo feérico [...][1057].

Em compensação, de acordo com o texto de Jean Cocteau, o espetáculo do "primitivo mundo feérico" descoberto há 5 ou 6 anos – *Le Tour du monde en quatre-vingts jours* (1874 [A volta ao mundo em oitenta dias]) – oferece ao espectador emocionado – daí em diante, fiel ao espírito de infância – um elixir de eterna juventude[1058].

1056. LEMAITRE, J. *Impressions de théâtre*. Paris: Société Française d'Imprimerie et de Librairie, 1888-1898, p. 374-375.
1057. DELVAU, A. *Les Plaisirs de Paris*. Op. cit., p. 155.
1058. Cf. COCTEAU, J. *Mon premier voyage*. Paris: Gallimard, 1936.

O novo Palais Garnier é, por sua vez, concebido arquitetonicamente para desencadear a emoção reservada por um novo culto a seus iniciados. A progressão do exterior profano para o interior sagrado, a experiência da metamorfose do espetáculo urbano comum, a penetração em um mundo diferente que é a entrada na Opéra são oferecidas por Maupassant no último capítulo de *Fort comme la mort* (1889 [Sólido como a morte]). O sexto capítulo da segunda parte[1059] começa, de fato, com sete curtos parágrafos que relatam as sete etapas transpostas pela multidão de privilegiados, detentores da senha que lhes permite passar pelas grades do Palais Garnier: em primeiro lugar, aparecem os nomes dos cantores exibidos nas colunas Morris [estruturas cilíndricas na calçada, destinadas à publicidade]; em seguida, o olhar descobre a Académie nationale de musique [Academia Nacional da Música], "a sua fachada pomposa e esbranquiçada, além da colunata em mármore vermelho de sua galeria, iluminada como um cenário por invisíveis lâmpadas elétricas". Desemboca-se na place de l'Opéra, local em que os guardas republicanos a cavalo controlam a circulação de inumeráveis viaturas "deixando entrever, atrás de suas vidraças abaixadas, um brilho lustroso de tecidos claros e faces pálidas"; berlindas e landaus entram "nas arcadas reservadas" aos representantes dessa humanidade misteriosamente superior. Subia-se a grande escadaria, em uma "ascensão feérica, uma subida ininterrupta de damas vestidas como rainhas, das quais a garganta e os lobos de orelha cintilavam de diamantes, e cujo longo vestido arrastava-se pelos degraus". Penetra-se no santo dos santos, o "vasto anfiteatro" da sala, "sob a resplendente luz elétrica que irradia do lustre". No final desse percurso, a descrição remete a procissão mundana à sua natureza teatral, espetáculo que precede o espetáculo, impregnando já este último com o seu ardor e a sua energia a tal ponto que a agitação dessa multidão "parecia atravessar o pano de boca para se espalhar até os cenários". Tratar-se-ia de vestígios ilusórios do antigo *frisson* sagrado no alvorecer da Nova República?

1059. MAUPASSANT, G. *Fort comme la mort* [1889]. Paris: Gallimard, 1983, p. 253-254.

16
"COMO UM ARCO DE VIOLINO QUE FAZIA VIBRAR A MINHA ALMA": O INDIVÍDUO DIANTE DA PAISAGEM

Charles-François Mathis

"Uma paisagem qualquer é um estado de alma", anotava em 1852 o filósofo suíço Amiel, em seu diário íntimo[1060]. Um século antes, tal afirmação não teria tido simplesmente nenhum sentido e, com certeza, não teria sido escrita. O olhar projetado sobre a natureza modificou-se profundamente desde a Antiguidade[1061], como havia sido compreendido perfeitamente por Chateaubriand, um dos principais atores dessa nova percepção, quando ele exclama, em sua obra *Génie du christianisme* (1802 [O gênio do cristianismo]): "O espetáculo do universo não podia levar os gregos e os romanos a sentirem as emoções que ele traz à nossa alma". Segundo Chateaubriand, há efetivamente uma historicidade da emoção suscitada pela paisagem que assume um novo aspecto no começo do século XIX. Ela é o resultado de mudanças de todo o tipo que ocorrem nesse momento e desestabilizam as sociedades dessa época. A primei-

---

1060. AMIEL, H.-F. *Journal intime*. Ed. de Bernard Gagnebin e Philippe Monnier. T. 2. Lausanne: L'Âge d'homme, 1978, p. 295.

1061. GLACKEN, C.J. *Traces on the Rhodian Shore*. Berkeley, Cal.: University of California Press, 1967. • SCHAMA, S. *Landscape and Memory*. Nova York: Vintage Books, 1995. • CORBIN, A. *L'Homme dans le paysage*. Paris: Textuel, 2001.

ra dessas mudanças é simplesmente a aparição da paisagem na pintura propriamente falando, a qual pode ser datada da Renascença, em primeiro lugar, flamenga e, em seguida, italiana; mas o gênero pictórico da paisagem só ganha realmente toda a sua amplitude a partir do final do século XVIII e ainda será preciso batalhar para impô-lo nos círculos acadêmicos, particularmente, relutantes e desdenhosos a seu respeito. Paralelamente, verifica-se a diversificação daquilo que constitui a paisagem. Com as teorizações relativas ao sublime e ao pitoresco, a partir dos anos de 1750 – por Burke, Kant e o Reverendo Gilpin –, multiplicam-se os espaços naturais suscetíveis de reivindicar esse *status*; assim, as montanhas e o mar tornam-se objetos de apreciação estética[1062]. O papel dos artistas, em geral, e dos pintores em particular é, portanto, decisivo na possibilidade de uma nova relação, nomeadamente, emocional, com uma natureza que, nesse momento, se torna paisagem. Esse processo – qualificado pelo filósofo, Alain Roger, como *artialisation*[1063] – não poderia, contudo, ser compreendido sem referência às imensas modificações socioeconômicas desse período, tais como a rápida urbanização, a industrialização, a emergência de uma classe média, o desenvolvimento do turismo facilitado por meios de transporte mais eficazes, a invenção de novos modos de reprodução da realidade, tais como a fotografia etc. Antes da Revolução Francesa, não há quem – rompendo a cadeia do tempo e defendendo uma sociedade mais igualitária, cujo centro será ocupado pelas massas – acompanhe tais transformações. Nesse contexto, há uma maneira diferente de se referir às paisagens naturais, suscetíveis de se tornarem refúgio, encarnação da eternidade da nação ou espelho da alma: em todos os casos, elas correspondem a uma nova sensibilidade, convertendo-se em vetores de emoções que elas não suscitavam anteriormente.

1062. Cf., no cap. 3 deste livro, Serge Briffaud, "Face ao espetáculo da natureza", p. 84.
1063. ALAIN, R. *Court traité du paysage*. Paris: Gallimard, 1997. • *Artialisation* – neologismo para designar a transformação da paisagem graças à arte [N.T.].

A ruptura

A principal novidade ocorrida na virada do século XVIII para o século XIX – e que, na sequência, se fortalece – é a consciência, para o homem, de uma ruptura com o seu meio ambiente natural. O homem já não pertence à natureza, mas está fora dela – e pode projetar, por conseguinte, sobre ela um olhar tanto científico quanto artístico, e de qualquer modo, distanciado. É paradoxalmente esse afastamento que autoriza a emoção estética diante de uma paisagem, cujas potencialidades sensíveis são então descobertas.

> Estranha bizarria! Quando a natureza é condenada à morte, despedaçada pela indústria, sulcada pelas estradas de ferro, violada de um polo ao outro, quando a cidade invade o campo, quando a manufatura impõe limites ao homem, quando o homem, enfim, refaz a terra como um leito – é que o espírito humano mostra interesse pela natureza, olha para ela como nunca a tinha enxergado, vai observá-la, essa mãe eterna, pela primeira vez, conquistá-la pelo estudo, surpreendê-la, seduzi-la, arrebatá-la e fixá-la, viva e como que fragrante, nas páginas e nas telas de uma verdade ímpar. A paisagem seria uma ressurreição, a Páscoa do olhar?[1064]

Esse retorno reflexivo à natureza é, em primeiro lugar, de ordem estética: a pintura, as evocações literárias ensinam a arte de ser afetado por determinadas paisagens. Logo, porém, acrescenta-se a isso um aprendizado científico, o que o geógrafo e anarquista Élisée Reclus compreendeu admiravelmente em seu ensaio "Du sentiment de la nature dans les sociétés modernes" (1866 [Acerca do sentimento da natureza nas sociedades modernas]) quando fala de John Tyndall, um dos maiores cientistas britânicos do século. Alpinista apaixonado, Tyndall evoca, em várias oportunidades, a alegria corporal e moral que lhe dá a conquista dos cumes, mas também o conhecimento íntimo das leis físicas que regem o mundo; é justamente esse saber profundo que, segundo Reclus, permite a Tyndall emocionar-se diante da beleza natural. Impõe-se, portanto,

---

1064. GONCOURT, E. & GONCOURT, J. *La Peinture à l'exposition de 1855*. Paris: Dentu, 1855.

o recuo oferecido pela educação estética e científica para apreciar o esplendor de uma paisagem:

> É fácil compreender como a ignorância, a superstição, a miséria, o medo ou o amor do lucro devem ter obscurecido as mentes e lhes ter encoberto, pelo menos, em parte, a beleza da terra. Os camponeses ou exploradores burgueses do solo não podiam absolutamente imaginar a beleza dos campos de outro ponto de vista além daquele de sua utilidade[1065].

Se dermos crédito ao filósofo e historiador J. Michelet, é também esse conhecimento mais completo e científico do mar que permite superar a impressão desfavorável que ele faz sentir a quem o descobre pela primeira vez[1066].

Se essa distanciação, porém, revela ao homem as virtualidades emotivas insuspeitas das paisagens naturais, ela leva também consigo um sofrimento, o do desenraizamento, de uma alienação, sobre a qual irá apoiar-se todo o movimento romântico europeu. Como sublinha, com razão, Jonathan Bate em um estudo sobre a poesia inglesa, a incapacidade para reencontrar uma comunhão, sem dúvida, ilusória, com a natureza, pode acalentar, pelo menos, a expectativa de que esse sonho de reunião seja manifestado pela linguagem, por uma nova linguagem, e o que ainda é melhor, a da arte – e, particularmente, da poesia – romântica[1067]. São numerosos os quadros ou os poemas que, na primeira metade do século XIX, exprimem essa nostalgia da perda e, sobretudo, a novidade dessa revelação emotiva com a natureza. Assim, o poeta, filósofo, médico e historiador alemão, F. Schiller, estabelece a distinção entre a poesia "ingênua" – aquela anterior à suposta ruptura, aquela que caracteriza, portanto, a cultura clássica e, nomeadamente, a grega – e a poesia a que ele atribui o qualificativo de "sentimental" que corresponde ao

---

1065. RECLUS, É. "Du sentiment de la nature dans les sociétés modernes". In: *Revue des Deux Mondes*, 15/05/1866, p. 368.
1066. MICHELET, J. *La Mer*. Paris: Hachette, 1861, p. ex., cap. 4.
1067. BATE, J. *The Song of the Earth*. Cambridge, Mass. Harvard University Press, 2000.

estado de espírito propriamente moderno[1068]; o mesmo ocorre com o poeta britânico William Wordsworth, que distingue também o homem integrado ao grande mistério da natureza – à imagem do "Voyageur" [Viajante] de seu poema *The Excursion* (1814) – e aquele que, parecido com ele, sofreu o afastamento desse estado original. Toda a sua vida, segundo Bate, irá passar-se nessa tensão entre dois ideais: buscar a comunhão, passando o essencial de sua vida no Lake District; e manter o afastamento que é a única situação que lhe fornece as palavras para descrever a sua relação emocional com as paisagens excepcionais dessa região inglesa[1069].

Com o transcendentalismo, nos Estados Unidos, encontra-se uma reflexão bastante semelhante, mas propondo conclusões um tanto diferentes. Primeiro movimento filosófico propriamente americano, o transcendentalismo surge sob o impulso de Ralph Waldo Emerson, nomeadamente com a sua obra *Nature* [A natureza], publicada em 1836. Tendo-se inspirado no Romantismo europeu, ele avança mais longe em sua crítica radical da sociedade como lugar de corrupção do indivíduo, e na elaboração de um pensamento complexo a respeito da natureza e de suas relações com o homem. O fundamento dessa corrente de pensamento é a ideia de um espírito, de um princípio místico, transcendente, emanação de Deus e que governa o mundo; é dele que são oriundos o homem e a natureza, desde então, unidos fundamentalmente por essa origem comum. Mas essa harmonia entre a alma e o mundo foi perdida pela degenerescência da humanidade civilizada, em sociedade. Para que o indivíduo reencontre a sua onipotência sobre a natureza, reencontre o Espírito universal que edifica a natureza por seu intermédio, ele deve retornar a uma espécie de infância: "O amante da natureza é aquele [...] que guardou o espírito de infância até a idade adulta. [...] Na presença da natureza, uma alegria selvagem percorre esse homem"[1070]. Aqui, em vez de manter um afastamento,

---

1068. SCHILLER, F. *De la poésie naïve et sentimentale*. Paris: L'Arche, 2002 [Orig.: *Über naive und sentimentalische Dichtung*, 1795].
1069. BATE, J. *Romantic Ecology*. Londres: Routledge, 1991.
1070. EMERSON, R.W. *La Nature*. Paris: Allia, 2012, p. 13 [Orig.: *Nature*, 1836].

trata-se, pelo contrário, de fazer tudo para reencontrar a harmonia espiritual entre o homem e o seu meio ambiente.

Apesar dessas diferenças, existe um acordo, de um lado e do outro do Atlântico, relativamente à ocorrência de ruptura e à importância da recém-descoberta emoção suscitada pela paisagem, tal como ela se exprime na arte: "Fui o primeiro que fez a poesia descer do Parnaso e dei àquilo que é designado como musa, em vez de uma lira de sete cordas convencional, as próprias fibras do coração do homem, afetadas e emocionadas pelos inumeráveis frêmitos da alma e da natureza"[1071]. Pode-se duvidar, com razão, dessa anterioridade evocada orgulhosamente por Lamartine, em um prefácio de 1849 para o seu texto Les Méditations poétiques [As meditações poéticas] de 1820. Os frêmitos evocados por ele, porém, se não são totalmente novos nas primeiras décadas do século XIX, não deixam de ter uma nova visibilidade, além de múltiplas formas; a sua origem reside nas duas belezas – cuja oposição é, aliás, mencionada de maneira demasiado sistemática –, ou seja, o pitoresco e o sublime que se encontram, por exemplo, na Normandia ou na região dos lagos[1072]. Charles Nodier, nos dois primeiros volumes de sua obra – Voyages pittoresques et romantiques dans l'ancienne France (1820 [Viagens pitorescas e românticas na França Antiga]), que abordam justamente a Normandia e o Franco-Condado –, estabelece uma perfeita ligação entre esses dois tipos estéticos: longe de ser uma simples descrição de monumentos antigos a preservar, trata-se, de acordo com a confissão do próprio Nodier, de uma "viagem de impressões"[1073], na qual ele se esforça por transmitir ao leitor o entusiasmo de suas descobertas, as emoções que experimenta diante do espetáculo de edifícios em ruínas no meio da natureza[1074] (il. 13, "Voyage d'impressions" [Viagem de impressões]).

1071. LAMARTINE, A. Œuvres. T. 1. Paris: Firmin-Didot, 1849, p. 10.
1072. LETHUILLIER, J.-P. & PARSIS-BARUBÉ, O. Le Pittoresque – Métamorphoses d'une quête dans l'Europe moderne et contemporaine. Paris: Classiques Garnier, 2012.
1073. NODIER, C.; TAYLOR, J. & CAILLEUX, A. Voyages pittoresques et romantiques dans l'ancienne France. T. 1. Paris: Didot, 1820, p. 5.
1074. FARIGOULE, J. La Fabrique du romantisme, Charles Nodier et Les Voyages pittoresques. Paris: Paris-Musées, 2014.

Yvon le Scanff descreveu admiravelmente essas diferentes facetas da beleza sublime e as suas afinidades com o pitoresco[1075]. Eis o que é mostrado por ele ao citar Jean Starobinski: "A imagem da natureza transforma-se no século XVIII; ela já não é o grande armazém de tipos ideais, mas de um dinamismo material, de uma energia em devir, de uma fonte que não se cansa de produzir"[1076]. Essa energia, essa pujança infinita da natureza que, na experiência sublime, privilegia montanhas, desertos, solidões, oceanos, é aquilo que, simultaneamente, oprime e eleva o homem; ela facilita os movimentos de simpatia entre a alma eterna do homem e o espetáculo natural que o envolve, além de permitir que este último venha a afetar, marcar, emocionar o ser humano – às vezes, de maneira violenta. O movimento romântico apoia-se nessa relação de uma natureza, ao mesmo tempo, vetor e espelho de emoções – o próprio adjetivo "romântico" está associado, de imediato, estreitamente a uma relação afetiva com o mundo, a qual se desvela na relação estética com a paisagem[1077]. Como diz Madame de Staël em *De la littérature* (1800 [A respeito da literatura]): "Nas obras de prosa, existe um novo gênero de poesia [...], é a observação da natureza em suas relações com os sentimentos despertados por ela no homem"[1078].

É claro que seria impossível reduzir o século XIX literário e artístico unicamente ao romantismo. John Ruskin, um dos maiores críticos de arte do seu tempo, critica assim nos poetas contemporâneos o que ele designa como a *pathetic fallacy* deles, ou seja, a distorção de suas descrições paisagísticas pelas emoções que experimentam: demasiado ego, enquanto o olhar objetivo é insuficiente. Esse é o argumento geral daqueles que procuram, a partir de meados do século e mais ainda em sua parte final, no realismo ou no naturalismo, uma abordagem mais neutra das paisagens naturais. Até o momento em que Michel

---

1075. LE SCANFF, Y. *Le Paysage romantique et l'expérience du sublime*. Seyssel: Champ Vallon, 2007.
1076. STAROBINSKI, J. *L'Invention de la liberté*. Genebra: Skira, 1964, p. 145 [Ed bras.: *A invenção da liberdade, 1700-1789*. Trad. de Fulvia M.L. Moretto. São Paulo: Ed. da Unesp, 1994].
1077. COLLOT, M. *Paysage et poésie du romantisme à nos jours*. Paris: José Corti, 2005, p. 24.
1078. STAËL [Madame]. *De la littérature* [1800]. Paris: Dunod-Garnier, 1998, p. 354.

Collot vai falar da "crise du paysage"[1079] [crise da paisagem] nos anos de 1880, a paisagem não deixa de permanecer um lugar privilegiado para a expressão das emoções na arte. Ainda mais, a sensibilidade em relação à paisagem implantou-se, sem dúvida, de maneira duradoura nos esquemas culturais e perceptivos das sociedades ocidentais. Carecemos ainda de estudos históricos a esse respeito, mas é provável que, com a ajuda da massificação do turismo, dos meios de comunicação, da imprensa e das técnicas de reprodução de imagens, as novas maneiras de ver a natureza propostas pelos artistas românticos infundiram os diferentes estratos sociais das nações europeias e americanas: mais numerosos são, daí em diante, os que têm a capacidade de se emocionarem diante das paisagens naturais.

Prova disso talvez seja o sucesso – ainda persistente – da pintura, das gravuras, das litografias e, em seguida, da fotografia de paisagem. Na emergência de uma representação menos idealizada, mas também, mais sensível, da natureza, os anos de 1815-1840 são essenciais: John Constable na Grã-Bretanha, os pintores de Barbizon na França, Caspar David Friedrich no espaço germânico e, ainda, um grande número de outros autores, propõem, cada um à sua maneira, emoções particulares suscitadas pela paisagem e conferem toda a notoriedade a esse gênero (il. 11, "S'émouvoir au paysage par la peinture" [Emocionar-se com a paisagem pela pintura]). O *Grand dictionnaire universel du XIXe siècle* [Grande dicionário universal do século XIX] de Pierre Larousse, no verbete "Paysage" [Paisagem], enaltece, aliás, os méritos da escola francesa por seu retorno a uma natureza verdadeira, mas também pela poesia que ela revela no que representa: é certo, portanto, que as paisagens, sejam elas descobertas *in situ* ou através de uma mediatização artística, podem emocionar aqueles que as contemplam. É preciso esperar Gustave Courbet – e, sem dúvida, mais ainda os impressionistas, sem falar, é claro, das correntes pictóricas ulteriores –, para deixar de sentir esse desejo de se emocionar pela paisagem: como é sugerido, de forma lapidar, por Michel Collot, a primazia da impressão faz perder a cen-

---

1079. Título do cap. 4 de COLLOT, M. *Paysage et poésie...* Op. cit.

tralidade do sujeito observador – há apenas sensação pura, sem interioridade para se emocionar[1080].

Se a pintura e, talvez, a fotografia têm desempenhado assim um papel essencial na nova sensibilidade atribuída ao espetáculo da natureza, no decorrer do século XIX, elas não deixam de ser limitadas, à semelhança da literatura, em sua capacidade para exprimir e fazer sentir as emoções suscitadas pela paisagem. Ao comparar as belas paisagens a "um *arco de violino* que fazia vibrar a sua alma"[1081], Stendhal junta-se à coorte de todos aqueles que buscam uma musicalidade na linguagem para exprimir a novidade de suas emoções – operação a que se dedicam, particularmente, os românticos que, a exemplo de Lamartine, concebem o poeta como um "instrumento sonoro". "*Make me thy lyre*" – será ainda o pedido de Shelley ao vento do Oeste[1082]. Se a poesia se converte em música, se a emoção suscitada pela paisagem torna-se inefável, não há desde então por que se admirar que a própria música se torne paisagem sonora. Em vez de imitar os sons da natureza, tempestades ou cantos de pássaros, trata-se de transcrever as emoções experimentadas, através dessas paisagens, pelo compositor. É assim que Beethoven, ao enviar a *Symphony No. 6 in F Major*, Op. 68 *Pastorale* ao editor, em 1808, coloca o seguinte subtítulo: *Lembrança da vida rústica, expressão de uma emoção de preferência a uma pintura descritiva*. Dessa maneira, ele inicia uma tradição de música programática, de poema musical, que Franz Liszt levará à sua perfeição. Desde 1837, em um artigo dedicado a Schumann, este compositor faz a seguinte afirmação:

> É bastante evidente que as coisas, enquanto objetivas, não são absolutamente da competência da música e que o pior aluno paisagista, com um traço de seu lápis, reproduzirá mais fielmente um local que o músico consumado com todos os recursos da mais hábil orquestra. Essas mesmas coisas, porém, enquanto afetam a

---

1080. COLLOT, M. *Paysage et poésie...* Op. cit., p. 80.
1081. STENDHAL. *Vie de Henri Brulard* [1890]. T. 1. Paris: Champion, 1913, p. 18 (sublinhado pelo autor deste texto, C.-F. Mathis).
1082. SHELLLEY, P.B. *Ode to the West Wind* [1820], apud COLLOT, M. *Paysage et poésie...* Op. cit., p. 54.

> alma de certa maneira, essas coisas subjetivadas, se eu puder me exprimir assim, que se tornaram devaneio, meditação e impulso, não terão uma afinidade singular com a música? E esta não poderia traduzi-los em sua misteriosa linguagem? Pelo fato de que a imitação da codorna e do cuco na sinfonia pastoral possa ser taxada, a rigor, de puerilidade, teremos de concluir que Beethoven errou em procurar afetar a alma como isso teria ocorrido diante da visão de um sítio risonho, de uma região aprazível [...]? Não será que, na sinfonia *Harold*, Berlioz sugere à mente, de maneira bastante enfática, cenas de montanhas e o efeito religioso dos sinos que se perdem nos meandros de abruptas veredas?[1083]

Liszt aplica esse programa em sua obra *Années de Pèlerinage* [Anos de peregrinação], composta entre 1835 e 1877. Cada um desses três ciclos de peças para piano está organizado essencialmente em torno de uma viagem, de suas paisagens e das reminiscências, em particular, literárias, despertadas por ela: a Suíça para o primeiro ciclo e a Itália para os outros dois. No prefácio da primeira edição de 1841, que reúne apenas o primeiro ciclo, Liszt apresenta assim a sua ambição:

> Tendo percorrido, nestes últimos tempos, um grande número de novas regiões [...]; tendo sentido que os aspectos diversificados da natureza e das cenas que lhes são inerentes, em vez de passarem diante de meus olhos como vãs imagens, elas revolviam em minha alma emoções profundas, [...] tentei traduzir em música algumas das minhas sensações mais fortes e das minhas percepções mais intensas[1084].

A última peça desse conjunto intitula-se *Sursum corda*, "Corações ao alto" na celebração da Eucaristia: ela reflete perfeitamente esse novo primado das emoções. É preciso, porém, prevenir-se contra a vertigem que essa exaltação pode provocar. Em uma obra fundadora da história das emoções, William Reddy analisa assim o que separa o registro emocional francês, no

---

1083. LISZT, F. "Compositions pour le piano de M. Robert Schuman [sic]". In: *Revue et Gazette Musicale*, 12/11/1837.
1084. LISZT, F. *Album d'un voyageur*. Paris: Richault, 1841, Preâmbulo.

final do século XVIII, daquele pós-1815. Ele encontra, no diário de Maine de Biran – apresentado, nessa obra, como o primeiro diário íntimo (escrito entre 1794 e 1824) –, os vestígios de um novo receio para a fragilidade de uma alma, cuja razão pode ser arrastada facilmente pela violência das emoções: a busca da interioridade, tão praticada no século XIX, duplica-se assim com um novo medo de ver o espírito humano resvalar na loucura[1085]. A emoção suscitada pela paisagem é particularmente apta para suscitar tal reviramento. Pensemos nos personagens de Stendhal que, segundo parece, encontram a felicidade apenas nas altitudes: a torre do campanário da Igreja de Grianta, para Fabrice del Dongo; e um imenso rochedo que domina o vale na célebre cena do gavião, para Julien Sorel. Aqui, trata-se apenas de uma alegria intensa que eleva a alma. Rudyard Kipling, ao visitar Yellowstone no final dos anos de 1880, afirma que ele "sorria pela pura volúpia de estar vivo"[1086]. Tal euforia deixa espaço para uma experiência no limite da razão quando ele descobre o abismo escavado pelo Yellowstone River:

> [Então, o que] havia começado por curiosidade [...] acabou provocando terror; com efeito, parecia que o mundo inteiro escorregava [...] sob os meus pés. [...] Agora fiquei sabendo o efeito de alcandorar-se entre as nuvens do poente. A vertigem tinha tirado toda a minha sensação do tato ou das formas; mas permanecia a sensação de cores ofuscantes. Ao voltar à terra firme, jurei que tinha flutuado[1087].

O grandioso espetáculo da natureza pode então levar a uma desorientação quase ontológica. São numerosos os que evocaram essas margens perigosas para a razão humana, à semelhança de Shelley ao ver os Alpes pela primeira vez: "Antes, eu nunca tinha conhecido, nem sequer imaginado, o que eram as montanhas. A imensidade desses cumes aéreos suscitou, ao surgirem de

---

1085. REDDY, W.M. *The Navigation of Feeling*: A Framework for The History of Emotions. Cambridge: Cambridge University Press, 2001, cap. 7.
1086. "*...laughed with sheer bliss of being alive*" (KIPLING, R. *From Sea to Sea*: Letters of Travel [1889]. Nova York: Doubleday-Page, 1913, p. 391.
1087. Ibid., p. 393.

repente no horizonte, um sentimento de espanto extático, semelhante à loucura"[1088]. Praticamente, no mesmo momento, John Keats dará uma ideia magnífica desses atordoamentos em um célebre poema de 1818 que relata a sua visita aos Highlands, nas terras do poeta Burns. A "alegria mais profunda" experimentada ao aproximar-se da casa dessa personalidade importante, "no Norte silencioso", leva-o a esquecer o mundo à sua volta. Esse abandono, no entanto, não deve prolongar-se:

> [...] porque uma estadia mais longa
> Teria impedido para sempre o retorno, levando o homem a esquecer o seu caminho mortal. [...]
> Não, não, esse horror não tem razão de ser, porque no fim do cordame
> O homem sente a suave tração da âncora e regozija-se com a sua força –
> [...] Que o homem nunca perca o seu espírito nas lúgubres montanhas nuas;
> E tenha tempo para deambular em volta, em busca de algum lugar memorável,
> E para guardar a sua visão isenta de impurezas, o seu olhar interior aberto à luz da razão[1089].

A ligação com o mundo real é a única maneira de preservar o homem da loucura e mantê-lo poeta. Há um combate a travar para guardar o seu equilíbrio psicológico, do qual Hugo se tornou o grande comentarista: "Esse promontório do Sonho, às vezes, submerge com a sua sombra um verdadeiro gênio. [...] As vertigens habitam essa altitude que tem um precipício: a loucura. Uma das vertentes é arisca, enquanto a outra é radiante"[1090] (Il. 18, "Promontoire du Songe?" [Promontório do Sonho?]). Se não perder a razão, o poeta romântico, exaltado pelo infinito da paisagem, converte-se em profeta. Ao proceder assim,

---

1088. Percy Bysshe Shelley, Carta a Thomas Love Peacock, 22 de julho de 1816, citada e traduzida em COLLOT, M. *Paysage et poésie...* Op. cit., p. 54.
1089. KEATS, J. *Lines Written in the Highlands after a Visit to Burn's Country* [1818]. In: *Seul dans la splendeur*. Ed. e trad. fr. por Robert Davreu. Paris: Seuil, 2009, p. 74-75.
1090. HUGO, V. *Promontorium Somnii* [1863], apud LE SCANFF, Y. *Le Paysage romantique et l'expérience du sublime*. Op. cit., p. 231.

ele consegue de fato uma superação de si, talvez, mais exatamente, um transbordamento de si no mundo natural que o envolve.

A literatura do primeiro século XIX, com efeito, não é avara em devaneios que enaltecem a fusão da capacidade intelectual do poeta com a natureza que o cerca. Schopenhauer tinha assim teorizado, em 1819 – em sua obra *Die Welt als Wille und Vorstellung* [O mundo como vontade e representação] –, a coincidência completa entre sujeito e objeto, suscetível de surgir da contemplação de um objeto natural (árvore, rochedo etc.) ou de uma bela paisagem. Como exemplo, ele cita Lord Byron que – em sua obra *Childe Harold's Pilgrimage* (1812 [Peregrinação de Childe Harold]) – exclama:

> Não vivo em mim mesmo, mas converto-me
> Em uma parte do que me envolve; e para mim
> As altas montanhas são uma emoção[1091].

Esse será o fim sublime destinado por Hugo a alguns de seus personagens, à imagem de Gilliatt em seu livro *Les Travailleurs de la mer* (1866 [Os trabalhadores do mar]):

> Onde começa o destino? Onde acaba a natureza? [...] A gente está na engrenagem, faz parte integrante de um Todo ignorado, sente o desconhecido que existe em si fraternizar misteriosamente com o desconhecido que está fora de si. Esse é o anúncio sublime da morte. Que angústia e, ao mesmo tempo, que encantamento![1092]

No entardecer do romantismo, Baudelaire ainda – em seu livro *Confiteor de l'Artiste* (1869 [Confiteor do artista]) –, evoca "o ego [que] se perde rapidamente", o "enorme deleite" desse abandono, o qual se transforma logo em mal-estar e sofrimento: o tempo já não se presta a tais devaneios...

Parece-nos, no entanto, que se deva diferenciar um tanto esse sentimento de fusão – tal como ele se exprime, na Europa, na primeira metade do século

---

1091. BYRON, L. *Pèlerinage de Childe Harold*, apud COLLOT, M. *Paysage et poésie...* Op. cit., p. 52 [Orig.: *Childe Harold's Pilgrimage*, 1812].
1092. HUGO, V. *Les Travailleurs de la mer* [1866], apud LE SCANFF, Y. *Le Paysage romantique et l'expérience du sublime*. Op. cit., p. 249.

XIX – e a experiência dessa dissolução, tal como ela é praticada mais tarde nesse século, mas também nos Estados Unidos. Quanto mais nos aproximamos do século XX, com efeito, tanto mais é contestada a unidade do sujeito, até ser estilhaçado por Freud. O egotismo romântico esvai-se com o passar do tempo. Então, pelo fato de que "sou um outro", pelo fato de que a identidade individual parece escapar e tornar-se inapreensível, o desejo de *cortar as amarras* impõe-se de maneira mais premente; é grande a tentação de levar mais longe a experiência romântica de fusão que, no final das contas, continuava sendo bastante comedida e racional. É o caso do escritor britânico, Richard Jefferies, nas primeiras páginas de *Story of My Heart*, em 1883. Nos Estados Unidos, alguns autores sucumbem, mais cedo, a tal reação: é por isso que, nesse país, a relação com os espaços naturais é relativamente diferente, como vimos com o transcendentalismo. Eis Emerson que "contempla o espetáculo da manhã, desde o cimo da colina que fica ao lado de sua casa [...] repleto de uma emoção que um anjo poderia compartilhar" e que se "dilata e se une ao vento da manhã. Como a natureza sabe converter-nos a seres semelhantes aos deuses"[1093].

Esse pensamento há de marcar profundamente o século XIX norte-americano, através de personalidades, tais como Henry David Thoreau ou John Muir, célebre naturalista estadunidense, um dos pioneiros do movimento ecológico, o qual relata assim – em sua obra *My First Summer in the Sierra* (1911 [O meu primeiro verão na Serra]) – o seu encontro, em 1869, no espaço de alguns meses, com o território do Vale de Yosemite, cuja extraordinária beleza o desconcerta cada vez mais com o passar do tempo, deixando nele uma impressão indelével. "Ainda uma dessas magníficas "jornadas de La Sierra", durante as quais a gente tem a impressão de se dissolver e de ser absorvido; e, invadido assim por uma intensa emoção, enviado não se sabe bem para onde"[1094]. Em todo o seu relato, Muir voltará a essa dissolução que difere ligeiramente

---

1093. EMERSON, R.W. *La Nature*. Op. cit., p. 21.
1094. MUIR, J. *Un été dans la Sierra*. Trad. fr. por Béatrice Vierne. Paris: Hoëbeke, 1997, p. 45 [Orig.: *My First Summer in the Sierra*, 1911].

do devaneio romântico europeu porque não há coincidência, aqui, entre um sujeito e uma paisagem, mas *desaparecimento* do sujeito na paisagem. A esse respeito, Muir relata uma aventura admirável vivenciada por ele ao descobrir, do alto, o Vale de Yosemite. Contrariamente a Keats, ele deixou-se impregnar profundamente pelo espetáculo à sua frente: "Diante do panorama de Yosemite, as prudentes admoestações não têm nenhuma serventia; quando esse lugar exerce o seu sortilégio, o corpo humano parece mover-se à sua maneira, animado por sua própria vontade que escapa quase inteiramente de seu controle"[1095]. Hipnotizado pelas quedas da Yosemite Creek, ele assume um risco insensato ao escorregar pela parede da falésia para admirá-las desde a sua parte mais elevada. "Eu seria totalmente incapaz de dizer quanto tempo fiquei assim dependurado na parede, nem como consegui fazer essa escalada. De qualquer modo, passei um momento inebriante e só voltei ao acampamento ao cair da noite, saboreando um êxtase triunfal". E acrescenta: "uma jornada memorável entre todas as outras – um prazer bastante violento a ponto de matar qualquer um, se isso fosse possível"[1096]. Nas duas noites seguintes, aliás, ele tem dificuldade para dormir, sob o efeito de tremores nervosos: ele paga o preço das emoções intensas demais e de uma tomada de consciência tardia em relação aos perigos que, temerariamente, havia enfrentado.

Esse episódio revela também um fenômeno novo no século XIX e que, desta vez, é comum aos continentes norte-americano e europeu: o papel da comunhão física com os elementos naturais. Alain Corbin mostrou o extraordinário enriquecimento emocional que, daí em diante, advém da atenção prestada à orla marítima – com o *René* (1802) de Chateaubriand, o devaneio na praia torna-se uma moda – e do contato procurado deliberadamente com o elemento marinho: o passeio na praia, o banho de cura e, em seguida, de lazer, oferecem emoções inéditas aos contemporâneos – por exemplo, a voluptuosidade do mergulho ou o enfrentamento viril dos elementos por

---

1095. Ibid., p. 111.
1096. Ibid., p. 113.

ocasião do banho de mar[1097]. Michelet – em seu livro *La Mer* [O mar], em 1861, irá proceder à análise de suas novas sensações oferecidas por esse espaço. É significativo que ele dedique, sete anos mais tarde, outra obra, desta vez, à *La Montagne* (1868 [A montanha]), ou seja, outro espaço descoberto a partir da segunda metade do século XVIII e também aquele em que pode exprimir-se a expectativa de uma forma de fusão pelo exercício físico. O século XIX é assim o grande momento da caminhada e do alpinismo, os quais conhecem uma popularidade sem precedentes: esta pode ser explicada pelo entusiasmo em relação às ciências naturais, pelo desejo de escapar dos ambientes cada vez mais insalubres das cidades e, enfim, pelo impacto cultural do romantismo que põe em cena essa harmonia com a natureza[1098]. Calcula-se que Wordsworth, o mais emblemático dos escritores que apreciam a caminhada, tenha percorrido durante a sua vida mais de duzentos e oitenta mil quilômetros! Os clubes de caminhada multiplicam-se e incluem – pelo menos, na Grã-Bretanha – as classes tanto médias quanto operárias, privilegiando os espaços "selvagens" quando estes são acessíveis. É também na Grã-Bretanha que é fundado, em 1857, o primeiro Club alpin [Clube Alpino]: o seu homólogo francês será criado, em 1874, e o norte-americano – com o apoio, evidentemente, de John Muir – em 1902. Vimos com Tyndall que a emoção suscitada pela paisagem tornou-se possível por uma espécie de exterioridade intelectual inicial, mas ela é tanto mais forte quanto mais real é a comunhão física. Tem de haver sensações para fazer surgir a emoção; ora, nada além do contato direto e da imersão na natureza podem proporcioná-las.

A emoção suscitada pela paisagem adquire assim um lugar novo e central na relação com a natureza na virada dos séculos XVIII e XIX, tornando-se inclusive em uma espécie de exigência existencial, a tal ponto que uma inquietação aparece quando se constata a persistência, talvez, o agravamento, de uma forma de insensibilização em uma parcela da população.

1097. CORBIN, A. *Le Territoire du vide* – L'Occident et le désir du rivage. Paris: Aubier, 1988.
1098. BURCHARDT, J. *Paradise Lost*. Londres: Tauris, 2002, p. 122.

Embotamento da espontaneidade emocional?

Quando a moda do *Grand Tour* [Grande Volta] promove a realização de viagens, na segunda metade do século XVIII, quando um novo interesse pelas paisagens nacionais se impõe no começo do século XIX, na maior parte dos territórios europeus, quando, enfim, a estrada de ferro facilita a massificação dos deslocamentos, a partir dos anos de 1840, acaba por revelar-se lentamente, na virada desses dois séculos, nos textos de alguns críticos ou escritores, uma distinção entre turistas e viajantes[1099]. Os primeiros, evidentemente, não sabem apreciar, em seu justo valor, as paisagens que atravessam ou descobrem; uma sensibilidade embotada, uma educação deficiente, uma mentalidade vulgar impedem-lhes de experimentar a emoção suscitada pela paisagem – ou tornando-a impessoal e estereotipada. O viajante, pelo contrário, é aquele que sabe preservar uma capacidade de espanto e de assombro sinceros que lhe são peculiares.

John Muir manifesta a sua admiração, por exemplo, diante da atitude dos turistas ao descobrirem as paisagens espetaculares que lhe proporcionam tanto júbilo: "É estranho ver quão pouco os turistas em visita a Yosemite exibem a aparência de receber a influência de sua grandeza inusitada, como se tivessem os olhos vendados e os ouvidos tampados. A maior parte daqueles que encontrei, ontem, limitavam-se a olhar para o chão, levando a crer que não tinham nenhuma consciência de tudo o que estava à sua volta"[1100].

Tal distinção encontra-se na maneira como Walter Benjamin, tendo como pano de fundo uma dimensão social, analisa o *flâneur* [passeante] da Paris de Baudelaire e o distingue do homem da multidão[1101]. O viajante, à semelhança do *flâneur*, é um *gentleman*, testemunha da antiga ordem, que tem tempo e se serve deste; o homem novo, ao contrário, o burguês atarefado, o trabalhador

---

1099. BUZARD, J. *The Beaten Track*. Oxford: Clarendon Press, 1993.
1100. MUIR, J. *Un été dans la Sierra*. Op. cit., p. 171.
1101. BENJAMIN, W. "Sur quelquer thèmes baudelairiens" [1939]. In: *Charles Baudelaire*. Ed. e trad. fr. por Jean Lacoste. Paris: Payot, 2002, p. 164-175.

apressado, seja ele turista ou no meio da multidão, caracteriza-se por seu uso utilitário do espaço e do tempo[1102] – e, por conseguinte, pelo reduzido espaço reservado à emoção verdadeira e sincera.

A capacidade emotiva torna-se assim o sinal de uma eleição, de certa aristocracia das faculdades mentais e da sensibilidade: aquele que é capaz de deixar-se emocionar é melhor e superior aos outros. Esse é o discurso que se encontra, particularmente, nos opositores do mundo industrial, os quais denunciam a sua violência, a sua vulgaridade e o seu utilitarismo. Frente ao desencadeamento de fealdade que parece caracterizar esse século, as pessoas exibem o seu menosprezo por aqueles que contribuem para esse fenômeno sem se aperceberem do prejuízo que estão causando à humanidade inteira – e a si mesmos. Assim, na Grã-Bretanha, esboça-se gradualmente, nos anos de 1870, uma oposição bastante acirrada entre industriais sem grande preocupação com a beleza natural e aqueles a quem é atribuído o qualificativo de *Sentimentalists*, os quais reivindicam exatamente a sua sensibilidade face à paisagem.

Evidentemente, as diferenças são, de preferência, de grau e não tanto de natureza. Em determinados arroubos excessivos, é possível certamente que alguém seja levado a criticar uma insensibilidade total nos burgueses ligados aos negócios ou nos operários embrutecidos, mas, na maior parte das vezes, verifica-se simplesmente um tácito acordo sobre o fato de que, além do artista ou da alma excepcional, os outros indivíduos não estão em condições de vibrar intensamente diante de uma bela paisagem e, sobretudo, de descrever a palheta das emoções experimentadas. É possível encontrar esse tipo de distinção até mesmo em um país igualitário e pouco hierarquizado, tal como os Estados Unidos. Por exemplo, em um relatório histórico sobre a melhor maneira de proteger o Vale de Yosemite, Frederick Law Olmsted, paisagista criador do Central Park em Nova York e um dos pioneiros da criação dos grandes parques estadunidenses, faz a seguinte consideração:

1102. Retomo aqui uma sugestão que me foi amavelmente feita por François Crouzet por ocasião da leitura de um artigo que eu lhe tinha enviado.

> É reduzido o número de pessoas que, diante de uma paisagem tal como a de Yosemite, não ficam impressionadas por mais imperceptível que seja a emoção experimentada. Nem todas igualmente, nem todas, talvez, conscientemente e, entre as que têm consciência disso, raras são as que podem exprimir aquilo de que são conscientes. Não há nenhuma dúvida, porém, que todas dispõem dessa sensibilidade, embora esta esteja, para algumas, mais embotada e confusa do que para as outras[1103].

Law Olmsted converte, inclusive, essa faculdade emotiva em um marcador de civilização:

> A capacidade da paisagem para suscitar emoções nos homens é, em grande medida, proporcional ao grau de civilização e de educação no que se refere ao gosto de cada um deles. [...] É uma das numerosas maneiras mediante as quais é possível observar, nos homens, a distinção entre os civilizados e os selvagens[1104].

É surpreendente encontrar em seus escritos uma espécie de sequência dos argumentos de Wordsworth e de outros europeus: a perda da fusão primordial com a natureza induzida pela modernidade europeia permite que os "civilizados" apreciem as belezas paisagísticas e se deixem emocionar por elas, o que, em compensação, é interditado aos "selvagens". Nesse aspecto, desde a origem dos parques nacionais, encontra-se a desqualificação dos ameríndios como ocupantes de territórios dos quais eles não são dignos e dos quais serão, portanto, expulsos...

Se é necessário aprender a ficar emocionado, a emotividade excessiva é frequentemente condenada; a emoção masculina diante de uma paisagem não poderia reduzir-se a uma sensibilidade afetada que, de alguma forma, ficasse na superfície, sem fazer vibrar as profundezas da alma. Levando em consideração o reduzido número de estudos históricos sobre o lugar do gênero na apreciação

---

1103. OLMSTED, F.L. "The Yosemite Valley and the Mariposa Big Tree Grove" [1865], apud HARMON, D. (sob a dir. de). *Mirror of America*: Literary Encounters with the National Parks. Boulder, Col.: Roberts Rinehart, 1989, p. 117. (Salvo menção contrária, a tradução para o francês é do autor deste texto, C.-F. Mathis.)
1104. Ibid., p. 117.

das paisagens, vamos sugerir no máximo algumas pistas[1105]. Sem dúvida, convém recordar o *status* inferior da mulher no século XIX, confinada – mediante um imaginário propagado pela literatura, pela arte ou pela medicina – à esfera doméstica: a fragilidade de seu corpo, assim como as deficiências de sua capacidade intelectual, deixando-a à mercê de todas as tentações, vão convertê-la em um ser, ao mesmo tempo, pretensamente espiritual e sem razão, ou seja, uma pura emotividade. Ela está, então, duplamente limitada em sua apreciação das paisagens: o seu lugar é, antes de tudo, permanecer em casa, sendo pouco concebível que uma mulher de qualidade possa sair do lar; e mesmo que isso venha a ocorrer, ela seria afetada apenas superficialmente pelas paisagens que viesse a observar. A mulher – à semelhança dos selvagens e das crianças –, mais próxima da natureza do que da cultura, carece desse recuo necessário para a adequada apreciação emocional. No livro *Manette Salomon*, publicado em 1867, os irmãos Goncourt reativam esse estereótipo: ao chegar a Fontainebleau, Manette reage de maneira propriamente pueril à paisagem que a cerca, "ela tinha a virgindade tosca e ingênua a respeito de impressões, a hilaridade um tanto boba da parisiense no campo"[1106]. Nesse aspecto, ela diferencia-se fundamentalmente da maneira como os seus companheiros, ambos pintores, apreciam o meio ambiente: Anatole, o mais boêmio de ambos, inocente como uma criança, é o que parece ter uma maior identificação com a floresta, ao passo que Coriolis sente emoções mais profundas e eminentes.

Essa relação imatura com as paisagens circundantes, que seria inerente à natureza da mulher, é contestada evidentemente a partir do século XIX; isso é testemunhado, de maneira ambígua, por Margaret Fuller, uma das personalidades mais importantes do movimento transcendentalista. Em sua obra *Woman in the Nineteenth Century* (1845), considerada como um dos primei-

---

1105. Sobre a questão do gênero e da paisagem cf. *Women and Environmental History*. Oxford: Oxford University Press, 1984. • MERCHANT, C. "Gender and Environmental History". In: *The Journal of American History*, vol. 76, n. 4, 1990, p. 1.117-1.121. • SCHARFF, V. (sob a dir. de). *Seeing Nature Through Gender*. Lawrence, Kan.: University Press of Kansas, 2003.
1106. GONCOURT, E. & GONCOURT, J. *Manette Salomon*. Paris: Flammarion, s.d., p. 257.

ros manifestos feministas desse período, ela nega qualquer diferença entre homens e mulheres, todos habitados por uma parcela de feminilidade e outra de masculinidade; no entanto, é evidente que as características femininas estão frequentemente do lado do coração e da emoção. Fuller defende uma educação mais aprimorada das mulheres, à imagem daquela que ela própria havia recebido, para permitir que elas escapem da escravidão de uma "sensibilidade exaltada". Em 1843, ela descreve – aliás, com uma atenção meticulosa, no relato de sua viagem, intitulado *Summer on the Lakes* – o que sentiu profundamente diante das paisagens oferecidas pelos Grandes Lagos, sem nenhum sentimentalismo, a exemplo de escritoras tão importantes, tais como as irmãs Brontë, George Sand ou George Eliot, às quais atribuem também um lugar central ao meio ambiente natural. Todas elas dão testemunho, face aos contemporâneos, de uma capacidade das mulheres para experimentar e exprimir uma emoção verdadeira suscitada pela paisagem: estudos históricos e literários abordando a percepção do Oeste norte-americano através dos diários íntimos, escritos por esposas e filhas de colonos, mostraram, por sua vez, a existência de diferenças de gênero, mas não se apoiavam em uma emotividade irracional e mórbida[1107].

Sejam quais forem essas diferenças de capacidade emotiva, o que inquieta efetivamente os pensadores dessa época é o risco de uma impassibilidade emocional de seus contemporâneos, os quais, em vez de se beneficiarem com o processo de civilização, mergulhariam de novo em determinada forma de barbárie. Vários riscos são apresentados: o primeiro provém, sem dúvida, da revolução da viagem proporcionada pela estrada de ferro (il. 16, "Train, paysages et émotions" [Trem, paisagens e emoções]). Em uma obra apaixonante, Marc Desportes analisou a maneira como a visão das paisagens modificava-se segundo os meios de transporte[1108]. Ele mostra que, em relação às experiên-

---

1107. MONK, J. "Approaches to the Study of Women and Landscapes". In: *Environmental Review*, vol. 8, n. 1, 1984, p. 23-33.
1108. DESPORTES, M. *Paysages en mouvement*. Paris: Gallimard, 2005.

cias precedentes de deslocamento, a viagem de trem caracteriza-se por uma espécie de anestesia dos sentidos, os quais, salvo a visão, estão desconectados totalmente do território atravessado que se torna – para não dizer, irreal – pelo menos, distanciado. O deslizamento contínuo e em linha reta do trem contribui para essa desrealização da paisagem, observada através de uma vidraça, sem sofrer as suas coações físicas – curvas, solavancos, encostas etc. O desaparecimento de qualquer tipo de volição – a pessoa é movida, não se move – fortalece também esse desapossamento. A visão é, portanto, o único sentido ainda capaz de suscitar eventualmente uma emoção – mas, nesse caso também, a experiência particular do caminho de ferro vai torná-la pouco provável: o viajante – sem ter a possibilidade seja de antecipar a respeito da paisagem vindoura, ou de reter ou demorar-se em relação à que está sob os olhos, obrigado a olhar ao longe para ver algo – é reduzido a uma visão designada, com justeza, por Marc Desportes como panorâmica e que não passa, finalmente, do instantâneo. Essa superficialidade da experiência paisagística no decorrer de uma viagem de trem é exatamente o que torna John Ruskin tão crítico a seu respeito: ao impedir uma relação mais próxima com a paisagem, o trem impede que esta venha a impregnar, de maneira duradoura, a alma dos viajantes, por falta de emoção. Como afirma, de maneira divertida, um dos fundadores do cotidiano parisiense, *Le Figaro*, Maurice Alhoy, em sua obra *Physiologie du voyageur* (1841 [Fisiologia do viajante]): "Ninguém consegue viajar pelas estradas de ferro... A pessoa limita-se a chegar a algum lugar..."[1109]. Daí, a imagem do homem-pacote, utilizada tão frequentemente para descrever os desditosos assim transportados, reduzidos – por Vigny em seu livro *La Maison du Berger* (1864 [A casa do pastor]) ou por Ruskin em *The Seven Lamps of Architecture* (1849 [As sete lâmpadas da arquitetura]) – a simples pacotes desprovidos de emoções e de senso estético: "A estrada de ferro [...] transforma o viajante em bagagem viva. Durante determinado tempo, o viajante troca as características mais nobres de sua humanidade por

---

1109. ALHOY, M. *Physiologie du voyageur* [1841]. Paris: Aubert, 1847, cap. 8.

um poder planetário de locomoção. Não tentem pedir-lhe para admirar seja lá o que for"[1110].

No desenvolvimento urbano e industrial, encontra-se também outra razão apresentada para explicar o embotamento emocional do século XIX, o que poderia parecer, em uma primeira abordagem, contraditório porque esse rápido desenvolvimento está, pelo contrário, na origem de poderosas emoções. As cidades que, à semelhança de Londres, parecem estender-se sem qualquer limite, as indústrias que erguem as suas chaminés gigantescas para um firmamento cinza de fumaça, dominantes sobre terrenos devastados, negros de carvão, provocam estupefação, repulsa e medo. Em seu livro *The Old Curiosity Shop* (1841 [A loja de antiguidades]), Charles Dickens sabe servir-se habilmente dessa constatação quando descreve a fuga de sua heroína para fora de uma região inglesa adequadamente chamada "Black Country":

> À medida que os viajantes mergulhavam na sombra desses lugares lúgubres, eles sentiam que essa influência deprimente penetrava até o fundo de sua alma, a qual se impregnava de um sombrio desânimo. De todos os lados e a perder de vista, era possível observar ao longe manchas de fumaça projetadas por altas chaminés, comprimidas umas contra as outras, repetindo indefinidamente, como no asfixiante horror de um pesadelo, a mesma silhueta monótona e feia, vomitando a sua fumaça pestilenta, encobrindo a luz e viciando o ar que elas não cessavam de enegrecer[1111].

A paisagem industrial poderia ser salvaguardada, no máximo, esteticamente quando é vista de noite e provoca, então, emoções associadas ao sublime: em particular, os altos fornos avermelhados em plena escuridão evocam visões infernais que suscitam fortes emoções aos viajantes. John Martin, célebre pintor britânico, ao ilustrar o poema épico, *The Paradise Lost* (1667 [O paraíso per-

---

1110. RUSKIN, J. *Les Sept Lampes de l'architecture*. Trad. fr. por George Elwall. Paris: Les Presses d'aujourd'hui, 1980, p. 126 [Orig.: *The Seven Lamps of Architecture*, 1849].
1111. DICKENS, C. *Le Magasin d'antiquités*. Trad. fr. por Marcelle Sibon. Paris: Gallimard, 1962, p. 385 [Orig.: *The Old Curiosity Shop*, 1841; ed. port.: *A loja de antiguidades*. Trad. de Ersílio Cardoso. Lisboa: E-Primatur, 2018].

dido]) de Milton, em 1827, há de inspirar-se nas cidades industriais do norte da Inglaterra para representar o inferno, mineral e desmesurado, acentuando, graças à gravura, os seus efeitos sobre a obscuridade[1112] (il. 12, "Un sublime industriel" [Um sublime industrial]).

Apesar dessa possível absolvição pelo sublime, a paisagem industrial e a da cidade de grande porte permanecem relativamente ignoradas pelos pintores e, sobretudo, conservam o seu potencial de agressividade. Walter Benjamin, em seus ensaios sobre Baudelaire, estuda a maneira como os contemporâneos do poeta percebiam a multidão das grandes cidades, chegando à conclusão de que ela manifestava estas três emoções: medo, repugnância e horror. E como exemplo elucidativo, ele indica Friedrich Engels, o amigo de Marx, que redigiu, em 1845, *Die Lage der Arbeitenden Klasse in England* [A situação da classe operária na Inglaterra]. Para este pensador, com efeito, a multidão, repugnante, obriga o homem confrontado diariamente com ela a sufocar algumas de suas faculdades, a isolar-se em si mesmo para evitar a repulsa inspirada pelo caos à sua volta – ele não passa de uma mônada[1113]. Benjamin deduz daí a noção de "olho protetor", evocado sucintamente por ele: o citadino deve, sem cessar, proteger-se das agressões físicas e sensoriais que o envolvem[1114]. Compete ao olho fazer a triagem, aprender a evitar ser impregnado, sem seu conhecimento, por imagens ou sensações que o viessem afetar de maneira demasiado profunda[1115]. A emoção fica, deste modo, entorpecida: o mundo moderno faz com que a sua expressão se torne mais difícil. Daí em diante, segundo alguns críticos dessa época, nada além das coisas vulgares e banais consegue tocar a sensibilidade

---

1112. MILTON, J. *The Paradise Lost, with Illustrations, Designed and Engraved by John Martin*. Londres: Septimus Prowett, 1827 [Ed. bras.: *Paraíso perdido*. Trad. de António José de Lima Leitão. Vol. XIII. Rio de Janeiro: W.M. Jackson, 1956, "Clássicos Jackson"].
1113. ENGELS, F. *La Situation de la classe laborieuse en Angleterre*. Paris: Éditions Sociales, 1960, p. 37-38 [Orig.: *Die Lage der Arbeitenden Klasse in England*, 1845; ed. bras.: *A situação da classe trabalhadora na Inglaterra*. São Paulo: Boitempo, 2008].
1114. BENJAMIN, W. "Sur quelques thèmes baudelairiens". Art. cit., p. 203-204.
1115. MALLETT, P. "The City and the Self". In: WHEELER, M. (sob a dir. de). *Ruskin and Environment*. Manchester: Manchester University Press, 1995, p. 38-51.

embotada de seus contemporâneos. Os operários embrutecidos teriam falta de refinamento emocional, em particular, diante das paisagens, à força de estarem rodeados das fealdades e agressões perpétuas do meio urbano. Um simples prado, alguns campos, em suma, um pouco de verdura seriam suficientes para eles, ao passo que as paisagens capazes de suscitar emoções mais complexas, especialmente aquelas paisagens de montanha, seriam reservadas à apreciação de mentes mais sutis... "Se [os operários] não conseguem apreciar a paisagem dessa maneira, é pelo fato de serem incapazes seja lá para o que for; [...] e as suas mentes não estariam em melhores condições para contemplar a paisagem de tal lago [Windermere] do que a de Blackpool"[1116]. Na geração anterior, Wordsworth já havia estabelecido como um fato a incapacidade da massa da população para apreciar, em seu justo valor, as belezas naturais de territórios excepcionais, por exemplo, o Lake District.

A última razão suscetível de explicar essa perda de sensibilidade encontra-se, sem dúvida, no fenômeno de uniformização da experiência emocional suscitada pela paisagem. De fato, é provável que as viagens de massa e os guias circunscrevam o espectro emocional do encontro com a natureza, sem deixarem, no entanto, de democratizá-lo. O sucesso dos guias Baedeker, Murray ou Joanne, por exemplo, é inegável, e eles acompanham perfeitamente o viajante ajudando-o a determinar o que ele deve ver e a maneira como proceder, aliás, à imagem, um século mais tarde, dos *Guides bleus* – guias de viagem, em língua francesa, publicados desde 1841 – que serão o tema de uma das *Mythologies* [Mitologias] de Roland Barthes, encarnação aqui justamente da burguesia do século XIX[1117]. Na preparação do olhar – e, às vezes, do corpo inteiro – para a experiência a viver futuramente (tal paisagem "espetacular", tal panorama "grandioso", tal região "pitoresca"), o guia diminui a surpresa, freia a espon-

---

1116. John Ruskin, "Prefácio" de SOMMERVELL, R. *A Protest Against the Extension of Railways in the Lake District*. Windermere: Garnett, 1876, p. 6.
1117. BARTHES, R. "Le *Guide bleu*". In: *Mythologies*. Paris: Seuil, 1957, p. 121-125 [Ed. bras.: "O *Guide bleu*". In: Mitologias. Trad. de Rita Buongermino e Pedro de Souza. 11. ed. Rio de Janeiro: Bertrand Brasil, 2001, p. 72-75].

taneidade e coloca a expressão das emoções no mesmo nível. De algum modo, ele promove exatamente o inverso da estrada de ferro que, em todo o seu trajeto, oferece uma sucessão brutal de panoramas: o guia antecipa demais, enquanto o trem não antecipa nada. Não é de admirar que, no começo, esses guias tenham sido promovidos para acompanhar as viagens de trem, assim como para tentar encontrar o meio-termo entre os dois excessos, mas sem grande sucesso. A novidade está sobretudo na utilização de uma linguagem estereotipada e na massificação da experiência diante da paisagem, as quais destroem justamente a personalização da emoção singular que seria desejável que viesse a experimentar aquele que, daí em diante, não passa de um turista, tendo deixado de ser um viajante... A emoção não é, evidentemente, impossível, mas corre simplesmente o risco de ser reduzida, banalizada. Ela limita-se também àqueles territórios balizados pelos guias, ignorando as outras potencialidades em termos de paisagens das regiões atravessadas. E isso é tanto mais verídico na medida em que o turismo impõe modificações aos lugares que lhe parecem ser mais atraentes. Os sítios são preparados para responder às expectativas dos visitantes, o que nem sempre corresponde ao gosto de todos... aliás, Flaubert relata, por ocasião de sua viagem ao Oriente, essa amarga experiência[1118]. Eis o que ele afirma, em 20 de agosto de 1850, a Louis Bouilhet sobre a sua estadia em Jerusalém:

> Fizeram tudo o que foi possível para que os lugares santos se tornassem ridículos. É coisa do capeta: por toda a parte, hipocrisia, cobiça, falsificação e falta de vergonha; quanto à santidade, nem sombra. Detesto esses palhaços por não ter tido ocasião para me emocionar; afinal de contas – e você me conhece bem – era tudo o que eu queria.

Em compensação, ele confessa ao mesmo interlocutor, em 19 de dezembro de 1850, a emoção experimentada em Atenas:

> Sem brincadeira, fiquei mais emocionado do que em Jerusalém, não tenho receio de afirmar isso; ou, pelo menos, de uma manei-

---

1118. Cf. a sua correspondência na internet: Flaubert.Univ-Rouen,fr

ra mais verdadeira, considerando que era menor o peso da ideia preconcebida. Aqui, senti uma maior afinidade, algo mais familiar para mim. Isso também aconteceu, talvez, porque não era assim tão grande a minha expectativa.

A surpresa, que não deixa de se apoiar em certa familiaridade de cultura ou de pensamento, torna possível, portanto, uma emoção mais adequada e pessoal; Jerusalém, pelo contrário, à força de pretender excitar demais os sentidos e os sentimentos, nada conseguiu além da atonia emocional. Nesse mesmo sentido, em um estudo sobre a maneira de ver a Inglaterra já modificada pelo rápido desenvolvimento do turismo, sobretudo, a partir do século XVIII, Ian Ousby enfatiza uma moda particular pelas "paisagens literárias" (*literary landscapes*): procuram-se os espaços evocados nos grandes romances ou poemas dessa época, obtendo assim uma emoção fácil, enquadrada, que ignora insolentemente as outras paisagens nas imediações[1119]. O Lake District do poeta Wordsworth, o Dorset de Thomas Hardy, o Devon de Charles Kingsley tornam-se assim lugares de peregrinação padronizada, assim como as charnecas do norte da Cornualha, popularizadas em 1869 pelo primeiro grande romance regionalista britânico *Lorna Doone*, de Richard Doddridge Blackmore.

A partir de então, não surpreende ver artistas e pensadores manifestarem-se inquietos com uma possível agravação dessa impassibilidade ou banalidade emocional e com as suas consequências. Se, para alguns deles, esse fenômeno parece não ter remédio, todos estão de acordo em geral, sobretudo, a partir da segunda metade do século, em relação tanto à necessidade de estimular uma faculdade compartilhada, embora entorpecida no povo, quanto à importância de uma verdadeira (re)educação – nomeadamente, das crianças – visando a emoção diante das paisagens. Esse é o argumento de Élisée Reclus no ensaio já evocado: "O sentimento da natureza, assim como o gosto pelas artes, desenvolve-se pela educação"[1120]. Com certeza, não se trata, propriamente falando,

---

1119. OUSBY, I. *The Englishman's England*. Londres: Pimlico, 2002, p. 144.
1120. RECLUS, É. "Du sentiment de la nature dans les sociétés modernes". Art. cit., p. 370.

de emoção, mas esta é claramente o corolário do sentimento: é pela emoção experimentada diante de uma bela paisagem que se pode aprender a apreciá-la. Em um artigo notável publicado em *Le Temps*, em 1872, George Sand acaba fazendo a mesma afirmação:

> Meu desejo é que alguém possa ser um excelente notário e poeta em seu devido tempo, percorrendo o campo ou atravessando o Rio Sena. Meu desejo é que todos os homens recebam uma formação completa e que não lhes seja proibida nenhuma iniciação. É um preconceito acreditar que alguém tenha necessidade de conhecer as sutilezas da linguagem, os recursos da palheta ou a técnica das artes para tornar-se um crítico requintado e, para si mesmo, um excelente sensitivo. Exprimir é uma faculdade adquirida, mas apreciar é uma necessidade e, por conseguinte, um direito universal. A missão dos artistas consiste precisamente em esclarecê-lo e consolidá-lo; mas convidamos todos os homens a servir-se desse direito para si próprios, tirando daí a sua fruição, além de saber buscá-la e saboreá-la, sem que por isso acreditem estar dispensados de serem bons negociantes e trabalhadores ou notários bem qualificados[1121].

É revelador que essas linhas tenham sido escritas por Sand em um artigo dedicado à defesa da floresta de Fontainebleau: emoção e proteção das paisagens estão, com efeito, estreitamente associadas.

A emoção nacional e o exotismo

Por fugaz que seja a emoção, ela deixa vestígios, às vezes, indeléveis, nas almas que estão sob sua influência, além de convidar à ação: na origem da preservação dos primeiros espaços naturais, seja na França, Grã-Bretanha ou Estados Unidos, encontram-se sempre figuras tutelares que haviam ficado profundamente impressionadas por suas paisagens.

É o que se passa com a Floresta de Fontainebleau. Senancour, em seu romance, *Obermann*, vai evocá-la em numerosas oportunidades, assim como as emoções

---

1121. SAND, G. "La forêt de Fontainebleau". In: *Le Temps*, 13/11/1872.

suscitadas nele por essa floresta. Mas a primeira edição, em 1804, foi um total fracasso. Parece-nos significativo que tenha sido preciso esperar as duas edições sucessivas, em 1833 e 1840, para que essa obra tivesse chamado a atenção – com o apoio eminente de Sainte-Beuve e de George Sand. É, de fato, durante essa década que esse lugar chega a suscitar interesse. Desde 1837, Luís Filipe suspende determinados cortes previstos pelo departamento de Eaux et Forêts [Águas e Florestas] a pedido dos artistas da École de Barbizon: Théodore Rousseau, sobretudo, mas também Narcisse Diaz, Jean-François Millet, Charles-François Daubigny e um grande número de outros nomes começaram efetivamente, durante os anos de 1830, a oferecer uma nova maneira de ver o mundo natural e, em particular, essa floresta, graças à pintura de paisagem, elaborada por eles, que se afasta do academicismo ainda de rigor (il. 15, "Peindre l'émotion paysagère" [Pintar a emoção suscitada pela paisagem]). Nesse aspecto, eles foram apoiados – embora tal combate comum suscitasse, às vezes, algumas tensões – por um guia autoproclamado de Fontainebleau, Claude-François Denecourt, ex-soldado napoleônico que se apaixonou pela floresta a ponto de dedicar-lhe o resto de sua vida: durante dez anos, ele a percorreu, traçou as veredas, deu nome aos lugares e instalou marcos para orientar as caminhadas. Em suma, ele contribuiu para torná-la o lugar de passeio privilegiado de parisienses que, daí em diante, se beneficiavam do caminho de ferro para chegarem a Fontainebleau. Assim, sob o impulso de Denecourt, além do apoio recebido por ele por parte de numerosos artistas – sobretudo, escritores e pintores –, é que em 1861 foi criada a primeira "reserva artística" da França, mediante a proibição de cortes e pedreiras em 1.097 hectares dessa floresta. Para aqueles que desejavam a sua proteção, o lugar fica sobrecarregado de emoções. E o próprio Denecourt vai revelar as razões de seu apego: "Estamos tão felizes no meio desses aprazíveis desertos, entre essas árvores gigantescas e esses rochedos tão antigos quanto o mundo! Neste local, encontramos a paz, a felicidade e a saúde. O coração e a alma saboreiam aí uma enorme quantidade de fruições deliciosas"[1122].

1122. Claude-François Denecourt, apud LUCHET, A. "Pour qui ce livre est fait". In: *Hommage à C.-F. Denecourt* – Fontainebleau. Paris: Hachette, 1855, p. 10.

Como é sugerido por esse testemunho, as emoções suscitadas por essa floresta emanam de três características principais: a sua solidão, o seu aspecto selvagem e a sua antiguidade. É o que se encontra nos pintores de Barbizon, assim como nos escritores ou nos guias publicados pelo próprio Denecourt: estes, conforme a elucidativa demonstração de Jean-Claude Polton, colocam em evidência o inusitado, o que suscita de preferência a emoção e não tanto a compreensão geral do meio ambiente natural. O abuso por parte de Denecourt e de alguns dos nomes imaginários, aterrorizantes ou históricos para designar este ou aquele monumento natural contribui evidentemente para essa geografia do mistério propícia a provocar calafrios e emoções: Caverne des Brigands [Caverna dos salteadores], Antre des Druides [Antro dos Druidas], Gorge des loups [Desfiladeiro dos lobos], Chêne Charlemagne [Carvalho Carlos Magno], o Pharamond...[1123]

A eficácia do procedimento é demonstrada ironicamente pela célebre descrição da estadia de Rosanette e de Frédéric, em Fontainebleau, no livro *L'Éducation sentimentale* (1869 [A educação sentimental]) de Flaubert. É uma espécie de sucessão de lugares-comuns do turista nessa cidade: evidentemente, a solidão e a selvajaria do lugar ao subir até o cume de Apremont, as rochas amontoadas, as árvores antigas e enormes que provocam uma admiração inefável; evidentemente, os bares e cabarés nos quais é possível tomar uma refeição para reparar as suas forças, as veredas devidamente assinaladas e a lista de todos os lugares a não perder; evidentemente, os rastros de um passado imemorial, o dos apocalipses geológicos ou dos acontecimentos nacionais. E, em seguida, as emoções, o susto no momento em que os rochedos, sob os efeitos da luz, parecem animar-se, mas, sobretudo, o enlevo do isolamento, a plenitude do bem-estar:

> De pé, um perto do outro, em alguma eminência do terreno, eles sentiam, ao aspirar o vento, entrar em sua alma como que o orgulho de uma vida mais livre, com a superabundância de forças, uma alegria sem causa[1124].

1123. POLTON, J.-C. *Tourisme et nature au XIXe siècle*. Paris: CTHS, 1994, p. 142-143.
1124. FLAUBERT, G. *L'Éducation sentimentale* [1869]. Paris: Le Livre de Poche, 1983, p. 379.

Fontainebleau adquire assim, no século XIX, um lugar particular na geografia emocional dos franceses e, em particular, dos parisienses. Pensemos ainda em Musset que, em sua obra *Confession d'un enfant du siècle* (1836 [Confissão de um filho do século]), evoca os passeios melancólicos com George Sand; ou em Coriolis, o herói do romance – *Manette Salomon*, dos irmãos Goncourt – que sente "uma emoção, quase religiosa"[1125], ao penetrar na floresta pela alameda de Bas-Bréau. Nessas condições, não haveria nenhum motivo para espantar-se diante dos esforços, coroados de sucesso, para preservar esse território.

Na Inglaterra, do mesmo modo, a região dos lagos torna-se o centro do movimento de proteção da natureza, graças à publicidade promovida por Ruskin e por outros autores em relação às emoções despertadas pela natureza em quem é dotado da capacidade para apreciá-la: como diz Wordsworth, para usufruir plenamente desse lugar e ter o desejo de defender os seus interesses, impõe-se ainda ter "olhos para ver e um coração para apreciar"[1126].

Do outro lado do Atlântico, o tipo de procedimento adotado não é diferente. No momento em que John Muir descobre o Vale de Yosemite, em 1868-1869, este já está parcialmente protegido, graças a Abraham Lincoln que, em 1864, o havia convertido em uma espécie de parque regional confiado à Califórnia (il. 17, "L'émotion pour protéger le paysage" [A emoção para proteger a paisagem]). É sob o impulso de Muir, no entanto, que Yosemite há de tornar-se, em 1890, o segundo parque nacional do país depois de Yellowstone. Muir dedicará a sua vida à proteção da natureza norte-americana e, em particular, dessa região. Com esse objetivo, ele funda, em 1892, o Sierra Club, ainda em atividade, que reúne intelectuais prestigiosos e desempenha um papel essencial nesse combate em favor da preservação. Os testemunhos que Muir nos deixou de sua experiência, nesse espaço, estão isentos de qualquer ambiguidade. Ele é intimamente emocionado pelo que vê: "Renasci" – diz em sua primeira e breve

---

1125. GONCOURT, E. & GONCOURT, J. *Manette Salomon*. Op. cit., p. 261.
1126. WORDSWORTH, W. *Guide to the Lakes*. Ed. de Ernest de Sélincourt. Oxford: Oxford University Press, 1970, p. 92.

estada aí em 1868[1127]. No ano seguinte, ao passar "um verão na Sierra" para acompanhar as ovelhas em transumância, ele repete, dia após dia, os mesmos êxtases profundos, a mesma jubilação quase delirante: "Gritei e gesticulei em um brusco transbordamento de êxtase"[1128].

Esse desejo obstinado visando a proteção desses espaços emana, com toda a certeza, da relação singular com o tempo, suscitada por eles. É algo bastante surpreendente que, sendo por essência efêmera, a emoção se torna, às vezes, tão forte que parece aniquilar o tempo. Esse aspecto é sublinhado, em particular, pelos escritores norte-americanos, os quais insistem sobre a pujança de estar-aí das paisagens que eles contemplam. Isso deve-se, sem dúvida, a uma civilização voltada inteiramente para o futuro e para o movimento, e à qual acabam escapando os esplêndidos territórios imemoriais que ela descobre; sem dúvida, seria possível também encontrar aí uma forma de nostalgia da separação em relação à natureza sob os ataques da civilização. Os espaços selvagens ainda preservados convertem-se, então, para o homem *solitário*, uma fonte de regeneração e purificação. Nesses locais, Frederick Law Olmsted vê uma maneira de renovação para mentes cansadas pela preocupação com o futuro, enquanto Muir evoca uma espécie de imortalidade surgida da fusão com os elementos naturais: "A vida não parece ser longa, nem curta; e, à semelhança das árvores e estrelas, também não sonhamos em ganhar tempo ou ter pressa. Eis a verdadeira liberdade, eis uma espécie de imortalidade, excelente e prática"[1129].

Todos, em suma, evocam as longas horas de contemplação, de arrebatamento (termo recorrente nos textos desses escritores), sob a inspiração do espetáculo da natureza e do sentimento de fazer intimamente parte dela. Thoreau é um dos que experimentou, com deleite, essa dilatação do tempo:

> Houve instantes em que não me senti com o direito de substituir a flor do momento presente por nenhum trabalho, seja mental ou

---

1127. John Muir, apud Michel Le Bris, em seu "Prefácio" para *Un été dans la Sierra*. Op. cit., p. 9.
1128. Ibid., p. 110.
1129. Ibid., p. 45.

manual. Amo de paixão a minha vida. Às vezes, em uma manhã de verão, tendo tomado o meu banho costumeiro, eu ficava sentado à entrada da casa ensolarada, do nascer do sol até o meio-dia, perdido em devaneios [...]. Não era absolutamente um tempo subtraído à minha vida, mas que estava muito para além de minha razão costumeira. [...] Do mesmo modo que, empoleirada no ipê diante de minha porta, a toutinegra gorjeava, assim também eu tinha o meu riso interior[1130].

Como, então, seria possível esquivar-se a preservar a possibilidade desses instantes de suspense?

Esse desejo surge também do que poderíamos designar como uma espécie de emoção nacional: o tempo suspenso introduz em uma forma de eternidade, mas que é – frequentemente, na Europa, pelo menos – a da nação[1131]. As paisagens em questão parecem falar, de fato, a linguagem dos tempos antigos, do passado imemorial da pátria: é o caso de Drachenfels, na Alemanha; da floresta de Fontainebleau, na França, classificada como monumento nacional; da região dos lagos, na qual seriam encontrados os vestígios de uma *Old England* em via de desaparecimento. Nos Estados Unidos, seria impossível, evidentemente, remontar tão longe, e o deleitável confronto com a paisagem refere-se, de preferência, ao homem e a Deus, em vez da nação em si. No entanto, nessa relação particular, individual e mística, que se estabelece com determinados espaços naturais – à imagem do que se realiza mediante a conquista do Oeste – surge algo característico da alma norte-americana, do espírito dessa nação em devir[1132].

Esse fortalecimento do sentimento nacional encarnado em determinadas configurações paisagísticas, mas também as facilidades crescentes de comunicação, facilitadas pelas estradas de ferro e pela melhoria da navegação,

---

1130. THOREAU, H.D. *Walden, ou la Vie dans les bois* [1854]. Paris: Gallimard, 1980, p. 131-132.
1131. WALTER, F. *Les Figures paysagères de la nation*. Paris: L'Ehess, 2004.
1132. CABAU, J. *La Prairie perdue*. Paris: Seuil, 1981. A pradaria perdida pela conquista do Oeste é a inocência perdida, o paraíso destruído – mito de origem do romance norte-americano e motivação primordial da criação dos parques norte-americanos.

incentivam em compensação a mudança de ares [*dépaysement*]. Na continuidade das grandes viagens de exploração do século XVIII, sob um modo mais sensacionalista, sem dúvida, e mais popular, o alhures atrai, fascina, adquire tanto mais sentido na medida em que se inscreve à distância das paisagens do território nacional. Os principais escritores do século XIX, além de terem feito numerosas viagens, relatam os seus périplos[1133]: *Itinéraire de Paris à Jérusalem* [Itinerário de Paris a Jerusalém] por Chateaubriand, em 1806 (publicado cinco anos mais tarde); *Voyage en Orient* [Viagem ao Oriente] por Lamartine, em 1835; viagens na Espanha, Itália, Rússia, Egito, Argélia por Gautier; viagens pela Europa no caso de Byron e de sua *Childe Harold's Pilgrimage*. Os romances de aventuras participam dessa moda da mudança de ares e de sua popularização: Gabriel Ferry, Gustave Aimard ou Thomas Mayne Reid, tanto na Europa quanto nos Estados Unidos, conhecem assim, em sua época, certa notoriedade. E o que dizer da obra *Voyages extraordinaires dans les mondes connus et inconnus* [Viagens extraordinárias em mundos conhecidos e desconhecidos] de Júlio Verne, publicada a partir de 1866 com *Cinq semaines en ballon* [Cinco semanas em um balão]? Ao falecer, em 1905, ele terá publicado uns sessenta romances, tendo vendido mais de um milhão de exemplares; nesse ponto, ele é um marco essencial na renovação de um imaginário popular em busca de exotismo[1134].

Essa alteridade em relação à paisagem não é necessariamente longínqua: a moda das viagens para a Escócia – suscitada no último terço do século XVIII pelos poemas tanto de Ossian/Macpherson quanto de Robert Burns e, a partir de 1814, pelas *Waverley Novels* de Walter Scott que conhecem um sucesso considerável – atrai numerosos turistas para essas regiões estranhas, *exóticas*. Tais viagens deixam impressões variáveis, às vezes, penosas e, quase sempre, desconcertantes – como mostra a viagem realizada por Keats na esteira de Burns,

---

1133. THOMPSON, C.W. *French Romantic Travel Writing*. Oxford: Oxford University Press, 2011.
1134. VENAYRE, S. *La Gloire de l'aventure* – Genèse d'une mystique moderne, 1850-1940. Paris: Aubier, 2002, p. 40-46.

em 1818[1135]. Se a emoção é previsível, isso deve-se ao fato de que ela se baseia em certa antecipação que pode ser decepcionante ou acaba por confirmar-se. É o que transparece no relato que Charles Nodier faz de sua estadia escocesa, em 1821:

> Embora não tivéssemos tomado nenhuma precaução contra esse acontecimento [uma chuva de granizo], *o desapontamento* experimentado por nós influiu pouco sobre as impressões que vínhamos buscar, e atravessamos a Paróquia de Macline soltando gritos de entusiasmo a respeito dos lugares pitorescos e selvagens que, a cada instante, mostram o percurso e os acidentes de um rio romântico[1136].

Ao dirigir-se a essas regiões, trata-se efetivamente de responder a uma expectativa suscitada pela literatura e que pode encontrar-se frustrada se as condições, especialmente meteorológicas, não forem favoráveis, mas também – como afirma Nodier nas primeiras linhas de sua obra – de escrever "os seus sentimentos e não tanto as suas observações"[1137].

Essa mudança de ares é procurada cada vez mais longe, nos impérios coloniais que se consolidam e se estendem[1138]. Tal iniciativa deve-se, sem dúvida, à busca de uma natureza pretensamente original em via de desaparecimento na Europa: o sentimento – por exemplo, bastante nítido a partir dos anos de 1860, na Inglaterra – de uma artificialização crescente dos espaços naturais em proveito das cidades, da agricultura e da indústria, incentiva certamente a garantir a preservação dos mesmos para aqueles que permanecem, mas igualmente a experimentar o frêmito da alteridade nas terras distantes. A África, cuja conquista interior está em seu começo, converte-se no terreno privilegiado dessas emoções suscitadas por novas paisagens. Os relatos de célebres exploradores, tais como os de Richard Francis Burton, uma das personalidades mais complexas de

---

1135. WHITE, R. "Emotional Landscapes: Romantic Travels in Scotland". In: *The Keats-Shelley Review*, vol. 27, n. 2, 2013, p. 76-90.
1136. NODIER, C. *Promenade de Dieppe aux montagnes d'Écosse*. Paris: Barba, 1821, p. 294.
1137. Ibid., p. 5.
1138. VENAYRE, S. *La Gloire de l'aventure*. Op. cit., p. 46-54.

sua época, alimentam esse desejo de estranheza: "Enfim! De novo, o meu destino leva-me a escapar da vida carcerária da Europa civilizada e a refrescar corpo e alma no estudo da Natureza em sua forma mais nobre e admirável – o Nu"[1139]. Paisagens primitivas, selvagens que, além de fascínio, provocam repulsa: "[...] a estrada mergulhava em uma selva na qual o viajante europeu via a realização de todas as ideias preconcebidas a respeito de uma África, simultaneamente, hedionda e grotesca. [...] Do centro da Tanzânia ao sopé das montanhas Usagara, a África Oriental apresenta um verdadeiro espetáculo assustador"[1140]. Uma bela ilustração disso encontra-se no *best-seller* de Henry Rider Haggard, *King Solomon's Mines* [As minas do Rei Salomão], publicado em 1885. Enquanto escritor perspicaz, Haggard sabe tirar partido das expectativas dos leitores e dar preferência ao exotismo em seu relato. As descrições de paisagens servem-se habilmente do esplendor de sua estranheza: é a chegada a Durban de barco, sob o luar, que deixa os viajantes "silenciosos e emocionados"; é a solidão da savana que é "aterradora". Nessa obra, à semelhança do que ocorre em tantas outras, a evocação das caçadas[1141] é uma passagem obrigatória dos novos ares exóticos: animais selvagens, a natureza particular e desconcertante desses ambientes, além de constituírem uma moldura, são a condição de possibilidade dessas caçadas e das emoções proporcionadas por estas. Daí, os sucessos de livraria que obtêm essas obras, tais como os *Five Years' Adventures in the Far Interior of South Africa* (1850) pelo oficial Gordon-Cumming, cuja edição de 1856 chega inclusive a superar as vendas de Dickens!

Um lugar parece ter encarnado, particularmente, a radical alteridade em relação à paisagem e, por isso mesmo, ter suscitado emoções singularmente fortes: o deserto (il. 14, "L'émoi du désert" [A emoção do deserto]). O fascínio pelo Oriente e, especialmente, por suas extensões desérticas, deve-se muito à expedição do Egito (1789-1801) e à conquista da Argélia a partir de 1830.

1139. BURTON, R.F. *The Gold Mines of Midian* [1878]. Bremen: Verlagsgesellschaft, 2012, p. 1.
1140. BURTON, R.F. *Wanderings in Three Continents*. Londres: Hutchinson, 1901, p. 108-109.
1141. Cf. mais acima, Sylvain Venayre: "A época das grandes caçadas", p. 376.

Guy Barthèlemy sublinhou os efeitos emocionais desses espaços, propriamente falando, incomensuráveis[1142]. Na "ode-sinfonia" de Félicien David sobre um livro de Auguste Colin com a data de 1844, há uma experiência sublime de exaltação da alma que se encontra também no poema de Lamartine *Le Désert, ou l'Immatérialité de Dieu* (1856 [O deserto, ou a imaterialidade de Deus]). O deserto, porém, pela absoluta estranheza de seu nada e de sua luz, embaralha as categorias, torna-se ilegível, parece impedir a sua representação. Ninguém evidenciou isso melhor do que Eugène Fromentin, pintor que busca, justamente pela literatura, as chaves de compreensão dessa surpreendente paisagem:

> Além da emoção intensa e súbita produzida pela estranheza dos lugares [...], da grandeza extraordinária dos panoramas, começo a experimentar uma espécie de embriaguez, causada sem dúvida pelo calor e pela quantidade de luz que absorvo [...]. Bela região – digam o que disserem, é mesmo assim bela – embora eu compreenda que seja possível morrer aí de tédio e apesar da suprema tristeza que se exala daí. [...] Algumas vezes, em seu mais elevado grau de temperatura e de calor, ela assume um caráter ameaçador e, então, é suscetível de produzir sensações acabrunhantes. [...] Nenhuma outra região foi menos atrativa para mim, causando-me, no entanto, a maior emoção[1143].

A experiência da alteridade em relação à paisagem e as emoções desconcertantes proporcionadas por ela avivam, por contraste, a saudade da paisagem natal. Sylvain Venayre mostrou admiravelmente como o período que se estende do começo do século XIX aos anos de 1880 constitui uma idade de ouro para a nostalgia, considerada então como uma doença fisiológica. Afecção do ser sensível, ela começaria por atingir os habitantes de regiões escarpadas e sublimes: a ausência de uma montanha, para quem está habituado a esse elemento natural, é mais dolorosa do que o distanciamento da planície, cujos

---

1142. BARTHÈLEMY, G. *Fromentin et l'écriture du désert*. Paris: L'Harmattan, 1997.

1143. Extrato não publicado do manuscrito citado por Anne-Marie Christin em sua edição de FROMENTIN, E. *Un été dans le Sahara* [1857]. Paris: Flammarion, 2009, p. 271, nota 1. Para uma sutil explicação desse trecho, cf. BARTHÈLEMY, G. *Fromentin et l'écriture du désert*. Op. cit., p. 102-106.

efeitos sobre a alma são menores. Ela é variável também segundo a idade – o torrão natal é mais marcante para o ser humano porque a mente da criança é mais impressionável do que a do adulto; segundo o sexo – considerando que a mulher é afetada apenas superficialmente por emoções, ela terá um grau menor de nostalgia; e segundo as categorias de população – os suíços, os bretões e os corsos, considerados como muito próximos de um estado natural, serão os mais sensíveis e aptos à sensação do desgosto nostálgico[1144]. Como sublinhou Thomas Dodman, esse mal do século dizima tanto os soldados do Império e, em seguida, os que vão combater na Argélia quanto os colonos que vão instalar-se nesse território[1145]. Ele é provocado pela estranheza geral dos países atravessados ou conquistados: "Exilemo-nos... Vamos partir para a Argélia / Pelos rochedos, deixemos nossos belos vales", cantava-se nos bares parisienses[1146], enquanto "a visão incessante de uma terra seca, gretada, de montanhas sem verdura, submerge [os colonos] na tristeza, na nostalgia e no desânimo"[1147].

Essa nostalgia passa, em seguida, por um processo de não medicação – para esse distúrbio físico, adota-se o tratamento da aclimatação –, levando-a a introduzir-se progressivamente no campo literário: ela converte-se em uma patologia benigna e culturalista. Já não é explicada como o efeito de uma modernidade com desestabilizações geográficas e emocionais tão fortes que ela acabaria afetando os corpos, mas como o resultado do apego ao pequeno torrão natal, a expressão do amor pela pátria. Ela torna-se, desde então, aceitável e, até mesmo, indispensável, para que o colono não perca, nas regiões estrangeiras em que ele se instala, o apego à sua terra natal. Para responder a essa exigência, assiste-se à criação, por exemplo, na Argélia, de comunidades que se

---

1144. VENAYRE, S. "Le corps malade du désir du pays natal. Nostalgie et médecine au XIXᵉ siècle". In: DEMARTINI, A.-E. & KALIFA, D. (sob a dir. de). *Imaginaire et sensibilités au XIXᵉ siècle* – Études pour Alain Corbin. Paris: Créaphis, 2005, p. 209-222.

1145. DODMAN, T. "Un pays pour la colonie. Mourir de nostalgie en Algérie française, 1830-1880". In: *Annales* – Histoire, sciences sociales, vol. 66, n. 3, 2011, p. 743-784.

1146. Ibid., p. 765.

1147. VAILLANT, A.-P. "Inspection médicale de 1851 – Colonie agricole de Ponteba", 20/10/1851, apud ibid., p. 764.

pareçam o máximo possível com as que o francês expatriado acaba de deixar: mesmo patoá, mesma organização vigente na aldeia, mesma arquitetura – em suma, na medida do possível, a mesma paisagem[1148].

Essas tentativas voltam a encontrar-se no Império Britânico, mais precisamente nos *dominions*, colônias de população branca (Austrália, Nova Zelândia, Canadá) com paisagens desconcertantes e em regiões em que ainda se tenta aclimatar as plantas mais comuns, certamente, por razões comerciais e alimentícias, mas também com objetivos estéticos e nostálgicos. O desenraizamento não tem necessidade, no entanto, de ser tão distante ou profundo para provocar a saudade da paisagem natal, como mostra o magnífico poema, *Home-Thoughts, from Abroad*, de Robert Browning, escrito em 1845, durante a sua estada na Itália e que começa por esta exclamação quase dolorosa: "*Oh, to be in England / Now that April's there [...] / In England – now!*"

Desde o começo do século XIX até os anos de 1880 instala-se, portanto, na França, Grã-Bretanha e Estados Unidos, um sistema emocional particular frente às paisagens. Levado por sólidas modificações estruturais que dizem respeito à organização política ou econômica dessas sociedades, às inovações tecnológicas e às reviravoltas culturais, esse sistem fundamenta-se na consciência de um corte com o mundo natural, fonte de conhecimento, de emoção e de sofrimento. Por falta de estudos históricos suficientemente completos e numerosos, ainda é cedo para concluir que essa nova relação seja compartilhada igualmente por todos os membros das nações evocadas – mas é claro que a paisagem, muito mais que anteriormente, se torna fonte de emoções, em graus diversos segundo a idade, o gênero e a classe a que a pessoa pertence.

Essas emoções continuam sendo, hoje em dia, as nossas, mas acabaram assumindo facetas diferentes. A primeira modificação produziu-se no último terço do século XIX, aliás, descrita perfeitamente pelos trabalhos de John Al-

---

1148. Cf. VENAYRE, S. "Le corps malade du désir du pays natal". Art. cit., p. 216.

corn[1149]. Com efeito, esse professor universitário identificou a emergência, na Inglaterra, do que ele designa como as *Nature novels* (romances da natureza) a partir dos escritos de Thomas Hardy, nos anos de 1870. Esse filão literário seria caracterizado essencialmente por levar em conta a herança darwiniana: estando o homem em continuidade com a natureza, deve-se confiar em um instinto animal latente – e por demais esquecido – em cada um. A biologia suplanta, então, a teologia e a estética na apreciação das relações entre a alma e o corpo humanos com o mundo natural. William Henry Hudson, célebre naturalista e um dos fundadores da Royal Society for the Protection of Birds [Sociedade Régia para a Proteção dos Pássaros], é um dos mais interessantes representantes dessa corrente. Em 1893, em *Idle Days in Patagonia*, ele descreve uma experiência particular vivenciada por ele nos pampas, cujas paisagens, mais que outras, o marcaram profundamente, o que ele atribui à intensidade das emoções experimentadas nesse momento. Ele se dirige, durante dias inteiros, a uma planície deserta e imensa. Nenhum ruído, nenhum animal, nenhum movimento: nada além da solidão e do silêncio. Ele está mergulhado em uma espécie de anestesia, um novo estado emocional, desconcertante, mas que ele compara a uma embriaguez, da qual todo o tipo de pensamento está excluído. Mais que uma simples fusão – à imagem do que sentia Thoreau, aliás, autor citado profusamente por ele –, o que Hudson descreve aqui é o retorno a uma forma de animalidade, ao que ele designa como "um estado instintivo do intelecto humano" que seria apenas a memória histórica da harmonia original existente entre o homem e a natureza, tendo sido perdida com o passar dos milênios. A pujança emocional desses momentos de ausência a si seria proveniente desse retorno às fontes animalescas, primitivas, da humanidade. Essa animalidade, é claro, foi progressivamente sufocada pela civilização, e Hudson inova ao celebrar, com algumas precauções oratórias, as fissuras dessa crosta de educação em proveito de um mergulho, momentâneo, mas deleitável, na selvajaria. Ele próprio afirma que essa compreensão teria sido impossível se

---

1149. ALCORN, J. *The Nature Novel from Hardy to Lawrence*. Londres: Macmillan, 1977.

Darwin não tivesse revelado a intimidade do homem e do animal: assim, ele teria estabelecido o vínculo entre o autor de *On the Origin of Species* (1859 [A origem das espécies]) e os escritores do começo do século XX que, à imagem de D.H. Lawrence, hão de conceder às emoções suscitadas pela paisagem uma dimensão ainda mais radical, atalho de entrada em uma alma dissecada pela psicanálise nascente.

ÍNDICE ONOMÁSTICO

Ader, Jean-Joseph 528
Agulhon, Maurice 440
Aimard, Gustave 583
Alcorn, John 589
Alfred de Saxe-Cobourg-Gotha 396s.
Alibaud, Louis 436
Altaroche, Agénor 462s.
Ambrière, Madeleine 539
Ambroise-Rendu, Anne-Claude 240, 335, 374, 455
Amiel, Henri-Frédéric 550
Antonelle, Pierre-Antoine 184
Arago, François 131, 134
Ariès, Philippe 237, 306, 327, 475, 503
Arndt, Ernst Moritz 339
Arnim (von), Bettina 261
Auber, Daniel François Esprit 541
Audebrand, Philibert 538

Babeuf, François Noël 152, 186, 200
Baczko, Bronislaw 413
Baden-Powell, Robert 394
Bailly, Jean Sylvain 141
Baissac 433
Baker, Samuel 391
Baldwin, William 391
Balme, Claude Denis 155
Balzac (de), Honoré 266-268, 272s., 275, 304, 306, 543
Baquet 433
Baratier, Albert 347s.

Barbey d'Aurevilly, Jules 248, 256, 259s.
Barère, Bertrand 190, 228, 468
Barre (chevalier de La), François-Jean Lefebvre 215, 467
Barrows, Susanna 433, 441
Bartenev, Iuri 373
Barthèlemy, Guy 586
Barthes, Roland 574
Basire, Claude 177
Bassinet, Jean-Baptiste 239
Bastien, Pascal 214, 217, 219, 222, 231
Bate, Jonathan 553s.
Baudelaire, Charles 67, 248, 273, 275, 417, 515, 562, 566, 573
Beaumarchais (de), Pierre-Augustin Caron 523
Beccaria, Cesare 224, 237, 512
Becker, Karin 67, 71, 80s., 141
Beethoven (von), Ludwig 558s.
Beffroi de Reigny, Louis Abel 169
Bell, David 331, 334, 365
Bell, Walter "Karamojo" 391
Bellantin, Louis 431
Benckendorff (von), Constantin 348s.
Benjamin, Walter 566, 573
Bentham, Jeremy 512
Béraud, Bruno-Jacques 287
Beresford, Charles (lord) 388
Bergier, Nicolas-Sylvestre (abbé) 491
Béricourt, Étienne 172
Berlioz, Hector 523, 543, 559

Bernardin de Saint-Pierre, Jacques-Henri 23, 52, 65-68, 88, 99, 127s., 133, 139, 142s., 262, 267
Berquin, Arnaud 433
Berry, Charles-Ferdinand d'Artois (duque de) 410, 421, 436
Bertholon de Saint-Lazare, Pierre (abbé) 131, 138
Bertin, Étienne 325
Bertolio, Antoine-René-Constance (abbé) 175
Berton, Hippolite 436
Bertrand, Élie 87s., 91
Bertrand, Léon 400
Billaud-Varenne, Jacques Nicolas 151, 164
Billon, Louis Michel 183
Binger, Louis-Gustave 347
Blackmore, Richard Doddridge 576
Blanc, Simon 437
Blanchard, Pierre 21
Blanchot, Maurice 68
Blot, François 505
Bobillier, Thérèse 260
Bocage (Pierre-Martinien Tousez, conhecido como) 537s.
Bode, Joachim Christoph 21
Boigne, Adèle d'Osmond (condessa de) 160, 208, 309
Boileau, Nicolas 534
Boilly, Louis Léopold 520
Bolívar, Simon 334
Boltanski, Luc 467
Bombonnel, Charles 390s., 401
Bonaparte, Luís Napoleão 501
Boquet, Damien 409, 420
Bordeu (de), Théophile 102
Borie, Monique 533
Borromeu, Carlos 485
Bossuet, Jacques-Bénigne 312, 476
Bouchet (du), César 433

Bouchet, Thomas 456
Boudon de Saint-Amans, Jean Florimond 58
Bourbon-Siciles, Marie-Caroline de (duquesa de Berry) 421
Bourdaloue, Louis 476
Boureau-Deslandes, André-François 26s., 40
Bouyssi, Maïté 468
Brame, Caroline 260
Brantôme (Pierre de Bourdeille conhecido como) 63s.
Brierre de Boismont, Alexandre 445
Brissot, Jacques Pierre 177
Brogle, Louise de (duquesa de) 466
Browning, Robert 588
Brunetière, Fernand 521
Brzoska, Matthias 543
Buache, Jean-Nicolas 133, 136
Buffalo Bill 404
Buffon (de), Georges-Louis Leclerc 30s., 38, 281, 385
Bugeaud, Thomas-Robert 341s., 367
Buguet, Paul 495
Burke, Edmund 57, 75, 93, 526, 551
Burnaby, Frederick 348
Burnet, Thomas 91s.
Burns, Robert 561, 583
Burstin, Haïm 170, 413, 432, 453
Burton, Richard Francis 584s.
Byron, George Gordon (conhecido como Lord Byron) 134, 265, 271-273, 340, 562, 583

Cabanis, Pierre Jean Georges 229, 235, 283
Cabarrus, Thérésia 177
Calas, Jean 147
Campe, Johann Heinrich 146
Canolle, André Joseph 23, 41

Canrobert (de), François Certain 367
Carbonnières, Louis François Élisabeth Ramond (barão de) 45
Carlos X 421, 424, 434, 436, 461
Carmontelle (Louis Carrogis, conhecido como) 19
Carol, Anne 228, 234s., 237, 239s., 246
Carrard, Benjamin 231
Casimir-Perier, Jean 470
Casta-Rosaz, Fabienne 295
Castera 431
Cavaignac, Eugène 458
Chalier, Joseph 182
Chamayou, Grégoire 231, 405
Chamil 349
Charle, Christophe 521s., 540, 546
Chateaubriand (de), François-René 45, 52, 72, 118, 142, 250, 265, 267, 311, 317, 321s., 385, 415, 469, 509, 550, 564, 583
Chateaubriand (de), Lucile 322
Chaumette, Pierre Gaspard 181
Chauvaud, Frédéric 124
Chavannes, Jean-Baptiste 165
Chênedollé (de), Charles-Julien Lioult 57
Chénier, André 412
Chénier, Marie-Josph 524
Cherubini, Luigi 525
Chevalier, Jean-Michel 365
Chevalier, Michel 446
Chevillet, Jacques 358
Choiseul-Meuse (de), Félicité 61
Cholvy, Gérard 482s.
Churchill, Winston 343s., 346s., 349
Civiale, Jean 292
Claretie, Jules 410
Clariond, Aimé 417
Clausewitz (von), Carl 336
Clemenceau, Georges 397
Cocteau, Jean 548

Cohen, Robert H. 543
Coignet, Jean-Roch 360
Collot, Michel 556-558, 561
Comment, Bernard 530
Condillac (de), Étienne Bonnot 18, 25, 32s., 39, 276
Constable, John 76, 96, 557
Cook, James 389
Cooper, James Fenimore 384s.
Coquebert de Montbret, Charles-Étienne 306
Corbin, Alain 86, 117, 350, 452, 475, 564
Corday, Charlotte 178s., 183, 202, 204, 234
Corneille, Pierre 312
Cossart, Paula 418
Coster (abbé) 157
Cotte, Louis (padre) 128, 130, 138
Cottereau, Alain 448
Courbet, Gustave 557
Court, Antoine 431, 434
Coutat, Étienne 242
Cozens, Alexander 76
Cozens, Robert 96
Crassous, Paulin 21
Crébillon (de), Claude-Prosper Joliot 39s., 49s.
Cretaine, Jean Baptiste 182

Damiens, Robert François 147, 214, 223
Damiron, Philippe 415
Damisch, Hubert 65
Danton, Georges Jacques 154
Darmon, Jean-Charles 537
Darwin, Charles 72s., 589s.
Daubigny, Charles-François 578
Daudet, Alphonse 264
Daudet, Julia 264s.
Dauphin, Cécile 261, 435
Davi, Jacques Louis 201

593

David, Félicien 586
Decazes, Élie 423s.
Defoe, Daniel 127s., 139
Deibler, Anatole 243
Deibler, Louis 242
Delacroix, Eugène 77s.
Delegorgue, Adulphe 390, 399
Delon, Michel 67, 278
Deloris, Martin Eugène 458
Deluermoz, Quentin 85, 335, 369, 408, 423, 475
Delumeau, Jean 306, 475, 480s., 483, 485
Delvau, Alfred 519, 548
Demartini, Anne-Emmanuelle 240, 245, 335, 350, 374, 390
Denecourt, Claude-François 578s.
Denuelle, Marguerite 177
Deplasan, E. 247
Deprun, Jean 56
Derham, Guillaume 87
Desarthe, Jérémy 125s., 132
Descoutures, Louise 431, 434
Desfontaines, Pierre-François Guyot (abbé) 19
Deslandes, Léopold 26s., 283, 286, 293
Desmoulins, Camille 152s., 177
Desmoulins, Lucile 70, 117, 133
Desportes, Marc 570
Diaz, José Luis 412
Diaz, Narcisse 578
Dickens, Charles 80, 572, 585
Diderot, Denis 17, 23, 25, 34-38, 43, 53-55, 60, 101s., 231, 412, 523
Didi-Huberman, Georges 123, 137
Dillon, Arthur 200
Dodman, Thomas 350, 587
Doré, Gustave 405
Dorothée de Courlande (duquesa de Dino) 430
Dorval, Marie 537-539

Drôme (de), Mathieu 79
Drouet, Jean-Baptiste 178
Druhen, Ignace (docteur) 418
Du Chaillu, Paul 390
Dubos, Jean-Baptiste (abbé) 27s.
Ducis, Jean-François 525
Dufau, Antoine 232
Dugué, Perrine 183
Dumas, Alexandre 403s., 537
Dunant, Henri 361s.
Dupanloup, Félix 494, 507, 511
Dupin, Charles (barão) 134-136, 139
Dupont, Félicité 177
Dupont, Gabriel 221
Duport, Adrien 227, 233
Dupront, Alphonse 339
Duquesnoy, Adrien 152, 155, 161, 208
Dusaulx, Jean 152, 154, 172s.
Dusson, Charles 182

Eck, Hélène 240, 335, 374
Elias, Norbert 212
Eliot, George 570
Emerson, Ralph Waldo 73, 554, 563
Engelbert Oelsner, Konrad 234
Engels, Friedrich 573

Faber, Frederick William (padre) 492s.
Fabre d'Églantine (Philippe Fabre, conhecido como) 70
Farge, Arlette 121, 140, 147
Fauchet, Claude 157
Faulcon, Amable Jean David Gabriel (marquês de Falconer) 167
Fénelon, François de Salignac de La Mothe 251, 312
Féraud, Jean Baptiste 166s., 203
Fernando VII 421
Ferrières, Charles-Élie (marquês de) 156
Ferry, Gabriel 583

Ferry, Jules 302
Feydeau, Georges 545
Fieschi, Giuseppe 436s.
Flammarion, Camille 137
Flaubert, Gustave 264s., 294, 305, 328, 507, 575
Floucaud, Henri 545
Foà, Édouard 391, 393, 400s.
Forel, Auguste 295
Foscolo, Ugo 21
Foucauld (de), Charles 346
Foucault, Michel 218, 281, 295, 512
Foy, Maximilien Sébastien 461, 463, 465
Francisco de Sales (são) 476
Franconi, Antonio 529
Franklin, Benjamin 131
Frantz, Pierre 523, 527
Fraser, Charles 373
Frederico II 353
Frégier, Honoré-Antoine 490
Frénais, Joseph-Pierre 21
Freud, Sigmund 563
Frey, Joseph 244
Friant, Émile 499
Friedrich, Caspar David 557
Fromentin, Eugène 586
Frondizi, Alexandre 457
Fuller, Margaret 569
Fureix, Emmanuel 439, 455, 461s., 475
Furet, François 131, 140, 146

Galland, Théodore 364
Gallot, Pierre 266
Gambetta, Léon 419, 433
Garibaldi, Giuseppe 334, 471
Garnier, Emmanuel 124, 126, 129
Garnier, Francis 437
Garrigues, Jean 433
Gaultier de Biauzat, Jean François 191
Gautier, Théophile 521, 529, 532, 583

Gay, Peter 212
Gédoyn, Nicolas (abbé) 28
Gélis, Jacques 497
Genêt, Edmond-Charles 165
Genlis (de), Félicité 48, 252
Geoffroy, Jean-Louis 526
Gérando (de), Joseph Marie 159
Gérard, Jules 376, 390s., 399-402, 404
Gérard, Yves 543
Gevaert, François-Auguste 542
Gibson, Ralph 482s.
Gillray, James 198
Gilpin, William 76, 99, 551
Girardin (de), Émile 417
Giscard d'Estaing, Valéry 397
Glisson, Francis 18
Goethe (von), Johann Wolfgang 41, 66, 76, 135, 139, 248, 261s., 268, 271, 336
Goetschel, Pascale 518
Goncourt (de), Jules et Edmond 499, 569, 580
Gordon, Charles 366
Gordon-Cumming, Roualeyn 391, 399, 403-405, 585
Gorjy, Jean-Claude 21
Goulemot, Jean-Marie 125, 278
Gousset, Thomas (abbé) 484
Gozlan, Léon 538
Grégoire, Henri 167s.
Greuze, Jean-Baptiste 299
Grey, Charles (lord) 388
Grignan, Françoise de Sévigné (conhecida como Madame de) 62
Grignion de Montfort, Louis-Marie 507
Grison 187
Guérimand, Mélanie 540
Guérin (de), Eugénie 260
Guérin (de), Maurice 259, 265, 275
Gueullette, Thomas Simon 223
Guillotin, Joseph-Ignace 226s., 229, 231

595

Guitry, Sacha 545
Guizot, François 524, 533

Habeneck, François-Antoine 544
Hagenbeck, Carl 392
Halévy, Fromental 541
Haller (von), Albrecht 18, 103, 284-286, 289s.
Hardenberg (von), Charlotte 257s.
Hardy, Siméon-Prosper 118-122, 221
Hardy, Thomas 576, 589
Haydn, Joseph 542
Hazareesingh, Sudhir 426
Hébert, Jacques René 168, 199
Hegel, Georg Wilhelm Friedrich 318, 515
Hemingway, Ernest 398
Henri d'Artois (duque de Bordeaux e conde de Chambord) 406, 409s., 421, 428s., 436
Henrique IV 434
Henty, Georges Alfred 383
Heródoto 33
Hérold, Louis-Ferdinand 541
Hervé, Emmanuel 542
Hickman, Antoine 131
Hincker, Louis 453, 457
Holzing (von), Karl Franz 365
Houchard, Jean Nicolas 199
Howard, Luke 76s., 139
Huart, Louis 520
Hudson, William Henry 589
Hugo, Abel 528
Hugo, Victor 80, 95, 142, 236, 245s., 249, 275, 302, 306s., 416, 430, 451, 528, 534s. 538s., 561s.
Humboldt (von), Alexander 68, 79, 111s., 114

Ihl, Olivier 427
Inácio de Loyola (santo) 476
Isouard, Nicolas 541

Jacquelin 433
Janin, Jules 517, 521, 530, 538
Jarrige, François 445s.
Jaucourt, Louis de (chevalier) 17
Jeanne, Charles 456
Jefferies, Richard 563
Joris, Freddy 221
Joubert, Joseph 42s., 68s., 71, 117s., 121
Jousse, Daniel 213, 218s.
Juan Carlos I 398
Jullien, Marc-Antoine 66

Kaltenecker, Martin 542
Kant, Emmanuel 75, 97, 318, 414, 551
Kardec, Allan 489
Karila-Cohen, Pierre 422
Keats, John 561, 564, 583
Keegan, John 351s., 362
Kempis (a), Thomas 476
Kératry (de), Émile 364
Kingsley, Charles 576
Kipling, Rudyard 560
Kobelt, Georg Ludwig 280, 291, 294
Kock (de), Paul 536s.
Krakovitch, Odile 532
Krüdener (von), Barbara Juliane 49, 252
Kruger, Paul 398

Labiche, Eugène 545
Labouré, Catarina 507
Labrousse, Suzette 159
La Bruyère (de), Jean 59
Lacordaire, Henri 482, 491-493
La Fayette (de), Gilbert du Motier 178, 195, 414, 461, 469
La Fontaine (de), Jean 312
La Harpe (de), Jean-François 199
Lalande, André 130s., 473
Lally-Tollendal (de), Gérard 157
Lamarck, Jean-Baptiste 112, 298

Lamarque, Jean Maximilien 456, 461, 464
Lamartine (de), Alphonse 236, 249, 251, 254, 275, 417, 431, 434s., 555, 558, 583, 586
Lamballe (princesa de); cf. Marie-Thérèse Louise de Savoie Carignan
La Mettrie (de), Julien Offray 40
Lamoignon (de), Chrétien François 147
Lamourette, Adrien 179
Langlois, Jean-Charles 530
Lapie, Désiré 459
Laqueur, Thomas 222
La Rochefoucauld (de), Sosthène 433
Larousse, Pierre 290, 329, 412, 520s., 557
La Villemarqué (de), Théodore 480
Lawrence, Thomas Edward (conhecido como Lawrence da Arábia) 347
Lazowski, Claude 158
Le Blanc, Charles 191
Le Bon, Gustave 146
Ledoux, Claude-Nicolas 544
Lefebvre, Georges 124, 144, 167
Lefebvre, Henri 459
Lefebvre, Théodore 391
Le Goff, Jacques 480, 497
Legouvé, Ernest 514
Lejeune, Philippe 252s., 260, 329
Lemaître, Frédérick 531
Lemaitre, Jules 547s.
Le Naour, Jean-Yves 230, 238n.
Léonard, Joseph 411
Lepeletier de Saint-Fargeau, Louis Michel 166, 463
Leroy, Armand Jacques 341
Le Roy Ladurie, Emmanuel 116, 124s., 132s., 139
Le Scanff, Yvon 556
Lessing, Gotthold Ephraïm 523
Le Sueur, Jean-François 525
Lesuire, Robert-Martin 60

Le Verrier 126s.
Lignac 290
Ligório (de), Afonso 476, 484, 488
Lincoln, Abraham 580
Linné (von), Carl 88
Liszt, Franz 558s.
Loaisel de Tréogate, Joseph-Marie 47
Locke, John 18, 24, 33, 39, 276
Loriga, Sabrina 353
Luís XIV 125, 497s.
Luís XVI 173-175
Luís XVIII 434
Luís Filipe 406, 421, 431-437, 461, 463, 578
Loustalot, Élisée 155, 195
Loutherbourg (de), Philippe-Jacques 35
Louvet, Jean-Baptiste 177, 510
Lucas, Charles 236
Lux, Adam 179
Lyell, Denys 391

Mably, Gabriel de (abbé) 231
Macpherson, James 65, 583
Madame de Sévigné, cf. Grignan, Françoise de Sévigné
Maeterlinck, Maurice 81
Maillard, Stanislas 205
Maine de Biran, Pierre 70-73, 117, 255s., 274, 560
Malandain, Gilles 422
Malebranche, Nicolas 90
Malitourne, Armand 528
Malot, Hector 307
Mann, Théodore Augustin 133, 136
Marat, Jean Paul 153s., 163, 166, 168, 177s., 180, 182, 184, 195, 201s., 230, 463
Margerie (de), Amédé 301
Maria Antonieta da Áustria 176, 183

Marie-Louise (imperatriz) 308
Marie-Thérèse Louise de Savoie Carignan (conhecida como princesa de Lamballe) 187
Mariot, Nicolas 423
Marmontel, Jean-François 49s.
Martainville, Alphonse 526
Martin, Jean-Clément 178, 413
Martin, Louis 319s.
Martin, Marie 183
Martin, Roxane 529
Martin, Zélia 321
Maupassant (de), Guy 80, 549
Mauriac, François 275
May, Karl 383
Mayer (von), Julius Robert 157
Mazurel, Hervé 468
Méliès, Georges 245
Mennechet, Édouard 406
Mercier, Louis Sébastien 20, 42, 119, 121s., 130, 135, 225, 412, 523
Mesmer, Franz Anton 160
Meusnier de Querlon, Anne-Gabriel 33s.
Meyerbeer, Giacomo 541, 543
Michelet, Athenais 79, 83, 314
Michelet, Jules 79, 82, 141, 313, 553, 565
Micheli, Raphaël 233
Milanesi, Claudio 234
Millet, Jean-François 578
Mirabeau, Honoré Gabriel Riqueti (conde de) 171, 178, 184, 196, 296
Molènes (de), Paul 361
Molière (Jean-Baptiste Poquelin, conhecido como) 59
Monet, Claude 406
Monniot, Victorine 253
Montaigne (de), Michel 305
Montalban, Charles 294
Montalembert (de), Charles 476
Montanelli, Giuseppe 471

Montcharmont, Claude 241
Montfaucon de Villars (de), Nicolas-Pierre-Henri 49
Morand, Antoine 181
Moreau de Maupertuis (de), Pierre Louis 134
Morellet, André 48, 224
Mosse, George L. 212, 332, 352
Mounier, Jean-Joseph 157
Mourgue de Montredon, Jean-Antoine 129-131
Mozart, Wolfgang Amadeus 542
Muir, John 74s., 563-566, 580s.
Müller, Christian 340s.
Muray, Philippe 478s.
Musset (de), Alfred 143, 249s., 258, 270s., 275, 333, 580
Muyart de Vouglans, Pierre-François 215, 218

Nadaud, Martin 304, 320
Nagy, Piroska 409, 420
Napoleão I 160, 207, 271, 339, 342, 356, 371, 448, 528, 545
Napoleão III 333, 406, 421, 425, 434, 436
Naugrette, Florence 534s., 537
Necker, Jacques 178, 182s., 201, 308
Nerciat (de), André-Robert Andréa 20, 55
Nicolas, Jean 123-125, 150, 222, 442
Nieuwentyt, Bernard 90
Nodier, Charles 526, 555, 584
Noir, Victor 462

Offenbach, Jacques 546s.
Ogé, Vincent 165
Olmsted, Frederick Law 567s., 581
Orléans, Philippe d' 395-397, 421
Oualdi, M'hamed 335, 408, 423, 475
Ousby, Ian 576
Ozanam, Amélie 303s.

Ozanam, Frédéric 303s., 311, 480, 482
Ozouf, Mona 140s., 309, 422

Pachet, Pierre 68, 117, 251, 263
Paulin (general) 356
Pélissier, Aimable 367
Pelletan, Camille 411
Percival, Philipp 391
Perdiguier, Agricol 523
Périer, Fanny 302
Perrin-Saminadayar, Corine 264, 424
Perrin-Saminadayar, Éric 424
Persigny (de), Victor 410
Pétion, Jérôme 180
Petiteau, Natalie 332, 349, 357, 371
Peugnez, Alfred 244
Pichot, Amédée 524
Pigault-Lebrun (Charles-Antoine--Guillaume Pigault de l'Espinoy, conhecido como) 59
Pinel, Philippe 199
Pio IX 490, 492, 494, 507
Planté, Christine 531, 534
Pluche, Noël-Antoine 66, 87
Polton, Jean-Claude 579
Ponchon 220
Poncy, Charles 416
Porret, Michel 214, 217
Poublan, Danièle 262
Poussin, Nicolas 98
Prévost (Antoine François Prévost d'Exiles, conhecido como Abbé) 46s., 248, 530
Proust, Marcel 265
Psichari, Ernest 346

Quinet, Edgar 272, 466

Rabaut Saint-Étienne, Jean Paul 413
Racine, Jean 312, 535
Radot, René-Valéry 354
Ramaeckers, Cosme 359
Ramand, Honorine 434
Ramel, Fernand 410
Rancière, Jacques 442, 531
Rappaport, Sylvain 243
Ray, John 87
Raynal, Guillaume-Thomas (abbé) 54
Reclus, Élisée 81, 552s., 576
Reddy, William 117, 127, 427, 559s.
Regnault-Warin, Jean-Joseph 414
Reichler, Claude 71, 96, 108-110
Rémusat (de), Charles 302
Renaudet, Isabelle 239
Réveillon, Jean Baptiste 189
Révoil, Bénédict-Henry 391, 401
Reynaud, Jean 513
Riballier 432
Richardson, Samuel 248, 265
Rider Haggard, Henry 585
Rimbaud, Arthur 275
Rio, François 476
Riolan, Jean 290
Risler, Eugénie 303
Ritz, Olivier 140
Rivière, Henri 370
Rivière, Pierre 244
Robert-Houdin, Jean-Eugène 245
Robespierre (de), Maximilien 22, 153, 160, 163, 169, 178, 180, 184, 190, 202s., 227
Rodenbach, Georges 81
Rodríguez, Alonso [Afonso] 477
Roger, Alain 551
Rogers, Rebecca 254

Romieu, Auguste 444
Roosevelt, Theodore 397
Rosa, Guy 535
Rossini, Gioacchino 542, 547
Roucher, Jean-Antoine 57
Rougemont (de), Martine 533
Rougerie, Jacques 449, 456
Rousseau, Jean-Jacques 12, 18, 20, 22s., 27, 32, 34-40, 42-45, 47, 57, 66, 82, 147, 202, 225, 248, 262, 266, 317, 489
Rousseau, Théodore 578
Roussel, Pierre 281, 284
Roux, Jacques 168
Roynette, Odile 354
Royou, Thomas Marie 180
Rozier 293
Ruskin, John 556, 571s., 574, 580
Russel, Charles 70
Russel, Richard 102

Sade, Donatien Alphonse François (marquês de) 55-57, 59s., 154, 178
Saint-Arnaud (de), Armand Jacques Leroy 341, 361, 367
Sainte-Beuve, Charles-Augustin 265, 578
Sainte-Marie (de), A. 56, 414
Saint Girons, Baldine 92, 95, 97, 100
Saint-Lambert (de), Jean-François 65, 82
Saintyves, Pierre 498
Salgari, Emílio 383
Salieri, Antonio 523
Salmon, Victoire 147
Sand, George (Aurore Dupin, conhecida como) 318
San Martín (de), José 334
Sarcey, Francisque 521
Saussure, Ferdinand 110

Sauvigny (de), Louis Bégigne François Bertier 186, 200
Scherer, Jacques 533
Schiller (von), Friedrich 553
Scott, Walter 583
Scribe, Eugène 545
Scupoli, Lourenço 476
Sébastiani, Horace 470
Sedaine, Michel-Jean 523
Ségur, Sophie Rostopchine (condessa de) 310, 316s.
Selous, Frederick 391, 394, 397, 400
Sénac de Meilhan, Gabriel 207
Senancour (de), Étienne Pivert 41, 44, 73, 94, 117, 577
Sénard, Antoine 458
Senisse, Martial 455s.
Séraphin, Dominique-François 532
Serre, Firmin 495
Servan, Joseph Michel Antoine 219, 232
Sévigné, Marie de Rabutin-Chantal (marquesa de) 62s.
Shaftesbury, Anthony Ashley-Cooper (conde de) 53
Shakespeare, William 534-536
Shelley, Percy 76, 134, 558, 560s.
Siméant, Johanna 122
Simon, Louis 302
Simoneau, Jacques Guillaume 197
Simpson, Antony E. 225
Sirven, Jean Paul 147
Sistrières (de), François-Michel 58
Smet, Eugénie 494
Smolett, Tobias 70
Sorba, Carlotta 471
Soubirous, Bernadete 507
Spierenburg, Pieter 223, 225

Staël, Germaine Necker (conhecida como Madame de) 139, 257s., 297s., 415, 466, 533, 556
Stafford, Barbara Maria 72
Stahl, George Ernest 103
Starobinski, Jean 44, 67, 135, 142s., 556
Stendhal (Henri Beyle, conhecido como) 248, 251, 256, 275, 535, 558
Sterne, Laurence 20s.
Sue, Eugène 267, 307
Sue, Jean-Joseph 234
Sutherland, James 391
Sylvère, Antoine 325

Tabeaud, Martine 131
Taïeb, Emmanuel 237, 239
Tallien, Jean Lambert 177, 231
Teresa de Lisieux (santa) 308, 319, 483
Teresinha do Menino Jesus (santa); cf. Teresa de Lisieux (santa)
Thébaud, Françoise 254
Théot, Catherine 160
Thérésa (Emma Valladon, conhecida como) 547
Théroigne de Méricourt, Anne 206
Thibaut, Anna 547
Thiers, Adolphe 433, 456
Thompson, Edward 447
Thomson, James 65
Thomson, Mowbray 368
Thoreau, Henry David 69, 73s., 563, 581s.
Thureau-Dangin, Paul 469s.
Tilly, Charles 439s.
Toaldo, Giuseppe 131
Tocqueville (de), Alexis 443, 449
Tombs, Robert 459

Towne, Francis 96s.
Townley, William 70
Traïni, Christophe 122
Troppmann, Jean-Baptiste 238, 245
Trotha (von), Lothar 369
Trousseau, Armand 288
Turguêniev, Ivan 245
Turner, William 76, 96, 98, 134
Tyndall, John 552, 565

Vaillant, Alain 416
Vallès, Jules 315, 452s.
Vasak, Anouchka 66, 68-70
Venayre, Sylvain 586
Venette, Nicolas 294
Verdi, Giuseppe 541, 543
Vergniaud, Pierre Victurnien 177
Verlaine, Paul 80
Verne, Júlio 383, 392, 402s., 405, 548, 583
Vernes, François 22
Vernet, Horace 75
Vernet, Joseph 36, 99
Vernier, Théodore 36, 41
Veuillot, Louis 430
Veyne, Paul 138
Viala, Alain 181, 406
Viau (de), Théophile 63
Victoria 396
Viel, Jean 82
Vigny (de), Alfred 273, 275, 333, 353, 412, 539, 571
Villèle (de), Joseph 468
Vincent-Buffault, Anne 227, 304, 315
Virey, Julien-Joseph 282s., 286
Voiturin, Georges 454

Voltaire (François-Marie Arouet, conhecido como) 29, 196, 224, 412, 467, 525
Vovelle, Michel 237

Wagner, Richard 543
Wahnich, Sophie 164, 185, 190, 413
Wallon, Jean 515
Walsh, Joseph-Alexis (visconde) 411
Walter, Jakob 360
Warens (de), François-Louise 45
Weiler, Amélie 327s.
Weiss, Jean-Jacques 547
Wenlock, John (lord) 388

Whistler, James Abbott 81
Wild, Nicole 557
Wolf, Caspar 96
Wolseley, Garnet 348
Wordsworth, William 554, 565, 568, 574, 580
Wray, Hugh 372

Yon, Jean-Claude 518, 545, 547
Younghusband, Francis 349

Zola, Émile 83

OS AUTORES

Agnès Walch é professora de História Moderna na Universidade de Artois, membro do Crehs. Especialista na história do casamento, do casal e da família, ela trabalha no cruzamento da história religiosa, social e das representações. É autora de várias obras sobre a evolução dos sentimentos amorosos, entre as quais *Il y a un siècle... Les amoureux* (Éditions Ouest-France, 2004), *Histoire de l'adultère, XVIe-XIXe siècle* (Perrin, 2009), *Où va le mariage?* (Fayard, 2012). Ela dirige a publicação de *La Médiatisation de la vie privée – XVe-XXe siècle* (Artois Presses Université, 2012).

Alain Corbin é professor emérito da Universidade Panthéon-Sorbonne e do Institut Universitaire de France. Na Editora Seuil, dirigiu especialmente *1515 et les grandes dates de l'histoire de France* (2005) e *Les Héros de l'histoire de France expliqués à mon fils* (2011).

Anne Carol é professora de História Contemporânea na Universidade de Aix-Marseille, membro da UMR 7303 Telemme (CNRS). Suas pesquisas abordam a história da medicina, a história do corpo vivo e morto, além da história da pena de morte. Publicou recentemente *Physiologie de la veuve – Une histoire médical de la guillotine* (Camp Vallon, 2012), *La Mort à l'œuvre – Usages et statut du cadavre dans l'art* (em codireção com Isabelle Renaudet, Presses Universitaires de Provence, 2013), *L'Embaumement: une passion romantique – France, XIXe siècle* (Champ Vallon, 2015) e *Marcher à l'échafaud – Pour une histoire sensible de la guillotine* (Belin, 2016).

Anouchka Vasak é professora de Literatura Francesa, coanimadora da rede "Perception du climat" da Ehess e codiretora da coleção "Météos" na Editora Hermann. Publicou especialmente *Météorologies – Discours sur le ciel et le climat, des Lumières au Romantisme* (Champion, 2007) e o ensaio de Luke Howard, o inventor da classificação das nuvens, *On the Modifications of Clouds* (Hermann, 2012).

Charles-François Mathis é professor de História Contemporânea na Universidade Bordeaux-Montaigne, presidente da Réseau Universitaire de Chercheurs en Histoire Environnementale [Rede Universitária de Pesquisadores na Área da História Ambiental] e diretor da coleção "L'Environnement a une Histoire" [O meio ambiente tem uma história] na Editora Champ Vallon. Especialista em história ambiental e britânica no século XIX, publicou especialmente *In Nature We Trust – Les paysages anglais à l'ère industrielle* (Presses de l'Université Paris-Sorbonne, 2010).

Corinne Legoy é professora de História Contemporânea na Universidade de Orléans (Laboratório Polen, EA 4710). Os seus trabalhos abordam a história cultural e política, os usos políticos e sociais do teatro e da poesia no período da Restauração (1814-1830), assim como a prática dos bailes de máscaras no século XIX. Ela é autora de *L'Enthousiasme désenchanté – Éloge du prince sous la Restauration* (Société des Etudes Robespierristes, 2010; Prêmio Albert-Mathez).

Emmanuel Fureix é professor na Universidade Paris-Est Créteil e membro do Institut Universitaire de France (2010-2015). Trabalha sobre história política e cultural do século XIX e interessa-se particularmente pela história dos rituais e das emoções em política, pela história visual e pela história das revoluções. Publicou especialmente *La France des larmes – Deuils politiques à l'âge romantique* (Champ Vallon, 2009; prêmio Chateaubriand), e *La Modernité désenchantée – Relire l'histoire du XIXe siècle français* (com François Jarrige; La Découverte, 2015).

Guillaume Cuchet é professor de História Contemporânea na Universidade Paris-Est Créteil. Publicou especialmente *Les Voix d'outre tombe – Tables tournantes, spiritisme et société au XIXe siècle* (Seuil, 2012; Prêmio Drouin de Lhuys 2013 da Académie des Sciences Morales et Politiques) e *Le Crépuscule du purgatoire* (Armand Colin, 2005).

Guillaume Mazeau é professor na Universidade Panthéon-Sorbonne (IHMC). Especialista da história da Revolução Francesa, de sua consciência histórica e de seus usos, assim como de questões de epistemologia da história; publicou *Le Bain de l'histoire* (Champ Vallon, 2009) e *Pourquoi faire la Révolution* (com Jean-Luc Chappey, Bernard Gainot, Frédéric Régent e Pierre Serna; Agone, 2012).

Hervé Mazurel é professor na Universidade de Borgonha. Especialista da história do sensível e de epistemologia histórica, se interessa pela história antropológica das mobilizações e das experiências dos combatentes nos séculos XIX e XX. Publicou *Vertiges de la guerre – Byron, les philhellènes et le mirage grec* (Les Belles Lettres, 2013; Prêmio Augustin Thierry da cidade de Paris).

Judith Lyon-Caen é professora na Ehess. Os seus trabalhos tratam dos usos sociais da literatura no século XIX e, em geral, sobre as relações entre literatura e história. Ela publicou *La Lecture et la Vie – Les usages du roman au temps de Balzac* (Tallandier, 2006) e *L'Historien et la Littérature* (com Dinah Ribard; La Découverte, 2010).

Michel Delon é professor de Literatura na Universidade Paris-Sorbonne. Publicou trabalhos de história literária: *La Littérature française – Dynamique et histoire* (com Françoise Mélonio e Antoine Compagnon, Gallimard, 2007); além de história das ideias: *L'Idée d'énergie au tournant des Lumières* (PUF, 1988). Editou o *Dictionnaire européen des Lumières* (PUF, 1997) e as obras de Sade e de Diderot na Coleção Bibliothèque de la Pléiade da Editora Gallimard (1990-1998 e 2010). Publicou recentemente *Le Prince de délicatesse – Libertinage et mélancolie au XVIIIe siècle* (Albin Michel, 2011); *Diderot cul par-dessus tête* (Albin Michel, 2013); *Sade, un athée en amour* (Albin Michel, 2014); e *Le Savoir-vivre libertin* (Hachette, 2015).

Olivier Bara é professor de Literatura Francesa do século XIX e de artes cênicas na universidade Lyon 2, diretor de UMR Ihrim (CNRS). Publicou especialmente *Le Théâtre de l'Opéra-Comique sous la Restauration – Enquête autour d'un genre moyen* (Olms, 2001), *Le Sanctuaire des illusions – George Sand et le théâtre* (Presses de l'université Paris-Sorbonne, 2010) e *Les Héroïsmes de l'acteur au XIXe siècle* (com Mireille Losco-Lena e Anne Pellois; Presses Universitaires de Lyon, 2014).

Serge Briffaud é professor na Escola Nacional Superior de Arquitetura e Paisagem de Bordeaux e pesquisador em Passages (UMR 5319 do CNRS). Seus trabalhos incidem sobre a história das paisagens e do meio ambiente. É autor especialmente de *Naissance d'un paysage – La montagne pyrénéenne à la croisée des regards* (Archives des Hautes-Pyrénées et Univ. de Toulouse II, 1994) e de *Chantilly au temps de Le Nôtre – Un paysage en projet* (com O. Damée e E. Heaulmé, Olschki, 2013).

Sylvain Venayre é professor de História Contemporânea na Universidade Grenoble-Alpes. Publicou recentemente *Panorama du Voyage, 1780-1920 – Mots, figures, pratiques* (Les Belles Lettres, 2012), *L'Histoire au conditionnel* (com Patrick Boucheron, Mille et Une Nuits, 2012), *Disparu! – Enquête sur Sylvain Venayre* (Les Belles Lettres, 2012), *Les Origines de la France – Quand les historiens racontaient la nation* (Seuil, 2013) e *Écrire le voyage – De Montaigne à Le Clézio* (Citadelles & Mazenod, 2014) e *Une guerre au loin – Amam, 1883* (Les Belles Lettres, 2016).

ÍNDICE GERAL

Sumário, 5

Introdução, 7

Quadro cronológico – Principais episódios de natureza política mencionados nos textos deste volume, 13

Primeira parte – De 1730 ao período após a Revolução Francesa, 15

1 O despertar da alma sensível, 17
   Michel Delon
     As ideias e as palavras, 18
     Poder do estado de vigília, prazer do adormecimento, 30
     Valorização do efêmero, do mínimo, 41
     Busca da intensidade, 50
     Caracteres, 59

2 As emoções individuais e a meteorologia, 62
   Alain Corbin

3 Face ao espetáculo da natureza, 84
   Serge Briffaud
     A montanha e o mar: uma dupla providencial, 87
       A obra divina como espetáculo, 88
       Assombro físico-teológico *versus* sublime natural, 90
     Representar o irrepresentável, 93
       Paisagens fora do controle do olhar, 94
       Representar a emoção por meio de traços e cores, 96

A busca terapêutica e o cuidado de si, 100
   Ambientes taumaturgos, 101
   Espaço de veraneio e cartografia da emoção, 104
A economia emocional da pesquisa científica, 106
   O sublime científico, 107
   A experiência da escalada, 110

4 Grandes emoções meteorológicas coletivas, 116
Anouchka Vasak
  Desventuras e alegrias da vida ao ar livre, 118
  Invernos rigorosos, tempestades, inundações, neblinas "secas", 122
  Novas percepções: fluxo, refluxo, incerteza, 135
  Pensar em meteorologia: pensar, ainda, na revolução, 140

5 Emoções políticas: a Revolução Francesa, 145
Guillaume Mazeau
  Insuportável Século das Luzes, 146
    Uma nova sensibilidade, 146
    Sentimentos de opressão, 148
    Populações desassossegadas, 150
  Comoções revolucionárias, 151
    A revolução como choque emocional, 151
    Emoções a serem dominadas, 156
  Medos, cóleras e terrores, 161
    Terrores revolucionários, 161
    Revolução e indignações, 167
  Amores, sofrimentos e ódios, 170
    A revolução como transbordamento de amor, 170
    Lutos e sofrimentos revolucionários, 182
    Ódios de natureza política, 185
  Alegrias e melancolias revolucionárias, 191
    A revolução como fruição, 191
    Melancolias revolucionárias, 202

Segunda parte – Do período após a Revolução Francesa até a década de 1880, 209

6 Diante do cadafalso: do espetáculo do sofrimento ao teatro pedagógico, 211
   Anne Carol
   O sofrimento como espetáculo, 213
      Os suplícios e seus motivos, 213
      Uma "pedagogia do pavor"?, 217
      As emoções em ação: empatia, insensibilidade, crueldade?, 219
   A ascendência dos intoleráveis: um novo sistema emocional?, 223
      A rejeição dos suplícios, 224
      A guilhotina ou o suplício humanizado, 226
      Um questionamento pela razão ou pela emoção?, 229
   O teatro da expiação comum e o seu desregramento progressivo, 233
      A questão das emoções no debate sobre a pena de morte, 233
      O teatro edificante e a circulação das emoções, 240
      A deterioração dos afetos, 243

7 O "eu" e o barômetro da alma, 247
   Judith Lyon-Caen
   Diários – e cartas – íntimos, 250
   Emoções de leitura, 263
   "Mal do século", 270

8 Formas do desejo e da fruição, decepções e mal-estar, 276
   Alain Corbin

9 Da alma sensível ao advento do estudo científico das emoções: a densificação das emoções na esfera privada, 296
   Agnès Walch
   A expressão normalizada das emoções, 297
      A emoção fronteira, 297
      A sexualização das emoções, 299

609

O refúgio familiar, 301
A comédia das emoções, 304
As emoções paternas e filiais, 306
A fragmentação das emoções, 308
O momento feminino, 308
O choque revolucionário, 310
A emoção autobiográfica, 313
A impassibilidade burguesa, 315
A moral das emoções, 316
A privatização das emoções, 319
As comunhões emotivas, 319
A sexualidade passional, 322
As solidões afetivas, 324
As festas familiares, 327
A emoção perigo, 328

10 Entusiasmos militares e paroxismos guerreiros, 330
Hervé Mazurel
O gosto pela guerra, 335
Fervores patrióticos e exaltações militares, 335
O entusiasmo dos voluntários, 339
A guerra como viagem, 344
Emoções dos combatentes e violências de guerra, 351
A disciplina das emoções, 351
O caos do combate e o espetáculo das carnificinas, 355
Furores e violências paroxísticas, 363
Medos, comoções e ansiedades subsequentes ao evento, 369

11 A época das grandes caçadas, 376
Sylvain Venayre
Em busca de emoções fortes, 377
Quatro inovações, 380

O encontro com o animal selvagem, 389

Emoções vivenciadas, emoções relatadas, 399

12 O entusiasmo da adesão: novas formas de emoções políticas, 406
   Corine Legoy
   Acerca do entusiasmo político, 409

   Entusiasmos coletivos?, 420

   No segredo dos corações, 430

13 As emoções de protesto, 439
   Emmanuel Fureix
   "Emoções populares": do ressentimento à luta pelo reconhecimento, 442
      A atribuição das emoções, 442
      Economia moral, dignidade e reconhecimento, 446
   Emoções insurrecionais: sob a calçada há palavras apagadas e reescritas, 451
   Protesto "informal", emoções ritualizadas e contenção da violência, 460
   Protestar a distância: um cosmopolitismo da indignação, 467

14 A renovação da emoção religiosa, 473
   Guillaume Cuchet
   As particularidades do campo religioso, 475
   As mudanças religiosas, 480
      O debate sobre a "pastoral do medo", 480
      A evolução da pastoral da confissão, 485
      A crise do inferno, 489
      O retorno espetacular do purgatório, 493
      O destino das crianças que morrem sem batismo, 496
      Culto dos mortos e religião do luto no século XIX, 499
      A inflação do culto marial entre 1820 e 1880, 505

De um para outro Deus: o surgimento do "Deus bondoso", 510
      A evolução das concepções referentes à justiça, 512
      A evolução da concepção da paternidade, 513
      Os rendimentos decrescentes da "pastoral do medo", 514

15 As novas emoções suscitadas pelas artes cênicas, 517
   Olivier Bara
   Vestígios de emoções, 519
   Para um público novo, emoções novas, 523
   Nova geografia das emoções, 527
   A conjunção romântica das emoções, 532
   Dispersão e enriquecimento das emoções, 536
   Indústria do espetáculo e novas emoções, 545

16 "Como um arco de violino que fazia vibrar a minha alma": o indivíduo diante da paisagem, 550
   Charles-François Mathis
   A ruptura, 552
   Embotamento da espontaneidade emocional?, 566
   A emoção nacional e o exotismo, 577

Índice onomástico, 591

Os autores, 603

CULTURAL
- Administração
- Antropologia
- Biografias
- Comunicação
- Dinâmicas e Jogos
- Ecologia e Meio Ambiente
- Educação e Pedagogia
- Filosofia
- História
- Letras e Literatura
- Obras de referência
- Política
- Psicologia
- Saúde e Nutrição
- Serviço Social e Trabalho
- Sociologia

CATEQUÉTICO PASTORAL
Catequese
- Geral
- Crisma
- Primeira Eucaristia

Pastoral
- Geral
- Sacramental
- Familiar
- Social
- Ensino Religioso Escolar

TEOLÓGICO ESPIRITUAL
- Biografias
- Devocionários
- Espiritualidade e Mística
- Espiritualidade Mariana
- Franciscanismo
- Autoconhecimento
- Liturgia
- Obras de referência
- Sagrada Escritura e Livros Apócrifos

Teologia
- Bíblica
- Histórica
- Prática
- Sistemática

REVISTAS
- Concilium
- Estudos Bíblicos
- Grande Sinal
- REB (Revista Eclesiástica Brasileira)

VOZES NOBILIS
Uma linha editorial especial, com importantes autores, alto valor agregado e qualidade superior.

VOZES DE BOLSO
Obras clássicas de Ciências Humanas em formato de bolso.

PRODUTOS SAZONAIS
- Folhinha do Sagrado Coração de Jesus
- Calendário de mesa do Sagrado Coração de Jesus
- Agenda do Sagrado Coração de Jesus
- Almanaque Santo Antônio
- Agendinha
- Diário Vozes
- Meditações para o dia a dia
- Encontro diário com Deus
- Guia Litúrgico

CADASTRE-SE
www.vozes.com.br

EDITORA VOZES LTDA.
Rua Frei Luís, 100 – Centro – Cep 25689-900 – Petrópolis, RJ
Tel.: (24) 2233-9000 – Fax: (24) 2231-4676 – E-mail: vendas@vozes.com.br

UNIDADES NO BRASIL: Belo Horizonte, MG – Brasília, DF – Campinas, SP – Cuiabá, MT
Curitiba, PR – Fortaleza, CE – Goiânia, GO – Juiz de Fora, MG
Manaus, AM – Petrópolis, RJ – Porto Alegre, RS – Recife, PE – Rio de Janeiro, RJ
Salvador, BA – São Paulo, SP